Grundkurs des Steuerrechts
Band 1
Abgabenordnung

SCHÄFFER

POESCHEL

Grundkurs des Steuerrechts

Band 1

Abgabenordnung

von

Hans Helmschrott

Professor an der Hochschule
für öffentliche Verwaltung und Finanzen Ludwigsburg

Jürgen Schaeberle

Professor an der Hochschule
für öffentliche Verwaltung und Finanzen Ludwigsburg

Thomas Scheel

Professor an der Hochschule
für öffentliche Verwaltung und Finanzen Ludwigsburg

14., neu bearbeitete Auflage

2009 SCHÄFFER-POESCHEL VERLAG STUTTGART

Bearbeiterübersicht:
Helmschrott: Teile H–O, Q, R, S
Scheel: Teile A–G
Beide: Teil P

Bibliografische Information Der Deutschen Bibliothek
Die Deutsche Bibliothek verzeichnet diese Publikation in der
Deutschen Nationalbibliografie; detaillierte bibliografische
Daten sind im Internet über <http://dnb.d-nb.de> abrufbar.

Gedruckt auf chlorfrei gebleichtem säurefreiem und alte-
rungsbeständigem Papier

ISBN: 978-3-7910-2898-9

www.schaeffer-poeschel.de
info@schaeffer-poeschel.de

Typografie: Hans Peter Willberg und Ursula Steinhoff
Satz: primustype Hurler GmbH, Notzingen
Druck und Bindung: Kösel GmbH, Krugzell
www.koeselbuch.de

Printed in Germany
Oktober 2009
Schäffer-Poeschel Verlag Stuttgart
Ein Tochterunternehmen der Verlagsgruppe Handelsblatt

Vorwort zur 1. und 14. Auflage

Das vorliegende Buch ist der erste Band der Reihe »Grundkurs des Steuerrechts«. Es soll allen, die sich mit Steuerrecht befassen, Grundkenntnisse im Recht der Abgabenordnung vermitteln und die in Ausbildung Befindlichen befähigen, die AO-Klausuren im Bachelor-studiengang »Gehobener Dienst der Steuerverwaltung« (Bachelor of Laws – LL.B.) bzw. die entsprechende Laufbahnprüfung oder die Fortbildungsprüfung (§ 54 BBiG) zum Steuerfach-wirt/zur Steuerfachwirtin und die Steuerberaterprüfung zu bestehen.

Zu diesem Zweck ist der Band als »Arbeitsbuch« ausgestaltet. In den Text sind mehr als 80 Aufgaben eingestreut. Zur Kontrolle der vom Leser selbst gefundenen Lösungen dieser Aufgaben befindet sich am Ende des Buchs ein ausführlicher Lösungsteil.

Das Buch enthält die wichtigsten Aspekte der Abgabenordnung. Im Hinblick auf die Funktion eines Grundkurses sind die Probleme nicht gleichmäßig breit dargelegt, sondern nach ihrer Bedeutung für die tägliche Arbeit und nach ihrer Prüfungsrelevanz.

Wir danken unseren Kollegen an der Hochschule Ludwigsburg und unseren Lesern für ihre Anregungen. Besonders dankbar sind wir Prof. Bernhard Brehm, Wolfgang Götzenberger und Jürgen Schmitt für ihre Hinweise.

Ludwigsburg, im Oktober 1978/September 2009   Die Verfasser

Inhaltsverzeichnis

Teil H Erhebungsverfahren

Teil K Der Amtsträger und seine Pflichten

Teil L Überblick über die Korrekturvorschriften

Teil M Haftung im Steuerrecht

Abkürzungsverzeichnis

a. a. O.	am angegebenen Ort
Abschn.	Abschnitt
AdV	Aussetzung der Vollziehung
a. E.	am Ende
AEAO	Anwendungserlass zur AO
Alt.	Alternative
AO	Abgabenordnung
AO-StB	AO-Steuerberater (Zeitschrift)
Ap	Außenprüfung
ASt	Antragsteller
BAföG	Bundesausbildungsförderungsgesetz
BAT	Bundes-Angestelltentarif
BaWü	Baden-Württemberg
BewG	Bewertungsgesetz
BFH	Bundesfinanzhof
BFHE	Entscheidungen des BFH (Sammlung)
BFH GrS	Bundesfinanzhof, Großer Senat
BFH/NV	Sammlung amtlich nicht veröffentlichter BFH-Entscheidungen
BGB	Bürgerliches Gesetzbuch
BGBl	Bundesgesetzblatt
BMF	Bundesfinanzminister(ium) der Finanzen
BnV	Betriebsnahe Veranlagung
Bp	Betriebsprüfung
BpO 2000	Betriebsprüfungsordnung
BRRG	Beamtenrechtsrahmengesetz
BStBl	Bundessteuerblatt
BT	Bundestag
BuchO	Buchungsordnung für die Finanzämter
BVerfG	Bundesverfassungsgericht
BVerfGG	Gesetz über das Bundesverfassungsgericht
BVerwG	Bundesverwaltungsgericht
BVerwGE	Amtliche Sammlung von Entscheidungen des BVerwG
BW	Baden-Württemberg
bzgl.	bezüglich
ca.	circa
DA-NeuOrg	Dienstanweisung für die Neuorganisation der FÄ (BaWü)
d. h.	das heißt
DStR	Deutsches Steuerrecht (Zeitschrift)
EB FAGO	Ergänzende Bestimmungen zur Geschäftsordnung der FÄ (NRW)
EDV	Elektronische Datenverarbeitung
EE	Einspruchsentscheidung
Ef	Einspruchsführer
EFG	Entscheidungen der Finanzgerichte
EG AO	Einführungsgesetz zur AO
EG BGB	Einführungsgesetz zum BGB
ErbStG	Erbschaftsteuer- und Schenkungsteuergesetz
EStDV	Einkommensteuer-Durchführungsverordnung
EStG	Einkommensteuergesetz

EStH	Hinweise im Amtlichen ESt-Handbuch
EStR	Einkommensteuer-Richtlinien
evtl.	eventuell
EuGH	Europäischer Gerichtshof
EW	Einheitswert
f.	und folgende Seite
FA	Finanzamt
FAGO	Geschäftsordnung für die Finanzämter
ff.	und die folgenden Seiten
FG	Finanzgericht
FGO	Finanzgerichtsordnung
FinAnw	Finanzwärter
FinMin	Landes-Finanzministerium
FME	Erlass des (Landes-)Finanzministerium
FVG	Finanzverwaltungsgesetz
FVj	Festsetzungsverjährung
GbR	Gesellschaft des Bürgerlichen Rechts
GdPdU	Grundsätze zum Datenzugriff und zur Prüfung digitaler Unterlagen
gem.	gemäß
GewStG	Gewerbesteuergesetz
GG	Grundgesetz
ggf.	gegebenenfalls
GNOFÄ	Grundsätze zur Neuorganisation der Finanzämter und zur Neuordnung des Besteuerungsverfahrens
GrESt	Grunderwerbsteuer
GrSt	Grundsteuer
GrStG	Grundsteuergesetz
GWG	Geringwertige Wirtschaftsgüter gem. § 6 Abs. 2 EStG
h. M.	herrschende Meinung
HFR	Höchstrichterliche Finanzrechtsprechung (Sammlung)
HGB	Handelsgesetzbuch
i. d. R.	in der Regel
i. e. S.	im engeren Sinn
i. H. v.	in Höhe von
insbes.	insbesondere
InsO	Insolvenzordnung
InvZulG	Investitionszulagengesetz
IP	Intensivprüfung
i. R.	im Rahmen
i. r. d.	im Rahmen des/der
i. S. d.	im Sinne des
i. S. v.	im Sinn von
i. V. m.	in Verbindung mit
i. w. S.	im weiteren Sinn
JP	Juristische Person
KapSt	Kapitalertragsteuer
KBV	Kleinbetragsverordnung
KfzStG	Kraftfahrzeugsteuergesetz
KiSt	Kirchensteuer
KM	Kontrollmitteilung
KStDV	Durchführungsverordnung zum Körperschaftsteuergesetz
KSt	Körperschaftsteuer

KStG	Körperschaftsteuergesetz
LSt	Lohnsteuer
LStJA	Lohnsteuerjahresausgleich
LStR	Lohnsteuer-Richtlinien
MaßstG	Maßstäbegesetz vom 09. 09. 2001 BGBl I 2001, 2302
n. F.	neue Fassung
Nr.	Nummer
NRW	Nordrhein-Westfalen
OFD	Oberfinanzdirektion
PB	Prüfungsbericht
R	Richtlinie (EStR, UStR usw.)
RAO	Reichsabgabenordnung
Rb	Rechtsbehelf
Rbf	Rechtsbehelfsführer
RennwLottAB	Ausführungsbestimmungen zum Rennwett- und Lotteriegesetz
s. o.	siehe oben
sog.	so genannte(r)
SolZG	Solidaritätszuschlaggesetz
St	Steuer
StAuskVO	Steuerauskunfts-Verordnung vom 30. 11. 2007 BStBl I 2007, 820
StDAV	Steuerdaten-Abrufverordnung vom 13. 10. 2005 BGBl I 2005, 3021
StEuglG	Steuer-Euroglättungsgesetz vom 19. 12. 2000 BGBl I 2000, 1790
StGB	Strafgesetzbuch
Stpfl.	Steuerpflichtige(r)
StPO	Strafprozessordnung
StS	Steuersekretär
StuV	Steuerfestsetzung unter Vorbehalt der Nachprüfung
s. u.	siehe unten
Sz	Säumniszuschläge
Tz.	Textziffer
u. a.	unter anderem
u. ä.	und Ähnliches
UE	Untätigkeitseinspruch
u. E.	unseres Erachtens
UR	USt-Rundschau (Zeitschrift)
UStG	Umsatzsteuergesetz
UStR	Umsatzsteuer-Richtlinien
UstZustV	Umsatzsteuerzuständigkeitsverordnung
u. U.	unter Umständen
VA	Verwaltungsakt
v. a.	vor allem
VdN	Vorbehalt der Nachprüfung
vgl.	vergleiche
VermG	(5.) Vermögensbildungsgesetz
VerspZ	Verspätungszuschlag
VO	Verordnung
VollstrA	Vollstreckungsanweisung vom 22. 01. 2008 BStBl I 2008, 274
VStG	Vermögensteuergesetz
VStR	Vermögensteuer-Richtlinien
VwGO	Verwaltungsgerichtsordnung
VwVfG	Verwaltungsverfahrensgesetz
VwZG	Verwaltungszustellungsgesetz

VZ	Veranlagungszeitraum
WG	Wirtschaftsgut/Wirtschaftsgüter
WoPG	Wohnungsbau-Prämiengesetz
WRV	Weimarer Reichsverfassung
z. B.	zum Beispiel
ZIP	Zeitschrift für Wirtschaft
ZK	Zollkodex
ZÜV	zentrale Überwachungsstelle für USt-Voranmeldungen

Teil A Einleitung

1 Systematische Stellung und Bedeutung der Abgabenordnung

Die heutige AO gilt im Wesentlichen seit 01.01.1977. Vorher galt die Reichsabgabenordnung (RAO); diese trat am 23.12.1919 in Kraft und ging zurück auf einen innerhalb nur weniger Monate geschaffenen Entwurf von Enno Becker, einem Richter.

Die AO gehört als Teil des Steuerrechts zum Verwaltungsrecht, das seinerseits ein Teil des Staatsrechts und damit des **Öffentlichen Rechts** ist. Öffentliches Recht ist der Teil des Rechts, in dem **Über- und Unterordnung** herrscht. Das heißt, der Staat kann Entscheidungen einseitig und verbindlich treffen und gegebenenfalls zwangsweise durchsetzen. Damit korrespondiert freilich nach rechtsstaatlichen Grundsätzen ein umfassendes und leicht handhabbares Rechtsbehelfsrecht für den Bürger.

Im Gegensatz zum Öffentlichen Recht steht das **Zivilrecht**. Dort herrscht **Gleichordnung**: die Beteiligten stehen sich gleichberechtigt gegenüber; sie können daher den Umfang ihrer gegenseitigen Rechte und Pflichten weitgehend frei vereinbaren (Grundsatz der Privatautonomie).

BEISPIEL

a) Gabriella Coltello betreibt in Stuttgart einen Gewerbebetrieb. Anlässlich der Anschaffung ihrer Handelsware verhandelt sie mit dem Käufer: es gelingt ihr, den Anschaffungspreis herabzusetzen. Außerdem darf sie 2 % Skonto abziehen, wenn sie innerhalb zwei Wochen zahlt. Sind die Vereinbarungen wirksam?

LÖSUNG Verkäufer und Käufer stehen sich gleichberechtigt gegenüber. Wie im Zivilrecht üblich können sie ihre Rechte und Pflichten aus dem Vertrag (§ 433 BGB) durch übereinstimmende Willenserklärungen frei vereinbaren; es gilt der Grundsatz der Privatautonomie. Die Vereinbarungen sind wirksam. Zahlt Frau Coltello rechtzeitig 98 % des vereinbarten Kaufpreises, erlischt der Kaufpreisanspruch vollständig.

b) Mit ihrem Gewerbebetrieb erzielt Gabriella Coltello Einkünfte aus § 15 EStG (und unterliegt grundsätzlich der Gewerbesteuer und Umsatzsteuer). In einem Schreiben an das FA kündigt sie an, dass sie die festgesetzte Einkommensteuer noch vor Fälligkeit, aber mit 2 % Skontoabzug zahlen werde. Ist eine solche Vereinbarung möglich?

LÖSUNG Die jeweiligen Steuern entstehen in der gesetzlich festgelegten Höhe (§§ 38, 85 AO i.V.m. § 36 Abs. 1 EStG). Die Einkommensteuer wird kraft Gesetzes innerhalb eines Monats fällig (§ 220 Abs. 1 AO i.V.m. § 36 Abs. 4 EStG). Für einen Nachlass gibt es weder eine Rechtsgrundlage, noch kann er zwischen FA und Betroffenem ausgehandelt werden. Auch wer vor Fälligkeit zahlt, muss doch zwingend den Gesamtbetrag entrichten. Bleiben 2 % des Steuerbetrags rückständig, entstehen Säumniszuschläge.

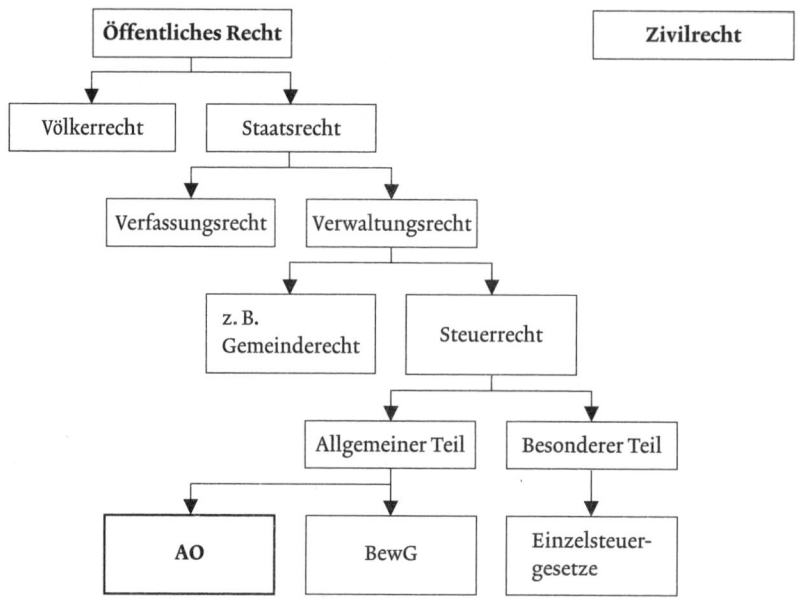

Die AO bildet (zusammen mit dem Bewertungsgesetz) den **Allgemeinen Teil des Steuerrechts.** Das heißt, die AO enthält Bestimmungen, die gleichermaßen für alle oder doch einen großen Teil der Einzelsteuergesetze (wie das EStG, UStG, usw.) gelten. Man bezeichnet die AO auch als »Mantelgesetz« für die Einzelsteuergesetze.

Hieraus erklärt sich, dass die AO deutlich mehr Vorschriften enthält als ein Einzelsteuergesetz. Zugleich macht diese besondere Funktion die AO weitgehend unabhängig vom Einfluss tagespolitischer steuerlicher Lenkungsvorschriften. Der Anwender der AO ist also nicht ständigen Gesetzesänderungen ausgesetzt, sondern um die Vertiefung seiner Kenntnisse bemüht.

Wenngleich sich die AO angesichts ihrer Fülle dem Rechtsanwender zunächst nur langsam erschließt, fasziniert sie mit zunehmendem Verständnis durch ihre feine Abstimmung des hoheitlich Zulässigen im Hinblick auf etwaige gegenläufige Interessen des Steuerbürgers. In diesem Verhältnis wirkt die Verfassung durch Anforderungen aus Art. 1 und Art. 2 GG (Menschenwürde, Recht auf informationelle Selbstbestimmung), Prinzipien des Rechtsstaats (Art. 20 GG), in besonderem Maße auch aus der Rechtsschutzgarantie (Art. 19 Abs. 4 GG).

Ein Mantelgesetz wie die AO (oder das Bewertungsgesetz) hat den **Sinn,** die Einzelsteuergesetze von Bestimmungen zu entlasten, die sonst in jedem oder doch in den meisten Einzelsteuergesetzen wiederholt werden müssten. So müssen z. B. alle Steuerbescheide den Form- und Inhaltserfordernissen der §§ 157, 118 ff. AO entsprechen, egal, ob es sich um ESt-, USt-, KSt-Bescheide usw. handelt. Kein Einzelsteuergesetz ist allein mit seinen eigenen Vorschriften anwendbar. Immer ist die AO zur Anwendung der Einzelsteuergesetze erforderlich.

BEISPIEL

Das EStG bestimmt, wie hoch die Einkommensteuer festzusetzen ist. Aus der AO ergibt sich, in welcher Form die Festsetzung erfolgt (Steuerbescheid), bis wann die Festsetzung möglich ist (Festsetzungsverjährung), ob ausnahmsweise ein Erlass aus Billigkeitsgründen möglich ist, welcher Rechtsbehelf gegen die Festsetzung gegeben ist, u. a. m.

Inhaltlich besteht die AO großteils aus **Verfahrensregeln.** Hierzu gehören z. B. die Zuständigkeitsvorschriften in §§ 16 ff. AO und die Regelungen zum Zusammenwirken von Verwaltung und Steuerpflichtigem zur Ermittlung der Besteuerungsgrundlagen. Das FA ist gemäß § 88 AO verpflichtet, die Besteuerungsgrundlagen zu ermitteln. Der Steuerpflichtige muss freilich gemäß § 90 AO mitwirken.

> **BEISPIEL**
>
> Gabriella Coltello muss gem. § 138 Abs. 1 Satz 1 AO bei der Stadtverwaltung Stuttgart anmelden, dass sie einen Gewerbebetrieb eröffnet. Sie kann dies gem. § 138 Abs. 1a AO auch bei dem für die Umsatzsteuer zuständigen FA tun.
> Ihren für die Einkommensteuer maßgeblichen Gewinn aus Gewerbebetrieb muss sie durch Buchführung nach §§ 140 ff. AO i.V.m. § 5 EStG ermitteln.
> Zuletzt ergibt sich im Rahmen der Mitwirkung eine Pflicht zur Abgabe von Steuererklärungen, §§ 149 ff. AO i.V.m. den Einzelsteuergesetzen.

Daneben gibt es auch materiell-rechtliche Regelungen in der AO. Materiell-rechtlich sind Regelungen dann, wenn sie das Entstehen, die Veränderung oder das Erlöschen von Ansprüchen betreffen. Häufig enthalten die Bestimmungen der AO materiell-rechtliche und gleichzeitig verfahrensrechtliche Bestandteile.

> **BEISPIEL**
>
> Die Regelung in § 47 AO über die Erlöschensgründe ist im Grundsatz materiell-rechtlich. In den einzelnen Erlöschensgründen sind aber auch verfahrensrechtliche Regelungen enthalten, z. B. die Fristenregelungen in §§ 228 Satz 2, 229–231 AO für den Erlöschensgrund »Zahlungsverjährung«.

Aber auch **Definitionen** sind in der AO enthalten.

Die Rolle von Verwaltungsrichtlinien übernimmt der vom Bundesminister der Finanzen erlassene Anwendungserlass. Der »AEAO« enthält zahlreiche Auslegungs- und Anwendungsregeln im Sinne eines Kommentars, die freilich nur für die Verwaltung verbindlich sind.

> **BEISPIEL**
>
> Die italienische Staatbürgerin Gabriella Coltello handelt mit hochwertigen Gartenmöbeln. Diese Möbel hatte sie zunächst nur auf einer Fachmesse in Stuttgart angeboten und die Bestellungen von ihrem ursprünglichen Unternehmen im italienischen San Remo aus erledigt. Im Mai 08 hatte sie dann eine kleinere Lagerhalle am Ortsrand von Stuttgart angemietet und eine 1-Zimmer-Bleibe bezogen.
> **LÖSUNG** Frau Coltello ist nach § 1 EStG unbeschränkt einkommensteuerpflichtig. Für das Tatbestandsmerkmal »**Wohnsitz**« ergibt sich die Auslegung aus § 8 AO. Dass auch eine bescheidene Bleibe diese Voraussetzung erfüllt, ist in AEAO § 8 Nr. 3 nachzulesen.

2 Aufbau der AO

Wer sich mit der AO befasst, hat naturgemäß Schwierigkeiten, die Rechtsgrundlage zur Lösung verfahrensrechtlicher Fragen aus dem systematischen Zusammenhang innerhalb der AO herauszufiltern. Das Inhaltsverzeichnis der AO vermittelt dafür eine erste Groborientierung. Sie folgt gewissermaßen dem Besteuerungsverfahren:

§§ 1-68 AO befassen sich mit einleitenden und zumeist **definitorischen** Vorschriften; eine Sonderstellung nehmen die Regelungen zum Steuergeheimnis (§§ 30–32 AO) ein.

Aus **§§ 85ff.** AO folgt die Ermittlung der Besteuerungsgrundlagen durch das FA (**Ermittlungs**verfahren). In diesem Zusammenhang ergibt sich das Recht des **Verwaltungsakts** gemäß **§§ 118ff.** AO. Der VA steht im Mittelpunkt der AO. Die Ermittlungspflicht des FA wird ergänzt durch die v.a. nach **§§ 140ff** AO bestehenden Mitwirkungspflichten des Stpfl.

Dieses Zusammenwirken von Finanzbehörde und Bürger mündet am häufigsten in eine **Steuerfestsetzung**. Demgemäß schließen sich die Regelungen der **§§ 155-177** AO an (Festsetzungsverfahren); dabei bilden die Regelungen zur **Änderung** eines Bescheids (**§§ 172ff.** AO) und zur Festsetzungs**verjährung** (**§§ 169ff** AO) in Theorie und Praxis wichtige Prüfungsfelder.

Hat das FA eine Entscheidung getroffen, muss sie befolgt werden. Dies ist im **Erhebungs**verfahren in den **§§ 218ff** AO geregelt. Die zwangsweise Durchsetzung im **Vollstreckungs**verfahren bestimmt sich nach **§§ 249ff** AO.

Das **Rechtsbehelfs**recht in **§§ 347ff** AO stellt das in einem modernen Rechtsstaat notwendige Gegengewicht dafür dar, dass ein vom Hoheitsträger erlassener (auch) rechtswidriger VA zunächst verbindlich wird.

Strafrecht gemäß **§§ 369ff** und Ordnungswidrigkeiten gemäß **§§ 377** AO schließen als Spezialregelungen die AO ab.

BEISPIELE

a) Wer wissen will, ob für seine Besteuerung der beim FA tätige Nachbar zuständig sein kann und ob er gegebenenfalls vor einer Weitergabe von Informationen an Außenstehende geschützt ist, findet die Antworten in den Vorschriften zur Ermittlung der Besteuerungsgrundlagen: dass der Nachbar tätig wird, ist jedenfalls nicht nach § 82 AO ausgeschlossen; vor einer Weitergabe der Informationen schützt § 30 AO.

b) Die Frage, ob das FA eine bereits festgesetzte Steuer noch herabsetzt, wenn ein weiterer Ausgabenbeleg eingereicht wird, berührt das Recht der Steuerfestsetzung und ist demnach in §§ 155 ff. AO, hier z.B. in § 173 Abs. 1 Nr.2 AO geregelt.

c) Befindet sich jemand in Zahlungsschwierigkeiten und kann deshalb seine fällige Steuer nicht zahlen, ist das Erhebungsverfahren betroffen. Die Antwort ergibt sich aus § 222 AO; es kommt eine Stundung in Betracht.

d) Die Frage, ob das FA durch amtsangehörige Vollziehungsbeamte eine Sache des Bürgers pfänden darf, wenn dieser eine festgesetzte Steuer nicht (freiwillig) zahlt, ist Teil des Vollstreckungsrechts und insbesondere in § 286 AO geregelt.

e) Innerhalb welcher Frist ein Verwaltungsakt angefochten werden muss, ergibt sich aus dem Rechtsbehelfsrecht, genauer aus § 355 AO.

f) Ob derjenige, dem ein Fehler bei seiner Steuererklärung unterläuft, bestraft werden kann, ist eine Frage des Steuerstrafrechts und damit Teil der §§ 369ff. AO.

---

3 Begriff der Steuer, § 3 Abs. 1 AO

Aus der gesetzlichen Begriffsbestimmung für die Steuern in § 3 Abs. 1 AO ergeben sich **fünf Tatbestandsmerkmale.**

Steuern sind

1. **Geldleistungen**, einmalige oder laufende, die
2. **ohne** (unmittelbare) **Gegenleistung** für eine besondere Leistung zu sein,
3. von einem **öffentlich-rechtlichen Gemeinwesen**

4. **zur Erzielung von Einnahmen** als Haupt- oder Nebenzweck
5. (allen ..., bei denen der Tatbestand zutrifft) **auferlegt** sind.

Zu 1. Geldleistungen: Steuerschulden sind Geldschulden.

Sach- und Dienstleistungspflichten sind keine Steuern. Dagegen sind beispielsweise Zölle Geldleistungspflichten; sie gehören daher zu den Steuern, § 3 Abs. 1 Satz 2 AO. Der ab 1995 erhobene Solidaritätszuschlag ist eine »Ergänzungsabgabe« (§ 1 SolZG) und damit eine Steuer (»Zuschlagsteuer«).

Zu 2. Ohne (unmittelbare) Gegenleistung:

Dieses Tatbestandsmerkmal grenzt die Steuern von Gebühren und Beiträgen ab, die ebenfalls auf Zahlung von Geld gerichtete öffentlich-rechtliche Abgabenschulden sind.

Gebühren sind Gegenleistungen für bestimmte, tatsächlich in Anspruch genommene Leistungen der Verwaltung.

> **BEISPIEL**
>
> Gemäß § 89 Abs. 3 AO erhebt das FA Gebühren für die Erteilung einer verbindlichen Auskunft. Die Erteilung der Auskunft ist eine besondere Leistung außerhalb der eigentlichen Besteuerungsaufgaben.

Beiträge stehen systematisch zwischen Gebühren und Steuern. Sie stellen die Gegenleistung für eine nur angebotene Leistung dar, egal ob die Leistung tatsächlich in Anspruch genommen wurde oder wird.

> **BEISPIELE**
>
> a) Sozialversicherungsbeiträge, Kurtaxe, Anliegerbeiträge nach dem Bundesbaugesetz. Die Müllabfuhr»gebühr« kann je nach Ausgestaltung auch ein Beitrag sein.
> b) Zu den Beiträgen gehören auch die »**Verbandslasten**«, die Angehörige der Wirtschaft oder der »freien« Berufe an ihre »Kammern« zahlen müssen (an die IHK, Handwerks-, Apotheker-, Landwirtschafts-, Steuerberater-, Rechtsanwalts-, Ärztekammer usw.). Der Gesetzgeber unterstellt, dass diese Kammern für ihre Mitglieder vorteilhafte Tätigkeiten entfalten, deren Kosten dann auf die Kammermitglieder umgewälzt werden.

Zu 3. Öffentlich-rechtliches Gemeinwesen:

Dies sind **Gebiets**körperschaften (Bund, Länder, Regierungsbezirke, Landkreise, Gemeinden). Dazu kommen bestimmte **Religionsgemeinschaften,** die vom Staat als öffentlich-rechtliche Körperschaften anerkannt sind und damit das Recht zur Steuererhebung verliehen bekommen haben, Art. 140 GG, Art. 137 WRV.

Zu 4. Zur Erzielung von Einnahmen:

Dies kann nach dem Wortlaut des Gesetzes Haupt- oder Nebenzweck der Steuer sein. Hauptzweck einer bestimmten Steuerart oder einzelner Vorschriften kann also z. B. sein, die Konjunktur zu steuern, die Wirtschaft zu fördern, o. Ä.

Tritt dagegen die Einnahmeerzielungsabsicht völlig hinter anderen Zwecken zurück, so handelt es sich nicht um eine Steuer.

> **BEISPIELE**
>
> **a) Einnahmeerzielungsabsicht**
> Die Einkommensteuer ist und bleibt eine Steuer, auch wenn einige steuermildernde Bestimmungen des EStG nur mit der Absicht des Gesetzgebers erklärt werden können, die Konjunktur in bestimmten Wirtschaftsbereichen (z. B. § 7c EStG), oder den Umweltschutz (§ 7d EStG) bzw. den Denkmalschutz zu fördern (§ 7i EStG).

b) Geldleistungen ohne Einnahmeerzielungsabsicht

aa) Geldstrafen der Gerichte wegen Steuervergehen, Geldbußen des FA wegen Steuerordnungswidrigkeiten sühnen Schuld oder Verwaltungsunrecht. Dass dem Staat dadurch Gelder zufließen, ist für den Charakter der Schuld ohne Bedeutung.

bb) Zwangsgelder (§ 329 AO) und Säumniszuschläge (§ 240 AO) sind Druckmittel. Verspätungszuschläge (§ 152 AO) sind Ungehorsamsfolgen. Es handelt sich nicht um Steuern. Sie werden nicht zur Erzielung von Einnahmen erhoben, sondern um Pflichtwidrigkeiten zu sühnen bzw. von zukünftigen Pflichtwidrigkeiten abzuschrecken. Diese Zahlungspflichten werden mit Zinsen und Kosten unter dem Begriff »**steuerliche Nebenleistung**« zusammengefasst, § 3 Abs. 4 AO.

cc) **Sonderabgaben** gehören nicht zu den Steuern, weil sie in **Sonderfonds** fließen, die bestimmte Kreise begünstigen, oder weil bei ihnen der Einnahmeerzielungszweck zu Gunsten von Lenkungszwecken völlig zurücktritt. Beispiel dafür ist die **Schwerbehindertenabgabe**, welche von Arbeitgebern erhoben wird, die ihre gesetzliche Verpflichtung zur Einstellung von Schwerbehinderten nicht erfüllen.

Zu 5. Hoheitliche Auferlegung

Steuern sind Geldforderungen des **öffentlichen** Rechts, in dem **Über- und Unterordnungsverhältnisse** herrschen. Der Stpfl. kann sich der Steuerschuld nicht entziehen, wenn er – vielleicht unwissentlich – einen Steuertatbestand erfüllt hat. Umgekehrt kann z. B. eine Spende an die Gemeinde niemals eine Steuer sein, auch wenn sich alle Gemeindebürger an der Spendenaktion beteiligen, weil die Zahlung freiwillig erfolgt.

Das Über- und Unterordnungsverhältnis zwischen der Finanzverwaltung und dem Stpfl. wirkt sich nicht nur dahingehend aus, dass das FA die Steuerforderungen einseitig festsetzt, sondern dass es sie auch durch eigene, **amtsangehörige** Vollziehungsbeamte durchsetzen kann, die z. B. Wertgegenstände des Vollstreckungsschuldners pfänden.

Der Verankerung im öffentlichen Recht entspricht es, dass die Steuern gesetzmäßig und gleichmäßig festgesetzt werden. (Nur) wenn ein steuerlicher Tatbestand verwirklicht wird, ist eine Steuer bzw. die zutreffende Steuer festzusetzen, vgl. § 85 AO.

3.1 Die Stellung der Steuern im System der öffentlich-rechtlichen Lasten

```
                        ┌─────────────────────────────┐
                        │ Öffentlich-rechtliche Lasten │
                        └─────────────────────────────┘
        ┌────────────────────────┐          ┌────────────────────────┐
        │ Geldgabepflichten      │          │ Sach- und Dienst-      │
        │ (»Abgaben«)            │          │ leistungspflichten     │
        └────────────────────────┘          └────────────────────────┘
    ┌──────────────┐          ┌──────────────────────┐
    │ Steuern      │          │ andere Verwaltungs-  │
    │ § 3 Abs. 1 AO│          │ abgaben              │
    └──────────────┘          └──────────────────────┘
```

laufende	einmalige	Gebühren	Beiträge	Geld-bußen	sonstige Ungehorsamsfolgen (VerspZ) Druckmittel (Sz und Zwangs-gelder)	Zinsen	Sonder-abgaben

Benutzungs-gebühren	Verwaltungs-gebühren

steuerliche Nebenleistungen gem. § 3 Abs. 4 AO

Nach § 3 Abs. 3 AO zählen zu den Steuern auch Einfuhr- und Ausfuhrabgaben nach Art. 4 Nr. 10 und 11 ZK.

3.2 Übungsaufgaben

FÄLLE 1–2

FALL 1a Ist die nach § 89 Abs. 3 AO festgesetzte Gebühr für eine die Einkommensteuer betreffende Auskunft einkommensteuerlich abzugsfähig? Lesen Sie § 12 Nr. 3 EStG.

FALL 1b Können Zwangsgelder (§ 329 AO) unter Vorbehalt der Nachprüfung (§ 164 Abs. 1 AO) festgesetzt werden?

FALL 2 Kann das FA für Stundungszinsen (§ 234 AO), die es ebenfalls gestundet hat (§ 222 AO), Zinseszinsen verlangen? Lesen Sie § 233 Satz 2 AO!
Die Lösungen zu den Aufgaben finden Sie in Teil P Lösungshinweise zu den Fällen.

4 Einteilung der Steuern

Es gibt eine Vielzahl von Einteilungsmöglichkeiten für Steuern. Hier sollen nur die wichtigsten aufgeführt sein; zu den Einzelheiten vgl. Band 6, Staatsrecht und Steuerrecht.

4.1 **Einteilung nach der Finanzhoheit (Art. 105 ff. GG)**

Diese Einteilung unterscheidet die Steuern danach, welche Rechte und Pflichten sich für Bund und Länder bezüglich der einzelnen Steuern aus dem GG ergeben.

a) **Einteilung nach der Ertragshoheit**

Gemäß Art. 106 Abs. 1 GG stehen bestimmte Steuern ausschließlich dem Bund zu. Andere Steuern beanspruchen nach Art. 106 Abs. 2 GG ausschließlich die Länder (ErbSt u.a.). Die Gemeinden profitieren gemäß Art. 106 Abs. 6 GG vor allem von der Grundsteuer und der Gewerbesteuer. Der Ertrag der wichtigsten Steuern ESt (KSt) und USt wird auf Bund, Länder und Gemeinden verteilt (so genannte **Gemeinschaftsteuern**). Der Anteil für die Gemeinden ergibt sich aus Art. 106 Abs. 5 GG (ESt/KSt) und aus Art. 106 Abs. 5a GG (USt). Im Übrigen werden ESt und KSt gemäß Art. 106 Abs. 3 S.2 GG je zur Hälfte auf Bund und Länder verteilt; die Verteilung der USt auf Bund und Länder wird durch zustimmungspflichtiges Gesetz geregelt (Art. 106 Abs. 3 S.3 GG). Näheres ergibt sich aus verschiedenen Gesetzen: Finanzausgleichsgesetz (Beck 808), Maßstäbegesetz (Beck 809a) und Gemeindefinanzreformgesetz (Beck 810)

Art. 107 GG regelt sodann den Finanzausgleich unter den Ländern.

Insgesamt betrug das Steueraufkommen in Deutschland 2007 etwa 538 Milliarden €.

b) **Einteilung nach der Gesetzgebungshoheit**

In Art. 105 Abs. 1 GG ist dem Bund das alleinige (»ausschließliche«) Gesetzgebungsrecht nur für Zölle und Monopole zugesprochen. Allerdings hat der Bund für die wichtigsten Steuern nach Art. 105 Abs. 2 GG das »konkurrierende« Gesetzgebungsrecht. Für die »örtlichen Verbrauch- und Aufwandsteuern« haben die Länder nach Art. 105 Abs. 2a GG das ausschließliche Gesetzgebungsrecht. Im Ergebnis bedeutet diese Regelung, dass die wichtigsten Steuergesetze Bundesgesetze sind, zu deren Erlass, Änderung und Aufhebung die Zustimmung der Länder erforderlich ist (»**Zustimmungsgesetze**« gem. Art. 77 Abs. 2 Satz 4 GG; vgl. auch Art. 105 Abs. 3, 106 Abs. 4, 5, 107 Abs. 1 GG).

c) **Verwaltungshoheit, Art. 108, 83 ff. GG**

Es wird danach unterschieden, wer die Steuer ohne Rücksicht auf die Ertragshoheit durch eigene Behörden **verwaltet**. Hier liegt der Schwerpunkt bei den Ländern.

Die wichtigsten Steuern, insbesondere die Gemeinschaftsteuern, werden von den Ländern in Auftragsverwaltung für den Bund verwaltet (Art. 108 Abs. 3 GG). Dies bedeutet: Die Bundesregierung erlässt die allgemeinen Verwaltungsregelungen (»Richtlinien«) mit Zustimmung des Bundesrats. Die Landesbehörden unterliegen der »Fachaufsicht« des Bundes. D.h. das BMF kann die Recht- und Zweckmäßigkeit jeder Entscheidung der Landesfinanzbehörden überprüfen. Dies führt bei den wichtigsten Steuern zu einem Einzel-Weisungsrecht des BMF (Art. 85 Abs. 3, 108 Abs. 3 GG). Der Bund hat aber auch im Bereich der landeseigenen Verwaltung der Landesteuern erhebliche Befugnisse (Art. 108 Abs. 2 GG).

Die bundeseigene Finanzverwaltung beschränkt sich im Wesentlichen auf Zölle und die bundesgesetzlichen Verbrauchsteuern (Art. 108 Abs. 1 GG).

4.2 **Einteilung nach dem Steuertatbestand** (Auswahl)

a) **Besitzsteuern** wie die ESt, KSt, ErbSt knüpfen an den Erwerb (das Einkommen) bzw. an die Bereicherung an,

b) **Verkehrsteuern** wie die USt, GrESt, ErbSt knüpfen an Vorgänge des Rechtsverkehrs an,

c) **Verbrauchsteuern** wie die Tabak-, Bier-, Kaffeesteuer knüpfen an den Verbrauch an. Dazu gehören auch die Monopolerträge aus dem Branntweinmonopol.

d) **Zölle** knüpfen an den Grenzübertritt an.

Die Unterscheidung zwischen Verkehr- und Verbrauchsteuer ist z. B. von Bedeutung für die Verjährung (§ 169 Abs. 2 AO).

4.3 Einteilung nach der Auswirkung beim Steuerschuldner

Die Unterscheidung erfolgt danach, ob der Steuerschuldner die Steuer wirtschaftlich selbst trägt, oder ob er sie auf andere überwälzen kann. Je nachdem spricht man von **direkten** und **indirekten** Steuern. Zum Beispiel ist die ESt nicht abwälzbar, also eine direkte Steuer. Dies gilt für alle ihre Unterarten wie LSt und KapSt. Die USt wird vom Steuerschuldner, dem Unternehmer, über die Preise auf die Endverbraucher abgewälzt, ist also eine indirekte Steuer (vgl. Band 4, Völkel/Karg, Umsatzsteuer). Verbrauchsteuern und Zölle sind meistens indirekte Steuern.

4.4 Einteilung nach der Abzugsfähigkeit bei der Gewinnermittlung, § 12 Nr. 3 EStG

a) **Personensteuern** sind Steuern, die sich nach der wirtschaftlichen Leistungsfähigkeit des Stpfl. bemessen. Sie sind bei der Gewinnermittlung nicht als Betriebsausgaben abzugsfähig. (Z. B.: ESt (§ 12 Nr. 3 EStG), KSt, KiSt (letztere aber bei der ESt als Sonderausgabe abzugsfähig, § 10 Abs. 1 Nr. 4 EStG).

b) **Sachsteuern** sind betrieblich veranlasst. Sie knüpfen objektiv an einen Gegenstand oder einen Verkehrsvorgang an. Hierzu gehören insbesondere die »Realsteuern« gem. § 3 Abs. 2 AO. Es handelt sich um eine traditionell begründete Bezeichnung für GrSt und GewSt.

4.5 Einmalige und laufende Steuern

Einmalig erhoben werden z. B. die ErbSt und die GrESt. Laufend für aufeinander folgende Kalenderjahre werden z. B. ESt, KSt, USt und GrSt erhoben.

4.6 Veranlagte Steuern und Abzugsteuern

a) Bei **Veranlagungssteuern** wird ein förmliches Verfahren zur Festsetzung der Steuer durchgeführt. Die Steuer wird regelmäßig in einem Steuerbescheid gegen den Steuerschuldner festgesetzt, § 155 AO.

b) Bei im **Abzugsverfahren** erhobenen Steuern wird gegen den Steuerschuldner regelmäßig kein Bescheid erlassen. Die Steuer wird »an der Einkunftsquelle« bei einem Abzugsverpflichteten erhoben.

a) Veranlagungssteuern sind ESt, KSt, USt u. a.

b) Abzugsteuern sind LSt, KapSt, ESt in Fällen beschränkter Steuerpflicht gem. § 50a EStG.

c) Die LSt wird z. B., obwohl sie ein Teil des Arbeitslohns ist, vom Arbeitgeber nicht an den Arbeitnehmer ausbezahlt, sondern vom Arbeitgeber direkt an die Finanzkasse abgeführt. Der Arbeitgeber ist gesetzlich zum Einbehalt und Abzug verpflichtet, s. § 38 Abs. 3 EStG und § 41a Abs. 1 Nr. 2 EStG.

5 Geltungsbereich der AO

Der **sachliche** Geltungsbereich erstreckt sich

a) **Gemäß § 1 Abs. 1 AO:**
- auf alle **Steuern** (§ 3 Abs. 1 AO) und Steuervergütungen,
- die durch **Bundesrecht** (oder Recht der Europäischen Gemeinschaften) geregelt sind,
- soweit sie **durch Bundes- oder Landesfinanzbehörden verwaltet** werden.

b) **Gemäß § 1 Abs. 2 AO:** auf die **Realsteuern** (§ 3 Abs. 2 AO).

Soweit die Realsteuern (Gewerbesteuer, Grundsteuer) von den Landesfinanzbehörden verwaltet werden, ist die AO nach § 1 Abs. 1 AO in vollem Umfang anzuwenden.

Soweit diese Steuern jedoch von den Gemeinden verwaltet werden, findet die AO nur mit jenen Bestimmungen Anwendung, die in **§ 1 Abs. 2 AO abschließend aufgezählt sind.** (Bei den Realsteuern erlassen die FÄ den sog. Messbescheid (§ 184 AO), an den die Gemeinden gebunden sind. Inhalt des Messbescheids ist die Festsetzung eines Messbetrags. Die Gemeinde multipliziert den Messbetrag mit ihrem durch Gemeindesatzung festgelegten Hebesatz (Prozentsatz) und setzt die so errechnete Realsteuer dann durch Steuerbescheid fest.) In einigen Bundesländern ist die Festsetzung und Erhebung der GewSt ebenfalls dem FA übertragen.

c) **Gemäß § 1 Abs. 3 AO:** erfolgt eine Anwendung der AO entsprechend auf die **steuerlichen Nebenleistungen** (§ 3 Abs. 4 AO), eingeschränkt durch Satz 2.

Auf **landesgesetzlich geregelte Steuern** ist die AO anwendbar, soweit dies in den Anwendungsgesetzen der Länder vorgesehen ist (z. B. in den Kommunalabgabengesetzen oder landesgesetzlichen Verweisen auf die AO).

Die AO gilt im **Inland.** Ob sie darüber hinaus Anwendung findet, bestimmt sich nach dem Anwendungsbereich des Einzelsteuergesetzes, zu dessen Durchsetzung sie jeweils dient.

Die AO ist anwendbar, wenn es sich um die deutsche Einkommensbesteuerung unbeschränkt oder beschränkt steuerpflichtiger Personen handelt, § 1 EStG.

Übungsaufgaben zum Geltungsbereich der AO

Entscheiden Sie die folgenden Fragen **nach § 1 AO:**

FALL 3 Kann der Stpfl. den Gewerbesteuermessbescheid eines Finanzamts (§ 14 GewStG, § 184 Abs. 1 AO) mit Einspruch (§§ 347 ff. AO) angreifen, d. h. sind die §§ 347 ff. AO auf einen Gewerbesteuermessbescheid anwendbar?

FALL 4 Sind die Beamten des Stadtsteueramts beim Erlass des Grundsteuer- (GrSt-)Bescheids an das Steuergeheimnis gemäß § 30 AO gebunden?

FALL 5 Ist ein Rechtsbehelf der AO (in §§ 347 ff.) gegen den Gewerbesteuerbescheid der Stadt (§ 16 GewStG) gegeben?

FALL 6 Ist ein Rechtsbehelf der AO (in §§ 347 ff.) gegen die vom Finanzamt (FA) vorgenommene Festsetzung eines Verspätungszuschlags (VerspZ, § 152 AO) zum GewSt-Messbescheid gegeben?

Teil B Anwendung der Steuergesetze

1 Begriff der Steuergesetze, § 4 AO

Das aus dem Steuerbegriff (§ 3 Abs. 1 AO), aus § 85 AO und dem Rechtsstaatsprinzip (Art. 3, 20, 28 GG) abgeleitete Prinzip der **Gesetzmäßigkeit der Besteuerung** bestimmt, dass die Besteuerung nur aufgrund eines **Gesetzes** zulässig ist. Gesetz in diesem Sinne ist, wie § 4 AO besagt, jede Rechtsnorm.

Rechtsnormen sind generelle und abstrakte Anordnungen von Rechtsfolgen, die eintreten, wenn ein bestimmter Tatbestand erfüllt ist.

Anordnungen sind verbindliche Regelungen für menschliches Verhalten. Sie sind **generell**, wenn sie sich an eine unbestimmte Vielzahl von Personen richten. Sie sind **abstrakt**, wenn sie auf eine unbestimmte Vielzahl von Lebenssachverhalten Anwendung finden können. (Vgl. dazu Band 6, Bischoff/Haug-Adrion/Dehner; Staatsrecht und Steuerrecht) Anordnungen, die nicht generell und abstrakt sondern Einzelfall-bezogen sind, bezeichnet man als **Verwaltungsakte**, wenn sie von Verwaltungsbehörden, und als Urteile oder Beschlüsse, wenn sie von Gerichten in einem gerichtlichen Verfahren erlassen sind.

Geschriebene Rechtsnormen des Steuerrechts können (in der Reihenfolge des Vorrangs) sein:

Rechtsnorm	Erläuterungen und Beispiele
Supranationale Vorschrift	ist von zwischenstaatlichen Organisationen erlassen und kraft völkerrechtlichen Vertrags mit unmittelbarer innerstaatlicher Wirkung ausgestattet; z. B. EU-Richtlinie über das gemeinsame Mehrwertsteuersystem)
Förmliches Gesetz des Bundes mit Verfassungsrang	ist das Grundgesetz
Doppelbesteuerungsabkommen	sind völkerrechtliche Verträge mit anderen Staaten; vgl. Art. 59 Abs. 2 GG, § 2 AO.
Einfaches förmliches Gesetz des Bundes	ist vom Bundestag unter Mitwirkung des Bundesrats im förmlichen Gesetzgebungsverfahren des Art. 77 GG erlassen, z. B. EStG, UStG, AO.
Rechtsverordnung des Bundes (materielles Gesetz)	ist von der Bundesregierung oder vom Bundes-(finanz)minister erlassen, Art. 80 GG (bzgl. Steuern unter Mitwirkung des Bundesrats); z. B. die EStDV.
Verfassungs- und einfache Gesetze sowie Rechtsverordnungen der Länder	werden regelmäßig vom Landtag (Verordnungen: von der Landesregierung oder einem Minister/Senator) erlassen. Ihre Rangfolge zum Bundesrecht wird durch Art. 31 GG festgelegt.

Rechtsnorm	Erläuterungen und Beispiele
Autonome Satzung der Regierungsbezirke, Landkreise und Gemeinden	z. B. die Satzung der Gemeinde über den GewSt-Hebesatz gem. § 16 GewStG, oder die Satzung über die Erhebung von Hundesteuer der Gemeinde aufgrund einer Ermächtigung durch Landesgesetz, oder Zweitwohnungsteuer.

Ungeschriebene Rechtsnormen des Steuerrechts sind die allgemein, auch in der Rechtsprechung der obersten Bundesgerichte (z. B. des BFH) anerkannten Grundsätze des »Gewohnheitsrechts«. Sie können theoretisch auf jeder Stufe der Rechtsnormen-Rangfolge auftreten. Im Steuerrecht spielen sie keine große Rolle. Das Gewohnheitsrecht hat in der AO nur Bedeutung, soweit der **Grundsatz von Treu und Glauben** im Gesetz keinen Niederschlag gefunden hat.

BEISPIEL

> Der Erlöschensgrund »Verwirkung« ist in der AO (§ 47) nicht aufgeführt. Trotzdem führt die Verwirkung als Folge des auch im Steuerrecht geltenden, hier ungeschriebenen Grundsatzes von Treu und Glauben dazu, dass der Anspruch nicht durchgesetzt werden darf (vgl. H 4.5).

Hinweis: Keine Rechtsnormen sind (neben Verwaltungsakten, Urteilen und anderen Gerichtsbeschlüssen, s. o.), die allgemeinen **Verwaltungsanweisungen** (Verwaltungsrichtlinien). Sie binden als allgemeine Weisungen vorgesetzter Behörden die nachgeordneten Behörden, aber weder den Bürger noch die Gerichte.

Verwaltungsinterne allgemeine Anordnungen sind beispielsweise:
- die Einkommensteuerrichtlinien. Sie sind von der Bundesregierung mit Zustimmung des Bundesrates erlassen, Art. 108 Abs. 7 GG; Bindungswirkung besteht für alle Behörden der Landesfinanzverwaltungen;
- das Schreiben des Bundesministers der Finanzen betr. Anwendungserlass zur AO (AEAO): Bindungswirkung für alle Behörden der Finanzverwaltung; ob der BMF solche Schreiben auf Grund des Weisungsrechts gem. Art. 108 Abs. 3 GG erlassen darf, ist ungeklärt. In der Praxis ergehen BMF-Schreiben nur mit Zustimmung der Mehrheit der Länder, wobei jedes Land ungeachtet seiner Größe und Bevölkerungszahl eine Stimme hat;
- die »Amtsverfügung« des Behördenleiters: Bindungswirkung für alle seiner Weisungsbefugnis unterstehenden Amtsangehörigen in den dienstlichen Angelegenheiten; Rechtsgrundlage ist das Beamten- und Arbeitsrecht.

2 Grundsätze zur Anwendung der Steuergesetze

Die Anwendung der Gesetze erfolgt in drei Stufen:
1. Der maßgebliche Sachverhalt wird ermittelt.
2. Eine in Betracht kommende Rechtsnorm wird ermittelt und der Sachverhalt unter diese Rechtsnorm untergeordnet (»Subsumtion«).
3. Die Rechtsfolge wird gezogen.

2.1 **Sachverhaltsermittlung**

Sachverhalt ist die Summe der Lebensumstände, die nach den gesetzlichen Vorschriften Einfluss auf die Besteuerung haben. Das FA hat diesen Sachverhalt von Amts wegen zu ermitteln. Dies geschieht durch den »Innendienst«/Veranlagungsbezirk, unterstützt durch den Außendienst (Betriebsprüfung, ggf. Steuerfahndung).

In **Klausuren** wird dagegen ein »fertiger« Sachverhalt vorgegeben; weitere Einzelheiten können nicht ermittelt werden.

2.2 **Subsumtion**

Der Begriff »Subsumtion« kommt aus dem Lateinischen »subsumere« = ein-, unterordnen. Sobald der Sachverhalt feststeht, müssen die sich ergebenden Rechtsfragen mit Hilfe der zur Verfügung stehenden Rechtsnormen gelöst werden. Dazu wird eine Norm gesucht, deren Tatbestand (§ 38 AO) mit dem Sachverhalt möglicherweise übereinstimmt. Ergibt sich diese Übereinstimmung, kann die angeordnete Rechtsfolge gezogen werden.

Weil die Gesetzessprache häufig schwer verständlich ist, häufig auch unbestimmte Rechtsbegriffe verwendet, muss eine Norm **ausgelegt** werden.

BEISPIELE

Ob die bescheidene Bleibe von Gabriella Coltello im laufenden Beispiel das Merkmal des »Wohnsitzes« in § 1 EStG erfüllt, ist mit Hilfe des Tatbestands in § 8 AO auszulegen; ob ihre Einnahmen zu den Einkünften aus § 15 EStG gehören, ist durch Subsumtion der Begriffe in § 15 Abs. 2 AO zu bestimmen. Schon der Begriff der Betriebseinnahme wird aber im Gesetz nicht erläutert, die Auslegung erfolgt am ehesten durch einen Umkehrschluss aus § 4 Abs. 4 EStG.

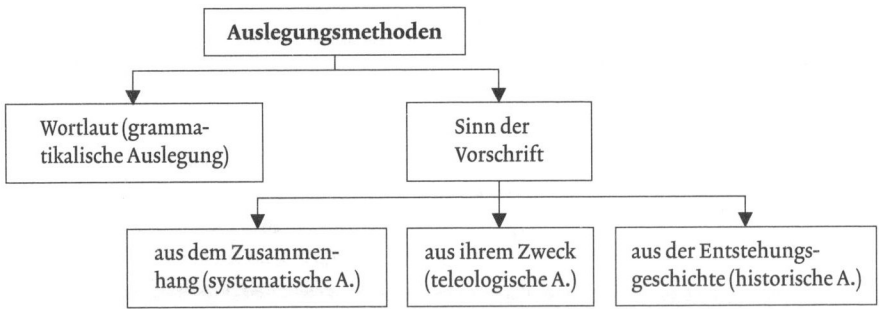

Auszugehen ist von der **Wortlautauslegung** (»grammatikalische« oder »philologische« Auslegung). Man untersucht also den allgemeinen Sprachgebrauch eines Begriffes.

Für die Auslegung einer Norm ist letztlich aber nicht der Wortlaut, sondern ihr **Sinn** bzw. **Zweck** entscheidend (soweit dabei der mögliche Wortsinn nicht überschritten wird).

Der Sinn des Gesetzes muss irgendwie **im Gesetz zum Ausdruck gekommen** sein. Regelmäßig entspricht deshalb der Sinn des Gesetzes seinem **Wortlaut**. Möglicherweise deuten aber andere Umstände darauf hin, dass **Wortlaut und Sinn der Vorschrift auseinander fallen**. Dann darf die Auslegung nicht »am Buchstaben des Gesetzes« kleben. Der Wortlaut tritt nur dann zurück, wenn die wortgetreue Auslegung zu einem **sinnwidrigen** Ergebnis führt, das vom Gesetz nicht beabsichtigt sein kann.

Die Methoden der **Auslegung nach dem Sinn** (»teleologische« Auslegung) sind vielfältig. Vor allem ist die systematische Stellung der Vorschrift im Gesetz, die Überschrift der Vorschrift, des Abschnitts usw., der Regelungsinhalt der umgebenden Vorschriften (**»systematische« Auslegung**) und die Änderungen einer Neufassung gegenüber den früher geltenden Fassungen (**»historische« Auslegung**) von Bedeutung. Absichtserklärungen des Gesetzgebers selbst oder sonstige Erklärungen während des Gesetzgebungsverfahrens können aber zur Auslegung nur herangezogen werden, wenn sie auch tatsächlich einen Niederschlag im Gesetz gefunden haben. Maßgeblich ist somit »der Wille des Gesetzes«, nicht der Wille des historischen Gesetzgebers.

BEISPIELE

a) Die Regelungen in §§ 118 ff. AO für Verwaltungsakte gelten auch für Steuerbescheide (§§ 155 ff. AO), weil diese ebenfalls Verwaltungsakte sind, sofern in §§ 155 ff. AO nicht anderes bestimmt ist (systematische Auslegung).

b) Wenn ein Begriff in einem einzigen Gesetz an mehreren Stellen vorkommt, hat er dort regelmäßig die gleiche Bedeutung. Der Begriff »Gesamtbetrag der Einkünfte« hat deshalb in § 2 Abs. 3 und § 33 Abs. 3 EStG den gleichen Inhalt.

c) § 370 Abs. 4 AO regelt, ob und in welchem Umfang Steuern hinterzogen wurden. Hieran knüpft § 169 Abs. 2 Satz 2 AO die Dauer der Festsetzungsverjährung. Die verlängerte Frist soll dem FA eine Aufdeckung der Tat und eine nachträgliche Besteuerung ermöglichen. Gemäß einer am Zweck orientierten (teleologischen) Auslegung gilt diese Frist nicht, wenn sie zu einer Erstattung zugunsten des Hinterziehers führen würde, BFH vom 26. 02. 2008, BStBl II 2008, 659.

Hilfestellung bei der Auslegung geben vor allem die veröffentlichten Entscheidungen der Finanzgerichte und des BFH. Sie haben zwar keine bindende Wirkung über den entschiedenen Fall hinaus (Gewaltenteilungsprinzip, Art. 20 GG). Aber sie geben bei vergleichbaren Sachverhalten Anhaltspunkte dafür, wie das Gericht über den vorliegenden Sachverhalt entscheiden würde. Die Verwaltungsrichtlinien bestehen zum großen Teil aus einer Sammlung von höchstrichterlichen Entscheidungen (vgl. insbes. die »EStH«).

Fehlt – trotz Auslegungsversuchen des Gesetzes bis zu den Grenzen seines Wortlauts – die Regelung einer Frage im betreffenden Gesetzesteil oder im Gesetz insgesamt, kann diese **Lücke** eventuell **im Wege der »Analogie« gefüllt** werden. Dabei wird eine Vorschrift z. B. in einem anderen Teil des Gesetzes oder in einem anderen Gesetz entsprechend auf den vorliegenden Sachverhalt angewandt.

BEISPIEL

Endgültige **Steuerbescheide** sind nach Außenprüfungen unter den Voraussetzungen des § 173 Abs. 2 AO zukünftig nicht mehr wegen »neuer Tatsachen und Beweismittel« (§ 173 Abs. 1 AO) änderbar.
Eine dem § 173 Abs. 2 AO entsprechende Vorschrift fehlt bei den Regelungen für **Haftungs**bescheide in § 191 AO. Die Regelungen über Steuerbescheide sind nach § 191 AO grundsätzlich auch nicht entsprechend anwendbar auf Haftungsbescheide. Folglich könnten nach Betriebsprüfungen zwar Steuerbescheide nicht mehr wegen nachträglich bekanntgewordener Tatsachen korrigiert werden, wohl aber Haftungsbescheide.
Dies würde dem Sinn von Betriebsprüfungen, abschließende Tatsachenentscheidungen zu treffen, und dem Grundsatz von Treu und Glauben widersprechen. Nach Betriebsprüfungen soll »Ruhe« bei den geprüften Sachverhalten eintreten. Da das Gesetz in § 191 AO keine entsprechende Regelung enthält, muss die Lücke durch analoge Anwendung des § 173 Abs. 2 AO auf Haftungsbescheide geschlossen werden (BFH vom 24. 01. 2008, BFH/NV 2008, 840 zur Haftung nach § 42d EStG).

2.3 Auslegung nach der »wirtschaftlichen Betrachtungsweise«

Steuergesetze betreffen wirtschaftliche Sachverhalte, bedienen sich aber häufig nicht wirtschaftlicher, sondern zivilrechtlicher Begriffe, die z. B. im BGB, HGB usw. definiert sind (z. B. »Eigentümer«). Dann stellt sich bei der Auslegung nach dem Wortlaut oder Sinn der Vorschrift die Frage, ob man den Begriff wie im Zivilrecht auslegen muss, oder ob man auf den davon abweichenden wirtschaftlichen Sachverhalt abstellen soll.

Der Gesetzgeber hat in §§ 39 bis 42 AO einige Auslegungsgrundsätze zur wirtschaftlichen Betrachtungsweise niedergelegt. Danach darf in den aufgeführten Fällen steuerlich nicht nach der zivilrechtlichen, sondern nach der wirtschaftlichen Lage entschieden werden. Dies ist kein Verstoß gegen die »Einheit der Rechtsordnung«. Da das Steuerrecht an wirtschaftliche Sachverhalte anknüpft und diese nur unvollkommen durch zivilrechtliche Begriffe bezeichnet sind, müssen die zivilrechtlichen Begriffe zurücktreten.

2.3.1 Zurechnung von Wirtschaftsgütern nach § 39 AO

Wirtschaftsgüter sind dem **rechtlichen** Eigentümer zuzurechnen (§ 39 Abs. 1 AO), sofern nicht ein anderer der **wirtschaftliche** Eigentümer ist (Abs. 2 Nr. 1). Das wirtschaftliche Eigentum geht somit dem rechtlichen Eigentum bei der Zurechnung vor. Wirtschaftlicher Eigentümer ist, wer den rechtlichen Eigentümer für die gewöhnliche Nutzungsdauer des Wirtschaftsguts regelmäßig von der Einwirkung auf das Wirtschaftsgut wirtschaftlich ausschließen kann, so dass der Herausgabeanspruch des zivilrechtlichen Eigentümers keine wirtschaftliche Bedeutung mehr hat (§ 39 Abs. 2 Nr. 1 Satz 1 AO). Nach § 39 Abs. 2 Nr. 1 Satz 2 AO sind kraft Gesetzes wirtschaftliche Eigentümer: der Treugeber in Treuhandverhältnissen, der Sicherungsgeber bei der Sicherungsübereignung und der Eigenbesitzer (§ 872 BGB).

BEISPIELE

Im laufenden Beispiel hat Gabriella Coltello
a) bei ihrer Bank ein Darlehen aufgenommen und der Bank ihr Warenlager zur Sicherheit übereignet (§§ 929, 930 BGB) und
b) für ihren Betrieb ein Lieferauto gekauft. Der Fahrzeugverkäufer behielt sich bis zur vollständigen Zahlung das Eigentum vor (§ 449 BGB).
LÖSUNG Sie ergibt sich aus § 39 Abs. 2 Nr. 1 Satz 2 AO.
a) Zivilrechtlich erhält die Bank das (Voll)Eigentum am Warenlager. Wirtschaftlich gesehen verbleibt die Verfügungs- bzw. Einwirkungsmacht jedoch bei Frau Coltello. Die Sicherungsübereignung wurde nur deshalb gewählt, weil es zivilrechtlich kein besitzloses Pfandrecht an beweglichen Sachen gibt. Die Bank erhält durch die Sicherungsübereignung also zivilrechtlich mehr als von den Vertragsbeteiligten wirtschaftlich gewollt ist. Das Warenlager ist daher weiterhin Frau Coltello zuzurechnen. Sie bilanziert die Waren bei der Buchführung zur Ermittlung ihres Gewinns. Weil auch umsatzsteuerlich nicht von einer Lieferung des Warenlagers nach § 3 Abs. 1 UStG auszugehen ist, stellt die Sicherungsübereignung keinen steuerbaren Leistungsaustausch dar, so dass keine Umsatzsteuer anfällt.
b) Gabriella Coltello erhält zwar den (Eigen)Besitz des Fahrzeugs. Zivilrechtlicher Eigentümer bleibt jedoch zunächst der Fahrzeugverkäufer. Dem Verkäufer verbleibt zivilrechtlich mehr, als wirtschaftlich gewollt ist. Aufgrund der wirtschaftlichen Betrachtung im Steuerrecht bilanziert Frau Coltello daher das Fahrzeug sofort, obwohl sie noch nicht sämtliche Raten gezahlt hat. Umsatzsteuerlich führt der Fahrzeugverkäufer eine steuerpflichtige Lieferung nach § 1 Abs. 1 Nr. 1 i.V.m. § 3 UStG aus; regelmäßig ist Frau Coltello gem. § 15 Abs. 1 Nr. 1 UStG zum Vorsteuerabzug berechtigt.

Nach § 39 Abs. 2 Nr. 2 AO wird für steuerliche Zwecke **Gesamthandseigentum** von Gemeinschaftern (bei Gütergemeinschaft nach §§ 1419 ff., 1483 ff. BGB und bei Erbengemeinschaft nach §§ 2032 ff. BGB) und Gesellschaftern (von Gesellschaften des bürgerlichen Rechts nach §§ 705 ff. BGB, von offenen Handels- und von Kommanditgesellschaften nach §§ 105 ff., 161 ff. HGB) entgegen dem Zivilrecht in Bruchteile aufgespalten; vgl. dazu z. B. § 15 Abs. 1 Nr. 2 EStG.

2.3.2 Gesetz- und sittenwidriges Handeln, § 40 AO

Zivilrechtlich sind gesetz- und sittenwidrige Rechtsgeschäfte unwirksam, §§ 134, 138 BGB. Tritt trotzdem ein wirtschaftliches Ergebnis des Rechtsgeschäfts ein (d. h. wird es trotzdem durchgeführt), so ist dies steuerlich von Bedeutung.

> **BEISPIELE**
>
> a) Die Zinserträge aus einem gem. § 138 Abs. 2 BGB wegen Wuchers nichtigen Darlehensvertrag unterliegen der Einkommensteuer.
> b) Die Einkünfte eines »Drogendealers«, die auf rechtswidrigen und damit gemäß § 138 Abs. 1 BGB unwirksamen Verträgen beruhen, unterliegen der Einkommensteuer und der Umsatzsteuer.

2.3.3 Unwirksame Rechtsgeschäfte, § 41 AO

Führen (von Anfang an oder erst rückwirkend) unwirksame Rechtsgeschäfte zu wirtschaftlichen Ergebnissen, so sind diese Ergebnisse steuerlich von Bedeutung.

> **BEISPIEL**
>
> Der 16-jährige S schließt ohne Zustimmung seiner Eltern einen verzinslichen Darlehensvertrag mit seinem Freund D ab. Der Vertrag ist unwirksam (vgl. § 106 BGB), er wird aber durchgeführt. S erhält von D Zinsen für die Darlehensgewährung.
> **LÖSUNG** Die Zinsen sind dem S zuzurechnen und von ihm zu versteuern (§ 41 AO).

Bei nahen Angehörigen wenden Rechtsprechung und Verwaltung § 41 AO regelmäßig nicht an; hier werden vielmehr erhöhte Anforderungen an die Wirksamkeit von Rechtsgeschäften gestellt.

2.3.4 Umfang und Grenzen rechtlicher Gestaltung

Nach dem Grundsatz der zivilrechtlichen Vertragsfreiheit (vgl. Art. 2 GG, §§ 145, 305 BGB) kann jeder seine Verhältnisse so gestalten, wie er sie auch in steuerlicher Hinsicht für vernünftig hält. Die Besteuerung knüpft daher grundsätzlich an die von den Beteiligten getroffenen Vereinbarungen an.

Es gelten allerdings **Ausnahmen:**

a) Missbrauch rechtlicher Gestaltung

Eine (zivilrechtlich wirksame) rechtliche Gestaltung wird auch steuerlich anerkannt, solange sie nicht **missbräuchlich** gewählt wird. Teils schließt der Gesetzgeber solchen Missbrauch bereits in den einzelnen Vorschriften aus, § 42 Abs. 1 Satz 2 AO (z. B. §§ 7b Abs. 1 Satz 4, 15b EStG). Im Übrigen kann gem. § 42 Abs. 1 Satz 3 i.V.m Abs. 2 Satz 1 AO durch eine unangemessene rechtliche Gestaltung nicht erreicht werden, dass ein bestimmter Vorgang nicht doch seiner wirtschaftlichen Bedeutung entsprechend (angemessen) besteuert wird.

Eine ungewöhnliche Gestaltung ist vor allem dann zugleich unangemessen, wenn sie der Wertung des Gesetzes widerspricht, den Beteiligten also einen gesetzlich nicht vorgesehenen Steuervorteil gewährt und die Gestaltung gerade hierauf angelegt ist. Solche Gestaltungen fallen zumeist dadurch auf, dass sie der allgemeinen Lebenserfahrung widersprechen, von einem verständigen Dritten daher nicht gewählt worden wären (»gekünstelt« vgl. AEAO § 42 Nr. 2.2).

Verweist das FA für eine bestimmte Rechtsgestaltung auf diesen Zusammenhang, kann sich der Stpfl. gem. § 42 Abs. 2 Satz 2 AO dadurch entlasten, dass er überzeugend gleichwertige außersteuerliche Umstände vorträgt, die ihn die Gestaltung wählen ließen. Die in § 42 AO enthaltenen unbestimmten Rechtsbegriffe »ermöglichen zwar Weiterentwicklungen in der Rechtsordnung« (Gesetzesbegründung), hinterlassen aber zugleich große Unsicherheit in der Rechtsanwendung.

BEISPIEL

> Herr A schließt mit Herrn B einen Mietvertrag über seine – weiterhin – leerstehende Wohnung ab. B zahlt dafür eine Miete i. H. v. 800 € pro Monat, nutzt die Wohnung aber nicht. Gleichzeitig vermietet Herr B an Herrn A eine dem B gehörende, ebenfalls weiterhin leerstehende Wohnung gegen monatlich 800 €.
>
> **LÖSUNG** Die beiden Vertragsabschlüsse (»Überkreuzvermietung«) sind wirtschaftlich sinnlos. Sie haben nur den Sinn, steuerlich dem jeweiligen Wohnungseigentümer Einnahmen aus Vermietung zu verschaffen, damit dieser entsprechend hohe »Werbungskosten« gem. §§ 9, 21 EStG geltend machen und so Verluste aus Vermietung erzielen kann. Diese Verluste werden steuerlich nicht anerkannt.

Bei den von der Rechtsprechung entschiedenen Missbrauchsfällen geht es bei der ESt regelmäßig um die Erzeugung von Verlusten und bei der USt um Gestaltungen zur Erlangung des Vorsteuerabzugs (§ 15 UStG).

b) Auch bei gesellschafts- und schuldrechtlich wirksamen **Verträgen zwischen nahen Angehörigen** bestehen nach Rechtsprechung und Verwaltung Einschränkungen. Zwar dürfen auch Angehörige ihre Rechtsverhältnisse steueroptimal gestalten. Die Verträge müssen jedoch in Inhalt und Umsetzung einem so genannten Fremdvergleich standhalten; nebensächliche Abweichungen bleiben bedeutungslos. Je mehr verwandtschaftliche Umstände deutlich werden, desto fraglicher ist die Ernsthaftigkeit einer Gestaltung und ihre steuerliche Anerkennung (vgl. H 4.8 EStR).

BEISPIELE

> a) Die Eltern erwerben im Studienort der Tochter eine Wohnung. Die Wohnung wird an die Tochter vermietet, der Mietzins wird mit dem Unterhaltsanspruch der Tochter gegenüber ihren Eltern verrechnet.
>
> **LÖSUNG** Die Vermietung wird anerkannt. Die Eltern erzielen Einnahmen aus § 21 EStG. Zugleich sind sie zum Abzug der Werbungskosten berechtigt (v.a. AfA gemäß § 7 Abs. 4 EStG).
>
> b) Die Eltern vermieten ein Zimmer innerhalb einer nicht abgeschlossenen Wohnung an die volljährige unterhaltsberechtigte Tochter.
>
> **LÖSUNG** Die Vermietung wird steuerlich nicht anerkannt (BFH vom 16.01.2003, BStBl II 2003, 301).

2.4 **Erkennen der Rechtsfolge**

Gebundene Entscheidungen

Nach erfolgter Subsumtion ergibt sich die zu ziehende Rechtsfolge bei »gebundenen« Entscheidungen automatisch aus dem Gesetz. Wer die Voraussetzungen des § 1 EStG erfüllt (»natürliche Person, Wohnsitz im Inland«), **ist unbeschränkt einkommensteuerpflichtig.**

Ermessensentscheidung, § 5 AO

Häufig lässt das Gesetz, wenn ein Tatbestand erfüllt ist, der Verwaltung einen »Ermessensraum« für ihre Entscheidung. Im Wortlaut des Gesetzes kommt dies meist durch die Worte »kann«, »darf« oder »soll« zum Ausdruck.

> **BEISPIEL**
>
> Das FA **kann** stunden, wenn die Voraussetzungen des § 222 AO erfüllt sind. Die Höhe des gestundeten Betrags, die Stundungsdauer und eventuelle Auflagen für den Antragsteller (§ 120 Abs. 2 AO) bestimmt das FA nach seinem Ermessen.

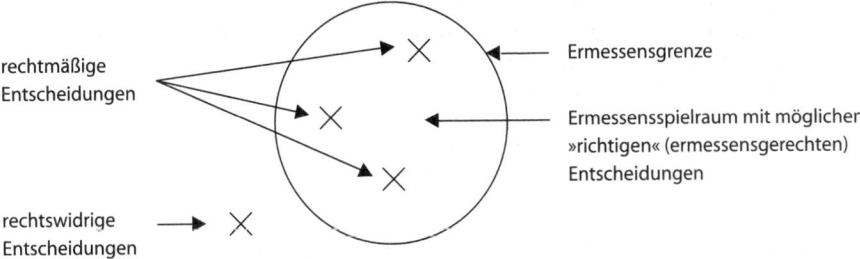

Kennzeichen der Ermessensentscheidung ist, dass innerhalb dieser Grenzen regelmäßig mehrere Entscheidungen »richtig«, d.h. rechtmäßig sind. Der Stpfl. hat nur Anspruch auf eine ermessensfehlerfreie, nach sachlichen Gesichtspunkten getroffene Entscheidung, regelmäßig also nicht auf eine bestimmte Entscheidung.

Die Verwaltung kann Ermessensentscheidungen nicht frei oder willkürlich treffen. Nach § 5 AO ist das Ermessen »entsprechend dem Zweck der Ermächtigung« auszuüben. Dabei dürfen »die gesetzlichen Grenzen des Ermessens« nicht überschritten werden. Auch wenn der Verwaltung in einer Sache grundsätzlich ein Ermessensspielraum gegeben ist, kann es doch unter bestimmten Umständen ausnahmsweise dazu kommen, dass der **Spielraum »auf Null eingeengt«** ist. Dies ist der Fall, wenn es objektiv keine sachlichen Gründe für eine andersartige Ausübung des Ermessens gibt. So können sich aus der Gesetzessystematik ermessenslenkende Vorgaben für die Ermessensausübung ergeben (intendiertes Ermessen, BFH vom 26. 06. 2007, BStBl II 2007, 742 für die Rücknahme einer rechtswidrigen Anrechnungsverfügung oder für Haftung nach § 71 AO BFH vom 12. 02. 2009, DStR 2009, 741).

»Soll«-Bestimmungen sehen für den **Regelfall** eine bestimmte Rechtsfolge vor. Eine andere Rechtsfolge ist nur in Ausnahmefällen ermessensgerecht. Das Gesetz schränkt also den Ermessensspielraum dahingehend ein, dass das FA nur in atypischen Fällen von der im Gesetz vorgesehenen Rechtsfolge abweichen darf.

> **BEISPIELE**
>
> a) Wurde der Stundungsantrag (§ 222 AO) wegen der Staatsangehörigkeit, der Religions- oder Parteizugehörigkeit des Stpfl. abgelehnt, ist die Entscheidung rechtswidrig. Solche Erwägungen entsprechen nicht dem Zweck des § 222 AO, wonach Stpfl. geholfen werden soll, die

vorübergehend in Liquiditätsschwierigkeiten geraten sind (sog. Ermessensfehlgebrauch). Die Nachprüfung der Ermessensentscheidung erfolgt im Einspruchsverfahren.

b) Gegen den Stpfl. wurde wegen Nichtabgabe der ESt-Erklärung ein Zwangsgeld i. H. v. 60 000 € nach Androhung (§ 328 AO) festgesetzt (§ 332 AO).
LÖSUNG Es handelt sich um eine Ermessensentscheidung (»kann« in § 328 Abs. 1 AO). Die Tatbestandsvoraussetzungen für die Festsetzung sind erfüllt. Die Ermessensgrenze in § 329 AO ist aber überschritten. Nach dieser Vorschrift dürfen höchstens 25 000 € als Zwangsgeld festgesetzt werden. Die Zwangsgeldfestsetzung ist rechtswidrig; sie wird im Einspruchsverfahren aufgehoben.

c) Hat der Stpfl. einen Steuerberater zum Bevollmächtigten im Rechtsbehelfsverfahren bestellt, »soll« sich das FA mit Fragen an den Berater wenden (§ 80 Abs. 3 Satz 1 AO). Für den Regelfall darf die Frage nicht direkt an den Stpfl. gerichtet werden (trotz des Wortlauts von § 80 Abs. 3 Satz 2 AO). Die Wirksamkeit der Verfahrenshandlung wird davon jedoch nicht beeinflusst. Bei einem Verstoß gegen § 80 Abs. 3 Satz 2 ist ggf. § 126 Abs. 3 AO anwendbar.

Ermessensverwaltungsakte müssen unter den Voraussetzungen des § 121 AO mit einer **Begründung** versehen werden. Die Begründung muss die tragenden Gründe für die Ermessensausübung erkennen lassen. Ist dies nicht der Fall, ist der VA schon aus diesem Grunde rechtswidrig. Fehlt nämlich eine Begründung, kann der Stpfl. nicht nachvollziehen, ob das Ermessen sachgerecht ausgeübt wurde.

Manchmal ist der Ermessensspielraum der Finanzämter durch allgemeine dienstliche Anweisungen der Oberbehörden eingeengt. Dabei kann es um reine Zweckmäßigkeiten des Verwaltungshandelns gehen. Wenn die allgemeine innerdienstliche Anweisung (»**Richtlinie**«) aber zumindest auch die Berücksichtigung von **Interessen des Stpfl.** (bei der Ermessensausübung) zum Gegenstand hat, bekommt sie mittelbar Außenwirkung. Man spricht dann von der »**Selbstbindung der Verwaltung**«. In solchen Fällen hat der Stpfl. einen Anspruch auf gleichmäßige Ermessensausübung, d.h. darauf, dass in seinem Fall von den üblichen Entscheidungskriterien nicht ohne sachlichen Grund zu seinen Ungunsten abgegangen wird (Art. 3, 20, 28 GG).

Die Richtlinie darf auch nicht dazu verleiten, schematisch und ohne Berücksichtigung der Umstände des Einzelfalls zu entscheiden. Im Übrigen ist der VA nur dann hinreichend begründet, wenn die Richtlinie, auf die verwiesen ist, auch veröffentlicht worden ist, oder sie dem Betroffenen zumindest auf Verlangen mitgeteilt wird.

FALL 7

Handelt es sich in den folgenden Fällen um Ermessensentscheidungen?	ja	nein
1. Aussetzung der Vollziehung im Rechtsbehelfsverfahren, § 361 Abs. 2 AO		
2. Androhung eines Zwangsgeldes, §§ 329, 332 (328) AO		
3. Festsetzung einer Steuer durch Bescheid, § 155 AO		
4. Hilfestellung des FA bei der Abgabe von Erklärungen und der Stellung von Anträgen durch Verfahrensbeteiligte, § 89 Satz 1 AO		

Teil C Das Steuerrechtsverhältnis

1 Allgemeines

Nach der AO und den Einzelsteuergesetzen kann das FA als Vertreter der öffentlichen Hand vom Stpfl. **Leistungen** verlangen. Umgekehrt kann auch der Stpfl. Ansprüche gegenüber dem FA geltend machen.

Die Gesamtheit dieser Rechtsbeziehungen bezeichnet man als **Steuerrechtsverhältnis**. **Beteiligte** an diesem Steuerrechtsverhältnis sind mindestens zwei Personen, von denen die eine Person Leistungen fordern kann (sog. Berechtigter oder Gläubiger), und die andere Leistungen verschiedener Art zu erbringen hat. (sog. Verpflichteter oder Schuldner). Berechtigter dieser Leistungen auf Seiten der öffentlichen Hand sind Bund, Länder, Gemeinden und Kirchen, vertreten insbesondere durch das FA.

Das Steuerrechtsverhältnis hat **verschiedenartige Leistungen** zum Inhalt: Der Steuerpflichtige (§ 33 AO) hat vor allem die **Pflicht zur Begleichung von Geldschulden,** insbesondere der einzelnen Steuerschulden (vgl. § 37 AO). Daneben hat er auch **nichtvermögensrechtliche Pflichten**, wie beispielsweise Anzeigenpflichten (§ 138 AO), Buchführungspflichten (§ 140 AO) und Steuererklärungspflichten (§ 149 AO).

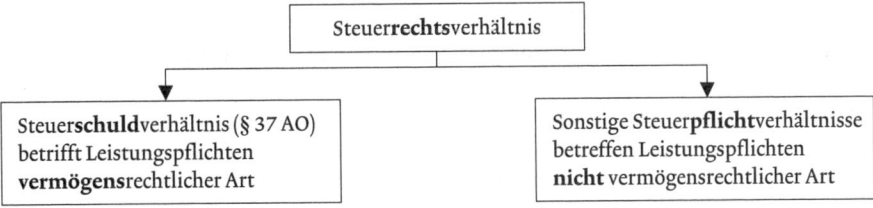

BEISPIELE

a) **Beispiele für Beteiligte am Steuerrechtsverhältnis:**
aa) Der Unternehmer ist **Schuldner** der USt (Steuerschuldner gem. § 43 AO, §§ 2, 18 UStG) und damit Steuerpflichtiger (§ 33 AO).
bb) Der Arbeitgeber **haftet** für die Einbehaltung und Abführung der Lohnsteuer (Haftungsschuldner gem. § 42 d EStG).
cc) Stpfl., deren Gesamtbetrag der Einkünfte über (z. Zt.) 7 664 € beträgt und die einzeln veranlagt werden, sind verpflichtet, eine ESt-Erklärung abzugeben, selbst wenn sie keine Steuer schulden (**Erklärungspflichtige** gem. § 149 AO, § 56 Satz 1 Nr. 2 EStDV).
dd) Den Eltern als **gesetzliche Vertreter** ihrer Kinder ist gem. § 34 AO die Verpflichtung auferlegt, für die Kinder zu handeln und sie vor dem Finanzamt zu vertreten. Sie sind daher – neben den Kindern – Steuerpflichtige.
ee) Im laufenden Beispiel gibt Gabriella Coltello z.B. ESt-Erklärungen und USt-Anmeldungen ab. Sie muss die festgesetzte ESt und die angemeldete USt zahlen. Eventuell zu viel vorausbezahlte ESt und einen etwaigen Vorsteuerüberhang erhält sie vom FA erstattet. Ordnet das FA eine Betriebsprüfung an, muss sie hierbei mitwirken.
Diese Pflichten enthalten zugleich Rechte: Gibt Frau Coltello eine Steuererklärung ab, besteht für ihre Angaben der Vertrauensgrundsatz. Das FA darf nur bei konkretem Anlass und unter bestimmten Voraussetzungen weitere Ermittlungen anstellen. Außerdem besteht gem. § 91 AO ein Anhörungsrecht: Will das FA von der Erklärung zulasten des Stpfl. abweichen, muss es dies zuvor ankündigen. Dasselbe gilt z.B. vor einem Kontenabruf gem. § 93 Abs. 9 AO und vor

belastenden Änderungen. Zu den Rechten gehört auch, dass der Stpfl. Änderungsanträge stellen und gegen nahezu jede Maßnahme des FA Einspruch einlegen kann.

b) Gegenbeispiele (vgl. Wortlaut des § 33 Abs. 2 AO):
aa) Die Sekretärin als Zeugin im Rechtsbehelfsverfahren ihres Arbeitgebers.
bb) Der Sachverständige, der zu diesem Verfahren hinzugezogen wird.
Beide sind keine Stpfl.
cc) Wenn das FA Räume anmieten will, hat es wie jedermann dem Vermieter ein Vertragsangebot zu machen, das dieser annehmen oder ablehnen kann, vgl. §§ 311, 145 ff. BGB. Das FA handelt hier wie ein Privatmann und ist an die Regeln des Zivilrechts gebunden. Solche Vorgänge führen nicht zu Steuerrechtsverhältnissen. Es liegt keine hoheitliche Tätigkeit vor.

Die Begriffsbestimmung in § 33 AO ist immer dann maßgeblich, wenn andere Vorschriften an den »Steuerpflichtigen« anknüpfen: §§ 150 Abs. 3, 151, 155 Abs. 3, § 172, § 176, § 177 AO, § 56 EStDV.

2 Steuerrechtsfähigkeit (Steuerfähigkeit)

Eine Person oder ein Personenzusammenschluß ist **zivilrechtlich rechtsfähig**, wenn sie/er Träger zivilrechtlicher Rechte und Pflichten sein kann. Die zivilrechtlichen Gesetze (BGB, HGB usw.) bestimmen i. d. R. genau, wer rechtsfähig ist:
a) Natürliche Personen.
b) Juristische Personen. Diese werden unterschieden in juristische Personen
aa) des privaten Rechts, wie rechtsfähige Vereine, Aktiengesellschaften, Gesellschaften mit beschränkter Haftung und Genossenschaften.
bb) des öffentlichen Rechts, wie z. B. Bund, Länder, Gemeinden und öffentlich-rechtliche Rundfunkanstalten.
Die **zivilrechtliche** Rechtsfähigkeit dieser Gebilde deckt sich aber nur zum Teil mit deren **steuerlicher** Rechtsfähigkeit.

Die AO verwendet den Begriff der **Steuerrechtsfähigkeit** (auch Steuerfähigkeit genannt) nicht. Folglich gibt es auch keine gesetzliche Definition oder eine Beschreibung von Voraussetzungen für das Erlangen bzw. den Verlust der Steuerrechtsfähigkeit. Die steuerliche Rechtsfähigkeit wird definiert als Fähigkeit, Träger von **Rechten und Pflichten auf dem Gebiet des Steuerrechts** zu sein. Dies ist für jede Einzelsteuer gesondert zu untersuchen. Die steuerliche Rechtsfähigkeit einer Person oder eines Personenzusammenschlusses besteht nicht auf allen Steuerrechtsgebieten. Es besteht steuerlich immer eine **Teilrechtsfähigkeit**.

BEISPIELE

a) Natürliche Personen können den Tatbestand des EStG, GewStG, UStG usw. erfüllen, also ESt-, GewSt-, USt-Schuldner usw. sein. Insoweit sind Menschen steuerrechtsfähig. Sie können aber nicht den Tatbestand des KStG erfüllen (vgl. § 1 KStG), also nicht KSt-rechtsfähig sein. Das Alter des Menschen spielt allerdings für seine Steuerrechtsfähigkeit keine Rolle. Auch der einjährige Unternehmenserbe ist ESt-, GewSt-, USt-rechtsfähig.

b) Juristische Personen sind nicht einkommensteuerrechtsfähig (§ 1 EStG), für sie gilt aber i. d. R. das KStG, GewStG und UStG.

Bei den Personenzusammenschlüssen gibt es besonders gravierende Unterschiede zwischen der zivilrechtlichen und der steuerlichen Rechtsfähigkeit:

Gesellschaften des bürgerlichen Rechts (GbR, §§ 705 ff. BGB) und die Handelspersonengesellschaften offene Handelsgesellschaft (OHG, §§ 105 ff. HGB) und Kommanditgesellschaft (KG, §§ 161 ff. HGB) sind der Rechtsfähigkeit z. B. einer natürlichen Person nur in gewissem Umfang angenähert (§§ 124, 161 Abs. 2 HGB). Dasselbe gilt für die Partnerschaft nach dem Partnerschaftsgesetz. Die vier genannten Personengesellschaften sind aber, wenn sie unternehmerisch tätig sind (§ 2 UStG), USt-rechtsfähig und ggf. GewSt-rechtsfähig. Dagegen sind sie weder ESt-fähig, weil sie keine »natürlichen Personen« (Menschen) i. S. d. § 1 EStG darstellen, noch KSt-fähig, weil diese Personenzusammenschlüsse nicht im Katalog des § 1 KStG aufgeführt sind. (Die Einkünfte aus GbR, OHG, KG und Partnerschaft versteuern jeweils ihre Gesellschafter, die je nachdem ESt- oder KSt-rechtsfähig sind.)

> **BEISPIEL**
>
> In den Jahren, bevor sich Gabriella Coltello in Deutschland niedergelassen hat, hatte sie immer wieder Waren auf einer Messe in Stuttgart verkauft.
> **LÖSUNG** Unabhängig von Staatsangehörigkeit und dem Unternehmenssitz in Italien erbringt Frau Coltello steuerpflichtige Lieferumsätze. Sie ist Umsatzsteuer-rechtsfähig und schuldet die entstandene USt.

3 Geschäfts- und Handlungsfähigkeit

Vom Begriff der Rechtsfähigkeit sind die Begriffe Geschäfts- und Handlungsfähigkeit zu unterscheiden. Ein einjähriges Kind kann zwar gem. § 1 EStG einkommensteuerfähig sein, dagegen ist es (schon aus natürlichen Gründen) nicht in der Lage, selbstständig als Beteiligter dem FA gegenüber aufzutreten. Es ist **handlungsunfähig**.

Handlungsfähigkeit im steuerlichen Sinn ist die Fähigkeit, **selbstständig** wirksame Verfahrenshandlungen vornehmen zu können.

Unter **Verfahrenshandlungen** versteht man alle das Verwaltungsverfahren betreffende Handlungen, z. B. die **Abgabe** von Willens- und Wissenserklärungen, die Tathandlungen, aber auch die **Entgegennahme** von Verwaltungsakten. Wem Handlungsfähigkeit im Einzelnen zukommt, wird durch § 79 AO geklärt. Die Handlungsunfähigkeit ist von Amts wegen zu beachten.

3.1 Handlungsfähigkeit natürlicher Personen

Für natürliche Personen verweist § 79 Abs. 1 Nr.1 AO auf die Vorschriften des BGB zur Geschäftsfähigkeit. Hierbei sind zu unterscheiden: (voll) geschäftsfähige, beschränkt geschäftsfähige und geschäftsunfähige Personen.

Gemäß §§ 106 Abs. 2; 2 BGB ist eine natürliche Person nach Vollendung des 18. Lebensjahrs **voll geschäftsfähig** und damit nach § 79 Abs. 1 Nr.1 AO steuerlich **handlungsfähig**.

Im Umkehrschluss zu § 79 Abs. 1 Nr.1 AO können **beschränkt geschäftsfähige Personen** (z. B. 7- bis 17-jährige, vgl. §§ 106, 114 BGB) grundsätzlich weder Willenserklärungen, wie etwa Steuererklärungen abgeben; §§ 107, 110 BGB gelten nicht. Noch kann das FA grundsätzlich unmittelbar gegenüber beschränkt Geschäftsfähigen handeln (zur Heilung durch Genehmigung s. u.).

Die 9-jährige K beerbt ihren Onkel, der einen Gewerbebetrieb besaß. In der Erbschaft befindet sich u.a. ein umsatzsteuerlicher Vergütungsanspruch, der bisher beim FA noch nicht geltend gemacht wurde.

LÖSUNG K ist als Erbin des Onkels Inhaberin des Vergütungsanspruchs. Weil K jedoch nicht handlungsfähig ist, kann sie nicht selbst eine USt-Anmeldung abgeben und dabei die Vorsteuer geltend machen; auch das FA kann ihr gegenüber keine USt-Festsetzung erlassen oder einer USt-Anmeldung der K zustimmen. Dass der Vergütungsanspruch einen rechtlichen Vorteil begründet, ist unerheblich.

In Anlehnung an das Zivilrecht bestätigt § 79 Abs. 1 Nr.2 AO auch für das Steuerrecht die **partielle** (teilweise) **Handlungsfähigkeit** für beschränkt Geschäftsfähige. Wenn sie unter den Voraussetzungen der §§ 112, 113 BGB ein Erwerbsgeschäft betreiben oder ein Dienstverhältnis eingegangen sind, besteht in diesem Bereich volle Handlungsfähigkeit. Übereinstimmend mit der zivilrechtlichen Betrachtung lässt sich dies nicht auf ein Lehr- oder Ausbildungsverhältnis übertragen.

Auch Kinder unter 7 Jahren sind je nach Einzelsteuergesetz steuerrechtsfähig. Sie sind jedoch entsprechend § 104 BGB insgesamt **handlungsunfähig**. Sie werden durch ihre Eltern vertreten. Die Eltern erfüllen gem. § 34 AO i.V.m. §§ 1626, 1629 BGB die entstehenden steuerlichen Pflichten und nehmen entsprechend § 34 AO die Rechte für ihre Kinder wahr.

Ausnahmsweise werden für Minderjährige und Geschäftsunfähige der Vormund (§ 1793 BGB), der Betreuer (§ 1902 BGB), ein Pfleger (§ 1909 BGB) oder das Jugendamt tätig.

3.2 Handlungsfähigkeit juristischer Personen

Juristische Personen (JP) können steuerlich rechtsfähig sein. Sie können als unkörperliche Rechtssubjekte aber nicht selbst handeln. Gem. § 79 Abs. 1 Nr. 3 AO handeln sie durch ihre **gesetzlichen Vertreter** und werden über diese angesprochen. Wer das im Einzelnen ist, bestimmt sich nach den Regeln des Zivilrechts, wie zum Beispiel

- der Vorstand der AG (§ 78 AktG),
- der Vorstand der Genossenschaft (§ 24 GenG),
- der Vorstand des eingetragenen Vereins (e. V., § 26 BGB),
- der Geschäftsführer der GmbH (§ 35 GmbHG),
- bei JP des öffentlichen Rechts: Ministerpräsident, Landrat, Bürgermeister,
- für Behörden vgl. § 79 Abs. 1 Nr. 4 AO.

3.3 Folgen der fehlenden Handlungsfähigkeit

Rechtshandlungen, die ein Handlungsunfähiger selbst **gegenüber dem FA** vornimmt, sind (**schwebend**) **unwirksam**. Gibt ein 6- jähriges oder 14- jähriges Kind eine Steuererklärung ab, bleibt diese (schwebend) unwirksam, kann also (eigentlich) nicht Grundlage einer Steuerfestsetzung werden. Es ist jedoch davon auszugehen, dass durch Genehmigung entsprechend § 108 BGB eine Heilung eintritt; genehmigen die Eltern die Handlung (z.B. die Abgabe einer ESt-Erklärung) durch formelle Genehmigung wird diese rückwirkend geheilt; sie wird also wirksam. In der Praxis werden in diesem Sinne Anträge Minderjähriger auf Arbeitnehmerveranlagung als wirksam behandelt (AEAO § 122 Nr. 2.2.3.).

Auch Verfahrenshandlungen des **FA gegenüber dem Handlungsunfähigen** sind grundsätzlich unwirksam. Die Verwaltungsansicht hält die Maßnahme für unheilbar, also für endgültig unwirksam (AEAO § 122 Nr. 4.1.3.) Nach anderer Ansicht werden auch solche Handlungen durch Genehmigung des Vertreters des Geschäftsunfähigen geheilt; sie werden dann ab diesem Zeitpunkt wirksam (Beginn der Zahlungs- und Einspruchsfrist).

> **BEISPIEL**
>
> Im laufenden Beispiel hat Gabriella Coltello geheiratet. Der gemeinsame Sohn Alexander betätigt sich mit Genehmigung seiner Eltern und des Vormundschaftsgerichts als EDV-Softwareberater gewerblich.
>
> **LÖSUNG** Alexander ist **steuerrechtsfähig** in Bezug auf die ESt, USt und GewSt.
>
> Im Rahmen seiner **Steuerhandlungsfähigkeit** ist er selbst (partiell) berechtigt und verpflichtet, seine **USt-** und **GewSt-** Erklärung zu unterschreiben und beim FA einzureichen. Umgekehrt ist er selbst (Bekanntgabe-)Adressat einer USt-Festsetzung oder des GewSt-Messbescheids. Zudem ist er selbst zum Einspruch berechtigt.
>
> Die **ESt-**Erklärung müssen dagegen die Eltern von Alexander unterschreiben. Diese Erklärung erfasst u. U. noch andere Einkünfte, auf die sich die partielle Geschäfts- bzw. Handlungsfähigkeit nicht erstreckt; sogar die Erklärung, es liegen keine anderen Einkünfte vor, überschreitet seine Handlungsfähigkeit. Außerdem betrifft die ESt-Erklärung auch Sonderausgaben und außergewöhnliche Belastungen, die mit dem EDV-Betrieb nicht zusammenhängen. Wenn das FA die von Alexander selbst gefertigte ESt-Erklärung nicht wegen dessen Handlungsunfähigkeit zurückweist, können die Eltern die Abgabe allerdings noch **genehmigen** und dadurch wirksam machen. (Die Finanzverwaltung unterstellt regelmäßig eine stillschweigende Genehmigung.) Erlässt das FA anschließend den ESt-Bescheid gegenüber den Eltern als gesetzliche Vertreter, wird der Bescheid wirksam.
>
> Gibt das FA den ESt-Bescheid dagegen unmittelbar Alexander bekannt, ist der Bescheid nach Ansicht der Verwaltung wegen eines schwerwiegenden Bekanntgabefehlers unheilbar unwirksam.
>
> Hatte Alexander selbst seine ESt-Erklärung abgegeben, hierbei bestimmte Werbungskosten nicht geltend gemacht und wurde er dementsprechend (zu hoch) veranlagt, kommt es auf die Einspruchsfrist gem. § 355 AO nicht an. Richtigerweise müssen die Eltern die ESt-Erklärung für Alexander abgeben, in der sie nun sämtliche Werbungskosten ansetzen können. Anschließend ergeht ein neuer (erstmaliger) Bescheid an die Eltern als die gesetzlichen Vertreter.

3.4 Pflichten der gesetzlichen Vertreter und Vermögensverwalter, § 34 AO

Anstelle handlungsunfähiger Personen haben deren gesetzliche Vertreter die Pflichten aus dem Steuerrechtsverhältnis zu erfüllen, § 34 Abs. 1 AO. Dadurch werden sie aber noch nicht Beteiligte i. S. d. § 78 AO.

Soweit die Verwaltung des eigenen Vermögens ausnahmsweise nicht dem Stpfl. oder seinen gesetzlichen Vertretern zusteht, z. B. im Falle der Insolvenz, muss der jeweilige **Vermögensverwalter** diese Pflichten erfüllen, wenn er dazu tatsächlich in der Lage ist (§ 34 Abs. 3 AO). Unter § 34 Abs. 3 AO fallen z. B. außer dem genannten Insolvenzverwalter (§§ 56 ff. Insolvenzordnung (InsO)) der Zwangsverwalter (§§ 150 ff. Zwangsverwaltungsgesetz) und Nachlassverwalter (§ 1985 BGB) u. a.

Werden die steuerlichen Pflichten von den in § 34 AO genannten Personen nicht erfüllt, kann das FA gegen sie Zwangsmittel gem. §§ 328 ff. AO einsetzen. Außerdem können sie u. U. nach § 69 AO **haftbar** gemacht werden. Nur insoweit werden die Hilfspersonen auch selbst Beteiligte i. S. d. § 78 AO. Die Ansprüche gegen den Vertretenen bleiben daneben bestehen.

a) Haben die Hilfspersonen Zahlungspflichten nicht rechtzeitig erfüllt, schulden die Vertretenen die angefallenen Säumniszuschläge, § 240 Abs. 1 AO.

b) Haben die Hilfspersonen die Frist schuldhaft versäumt, so ist ihr Verschulden schädlich für die Wiedereinsetzung in die versäumte Frist, § 110 Abs. 1 Satz 2 AO. Die Vertretenen können sich, wenn sie durch Verschulden der Hilfspersonen einen Schaden erlitten haben (z. B. durch Fristversäumnis), nicht darauf berufen, dass sie selbst keine Pflicht verletzt haben.

c) Verspätungszuschläge gem. § 152 AO sind grundsätzlich gegenüber der vertretenen Person festzusetzen (vgl. G 3.2.).

Bei Wegfall oder Änderung der Vertretungsbefugnis bleiben die Pflichten, z. B. Auskunfts-, Buchführungs- und Anzeigenpflichten, für den Vertreter weiter bestehen, soweit sie bis dahin entstanden sind und von ihm noch erfüllt werden können (§ 36 AO). Auch die Folgen einer evtl. Pflichtverletzung, insbesondere die wegen dieser Pflichtverletzung bereits begründete Haftung gem. § 69 AO, bleiben trotz Erlöschens der Vertretungsbefugnis bestehen.

Da sich das FA auch an den neuen Vertreter oder ggf. an den Vertretenen selbst wenden darf, soll sich die Finanzverwaltung nur bei begründetem Anlass an den früheren Vertreter wenden. Bescheide, die den vertretenen Stpfl. betreffen, dürfen nicht mehr an den früheren Vertreter gerichtet werden.

Zusammenfassung

1. Das Steuerrechtsverhältnis beinhaltet Rechte und Pflichten vermögensrechtlicher und nichtvermögensrechtlicher Natur.
2. Beteiligter am Steuerrechtsverhältnis kann jede natürliche und juristische Person oder Personenvereinigung sein, soweit ihr nach den Einzelsteuergesetzen die Steuerrechtsfähigkeit zukommt.
3. Ob rechtsfähige Steuersubjekte auch für sich selbst aktiv oder passiv wirksam Verfahrenshandlungen vornehmen können, richtet sich nach § 79 AO.
4. Soweit Handlungsunfähigkeit besteht, nehmen die gesetzlichen Vertreter die Rechte und Pflichten der Vertretenen wahr (§ 34 AO).

FÄLLE 8–9

FALL 8 Eine Kommanditgesellschaft (KG) führt laufend Umsätze in Stuttgart aus und beschäftigt sechs Arbeitnehmer.
a) Ist sie Steuerpflichtige i. S. d. AO?
b) Welche Konsequenzen ergeben sich ggf. daraus für die Erklärung und Bezahlung der USt, ESt und LSt?

FALL 9 Der 16-jährige Steuerpflichtige S hat einen Gewerbebetrieb geerbt. Weiteres Unternehmensvermögen besitzt er nicht. Das FA fordert ihn auf, USt-Voranmeldungen abzugeben. Ist dies rechtens?

4 Das Steuerschuldverhältnis

4.1 Steueranspruch, Haftungsanspruch und Anspruch auf steuerliche Nebenleistungen

Das Steuer**schuld**verhältnis ist ein Unterfall des Steuer**rechts**verhältnisses. In § 37 AO ist gesetzlich definiert, was unter Ansprüchen aus dem Steuerschuldverhältnis zu verstehen ist. Dieser Begriff taucht in anderen Vorschriften wieder auf. (Z. B. §§ 38, 47, 222, 226, 227, 228, 233, 261 AO.) Das bedeutet, dass die Definition des § 37 AO auf diese Normen angewandt werden muss.

Der **Steueranspruch** ist der bedeutsamste Anspruch aus dem Steuerschuldverhältnis. Ob ein solcher Zahlungsanspruch besteht, richtet sich nach den Einzelsteuergesetzen (§ 43 AO). Auch der **Haftungsanspruch** fällt unter den Begriff des Steuerschuldverhältnisses. Haften bedeutet im Steuerrecht, dass man mit seinem eigenen Vermögen für eine fremde Steuerschuld einstehen muss (vgl. § 191 Abs. 1 AO). Ansprüche auf **steuerliche Nebenleistungen** sind in § 3 Abs. 4 AO aufgeführt. Sie begründen ebenfalls ein Steuerschuldverhältnis.

FÄLLE 10–11

FALL 10 Gegen den Steuerpflichtigen S wurde im Jahre 06 ein Verspätungszuschlag (§ 152 AO) wegen verspäteter Abgabe seiner ESt-Erklärung festgesetzt. Obwohl der Verspätungszuschlag noch im Jahr 06 fällig war, hat ihn S bis zum Jahr 12 noch nicht bezahlt. Unterliegt der Anspruch auf Zahlung des Verspätungszuschlags der Zahlungsverjährung? Lesen Sie §§ 228, 229 Abs. 1 AO!

FALL 11 Der Stpfl. A zahlt versehentlich seinen Kfz-Versicherungsbeitrag i. H. v. 1 400 € an die Finanzkasse. Nach welcher Rechtsgrundlage erhält er die 1 400 € zurück?

4.2 Vergütungs- und Erstattungsansprüche, § 37 Abs. 2 AO

Auch Steuererstattungs- und Vergütungsansprüche sind Ansprüche aus dem Steuerschuldverhältnis (§ 37 Abs. 2 AO).

Der **Vergütungsanspruch** ist nicht genau in der AO definiert. Gemeint sind die Fälle, in denen der Bürger einen Anspruch gegenüber dem Staat auf Auszahlung (Vergütung) von Steuern hat, die auf Rechnung einer **anderen** Person bezahlt worden sind.

BEISPIEL

Für die Lieferung von Schreibpapier zahlt der Unternehmer U an seinen Lieferanten L laut Rechnung 100 € zuzüglich 19 % Umsatzsteuer. Falls U noch keine Ausgangsumsätze getätigt hat, kann er die an L gezahlte Umsatzsteuer = Vorsteuer gem. § 15 Abs. 1 Nr. 1 UStG vom FA zurückverlangen, obwohl nicht er, sondern L die Steuer dem FA geschuldet und gezahlt hat. Sobald also die anrechenbare Vorsteuer eines Unternehmers höher ist als die von ihm aus seinen Umsätzen geschuldete Umsatzsteuer, entsteht ein Vergütungsanspruch. Für ihn besteht gem. § 168 Satz 2 AO ein Zustimmungsvorbehalt.

Bei den **Erstattungsansprüchen** gibt es mehrere Fallgruppen. Von ihnen werden hier vier dargestellt:

a) **Erstattungsansprüche aus Einzelsteuergesetzen, § 37 Abs. 1 letzte Alternative AO**

> **BEISPIELE**
>
> a) Für einen Arbeitnehmer wurde vom Arbeitgeber zunächst die Lohnsteuer laut Lohnsteuertabelle einbehalten und abgeführt, weil die Höhe seiner Werbungskosten im LSt-Abzugsverfahren noch nicht berücksichtigt werden. Diese werden in der Antragsveranlagung gem. § 46 Abs. 2 Nr. 8 EStG vom Stpfl. geltend gemacht. Der Arbeitnehmer hat einen Erstattungsanspruch gem. § 36 Abs. 2 Nr. 2 EStG.
>
> b) Bei der ESt-Pflichtveranlagung ergibt sich, dass die ESt-Jahresschuld niedriger ist als die Summe der festgesetzten und geleisteten Vorauszahlungen bzw. Abzugsteuern (LSt, KapSt usw.). Vgl. § 36 Abs. 4 Satz 2 EStG.

b) **Erstattungsansprüche nach § 37 Abs. 2 Satz 1 AO:** Es wurde **rechtsgrundlos** geleistet.

> **BEISPIELE**
>
> a) Der Stpfl. hat den geschuldeten Steuerbetrag versehentlich zweimal bezahlt, oder er hat mehr als festgesetzt bezahlt, oder er hat bezahlt, ohne dass eine Steuer wirksam festgesetzt wurde, oder er hat bezahlt, obwohl die Steuerschuld schon verjährt war.
> **LÖSUNG** Der Stpfl. hat in allen diesen Fällen einen Erstattungsanspruch, weil er ohne Rechtsgrund geleistet hat. (Im Zivilrecht ist dieser Anspruch in §§ 812 ff. BGB geregelt.)
>
> b) **Gegenbeispiel:**
> Die Steuer war im ESt-Bescheid 01 um 800 € zu hoch auf 5 000 € festgesetzt worden. Der Stpfl. zahlt 5 000 €. Nach Eintritt der Unanfechtbarkeit erkennt er den Fehler im Bescheid und verlangt vom FA eine Erstattung i. H. v. 800 €.
> **LÖSUNG** Der Stpfl. hat hier »mit Rechtsgrund«, nämlich aufgrund eines (wenn auch falschen) Steuerbescheides gezahlt. Er hat (noch) keinen durchsetzbaren Erstattungsanspruch; vgl. aber c.

c) Die **Steuerschuld** ist in einem **wirksamen, aber von Anfang an rechtswidrigen oder später rechtswidrig gewordenen Bescheid zu hoch festgesetzt.** Die festgesetzte Steuer ist bezahlt. Im Rechtsbehelfs- oder Korrekturverfahren **ändert** das FA **den Bescheid** zu Gunsten des Stpfl. und setzt die Steuer nunmehr materiell richtig fest oder hebt den Bescheid auf (nachträglicher Wegfall des rechtlichen Grundes).

> **BEISPIELE**
>
> a) Die ESt 01 ist im Steuerbescheid wegen eines Rechenfehlers um 800 € zu hoch festgesetzt und vom Steuerpflichtigen trotzdem voll bezahlt worden. Er stellt einen Antrag auf Korrektur des Bescheids. Das FA gibt dem Antrag statt. Die Steuerschuld wird im Korrekturbescheid gem. § 129 AO um 800 € niedriger festgesetzt.
> **LÖSUNG** In Höhe der Überzahlung von 800 € ergibt sich ein Erstattungsanspruch, den der Stpfl. (freilich erst) nach Bekanntgabe des Korrekturbescheids durchsetzen kann (§ 36 Abs. 4 Satz 2 EStG).
>
> b) Auch der »Verlustrücktrag« gem. § 10d Abs. 1 Sätze 1 und 3 EStG in das Vorjahr des Verlustjahres gehört zu dieser Fallgruppe.

d) **Bezahlte Steuern usw.** werden nach Ermessen aus Billigkeitsgründen gem. § 227 AO **erlassen;** vgl. H 4.

5 Entstehung der Ansprüche aus dem Steuerschuldverhältnis, § 38 AO

Nach § 38 AO entsteht ein Anspruch aus dem Steuerschuldverhältnis kraft Gesetzes, **sobald und soweit** alle **Tatbestandsmerkmale** des Steuergesetzes **erfüllt** sind. Hieraus ergibt sich auch, dass eine bereits durch Tatbestandsverwirklichung entstandene Steuer nicht mehr durch rückwirkende Verträge, Rückdatierung u. ä. beeinflusst werden kann. Steuerliche Wahlrechte (z. B. § 26 EStG) bleiben allerdings unberührt.

Entstehungszeitpunkt des Anspruchs (§§ 37, 38 AO) und Zeitpunkt der Festsetzung des Anspruchs zur Konkretisierung (z. B. § 122 Abs. 2 AO), sowie seine Fälligkeit sind auseinanderzuhalten. Zur Festsetzung s. G 4, zur Fälligkeit s. H 2. Am Fälligkeitstag muss der Anspruch beglichen werden (§ 220 AO). Für die Fälligkeitsregelung gilt § 108 Abs. 3 AO, für den Entstehungszeitpunkt nicht (s. F 1, 2). Zu unterscheiden sind:

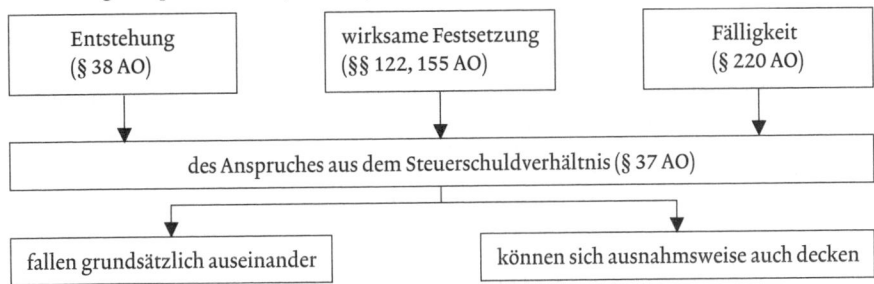

Für die **Steueransprüche** enthalten die Einzelsteuergesetze ergänzende Vorschriften zu § 38 AO. Dabei ist kein einheitliches Prinzip zur Bestimmung des Entstehungszeitpunkts erkennbar.

BEISPIELE

a) Die **LSt** entsteht mit Zufluss des Lohnes (§ 38 Abs. 2 Satz 2 EStG).

b) Die veranlagte **ESt**, **KSt** und **GewSt** entsteht bezüglich der (irgendwann festgesetzten) Vorauszahlungen zum Beginn eines jeden Vorauszahlungsvierteljahres, im Übrigen mit Ablauf eines Kalenderjahres (§ 37 Abs. 1 Satz 2, § 36 Abs. 1 EStG, § 30 KStG, §§ 21, 18 GewStG).

c) Die **USt** entsteht bzgl. der angemeldeten und festgesetzten Vorauszahlungen (i R. der Sollversteuerung) zum Abschluss des Kalendermonats oder -vierteljahrs, für den bzw. das der Umsatz bewirkt wurde (§ 13 Abs. 1 Nr. 1a UStG für Lieferungen und Leistungen bei der Soll-Versteuerung), im Übrigen mit Ablauf des Kalenderjahrs. Gemeint ist die »USt« unter Berücksichtigung der gegebenen Vorsteuer.

Der Anspruch entsteht in der **Person** dessen, der den Tatbestand erfüllt. So ist beispielsweise ESt-Schuldner derjenige, in dessen Person die persönliche und sachliche ESt-Pflicht zusammentreffen, § 1 EStG. Für den Entstehungszeitpunkt der **steuerlichen Nebenleistungen** (§ 3 Abs. 4 AO) gibt es keine gemeinsame Regelung.

BEISPIELE

a) Ein Säumniszuschlag entsteht mit Beginn des jeweiligen Säumnismonats, da zu diesem Zeitpunkt der Tatbestand des § 240 Abs. 1 Satz 1 AO bereits erfüllt ist.

b) Ansprüche aus Ermessensentscheidungen (wie Verspätungszuschläge gem. § 152 AO) entstehen, sobald die Festsetzung wirksam wird (§ 124 Abs. 1 AO).

Vergütungsansprüche entstehen mangels Sonderregelung zum gleichen Zeitpunkt wie der Steueranspruch, an dessen Stelle sie treten.

Beim Entstehungszeitpunkt der **Erstattungsansprüche** muss man zwischen den einzelnen Fallgruppen (vgl. 4.2) unterscheiden:

Bei der **Fallgruppe a)** richtet sich die Entstehung mangels Sonderregelung grundsätzlich nach dem Zeitpunkt, der für das Entstehen des entsprechenden Steueranspruchs vorgesehen ist. Der Erstattungsanspruch aus zu viel bezahlter LSt entsteht z. B. entsprechend § 36 Abs. 1 EStG regelmäßig mit Ablauf des Veranlagungszeitraums in der richtigen Höhe.

BEISPIELE

a) Im laufenden Beispiel hat Gabriella Coltello aufgrund des ESt-Vorauszahlungsbescheides 01 6 000 € Vorauszahlungen geleistet. Laut ESt-Bescheid 01 vom 14. 03. 03 beträgt die ESt 01 nur 5 200 €.
LÖSUNG Der Erstattungsanspruch i. H. v. 800 € entsteht entsprechend § 36 Abs. 1 i. V. m. Abs. 4 Satz 2 EStG mit Ablauf 01.

b) Im Beispiel a) hat Frau Coltello die 4. Vorauszahlung i. H. v. 1 500 €, die eigentlich am 10. 12. 01 hätte bezahlt werden müssen (§ 37 Abs. 1 EStG), erst am 15. 01. 02 geleistet.
LÖSUNG Hier entsteht der Erstattungsanspruch i. H. v. 800 € erst am 15. 01. 02, weil am 31. 12. 01 noch nicht alle Voraussetzungen für den Erstattungsanspruch erfüllt waren.

c) Die Unternehmerin hat während des Jahres 12 Voranmeldungen zur USt abgegeben und die angemeldeten Beträge bezahlt. Die Jahresanmeldung fällt um 2 500 € niedriger aus als die Summe der geleisteten Vorauszahlungen.
LÖSUNG Der Erstattungsanspruch über 2 500 € entsteht mit Ablauf des Jahres.

Bei der **Fallgruppe b)**, in der Geldbeträge rechtsgrundlos bezahlt wurden, ist der Erstattungsanspruch bereits mit der »Überzahlung« entstanden.

In der **Fallgruppe c)** entsteht der Erstattungsanspruch nicht erst mit Bekanntgabe des Änderungs- oder Aufhebungsbescheids (»formelle Rechtsgrundtheorie«), sondern schon mit der Bezahlung der fälschlicherweise zu hoch festgesetzten Steuer (so die »materielle Rechtsgrundtheorie«, BFH vom 06. 02. 1990 BStBl II 1990, 523). Im Fall des Verlustrücktrages gem. § 10 d EStG entsteht der Erstattungsanspruch für das Rücktragsjahr mit Ablauf des Verlustjahres (BFH vom 06. 03. 2002 BStBl II 2002, 453 und 503).

Bei der **Fallgruppe d)**, dem Billigkeitserlass (§ 227 AO) bezahlter Steuern, entsteht der Erstattungsanspruch mit Bekanntgabe des Billigkeitserlasses.

Ob ein entstandener Erstattungsanspruch auch durchsetzbar ist, kann von der Bestandskraft, sowie den Änderungs- und Verjährungsvorschriften abhängen. Die Frage, wann ein Anspruch aus dem Steuerschuldverhältnis entstanden ist, ist insofern von **Bedeutung**, als der Anspruch nicht festgesetzt (z. B. gem. § 155 AO) und fällig gestellt (§ 220 Abs. 2 Satz 1 AO; vgl. H 2) werden darf, bevor er entstanden ist. Der Entstehungszeitpunkt eines Anspruchs aus dem Steuerschuldverhältnis kann beispielsweise in folgenden Fällen von Bedeutung sein:

- Die Festsetzungs-Verjährungsfrist (§§ 169 ff. AO) beginnt grundsätzlich mit Ablauf des Kalenderjahres, in dem der Anspruch entstanden ist (§ 170 Abs. 1 AO vgl. O).
- Die »Karenzfrist« der Vollverzinsung beginnt mit Ablauf des Entstehungsjahrs der Steuer (§ 233 a Abs. 2 AO, vgl. H 5.4).
- Die Aufrechnung kann erst erklärt werden, wenn der eigene Anspruch entstanden ist (§ 226 AO, § 387 BGB; vgl. H 4.2). Die Pfändung eines Erstattungsanspruchs vor dessen Entstehung ist unwirksam (§ 46 Abs. 6 Satz 2 AO).

- Geht die Anzeige der Abtretung oder Verpfändung eines Erstattungs- oder Vergütungs-anspruchs vor der Entstehung des Anspruchs beim FA ein, ist sie unwirksam (§ 46 Abs. 2 AO); zur Abtretung usw. vgl. 6.3.

Erstattungsberechtigt ist nach dem Wortlaut des § 37 Abs. 2 Satz 1 AO derjenige, »auf dessen Rechnung die Zahlung bewirkt worden ist«, d. h. für den die (zu erstattende) Steuer früher gezahlt wurde.

FALL 12

Wann entsteht jeweils der Steueranspruch?

1. A ist ESt-vorauszahlungspflichtig. Wann entsteht der Vorauszahlungsanspruch für das III. und IV. Kalendervierteljahr 08? Bitte lesen Sie § 37 Abs. 1 Satz 2 EStG und ziehen Sie Anhang 2 hinzu.

2. Entsprechend den Festsetzungen im ESt-Bescheid 04 vom 01. 02. 06 wurden im Kalender-jahr 07 Vorauszahlungen i. H. v. jeweils 7 000 € geleistet. Im ESt-Bescheid 07 vom 20. 05. 08 wurde die ESt-Schuld in zutreffender Höhe auf 30 000 € festgesetzt.

3. Ein Arbeitnehmer erhält am 27. 04. 08 von seinem früheren Arbeitgeber eine Abfindung für die Jahre 04 – 06 i. H. v. 2 000 €. Lesen Sie § 38 Abs. 2 Satz 2 EStG!

4. Ein Unternehmer unterliegt bei der USt der Sollbesteuerung gem. § 16 Abs. 1 UStG (Normalfall). Er vereinbarte mit einem Unternehmer am 14. 12. 07 die Lieferung einer Maschine. Die Lieferung erfolgte am 05. 01. 08, die Zahlung am 10. 02. 08.

6 Besondere Formen der Beteiligung an einem Steuerschuldverhältnis

6.1 Gesamtschuldner, § 44 AO

§ 44 AO enthält eine Legaldefinition des Begriffs »Gesamtschuldner«.

a) **Mehrere Personen schulden nebeneinander dieselbe Geldleistung.** Dies ist der Fall, wenn sie denselben maßgeblichen Sachverhalt erfüllt haben. Häufig ergibt sich die »Gesamtschuld« unmittelbar aus dem Wortlaut des Gesetzes.

BEISPIELE

a) V verkauft sein Grundstück an K.

LÖSUNG Mit Abschluss des Kaufvertrags entsteht gem. § 1 Abs. 1 Nr. 1 GrEStG die Grund-erwerbsteuer. Nach § 13 GrEStG sind Schuldner dieser Steuer »regelmäßig die an einem Erwerbsvorgang als Vertragsteile beteiligten Personen«. Da V und K Vertragspartner sind, sind sie Gesamtschuldner gem. § 13 Nr. 1 GrEStG, § 44 Abs. 1 AO. Sowohl K als auch V schulden somit nebeneinander die entstandene Grunderwerbsteuer. Ähnliche Fälle finden Sie in § 20 Abs. 1 ErbStG, § 10 Abs. 3 GrStG, § 5 Abs. 1 Satz 4 GewStG.

b) Die Eheleute B und C erwerben von A ein Grundstück zu je 1/2 (Bruchteilseigentum). Der Kaufpreis beträgt jeweils 50 000 €. (Bemessungsgrundlage für die GrESt ist der Kaufpreis §§ 8 Abs. 1, 9 Abs. 1 Nr. 1 GrEStG).

LÖSUNG B und C sind nicht Gesamtschuldner, weil sie jeweils einen eigenen Eigentums-bruchteil erwerben (und weil es bei der GrESt keine Zusammenveranlagung gibt). Dagegen sind A und B bzw. A und C jeweils Gesamtschuldner der GrESt aus je 50 000 €.

b) **Eine oder mehrere Personen haften** für Leistungen aus dem Steuerschuldverhältnis. Gesamtschuldner sind hier mehrere Haftende untereinander. Daneben sind sie aber auch zusammen mit dem eigentlichen Schuldner der Leistung Gesamtschuldner (Mischfall).

Nach § 219 Satz 1 AO soll in diesem Fall vorrangig der Steuerschuldner zur Zahlung aufgefordert werden.

BEISPIELE

a) Steuerschuldner der Lohnsteuer ist der Arbeitnehmer (§ 38 Abs. 2 Satz 1 EStG). Sie geht zu Lasten seiner Einnahmen (seines »Lohns«). Zur **Entrichtung** der LSt ist der Arbeitgeber gem. § 38 Abs. 3 Satz 1 EStG verpflichtet. Erfüllt er diese Verpflichtung nicht, so haftet er nach § 42 d Abs. 1 Nr. 1 EStG. Durch § 42 d Abs. 3 Satz 1 EStG wird klargestellt, dass Arbeitnehmer und Arbeitgeber Gesamtschuldner der LSt sind, soweit die Haftung des Arbeitgebers reicht.

b) Der Geschäftsführer einer GmbH hat vorsätzlich Umsatzsteuer der GmbH verkürzt (§ 370 AO). Die GmbH bleibt Schuldner der Umsatzsteuer. Daneben haftet der Geschäftsführer gem. §§ 69, 71 AO für den hinterzogenen Betrag. GmbH und Geschäftsführer sind Gesamtschuldner der USt, soweit sie verkürzt ist.

c) **Personen, die zusammen zu einer Steuer zu veranlagen sind.** Sie sind Gesamtschuldner, wenn die Voraussetzungen der Zusammenveranlagung nach den Einzelsteuergesetzen vorliegen und nicht (zu Recht oder fälschlich) eine getrennte oder Einzelveranlagung durchgeführt wird.

BEISPIEL

Bei Ehegatten besteht unter bestimmten Voraussetzungen die Möglichkeit der Zusammenveranlagung zur ESt. Dabei werden die Einkünfte der Ehegatten zwar getrennt ermittelt, aber dann zusammengerechnet. Schlussendlich wird **eine** Steuerschuld gegen sie festgesetzt (§§ 26, 26 b EStG). Jeder Ehegatte schuldet die ganze ESt-Zahlung. Das FA darf sie aber nur einmal verlangen. Verfahrensrechtlich handelt es sich dennoch um zwei Steuerfestsetzungen.

d) Bei **steuerlichen Nebenleistungen** kann ebenfalls Gesamtschuldnerschaft entstehen, wenn ein Tatbestand gemeinschaftlich verwirklicht wird.

BEISPIELE

a) Zusammenveranlagte Ehegatten sind infolge ihrer Gesamtschuldnerschaft zur Abgabe einer **gemeinsamen** Erklärung verpflichtet. Daher wird ein im Bescheid festgesetzter Verspätungszuschlag von den Ehegatten als Gesamtschuldner geschuldet.

b) Wird eine Gesamtschuld allen Gesamtschuldnern gegenüber gestundet, so sind diese auch Gesamtschuldner der Stundungszinsen.

c) Gem. § 240 Abs. 4 AO erstreckt sich die Gesamtschuldnerschaft auch auf Säumniszuschläge.

Die Gesamtschuld bezüglich einer Steuer und mit ihr zusammenhängenden steuerlichen Nebenleistungen kann durch einen **zusammengefassten Bescheid** festgesetzt werden (§ 155 Abs. 3 AO; vgl. D 5.3), davon zu unterscheiden ist die Frage, wieviele Ausfertigungen des Bescheids bekannt zu geben sind (§ 122 AO, vgl. D 6).

6.1.1 Folgen der Gesamtschuld

Gem. § 44 Abs. 1 Satz 2 AO schuldet jeder Beteiligte die gesamte Leistung, z. B. die volle Einkommensteuerschuld. Das bedeutet, dass das FA grundsätzlich von jedem Gesamtschuldner die Leistung – aber insgesamt nur einmal – beanspruchen kann (vgl. § 421 BGB). Die Auswahl liegt im Ermessen des FA. Ermessenskriterien sind einerseites Umstände im Zusammenhang mit der Tatbestandsverwirklichung, andererseits Überlegungen zur effektiven Durchsetzung des Anspruchs: Die Möglichkeit, sich an den zahlungskräftigsten Schuldner zu halten, ist allerdings durch verschiedene Bestimmungen eingeschränkt (vgl. z. B. §§ 219, 268 AO).

BEISPIELE

a) Regeln die Parteien des zivilrechtlichen Vertrags, wer die anfallende Steuer tragen soll, muss sich das FA i. d. R. daran halten (zur Schenkungssteuer BFH vom 01. 07. 2008, DStZ 2008, 781).

b) Es ist fraglich, ob der Erlass eines Haftungsbescheids an einen GbR-Gesellschafter ermessensgemäß ist, der nur mit ca. 3 % beteiligt ist (BFH vom 11. 12. 2007, BFH/NV 2008, 733).

c) In § 219 Satz 1 AO ist geregelt, dass der Haftende grundsätzlich erst nach erfolglosem Vollstreckungsversuch beim Schuldner zur Zahlung aufgefordert werden darf.

d) Gem. §§ 268 ff. AO können Zusammenveranlagte zur Beschränkung der Zwangsvollstreckung eine Aufteilung der Gesamtschuld beantragen (§ 44 Abs. 2 Satz 4 AO).

Zahlt ein Gesamtschuldner freiwillig oder zwangsweise oder wird bei ihm aufgerechnet, so wird auch der andere von seiner Zahlungspflicht befreit (§ 44 Abs. 2 Sätze 1 und 2 AO). Zahlt ein Gesamtschuldner, nachdem der Anspruch bereits zuvor durch die Zahlung eines anderen Gesamtschuldners erloschen war, steht ihm ein Erstattungsanspruch aus § 37 Abs. 2 AO zu. Die Frage, ob der zahlende Gesamtschuldner von dem anderen Gesamtschuldner einen Ausgleich für seine Zahlung erhalten kann, ist nach zivilrechtlichen Grundsätzen zu lösen. Im Zweifel hat der nicht zahlende Gesamtschuldner einen gleichen Anteil zu tragen und auszugleichen (§ 426 Abs. 1 BGB).

Hinweis: Nur die Zahlung und Sicherheitsleistung wirkt im Übrigen zu Gunsten des anderen Gesamtschuldners. Andere Tatsachen, die Einfluss auf das Steuerschuldverhältnis haben, wirken immer nur im Verhältnis zum einzelnen Gesamtschuldner (§ 44 Abs. 2 Satz 3 AO). Solche Tatsachen sind beispielsweise die Stundung (§ 222 AO), der Zahlungsaufschub (§ 223 AO), der Billigkeitserlass (§ 227 AO), der Vollstreckungsaufschub (§ 258 AO) und die Aussetzung der Vollziehung (§ 361 Abs. 2 AO). Auch die Zahlungsverjährung läuft gegen jeden Gesamtschuldner gesondert (vgl. § 231 AO).

BEISPIEL

A und B schulden als Gesamtschuldner eine Steuer i. H. v. 5 000 €. A beantragt beim FA, ihm wegen Gefährdung seiner wirtschaftlichen Existenz (§ 227 AO) die Steuer zu erlassen. Der Erlass wird ihm auch gewährt. Während damit für A die Steuerschuld endgültig erlischt, wirkt der Erlass aus diesem persönlichen Grund (Existenzgefährdung) nicht gleichzeitig für B. Dieser muss zum ursprünglichen Fälligkeitszeitpunkt bezahlen. Zum einen liegen bei B keine Gründe für einen Erlass vor, zum anderen soll die Gesamtschuldnerschaft den Anspruch des FA absichern.

FALL 13

1. V hat an K ein Grundstück veräußert. Nach Vorliegen des Kaufvertrages fordert die Grunderwerbsteuerstelle beide auf, gem. § 93 AO bestimmte Auskünfte über das mitverkaufte Zubehör zu erteilen. Während V diesem Verlangen prompt nachkommt, verweigert K die Auskunft mit der Begründung, dass V bereits die notwendigen Auskünfte abgegeben und damit das Auskunftsersuchen erfüllt habe. Sie seien Gesamtschuldner gem. § 44 AO. Verweigert K mit Recht die Auskunft?

2. Als das FA später wegen nichtrechtzeitiger Zahlung der gegen beide festgesetzten und gem. § 15 GrEStG fälligen GrESt Säumniszuschläge (Sz) von K gem. § 240 AO anfordert, wendet dieser ein, dass das FA dem V die Stundung der fälligen Grunderwerbsteuer gewährt habe. Damit sei auch für ihn die Fälligkeit hinausgeschoben worden. Sind Sz gegen K entstanden?

6.1.2 **Erstattung von gesamtschuldnerisch geschuldeten Steuern**

Wenn im Rahmen von Gesamtschuldverhältnissen z. B. durch eine Überzahlung ein Erstattungsanspruch entsteht, fragt sich, wer der Erstattungsberechtigte ist. Gesamtgläubiger kennt das Steuerrecht nicht.

Gem. § 37 Abs. 2 Satz 1 AO ist zu prüfen, auf wessen Rechnung die zu erstattende Steuer damals bezahlt wurde (vgl. 5 a. E.). Nicht entscheidend ist, wer gezahlt hat.

Bei zur ESt **zusammenveranlagten Ehegatten** kann es zur Erstattung von Abzugsteuern und Vorauszahlungen kommen. Abzugsteuern wurden auf Rechnung des Stpfl. bezahlt, für den sie einbehalten wurden. Dieser Ehegatte ist auch erstattungsberechtigt. Problematisch sind Erstattungen von geleisteten Vorauszahlungsbeiträgen. Entscheidend ist, ob der die Vorauszahlungen leistende Ehegatte nur seine eigene Steuerschuld oder auch die des Ehegatten tilgen wollte. Dagegen spielt keine Rolle, wer von den Gesamtschuldnern den Grund für die Erstattung liefert. Solange eine Ehe intakt ist, wird im Regelfall vermutet, dass Vorauszahlungen auf Rechnung beider Ehegatten geleistet wurden, gleichgültig von welchem Konto die Zahlung erfolgte. Jedem Ehegatten steht dann eine Hälfte des Erstattungsanspruches zu. Dies gilt selbst dann, wenn der (nichtzahlende) Ehegatte bereits insolvent ist, BFH vom 30. 09. 2008, DStR 2008, 2257.

BEISPIELE

a) Im laufenden Beispiel heiraten Gabriella Coltello und Tim Gärtner. Tim Gärtner ist nichtselbstständig tätig. Für ihn ist während des Geschäftsjahres 03 Lohnsteuer abgeführt worden. Frau Coltello hatte 03 Verluste aus Gewerbebetrieb.
LÖSUNG Der Erstattungsanspruch steht dem Ehemann zu. Die erstattete Steuer (LSt) wurde auf seine Rechnung bezahlt.

b) Die Ehefrau hat ESt-Vorauszahlungen von ihrem Geschäftskonto vorgenommen. Sie hat in diesem Jahr positive Einkünfte, der Ehemann aber einen Verlust aus Vermietung. Im Zusammenveranlagungsbescheid wird die ESt auf Null € festgesetzt.
LÖSUNG Der Erstattungsanspruch steht den Ehegatten je zur Hälfte zu. Anderes gilt nur, wenn besondere dem FA bekannte Umstände (z. B. Getrenntleben) darauf hindeuten, dass die Ehefrau bei Zahlung der Vorauszahlungen nur sich selbst von der Steuerschuld befreien wollte. Die Ehefrau hätte bei der Zahlung auch bestimmen können, dass sie nur ihre eigene Schuld begleichen wolle. Unmaßgeblich bleibt, dass die Zahlungen vom Geschäftskonto der Ehefrau erfolgten.

c) Für den Ehemann wurden 10 000 € LSt einbehalten. Die Ehefrau hat von ihrem Konto 5 000 € an ESt-Vorauszahlungen geleistet. Zu diesem Zeitpunkt lebten sie bereits getrennt. Dies war dem FA bekannt. Aufgrund eines gewerblichen Verlusts der Ehefrau wird die ESt im Zusammenveranlagungsbescheid auf 2 000 € festgesetzt. Die LSt (10 000 €) wurde auf Rechnung des Ehemannes gezahlt.
LÖSUNG Die Trennung der Ehegatten deutet darauf hin, dass die Ehefrau die Vorauszahlungen i. H. v. 5 000 € nur auf eigene Rechnung leisten wollte. Der Erstattungsanspruch i. H. v. 13 000 € steht den Ehegatten im Verhältnis 2 : 1 zu; der Ehemann kann 8 667 € verlangen, die Ehefrau 4 333 €. Nur in dieser Höhe darf das FA z. B. gegen eine USt-Schuld von Frau Coltello aufrechnen.

Gem. § 36 Abs. 4 Satz 3 EStG wirkt bei intakter Ehe die Auszahlung an einen der zusammenveranlagten Ehegatten auch für und gegen den andern Ehegatten.

6.2 Gesamtrechtsnachfolge, § 45 AO

6.2.1 Bedeutung

Ansprüche gegen eine Person können – auch wenn sie steuerlicher Natur sind – nur so lange gegen diese Person festgesetzt und verwirklicht werden, wie die beteiligte Person existiert. Das bedeutet, dass insbesondere für den Fall des Todes eine Regelung darüber getroffen sein muss, was mit diesen Rechtsbeziehungen zwischen Steuergläubiger und Verstorbenem geschieht. Gem. § 45 AO gehen Forderungen und Schulden aus dem Steuerschuldverhältnis auf den **Gesamtrechtsnachfolger** über, und zwar in dem Zustand, wie sie für den Vorgänger bestanden.

> **BEISPIEL**
>
> Tim Gärtners Vater verstirbt am 26. 02. 02. Die noch nicht bezahlte ESt-Schuld war am 10. 02. 02 fällig. Sie geht auf den Erben über (§ 45 Abs. 1 Satz 1 AO). Auch die inzwischen eingetretene Säumnis bleibt erhalten, der Erbe hat Sz zu entrichten (§ 240 Abs. 1 AO). Eine bereits laufende Verjährungsfrist läuft normal weiter und beginnt wegen des Erbfalls nicht aufs Neue.

§ 45 AO ist nur in Fällen der Gesamtrechtsnachfolge anzuwenden. Die Regelung gilt also nicht, soweit nur eine **einzelne Rechtsposition** z. B. das Eigentum an einem Vermögensgegenstand rechtsgeschäftlich auf einen anderen übertragen wird (sog. Einzelrechtsnachfolge).

Beispiele für Gesamtrechtsnachfolge sind: Erbfall (§ 1922 BGB), Fortführung einer Personengesellschaft durch den letzten verbleibenden Gesellschafter im Wege der Anwachsung (§ 738 BGB), Verschmelzung von Gesellschaften nach dem Umwandlungsgesetz, Begründung der Gütergemeinschaft durch Ehegatten gem. § 1416 Abs. 2 BGB.

> **FALL 14**
>
> 1. V schuldet noch Grundsteuer, als er sein Grundstück an K verkauft. Geht die Grundsteuerschuld kraft Gesetzes auf den Käufer K über?
> 2. Die ESt-Schuld 01 wurde 03 festgesetzt und fällig, aber bis April 08 von EL noch nicht bezahlt, so dass Zahlungsverjährung droht (vgl. §§ 228, 229 AO). Am 01.05.08 stirbt EL; am 10.05.08 erlässt das FA eine schriftliche Zahlungsaufforderung, die gegen EL gerichtet ist, um gem. § 231 Abs. 1 AO den Eintritt der Verjährung zu stoppen. Ist diese Aufforderung hier geeignet, die Verjährung zu unterbrechen?

6.2.2 Wirkung der Gesamtrechtsnachfolge

Materiell-rechtlich gehen die steuerlichen Geldschulden und -forderungen des Erblassers auf den Erben über (§ 45 Abs. 1 Satz 1 AO). Gem. § 45 Abs. 1 Satz 2 AO gilt dies aber nicht hinsichtlich eines gegen den Erblasser festgesetzten Zwangsgelds; durch die Zwangsgeldfestsetzung gem. §§ 328 ff. AO sollte gerade der Verstorbene zur Erfüllung seiner steuerlichen Pflichten angehalten werden. Dies ist infolge seines Todes gescheitert. Das FA kann aber gegen den Erben ein neues Zwangsverfahren beginnen.

Verfahrensrechtlich betrachtet gehen die Schulden und Forderungen in der Lage auf den Erben über, in der sie sich im Zeitpunkt des Todes des Erblassers befanden. Ist z. B. die Steuer gegenüber dem Erblasser bereits unanfechtbar festgesetzt, hat dies der Gesamtrechtsnachfolger gegen sich gelten zu lassen (§ 166 AO). Einen vom Erblasser nicht ausgenutzten Verlustabzug nach § 10d EStG kann der Erbe als Gesamtrechtsnachfolger aber nicht bei seiner eigenen ESt-Veranlagung geltend machen (BFH-GrS vom 17. 12. 2007, DStR 2008, 545; die negativen Einkünfte standen dem Erblasser höchstpersönlich zu).

a) Nach wirksamer Bekanntgabe des ESt-Bescheids 04 und Ablauf der Rechtsbehelfsfrist stirbt EL. Er wird von seinem Sohn beerbt. Dieser kann keinen Einspruch mehr einlegen, weil der Bescheid auch ihm gegenüber unanfechtbar ist.

b) Der Erblasser stirbt noch während des Laufs der Einspruchsfrist.
Die Frist wird durch den Tod nicht unterbrochen. Der Sohn kann nur während der normal weiterlaufenden Rechtsbehelfsfrist Einspruch einlegen.

Stundung, Erlass, Zahlungsaufschub, Aussetzung der Vollziehung, die dem Rechtsvorgänger gewährt wurden, bleiben auch gegenüber dem Rechtsnachfolger bestehen. Auch die Zahlungverjährungsfrist läuft ununterbrochen weiter.

Hinweis: Die steuerlichen **Handlungspflichten,** z. B. die Steuererklärungspflicht und die Antragsmöglichkeiten werden nach h. M. nicht vererbt, sondern **entstehen in der Person des Erben neu,** der ja »der Stpfl.« i. S. d. § 33 AO mit allen Rechten und Pflichten geworden ist. Diese Betrachtungsweise macht dort keine Schwierigkeiten, wo der Erbe sozusagen automatisch Stpfl. wird, wie dies ertragsteuerlich fast immer der Fall ist (»Fußstapfen-Theorie«).

Der Erblasser muss bis zu seinem Tode (16. 09. 06) noch veranlagt werden. Die ESt-Schuld geht auf seinen Erben nach § 45 Abs. 1 AO über. Als Konsequenz ist der Erbe dann aus **eigenem** Rechtsgrund zur Abgabe der ESt-Erklärung gem. § 56 EStDV verpflichtet. Die Adressierung bei der Aufforderung zur Abgabe der Erklärung hat unmittelbar an den Erben zu erfolgen, wobei der Zusatz »diese Aufforderung ergeht an Sie als Rechtsnachfolger des . . .« zweckmäßig ist.

Umsatzsteuerlich gilt die Fußstapfentheorie nur, wenn der Erbe sich (ebenfalls) entschieden hat, Unternehmer zu werden. In den andern Fällen muss man wohl annehmen, dass der Erbe als Nichtunternehmer doch die Pflicht geerbt hat, eine noch ausstehende USt-Erklärung für den Unternehmer-Erblasser abzugeben.

Soweit der Erblasser einmal getroffene Wahlrechtsentscheidungen und Antragsrechte nicht mehr umwerfen könnte, ist auch der Erbe daran gebunden.

Der Erblasser hat dem Erben ein Haus vererbt, das bisher degressiv gem. § 7 Abs. 5 EStG abgeschrieben wurde. Ab dem Todestag führt der Erbe die bisherige Abschreibungsart weiter (vgl. § 11 d EStDV).

Soweit Steuerschulden beim Rechtsvorgänger **entstanden,** aber **noch nicht festgesetzt** sind, muss diese Festsetzung gegenüber dem Gesamtrechtsnachfolger geschehen. Dabei muss aus dem Bescheid ersichtlich sein, dass der Adressat als **Rechtsnachfolger** und nicht als ursprünglich selbst Betroffener in Anspruch genommen wird (AEAO zu § 122 Nr. 2.12.2).

Erhält der Erbe einen Steuerbescheid für eine Steuerschuld des Erblassers, die zu dessen Lebzeiten entstanden ist, so muss der Grund für die Inanspruchnahme (Erbfall) aus dem Bescheid ersichtlich sein:
Herrn
Tim Gärtner
(Adresse)
Bescheidkopf: Dieser Steuerbescheid ergeht an Sie als Alleinerben ihres Vaters . . .

Zu den Folgen einer fehlerhaften Adressierung, vgl. Teil D 6.6.

Mehrere Erben sind Gesamtschuldner (§ 44 AO; vgl. § 2058 BGB).

Der Übergang der Schulden vom Rechtsvorgänger auf den Gesamtrechtsnachfolger gem. § 45 Abs. 1 Satz 1 AO ist u. U. sehr hart, weil damit der Rechtsnachfolger mit seinem **eigenen Vermögen** für Schulden des Vorgängers einstehen muss. Daher bestimmt § 45 Abs. 2 Satz 1 AO, dass Erben nur insofern für übernommene (Steuer-)Schulden einstehen müssen, wie es § 1967 BGB für die übrigen Schulden eines Erblassers vorsieht. Der Erbe kann daher seine Haftung auch für Steuerschulden unter bestimmten Voraussetzungen auf den Nachlass beschränken (§ 1975 BGB). Die Beschränkung der Erbenhaftung ist weder im Steuerfestsetzungsverfahren noch im Leistungsgebot zu berücksichtigen, sondern allein im Vollstreckungsverfahren durch formlose Erklärung oder ggf. durch Einspruch.

6.3 Abtretung, Pfändung und Verpfändung von Erstattungs- und Vergütungsansprüchen

Gem. § 46 AO können Erstattungs- und Vergütungsansprüche i. S. d. § 37 AO abgetreten, verpfändet und gepfändet werden. Dies sind Rechtsvorgänge, die im Bürgerlichen Gesetzbuch (BGB) bzw. der Zivilprozessordnung (ZPO) geregelt sind (§§ 398 ff., 1273 ff. BGB, §§ 829 ZPO). Die AO macht die Wirksamkeit der Abtretung und Verpfändung zusätzlich von der Erfüllung formeller Anforderungen abhängig: Die Abtretung und Verpfändung muss dem FA auf einem ordnungsgemäß ausgefüllten **amtlichen Formular** entweder durch den Abtretenden oder – in dessen Vertretung – durch den Abtretungsempfänger angezeigt werden, § 46 Abs. 2, 3 AO.

§ 46 AO stellt außerdem bestimmte Anforderungen an die **zeitliche Reihenfolge** der Ereignisse. Geht die Anzeige der Abtretung oder Verpfändung eines Erstattungs- oder Vergütungsanspruchs **vor** der Entstehung des Anspruchs beim FA ein, ist sie unwirksam (§ 46 Abs. 2 AO). Die Pfändung eines Erstattungsanspruchs vor dessen Entstehung ist ebenfalls unwirksam (§ 46 Abs. 6 Satz 2 AO). Die genannten Fehler sind nicht heilbar.

> **BEISPIEL**
>
> Der Gläubiger eines Arbeitnehmers pfändet am 15. 12. 01 dessen ESt-Erstattungsanspruch 01. **LÖSUNG** Die Pfändung ist wegen Verstoßes gegen § 46 Abs. 6 Satz 2 AO unwirksam, da zu diesem Zeitpunkt der ESt-Erstattungsanspruch 01 noch nicht entstanden ist. Die Pfändung bleibt auch nach Ablauf des Jahres 01, wenn der ESt-Erstattungsanspruch des Arbeitnehmers entstanden ist (entsprechend § 36 Abs. 1 EStG, s. o. Tz. 5 Fallgruppe a), unwirksam. Wiederholt der Gläubiger die Pfändung des ESt-Erstattungsanspruchs 01 im Jahre 02, ist diese Pfändung allerdings wirksam.

Der **geschäftsmäßige Erwerb** und die geschäftsmäßige Einziehung von Erstattungs- und Vergütungsansprüchen ist nur bezüglich Sicherungsabtretungen und dies nur zu Gunsten von Bank- und Kreditinstituten gestattet (§ 46 Abs. 4 AO). Andere Personen dürfen Sicherungsabtretungen »nicht geschäftsmäßig«, sondern allenfalls gelegentlich und ohne Wiederholungsabsicht vornehmen.

> **BEISPIELE**
>
> a) Der Lohnsteuerhilfeverein darf sich nicht geschäftsmäßig die Ansprüche seiner Vereinsmitglieder aus deren Antrag zur ESt-Veranlagung zur Sicherung seiner Beitragsforderungen abtreten lassen. Eine Abtretung wäre nichtig.

> b) Der Lebensmitteleinzelhändler darf sich den Anspruch seines Kunden auf dessen Erstattung von ESt zur Sicherung seiner Kaufpreisforderung abtreten lassen, wenn dies nur ganz gelegentlich geschieht. Dass die Abtretung im Rahmen seines Handelsgeschäfts vorgenommen wird, reicht noch nicht für die Annahme der Geschäftsmäßigkeit (der Abtretung) aus.

Die Abtretung, Verpfändung oder Pfändung muss den **Anspruch** i. S. d. § 37 AO genügend genau **bezeichnen**, sonst sind diese Rechtsgeschäfte unwirksam. Häufig wird man aber auch bei ungenauen Bezeichnungen durch Auslegung ermitteln können, welcher Anspruch gemeint ist. Erforderlich ist die genaue Angabe der Steuerart, nicht jedoch, dass der genaue Betrag in der Anzeige genannt wird (bestimmbarer Anspruch).

> **BEISPIELE**
>
> a) Bei Pfändung »des LSt-Erstattungsanspruchs des Herrn Hans Arm für 01« im Februar 02 ist der ESt-Erstattungsanspruch aus dem VZ 01 gemeint und wirksam gepfändet.
> b) Bei Verpfändung des »Anspruchs aus dem Steuerbescheid vom 05. 05. 03« wird in den Ländern, in denen das FA auch die Kirchenlohnsteuer erstattet, auch die Kirchensteuererstattung mit verpfändet. Ist dagegen der »ESt-Erstattungsanspruch« verpfändet, bezieht sich dies nicht auf die Kirchensteuererstattung.

Der Vorsteuerabzugsbetrag gem. § 15 UStG ist ein unselbstständiger Berechnungsfaktor für die USt-Schuld eines Anmeldungszeitraums. Ergibt sich im jeweiligen Anmeldungszeitraum ein Zahlungs**soll** des Stpfl., kann der Vorsteuerabzugsbetrag daher nicht abgetreten, ver- und gepfändet werden. Ergibt sich aus einer Jahresveranlagung per Saldo ein Vergütungsanspruch, so ist dieser aber vererblich, abtretbar, verpfändbar und kann gepfändet werden.

Über § 46 Abs. 5 AO wird das FA geschützt. Das FA muss keine Ermittlungen hinsichtlich der Abtretung durchführen und nicht nochmals leisten, falls die Abtretung unwirksam ist und das FA keine positive Kenntnis hiervon hat.

Ergibt sich nach der Auszahlung des Erstattungsbetrags an den Abtretungsempfänger, dass der Steuerbescheid falsch und die Erstattung zu hoch ausgefallen ist, hat das FA einen **Rückforderungsanspruch gegen den Abtretungsempfänger** und gegen den abtretenden Stpfl. als Gesamtschuldner. Es handelt sich um einen öffentlich-rechtlichen Anspruch, der auf § 37 Abs. 2 Satz 3 AO beruht.

> **BEISPIEL**
>
> Der Steuerberater hat sich den USt-Vergütungsanspruch 01 seines Mandanten zivilrechtlich wirksam abtreten lassen und dies dem FA gem. § 46 AO korrekt angezeigt. Deshalb hat das FA dem Steuerberater die festgesetzte Vergütung i. H. v. 14 800 € ausbezahlt. Später wird der USt-Bescheid 01 des Mandanten korrigiert; richtiger Vergütungsbetrag wäre nur 8 000 € gewesen.
> **LÖSUNG** Das FA kann den Rückforderungsanspruch i. H. v. 6 800 € gegen den Steuerberater und/oder dessen Mandanten geltend machen. Zur Geltendmachung erlässt das FA daher einen Rückforderungsbescheid nach seinem Ermessen mit Leistungsgebot (§ 218 AO).

In § 46 AO nicht geregelt, aber selbstverständlich möglich, ist die Abtretung von Ansprüchen **gegen** den Stpfl. durch eine Körperschaft des öffentlichen Rechts an eine andere, z. B. vom Land Bayern an das Land Sachsen oder vom Bund an das Saarland.

Teil D Der Verwaltungsakt

1 Begriff des Steuerverwaltungsakts, § 118 AO

Zwischen Finanzverwaltung und Steuerpflichtigen (§ 33 AO) entsteht aufgrund der Steuergesetze das sog. Steuerrechtsverhältnis (C 1). Die hiernach vorhandenen Pflichten müssen noch konkretisiert und verdeutlicht werden. Dies geschieht durch den **Verwaltungsakt** (VA).

Nach § 118 AO sind Verwaltungsakte:
   a) behördliche Maßnahmen, die
   b) auf dem Gebiet des **öffentlichen Rechts** erfolgen und
   c) zur Regelung eines Einzelfalls mit unmittelbarer **Rechtswirkung** nach außen ergehen.

Der VA-Begriff ist vor allem vor dem Hintergrund des Rechtsschutzes des Stpfl. zu sehen. Der Stpfl. kann nur VAe mit Einspruch anfechten (vgl. I 1 und 1.5). Der »VA« kann daher als Schutzbegriff für den Stpfl. verstanden werden. (Deshalb ist der VA auch Teil der Verfahrensgesetze anderer Verwaltungsbehörden).

Bei der Abgrenzung zum Nicht-VA kann man sich im Zweifelsfall daran orientieren, ob es ein Bedürfnis nach Überprüfung der fraglichen Verhaltensweise der Verwaltungsbehörde im außergerichtlichen Rechtsbehelfsverfahren gibt (Rechtsschutzbedürfnis). Besteht ein solches Bedürfnis, handelt es sich um einen VA. Besteht kein solches Bedürfnis, liegt regelmäßig kein VA vor.

1.1 Behördliche Maßnahmen

Die Maßnahmen einer Behörde i. S. d. § 118 AO sind Willensäußerungen, die häufig als Bescheid oder Verfügung bezeichnet werden. Zu den Behörden innerhalb der **Landesfinanzverwaltung** zählen gem. § 2 FVG:
- Landesfinanzministerium (Oberste Behörde),
- Oberfinanzdirektion (Mittelbehörde) und
- Finanzamt (Örtliche Behörde).

Zum Aufbau der Bundesfinanzverwaltung vgl. E 1.

Behördliche Maßnahmen setzen eine Willensbildung zum Erlass einer Regelung und den Bekanntgabewillen der Behörde voraus. Diese Willensbildung, die durch das Abzeichnen einer Aktenverfügung oder durch Drücken der Freigabetaste am Bildschirm geschieht, kann nicht wirksam von einem Bediensteten gebildet werden, der keinerlei Zeichnungsbefugnis hat (vgl. auch § 119 Abs. 3 AO). Zeichnungsbefugt sind u. a. Vorsteher, Sachgebietsleiter und Sachbearbeiter, eventuell auch Mitarbeiter.

BEISPIEL

> Erlässt ein Finanzanwärter oder der Hausmeister einen Steuerbescheid oder eine Stundungsverfügung auf amtlichem Vordruck, so handelt es sich nur dem äußeren Schein nach um die Willensäußerung einer Behörde. Diese Maßnahme ist aber **kein VA**, da sie nicht von einer Behörde oder den von ihr Beauftragten stammt. Die oben genannten Personen haben keinerlei Auftrag der Behörde, steuerliche Entscheidungen mit Außenwirkung zu treffen. Ihre Willensentscheidung muss sich das FA daher nicht als eigene zurechnen lassen, auch wenn das zugesandte Schriftstück äußerlich wie ein Steuerbescheid bzw. eine Stundung erscheint.

§ 124 Abs. 1 AO tritt hier ausnahmsweise zurück.

Anders ist es, wenn ein Amtsträger, der zeichnungsberechtigt ist, den Umfang seines Zeichnungsrechts überschritten hat. Dieser Fehler ist nicht besonders schwerwiegend i. S. d. § 125 Abs. 1 AO. Daher ist der VA wirksam entstanden.

1.2 Einseitige hoheitliche Maßnahmen (öffentlich-rechtliche Maßnahmen)

Die Finanzverwaltung ist eine Eingriffsverwaltung, d. h. sie entscheidet kraft ihrer Hoheitsgewalt aufgrund der Steuergesetze **einseitig** über Eingriffe in die Rechtssphäre des Bürgers. Das Verhältnis ist daher öffentlich-rechtlich (vgl. A 1; Gegensatz: zivilrechtlich). Die bedeutsamsten Eingriffe geschehen durch Steuerbescheid. Die Zustimmung des Betroffenen ist für das Wirksamwerden eines VA nicht erforderlich.

Obwohl § 78 Nr. 3 AO die Möglichkeit vorsieht, dass auch auf dem Gebiet des Steuerrechts öffentlich-rechtliche **Verträge** geschlossen werden können, ist dies – vom Fall des § 224 a AO abgesehen – bis jetzt rein theoretisch geblieben.

In Ausnahmefällen, wo es um den Stpfl. begünstigende oder für ihn zweischneidige Entscheidungen der Behörde geht, sieht das Gesetz **antrags-** oder **zustimmungsbedürftige** Verwaltungsakte vor. Solche VA können nur auf Antrag oder mit Zustimmung des Stpfl. ergehen. Die Behörde entscheidet auch hier durch einseitigen Akt.

BEISPIELE

a) »Antragsveranlagung« gem. § 46 Abs. 2 Nr. 8 EStG über die Veranlagung bestimmter Arbeitnehmer zur ESt. Auch hier entscheidet das FA durch VA.

b) Die Veranlagung der Großeltern zur ESt, auf die – mit Zustimmung des berechtigten Elternteils – der Kinderfreibetrag übertragen wurde (§ 32 Abs. 6 Satz 7 EStG), erfolgt durch VA.

1.3 Regelung mit unmittelbarer Rechtswirkung nach außen

Verwaltungsakte sind Regelungen, also Entscheidungen. Bloße Meinungsäußerungen, unverbindliche Ankündigungen von späteren VA und Hinweise auf die gesetzliche Lage sind **keine** VA, ebensowenig rein tatsächliche Verhaltensweisen von Behördenangehörigen (»Realakte«).

Mit dem »**Regelungscharakter**« des VA hängt zusammen, dass er auf eine unmittelbare Rechtswirkung »nach außen« gerichtet sein muss. Rein behördeninterne Maßnahmen wie etwa die Anweisung des Sachgebietsleiters an einen Sachbearbeiter, einen Stundungsantrag abzulehnen, sind keine Verwaltungsakte. (VA ist erst die an den Antragsteller gerichtete Antragsablehnung.) Die Vorbereitungshandlungen für eine Entscheidung sind noch keine Entscheidung. Musterbeispiele für VA sind Steuerfestsetzungen, mit denen über die Höhe einer Steuerschuld eines Stpfl. entschieden wird. Rein behördenintern – und damit noch kein VA – ist die Anweisung der OFD an das FA, eine vom Stpfl. beantragte Stundung zu gewähren.

Auch **allgemeine Verwaltungsvorschriften,** insbesondere Richtlinien, Erlasse des Finanzministeriums, Verfügungen der OFD sind keine Verwaltungsakte, da es an einer Regelung im Einzelfall fehlt und da sie keine Rechtswirkung nach außen haben. Dasselbe gilt für sonstige innerdienstliche Weisungen sowie für Bescheinigungen der Finanzämter, dass ein Stpfl. steuerlich geführt wird.

a) Die sog. »NV-Verfügung« (Verfügung des FA, dass für einen bestimmten Stpfl. keine Veranlagung durchzuführen ist), ist kein VA, **wenn nur amtsintern** festgestellt wird, dass beispielsweise die Voraussetzungen des § 46 EStG nicht vorliegen. Diese NV-Verfügung kann daher auch nicht den späteren Erlass eines Steuerbescheids hindern. Sie ist aber dann ein VA, wenn das FA mit ihr einen Antrag auf Veranlagung eines Arbeitnehmers gem. § 46 Abs. 2 Nr. 8 EStG abgelehnt hat.

b) **Prüfungsberichte** der Betriebsprüfer und die Niederschrift über die **Schlussbesprechung** einer Betriebsprüfung (§§ 201, 202 AO) sind keine VA. Dasselbe gilt für **Kontrollmitteilungen** nach § 194 Abs. 3 AO. Sie dienen nur der Vorbereitung einer Entscheidung (i.d.R. erlässt die Veranlagungsstelle des FA später einen Änderungsbescheid). Sie können nicht mittels Einspruch angefochten werden, da § 347 AO einen VA voraussetzt; stattdessen kann der Stpfl. ohne Weiteres eine abweichende Auffassung vortragen.
Selbstständige VA sind dagegen die **Anordnung einer Betriebsprüfung** gem. § 196 AO und auch einzelne **Prüfungsmaßnahmen** (BFH vom 26.07.2007, DStR 2007, 1478 für die Übersendung von Unterlagen).
Weil und soweit dagegen ein »Benennungsverlangen« des Prüfers gem. § 160 AO allenfalls zugunsten des Stpfl. wirkt, fehlt es auch hierbei an einer Regelung i.S.d. § 118 AO (einschränkende Auslegung nach dem Rechtsschutzbedürfnis).

c) Gibt ein FA-Bediensteter **telefonisch Auskunft** über eine steuerliche Frage, geschieht dies unverbindlich (§ 89 Abs. 1 AO). Mit ihr wird noch keine Entscheidung i.S. d. § 118 AO getroffen; dazu fehlt es schon an einer verlässlichen Entscheidungsgrundlage.
Erteilt das FA dagegen eine **verbindliche Auskunft** gem. § 89 Abs. 2 AO für einen – erst beabsichtigten – Sachverhalt, stellt diese einen VA gem. § 118 AO dar (AEAO § 89 Nr. 3.5.5.). Auch eine **verbindliche Zusage** gem. § 204 AO ist ein VA.
Umstritten ist der Charakter einer **Lohnsteuerauskunft** gem. § 42e EStG (vgl. R 42e Satz 4 LStR; danach ist jedenfalls ihre Ablehnung ein VA).

d) Ein **Realakt** beinhaltet keine Rechtsentscheidung und ist daher keine VA. Solche Realakte sind z.B. die Auszahlung von Geld, die Gewährung von Akteneinsicht oder die Erteilung einer Auskunft über die Besteuerung Dritter (AEAO § 30 Nr.4.7.). Wird aber eine beantragte Akteneinsicht oder eine beantragte Auskunft gem. § 30 AO verweigert, liegt ein einspruchsfähiger VA vor (AEAO § 347 Nr.1, BMF vom 17.12.2008, BStBl I 2009, 6).

e) Eine **Mahnung** wird überwiegend nicht als VA angesehen. Sie stellt den Hinweis auf eine Säumnis dar, löst aber unmittelbar keine Rechtsfolgen aus; etwaige Säumniszuschläge entstehen kraft Gesetzes, vgl. §§ 240 Abs. 1 Satz 1, 218 Abs. 1 Satz 1 AO.

f) Eine vom FA erklärte **Aufrechnung** (Umbuchung) ist kein VA, sondern eine privatrechtliche Willenserklärung, vgl. § 226 Abs. 1 AO.

Hat die Verwaltungsbehörde eine mündliche oder schriftliche Äußerung mit einer **Rechtsbehelfsbelehrung** verbunden, so besagt dies nur, dass die Behörde meint, einen VA erlassen zu haben. Weder macht eine (irrtümlich) beigelegte Rechtsbehelfsbelehrung einen Realakt zum VA, noch verliert ein VA seine Wirkung, wenn ihm eine Rechtsbehelfsbelehrung fehlt, vgl. § 356 AO.

Die Finanzkasse versieht eine schriftliche Mahnung mit einer Rechtsbehelfsbelehrung.
LÖSUNG Die Mahnung ist trotzdem kein VA. Sie ist und bleibt für den Stpfl. durch außergerichtlichen Rechtsbehelf nicht angreifbar.

Soweit das Finanzamt einen bereits ergangenen Verwaltungsakt **wiederholt,** liegt kein neuer Verwaltungsakt vor, da keine neue Regelung getroffen wird; man spricht von einer **wiederholenden Verfügung.** Gegen die wiederholende Verfügung kann kein eigener Rechtsbehelf mehr eingelegt werden. Nur der Erstbescheid ist von Bedeutung. Wird dagegen ein **Ermessens**-VA nach Änderung der Sachlage **überprüft** und dem Stpfl. die Entscheidung mitgeteilt, die Behörde wolle an der früheren Entscheidung festhalten, so stellt dies einen VA dar.

> **BEISPIELE**
>
> a) Der Stpfl. hat seinen Steuerbescheid verloren und bittet um Zusendung einer Zweitschrift. Die Zweitschrift ist kein VA. Es läuft keine neue Rechtsbehelfsfrist.
> b) Das FA teilt dem Stpfl. im USt-Änderungsbescheid neben der Herabsetzung der Steuer von 15 480 € auf 6 950 € mit: »Der im ursprünglichen Steuerbescheid festgesetzte Verspätungszuschlag gem. § 152 AO bleibt unverändert«.
> **LÖSUNG** Dieser Zusatz ist ein neuer VA, da sich die bisherige Sachlage geändert hat und eine neue Ermessensentscheidung geboten ist.

1.4 Einzelfall

Ein **Verwaltungsakt** regelt immer nur einen Einzelfall, d.h. er greift in die Rechtsverhältnisse einer **einzelnen** Person oder ausnahmsweise **einer bestimmten Vielzahl von Personen** ein. Ein **Gesetz** wendet sich dagegen an eine unbestimmte Vielzahl von Personen und stellt ganz **allgemein** Regeln auf (vgl. B 1).

> **BEISPIEL**
>
> § 37 Abs. 1 EStG verlangt, dass der Steuerpflichtige zu bestimmten Zeiten Vorauszahlungen zu leisten hat. Hier hat der Gesetzgeber generell eine Regelung getroffen. Der **einzelne** Stpfl. weiß damit aber noch nicht, ob gerade er und in welcher Höhe er selbst solche Vorauszahlungen leisten muss. Daher sieht § 37 Abs. 3 EStG vor, dass hier für die betroffenen Steuerbürger ein **Vorauszahlungsbescheid** vom Finanzamt zu erlassen ist. Die abstrakten Regeln des Gesetzes werden hier also durch Verwaltungsakte auf bestimmte Einzelfälle **transformiert.**

Die sog. **Allgemeinverfügung** ist eine besondere Form des Verwaltungsaktes, die an der Grenze zur Rechtsnorm steht (§ 118 S. 2 AO). Sie ist ein VA, der sich zwar nicht z. B. gegen Herrn A oder B richtet, andererseits aber auch nicht eine unbestimmbare Vielzahl von Fällen erfassen will. Der Personenkreis, an den sich die Allgemeinverfügung richtet, ist – wenn auch nur nach allgemeinen Merkmalen – genau **bestimmbar.**

> **BEISPIELE**
>
> a) Die Finanzämter veröffentlichen im April jeden Jahres eine **öffentliche Aufforderung** in den Tageszeitungen, die Steuererklärung bis 31. 05. eines Jahres abzugeben. Dies ist eine sog. Allgemeinverfügung.
> b) Die Allgemeinverfügung über das »Ruhen« (Entscheidung, dass vorläufig nichts entschieden wird) bestimmter Einspruchverfahren gem. § 363 Abs. 2 Satz 3 AO.
> c) (Massenhaft gestellte) Änderungsanträge in Bezug auf bestimmte Musterprozesse werden gem. § 172 Abs. 3 AO durch Allgemeinverfügung zurückgewiesen.
> d) (Massenhaft eingelegte) Einsprüche in Bezug auf bestimmte Musterprozesse werden insoweit gem. § 367 Abs. 2b AO zurückgewiesen.

1.5 Bedeutung des VA-Begriffs

Liegt ein Verwaltungsakt vor, so ist dies u. a. von Bedeutung für
- seine Durchsetzung (vgl. §§ 249 ff., 328 ff. AO),
- die Änderungsmöglichkeiten (§§ 129, 130–131, 164, 165, 172 ff. AO) und
- die Rechtsbehelfe des Betroffenen (vgl. §§ 347 ff. AO).

Fehlen die Merkmale eines Verwaltungsakts, so können entsprechende Forderungen eines Finanzamts nicht im Wege der AO durchgesetzt werden. Auf der anderen Seite braucht sich das FA später an die Äußerung nicht zu halten; sie ist jederzeit änderbar.

Vor allem der Wortlaut der §§ 124, 347 AO zeigt, dass der VA in erster Linie ein Begriff zum **Schutz des Stpfl.** ist: VA müssen dem Betroffenen **bekanntgemacht** werden; die Behörde muss ihn also über ihn betreffende Entscheidungen informieren. Der **Rechtsbehelf** der AO (Einspruch) ist nur gegen VA gegeben; der Stpfl. kann die Verhaltensweisen der Verwaltung also grundsätzlich nur dann durch Rechtsbehelf angreifen und überprüfen lassen, wenn diese VA-Qualität aufweisen.

1.6 Sammel-VA

Manchmal ist fraglich, **wieviele Verwaltungsakte** in einem Schriftstück vorliegen. Es kann **mehrere Verwaltungsakte** zusammenfassen, z. B. die Festsetzung einer ESt-Schuld und gleichzeitig eines Verspätungszuschlags gem. § 152 AO. Man spricht dann von einen »Sammelverwaltungsakt« oder von mehreren »Teil-VA«.

(Auch) diese Erkenntnis wirkt sich v. a. im Einspruchsverfahren aus. Enthält ein Bescheid mehrere VA, muss der Stpfl. ggf. auch mehrere Einsprüche einlegen, um den Eintritt der Bestandskraft aufzuhalten.

BEISPIELE

a) Die Festsetzung einer ESt-Schuld und einer KiSt-Schuld sind zwei VA. Das Leistungsgebot (»Zahlen Sie –«) ist (jeweils) ein weiterer VA.

b) Die Anrechnung von geleisteten Vorauszahlungen und von Abzugsteuern (z. B. Lohnsteuer) auf die Einkommensteuer (§ 36 Abs. 2 EStG) ist **kein Teil der Steuerfestsetzung**. Die Anrechnungsverfügung ist zusammen mit der Feststellung einer Abschlusszahlung (Leistungsgebot) bzw. einer Erstattung ein **eigener** (deklaratorischer) **VA** (BFH vom 26. 06. 2007, BStBl II 2007, 742). Dagegen ist die Anrechnung bezahlter ausländischer Ertragsteuern gem. § 34 c Abs. 1 EStG ein unselbstständiger Teil der Steuerfestsetzung.

c) Grundlagenbescheide enthalten so viele VA, wie Besteuerungsgrundlagen im Bescheid festgestellt sind (vgl. 5.4).

d) Bescheide über pauschale LSt-Festsetzung wegen mehrerer Sachverhalte sind jeweils getrennte VA.

e) Haftungsbescheide, wenn sich die Haftung auf mehrere Sachverhalte stützt (§ 191 AO).

f) Die Prüfungsanordnung (§§ 196 f. AO) regelt 1., dass und was geprüft wird (ein VA pro Steuerart und Veranlagungszeitraum) und 2. wann die Prüfung beginnt (2. VA) und 3. wo sie durchgeführt wird (3. VA).

FALL 15

a) Prüfen Sie, ob Sie in folgenden Fällen das Merkmal des VA »Rechtswirkung nach außen« und »Regelung eines Einzelfalls« feststellen können:

1. Ein Steuerbescheid wird dem Stpfl. A bekanntgegeben.
2. Ein Finanzbeamter beantwortet die Frage eines Stpfl. nach den verschiedenen AfA-Möglichkeiten für ein Wohnhaus.
3. Ein Stpfl. wird aufgefordert, wegen Überschreitung der Umsatzgrenzen (§ 141 Abs. 1 AO) zukünftig Abschlüsse zu machen (§ 141 Abs. 2 Satz 1 AO).
4. Ein Stpfl. erhält einen Betriebsprüfungsbericht übersandt (§ 202 AO).
5. Die OFD weist die FÄ an, einem bestimmten Steuerberater grundsätzlich keine Fristverlängerung zu gewähren.
6. a) Das FA mahnt rückständige ESt an (§ 259 AO).

b) Dem Stpfl. EL wurde antragsgemäß eine verbindliche Auskunft zur Besteuerung einer bestimmten beabsichtigten Gestaltung erteilt. Kurze Zeit später verstarb EL und wurde von S beerbt. Bei der Besteuerung des S wich das FA bei der Beurteilung des von S entsprechend verwirklichten Sachverhalts von der Auskunft ab und setzte letztlich eine höhere Steuer fest. Kann S erfolgreich gegen den Steuerbescheid vorgehen? Lesen Sie bitte § 347 AO.

2 Einteilung der Steuerverwaltungsakte

Dass das Gesetz bzw. die Praxis manche VA als »**Bescheide**« bezeichnet und andere nicht, hat keine praktische Bedeutung. »Becheid« ist lediglich eine herkömmliche Bezeichnung für wichtige Verwaltungsakte, z. B. »Steuerbescheid«, »Haftungsbescheid«. Man unterscheidet:

2.1 Steuer- bzw. diesen gleichgestellte Bescheide und sonstige VA

Die wichtigste Unterscheidung der VA bestimmt sich danach, ob die Regeln über Steuerfestsetzungen in §§ 155 ff. AO direkt bzw. entsprechend anwendbar sind oder nicht. Regelungen für Steuerfestsetzungen sind z. B. das Schriftlichkeitsgebot in § 157 Abs. 1 Satz 1 AO, die Möglichkeit zur Festsetzung unter Vorbehalt der Nachprüfung oder vorläufig (§§ 164 Abs. 1, 165 Abs. 1 AO), die Beachtlichkeit der Festsetzungsverjährung (§§ 169 ff. AO). **Direkt** anwendbar sind diese Regelungen auf Steuerbescheide einschließlich Vorauszahlungsbescheide und »fiktive« Steuerfestsetzungen (beim FA eingegangene Steueranmeldungen gem. § 150 Abs. 1 Satz 3 AO unter den Voraussetzungen der §§ 167 f. AO). **Entsprechend** anwendbar sind diese Regelungen auf alle Verwaltungsakte, für welche die AO oder Einzelsteuergesetze generell auf die Vorschriften über Steuern verweisen. Diese Gruppe von VA heißt deshalb »**den Steuerbescheiden gleichgestellte Bescheide**«. Z. B. müssen nicht nur Steuerfestsetzungen schriftlich erfolgen um wirksam zu sein, sondern auch Feststellungsbescheide (§§ 181 Abs. 1 Satz 1, 157 Abs. 1 Satz 1, 125 Abs. 1 AO). Andere VA, für welche die Regeln über Steuerfestsetzungen nicht gelten, bezeichnet man als »**sonstige VA**«.

BEISPIELE

a) Den Steuerbescheiden **gleichgestellte Bescheide** sind:
– Freistellungsbescheide, § 155 Abs. 1 Satz 3 AO,
– Veranlagungsablehnungsbescheide, § 155 Abs. 1 Satz 3 AO (z. B. »NV-Verfügungen«, d. h. die Entscheidung, »nicht zu veranlagen«, wenn damit ein Antrag auf Veranlagung abgelehnt wird),
– Vergütungsbescheide, z. B. zur USt bei Vorsteuerüberschuss, § 155 Abs. 4 AO,

– Feststellungsbescheide, § 181 Abs. 1 Satz 1 AO,
– Messbescheide bei Realsteuern, §§ 184 Abs. 1 Satz 3, 3 Abs. 2 AO (möglicherweise auch Zerlegungsbescheide und Zuteilungsbescheide bei Realsteuern, obwohl in §§ 188, 190 AO nicht ausdrücklich auf §§ 155 ff. AO verweisen wird) und
– Zinsbescheide, § 239 Abs. 1 Satz 1 AO.

b) Gegenbeispiele sind **sonstige VA**:
– Haftungsbescheide, § 191 AO,
– Verspätungszuschlagsbescheide, § 152 AO und
– Zwangsgeldfestsetzungen, §§ 329, 333 AO.

VA über steuerliche Nebenleistungen (§ 3 Abs. 4 AO) gehören zu den »sonstigen VA«, außer Zinsbescheide, die gem. § 239 Abs. 1 Satz 1 AO zu den den Steuerbescheiden gleichgestellten VA zählen. (Säumniszuschläge gem. § 240 AO werden regelmäßig gar nicht per Verwaltungsakt festgesetzt).

2.2 Begünstigende und nicht begünstigende VA

Die Unterscheidung hat nur untergeordnete Bedeutung. Sie betrifft v.a. die Frage, ob sich die Korrektur eines sonstigen VA nach § 130 Abs. 1 bzw. nach § 131 Abs. 1 AO richtet oder stattdessen nach deren Abs. 2. Einzelheiten werden dort erläutert (L 3.2).

Daneben setzt das Rechtsbehelfsverfahren eine Beschwer voraus, die bei belastenden VA ohne Weiteres zu bejahen ist.

Die Besteuerung als Eingriffsverwaltung bringt mit sich, dass VA des Finanzamts regelmäßig belastend wirken.

BEISPIELE

a) Die Festsetzung einer Steuer ist ein belastender VA. Auch die Anordnung einer Betriebsprüfung, die Aufforderung zur Buchführung, Vollstreckungsmaßnahmen gehören zu den belastenden VA.

b) Dagegen wirkt eine Stundung gem. § 222 AO begünstigend. Dasselbe Ergebnis gilt, wenn eine Steuerfestsetzung zugunsten des Stpfl. geändert wird.

c) Bei Feststellungsbescheiden unterscheidet man danach, ob die Feststellung auf Antrag des Stpfl. (z.B. Zuordnung eines Grundstücks zum Betriebsvermögen) zustande kam (dann begünstigend) oder von Amts wegen erfolgte (dann belastend).

2.3 Konstitutive und deklaratorische VA

Durch die meisten VA wird eine bereits kraft Gesetzes bestehende Rechtslage bestätigt bzw. konkretisiert. Man bezeichnet sie als **deklaratorische Verwaltungsakte** (»rechtserklärende VA«).

BEISPIELE

a) Nach Ablauf des Veranlagungszeitraums steht an sich kraft Gesetzes fest, dass Gabriella Coltello im laufenden Beispiel aufgrund ihrer Einkünfte und ihrer persönlichen Verhältnisse 10 000 € ESt schulden wird. Dieser Steueranspruch muss aber noch festgestellt und sichtbar gemacht werden. Dies geschieht durch einen VA, nämlich die Steuerfestsetzung im Steuerbescheid. Dieser VA ist deklaratorisch, wenn die Steuerfestsetzung richtigerweise auf 10 000 € erfolgt.

b) Rechtmäßige Abrechnungsbescheide gem. § 218 Abs. 2 AO.

Ein rechtswidriger Steuer- oder Abrechnungsbescheid ist konstitutiv, soweit er vom Gesetz abweicht. Bei **konstitutiven VA** besteht eine bestimmte Rechtslage nicht schon kraft Gesetzes. Hier wird **erstmals** durch das Handeln der Verwaltungsbehörde eine Rechtsfolge geschaffen. Der VA wirkt **rechtsbegründend** oder rechtsgestaltend (konstitutiv). Dies ist u. a. bei Ermessensentscheidungen der Fall. (Wegen der Unterscheidung »gebundener« und »Ermessens«-VA vgl. B 2.4).

BEISPIELE

a) Bei richtiger Anwendung des § 2 EStG hätte die ESt i. H. v. 10 000 € festgesetzt werden müssen (§ 38 AO). Setzt das FA dagegen die ESt fehlerhaft auf 12 000 € fest, wirkt dieser VA in Bezug auf 2000 € konstitutiv. Durch Einspruch (§ 347 AO) erreicht der Stpfl. die Herabsetzung der ESt auf zutreffend 10 000 €.

b) § 222 AO enthält ganz allgemein die Voraussetzungen für die Stundung. Ob ein Stpfl. tatsächlich die Stundung seiner Steuer erhält, hängt vom Ermessen des FA ab. Erst durch einen entsprechenden Stundungs-VA wird für den Stpfl. die Fälligkeitsverschiebung wirksam. Die Stundung ist daher konstitutiv.

FALL 16

Prüfen Sie, ob in den folgenden Fällen ein belastender/begünstigender, deklaratorischer/ konstitutiver VA vorliegt. Lesen Sie dazu jeweils die in Klammern angegebenen Vorschriften.

1. Wegen Todesfalls in der Familie des Stpfl. hat das FA den Beginn der Außenprüfung hinausgeschoben (§ 197 Abs. 2 AO).
2. Der Vollziehungsbeamte verlangt für die Vollstreckung eine Pfändungsgebühr (gem. §§ 337, 339 AO).

3 Wirksamkeitsvoraussetzungen eines VA

3.1 Bestimmtheit des VA, § 119 AO

Schon aus der Charakterisierung des VA als **Einzelfallregelung** folgt, dass er den Willen der Behörde genau und unmissverständlich zum Ausdruck bringen muss. § 119 Abs. 1 AO stellt dies nochmals ausdrücklich klar. Es muss also erkennbar sein, **von wem** die Behörde etwas verlangt, **was** sie verlangt oder **wem** sie etwas gewährt. Ggf. muss der **Wille der Behörde durch Auslegung ermittelt** werden, vgl. §§ 133, 157 BGB: entscheidend ist der erklärte Wille der Behörde und der sich daraus ergebende objektive Erklärungsinhalt der Regelung, wie ihn der Betroffene nach den ihm bekannten Umständen unter Berücksichtigung von Treu und Glauben verstehen konnte. Misslingt auch eine Auslegung, ist der VA nichtig. Dies ist bei widersprüchlicher oder mehrdeutiger Aussage regelmäßig der Fall. Eine Heilung derartiger Fehler ist nicht möglich, vielmehr ist ein neuer VA zu erlassen.

Auch wenn sich das Finanzamt in einem mehrseitigen Schreiben an den Stpfl. wendet, besteht der eigentliche Verwaltungsakt lediglich in dem sog. **verfügenden** oder auch als **Entscheidungssatz** (Tenor) **bezeichneten** Teil.

So ist z. B. im ESt-Bescheid der Verwaltungsakt nur in dem Ausspruch zu sehen: »Bescheid für 2008 über ESt. Festgesetzt werden 20 000 €«. Damit ist inhaltlich festgelegt, »was« (Betrag, Steuerart, VZ) das FA vom »Stpfl.« verlangt. Der restliche Teil des Schreibens ist lediglich Begründung oder Hinweis. Auch das Datum ist kein notwendiger Inhalt des Verwaltungsaktes. Ebenso ist die Rechtsbehelfsbelehrung kein VA, sondern lediglich ein Hinweis auf die Rechtsbehelfsmöglichkeiten nach der AO (§§ 347 ff. AO).

Zum notwendigen Inhalt eines schriftlichen VA gehört, dass er die **erlassende Behörde** erkennen lässt (§ 119 Abs. 3 AO); sonst ist er unwirksam (§ 125 Abs. 2 Nr. 1 AO).

Ist ein VA formularmäßig oder mit Hilfe der EDV erlassen, so benötigt er keine Unterschrift (§ 119 Abs. 3 AO). Andere schriftliche VAe müssen unterzeichnet werden, sonst sind sie fehlerhaft. Eine **fehlende Unterschrift** führt nicht zur Nichtigkeit. Der Fehler ist nicht schwerwiegend (§ 125 Abs. 1 AO), weil für den Stpfl. entscheidend ist, welche Behörde den VA erlassen hat und nicht welcher Beamte. Nach BFH vom 18. 07. 1985 (BStBl II 1986, 169) ist der Fehler (auch bei Ermessens-VA trotz § 127 AO) völlig unbeachtlich, wenn er bei der Entscheidung keine Rolle gespielt haben kann.

Sind die folgenden Schreiben des FA mit korrekter Anschrift Verwaltungsakte und sind sie genügend bestimmt?
1. »Hiermit wird gegen Sie ein Verspätungszuschlag (§ 152 AO) festgesetzt.«
2. »Wegen Überschreitens der Umsatzgrenze gem. § 141 Abs. 1 Nr. 1 AO werden Sie hiermit aufgefordert, Bücher zu führen.« (Lesen Sie dazu auch § 141 Abs. 2 AO!). Eine Erläuterung, was »Bücherführen« bedeutet, enthält das Schreiben nicht.

3.2 Form des VA

Ein VA kann in jeder Form ergehen, soweit nichts Abweichendes in Sonderbestimmungen geregelt ist (§ 119 Abs. 2 Satz 1 AO). Schriftform ist vorgesehen für Steuerbescheide (§ 157 Abs. 1 AO), Feststellungsbescheide (§§ 181 Abs. 1 Satz 1, 157 AO) und alle anderen, den Steuerbescheiden gleichgestellte Bescheide (s. 2.1), sowie z. B. für die Androhung von Zwangsmitteln (§ 332 Abs. 1 Satz 1 AO). Ist Schriftform nicht vorgeschrieben, kann ein VA mündlich, fernmündlich oder ausnahmsweise wortlos durch »schlüssiges Verhalten« erlassen werden.

a) Ein Stpfl. bittet telefonisch um Stundung seiner ESt-Abschlusszahlung.
LÖSUNG Da § 222 AO keine besondere Form vorsieht, wird die Stundung mit telefonischer Zusage wirksam.

b) Will das FA im laufenden Beispiel die steuerlichen Verhältnisse von Gabriella Coltello im Wege einer Betriebsprüfung überprüfen, muss zuvor eine schriftliche Prüfungsanordnung gem. §§ 193 Abs. 1, 196 AO ergehen. Eine durch **Fax** übermittelte Entscheidung wahrt die Schriftform, wenn und sobald es beim Empfänger ausgedruckt wird (BFH vom 25. 07. 2007, BStBl II 2008, 94).

Die **elektronische Form** (insbesondere die Übermittlung als »E-Mail«) ersetzt gem. 87 a Abs. 4 AO die Schriftform, wenn der Empfänger hierfür einen Zugang eröffnet hat, und das FA das elektronische Dokument mit einer qualifizierten elektronischen Signatur nach dem Signaturgesetz versehen hat (§ 87 a Abs. 1 Satz 1, Abs. 4 Satz 2 AO).

Fehlt die gesetzlich vorgeschriebene **Schriftform**, so ist der Bescheid **nichtig** (§ 125 Abs. 1 AO).

BEISPIELE

a) Die telefonische Mitteilung an den Stpfl., seine USt-Schuld 01 betrage 13 200 €, ist wegen Formverstoßes unwirksam (§§ 157 Abs. 1 Satz 1, 125 Abs. 1 AO).

b) Der Vollziehungsbeamte erklärt dem Steuerschuldner, dass die Bilder, die in der Wohnung verbleiben, »jetzt gepfändet seien.« Ein Pfandsiegel wird nicht angebracht.
LÖSUNG § 286 Abs. 2 Satz 2 AO schreibt für die Pfändung von Sachen, die im Gewahrsam der Schuldner belassen werden, die Dokumentation durch ein an der gepfändeten Sache angebrachtes Pfandsiegel vor. Der Verstoß gegen diese Formvorschrift macht die Pfändung **unwirksam.**

3.3 Begründung des VA

Ein VA ist grundsätzlich zu begründen, soweit es **zu seinem Verständnis erforderlich** ist (§ 121 Abs. 1 AO; für Rechtsbehelfsentscheidungen vgl. § 366 AO). Nur so kann der betroffene Stpfl. feststellen, ob der VA zu Recht ergangen ist oder ob er Einspruch einlegen soll. Insbesondere ist jede, auch nur geringfügige Abweichung von der Steuererklärung im Steuerbescheid zu begründen. Bei einem mündlichen VA besteht kein Begründungszwang, es sei denn, er wird gem. § 119 Abs. 2 Satz 2 AO schriftlich bestätigt (§ 121 Abs. 1 AO). Ein Ausnahmekatalog von diesem Begründungszwang findet sich in § 121 Abs. 2 AO.

Ermessens-VA (§ 5 AO) müssen so genau begründet werden, dass der Stpfl. jede einzelne Ermessensentscheidung im VA nachvollziehen kann. Ist jedoch die Ermessensentscheidung durch die Umstände des Falles »**vorgeprägt**« bzw. intendiert, d.h. kommt nach den Umständen des Falles nur eine bestimmte Entscheidung in Betracht, braucht diese sog. Regelentscheidung nicht weiter begründet zu werden; insbesondere braucht nicht begründet zu werden, warum die Behörde keine Ausnahmeentscheidung getroffen hat (z.B. ständige BFH-Rspr. für Haftung gem. § 71 AO BFH vom 12. 02. 2009 DStR 2009, 741).

Fehlt eine notwendige Begründung, so steht dieser Fehler einem **Verfahrens**- bzw. einem Formmangel gleich. Er ist aber nicht so schwerwiegend, dass dadurch Nichtigkeit (§ 125 AO) gegeben wäre. § 126 Abs. 1 Nr. 2 AO lässt vielmehr eine Heilung dieses Verfahrensmangels dadurch zu, dass die Begründung in einem Schriftstück an den Stpfl. nachgereicht wird. Er ist sogar ausreichend, wenn dies im Einspruchs- oder Klageverfahren geschieht (§ 126 Abs. 2 AO, vgl. 8.3).

Beim sog. **gebundenen VA**, bei dem sich eine bestimmte Rechtsfolge zwingend aus dem Gesetz ergibt, kann wegen dieses Formfehlers (»fehlende Begründung«) allein nicht erfolgreich die Aufhebung verlangt werden (§ 127 AO). Hier müssen (auch) andere Anfechtungsgründe vorgetragen werden. Dagegen wäre der Rechtsbehelf gegen einen nicht ausreichend begründeten **Ermessens-VA** schon allein wegen dieses Mangels erfolgreich (§ 127 AO letzter Halbsatz; vgl. 8.5).

Die wichtigste Rechtsfolge bei fehlender Begründung ergibt sich aus § 126 Abs. 3 Satz 1 AO: Wird **wegen** der fehlenden Begründung der VA nicht rechtzeitig innerhalb der Monatsfrist des § 355 Abs. 1 AO angefochten, so ist dem Stpfl. ggf. Wiedereinsetzung in den vorigen Stand zu gewähren (§ 110 AO; vgl. 8.4). Der Kausalzusammenhang zwischen fehlender Begründung und der Fristversäumnis ist glaubhaft zu machen.

4 Die Schritte zur Entstehung eines Steuer-VA

Ein VA durchläuft verschiedene Stationen, bis er entstanden ist. Die **Schritte** sind:
- Willensbildung und -äußerung eines Amtsträgers (»Amtsträger«: § 7 AO),
- Bei schriftlichen VA: Abschließende Unterzeichnung (§ 119 Abs. 3 AO) oder Abzeichnen der Aktenverfügung bzw. durch Eingabe der Daten am Bildschirm und durch Erteilen des Freigabebefehls,
- Weitergabe an die Poststelle des FA zum Postauslauf (sog. »Abwurf« eines VA) bzw. Übergabe zur Postversendung an die Zentralversendung,
- Bekanntgabe an den Betroffenen (§§ 122 Abs. 1, 124 Abs. 1, 87 a AO).

Das Gesetz geht (z. B. in § 155 Abs. 1 Satz 2 AO) davon aus, dass der **VA mit der Bekanntgabe** entsteht (vgl. 7). Entstehung des VA und sein Wirksamwerden fallen zusammen. Die sog. Aktenverfügung beim Erstellen des VA auf Formularpapier (abgezeichneter Entwurf) ist noch ohne rechtliche Bedeutung. § 124 Abs. 1 AO macht deutlich, dass nur **die bekanntgegebene (erklärte) Regelung wirksam** wird, nicht das vom Amtsträger Gewollte (und in der Aktenverfügung Niedergelegte). Ausnahmsweise kann die Aktenverfügung doch Bedeutung haben für die Anwendung des § 129 AO und für die Frage, ob eine Tatsache neu i. S. d. § 173 Abs. 1 AO ist, vgl. L.

Fehler in der Willensbildung (Irrtümer über die Sach- und Rechtslage) **und** bei der **Willensäußerung** (z. B. Verschreiben) sind ohne Einfluss auf das Entstehen und die Wirksamkeit des VA. Ist der VA **schon bekanntgegeben,** ist er mit dem unrichtigen oder ungewollten Inhalt wirksam (§ 124 Abs. 1 Satz 2 AO). Er kann nur im Rahmen eines **Rechtsbehelfsverfahrens** (sofern die Zulässigkeitsvoraussetzungen der §§ 347 ff. AO erfüllt sind) oder unter den Voraussetzungen der **Korrekturvorschriften** wieder beseitigt oder korrigiert werden (vgl. I und L und § 124 Abs. 2 AO).

Dies gilt insbesondere, wenn der bekannt gegebene VA sachlich unrichtig ist, z. B. eine zu hohe Steuer festsetzt. Erst recht führen Verstöße gegen amtsinterne Regelungen (Zeichnungsrecht, Zuständigkeit der Bezirke) nicht zur Unwirksamkeit. Nur unter den Voraussetzungen des § 125 Abs. 1, Abs. 2 AO bleibt der VA von Anfang an wirkungslos.

FÄLLE 18–19

FALL 18 1. Ein Sachbearbeiter gibt im Rahmen der ESt-Veranlagung bei der Dateneingabe am Bildschirm bei den Einkünften aus Gewerbebetrieb statt »100 000 €«, wie sie der Stpfl. erklärte und der Bearbeiter für richtig hält, versehentlich nur »10 000 €« ein. Der Sachgebietsleiter, der sich die Freigabe der Veranlagung vorbehalten hatte, gibt den Bescheid versehentlich unverändert zum Ausdrucken frei. Der Bescheid wird mit den eingegebenen Daten dem Stpfl. bekanntgegeben.
a) Mit welchem Inhalt ist der VA entstanden?
b) Was unternimmt das FA, wenn es den Fehler vor bzw. nach Bekanntgabe des Bescheids entdeckt? Lesen Sie dazu § 129 AO.

2. Das FA Esslingen möchte die ESt 06 für Fritz Fischle, Ahornweg 2 in 73734 Esslingen festsetzen. Es ermittelt die ESt entsprechend der eingereichten Erklärung von Fischle, d. h. ohne von dieser abzuweichen. Aufgrund eines Versehens wird der ESt-Bescheid 06 an Volker Vögele, Seestraße 3 in 73739 Esslingen adressiert. Vögele wohnt an der angegebenen Anschrift und erhält dort den Bescheid.
Ist der Steuerbescheid wirksam geworden, wenn ja: wem gegenüber?

> **FALL 19** Entscheiden Sie, ob in folgenden Fällen ein wirksamer Bescheid ergangen ist:
> 1. Das FA erlässt einen GewSt-Messbescheid gegen einen freiberuflich tätigen Arzt (lesen Sie §§ 15, 18 EStG, 2 GewStG).
> 2. Felix Gläubig erhält zusammen mit seinem ESt-Bescheid 07 einen Kirchensteuerbescheid 07, obwohl er seit Jahren aus der Kirche ausgetreten ist.
> 3. Dieter Fox trägt bei der Anmeldung seines Hundes in der Spalte »Hundehalter« den Namen seines Hundes »Hector von Michaelsberg« ein. Daraufhin erlässt die zuständige Gemeinde einen Hundesteuerbescheid an »Hector von Michaelsberg« mit im Übrigen zutreffender Anschrift.

5 Bescheide

Die wichtigsten VA werden traditionell als Bescheide bezeichnet. Diese Bezeichnung hat rechtlich keine Bedeutung. Für Steuerbescheide gelten die allgemeinen Regeln über VA (§§ 118 ff. AO) und die Sonderbestimmungen in §§ 155 ff. AO.

Den Steuerbescheiden sind Zins-, Grundlagen- und Messbescheide gleichgestellt, weil sie sich nach denselben Vorschriften richten wie Steuerbescheide (§§ 239 Abs. 1, 181 Abs. 1, 184 Abs. 1 AO. Vgl. L 6.1). Weiterhin gibt es Haftungs- und Duldungsbescheide (§ 191 AO), sowie die Abrechnungsbescheide der Finanzkasse (§ 218 Abs. 2 AO), die aber nicht in allen Bereichen den Regeln für Steuerbescheide folgen (»sonstige VA«, s. 2.1).

5.1 Steuerbescheide

Verwaltungsakte, in denen
- ein Steuerbetrag gegenüber einer bestimmten Person als Steuerschuld festgesetzt oder
- durch die jemand von der Steuer freigestellt (»Freistellungsbescheid«) oder
- ein Antrag auf Steuerfestsetzung abgelehnt wird (»Nichtveranlagungsbescheid),

bezeichnet man gem. § 155 Abs. 1 Satz 1 und 2 AO als **Steuerbescheide.**

> **BEISPIEL**
>
> Die Sportgemeinschaft A-dorf ist gemeinnützig (§ 52 AO). Sie ist daher gem. § 5 Abs. 1 Nr. 9 KStG von der Körperschaftsteuer befreit. Dies wird ausdrücklich durch einen Freistellungsbescheid festgestellt.

Steuerbescheide müssen folgende Merkmale aufweisen:
a) Schriftform (§ 157 Abs. 1 Satz 1 AO) oder bei elektronischen Dokumenten qualifizierte elektronische Signatur nach dem Signaturgesetz (§ 87 a Abs. 4 AO),
b) Bezeichnung der erlassenden Behörde (§ 119 Abs. 3 AO),
c) Eindeutige Bezeichnung des Steuerschuldners (§ 157 Abs. 1 Satz 2 AO),
d) Höhe und Art der Steuerschuld (§ 157 Abs. 1 Satz 2 AO),
e) Begründung und Feststellung der Besteuerungsgrundlagen (§§ 121, 157 Abs. 2 AO).

Der Steuerbescheid ist mit einer Rechtsbehelfsbelehrung zu versehen (§ 157 Abs. 1 Satz 3 AO).

Zu a) **Schriftform, § 157 Abs. 1 Satz 1 AO**

Wird die vorgeschriebene Schriftform nicht beachtet, so ist dies ein besonders schwerwiegender Mangel, der zur **Nichtigkeit des Bescheides** führt (§ 125 Abs. 1 AO).

Zu b) **Bezeichnung der ausstellenden Behörde, § 119 Abs. 3 AO**

Aus rechtsstaatlichen Gründen ist es notwendig, dass der Bürger erkennen kann, welche Behörde von ihm eine Leistung verlangt. Außerdem bestimmt § 119 Abs. 3 AO, dass bei schriftlichen VA die Unterschrift oder Namenswiedergabe des Behördenleiters oder eines Beauftragten vorhanden sein muss. § 119 Abs. 3 Satz 2, 2. HS AO schränkt die letztere Voraussetzung wieder ein: Formularmäßige oder im automatisierten Verfahren ergangene VA brauchen nicht unterschrieben zu sein. Dies gilt insbesondere für Steuerbescheide. Sie sind entweder im sog. EDV-Verfahren automatisiert ergangen oder bei »manueller Veranlagung« wenigstens auf Formularen erstellt. **Fehlt** der **Name der ausstellenden Behörde,** so ist der Bescheid **nichtig** (§ 125 Abs. 2 Nr. 1 AO).

Zu c) **Eindeutige Bezeichnung des Steuerschuldners, § 157 Abs. 1 Satz 2 AO**

Man muss dem Steuerbescheid entnehmen können, gegen wen er sich richtet. Es ist erforderlich, dass Name und Adresse des Steuerschuldners sich eindeutig aus dem Anschriftenfeld oder dem Bescheid selbst entnehmen lassen. Schreibfehler, die an der Identität des Adressaten nicht zweifeln lassen, schaden jedoch nicht (vgl. 6.2).

> **BEISPIEL**
>
> Der ESt-Bescheid ist adressiert an Gabriella Cohltelo, Rosenweg 3, 70169 Stuttgart. Tatsächlich müsste die Anschrift lauten: Gabriella Coltello, Rasenweg 36, 70619 Stuttgart. Trotzdem kommt der Bescheid an.
>
> **LÖSUNG** Wenn keine Person mit ähnlichem Namen im Rasenweg, insbes. in Nr. 36 wohnt, ist Frau Coltello noch eindeutig als Adressatin identifizierbar. Der Steuerbescheid ist dann wirksam (AEAO § 122 Nr. 4.2.4).

Zu d) **Höhe und Art der Steuerschuld, § 157 Abs. 1 Satz 2 AO**

Die eigentliche Regelung eines Steuerbescheids liegt in der Festsetzung der Steuerschuld. Höhe und Art der Steuerschuld müssen hinreichend bestimmt sein (§§ 157 Abs. 1 Satz 2, 119 Abs. 1 AO). Dieser Regelungsinhalt wird etwa so ausgedrückt: »Bescheid für 2008 über Einkommensteuer und Solidaritätszuschlag. Festgesetzt werden 2 000 € Einkommensteuer und 110 € Solidaritätszuschlag.«

> **BEISPIELE**
>
> a) Wenn ein Steuerbescheid mit dem Wortlaut ergeht »festgesetzt werden 2 000 €«, ohne dass daraus Steuerart (ESt, USt) oder Veranlagungszeitraum erkennbar sind, so ist dieser Bescheid wegen eines offenkundigen besonders schwerwiegenden Mangels **nichtig** (§ 125 Abs. 1 AO). Soweit nur Fehler in der Höhe der Steuer vorliegen oder der falsche Festsetzungszeitraum angegeben wurde, ist dieser Bescheid **(voll) wirksam** und muss vom Stpfl. angefochten werden (§§ 347, 348 Abs. 1 AO). Es handelt sich hier um einen materiell-rechtlichen Fehler ohne Nichtigkeitscharakter.
>
> b) Beispiel für einen ESt-Vorauszahlungsbescheid:

Festsetzung der Vorauszahlungen

Vorauszahlungen	Einkommen-steuer €	Kirchensteuer ev €	Solidaritäts-zuschlag €	Insgesamt €
Es werden festgesetzt (und sind zu entrichten): für 2008 zum				
10. Juni	14.946,00	1.539,00	788,00	17.273,00
10. September	14.946,00	1.539,00	788,00	17.273,00
10. Dezember	14.946,00	1.539,00	788,00	17.273,00
ab 2009 jeweils zum 10.3., 10.6., 10.9. und 10.12.	16.041,00	1.603,00	848,00	18.492,00

Zu e) **Begründung**

Da Steuerbescheide schriftlich ergehen müssen (§ 157 Abs. 1 AO), sind sie zu begründen (§ 121 Abs. 1 AO). Es sind die zu ihrem Verständnis notwendigen Angaben zu machen. Vor allem sind die sog. **Besteuerungsgrundlagen** (§ 157 Abs. 2 AO) anzugeben. Darunter versteht man die für die Steuerart und -höhe wesentlichen Merkmale, wie z. B. bei der ESt Höhe der Einkünfte, Höhe der Sonderausgaben usw. entsprechend § 2 EStG.

Fehlt die vorgeschriebene Begründung, so ist dies kein schwerwiegender Mangel, der zu Nichtigkeit (§ 125 AO) des Steuerbescheids führen würde. Dies folgt im Wege des Rückschlusses aus § 126 Abs. 1 Nr. 2 AO, der eine Heilung des Mangels durch Nachholung der fehlenden Begründung ausdrücklich vorsieht. Zur Behandlung von Begründungsmängeln vgl. D 8.3.

Rechtsbehelfsbelehrung, § 157 Abs. 1 Satz 3 AO: Wenn sich der Stpfl. gegen einen Steuerbescheid wehren (ihn »anfechten«) will, muss er die Form- und Fristbestimmungen in §§ 347 ff. AO, insbes. die Einspruchsfrist von einem Monat beachten (§ 355 Abs. 1 AO). Die Rechtsbehelfsbelehrung gibt ihm dafür die notwendige Anleitung. Fehlt die Belehrung oder ist sie unrichtig, so ist der Bescheid **nicht** rechtswidrig, denn sie ist kein Bestandteil des VA, sondern mit diesem nur äußerlich auf einem Formular verbunden. Wenn der Stpfl. bei fehlender Belehrung die Frist versäumt, greift die Sonderregelung des § 356 Abs. 1 AO: Der Stpfl. kann noch bis zum Ablauf eines Jahres seit Bekanntgabe des Steuerbescheids Einspruch einlegen.

Diese Jahresfrist kann das FA dadurch abkürzen, dass es die unterlassene Rechtsbelehrung nachholt oder korrigiert. Dann läuft die Frist einen Monat nach Bekanntgabe dieser Belehrung ab.

5.2 Mit der Steuerfestsetzung verbundene Verwaltungsakte

Meistens befindet sich auf dem Steuerbescheidformular neben der Steuerfestsetzung (»die ESt wird festgesetzt auf«) gleichzeitig die Anrechnung der geleisteten Vorauszahlungen und Quellensteuern und der Vermerk: »Bitte zahlen Sie spätestens am ... €«. Diese Zahlungsaufforderung nennen wir **Leistungsgebot**. Die **Anrechnungsverfügung** ist (zusammen mit dem Leistungsgebot) ein eigener, **selbstständiger VA**. Fehlt dieser VA auf dem Steuerbescheid, so ist die Steuerfestsetzung trotzdem wirksam. Nur darf dann das FA die Steuer durch seine Vollziehungsbeamten nicht beitreiben (vgl. § 254 AO und Abschnitt H).

Neben dem Leistungsgebot werden häufig noch folgende Entscheidungen mit der Steuerfestsetzung verbunden:

- Festsetzung von Vorauszahlungen, sog. Vorauszahlungsbescheid (z. B. gem. § 37 EStG);
- Festsetzung von Verspätungszuschlägen (§ 152 Abs. 3 AO).

Es handelt sich hier um **selbstständige VAe**, die nur äußerlich mit dem Steuerbescheid verbunden sind und ein eigenes rechtliches Schicksal haben. Sie unterliegen z. B. eigenen Verjährungsregeln und sind mit gesonderten Rechtsbehelfen angreifbar. Bei der Prüfung von Rechtsbehelfen gegen Steuerbescheide muss immer festgestellt werden, ob gleichzeitig die mit der Steuerfestsetzung verbundenen anderen VAe angegriffen werden.

Keine eigenen VAe sind dagegen **die unselbstständigen Nebenbestimmungen** zu einem Steuerbescheid. Solche Nebenbestimmungen sind bei gebundenen Verwaltungsakten, wie sie Steuerbescheide darstellen, nur möglich, wenn sie gesetzlich zugelassen sind (§ 120 AO). Zulässige Nebenbestimmungen sind bei Steuerbescheiden vor allem der Vorbehalt der Nachprüfung (§ 164 AO) und die Vorläufigkeitserklärung (§ 165 AO). Will der Stpfl. sich gegen die Nebenbestimmungen wenden, so muss er Einspruch gegen die Steuerfestsetzung erheben; dies wird i. d. R. eine Auslegung ergeben. In der Einspruchsbegründung kann er sich allerdings darauf beschränken, die Unzulässigkeit der Nebenbestimmung darzulegen. Während bei Steuerfestsetzungen ansonsten kaum Nebenbestimmungen zulässig sind, werden Ermessensentscheidungen häufig mit Nebenbestimmungen versehen (§ 120 Abs. 2 AO).

> **BEISPIEL**
>
> Einem Stpfl. wird Stundung normalerweise nur unter dem Vorbehalt des Widerrufs gewährt (§ 120 Abs. 2 Nr. 3 AO).

5.3 Zusammengefasste Bescheide, § 155 Abs. 3 AO

Den Begriff der Gesamtschuldnerschaft (§ 44 AO) haben wir schon kennengelernt (vgl. C 6.1). Danach schulden mehrere Personen z. B. Ehegatten, die zusammenveranlagt werden, den gesamten festgesetzten Geldbetrag, diesen aber insgesamt nur einmal. Aus dem Charakter des VA als Einzelfallregelung folgt, dass sich die Finanzbehörde an jeden einzelnen gesondert wenden müsste. Dies wäre unökonomisch. Daher lässt es § 155 Abs. 3 AO zu, in diesen Fällen **zusammengefasste, inhaltsgleiche Bescheide gegen mehrere Personen** zu erlassen. Es werden dann zwei oder mehr Bescheide, die eigentlich ergehen müssten, in **einem** inhaltsgleichen Bescheid verbunden. Vgl. 6.7. Dabei ist zu beachten, dass aus diesem Bescheid erkennbar sein muss, wer alles Gesamtschuldner ist. Die Gesamtschuldner müssen also aus dem Adressenfeld oder sonst aus dem Bescheid ersichtlich sein. Trotz dieser Zusammenfassung handelt es sich verfahrensrechtlich um mehrere VA'e.

Wegen der Bekanntgabe vgl. 6.7.2. Bei **getrennter Anschrift** ist der zusammengefasste Bescheid regelmäßig jedem Gesamtschuldner in einem eigenen Schriftstück (»in einer eigenen Ausfertigung für ...«) bekannt zu geben. In jede Bescheidausfertigung ist dann als **Erläuterung** aufzunehmen: »Ihrem Ehegatten wurde ein Bescheid gleichen Inhalts erteilt.«

> **FALL 20**
>
> Das im Jahr 09 geschiedene und vorher seit 01. 02. 08 getrennt lebende Ehepaar Fritz und Gabi Staufer wird für das Jahr 08 wegen Nichtabgabe der ESt-Erklärung geschätzt (§ 162 Abs. 1 AO) und (zulässigerweise) zusammenveranlagt. Die ESt-Schuld 08 wird auf 32 089 € festgesetzt. Das FA lässt vom Rechenzentrum 2 Ausfertigungen des Bescheids ausdrucken: Die eine ist laut Anschriftenfeld gerichtet an: »Herrn Fritz Staufer ...« und wird an seine Anschrift versandt. Die andere ist an »Frau Gabi Staufer.« gerichtet und wird an ihre neue Anschrift versandt. Beide Ausfertigungen enthalten den Vermerk: »Für Herrn Fritz Staufer und Frau Gabi Staufer« (im Bescheidkopf). Im Abschnitt »Erläuterungen« findet sich jeweils der Satz: »Ihrem Ehegatten wurde ein Bescheid gleichen Inhalts erteilt. Sie schulden die nach diesem Bescheid zu entrichtenden Beträge gemeinsam mit Ihrem Ehegatten.«
> 1. Sind hier »zusammengefasste Bescheide« über ESt 08 ergangen?
> 2. Wenn ja: Durften sie ergehen? Wenn nein: Warum nicht?
> 3 Waren die Anschriftenfelder richtig ausgefüllt?
> 4. Sind die Bescheide wirksam geworden?

Zusammenfassung zu Bescheiden

Die Entscheidungen des FA ergehen regelmäßig in Form eines VA. Für den Erlass eines VA gelten daher Mindeststandards, die v.a. in § 119 AO geregelt sind. Ist nicht erkennbar, wer, was vom wem verlangt, ist der VA nichtig (§ 125 Abs. 1, 2 AO).

Der Steuerbescheid nach § 155 AO ist der wichtigste VA im Rahmen der Steuerverwaltung. Er muss gem. § 157 AO schriftlich ergehen, die erlassende Behörde, den Steuerschuldner und die festgesetzte Steuer erkennen lassen. Andernfalls ist er unwirksam.

Beispiel für einen Einkommensteuerbescheid

```
Finanzamt Reutlingen                    72764 Reutlingen              2. 7.2009
  IdNr. Ehemann 79 516 321 801          Leonhardsplatz 1
  IdNr. Ehefrau 40 053 276 897
  Steuernummer  78225/01985             Telefon 07121/940-1121
(Bitte bei Rückfragen angeben)          Telefax 07121/9401002, Zimmer 121
                                        Bearbeiter FRAU GROSSBEZIRK

Finanzamt, Leonhardsplatz 1,72764 Reutlingen
```

Bescheid

für 2008 über

Einkommensteuer, Solidaritätszuschlag

und Kirchensteuer

```
HERRN UND FRAU
TIM UND
GABRIELLA GÄRTNER
RASENWEG 36
70619 STUTTGART
```

Festsetzung
Der Bescheid ist nach § 165 Abs. 1 Satz 2 AO teilweise vorläufig.

	Einkommensteuer €	Kirchensteuer ev Ehemann €	Kirchensteuer rk Ehefrau €
Festgesetzt werden	33.726,00	1.792,96	1.792,96
ab			
Steuerabzug vom Lohn	3.145,00	251,44	0,00
Verbleibende Beträge	30.581,00	1.541,52	1.792,96
Abrechnung (Stichtag: 29.06.09)			
Abzurechnen sind	30.581,00	1.541,52	1.792,96
Bereits getilgt	0,00	0,00	0,00
Unterschiedsbetrag	30.581,00	1.541,52	1.792,96
Ausgleich durch Verrechnung	0,00	0,00	0,00
Noch zu zahlen	30.581,00	1.541,52	1.792,96
B i t t e z a h l e n S i e			
spätestens am 06.08.09	30.581,00	1.541,52	1.792,96

◄◄◄◄◄ Fortsetzung siehe Seite 2 ►►►►►

```
Konten der Finanzkasse
     Institut      :   Dt.Bundesbank          KSK Reutlingen
                       Fil.Reutlingen
     Kontonummer   :   64001500               64905
     Bankleitzahl  :   640 000 00             640 500 00

Weitere Informationen finden Sie am Ende dieses Ausdrucks.
  *                                                          *ZV*290609*
```

EDV-Form BW3061 02 95
Steuerbescheid (Original)

IdNr. Ehemann 79 516 321 801   IdNr. Ehefrau 40 053 276 897   Seite   2
Steuernummer 78225/01985

	Solidaritäts- zuschlag €	Insgesamt €
Festgesetzt werden	1.753,29	
ab		
Steuerabzug vom Lohn	145,41	
Verbleibende Beträge	1.607,88	35.523,36
Abrechnung (Stichtag: 29.06.09)		
Abzurechnen sind	1.607,88	
Bereits getilgt	0,00	
Unterschiedsbetrag	1.607,88	
Ausgleich durch Verrechnung	0,00	
Noch zu zahlen	1.607,88	35.523,36
B i t t e z a h l e n S i e		
spätestens am 06.08.09	1.607,88	35.523,36

Besteuerungsgrundlagen zur Steuerfestsetzung 2008

Berechnung des zu versteuernden Einkommens

	Ehemann €	Ehefrau €	Insgesamt €
Einkünfte aus Gewerbebetrieb		130.276	

Einkünfte aus nichtselbständiger Arbeit
   Bruttoarbeitslohn. 28.985
ab
   Arbeitnehmerpauschbetrag   920
   Einkünfte 28.065

Einkünfte aus Vermietung und Verpachtung . . . . -2.370

Gesamtbetrag der Einkünfte . . . . 25.695 . . . . 130.276 . . . . 155.971

ab Sonderausgaben
   gezahlte Kirchensteuer   381
   Beiträge und Spenden nach § 10 b EStG   280
Summe der unbeschränkt abzugsfähigen Sonderausgaben   661
ab beschränkt abziehbare Sonderausgaben
   Summe der Versicherungsbeiträge 6.016
   Vorwegabzug 6.136
   Kürzung nach § 10 Absatz 3 Nr. 2 EStG 4.637
   verbleibender Vorwegabzug . . . . 1.499 . . 1.499 . . 1.499
   verbleibende Versicherungsbeiträge. 4.517
   abziehbar . . . . 2.668 . . 2.668
   verbleiben 1.849
   davon 50 % abziehbar . . . . 925 . . . 925
   abzugsfähig im Rahmen des § 10 Absatz 3 EStG . . . . 5.092 . . . . . 5.092
Einkommen 150.218
ab
   Freibetrag für Kinder 5.808

zu versteuerndes Einkommen 144.410

Berechnung der Einkommensteuer
zu versteuern nach dem Splittingtarif . . . . 144.410 . . . . 44.824
tarifliche Einkommensteuer 44.824

ab
   Ermäßigung für Einkünfte aus Gewerbebetrieb 12.946
verbleiben 31.878

dazu Kindergeld oder vergleichbare Leistungen. 1.848

festzusetzende Einkommensteuer 33.726

×××××× Fortsetzung siehe Seite   3 ××××××
                                                        *ZV*290609*
 *

```
IdNr. Ehemann 79 516 321 801                    Bescheid           Seite   3
IdNr. Ehefrau 40 053 276 897                    für  2008  über
Steuernummer  78225/01985              Einkommensteuer, Solidaritätszuschlag
                                              und Kirchensteuer
```

```
Berechnung der Kirchensteuer
   zu versteuerndes Einkommen unter Berücksichtigung von
   Freibeträgen für   1 Kind(er) i.H.v.     5.808 € . . .        144.410
   darauf entfallende Einkommensteuer . . . . . . . . . . . . . . . . . . . . .   44.824
   (jedoch ohne Anwendung des § 35 EStG)
   ev  Kirchensteuer    8 % von          22.412 €  . . . . . . . . . . . . . . .  1.792,96

   rk  Kirchensteuer    8 % von          22.412 €  . . . . . . . . . . . . . . .  1.792,96
```

```
Berechnung des Solidaritätszuschlags
   zu versteuerndes Einkommen unter Berücksichtigung von
   Freibeträgen für   1 Kind(er) i.H.v.     5.808 € . . .        144.410
   darauf entfallende Einkommensteuer, die sich unter
   Berücksichtigung der Steuerermäßigungen ergibt . . . . . . . . . . . . . . .  31.878
   davon 5,5 % Solidaritätszuschlag . . . . . . . . . . . . . . . . . . . . . .  1.753,29
```

Im Originalbescheid folgen Erläuterungen und Rechtsbehelfsbelehrung.

5.4 **Grundlagenbescheide**

Ein Grundlagenbescheid setzt selbst keine Steuer fest, entfaltet aber (mittelbar oder unmittelbar) gem. § 171 Abs. 10 Satz 1 AO Bindungswirkung für eine Steuerfestsetzung. Es handelt sich um

- Feststellungsbescheide,
- Steuermessbescheide und
- andere die Steuerfestsetzung bindende Verwaltungsakte.

Da es sich um selbstständige VA'e handelt, muss ein Betroffener Einspruch gegen den Grundlagenbescheid einlegen, wenn er mit dessen Regelung nicht einverstanden ist (§ 351 Abs. 2 AO); er kann seine Einwendungen nicht erst in einem Einspruchsverfahren gegen den Folgebescheid nachholen.

5.4.1 **Feststellungsbescheide, §§ 179ff AO**

Sie sind die in der Praxis häufigsten Grundlagenbescheide.

Aus Zweckmäßigkeitsgründen hat der Gesetzgeber die Feststellung von Besteuerungsgrundlagen nicht immer nur – wie dies § 157 Abs. 2 AO vorsieht – als unselbstständigen Teil des Steuerbescheids behandelt. Es kommt insbesondere vor, dass ein und dieselbe Besteuerungsgrundlage gleichzeitig für **mehrere** Steuerbescheide maßgebend ist.

> **BEISPIEL**
>
> Der Gewinn-Feststellungsbescheid einer GmbH und Co. KG ist maßgebend für die (den) ESt-Bescheid(e) der Gesellschafter, die natürliche Personen sind, und für den KSt-Bescheid der GmbH.

Hier wäre es häufig unwirtschaftlich, wenn jedesmal die notwendige Besteuerungsgrundlage – evtl. von verschiedenen Finanzämtern – erneut für den jeweiligen Steuerbescheid ermittelt und festgestellt werden müsste. Daher hat der Gesetzgeber in § 179 Abs. 1 AO festgelegt, dass unter bestimmten Voraussetzungen diese Besteuerungsgrundlagen »gesondert«, d. h. in selbstständigen Feststellungsbescheiden festgestellt werden. Dies hat aber nur dann Sinn, wenn das FA bei der Steuerfestsetzung an den Feststellungsbescheid gebunden ist, also nicht wiederum die Richtigkeit der festgestellten Besteuerungsgrundlage überprüfen kann/muss. § 182 Abs. 1 AO sieht deshalb vor, dass der Feststellungsbescheid Bindungswirkung für den Steuerbescheid entfaltet und die Feststellungen ohne weiteres in den Steuerbescheid übernommen werden müssen. Dies schließt nicht aus, dass der Steuerbescheid (Folgebescheid) im Einzelfall **vor** dem Feststellungsbescheid erlassen wird (§ 155 Abs. 2 AO). Die noch ausstehenden Feststellungen, z. B. Verlustanteile, können vorab im Folgebescheid geschätzt werden (§ 162 Abs. 5 AO). Auch wenn der Folgebescheid unanfechtbar geworden ist, wird dieser nach Erlass des Grundlagenbescheids geändert (§ 175 Abs. 1 Satz 1 Nr. 1 AO).

(Gesonderte) Feststellungsbescheide ergehen grundsätzlich nur, wenn dies in der AO oder den Einzelsteuergesetzen vorgeschrieben ist (§ 179 Abs. 1 AO); Ausnahme: § 4 der VO zu § 180 Abs. 2 AO, Beck'sche Steuergesetze: 800e.

> **BEISPIEL**
>
> Erträge, die einer Person allein zustehen, werden grundsätzlich im ESt-Bescheid dieser Person unselbstständig als Einkünfte festgestellt (§ 157 Abs. 2 AO). Ein gesonderter Feststellungsbescheid über die Höhe von Einkünften ergeht gegen **Einzelpersonen** gem. § 180 Abs. 1 Nr. 2 Buchst. b AO nur, wenn

1. eine **Gewinn**einkunftsart vorliegt (§ 2 Abs. 2 Nr. 1 EStG) **und**
2. Geschäftsort und Wohnort der Person zum Jahresende des Feststellungszeitraums in den Bereichen **verschiedener** Finanzämter liegen.

Festgestellt werden entweder

- Werte (§ 180 Abs. 1 Nr. 1, 3 AO, für die »einheitswertabhängigen« Steuern) oder
- Erträge und Einkünfte (§ 180 Abs. 1 Nr. 2 AO, für die ertragsabhängigen Steuern) bzw. der »verbleibende Verlustabzug« gem. § 10d Abs. 4 EStG oder von anderen, nur in späteren Jahren zu berücksichtigenden Verlusten (z. B. § 23 Abs. 3 Satz 8 EStG), sowie andere mit **gemeinschaftlichen** Einkünften in Zusammenhang stehende Besteuerungsgrundlagen. **Ertragsabhängige Steuern** sind ESt, KSt und GewSt.

Solche gesonderten Feststellungsbescheide ergehen insbesondere dann, wenn

- eine Besteuerungsgrundlage die Basis für **mehrere Steuern** desselben Stpfl. bildet, oder
- eine Besteuerungsgrundlage **mehrere Stpfl.** betrifft.

BEISPIELE

a) Der Einheitswert (EW) des Grundstücks von A ist ein Baustein für die GrSt-Festsetzungen **gegen A.** Der EW wird vom ortsnahen »Lagefinanzamt« (§ 18 Abs. 1 Nr. 1 AO) durch »gesonderten Feststellungsbescheid« festgestellt (§ 180 Abs. 1 Nr. 1 AO i. V. m. § 19 BewG). Das Lagefinanzamt gibt den EW-Bescheid (Feststellungsbescheid) A bekannt und benachrichtigt hiervon die Gemeinde. Dann wird der EW in den Grundsteuermessbescheid des Lage-FA (§ 22 Abs. 1 AO) eingebaut. Dieser ist wiederum Grundlage für den Grundsteuerbescheid der Gemeinde, in der das Grundstück belegen ist.

b) A, B und C sind Miterben eines Mietwohngrundstücks geworden. Es wäre unzweckmäßig, wenn bei der Einkommensbesteuerung der drei Gemeinschafter jedesmal von neuem die Höhe der Einnahmen und Werbungskosten, sowie der Zeitpunkt ihres Zu- bzw. Abflusses festgestellt werden müsste. Deshalb wird der Überschuss aus dem Mietwohngrundstück gesondert (in einem besonderen Bescheid) und einheitlich (für die drei Personen) festgestellt, § 180 Abs. 1 Nr. 2 Buchst. a AO. So wird nicht nur mehrfacher Arbeitsaufwand vermieden, sondern auch die Gefahr abweichender Entscheidungen über denselben Sachverhalt.

c) Bei Gewinneinkünften eines Einzelunternehmers ist eine gesonderte Gewinnfeststellung durchzuführen, wenn Wohnsitz und Geschäftsleitung des Betriebs zum Ende des Feststellungszeitraums im Bereich verschiedener FÄ liegen, § 180 Abs. 1 Nr. 2b AO (Einzelheiten in E 2.7.2).

Nicht nur die AO, sondern auch Einzelsteuergesetze schreiben gesonderte Feststellungen vor. Wichtigste Beispiele aus dem Einkommensteuerrecht sind die Eintragungen auf der Lohnsteuerkarte (§ 39 Abs. 3b Satz 4 EStG), die Feststellung von erst in späteren Jahren berücksichtigungsfähigen Verlusten (z. B. §§ 10d Abs. 4 Satz 1, 15a Abs. 4, 15b Abs. 4, 22 Nr. 3 Satz 4, 23 Abs. 3 Satz 8 EStG) und anderen Abzügen (z. B. § 10b Abs. 1 Satz 4 EStG).

Sind mehrere Personen an einer Einkunftsquelle oder einem Wirtschaftsgut beteiligt, ergeht der gesonderte Bescheid also »einheitlich« gegen diese Personen (§ 179 Abs. 2 Satz 2 AO). Der **einheitliche und gesonderte Feststellungsbescheid** enthält u. a. den gesamten maßgebenden Betrag der (im Inland steuerpflichtigen) Einkünfte aus der gemeinsamen Quelle bzw. den gesamten Wert des gesamten Wirtschaftsguts und seine Verteilung auf die Mitberechtigten. Wie bei Steuerbescheiden muss auch hier zweifelsfrei erkennbar sein, gegen wen er sich richtet. Bei einheitlichen **Einkunfts**feststellungsbescheiden geschieht die Zuordnung der Einkunftsanteile in den Erklärungsvordrucken der »**Anlage FB**« kombiniert mit der »**Anlage FE 1, FE 2**« usw. zur gesonderten und einheitlichen Feststellung von Besteuerungsgrundlagen.

Auf die Feststellungsbescheide finden die **Vorschriften über die Durchführung der Besteuerung** entsprechend Anwendung (§ 181 Abs. 1 AO). D. h. die Regeln über Form, Inhalt, Korrektur von Steuerbescheiden sind zu beachten. Für die Bekanntgabe einheitlicher und gesonderter Feststellungsbescheide enthält § 183 AO eine Spezialregelung. Die Feststellungsbescheide sind **Sammelverwaltungsakte** (vgl. 1.6). Jede einzelne Feststellung mit Bindungswirkung beinhaltet einen eigenen VA, der für sich angreifbar und korrigierbar ist.

> **BEISPIEL**
>
> Der gesonderte und einheitliche Gewinnfeststellungsbescheid für die A-B-C-OHG enthält u. a. folgende VA:
> 1. VA: Einkunftsart »Einkünfte aus Gewerbebetrieb«,
> 2. VA: Höhe des Gewinns,
> 3. VA: Gewinnanteil des A,
> 4. VA: Gewinnanteil des B,
> 5. VA: Gewinnanteil des C,
> 6. VA: Sonderbetriebseinnahmen des Gesellschafters A,
> 7. VA: Anteile an Veräußerungsgewinnen für Gesellschafter B.

> **FALL 21**
>
> Entscheiden Sie, ob für die folgenden Besteuerungsgrundlagen gesonderte (eventuell auch einheitliche) Feststellungsbescheide ergehen müssen und ob sie für die ErbSt oder ESt bindend sind:
> 1. Gewinn 01 aus der Rechtsanwaltspraxis des C in Mannheim; C wohnt am 31.12.01 in Ludwigshafen; vgl. §§ 19, 18 Abs. 1 Nr. 3 AO. In beiden Städten befindet sich jeweils ein eigenes FA.
> 2. C wohnt in Mannheim. Er hat ein Mietshaus in Ludwigshafen geerbt.

Zusammenfassung

In bestimmten, gesetzlich vorgesehenen Fällen ergehen einheitliche (und gesonderte) Feststellungen. Sie werden vom sachnahen FA erlassen, vermeiden Mehraufwand und ggf. divergierende Entscheidungen. Ein Feststellungsbescheid ist ein selbstständiger VA, demnach auch mit Einspruch angreifbar (§ 347 AO). Ein Feststellungsbescheid (v.a. Feststellung von Besteuerungsgrundlagen) wird zwingend im Folgebescheid umgesetzt (§ 182 Abs. 1 AO). Dies erleichtert das Gesetz durch die spezielle Korrekturvorschrift des § 175 Abs. 1 Satz 1 Nr.1 AO für den Folgebescheid und durch eine eigene Ablaufhemmung für die Festsetzungsverjährung des Folgebescheids (§ 171 Abs. 10 AO).

> **BEISPIEL**
>
> Im laufenden Beispiel betreibt Frau Coltello ihren Gewerbebetrieb in Stuttgart, wohnt aber am 31.12. des zu veranlagenden Jahres in Tübingen. Sie erzielt zudem Einkünfte aus Vermietung und Verpachtung aus einem Gebäude in Esslingen.
> **LÖSUNG** Gem. § 19 AO veranlagt das FA Tübingen zur ESt. Es ermittelt hierfür die Besteuerungsgrundlagen von Amts wegen und in eigener Zuständigkeit mit Ausnahme der Einkünfte aus § 15 EStG. Diese Einkünfte werden vom (ortsnahen) FA Stuttgart gem. §§ 179 Abs. 1, 180 Abs. 1 Nr.2b AO festgestellt; dies könnte gem. § 181 Abs. 1 S.1 AO auch unter Vorbehalt der Nachprüfung (§ 164 Abs. 1 S.1 AO) geschehen.
> Der Feststellungsbescheid wird sowohl Frau Coltello bekanntgegeben als auch dem FA Tübingen mitgeteilt. Frau Coltello könnte Einspruch gem. § 347 AO gegen den Feststellungsbescheid einlegen (vgl. I). Das FA Tübingen übernimmt ohne eigene Ermittlungszuständigkeit den vom GrundlagenFA Stuttgart festgestellten Gewinn aus § 15 EStG als Teil der Besteuerungsgrundlagen für den ESt-Bescheid (§ 182 Abs. 1 Satz 1 AO). Falls der ESt-Bescheid bereits erlassen worden war oder falls sich nachträglich noch der Feststellungsbescheid ändert, kann

der (bereits bestandskräftige) ESt-Bescheid nach § 175 Abs. 1 Satz 1 Nr.1 AO (vgl. L 9.) geändert werden, selbst wenn die reguläre Festsetzungsverjährung gem. § 169 Abs. 2 AO bereits eingetreten ist, solange für die Umsetzung des Grundlagenbescheids die Ablaufhemmung des § 171 Abs. 10 AO greift (vgl. O 6.6).

```
Finanzamt Reutlingen                    72764 Reutlingen          13. 7.2009
                                        Leonhardsplatz 1

    Steuernummer  78225/01977           Telefon 07121/940-1121
    (Bitte bei Rückfragen angeben)      Telefax 07121/9401002, Zimmer 121
                                        Bearbeiter FRAU GROSSBEZIRK


Finanzamt, Leonhardsplatz 1,72764 Reutlingen

                                                        Bescheid

                                                  für 2008 über die

Herrn                                         gesonderte und einheitliche
Tim
Gärtner                                    Feststellung von Besteuerungsgrundlagen
Rasenweg 36
70169 Stuttgart


    für

    GRUNDSTÜCKSGEMEINSCHAFT TIM UND TOM GÄRTNER Z.HD. HERRN TIM GÄRTNER, RASENWEG 36, 70619 STUTTGART.

    Der Bescheid ergeht an Sie als Empfangsbevollmächtigten mit Wirkung für und gegen
    alle Feststellungsbeteiligten.

    Feststellung
    Der Bescheid ist nach § 165 Abs. 1 Satz 2 AO teilweise vorläufig.


    Feststellung der Besteuerungsgrundlagen
    --------------------------------------

    Die Besteuerungsgrundlagen für 2008 werden für die an der vorbezeichneten Gesellschaft / Gemein-
    schaft Beteiligten wie folgt festgestellt:
                                                                      €
    Einkünfte aus Vermietung und Verpachtung . . . . . . . . . . . . . . . . . . . . . . . -4.740,00

    Die Einkünfte setzen sich wie folgt zusammen:
      Laufende Einkünfte (Verteilung nach Quote) . . . . . . . . . . -4.740,00


    Aufteilung der Besteuerungsgrundlagen
    -------------------------------------

    Die Verteilung erfolgt nach Bruchteilen.

    Die Besteuerungsgrundlagen werden für die an der vorbezeichneten Gesellschaft / Gemeinschaft
    Beteiligten wie folgt aufgeteilt:

    0001 Herrn                 Finanzamt:              Reutlingen
         Tim                   Steuernummer:           78/225/01985
         Gärtner               Art der Beteiligung: Gesellschafter / Gemeinschafter
         Rasenweg 36           Eintritt: 01.01.2008
         70169 Stuttgart       Identifikationsnummer: 79 516 321 801
                               Verteilungsquote ab 01.01.2008:        50 /        100

                                                                      €
    Einkünfte aus Vermietung und Verpachtung . . . . . . . . . . . . . . . . . . . . . . . -2.370,00

    Die Einkünfte setzen sich wie folgt zusammen:
      Laufende Einkünfte (Verteilung nach Quote) . . . . . . . . . . -2.370,00



                                         xxxxxxxx Fortsetzung siehe Seite  2 xxxxxxxx
    Konten der Finanzkasse
         Institut     :    Dt.Bundesbank            KSK Reutlingen
                           Fil.Reutlingen
         Kontonummer  :    64001500                 64905
         Bankleitzahl :    640 000 00               640 500 00

    Weitere Informationen finden Sie am Ende dieses Ausdrucks.
    ------------------------------------------------------------
    *
                                                      *RT*290609*
```

Steuernummer   78225/01977

0002 Herrn	Finanzamt:	Reutlingen
Tom	Steuernummer:	78/217/11557
Gärtner	Art der Beteiligung:	Gesellschafter / Gemeinschafter
Hauptstr. 25	Eintritt: 01.01.2008	
73326 Deggingen		

Verteilungsquote ab 01.01.2008:   50 /   100

€

Einkünfte aus Vermietung und Verpachtung . . . . -2.370,00

Die Einkünfte setzen sich wie folgt zusammen:
   Laufende Einkünfte (Verteilung nach Quote) . . . . -2.370,00

Die festgestellten Besteuerungsgrundlagen werden den Veranlagungen der Beteiligten zur Einkommensteuer oder Körperschaftsteuer zugrunde gelegt werden.

Im Originalbescheid folgen Erläuterungen und Rechtsbehelfsbelehrung

Finanzamt Reutlingen

72764 Reutlingen   13. 7.2009
Leonhardsplatz 1

Steuernummer 78225/01977
(Bitte bei Rückfragen angeben)

Telefon 07121/940-1121
Telefax 07121/9401002, Zimmer 121
Bearbeiter FRAU GROSSBEZIRK

Finanzamt, Leonhardsplatz 1,72764 Reutlingen

Mitteilung

für 2008 über die

An das Finanzamt
Reutlingen

gesonderte und einheitliche

Leonhardsplatz 1
72764 Reutlingen

Feststellung von Besteuerungsgrundlagen

Mitteilung
Für den Feststellungsbescheid gilt:
Der Bescheid ist nach § 165 Abs. 1 Satz 2 AO teilweise vorläufig.

Beteiligter (lfd. Nr. 0001):
        Herrn Tim
        Gärtner
        Rasenweg 36, 70169 Stuttgart

        Steuernummer: 78/225/01985   Eintritt: 01.01.2008

        Identifikationsnummer: 79 516 321 801
Gesellschaft/Gemeinschaft:
        TIM UND TOM GÄRTNER Z.HD. HERRN TIM GÄRTNER
        RASENWEG 36, 70619 STUTTGART

Für den Beteiligten sind durch Feststellungsbescheid vom 13.07.2009 die folgenden Anteile festgestellt, bzw. die sonstigen Entscheidungen getroffen worden:

Besteuerungsgrundlagen

Einkünfte aus Vermietung und Verpachtung . . . .   €
                                                                           -2.370,00

Die Einkünfte setzen sich wie folgt zusammen:
  Laufende Einkünfte (Verteilung nach Quote) . . . . -2.370,00

Finanzamt

1. __ Ausgewertet Blatt ___ / __ Ohne steuerliche Auswirkung
2. __ Bei Beteiligung an vermögensverw. PersGes von mindestens 10 %: Mitteilung an
       FeststellungsFA zum Zwecke der Mitteilung etwaiger Veräußerungsgewinne.
3. z.d.A.   Datum und Namenszeichen: _____
*   *RT*290609*

5.4.2 Steuermessbescheide, § 184 AO

Steuermessbescheide setzen nicht eine Steuerschuld, sondern einen Steuermessbetrag gegenüber einem Stpfl. fest. Der Steuermessbetrag ist die Ausgangsgröße (Berechnungsgrundlage) für die Steuerfestsetzung. Die Steuermessbescheide sind Grundlage für die Realsteuerbescheide (GewSt- und GrSt-Bescheide, § 3 Abs. 2 AO). Dagegen sind die ESt-Bescheide und die gesonderten Gewinnfeststellungsbescheide keine Grundlagenbescheide für den Gewerbesteuermessbescheid (§ 7 GewStG).

Die Steuermessbescheide werden von den FA erlassen und den Stpfl. und den beteiligten Gemeinden mitgeteilt (§ 184 Abs. 3 AO). Die Gemeinden errechnen dann die jeweilige Steuer, indem sie den Messbetrag, der sich aus dem Steuermessbescheid ergibt, mit dem für die Gemeinde gültigen Hebesatz (Prozentsatz) von beispielsweise 300 oder 450 % bei der Gewerbesteuer multiplizieren.

Nach § 184 Abs. 1 Satz 3 AO sind für Inhalt und Form der Steuermessbescheide die Vorschriften über Steuerbescheide entsprechend anwendbar.

> **BEISPIEL**
>
> Die Stpfl. erzielt Einkünfte aus Gewerbebetrieb gem. § 15 Abs. 1 Nr. 1 Satz 1, Abs. 2 EStG. Grundlage für den Messbetrag ist der Gewinn aus Gewerbebetrieb (entsprechend dem ESt-Bescheid). Aus dem GewStG ergeben sich sodann bestimmte Hinzurechnungen, Kürzungen und ein Freibetrag.
> Das FA setzt den Gewerbesteuermessbetrag fest. Die Form entspricht gem. § 184 Abs. 1 Satz 3 AO den Anforderungen aus §§ 155 ff AO. Der Bescheid ergeht schriftlich und enthält neben der (ggf. vorläufigen) Festsetzung die Besteuerungsgrundlagen und eine Rechtsbehelfsbelehrung.

5.4.3 Andere bindende Verwaltungsakte

Auch Behörden **außerhalb der Finanzverwaltung** können VA erlassen, die für die Finanzbehörden insbes. bei der Steuerfestsetzung bindend sind. Die Bindungswirkung kann sich ausdrücklich aus einem Gesetz oder aus besonderen Umständen ergeben. U. U. ist aus dem Gesetz lediglich erkennbar, dass das FA mangels Sachkenntnis kein Überprüfungsrecht gegenüber dem VA einer anderen Behörde haben soll. Auch daraus ergibt sich, dass es sich bei dem VA der anderen Behörde um einen Grundlagenbescheid handelt.

> **BEISPIEL**
>
> Der Behindertenausweis des Versorgungsamtes ist für das FA bei Anwendung des § 33 b EStG ein Grundlagenbescheid (vgl. H 33 b EStH »Allgemeines und Nachweis«). Er bindet das FA.

6 Die Adressierung von Verwaltungsakten

Bei der Frage, ob ein VA wirksam wird, sind zwei Vorgänge auseinanderzuhalten: Der VA muss einen eindeutigen Inhalt haben, muss also v. a. eine bestimmte Person ansprechen (Adressierung). Zum anderen muss der Adressat Kenntnis von dem VA erlangen (Bekanntgabe). Nachfolgend werden die Ausführungen zur Adressierung um Hinweise zur Bekanntgabe ergänzt, wenn dies das Verständnis des Ineinandergreifens erleichtert. Eine ausführliche Kommentierung dieser Fragen enthält auch AEAO zu § 122.

6.1 **Allgemeines**

Der **Steuerpflichtige** muss im Verwaltungsakt angegeben sein. Dies gilt insbesondere für den Steuerschuldner im Steuerbescheid. U. U. genügt auch die Angabe der Person in einer »Anlage« zum Bescheid. In Ausnahmefällen reicht die Verweisung auf ein früher bekanntgegebenes Schriftstück, in dem die betreffende Person eindeutig bezeichnet ist.

Entsprechend AEAO § 122 Nr. 1.1 sind folgende Begriffe zu unterscheiden:

- Inhaltsadressat,
- Bekanntgabeadressat,
- Empfänger.

In der Regel fallen Inhalts-, Bekanntgabeadressat und Empfänger in einer Person zusammen; sie können jedoch ausnahmsweise auseinander fallen.

Die Person, gegen welche sich der VA richtet, ist der **Inhaltsadressat**, weil **seine** rechtlichen Verhältnisse, z. B. seine Steuerschuld, seine Erklärungspflicht usw. dort geregelt werden (§ 118 AO).

Vom Inhaltsadressaten ist der **Bekanntgabeadressat** zu unterscheiden. VA müssen nämlich, um Wirksamkeit zu erlangen, bekanntgegeben werden (§ 122 Abs. 1, 124 Abs. 1 AO).

> **BEISPIEL**
>
> Im ESt-Bescheid für Frau Gabriella Coltello muss deren Name erwähnt sein, denn sie ist die Inhaltsadressatin. Gleichzeitig ist sie in aller Regel auch die Bekanntgabeadressatin, denn ihr gegenüber ist der Bescheid bekannt zu geben (§ 122 Abs. 1 AO). Sonst wird er nicht wirksam.

In **Sonderfällen fallen Inhalts- und Bekanntgabeadressat auseinander.** Es sind die Fälle, in denen nicht der Stpfl., sondern eine andere Person als **gesetzlicher Vertreter** die Pflichten des von ihr vertretenen Stpfl. erfüllen muss, oder in denen eine andere Person wie der gesetzliche Vertreter des Stpfl. behandelt wird (§§ 34, 35 AO, AEAO § 122 Nr. 1.4.2 mit Beispielen); dies gilt dann auch für die Pflicht, ein amtliches Schreiben entgegenzunehmen.

> **BEISPIEL**
>
> Der ESt-Bescheid für den minderjährigen Alexander Gärtner kann nicht unmittelbar ihm als Steuerschuldner, sondern muss seinen Eltern als seinen gesetzlichen Vertretern bekannt gegeben werden, vgl. 6.3. Hier ist Alexander Gärtner der Inhaltsadressat. Die Eltern sind die Bekanntgabeadressaten.

Die zweifelsfreie Benennung des **Inhaltsadressaten** – und u. E. auch des eventuell davon abweichenden **Bekanntgabeadressaten** – gehört zum **Inhalt des VA** (»Adressierung«, §§ 118, 119 AO). Der »Empfänger« ist dagegen ein Begriff, der mit dem Übermittlungsvorgang des VA zusammenhängt (»Bekanntgabe«, § 122 AO).

Die Übermittlung des VA, z. B. per Post mit Brief, geschieht in aller Regel gegenüber dem Inhaltsadressaten bzw. gegenüber dem Bekanntgabeadressaten, wenn dieser vom Inhaltsadressaten abweicht. Im Fall der **Empfangsvollmacht** kann die Übermittlung jedoch auch gegenüber einer dritten Person, dem **Empfänger** erfolgen (§ 122 Abs. 1 Satz 3 AO).

> Die Eltern von Alexander Gärtner erklären in der ESt-Erklärung für Alexander Gärtner, der ESt-Bescheid solle nicht ihnen, sondern ihrem Steuerberater Max Martini zugesandt werden. **LÖSUNG** Hier ist Alexander Gärtner der Inhaltsadressat, seine Eltern die Bekanntgabeadressaten und Max Martini der Empfänger. Der Steuerberater muss im Anschriftenfeld bzw. auf dem Briefumschlag aufgeführt werden, sonst kann die Post den Brief mit dem VA nicht übermitteln.
>
> Der Empfänger (im obigen Beispiel Max Martini) wird im Fall der Empfangsvollmacht von der Behörde zu nichts verpflichtet. Der Bekanntgabeadressat wird aber verpflichtet, die Pflichten des Stpfl. zu erfüllen. Z. B. sind die Eltern von Alexander Gärtner verpflichtet, die gegen den Inhaltsadressaten Alexander Gärtner festgesetzte Steuerschuld (aus dem Vermögen des Alexander Gärtner) zu bezahlen.

Aus dem Wortlaut des § 122 Abs. 1 Satz 1 AO ergibt sich noch ein weiterer Begriff. Diese Bestimmung verlangt, dass ein VA nicht nur demjenigen bekannt gegeben werden muss, für den er »bestimmt« ist, sondern auch demjenigen, der (sonst) noch ausnahmsweise von ihm »betroffen« ist (sog. **Drittbetroffenheit**). Wenn die Behörde möchte, dass der »Betroffene« an den VA ebenfalls gebunden ist, muss sie den VA auch dem Betroffenen gegenüber bekanntgeben.

Die Fälle der Drittbetroffenheit sind sehr selten, da Regelungen des Finanzamtes grundsätzlich nur im Rahmen des Steuerschuldverhältnisses zwischen Finanzamt und Stpfl. getroffen werden (vgl. § 33 AO).

6.2 Bestimmtheit der Adressierung

Der Inhaltsadressat eines VA, z. B. der Steuerschuldner, muss in dem jeweiligen Bescheid so eindeutig bezeichnet werden, dass keinerlei Zweifel an seiner Identität bestehen. Dazu ist neben Vornamen und Familiennamen regelmäßig auch Wohnort und Straße anzugeben.

Wenn die erlassende Behörde den Inhaltsadressaten so ungenau bezeichnet, dass unter den Umständen des konkreten Falls Verwechslungen **möglich** sind, so ist dieser VA wegen der fehlenden inhaltlichen Bestimmtheit **nichtig** (§ 125 Abs. 1 AO). Eine Heilung dieses Fehlers ist nicht möglich. Der VA kann keinerlei Wirkung entfalten, auch wenn der richtige Steuerschuldner den Bescheid tatsächlich zur Kenntnis nimmt. Die Unwirksamkeit ist von Amts wegen zu beachten (§§ 124 Abs. 3, 125 Abs. 5 AO).

Ergeben sich Ungenauigkeiten aus der Bezeichnung im Anschriftenfeld, lässt sich jedoch der Steuerpflichtige eindeutig nach dem **Gesamtinhalt** des VA ermitteln, so ist der VA nicht wegen Unbestimmtheit unwirksam. Eine Identifizierungsmöglichkeit anhand der angegebenen Steuernummer, der Einkunftsarten und Beträge genügt aber im Interesse der Rechtssicherheit nicht. Denn anhand dieser Umstände lässt sich **nicht zweifelsfrei** bestimmen, für wen der VA bestimmt ist.

> a) Das FA erlässt einen Einkommensteuer-Bescheid mit folgender Anschrift:
> Herrn Tim Gärtner
> Rasenweg 36
> 70619 Stuttgart
> Unter der angegebenen Adresse wohnen sowohl der Vater als auch dessen 25-jähriger Sohn, der denselben Vornamen trägt.

LÖSUNG Der VA ist wegen dieser zweifelhaften Adressierung nichtig (§ 125 Abs. 1 AO) und damit unwirksam (§ 124 Abs. 3 AO). Dies gilt selbst dann, wenn z. B. der Vater den Bescheid an den tatsächlich gemeinten Sohn weitergeben würde. Das FA muss einen neuen Einkommensteuerbescheid erlassen und dabei in der Adressierung den Zusatz »junior« oder z. B. eine Berufsbezeichnung anbringen.

b) Im Beispiel (a) hat der Vater in seiner Einkommensteuer-Erklärung Einkünfte aus nichtselbstständiger Arbeit, aus Vermietung und sonstige Einkünfte angegeben. Im wie oben adressierten Bescheid (der für den Sohn bestimmt war) sind auch Einkünfte aus Gewerbebetrieb festgestellt, die nur der Sohn erklärt hat.

LÖSUNG Der Bescheid ist nichtig, weil er zu unbestimmt ist. Es könnte sein, dass sich das FA über die Einkunftsart, die Höhe der Einkünfte und ihre Zurechnung geirrt hat. Die Steuernummer und die Übereinstimmung mit den vom Sohn erklärten Einkünften genügt zur Identifizierung nicht, weil sie nur etwas aussagen, wenn man andere Schriftstücke (z. B. frühere Bescheide oder die Steuererklärung) hinzuzieht. Die Identifizierung muss aber aus dem Gesamtinhalt des Bescheids (samt Anlagen und Verweisungen) allein möglich sein (AEAO § 122 Nr 4.1.1).

c) Im Beispiel (a) ist der Vater Rentner und hat keine Erklärung abgegeben. Der Bescheid war, wie oben, für den Sohn bestimmt.

LÖSUNG Auch dieser Bescheid ist wegen Unbestimmtheit nichtig. Es könnte nach dem Gesamtinhalt des Bescheids sein, dass das FA den Bescheid doch an den Vater richten wollte, etwa aufgrund von Kontrollmitteilungen (nicht zweifelsfrei). In der Praxis wird der Sohn den Bescheid auf sich beziehen und befolgen; der Fehler bleibt dann unentdeckt.

d) Im Beispiel (a) ist auf einer Anlage, die Bestandteil des Bescheids ist, der Stpfl. korrekt als »Tim Gärtner senior« bezeichnet.

LÖSUNG Der Bescheid ist nach seinem Gesamtinhalt genügend bestimmt und wirksam.

Eine **unrichtige Schreibweise des Namens** oder eine **ungenaue Bezeichnung der Wohnungsanschrift** ist dann unbeachtlich, wenn die Angaben im Übrigen ausreichen, um den Betroffenen des VA zweifelsfrei erkennen zu lassen (AEAO § 122 Nr. 4.2.4).

BEISPIEL

Der Name Coltello wird lediglich mit zwei statt drei »l« geschrieben.

LÖSUNG Der Verwaltungsakt ist ausreichend gekennzeichnet und damit wirksam.

Ist eine **falsche** Person im Steuerbescheid eindeutig und zweifelsfrei als Steuerschuldner angegeben, so ist dieser Bescheid mit Bekanntgabe wirksam geworden und muss angefochten werden (AEAO § 122 Nr. 4.1.1).

BEISPIEL

Der Rentner Paul Kuhn erhält einen an ihn adressierten ESt-Bescheid mit Einkünften aus Gewerbebetrieb, obwohl er noch nie einen Gewerbebetrieb hatte.

LÖSUNG Der Bescheid ist wirksam. Wird der Bescheid nicht angefochten, so hat Kuhn die festgesetzte Einkommensteuer zu zahlen. Nach Ablauf der Rechtsbehelfsfrist ist eventuell eine Korrektur gem. §§ 129, 173 AO möglich.

6.3 **Adressierung und Bekanntgabe an Minderjährige**

Auch Minderjährige können Steuerschuldner sein (Steuerrechtsfähigkeit, vgl. C 2 und § 1 EStG). Daraus folgt, dass sie im Steuerbescheid oder sonstigen Verwaltungsakten zwingend genannt sein müssen. Sonst kann der Verwaltungsakt ihnen gegenüber nicht wirksam werden.

Geschäftsunfähige oder beschränkt Geschäftsfähige, insbesondere Minderjährige können selbst nicht wirksam handeln (Steuerhandlungsfähigkeit, vgl. § 79 Abs. 1 AO und C 3) und damit einen VA auch nicht rechtlich wirksam entgegennehmen. Für sie müssen ihre gesetzlichen Vertreter auftreten, § 34 Abs. 1 AO.

Die Verpflichtung der gesetzlichen Vertreter muss im VA deutlich zum Ausdruck kommen. Das bedeutet, dass die Finanzbehörden sich nicht unmittelbar an den Geschäftsunfähigen wenden dürfen, sondern den VA (auch) **an die gesetzlichen Vertreter adressieren müssen** (allgemeiner Rechtsgrundsatz; vgl. auch § 131 Abs. 1 BGB). Gleichwohl muss **der Vertretene** als eigentlicher Schuldner (Inhaltsadressat) ebenfalls **im Bescheid genannt** werden, denn **seine** rechtlichen Verhältnisse werden (in erster Linie) geregelt.

Da **gesetzlicher Vertreter** natürlicher Personen im Regelfall die **Eltern** sind (§ 1626 BGB), muss der Steuerbescheid immer an **beide** Elternteile adressiert werden, d.h. beide sind im VA zu benennen, sonst ist er nichtig

BEISPIEL

a) Herrn Tim Gärtner und
Frau Gabriella Gärtner $\Big\}$ Bekanntgabeadressat
Rasenweg 36
70619 Stuttgart
Im Bescheidkopf heißt es dann: »Dieser Bescheid ergeht an Sie als gesetzlicher Vertreter für Alexander Gärtner«.

Eine **Adressierung direkt (nur) an den Minderjährigen** wäre ein Verstoß gegen die zwingenden Schutzbestimmungen für Minderjährige in §§ 104 ff. BGB, die auch im Steuerrecht gelten (§ 79 AO). Dieser Verstoß macht den Bescheid **schwebend unwirksam.** Der Fehler kann aber durch Genehmigung der gesetzlichen Vertreter geheilt werden, indem beispielsweise die Eltern die Steuerschuld begleichen (vgl. C 3.3); nach Verwaltungsmeinung liegt unheilbare Nichtigkeit vor (AEAO § 122 Nr. 4.1.3).

Ist im Bescheid **nur der gesetzliche Vertreter** (ohne Vertretungshinweis) aufgeführt, der Minderjährige dagegen an keiner Stelle erwähnt, obwohl der VA für ihn bestimmt war, so ist der Bescheid ausschließlich gegen den gesetzlichen Vertreter wirksam. Dieser muss gegen den an ihn ergangenen Bescheid Einspruch einlegen, sonst wird der VA bestandskräftig, auch wenn der gesetzliche Vertreter gar nicht gemeint war und der Bescheid daher inhaltlich unrichtig ist. (In der Regel liegt hier eine offenbare Unrichtigkeit vor, die gem. § 129 AO berichtigt werden kann. Vgl. L 2.) Dass dem gesetzlichen Vertreter z. B. aufgrund der Steuernummer oder der Einkunftsarten o. ä. subjektiv klar ist, dass der Bescheid nicht ihn, sondern den Minderjährigen meint, spielt keine Rolle.

Von der Adressierung ist die **Bekanntgabe des Steuerbescheids** (§ 122 AO) streng zu unterscheiden. Normalerweise ist der Bescheid jedem Adressaten in einer eigenen Ausfertigung bekannt zu geben (vgl. 7). Nach Verwaltungsmeinung ist jedoch die Übermittlung **einer Ausfertigung** an **einen** von beiden Elternteilen zulässig (AEAO § 122 Nr. 2.2.2) und ausreichend, wenn im Bescheidkopf beide Elternteile aufgeführt werden; § 6 Abs. 3 VwZG gestattet dies sogar bei förmlichen Zustellungen.

Wird der Bescheid **an einen Dritten als Empfangsbevollmächtigten bekanntgegeben**, muss im Bescheid sowohl der (die) gesetzliche(n) Vertreter als auch der Minderjährige aufgeführt werden (AEAO § 122 Nr. 1.5.2). Ein Bekanntgabemangel kann durch die Weiterleitung des VA an den Bevollmächtigten geheilt werden (AEAO § 122 Nr. 1.7.3). Die Frist für den außergerichtlichen Rechtsbehelf beginnt in dem Zeitpunkt, in dem der Bevollmächtigte den VA nachweislich erhalten hat.

BEISPIEL

Herrn	
Steuerberater Max Martini	Empfänger
Pinkweg 1	
70125 Stuttgart	
betrifft:	
Herrn Tim Gärtner und	Bekanntgabeadressat
Frau Gabriella Gärtner	
als gesetzlicher Vertreter des	
Alexander Gärtner	Inhaltsadressat
Rasenweg 36	
70619 Stuttgart	

Ausnahmsweise kann ein **Minderjähriger alleiniger Adressat** eines VA sein, wenn er gem. §§ 112, 113 BGB wirksam zum selbstständigen Betrieb eines Erwerbsgeschäfts oder zur Eingehung eines Dienstverhältnisses ermächtigt wurde, **wenn** die VA ausschließlich diesen Geschäftsbetrieb oder das Dienstverhältnis betreffen (§ 79 Abs. 1 Nr. 2 AO, AEAO § 122 Nr. 2.2.3 und C 3.1). In diesem Fall ist der Bescheid dem Minderjährigen auch **bekannt zu geben.**

FALL 22

Der 17-jährige Alexander Gärtner hat am 02.05.02 ein Blumengeschäft von seinem Onkel Egon Tulpe geerbt. Das FA sendet am 21.09.02 den USt-Bescheid 01, der das Blumengeschäft betrifft, an Alexanders Mutter Gabriella Gärtner. Die Adresse lautet »Frau Gabriella Gärtner, Rasenweg 36, 70619 Stuttgart«. In der Anlage steht u.a.: »Betrifft Alexander Gärtner als Erbe von Egon Tulpe. Der Bescheid ergeht an Sie als gesetzl. Vertreter.« Alexanders Vater ist verstorben.

Ist der Bescheid wirksam?

6.4 VA für juristische Personen (JP)

Zum Begriff der JP vgl. C 3.2. Steuerschuldner ist die JP, z. B. die GmbH oder AG. Daher ist ein VA an diese zu richten und ihr bekannt zu geben. Da die JP handlungsunfähig ist, müsste an den gesetzl. Vertreter adressiert werden. Dennoch kann hier auf die Angabe des gesetzlichen Vertreters (z. B. »zu Händen des Geschäftsführers Jakob Kächele«) verzichtet werden, ohne dass dies die Wirksamkeit des Bescheids beeinflusst. Damit wird ein leerer Formalismus vermieden (AEAO § 122 Nr. 2.8.1).

6.5 VA für Personengesellschaften und -gemeinschaften

6.5.1 Betriebsteuerbescheide und Gewerbesteuermessbescheide

Hier muss immer untersucht werden, ob sich der VA an die **Gesellschaft** selbst richtet oder an die **Gesellschafter.** Bei den Betriebsteuern sind die Personengesellschaften selbst steuerrechtsfähig und damit selbst Steuerschuldner, bzw. Inhaltsadressat, vgl. z. B. bei der USt (§ 13 a Abs. 1 Nr. 1 UStG), GewSt (§ 5 Abs. 1 Satz 3 GewStG), KfzSt (§ 7 KraftStG) und der pauschalen LSt (§§ 40 Abs. 3, 40 a Abs. 5 und 40 b Abs. 4 EStG). Hier ist der Bescheid **an die Gesellschaft selbst** zu richten (vgl. §§ 124, 161 Abs. 2 HGB; AEAO § 122 Nr. 2.4.1). **Handelsgesellschaften** (OHG, KG, §§ 105 ff., 161 ff. HGB) haben einen Namen, nämlich ihre »Firma« (§§ 17, 29 HGB). Betriebsteuerbescheide werden an diese Firma adressiert:

Firma Kraut und Rüble OHG

Postfach 301

70190 Stuttgart

Ein Hinweis auf den gesetzlichen Vertreter der Gesellschaft bzw. sein Name kann fehlen (AEAO § 122 Nr. 2.4.1.1). Wird die OHG fälschlich als KG oder GbR bezeichnet, macht diese Ungenauigkeit den Bescheid nicht nichtig (AEAO § 122 Nr. 4.2.1).

Bei den **nichtrechtsfähigen Personenvereinigungen** (Gesellschaft des Bürgerlichen Rechts (GbR), Erbengemeinschaften, Hausbesitzgemeinschaften, nichtrechtsfähigen Vereinen) fehlt schon formal ein (gemeinsamer) Name. Sie werden regelmäßig durch die (sämtliche) Namen ihrer Gesellschafter, Gemeinschafter usw. gekennzeichnet. Deshalb müssten eigentlich – zumindest irgendwo im Bescheid oder seinen Anlagen – sämtliche Gesellschafter bzw. Gemeinschafter **genannt sein.** Treten diese Gebilde aber trotzdem im Geschäftsverkehr unter einem »Namen« auf, sieht es **die Verwaltung für Betriebsteuerbescheide** als ausreichend an, wenn diese Vereinigungen im Anschriftenfeld mit ihrem **geschäftsüblichen Namen** gekennzeichnet sind (AEAO § 122 Nr. 2.4, 2.4.1.2). Dies gilt insbesondere für Partnerschaftsgesellschaften; ihr Name gem. § 2 PartGG lautet z. B. Steuerberater Martini und Partner.

Für Handelsgesellschaften und nichtrechtsfähige Personenvereinigungen genügt nach Verwaltungsmeinung in allen Fällen der Betriebsteuer- und Messbescheide die Zusendung **einer Ausfertigung** des Bescheids zur wirksamen **Bekanntgabe.**

Fehlt dem Gebilde ein **geschäftsüblicher Name,** müssen die Gesellschafter, Gemeinschafter usw. alle entweder im Anschriftenfeld oder sonstwo im Bescheid namentlich aufgeführt werden. Zur **Bekanntgabe** genügt auch hier der an **einen** Gesellschafter, Gemeinschafter usw. gerichtete Betriebsteuerbescheid (AEAO § 122 Nr. 2.4.1.3). Dabei hat das FA nur im Fall des § 34 Abs. 2 AO (d. h. wenn kein Geschäftsführer vorhanden ist) die freie Wahl unter den Gesellschaftern. Sonst muss sich das FA an den bzw. an einen der Geschäftsführer wenden.

BEISPIEL

> Herrn Emil Kraus
> für die Bruchteilsgemeinschaft Goethestr. 100
> Schillerstr. 1
> 70173 Stuttgart
> Zusätzlich müssen die Mitglieder irgendwo im Bescheid oder seinen Anlagen aufgeführt sein, weil die Gemeinschaft keinen geschäftsüblichen Namen hat. Durch die Formulierung im Anschriftenfeld ist im Übrigen klargestellt, dass sich der Betriebsteuerbescheid nicht an Herrn Kraus direkt, sondern an die Gemeinschaft wendet (vgl. AEAO § 122 Nr. 2.4.1.3).

6.5.2 Einheitliche Feststellungsbescheide

Bei Bescheiden, die sich rechtlich nicht an die Gesellschaft, sondern **an die Gesellschafter** richten, weil in ihnen die Besteuerungsgrundlagen für deren ESt festgestellt werden, muss wegen der **Zurechnung** von Einkünften und Werten zwangsläufig anders verfahren werden. Solche Feststellungen werden in den einheitlichen Feststellungsbescheiden gem. § 180 Abs. 1 und 2 AO getroffen (vgl. 5.4.1). Hier müssen **sämtliche Mitglieder bzw. Gesellschafter** irgendwo im Bescheid oder seinen Anlagen aufgeführt sein (insbes. in der Anlage FB = Feststellungsbeteiligte), oder in sonstigen früher bekanntgegebenen Unterlagen, auf die im Bescheid verwiesen wird, da jeder Einzelne Inhaltsadressat der Feststellung ist. Dies gilt für Handelsgesellschaften und sonstigen Personengesellschaften und -gemeinschaften gleichermaßen (AEAO § 122 Nr. 2.4.2, 2.5).

Wird nur **ein Mitglied** nicht in den Feststellungsbescheid aufgenommen, so gilt der Bescheid gegenüber allen übrigen Gesellschaftern bzw. Gemeinschaften, nur nicht gegenüber diesem Mitglied. Dies gilt auch für den Fall, dass unter den Genannten eine **verstorbene Person aufgeführt** ist. Das FA muss die Feststellung gegenüber den Erben durch besonderen Bescheid gem. § 182 Abs. 3 AO nachholen.

Die **Bekanntgabe** müsste eigentlich gegenüber jedem einzelnen Gesellschafter bzw. Gemeinschafter mit entsprechend vielen Ausfertigungen des Bescheids erfolgen (vgl. § 124 Abs. 1 AO). Dies wäre unzweckmäßig, weil im Regelfall davon ausgegangen werden kann, dass ein Bescheidempfänger die übrigen Gesellschafter bzw. Gemeinschafter über den Bescheid rechtzeitig informieren wird.

Für die Bekanntgabe von **einheitlichen Feststellungsbescheiden** (§ 180 Abs. 2 AO) gibt § 183 AO dem FA daher die Möglichkeit, sich an eine Person als Empfangsbevollmächtigten der Gesellschafter bzw. Gemeinschafter zu halten. Das FA darf sich allerdings keine andere Person als die in § 183 Abs. 1 AO hierfür vorgesehene aussuchen. Die Vorschrift dient der Verfahrenserleichterung: Bei korrekter Verfahrensweise wirkt die **Bekanntgabe einer Ausfertigung** des Bescheids gegenüber **einem Empfangsbevollmächtigten** für und gegen **alle** Gesellschafter bzw. Gemeinschafter (§ 183 Abs. 1 Satz 5 AO).

Wer **Empfangsbevollmächtigter** ist, bestimmt sich nach einem u. U. mehrstufigen Prüfungsverfahren in folgender **Reihenfolge:**

a) Haben alle Betroffenen einen **Empfangsbevollmächtigten bestellt,** so ist auch das FA daran gebunden (§ 183 Abs. 1 **Satz 1 AO**). Die Vollmacht gilt fort, auch wenn ein Gesellschafter ausgeschieden ist, bis dieser die Vollmacht widerruft (§ 183 Abs. 3 AO).

b) Liegt keine Bestellung in diesem Sinne vor, ist der **gesetzliche Vertreter** (§ 34 AO) der Betroffenen der **(fiktive)** Empfangsbevollmächtigte (§ 183 Abs. 1 **Satz 2** AO). Ihm gegenüber hat die Bekanntgabe durch das FA zu erfolgen. Die Sonderregel des § 183 Abs. 3 AO gilt in diesen Fällen nicht. Unter mehreren gesetzlichen Vertretern hat das FA die Auswahl nach seinem Ermessen.

BEISPIEL

A, B und C sind Gesellschafter der ABC-**OHG.** Trotz Aufforderung durch das FA wird ein Empfangsbevollmächtigter nicht genannt (§ 183 Abs. 1 Satz 1 AO). Daher übersendet das FA mit Hinweis auf § 183 Abs. 1 Satz 5 AO einen Gewinnfeststellungsbescheid an A. Der Feststellungsbescheid richtet sich einheitlich gegen A, B und C (und bestimmt insbes. die Höhe der von ihnen zu versteuernden Einkünfte gem. § 15 Abs. 1 Nr. 2 EStG).

LÖSUNG § 183 Abs. 1 Satz 2 AO ermöglicht dem FA hier die Bekanntgabe des Bescheids gegenüber einem der drei Gesellschafter, da sie keinen Empfangsbevollmächtigten bestellt haben und jeder der Gesellschafter der gesetzliche Vertreter der Gesellschaft ist (§ 125 HGB). Der Bescheid entfaltet natürlich nur dann einheitliche Wirkung (gegenüber den andern Gesellschaftern, die keine Ausfertigung erhalten haben), wenn im Bescheid auf diesen Umstand verwiesen ist (§ 183 Abs. 1 Satz 5 AO); dies ist formularmäßig gesichert.

Einheitliche Feststellungsbescheide für die Gesellschafter einer **KG** können, wenn kein Empfangsbevollmächtigter bestellt ist, dem Vollhafter (Komplementär) als dem gesetzlichen Vertreter bekanntgegeben werden (§§ 125, 164, 161 Abs. 2 HGB). Bei einer Mehrzahl von Komplementären kann sich das FA nach seiner Wahl an einen von ihnen halten.

Bei der **GbR** sind, anders als bei der OHG, die Gesellschafter nur in ihrer Gesamtheit geschäftsführungs- und vertretungsberechtigt (»Gesamtvertretung«, wenn im Gesellschaftsvertrag nichts Abweichendes bestimmt ist, §§ 709, 714 BGB). Trotzdem kann mangels Empfangsbevollmächtigung die Behörde einheitliche Feststellungsbescheide gem. § 183 Abs. 1 Satz 2 AO gegenüber irgendeinem der Gesellschafter nach ihrem Ermessen bekanntgeben, AEAO § 122 Nr. 2.5.2.

c) Ist auch **kein gesetzlicher Vertreter vorhanden** (z. B. bei Erbengemeinschaft, Hausbesitzgemeinschaft), kann das FA nach seinem Ermessen einen Empfangsbevollmächtigten zur Annahme innerhalb angemessener Frist vorschlagen (§ 183 Abs. 1 **Sätze 3, 4** AO). Dieser wird dann fiktiver Empfangsbevollmächtigter, außer die Betroffenen wählen doch einen anderen zum Empfangsbevollmächtigten (§ 183 Abs. 1 Satz 4 AO, »benannter Empfangsbevollmächtigter«).

Ist ein Gesellschafter oder Gemeinschafter **ausgeschieden,** so kann das FA den Ausgeschiedenen mitbetreffende Feststellungsbescheide weiterhin dem bisherigen Empfangsbevollmächtigten i. S. d. § 183 Abs. 1 **Satz 1** bekanntgeben, bis dem FA ein Widerruf der Vollmacht zugeht, § 183 Abs. 3 AO. Das FA kann so (wie bisher) vorgehen, auch wenn es von dem Ausscheiden des Gesellschafters positiv weiß, z. B. infolge einer Mitteilung des Registergerichts. Dieses Verfahren gilt aber nicht, wenn die Beteiligten keinen Empfangsbevollmächtigten benannt haben, sondern die Benennung durch das FA erfolgte (**Abs. 1 Satz 4**). In diesem Fall muss das FA dem ausgeschiedenen Gesellschafter bzw. Gemeinschafter grundsätzlich eine eigene Ausfertigung des Bescheids bekanntgeben, wenn dem FA das Ausscheiden bekannt war. Sonst ist die Bekanntgabe gegenüber dem Ausgeschiedenen unwirksam. Der Bescheid darf also seiner Steuerveranlagung nicht zugrunde gelegt werden. Den verbliebenen Gesellschaftern gegenüber ist der Feststellungsbescheid aber wirksam bekanntgegeben.

Sind dem FA **ernste Meinungsverschiedenheiten** zwischen den Beteiligten bekannt, muss den davon Betroffenen je eine eigene Ausfertigung des Feststellungsbescheids bekanntgegeben werden, § 183 Abs. 2 AO. Ist ein Empfangsbevollmächtigter i. S. d. § 183 Abs. 1 Satz 1 AO vorhanden (Abs. 3), so ist für die nicht von Meinungsstreit Betroffenen die Bekanntgabe an den Bevollmächtigten ausreichend. Im Übrigen s. o. beim »ausgeschiedenen Gesellschafter«.

BEISPIEL

Der laut Gesellschaftervertrag alleinvertretungsberechtigte Gesellschafter A der A-B-C-OHG (§§ 105 ff. HGB, 125 Abs. 1 HGB, § 34 Abs. 1 AO) ist bei einem Unfall ums Leben gekommen. Die Gesellschaft wird laut Vertrag von den übrigen Gesellschaftern fortgesetzt (§ 138 HGB), die sich aber nicht auf einen Nachfolger des Geschäftsführers einigen können. Dies ist dem FA bekannt.

LÖSUNG Das FA wird nicht versuchen, nach § 183 Abs. 1 AO vorzugehen. Die Auseinandersetzung um die Stellung des Geschäftsführers zeigt dem FA, dass unter den Gesellschaftern starke Interessengegensätze bestehen (§ 183 Abs. 2 AO). Es wird deshalb jedem Gesellschafter eine eigene Ausfertigung des Gewinnfeststellungsbescheids (§ 180 Abs. 1 Nr. 2a AO) übermitteln sowie eine weitere Ausfertigung an den Erben des verstorbenen Gesellschafters senden, wenn der Bescheid einen Zeitraum betrifft, in dem dieser noch an der Gesellschaft beteiligt war. Zur Adressierung der Ausfertigung vgl. 6.5.2. Aus Vereinfachungsgründen ist nicht der ganze Inhalt des Bescheids mitzuteilen (§ 183 Abs. 2 Satz 2 AO). Dies spielt vor allem bei Publikumsgesellschaften mit oft über 100 Beteiligten eine Rolle.

6.6 Verwaltungsakte nach dem Tod eines Steuerpflichtigen

Stirbt ein Stpfl., so sind VA, die an ihn gerichtet und ihm bereits **wirksam zugegangen** sind, weiterhin **voll wirksam** (§ 124 Abs. 1 AO) und vom Gesamtrechtsnachfolger (Erben) zu befolgen. Er tritt in den verfahrensrechtlichen Stand ein, wie er gegenüber dem Erblasser gegeben war. Vgl. §§ 45 Abs. 1, 166 AO. und C 6.2.2

BEISPIEL

Die wirksame Bekanntgabe eines Steuerbescheids erfolgte am 03. 07. 04. Der Stpfl. stirbt am 20. 07. 04. Am 25. 07. 04 erfährt E, dass er Erbe geworden ist.

LÖSUNG E muss das Leistungsgebot des Bescheids als Gesamtrechtsnachfolger erfüllen. Andernfalls muss er bis zum Ablauf des 03. 08. 04 Einspruch einlegen, wenn er mit der Festsetzung nicht einverstanden ist. Die Monatsfrist des § 355 Abs. 1 AO läuft ihm gegenüber weiter.

Möchte das FA aus einem dem Erblasser wirksam bekanntgegebenen VA vollstrecken, so muss wegen § 254 Abs. 1 Satz 3 AO ein **neues** Leistungsgebot zugehen, sonst ist die Vollstreckungsmaßnahme unheilbar nichtig.

Wird ein VA nach dem Tod eines Stpfl. an diesen adressiert, z. B. weil das FA nichts vom Tode erfahren hat, so ist der Bescheid **unwirksam,** da er Verhältnisse einer nicht mehr vorhandenen Person regeln will. Jedoch erlischt die Steuerschuld mit dem Tod des Erblassers nicht, sondern geht auf den Erben als Gesamtrechtsnachfolger über (§ 45 Abs. 1 AO). Der Erbe ist damit z. B. selbst Schuldner der ESt des Erblassers mit der Folge, dass der Steuerbescheid an ihn zu adressieren ist (sog. Parteiwechsel als mittelbare Folge aus § 45 Abs. 1 AO, §§ 1922 ff. BGB). Der Bescheid muss auf die Gesamtrechtsnachfolge hinweisen (AEAO § 122 Nr. 2.12.2); fehlt dieser Hinweis, handelt es sich u. E. nur um einen Begründungsmangel.

Wird der Erblasser von **mehreren Erben** beerbt, so haben sie für die bereits entstandenen Steuerschulden als Gesamtschuldner einzustehen (§ 44, 45 AO). Da jeder für die volle Steuerschuld in Anspruch genommen werden kann (§ 44 Abs. 1 Satz 2 AO), muss eigentlich an jeden einzelnen eine eigene Ausfertigung des Steuerbescheids versandt werden (§ 155 Abs. 1 AO). Zulässig und praktischer ist es jedoch, gegen (mehrere oder alle) Miterben gem. § 155 Abs. 3 AO einen **zusammengefassten Steuerbescheid** zu erlassen. Der BFH verlangt außerdem zur Identifizierung der Miterben, dass – irgendwo im Bescheid – die **Namen des Erblassers und aller Miterben** aufgeführt sind, vgl. AEAO § 122 Nr. 2.12.3. und die Beispiele 2.12.4.

BEISPIEL

Der Erblasser stirbt am 01. 08. 02. Die Einkünfte aus Vermietung fließen ab diesem Zeitpunkt direkt der Erbengemeinschaft zu.

Für die bis 01. 08. 02 angefallenen Einkünfte ergeht ein **ESt-Bescheid** an die Erben als Gesamtrechtsnachfolger, zu adressieren wie in den Beispielen in AEAO § 122 Nr. 2.12.4.

Ein Steuerbescheid, der lediglich an die »Ewald Erblasser Erbengemeinschaft« ohne namentliche Bezeichnung der Erben gerichtet ist, ist unwirksam.

Für die ab 02. 08. 02 anfallenden Einkünfte muss gem. § 180 Abs. 1 Nr. 2 a AO eine einheitliche und gesonderte **Überschussfeststellung** durchgeführt werden. Die Adressierung an die

Miterben erfolgt in der »Anlage FB« (vgl. 6.5.2). Die Bekanntgabe folgt den Regeln des § 183 AO. Die Überschussanteile werden dann in die ESt-Bescheide der Miterben übernommen.

Auch hier ist die richtige **Adressierung** des Steuerbescheids, die alle Miterben erfassen müsste, von der wirksamen **Bekanntgabe** zu trennen: Grundsätzlich ist ein zusammengefasster Steuerbescheid gem. § 155 Abs. 3 AO zu erlassen, der an die Gesamtrechtsnachfolger als Gesamtschuldner zu richten und **jedem von ihnen** bekannt zu geben ist. Sind die Beteiligten **einverstanden**, so ist die Bekanntgabe des Steuerbescheids an einen Miterben mit Wirkung für alle Beteiligten zulässig (§ 122 Abs. 6 AO). Betrifft der Bescheid Eheleute, Eheleute mit Kindern oder Alleinstehende mit Kindern, kann auch von der Sonderregelung des § 122 Abs. 7 AO Gebrauch gemacht werden (AEAO § 122 Nr. 2.12.3).

Ergeht ein **Feststellungsbescheid** nach dem Tode eines Feststellungsbeteiligten, so ist der Feststellungsbescheid dem Erben unter Bezeichnung des Gesamtrechtsnachfolgeverhältnisses bekannt zu geben. Bei Miterbschaft ist der Feststellungsbescheid grundsätzlich jedem Miterben gesondert bekannt zu geben, es sei denn, es ist ein Empfangsbevollmächtigter bestellt oder das FA ist nach § 183 Abs. 1 Sätze 3 ff. AO vorgegangen.

Wird der Feststellungsbescheid nur einem Miterben bekanntgegeben, so ist er diesem gegenüber wirksam geworden (AEAO § 122 nr. 4.4.5, 4.7.1).

Für die wirksame Bekanntgabe gegenüber den (im Bescheid bezeichneten) Erben ist § 183 Abs. 3 AO zu beachten: Wenn der Erblasser z. B. einem Mitgesellschafter oder Geschäftsführer eine Empfangsvollmacht erteilt hat (§ 183 Abs. 1 Satz 1 AO), gilt diese auch über den Tod des Erblassers hinaus. Die Bekanntgabe gegenüber dem Bevollmächtigten des Erblassers wirkt somit auch gegen die (im Bescheid aufgeführten) Erben.

Richtet sich ein **einheitlicher und gesonderter Bescheid** an einen Toten, so ist der Bescheid gegenüber den übrigen Beteiligten wirksam. Bezüglich des Anteils des Verstorbenen ergeht gem. § 182 Abs. 3 AO eine Art Ergänzungsbescheid gegenüber dem Erben.

6.7 Bescheide an Ehegatten

6.7.1 Zusammengefasste Bescheide

Soweit Ehegatten getrennt oder einzeln zur ESt veranlagt werden, ist für jeden Ehegatten ein gesonderter Bescheid zu erlassen. Dasselbe gilt für GrESt-Bescheide, wenn beide Ehegatten gemeinsam ein Grundstück erwerben, da hier gem. § 13 Nr. 1 GrEStG zwei Steuerfälle vorliegen und zwischen den Eheleuten keine Gesamtschuldnerschaft besteht. Auch hier ist für jeden Ehegatten ein gesonderter Steuerbescheid mit dem auf ihn entfallenden Steuerbetrag zu erteilen und bekannt zu geben (vgl. AEAO § 122 Nr. 2.1.1).

Sind Ehegatten **Einzelschuldner**, z. B. bei der USt nach §§ 2, 13 a UStG, muss an den betreffenden Ehegatten ein **Einzelbescheid** erlassen werden. Wird er fälschlicherweise an beide Ehegatten gerichtet, so ist der Bescheid wegen inhaltlicher Unbestimmtheit nichtig und damit unwirksam (bzw. deshalb, weil eine entsprechende Unternehmensperson nicht existiert).

Unter den Voraussetzungen des § 26 EStG kann bei Ehegatten eine **Zusammenveranlagung**, d. h. eine gemeinschaftliche Steuerfestsetzung über ESt vorgenommen werden. Da gem. § 26 b EStG die Einkünfte beider Ehegatten zu einem einheitlichen Einkommen zusammengerechnet werden, sieht § 44 Abs. 1 Satz 1 AO als weitere Konsequenz vor, dass die Ehegatten als **Gesamtschuldner** behandelt werden. Dennoch ist jeder Ehegatte selbst steuerpflichtig, so dass es zulässig wäre, für jeden Ehegatten einen Steuerbescheid (mit sämtlichen Besteuerungsgrundlagen) zu erlassen.

Ein solches Verfahren wäre jedoch unökonomisch. Daher bestimmt § 155 Abs. 3 Satz 1 AO, dass – wie in allen Fällen einer Gesamtschuld – **zusammengefasste Bescheide** gegen die Ehegatten ergehen können. Es handelt sich daher rechtlich um **zwei inhaltsgleiche Bescheide,** die lediglich auf einem Formular verbunden werden. Der zusammengefasste Bescheid muss sich demnach an die Ehegatten richten (vgl. AEAO § 122 Nr. 2.1.2).

6.7.2 Bekanntgabe von Steuer- und Feststellungsbescheiden bei Ehegatten

Bei zusammengefassten Zusammenveranlagungsbescheiden über ESt ist jedem Ehegatten grundsätzlich eine eigene Ausfertigung des Bescheids zuzusenden. Damit würde die Zusammenfassung in einem Bescheid keinen Sinn mehr ergeben. § 122 Abs. 7 AO bestimmt daher, dass die Bekanntgabe wirksam an beide Ehegatten in **einer Ausfertigung** erfolgen kann, wenn die Ehegatten eine **gemeinsame Anschrift** haben. Es genügt, wenn der Steuerbescheid in das Postfach eines Ehegatten eingelegt wird (vgl. AEAO § 122 Nr. 2.1.2). Im Fall des § 122 Abs. 7 Satz 1 AO ist eine ausdrückliche Bevollmächtigung ebensowenig erforderlich, wie Indizien für ein stillschweigendes Einverständnis der Ehegatten.

> **BEISPIEL**
>
> Mangels Steuererklärung ergeht ein Schätzungsbescheid an die Ehegatten in einer Ausfertigung an die gemeinsame Anschrift.
> **LÖSUNG** Die Bekanntgabe ist wirksam (§ 122 Abs. 7 Satz 1 AO). Es kommt nicht darauf an, dass sich die Ehegatten nicht (stillschweigend) als Empfangsbevollmächtigte eingesetzt haben.

Allerdings darf die Finanzbehörde von dem vereinfachten Bekanntgabeverfahren des § 122 Abs. 7 AO in folgenden Fällen gem. § 122 Abs. 7 Satz 2 **keinen Gebrauch** machen:
1. Die Ehegatten **widersprechen** vor Bekanntgabe der Zusendung von nur einer Ausfertigung bzw. stellen einen Antrag auf gesonderte Übermittlung.
2. Dem Finanzamt **ist bekannt,** dass Interessenkollision zwischen den Ehegatten besteht; z. B. das Finanzamt erkennt aus den Angaben in der Steuererklärung, dass die Eheleute zwar noch dieselbe Postanschrift haben, aber in Scheidung leben. § 122 Abs. 7 AO ist hier nicht anwendbar.

In diesen Ausnahmefällen ergeht an beide Ehegatten je eine Ausfertigung der zusammengefassten Bescheide. Im Bescheidkopf und in einer Erläuterung wird auf den jeweilig anderen Gatten hingewiesen, vgl. Beispiel in AEAO § 122 Nr. 2.1.4, wie auch auf die Gesamtschuld (§ 44 AO). Das Fehlen der Erläuterung macht den Bescheid aber nicht nichtig (Begründungsmangel). Auch das Leistungsangebot ist doppelt zu erteilen.

> **BEISPIEL**
>
> Die zusammengefassten ESt-Bescheide 04 sind an die kinderlosen Ehegatten adressiert mit folgender Anschrift »Herrn Tim Gärtner und Frau Gabriella Gärtner, Rasenweg 36, 70619 Stuttgart«. Nur Gabriella wohnt noch unter dieser Adresse. Es liegt keine gegenseitige Empfangsbevollmächtigung vor.
> **LÖSUNG** § 122 Abs. 7 Satz 1 AO verlangt für die vereinfachte Bekanntgabe als **tatsächliche Voraussetzung** die gemeinsame Anschrift beider Ehegatten. Fehlt es daran, so ist die Bekanntgabe gegenüber Gabriella wirksam. Gegenüber Tim kann keine Wirksamkeit eintreten, weil der Bescheid nicht in seinen »Machtbereich« gelangte und auch die Voraussetzungen des § 122 Abs. 6 AO nicht vorliegen. Für die wirksame Bekanntgabe gegenüber Gabriella zu verlangen, dass auf der ihr zugegangenen Ausfertigung ausdrücklich steht: »für

Frau Gabriella Gärtner«, würde u. E. auf einen bloßen Formalismus hinauslaufen. Da nur Gabriella an der angegebenen Anschrift wohnt, ist klar, dass es sich um ihre Ausfertigung handelt (vgl. auch AEAO § 122 Nr. 4.4.5).

Haben die Ehegatten keine gemeinsame Anschrift, so kann dennoch gem. **§ 122 Abs. 6 AO** bei Zusammenveranlagung der Bescheid einem Ehegatten in einer Ausfertigung mit Wirkung für den anderen Ehegatten übermittelt werden, soweit die Ehegatten **einverstanden** sind. Dieses Einverständnis kann man z. B. nach alter BFH-Rechtsprechung aus der gemeinsamen Unterschrift unter einer Steuererklärung entnehmen.

Die Bekanntgabe in einer Ausfertigung gem. § 122 Abs. 6 AO ist (wie die gem. Abs. 7 a. a. O.) in das Ermessen des FA gestellt. Dabei ist § 122 Abs. 7 Satz 2 AO auch bei einer Bekanntgabe gem. Abs. 6 zu beachten, obwohl diese Vorschrift in Abs. 6 nicht erwähnt ist. Wenn dem FA bekannt wird, dass zwischen den Ehegatten »ernstliche Meinungsverschiedenheiten« bestehen, wäre es ermessenswidrig, den Bescheid über die Zusammenveranlagung nur in einer Ausfertigung zu versenden.

Nach dem letzten Halbsatz des § 122 Abs. 6 AO kann der Ehegatte, der – bei gegenüber beiden wirksamer Bekanntgabe – keine Ausfertigung erhalten hat, »nachträglich eine **Abschrift** des Bescheids verlangen«. Diese nachträgliche Zusendung ist keine weitere Bekanntgabe i. S. d. §§ 122, 124 AO. Insbesondere wird die Rechtsbehelfsfrist nicht erneut in Lauf gesetzt.

In den zusammengefassten Bescheid können auch **Nebenleistungen wie z. B. Verspätungs- und Säumniszuschläge** aufgenommen werden, auch wenn die Ehegatten nicht Gesamtschuldner dieser Leistung sind (§ 155 Abs. 3 Satz 2 AO). Dasselbe gilt für sonstige Ansprüche des Finanzamts, für welche die AO gilt, selbst wenn sie nicht von beiden Ehegatten zu tragen sind (z. B. Kirchensteuer eines Ehegatten, § 155 Abs. 3 Satz 3 AO).

Betrifft der Bescheid über die **gesonderte und einheitliche Feststellung von Grundlagen** für die Einkommensbesteuerung beide Ehegatten, z. B. der Gewinnfeststellungsbescheid für die Ehegatten als Mitunternehmer im Rahmen eines Gewerbebetriebs, so sind sie insoweit nicht »Gesamtschuldner«. Hier geht es um eine einheitliche Feststellung für die Beteiligten (§ 180 Abs. 1 Nr. 2a AO). Hinsichtlich eines Einheitswertbescheids gilt ggf. § 183 Abs. 4 AO.

Die Ausführungen zur Bekanntgabe der gesonderten und einheitlichen Feststellungsbescheide an Ehegatten gelten auch für die Bekanntgabe von GrSt-Messbescheiden (§ 184 Abs. 1 AO).

7 Bekanntgabe von Verwaltungsakten

Mit der Bekanntgabe wird ein VA wirksam (§ 124 Abs. 1 AO). Die Person, der ein VA bekannt zu geben ist, wird als Bekanntgabeadressat bezeichnet, vgl. 6. In der Regel ist dies bei Steuerbescheiden der Steuerschuldner als Inhaltsadressat, weil der VA seinem Inhalt nach für ihn bestimmt ist (§ 122 Abs. 1 Satz 1 AO).

Haben **Dritte** für den Inhaltsadressaten steuerliche Pflichten zu erfüllen, so sind diese als Bekanntgabeadressat zu behandeln, wie beispielsweise

- die Eltern oder der Vormund als gesetzliche Vertreter natürlicher Personen,
- Geschäftsführer von nichtrechtsfähigen Personenvereinigungen (z. B. Vorstände nichtrechtsfähiger Vereine) und
- Vermögensverwalter i. S. d. § 34 Abs. 3 AO (z. B. Insolvenzverwalter).

7.1 **Allgemeines**

Bekanntgabe ist der Zugang eines VA nach dem Willensentschluss einer Behörde. Wie im Zivilrecht ist Voraussetzung für den **Zugang,** dass der VA in den **Machtbereich des Empfängers** gelangt. Der Machtbereich des Empfängers reicht so weit, wie er unter normalen Umständen (die gerade jetzt aber nicht vorliegen müssen) von dem VA **Kenntnis nehmen könnte** (vgl. für das Zivilrecht § 130 BGB). Für die Bekanntgabe per E-Mail genügt, dass sie abrufbereit in die Mailbox des Empfängers gelangt ist, vorausgesetzt der Empfänger hat hierfür einen Zugang eröffnet (§ 87 a Abs. 1 AO).

> **BEISPIEL**
>
> Der Briefkasten eines Stpfl. gehört zu dessen Machtbereich, auch wenn dieser zum Zeitpunkt der Bekanntgabe gerade in Urlaub ist.

Dabei ist zu beachten, dass die Bekanntgabe immer von einer Behörde veranlasst sein muss. Der VA muss mit Wissen und Willen des FA den behördlichen Bereich verlassen; der Zugang muss vom **Bekanntgabewillen des FA** veranlasst sein (vgl. 1.1, 4 und AEAO § 122 Nr. 1.1.2). Dies bedeutet, dass der VA mit Wissen und Wollen des **befugten** Amtsträgers die Behörde verlässt. Hat das FA den Bekanntgabewillen aufgegeben, bevor das betreffende Schriftstück (z. B. ein Steuerbescheid) den Bereich des FA verlässt, liegt keine wirksame Bekanntgabe und damit kein wirksamer VA vor. Allerdings tritt diese Folge nur ein, wenn die Aufgabe des Bekanntgabewillens beweisbar vor der (versehentlichen) Postaufgabe in den Akten klar und eindeutig dokumentiert wurde (BFH vom 23.08 2001 BStBl II 2002, 662).

> **FALL 23**
>
> Ist in den folgenden Fällen der VA wirksam bekanntgegeben worden?
> 1. Der Postbote wirft einen Steuerbescheid in den Briefkasten an der Haustür. Der hungrige Dackel des Adressaten findet den Brief auf dem Flur und frisst ihn auf.
> 2. A verweigert die Annahme eines Steuerbescheids, weil er vom FA grundsätzlich keine Briefe entgegennimmt.
> 3. B liegt bewusstlos im Krankenhaus, als ein Bescheid bei ihm in den Briefkasten geworfen wird.
> 4. Die von ihrem Freund F schmählich verlassene Schreibkraft des FA fertigt einen Steuerbescheid, den sie ihrem Ex-Freund durch die Post zusendet.

7.2 **Bekanntgabeformen**

VAe können mündlich oder schriftlich bzw. elektronisch ergehen, sofern nichts Besonderes vorgeschrieben ist (§ 119 Abs. 2 Satz 1 AO). Schriftform ist z. B. vorgesehen für

- Steuerbescheide, § 157 AO,
- Haftungsbescheide, § 191 AO,
- Prüfungsanordnungen, § 196 AO,
- Androhung von Zwangsmitteln, § 332 AO,
- Rechtsbehelfsentscheidungen, § 366 AO.

Mündliche VA können auch telefonisch mitgeteilt werden. Dann kann der Stpfl. eine schriftliche Bestätigung verlangen, wenn er an der Bestätigung ein rechtliches Interesse hat (§ 119 Abs. 2 Satz 2 AO). Selbst durch schlüssiges Verhalten kann ein VA bekanntgegeben werden, so wenn z. B. auf den Erlassantrag (§ 227 AO) des Stpfl. die bereits gezahlten Säumniszuschläge ohne Kommentar zurücküberwiesen werden.

Entgegen der im allgemeinen Verwaltungsrecht vertretenen Auffassung ist im Steuer-recht die **Bekanntgabe schriftlicher VA'e in jeder Form zulässig und wirksam,** da § 122 keine abschließende Aufzählung der möglichen Bekanntgabeformen enthält.

BEISPIEL

> Der Sachgebietsleiter **übergibt** dem Stpfl. persönlich im FA den Steuerbescheid.
> **LÖSUNG** Die Bekanntgabe ist wirksam mit der Übergabe.

Das FA wird aber Steuerbescheide vor allem gem. § 122 Abs. 2 AO mit **einfachem Brief** durch die **Post** bekanntgeben. Der in § 122 Abs. 2 AO im Zusammenhang mit der Bekannt-gabe verwendete Begriff der »Post« betrifft alle Unternehmen, soweit sie als Lizenznehmer Postdienstleistungen erbringen (AEAO § 122 Nr. 1.8.2.). Elektronisch erstellte Bescheide werden regelmäßig vom Rechenzentrum einem Zentralversender übergeben, der das »mai-ling« übernimmt. In der Zukunft wird sich wohl die **elektronische Bekanntgabe** durch-setzen. Voraussetzung ist gem. § 87a Abs. 1 Satz 1 AO, dass der Stpfl. hierfür einen »Zugang eröffnet«. Bei Unternehmen ist dies schon dann der Fall, wenn sie ihre E-Mail-Anschrift gegenüber dem FA dokumentieren (z. B. Angabe auf dem Briefbogen im Begleitschreiben zur Steuererklärung) oder sonst irgendwie verbreiten (auf der Webseite, Werbeträgern usw.). Bei Nichtunternehmern wird der elektronische Zugang u. E. nur eröffnet, wenn sie dies unmiss-verständlich gegenüber dem FA zulassen, z. B. durch entsprechende Angaben in der elektro-nischen Steuererklärung (»ELSTER«). Muss der VA »eigentlich« schriftlich ergehen, z. B. ein Steuerbescheid, ist er bei elektronischer Übermittlung mit einer qualifizierten elektronischen Signatur nach dem Signaturgesetz zu versehen (§ 87a Abs. 4 Satz 2 AO). Nur in seltenen Fällen des Erhebungsverfahrens ist die elektronische Übermittlung gesetzlich verboten (§§ 224a, 244, 309, 324 AO); z. B. gibt es keine elektronische Pfändungsverfügung bei Forderungs-pfändungen, § 309 Abs. 1 Satz 2 AO. In diesen Fällen müssen VA'e in den Formen des VwZG zugestellt werden.

7.2.1 Übermittlung an Bevollmächtigte, § 122 Abs. 1 Satz 3 AO

Die Bekanntgabe eines VA **kann** gem. § 122 Abs. 1 Satz 3 AO auch gegenüber **Bevoll-mächtigten** erfolgen. Bevollmächtigter ist ein durch besonderes Rechtsgeschäft (z. B. Ge-schäftsbesorgungsvertrag) bestellter Vertreter. Die Übermittlung des VA an einen Bevoll-mächtigten steht im **Ermessen** des FA.

Der Wortlaut des § 80 Abs. 3 AO weicht von dem des § 122 Abs. 1 Satz 3 AO ab. Nach § 80 Abs. 3 Satz 1 AO »soll« (d.h. in der Regel muss) sich die Behörde an den Bevollmächtigten wenden. Wendet sie sich an den Stpfl., so soll der Bevollmächtigte wenigstens davon verständigt werden, § 80 Abs. 3 Satz 3 AO. Diese Vorschrift betrifft nur Ermittlungshandlun-gen des FA, wie z. B. Rückfragen im Zuge der Besteuerung, nicht aber die Bekanntgabe von VA zum Abschluss eines Verfahrensabschnitts. Der Stpfl. hat ein besonderes Interesse, VA direkt eröffnet zu bekommen, weil er selbst die Frage entscheiden muss, ob er einen Rechtsbehelf einlegen will.

Wird der Stpfl. durch einen Berater **vertreten,** so besteht keine generelle gesetzliche Verpflichtung zur Übermittlung gegenüber dem Berater. Das FA hat vielmehr einen **Er-messensspielraum,** wem es den VA bekanntgeben möchte.

Die Einschaltung eines Beraters im Verfahren bedeutet noch nicht, dass der Stpfl. ein Interesse an der Bekanntgabe gegenüber dem Berater hat. Der Stpfl. will sich zwar eventuell auch den Sachverstand und die Büroorganisation des Beraters in Verfahrensfragen zunutze machen. Andererseits kann es sein, dass der Stpfl. aus gebührenrechtlichen Gründen daran interessiert sei, dass der Bescheid nicht dem Berater bekanntgegeben wird. Beim Fehlen einer schriftlichen Empfangsvollmacht muss ein VA dem Stpfl. direkt bekanntgegeben werden, wenn nicht die besonderen Umstände des Einzelfalles das Interesse des Stpfl. an einer Bekanntgabe gegenüber seinem Bevollmächtigten eindeutig erkennen lassen.

Der Ermessensspielraum des FA ist aber auf Null reduziert, wenn der Stpfl. den Berater **ausdrücklich schriftlich zu seinem Empfangsbevollmächtigten** bestellt hat. Dies geschieht z. B., wenn der Stpfl. auf Seite 1 des Mantelbogens der ESt-Erklärung die Zeilen ausfüllt: Der ESt-Bescheid soll »nicht mir/uns zugesandt werden, sondern ...« Allerdings gilt diese Art der Empfangsvollmacht nur für Bescheide des betreffenden VZ. Die Vollmacht bleibt solange wirksam, bis ein Widerruf zugeht, AEAO Nr. 1.7.2. Der Stpfl. trägt die Feststellungslast für die Erteilung der Empfangsvollmacht, BFH vom 10. 01. 2008, BFH/NV 2008, 807.

Die schriftliche Empfangsbevollmächtigung erstreckt sich auch auf eventuelle **Korrekturbescheide**. Korrekturbescheide, die während eines finanzgerichtlichen Verfahrens ergehen, werden dem Prozessbevollmächtigten bekanntgegeben, AEAO § 122 Nr. 1.7.2. Ermessenswidrig verhält sich das FA auch, wenn das FA bisher trotz fehlender Empfangsbevollmächtigung ständig an den Berater bekanntgegeben hat und nun trotz gleichbleibender Verhältnisse und ohne Ankündigung **das Bekanntgabeverhalten ändert** und sich plötzlich an den Mandanten wendet (AEAO § 122 Nr. 1.7.2).

Wegen der **Folgen von ermessensfehlerhaften Bekanntgaben** gegenüber dem Berater statt dem Stpfl. und umgekehrt vgl. AEAO § 122 Nr. 1.7.3.

Das **Anschriftenfeld** kann im Fall der Bekanntgabe gegenüber dem Bevollmächtigten so aussehen:

Herrn
Max Martini, Steuerberater
(Es folgt dessen Anschrift)
Bescheidskopf:
Für Herrn und Frau
Tim und Gabriella Gärtner
Rasenweg 36
70619 Stuttgart

Inhaltsadressaten sind nur die Eheleute Gärnter. StB Martini ist nicht »Adressat«, sondern Empfangsbevollmächtigter. Er wird lediglich deshalb im Anschriftenfeld aufgeführt, weil der für die Eheleute Gärtner bestimmte VA postalisch zu ihm gelangen muss, vgl. 6.1.

7.3 Zeitpunkt des Wirksamwerdens gem. § 122 Abs. 2 Nr. 1 AO

§ 122 Abs. 2 Nr. 1 enthält die praktisch bedeutsamste Bekanntgabeform. Der VA wird dem Adressaten in einem normalen, **einfachen Brief** durch die **Post** zugeschickt. Da der Zugangszeitpunkt bei Übermittlung eines einfachen Briefes durch die Post nicht feststellbar ist, bestimmt § 122 Abs. 2 Nr. 1 AO, dass der VA bei Bekanntgabe **im Inland** am **dritten Tag nach der Aufgabe zur Post** zugegangen und damit wirksam geworden ist. Bei Übersendung in das **Ausland** gilt der VA **einen Monat nach Aufgabe zur Post** als bekanntgegeben (§ 122 Abs. 2 Nr. 2 AO). Dasselbe kann auch für Personen ohne festen Wohnsitz gelten (§ 123 Satz 2 AO). Nach § 122 Abs. 2a AO gilt ein VA, der **elektronisch** (oder durch Computerfax, AEAO

§ 122 Nr. 1.8.2), im Inland oder ins Ausland übermittelt wird, grundsätzlich am dritten Tag nach Absendung als bekanntgegeben.

BEISPIEL

Postaufgabe (d.h. Übergabe an die Post, regelmäßig durch Einlieferung bei der Postanstalt, oder ausnahmsweise durch Einwurf in einen Straßenbriefkasten) erfolgt am Montag, 13.02.01. Die Bekanntgabe gilt am Donnerstag, 16.02.01 als erfolgt.

Der Aufgabetag wird durch einen Vermerk »zur Post am …« auf der beim FA verbleibenden Ausfertigung des VA festgehalten. Dies ist aber nicht Wirksamkeitsvoraussetzung (AEAO § 122 Nr. 1.8.2). Der genaue Bekanntgabezeitpunkt ist v.a. für die Fälligkeit (vgl. § 36 Abs. 4 Satz 1 EStG) und die Rechtsbehelfsfrist (vgl. § 355 AO) von Bedeutung. Maßgeblich ist jeweils der Ablauf des Bekanntgabetages; vgl. F 3.2.2.

Dabei stellen sich folgende Fragen:
1. Was geschieht, wenn der Bescheid **tatsächlich** früher als am dritten Tag zugeht?

BEISPIEL

Der Postbote hat den am Montag 13.02.01 zur Post gegebenen Bescheid bereits am Mittwoch, 15.02.01 in den Briefkasten des Empfängers eingeworfen.

Es bleibt – zu Gunsten des Stpfl. – bei der Fiktion des Zugangs am Donnerstag, 16.02.01. Der tatsächliche frühere Zugang (vor dem dritten Tag nach der Aufgabe zur Post) ist unbeachtlich (Umkehrschluss aus § 122 Abs. 2 AO).

2. Was gilt, wenn der 3. Tag nach der Postaufgabe auf einen Samstag, Sonn- oder Feiertag fällt?
Die Dreitage-Regelung stellt eine Frist dar (§ 108 Abs. 1 AO). Fällt der letzte Tag der Frist auf einen Samstag, Sonntag oder gesetzlichen Feiertag, verschiebt sich die Bekanntgabe gem. § 108 Abs. 3 AO auf den ersten nachfolgenden Werktag.

BEISPIEL

Der Bescheid wird am Mittwoch zur Post gegeben
Die Bekanntgabe erfolgt gem. §§ 122 Abs. 2, 108 Abs. 3 AO am folgenden Montag.

3. Wie ist zu verfahren, wenn der Stpfl. den VA **erst nach Ablauf des dritten Tages erhält?**
Die Drei-Tage-Regel des § 122 Abs. 2 AO gilt immer, »außer wenn (der Bescheid) zu einem späteren Zeitpunkt zugegangen ist«. Steht fest, dass der Stpfl. den Bescheid z. B. erst am fünften Tag nach der Postaufgabe erhalten hat, so ist dies der Bekanntgabetag.

4. Was geschieht, wenn der Stpfl. **behauptet,** er habe den Bescheid **erst nach dem dritten Tag nach der Postaufgabe erhalten?**
Entsprechend BFH vom 13.02.2008, BFH/NV 2008, 742 und vom 31.03.2008, BFH/NV 2008, 1335 gilt folgende Vorgehensweise: Zunächst unterliegt der Vortrag der **Sachaufklärungspflicht** des FA gem. § 88 AO. Der Stpfl. muss »**substantiierte Angaben**« machen, warum sich der Postlauf verzögern haben könnte (Umzug des Stpfl., Probleme beim Zugang zum Briefkasten, Einwurf in den falschen Briefkasten, Unterfrankierung, fehlerhafte Anschrift, Betriebstörungen bei der Post usw.). Der Stpfl. sollte hierzu unverzüglich auf die Verzögerung hinweisen, eventuell den Briefumschlag mit dem Poststempel und/oder dem Eingangsstempel aufbewahren und vorlegen, sowie ggf. Zeugenbeweis anbieten. Werden Aussagen eingeholt, sind diese in freier Beweiswürdigung zu werten: die Aussage eines Anwalts/Steuerberaters hat dabei grundsätzlich keinen höheren Beweiswert als diejenige eines Briefzustellers.

Das FA muss nun diesen Vortrag prüfen und ihn mit etwaigen gegenteiligen Indizien aus dem sonstigen Verhalten des Stpfl. im Zeitraum nach dem Absenden des VA abwägen. Dabei dürfen einerseits keine zu hohen Anforderungen an den Vortrag des Stpfl. gestellt werden, andererseits gilt zugunsten des FA kein Anscheinsbeweis.

Verneint das FA bei dieser Abwägung Zweifel am gesetzlich vermuteten Zugang des Bescheids und wertet den Vortrag des Stpfl. als bloße Schutzbehauptung, gilt weiterhin die 3-Tagesfrist des § 122 Abs. 2 Nr.1 AO. Die Beweislastregel am Ende dieser Regelung greift dann nicht.

Verbleiben dagegen Zweifel am gesetzlich vermuteten Bekanntgabezeitpunkt, geht dies zulasten des FA, da das FA die **Feststellungslast** trägt (vgl. G 2.7). Dies wird in der Praxis der Regelfall sein. Es ist dann davon auszugehen, dass die Bekanntgabe (und mit ihr der Beginn der Rechtsbehelfsfrist) erst zum späteren tatsächlichen Zeitpunkt erfolgte. Trifft der spätere Zugang auf einen Samstag, Sonntag oder Feiertag, kommt es zu keiner Verschiebung gem. § 108 Abs. 3 AO. Die Bekanntgabe ergibt sich ja dann gerade nicht auf Grund einer gesetzlichen Frist (keine Anwendung des § 122 Abs. 2 Nr.1 AO, sondern aus tatsächlichen Umständen.

BEISPIEL

> Ist davon auszugehen, dass der Bescheid, der an einem Montag zur Post gegeben wurde, erst am Samstag in den Briefkasten des Stpfl. geworfen wurde, bleibt es bei der Bekanntgabe am Samstag; § 108 Abs. 3 AO gilt nicht.

5. Was geschieht, wenn der Stpfl. **behauptet,** er habe den Bescheid **gar nicht erhalten?** Bevor auch hier die Beweislastregel des § 122 Abs. 2 Nr.1 AO greift, muss das FA wiederum versuchen, den Ablauf der Bekanntgabe aufzuklären. Im Unterschied zur behaupteten Verspätung schuldet der Stpfl. hierbei allerdings keinen substantiierten Tatsachenvortrag. Dennoch kann das FA aus Indizien folgern, dass es zu einer Bekanntgabe gekommen sein muss und der Vortrag des Stpfl. nur vorgeschoben ist (vgl. BFH vom 14. 02. 2008, BFH/NV 2008, 743). Dazu reicht nicht aus, wenn z.B. das Postamt erklärt, der bekannt schlampige Stpfl. »leere nie seinen Briefkasten«, BFH vom 15. 09. 1994, BStBl II 1995, 41.

   Im Regelfall wird allerdings offen bleiben, ob eine Bekanntgabe tatsächlich erfolgte. Das FA muss dann den VA erneut erlassen. Erst dieser wird dann mit seiner Bekanntgabe wirksam.

6. Bei Differenz zwischen Postaufgabedatum in den Akten des FA und Datum des Poststempels auf dem Briefkuvert ist letzteres für die Terminberechnung maßgebend.

7. Die Drei-Tage-Regelung gilt auch bei Übersendung an ein Postfach sowie bei »postlagernder« Übermittlung.

FALL 24

> Am Donnerstag, den 23.03.01, wird ein Steuerbescheid für U zur Post gegeben. U weilt bis Montag, 03.04.01, im Skiurlaub. Er entnimmt den Brief nach seiner Rückkehr am 03.04.01 aus dem Briefkasten.
> Welches Datum gilt als Bekanntgabezeitpunkt?

7.4 Öffentliche Bekanntgabe, § 122 Abs. 3, 4 AO

Diese Bestimssmungen sind für die Steuerverwaltung fast ohne Bedeutung. (Ausnahme: § 27 Abs. 3 GrStG). Öffentliche Bekanntgabe darf nicht mit der **öffentlichen Zustellung** gem. § 15 VwZG verwechselt werden (vgl. 7.5).

7.5 **Zustellung, § 122 Abs. 5 AO**

Die Zustellung ist eine **besondere Form** der Bekanntgabe, bei der die Übergabe des VA in besonders ausgeführter und beurkundeter Weise erfolgt. Hier soll bei bedeutungsvolleren Vorgängen der Nachweis von Zeit und Art der Übergabe durch Einhaltung bestimmter Formvorschriften gesichert werden. Die näheren Einzelheiten sind im VwZG geregelt (§ 122 Abs. 5 AO). Als »**Zustellung**« bezeichnet man im Steuerrecht (vgl. § 122 Abs. 5 AO) die **Bekanntgabe in den Formen des Verwaltungszustellungsgesetzes.** Nach § 2 VwZG ist auch eine elektronische Zustellung versehen mit qualifizierter elektronischer Signatur zulässig.

Die Zustellung erfolgt durch die Deutsche Post AG oder einen »beliehenen Unternehmer«, also durch ein privatwirtschaftliches Unternehmen. Dennoch sind diese Zustellungen als hoheitlicher Akt anzusehen.

Zustellungen können **vorgeschrieben** sein (z. B. in §§ 284 Abs. 6 Satz 1, 309 Abs. 2 Satz 1, 324 Abs. 2 Satz 1 AO) **oder** nach dem **Ermessen** des FA stattfinden (z. B. das FA will sich einen Beweis dafür beschaffen, dass der Bescheid den Adressaten tatsächlich erreicht hat). Das FA kann zwischen den im VwZG vorgesehenen Formen der Zustellung nach seinem Ermessen auswählen (§ 2 Abs. 3 VwZG). Regelmäßig wird mit Postzustellungsurkunden (»**PZU-Zustellung**«) oder mit »**Übergabe-Einschreiben**« (nicht »**Einwurf-Einschreiben**«) zugestellt (§§ 3, 4 VwZG), an Berater und Behörden durch **einfachen verschlossenen Brief gegen Empfangsbekenntnis** (§ 5 VwZG). Die **Öffentliche Zustellung** (§ 10 VwZG) ist nur als »letzter Notnagel« möglich.

Der VA wird bei PZU-Zustellung am Tag der Aushändigung wirksam, bei Einschreiben am dritten Tag nach der Aufgabe zur Post gem. § 4 Abs. 2 Satz 2 VwZG, bei Zustellung an Berater gem. § 5 VwZG am Tag des tatsächlichen Zugangs (der im Empfangsbekenntnis angegeben werden muss).

Bei der Zustellung gem. § 3 VwZG übergibt das FA das verschlossene Schriftstück der Post. Beigefügt ist eine Postzustellungsurkunde, in welcher der Postbedienstete Datum und Ort der Übergabe sowie die Person, der das Schriftstück übergeben wurde, vermerkt. Auf dem Briefumschlag muss das FA eine Geschäftsnummer angeben. Dies ist in der Regel die Steuer-Nr. Eine über das Aktenzeichen (Geschäftsnummer) hinausgehende Bezeichnung in Bezug auf den Inhalt ist u. E. nicht (mehr) erforderlich, vgl. BFH vom 04. 07. 2008, BFH/NV 2008, 1860 unter Hinweis auf den Schutz der Persönlichkeitsspäre des Empfängers.

Wird der Empfänger bei PZU-Zustellung oder Zustellung gem. § 5 VwZG **nicht in der Wohnung angetroffen**, kann eine »**Ersatzzustellung**« an bestimmte andere Personen erfolgen (§ 3 Abs. 2 VwZG, §§ 177 ff. ZPO). In Frage kommt eine Ersatzzustellung durch Einlegen in den Briefkasten, womit die Zustellung ebenfalls sofort als erfolgt gilt (§ 180 ZPO). Ist auch dies nicht möglich, z. B. weil kein Briefkasten vorhanden ist, kommt es zur Niederlegung des Schriftstücks beim Postamt. Der Empfänger muss von der Niederlegung schriftlich in »briefüblicher« Weise benachrichtigt werden, z. B. durch Einwurf eines Benachrichtigungszettels in den Hausbriefkasten. Mit der Abgabe der schriftlichen Mitteilung über die Zustellung durch den Postboten ist die Zustellung ebenfalls (sofort) bewirkt, § 181 ZPO.

Gem. § 6 VwZG **muss** die Zustellung gegenüber dem **gesetzlichen Vertreter**, gem. § 7 Abs. 1 Satz 1 VwZG **kann** die Zustellung gegenüber einem **Bevollmächtigten** erfolgen (wie bei der einfachen Bekanntgabe nach der AO, vgl. § 122 Abs. 1 Satz 3 AO; Einzelheiten siehe 7.3). Sie **muss** gegenüber dem Bevollmächtigten erfolgen, wenn er für das betreffende

Verfahren eine **schriftliche Vollmacht vorgelegt** hat, sonst liegt ein Zustellungsmangel vor, § 7 Abs. 1 Satz 2 VwZG.

Zustellungsmängel wegen Verstoßes gegen eine Form- bzw. Verfahrensvorschrift des VwZG sind unter den Voraussetzungen des § 8 VwZG **heilbar.** D. h. der VA gilt als (in dem Augenblick) wirksam bekanntgegeben, in dem ihn der Empfangsberechtigte nachweislich erhalten hat (z. B. BFH vom 09. 03. 2009 – IX B 120/08 –.

7.6 Bekanntgabe ins Ausland

Gem. § 122 Abs. 2 Nr. 2 AO kann auch ins Ausland bekanntgegeben werden. Dies setzt voraus, dass der ausländische Staat sich bereit erklärt hat, eine direkte Zusendung von VA mit einfacher Post zuzulassen. Dies ist z. B. für Empfänger in Belgien, Dänemark, Finnland, Frankreich, Großbritannien, Irland, Italien, Kanada, Luxemburg, Niederlande, Norwegen, Österreich, Schweden, Spanien und die USA der Fall. Vgl. AEAO § 122 Nr. 1.8.4. Im Übrigen muss bei VA, die an Empfänger außerhalb des Geltungsbereichs der AO bekannt zu geben sind, nach § 9 VwZG verfahren werden (AEAO § 122 Nr. 3.1.4; zu den Staaten, in denen nicht zugestellt werden kann, gehören zur Zeit außerdem Kroatien, Schweiz und Zypern).

Gem. § 123 AO kann der Stpfl. unter Setzung einer angemessenen Frist (in der Regel 3 Monate) und unter Hinweis auf die Rechtsfolgen gem. § 123 Satz 3 AO **aufgefordert** werden, einen **Empfangsbevollmächtigten im Inland** zu benennen. Mangels besonderer Vorschrift kann diese Aufforderung durch einfachen Brief übermittelt werden. Einschreiben mit Rückschein oder aber förmliche Zustellung ist zur Beweissicherung empfehlenswert. **Wird ein inländischer Empfangsbevollmächtigter benannt,** so kann die Bekanntgabe an diesen nach den normalen Bekanntgabegrundsätzen, z. B. nach § 122 Abs. 2 Nr. 1 AO, erfolgen.

Benennt der Beteiligte keinen Empfangsbevollmächtigten, obwohl er wirksam dazu aufgefordert wurde, so darf das FA dem Beteiligten zukünftig alle VA durch einfachen Brief bekanntgeben, wenn es sich um die Bekanntgabe in ein Land aus der oben zitierten Liste handelt (außer **Zustellung** ist ausdrücklich vorgeschrieben). Als **Bekanntgabetag** gilt dann **ein Monat nach Aufgabe zur Post,** außer es steht fest, dass der VA den Empfänger nicht oder zu einem späteren Zeitpunkt erreicht hat (§ 123 Satz 3 AO). Der Stpfl. muss also – anders als bei § 122 Abs. 2 AO – den vollen Beweis für seine Behauptung erbringen. Kann er den späteren Zugang nicht beweisen, beginnt z. B. die Rechtsbehelfsfrist mit Ablauf von einem Monat nach Postaufgabe, wenn der Stpfl. vorher auf diese Rechtsfolge hingewiesen wurde, § 123 Satz 4 AO. Bei elektronischer Übermittlung gilt dagegen auch hier die 3-Tageregelung.

> **BEISPIELE**
>
> a) Der Bescheid wird am 28. 03. 02 mit einfachem Brief an den Stpfl. in Österreich zur Post gegeben. Er hatte zuvor trotz wirksamer Aufforderung und des Hinweises gem. § 123 Satz 4 AO keinen inländischen Empfangsbevollmächtigten benannt.
> **LÖSUNG** Der Bescheid gilt am 28. 04. 02 als bekanntgegeben.
> Statt dem Verfahren nach § 123 AO kommt auch eine Zustellung nach § 9 VwZG in Betracht, vgl. AEAO § 122 Nr. 3.1.4.
>
> b) Der Bescheid wird im obigen Beispiel am 28. 03. 02 elektronisch (per E-Mail) abgesandt.
> **LÖSUNG** Der Bescheid gilt am 31. 03 02 als bekannt gegeben (§ 123 Satz 2 AO).

Das FA kann auch einen inländischen Vertreter von Amts wegen bestellen (§ 81 Abs. 1 Nr. 3 AO).

FALL 25

Prüfen Sie, ob es sich bei der Aufforderung zur Bestellung eines Empfangsbevollmächtigten gem. § 123 Satz 1 AO um einen VA handelt.

7.7 Bekanntgabe- und Zustellungsmängel

Infolge der geringen Voraussetzungen für eine gültige Bekanntgabe sind **Bekanntgabemängel** selten. Wenn aber ein Bekanntgabemangel vorliegt, ist der VA **nicht wirksam** geworden. Der Bekanntgabemangel ist aber **heilbar** (mit Wirkung für die Zukunft).

BEISPIELE

a) Der Sachbearbeiter sieht den Steuerberater auf dem Flur des FA stehen und übergibt ihm zur Einsparung der Portokosten den ESt-Bescheid 01.

LÖSUNG Die Bekanntgabe ist wirksam, denn der Bescheid ist mit Willen des FA in den Machtbereich des Empfängers gelangt. (Die Drei-Tage-Regelung in § 122 Abs. 2 AO ist hier mangels Übergabe an die Post nicht anwendbar). Es ist nicht davon auszugehen, dass der Sachbearbeiter eine Zustellung nach § 5 VwZG gewählt hat, die wegen fehlender Empfangsbekenntnis mangelhaft wäre.

b) Ein inhaltlich richtiger VA an Max Maier wird wegen einer falschen Adresse auf dem **Kuvert** an Franz Schulze übermittelt.

LÖSUNG Der Bescheid ist weder gegenüber dem richtigen Inhaltsadressaten noch gegenüber dem Empfänger Schulze wirksam (AEAO § 122 Nr. 4.3).

Bei der »**Umwegbekanntgabe**« – »**Umweg**« der Bekanntgabe über private dritte **Person** – sind die Fehlerfolgen zweifelhaft: Der Postbote wirft den Briefumschlag mit dem richtig adressierten Bescheid für Herrn Himmel am Tag nach der Aufgabe zur Post versehentlich in den Briefkasten seines Nachbarn Hölle. Frau Hölle nimmt den Brief heraus und wirft ihn sofort in den richtigen Hausbriefkasten ein (oder übergibt ihn sofort persönlich Herrn Himmel).

U. E. ist der VA wirksam geworden; trotz des »atypischen Geschehensablaufs« tritt die Bekanntgabe hier am 3. Tag nach der Aufgabe zur Post ein (§ 122 Abs. 2 AO), weil der Bescheid Herrn Himmel innerhalb von 3 Tagen nach der Postaufgabe tatsächlich zuging. Die Aufdeckung des »Umwegs« ist rein zufällig. Dem FA sind die Einzelheiten der Übermittlung gleichgültig, wenn es einen Bescheid mit einfachem Brief aufgegeben hat. Ihm kommt es nur darauf an, dass der VA den Adressaten erreicht. Das Gesetz verlangt nirgends, dass die Übermittlung des einfachen Briefs ausschließlich hoheitlich erfolge (durch Postbeamte). Aus § 122 Abs. 2 AO kann nichts Gegenteiliges geschlossen werden. Wenn das Gesetz Mängel bei der Übermittlung von VA durch einfachen Brief als möglich angesehen hätte, hätte es in die AO eine Heilungsmöglichkeit (wie in § 8 VwZG für die Zustellung) einbauen müssen, was aber nicht geschehen ist. Dem Adressaten entsteht bei dieser Rechtslage kein Nachteil (vgl. § 122 Abs. 2 letzter Halbsatz AO).

Erhält der Steuerschuldner trotz unrichtiger Anschrift den Steuerbescheid durch die Post, so ist er auch nach h. M. wirksam bekanntgegeben (AEAO § 122 Nr. 4.4.4).

Im Übrigen wird ein Bekanntgabemangel des Bescheids durch **wirksame Bekanntgabe der Einspruchsentscheidung** (§§ 366, 367 AO vgl. I) für das weitere Verfahren **geheilt**. Keine Heilung tritt ein, wenn die Einspruchsentscheidung den Einspruch als unzulässig verwirft (BFH vom 25. 01. 1994 BStBl II 1994, 603).

Für die **Folgen von ermessensfehlerhaften Bekanntgaben** gegenüber dem Berater statt dem Stpfl. und umgekehrt (vgl. 7.2.1) gilt Folgendes: Wird ein Verwaltungsakt dem betreffenden Steuerpflichtigen bekanntgegeben und hierdurch ohne besondere Gründe eine von ihm erteilte Bekanntgabevollmacht zu Gunsten seines Bevollmächtigten nicht beachtet, wird der Bekanntgabemangel durch die Weiterleitung des Verwaltungsaktes an den Bevollmächtigten geheilt (AEAO § 122 Nr. 1.7.3). Der VA erzeugt aber erst dann Rechtswirkung, wenn er dem Bevollmächtigten zugegangen ist. Die Frist für einen außergerichtlichen Rechtsbehelf beginnt zu dem Zeitpunkt, in dem der Bevollmächtigte den VA nachweislich erhalten hat. Dies gilt auch im umgekehrten Fall.

Bei einer **förmlichen Zustellung** nach dem Verwaltungszustellungsgesetz darf bei Vorliegen einer schriftlichen Vollmacht nur an den Bevollmächtigten zugestellt werden (§ 7 Abs. 1 Satz 2 VwZG). Eine Zustellung direkt an den Beteiligten ist in diesem Fall **unwirksam.** Die Finanzbehörde hat eine Rechtsbehelfsentscheidung dem Verfahrensbevollmächtigten auch ohne Vorliegen einer schriftlichen Vollmacht zuzustellen, wenn dieser den Rechtsbehelf eingelegt und die Finanzbehörde ihn als Bevollmächtigten in der Rechtsbehelfsentscheidung aufgeführt hat. Hat der Steuerpflichtige den Rechtsbehelf selbst eingelegt, ist jedoch im weiteren Verlauf des Rechtsbehelfsverfahrens ein Bevollmächtigter aufgetreten, ist die Rechtsbehelfsentscheidung nur dann dem Bevollmächtigten zuzustellen, wenn eine schriftliche Empfangsvollmacht vorliegt oder das Interesse des Steuerpflichtigen an einer Bekanntgabe gegenüber dem Bevollmächtigten nach den Umständen des Einzelfalls eindeutig erkennbar ist.

Im Gegensatz zu Bekanntgabemängeln kommen **Zustellmängel** (Verstöße gegen die Form- und Verfahrensvorschriften des VwZG) häufiger vor. Der zugestellte VA wird nicht wirksam. Die Zustellungsmängel sind allerdings **geheilt** und unbeachtlich, wenn und sobald der richtige Empfänger den VA nachweislich tatsächlich erhalten hat, § 8 VwZG, vgl. AEAO § 122 Nr. 4.5.

> **BEISPIEL**
>
> Das FA hat für die Bekanntgabe des ESt-Bescheids die Zustellung mit PZU nach § 3 VwZG gewählt (§ 122 Abs. 5 AO, § 3 Abs. 2 VwZG). Die Geschäftsnummer war zwar auf dem Briefumschlag, aber nicht auf der Zustellungsurkunde angegeben.
>
> **LÖSUNG** Die Zustellung ist **mangelhaft** wegen Verstoßes gegen § 3 VwZG, vgl. AEAO § 122 Nr. 3.1.1.1 und Nr. 4.5.2. Der Mangel ist **unbeachtlich,** wenn feststeht, dass der Stpfl. die Sendung erhalten hat (§ 8 VwZG).
>
> Die Drei-Tage-Regel des § 122 Abs. 2 AO ist bei der PZU-Zustellung nicht anwendbar. Der Bescheid wird sofort mit der Zustellung wirksam (§ 124 Abs. 1 AO; vgl. dagegen § 4 Abs. 2 Satz 2 VwZG für Zustellungen mit Einschreiben).

8 Fehlerhafte Verwaltungsakte

Beim Erlass von VA können Fehler unterlaufen. Man kann diese **Fehler** nach verschiedenen Gesichtspunkten **einteilen,** z. B.

1. nach der **Art des Fehlers:**
a) formeller Fehler = Fehler im Verfahren, der Zuständigkeit oder in der Form.

> **BEISPIEL**
>
> Ein Steuerbescheid wird mündlich erlassen. Wegen Verstoßes gegen § 157 Abs. 1 AO liegt ein formeller Fehler vor.

b) materieller Fehler = Fehler im Inhalt

BEISPIELE

a) Obwohl der Stpfl. Werbungskosten i. H. v. 1 500 € nachgewiesen hat, sind sie im ESt-Bescheid nicht berücksichtigt. Die Steuer ist zu hoch festgesetzt worden. Es liegt ein Inhaltsfehler vor.

b) Adressierungsfehler sind materielle Fehler.

2. nach der **Fehlerfolge:**
- Der Fehler führt zur Nichtigkeit des VA (§§ 125, 124 Abs. 3 AO).
- Trotz des Fehlers wird der rechtswidrige VA wirksam (§ 124 Abs. 1 AO) und nach Ablauf der Einspruchsfrist unanfechtbar (Regel).
- Bei formellen Mängeln, die nicht zur Nichtigkeit führen:
- – Der Fehler ist heilbar (§ 126 AO),
- – Der Stpfl. kann den VA allein wegen dieses Fehlers nicht erfolgreich angreifen (§ 127 AO).

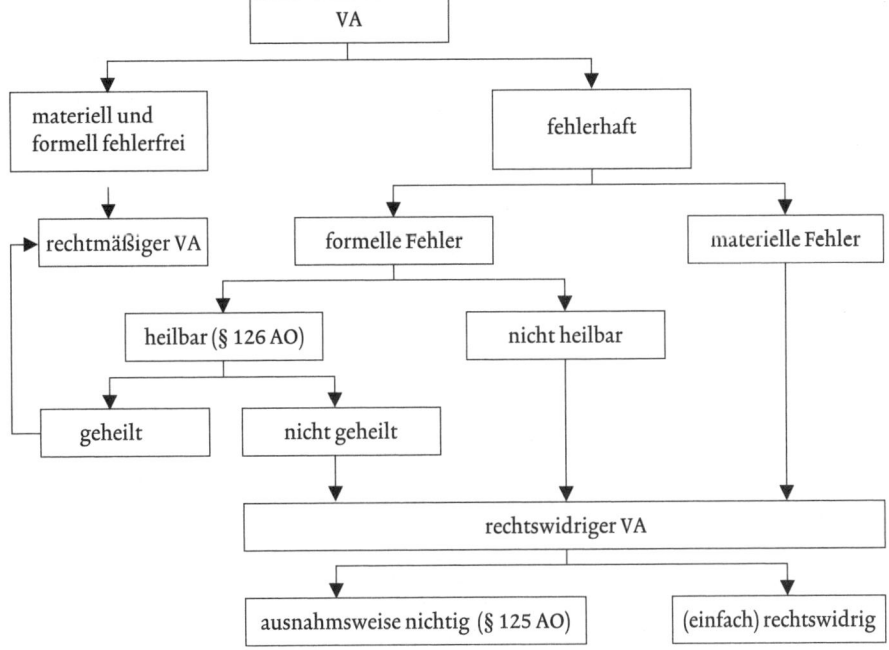

8.1 **Nichtige VA**

Es gibt Fehler, die »**besonders schwerwiegend**« und »**offenkundig**« sind, und daher gem. **§ 125 Abs. 1 AO** zur Nichtigkeit führen. Sowohl schwere Adressierungsfehler, fehlende oder unklare Entscheidungssätze (vgl. 3.1) als auch formelle Mängel (insbesondere Formverstöße) können zur Nichtigkeit eines VA führen. Trotz des Wortes »offenkundig« ist es nicht notwendig, dass man dem VA selbst den Fehler unmittelbar ansieht. Er kann sich auch nur aus den Akten ergeben.

Nichtigkeit ist aber eine seltene Ausnahme. Steuerverwaltungsakte tragen die **Vermutung der Gültigkeit** in sich, weil sie durch einen geschulten Behördenapparat erlassen worden sind. § 124 Abs. 1 und §§ 347 ff AO verdeutlichen, dass die Rechtsordnung auch rechtswidrige VA hinnimmt und den Stpfl. auf den Rechtsbehelf verweist. VA sind dann gem.

§ 125 Abs. 1 AO nichtig, wenn es für die Rechtsordnung unerträglich wäre, dass der fehlerhafte VA jemals gültig wird.

> **BEISPIEL**
>
> Bei einer Außenprüfung wird festgestellt, das der Stpfl. für die geprüften Veranlagungszeiträume jeweils bestimmte Einnahmen nicht erklärt hatte. Das FA erlässt einen Änderungsbescheid. Darin wird nur der Änderungsbetrag festgesetzt, der auf die geprüften Jahre insgesamt entfällt. Dieser Bescheid ist nichtig, weil er die für die jeweiligen Veranlagungszeiträume festgesetzte Steuer nicht erkennen lässt.

Weitere Nichtigkeitsgründe sind in **§ 125 Abs. 2 AO** aufgeführt. Trifft Abs. 2 zu, ist der VA nichtig, auch wenn die Voraussetzungen des Abs. 1 nicht vorliegen.

§ 125 Abs. 3 AO zählt Fehler auf, die **keinesfalls** zur **Nichtigkeit** des VA führen. Bedeutsam sind Nr. 1 und 2:

1. **Verstoß gegen die Vorschriften über die örtliche Zuständigkeit:**
   Wenn der ESt-Bescheid nur den Fehler aufweist, dass er vom falschen FA erlassen wurde, ist der Bescheid nicht nichtig (§ 125 Abs. 3 Nr. 1 AO). Er ist »einfach« fehlerhaft. Der Fehler ist so wenig bedeutsam, dass der ESt-Bescheid allein aus diesem Grund (örtl. Zuständigkeitsmangel) nicht erfolgreich angegriffen werden kann (vgl. 8.5), § 127 AO.
2. **Verstoß gegen die Ausschlussbestimmungen in § 82 Abs. 1 Nr. 2–6, Satz 2 AO:**
   Wenn ein Sachbearbeiter beim FA seinen Vater zur ESt veranlagt, verstößt dies gegen § 82 Abs. 1 Nr. 2 i. V. m. § 15 Abs. 1 Nr. 3 AO (vgl. K 3 und K 4.3). Der Bescheid ist trotzdem nicht nichtig, § 125 Abs. 3 Nr. 2 AO.

Bevor die Nichtigkeit eines VA bejaht werden kann, muss versucht werden, ihn durch **Auslegung** zu »retten« (vgl. 3.1). Eventuell kann wenigstens ein **Teil des VA** gerettet werden, wenn die Finanzbehörde wenigstens diesen Teil-VA erlassen hätte (§ 125 Abs. 4 AO). Notfalls ist der VA unter den Voraussetzungen des § 128 AO in einen **andern** (gültigen) VA **umzudeuten**. Der andere VA muss auf das gleiche Ziel wie der nichtige VA gerichtet und rechtmäßig sein. Die Umdeutung ist im Steuerrecht ein äußerst seltener Fall.

Nichtige VA entfalten **keinerlei Rechtswirkung** (§ 124 Abs. 3 AO). Sie können z. B. keine Frist in Lauf setzen (weder die Einspruchs-, noch die Zahlungsfrist). Sie wahren auch selbst keine für den VA laufende Frist (z. B. weder die Festsetzungs-, noch die Zahlungsverjährungsfrist, §§ 169, 288 ff. AO). Die Nichtigkeit muss **von Amts wegen beachtet** werden. Auf Antrag des Stpfl. muss die Finanzbehörde die **Nichtigkeit des VA feststellen,** wenn der Antragsteller an dieser Feststellung ein berechtigtes Interesse hat (§ 125 Abs. 5 AO); letzteres ist bei nichtigen belastenden VA immer der Fall. (Im Übrigen kann der Stpfl. den nichtigen VA auch – aus Gründen der Rechtssicherheit – mit Einspruch angreifen).

Nichtigkeit ist im weiteren Verfahren über den VA **nicht heilbar**. Dies ist ein bedeutsamer Unterschied zu der anderen Art von unwirksamen VA: Wenn ein VA wegen eines **Bekanntgabemangels unwirksam** ist (z. B. weil der VA nicht in den Machtbereich des Empfängers gelangt ist), kann dieser Mangel im weiteren Verfahren **geheilt** werden, z. B. wenn zwar der Steuerbescheid nicht wirksam bekanntgegeben wurde, aber wenigstens die Einspruchsentscheidung. Andererseits kann bzw. muss das Finanzamt den nichtigen VA durch einen wirksamen VA **ersetzen**, sobald es den ursprünglichen Fehler erkennt, wenn der Ersetzungs-VA (noch) rechtmäßig ergehen kann. In der Praxis wird deshalb häufig die vom Stpfl. beantragte Feststellung der Nichtigkeit verbunden mit dem Erlass eines Ersetzungsverwaltungsakts. (»In der Anlage erhalten Sie einen neuen Bescheid.«) Vgl. auch § 365 Abs. 3 AO.

BEISPIELE

a) Nichtigkeit wegen materieller Mängel:
– Adressat fehlt oder ist nicht bestimmbar, oder existiert nicht (vgl. aber für verstorbene Adressaten von Feststellungsbescheiden § 182 Abs. 3 AO).
– Etwas rechtlich völlig Unmögliches wird verlangt, z. B. KSt-Bescheid gegen eine natürliche Person.
– Der VA ist inhaltlich völlig unbestimmt (z. B. im Steuerbescheid kein Betrag, keine Angabe der Steuerart oder des Veranlagungszeitraums oder KiSt-Festsetzung ohne Konfessionsangabe) oder widersprüchlich (einmal wird die Festsetzung als »Steuerschuld«, ein andermal als »Haftungsschuld« bezeichnet).

b) Nichtigkeit wegen formeller Mängel:
– Die erlassende Behörde ist aus dem schriftlichen VA nicht erkennbar (§ 125 Abs. 2 Nr. 1 AO).
– Die erlassende Behörde gehört zu einem für diese Art von VA absolut unzuständigen Behördenzweig (Abrissverfügung des FA für das Haus neben dem FA).
– Verstöße gegen zwingende Formvorschriften (Steuerbescheid ergeht trotz § 157 AO telefonisch, genauso bei mündlicher Zwangsmittelandrohung – § 332 AO – und mündlicher Rechtsbehelfsentscheidung – § 366 AO – usw.).

c) keine Nichtigkeit:
Auch wenn das BVerfG eine steuerliche Vorschrift gem. § 79 Abs. 2 Satz 1 BVerfGG für nichtig erklärt, bleiben bestandskräftige VA, bei denen die Regelung zuvor berücksichtigt wurde, wirksam.

8.2 Einfach rechtswidrige Fehler

Betroffen sind v. a. **sachliche/materiell-rechtliche** Fehler, die den Anspruch aus dem Steuerschuldverhältnis betreffen und dabei nicht zur Nichtigkeit gem. § 125 Abs. 1, 2 AO führen.

BEISPIEL

Frau Coltello vermietet eine Wohnung und erhält dafür Mietzahlungen, die jeweils zum 3. eines Monats fällig werden. Die Januarmiete 02 erhält sie bereits am 28. 12. 01. Sie wurde im ESt-Bescheid 01 berücksichtigt, nicht aber im ESt-Bescheid 02.
LÖSUNG Auch wenn die Januarmiete schon im Veranlagungszeitraum 01 zufließt, ist sie doch gem. § 11 Abs. 1 Satz 2 EStG als Einnahme erst für 02 zu erfassen (wirtschaftliche Zurechnung). Die ESt-Festsetzung 01 ist daher zu hoch, die für 02 zu niedrig.
Der Fehler führt zur Rechtswidrigkeit der betroffenen VA. Diese werden dennoch mit ihrer Bekanntgabe gem. §§ 122, 124 Abs. 1 AO wirksam. Ein grober Fehler i. S. v. § 125 Abs. 1 AO liegt nicht vor. Will der Stpfl. die Wirkung des fehlerhaften Bescheids beseitigen (ESt 01), muss er daher zulässig Rechtsbehelf einlegen (vgl. §§ 347 ff. AO). V. a. nach Ablauf der Einspruchsfrist kann er eine Änderung des rechtswidrigen VA nur noch unter den Voraussetzungen des Korrekturrechts erreichen. Legt der Stpfl. keinen Rechtsbehelf ein, erreicht das FA seinerseits eine spätere Fehlerbeseitigung nur, wenn ausnahmsweise die Voraussetzungen einer Änderungsvorschrift vorliegen. (Nach einem erfolgreichen Einspruch gegen den ESt-Bescheid 01 kann das FA die ESt-Festsetzung 02 nach § 174 Abs. 4 AO ändern.)
Wäre der VA dagegen wegen des Fehlers nichtig gewesen, käme es weder auf das Rechtsbehelfs- noch auf das Korrekturrecht an.

Weitere Beispiele für einfach rechtswidrige VA:
- Erlass eines Feststellungsbescheids, obwohl die Voraussetzungen nach § 180 Abs. 1 AO nicht vorliegen (vgl. 5.4).
- Ein Arzt erhält einen Gewerbesteuermessbescheid (vgl. 5.4.2).

- Erlass eines Änderungsbescheids ohne dass die Voraussetzungen einer Änderungsvorschrift vorliegen (vgl. L),
- Erlass eines Steuer- oder Änderungsbescheids, obwohl zuvor Festsetzungverjährung nach §§ 169ff AO eingetreten ist (vgl. O),

Auch **formelle/Verfahrensfehler** begründen regelmäßig keine Nichtigkeit, sondern einfache Rechtswidrigkeit. Eine beispielhafte Aufzählung enthält § 125 Abs. 3 AO.

Teilweise können solche Fehler geheilt werden (§ 126 AO), teilweise bleiben sie auch in einem Rechtsbehelfsverfahren ohne Auswirkung, § 127 AO.

8.3 Heilbare Verfahrensmängel

Sind der Verwaltung beim Erlass eines VA **formelle Fehler** unterlaufen, so gilt **§ 126 AO**. Auch hier sind die VA rechtswidrig, die Fehler aber nicht so schwerwiegend. Sie können unter bestimmten Voraussetzungen geheilt werden. Infolge der Heilung werden die ursprünglich rechtswidrigen VA rechtmäßig. Diese **formellen Fehler** können im Rechtsbehelfsverfahren gerügt werden. Die Aufhebung des VA kann aus diesem Grund nicht beansprucht werden, wenn dies reiner Formalismus wäre, weil ein VA mit gleichem Inhalt erneut erlassen werden müsste (§ 127 AO). Werden die formellen Fehler nicht rechtzeitig durch Rechtsbehelf angegriffen, so sind sie ohne Bedeutung, wenn nicht § 126 Abs. 3 AO greift.

Zu diesen Verfahrensfehlern gehören vor allem

a) der Erlass eines VA trotz fehlendem Antrag

BEISPIEL

Ein Arbeitgeber füllt den Antrag auf ESt-Veranlagung (§ 46 Abs. 2 Nr. 8 EStG) eines ausländischen Arbeitnehmers ohne dessen Wissen aber in dessen Namen aus. Der Antrag ist nicht unterschrieben. Trotzdem erlässt das FA den ESt-Bescheid für den Arbeitnehmer.
LÖSUNG Der Bescheid ist nicht nichtig. Der Fehler ist heilbar, wenn der Arbeitnehmer den Antrag fristgemäß (§ 46 Abs. 2 Nr. 8 Satz 2 EStG) nachholt (unterschreibt).

b) Ein VA ergeht ohne die nach § 121 Abs. 1 AO erforderliche (oder mit einer mangelhaften) Begründung.

BEISPIEL

Das Finanzamt korrigiert einen Steuerbescheid wegen eines Rechenfehlers, ohne auf dem neuen Bescheid zu vermerken, dass die Änderung auf § 129 AO beruht (vgl. L).
LÖSUNG Der Fehler ist heilbar (durch Nachholung der Begründung, § 126 Abs. 1 Nr. 2 AO).

c) Erlass eines VA ohne die nach § 91 AO erforderliche Anhörung des Betroffenen.

BEISPIEL

Das Finanzamt erkennt ohne Rückfrage hohe Werbungskosten bei Einkünften aus Vermietung und Verpachtung nicht an.
LÖSUNG Der Fehler ist heilbar (durch Nachholung der Anhörung, § 126 Abs. 1 Nr. 3 AO).

Legt der Stpfl. allein wegen eines solchen Verfahrensfehlers rechtzeitig Rechtsbehelf ein, so ist dieser zwar zunächst begründet. Der Rechtsbehelf wird aber unbegründet (und bleibt damit ohne Erfolg), wenn das FA die fehlende Begründung bzw. Anhörung für den angegriffenen Bescheid nachliefert und der Bescheid keine materiellen Fehler enthält. Im Zeitpunkt der Rechtsbehelfsentscheidung ist der VA rechtmäßig (geworden).

Die Aufzählung von Heilungsmöglichkeiten in § 126 Abs. 1 AO deutet darauf hin, dass sie **abschließend** gemeint ist. Allerdings ist dies nicht eindeutig, weil das Wörtchen »nur« fehlt. Die Rechtsprechung bejaht (u. E. zu Recht) gelegentlich **Heilungsmöglichkeiten außerhalb des Katalogs,** wenn eine Wiederholung des VA auf einen bloßen Formalismus hinausliefe (»Schikane«). Bei der Heilung sind sämtliche Vorschriften, die für das ursprüngliche Verfahren gelten, zu beachten.

> **BEISPIELE**
>
> a) Ist der Antrag fristgebunden, kann er nur bis Fristablauf nachgeholt werden.
>
> b) Ist für eine Begründung Schriftform vorgeschrieben (§ 121 Abs. 1 AO), kann die Heilung nicht durch eine nachträgliche mündliche Begründung eintreten. Nach BFH genügt allerdings zur Heilung des Begründungsmangels einer (schriftlichen) Prüfungsanordnung (§§ 196, 197 AO), wenn der Prüfer die Begründung mündlich nachholt.

Die Behörde kann die heilende Maßnahme **spätestens** bis zum Abschluss der Tatsacheninstanz eines finanzgerichtlichen Verfahrens nachholen (§ 126 Abs. 2 AO). Spätere Maßnahmen beseitigen die Rechtswidrigkeit nicht.

> **BEISPIEL**
>
> Die fehlende Begründung für die Ablehnung eines Stundungsantrags durch das FA wird in der Rechtsbehelfentscheidung nachgeholt. Sachlich ist die Ablehnung in Ordnung.
> **LÖSUNG** Der Begründungsmangel ist geheilt. Eine Klage wäre erfolglos.
> Ist die Rechtsbehelfentscheidung nicht ausreichend begründet, heilt die Nachholung der Begründung im finanzgerichtlichen Verfahren gem. § 126 Abs. 2 AO. Das Finanzgericht wird die Klage abweisen.

8.4 Wiedereinsetzung gem. § 126 Abs. 3 AO

§ 126 Abs. 3 AO bestimmt, dass bei fehlender Begründung oder unterbliebenen Anhörung des Beteiligten eine etwaige Versäumung der Rechtsbehelfsfrist (§ 355 AO) als nicht verschuldet gilt, wenn diese Verfahrensfehler **ursächlich** für die Fristversäumnis waren.

> **BEISPIELE**
>
> 1. Zu § 126 Abs. 3 AO:
> a) Einem steuerlich nicht beratenen Arbeitnehmer werden als Sonderausgaben geltend gemachte Versicherungsbeträge nicht anerkannt, ohne dass darauf im Steuerbescheid hingewiesen worden wäre. Da der Stpfl. die Abweichung von der Erklärung nicht erkennt, lässt er die Einspruchsfrist verstreichen.
> **LÖSUNG** Abweichungen von der Steuererklärung sind gem. § 121 Abs. 1 AO zu begründen. Hier kann der Stpfl. auch nach Ablauf der Einspruchsfrist das FA zu einer Begründung auffordern und nach deren Erhalt innerhalb eines Monats Wiedereinsetzung in den vorigen Stand beantragen (§ 110 AO). Trotz abgelaufener Frist muss das FA wegen § 126 Abs. 3 AO über den Einspruch sachlich entscheiden, wenn der Stpfl. die Versicherungsbeiträge anerkannt haben möchte (vgl. F 4).
>
> b) Wie Beispiel a), nur akzeptiert der Stpfl., nachdem das FA die Begründung nachreicht, die Nichtanerkennung seiner Versicherungsbeträge. Er möchte jedoch noch weitere Werbungskosten nach Ablauf der Rechtsbehelfsfrist nachschieben.
> **LÖSUNG** Hier war die fehlende Begründung nicht kausal für die Fristversäumnis. Die Fristversäumnis ist (mangels anderer Angaben im Sachverhalt) verschuldet, so dass keine Wiedereinsetzung gewährt werden kann.

8.5 **Verfahrens- und Formfehler i. S. d. § 127 AO**

Gebundene VA, die nicht gem. § 125 AO nichtig sind, können allein wegen örtlicher Zuständigkeits-, Form- und Verfahrensfehler **nicht mit Erfolg angegriffen werden.** Der Angriff wegen der in § 127 AO aufgeführten Fehler ist selbst dann erfolglos, wenn es sich um einen heilbaren Mangel i. S. d. § 126 AO handelt, der Fehler aber nicht geheilt worden ist.

Die Vorschrift ist nach ihrem letzten Halbsatz nicht anwendbar, wenn eine »andere Entscheidung in der Sache hätte getroffen werden können«. Dies ist bei **Ermessensentscheidungen** (nicht aber bei Schätzungsbescheiden) und allen **sachlich falschen (gebundenen) Entscheidungen** der Fall. Daraus folgt:

a) Man kann **Ermessens-VA** (vgl. B 2.4) schon allein wegen eines in § 127 AO bezeichneten formellen Fehlers mit Erfolg angreifen; der Bürger siegt im Rechtsbehelfsverfahren, auch wenn kein materieller Fehler (oder Nichtigkeit) vorliegt.

b) Gegen **gebundene VA** (vgl. B 2.4), die **inhaltlich korrekt** sind, aber an einem nicht zur Nichtigkeit führenden Mangel im Verfahren oder in der örtlichen Zuständigkeit leiden, ist dagegen im Ergebnis »nichts zu machen«; diese Rechtsbehelfe sind als unbegründet abzuweisen. Es ist nämlich nicht einzusehen, dass ein VA, der materiell, d. h. in seiner inhaltlichen Feststellung vollständig korrekt ist, allein wegen einer fehlenden Begründung (Verfahrensfehler) erfolgreich angefochten werden könnte. Er müsste aufgehoben werden, um anschließend sofort wieder **mit gleichem Inhalt** jedoch einschließlich Begründung vom FA erneut erlassen zu werden.

Das FA muss aber auch bei einem Rechtsbehelf, der nur wegen eines Verfahrensfehlers eingelegt wird, gem. § 367 Abs. 2 AO die materielle Rechtmäßigkeit des VA überprüfen.

BEISPIELE

a) Das örtlich unzuständige FA ist tätig geworden beim Erlass eines ESt-Bescheids, *alternativ* bei der Ablehnung eines Antrags auf Fristverlängerung zur Abgabe der Steuererklärung.
LÖSUNG Örtliche Unzuständigkeit führt nicht zur Nichtigkeit eines VA (§ 125 Abs. 3 Nr.1 AO). Der Fehler kann auch nicht nach § 126 AO geheilt werden. Erhebt der Stpfl. Einspruch gem. § 347ff AO gegen den ESt-Bescheid und ist dieser (**gebundene**) VA ansonsten rechtmäßig, wird der Einspruch abgewiesen. Der Betroffene hat gem. § 127 AO grundsätzlich keinen Anspruch auf Aufhebung eines VA wegen eines Verfahrensverstoßes.
Im *Alternativfall* der Ablehnung einer Fristverlängerung (§ 109 Abs. 1 Satz 1 AO) muss eine vom örtlich unzuständigen FA erlassene **Ermessens**entscheidung dagegen im Rechtsbehelfverfahren aufgehoben werden.
b) Die Mitwirkung eines gem. § 82 Abs. 1 Nr. 2ff. AO ausgeschlossenen Amtsträgers beim Erlass des VA ist ein formeller Fehler, der nicht zur Nichtigkeit führt (vgl. K 4.2) und nicht geheilt werden kann. Der rechtzeitige Rechtsbehelf gegen einen gebundenen VA ist aber, wenn sich kein weiterer Fehler herausstellt, erfolglos (§ 127 AO). Der rechtzeitige Rechtsbehelf gegen einen Ermessens-VA ist schon allein wegen dieses Fehlers erfolgreich.
c) Das FA erlässt eine Zwangsgeldverfügung i. H. v. 400 € gem. § 329 AO, um endlich die Abgabe einer ESt-Erklärung zu erreichen. Die notwendige Androhung des Zwangsmittels (§ 332 AO) ist versehentlich unterblieben. Der Stpfl. findet an der Höhe an sich nichts auszusetzen.
Die unterlassene Androhung des Zwangsgeldes ist ein Verfahrensfehler, der weder zur Nichtigkeit führt (§ 125 AO), noch durch das FA geheilt werden kann (§ 126 Abs. 1 AO). Da die Festsetzung des Zwangsgeldes im Ermessen des FA steht (vgl. § 328 Abs. 1 AO) darf die Aufhebung wegen dieses Fehlers beansprucht werden (§ 127 letzter Satzteil AO). Der Rechtsbehelf gegen die rechtswidrige ergangene Zwangsgeldfestsetzung ist schon allein wegen des Umstandes erfolgreich, weil das Verfahren gem. § 322 AO nicht eingehalten wurde.

Ist jedoch die Rechtsbehelfsfrist des § 355 AO vor Einlegung des Rechtsbehelfs verstrichen, gibt es wegen dieses Verfahrensfehlers keine Wiedereinsetzung in den vorigen Stand, da § 126 Abs. 3 AO nicht greift.

FALL 26

Nach einer Betriebsprüfung wurde die gem. § 201 AO erforderliche Schlussbesprechung nicht abgehalten, sondern sofort ein geänderter Steuerbescheid zugesandt. Wegen der zu Unrecht unterbliebenen Schlussbesprechung beantragt die Stpfl. im Wege des Einspruches gegen den Änderungsbescheid die Aufhebung des geänderten Bescheids. Die Überprüfung ergibt, dass der Änderungsbescheid materiell richtig ist.

Prüfungsschema bei formellen Fehlern

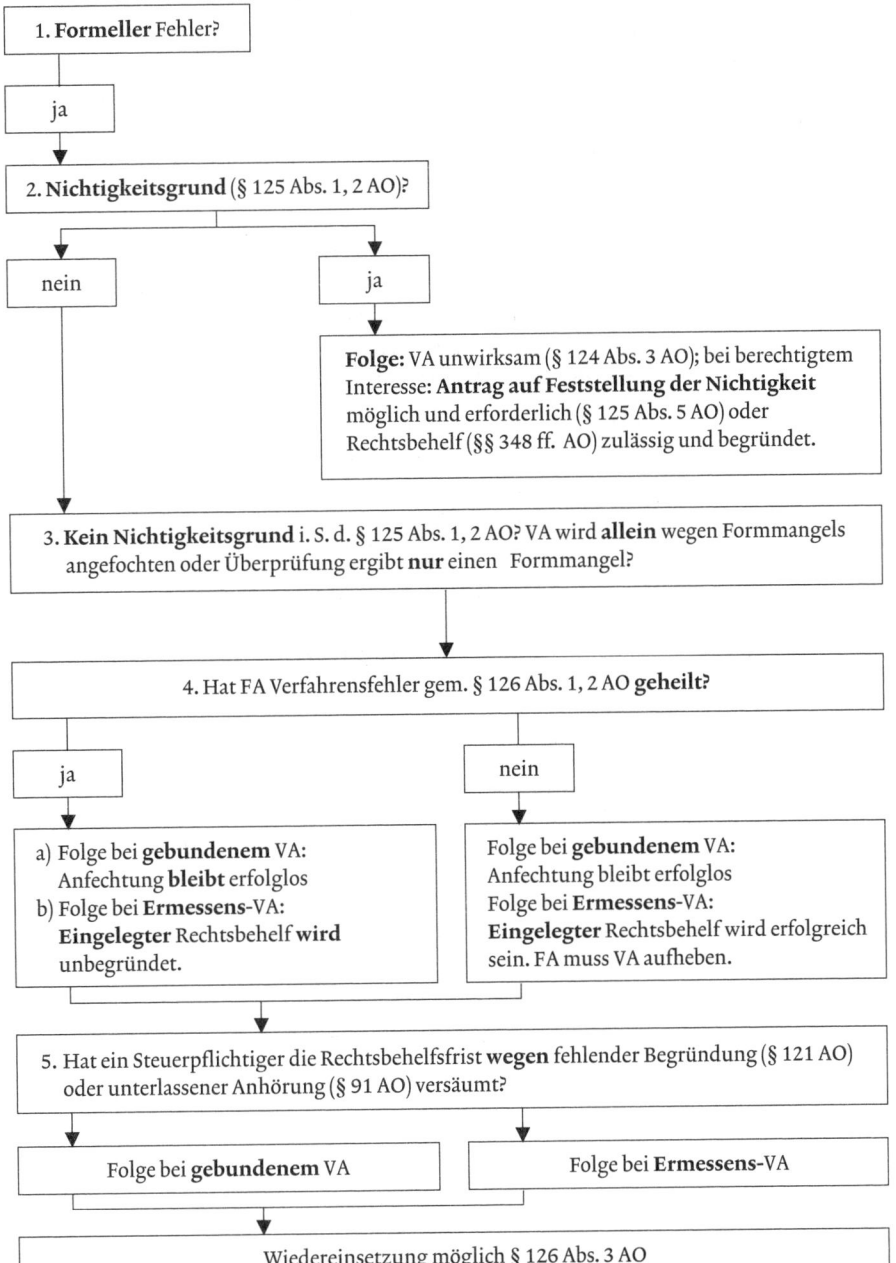

1. **Formeller** Fehler?

ja

2. **Nichtigkeitsgrund** (§ 125 Abs. 1, 2 AO)?

nein   ja

Folge: VA unwirksam (§ 124 Abs. 3 AO); bei berechtigtem Interesse: **Antrag auf Feststellung der Nichtigkeit** möglich und erforderlich (§ 125 Abs. 5 AO) oder Rechtsbehelf (§§ 348 ff. AO) zulässig und begründet.

3. **Kein Nichtigkeitsgrund** i. S. d. § 125 Abs. 1, 2 AO? VA wird **allein** wegen Formmangels angefochten oder Überprüfung ergibt **nur** einen Formmangel?

4. Hat FA Verfahrensfehler gem. § 126 Abs. 1, 2 AO **geheilt?**

ja   nein

a) Folge bei **gebundenem** VA: Anfechtung **bleibt** erfolglos
b) Folge bei **Ermessens**-VA: **Eingelegter** Rechtsbehelf **wird** unbegründet.

Folge bei **gebundenem** VA: Anfechtung bleibt erfolglos
Folge bei **Ermessens**-VA: **Eingelegter** Rechtsbehelf wird erfolgreich sein. FA muss VA aufheben.

5. Hat ein Steuerpflichtiger die Rechtsbehelfsfrist **wegen** fehlender Begründung (§ 121 AO) oder unterlassener Anhörung (§ 91 AO) versäumt?

Folge bei **gebundenem** VA   Folge bei **Ermessens**-VA

Wiedereinsetzung möglich § 126 Abs. 3 AO

Zusammenfassung

Die Entscheidungen beim FA werden regelmäßig im Massenverfahren erlassen. Hierbei schleichen sich Fehler ein. Regelmäßig wird ein fehlerhafter VA dennoch mit seiner Bekanntgabe **wirksam** (§§ 122, 124 AO). Ein Fehler macht einen VA daher regelmäßig (nur) rechtswidrig. Nur ausnahmsweise bleibt der fehlerhafte VA unwirksam nach § 125 Abs. 1, 2 AO Zum Ausgleich enthält die AO Vorschriften zur **Änderung** falscher VA'e (v.a. §§ 172ff AO); zusätzlich kann der Betroffene umfassend **Rechtsbehelf** einlegen.

Bestimmte Fehler in Form oder Verfahren können ge**heilt** werden; der VA wird dadurch fehlerfrei. Fehler, die nicht heilbar sind oder nicht geheilt wurden, bleiben ggf. **ohne Auswirkung**, wenn es dennoch zur (einzig möglichen) sachlich zutreffenden Entscheidung kam, § 127 AO.

BEISPIELE

a) Das FA setzt die ESt 08 für Gabriella Gärtner um 2 000 € zu hoch fest. Der ESt-Bescheid trägt das Datum vom 12. 06. 09. Am 20. 07. 09 macht Frau Gärtner weitere Werbungskosten aus Vermietung und Verpachtung geltend.

LÖSUNG Der ESt-Bescheid ist gem. § 122 Abs. 2 Nr.1 AO mit Ablauf des 15. 06. 09 bekanntgegeben worden (vgl. 7.3). Er ist trotz seines Fehlers gem. § 124 Abs. 1 AO wirksam geworden; der Fehler erfüllt nicht die Voraussetzungen des § 125 Abs. 1, 2 AO und führt nicht zur Nichtigkeit.

Frau Gärtner hätte gegen die ESt-Festsetzung rechtzeitig Einspruch einlegen müssen. Die Einspruchsfrist des § 355 AO endete freilich mit Ablauf des 15. 07. 09; ein Wiedereinsetzungsgrund ist nicht ersichtlich. Die Steuerfestsetzung kann also einspruchsrechtlich nicht mehr verbessert werden.

(Eine Änderung zugunsten von Frau Gärtner nach § 173 Abs. 1 Nr.2 AO scheitert (wohl) am groben Verschulden. Die Steuerfestsetzung ist bestandskräftig, Frau Coltello muss die zu hohe Steuer zahlen.)

b) Gabriella Gärtner beantragt eine Stundung der festgesetzten Steuer gem. § 222 AO. Der Antrag wird vom örtlich unzuständigen FA abgelehnt.

LÖSUNG Frau Gärtner könnte Einspruch gegen die Stundungsablehnung einlegen. Dass das unzuständige FA handelte, ist ein Fehler. Die Ablehnung der Stundung ist rechtswidrig, wenn auch nicht nichtig. Weil das eigentlich zuständige FA möglicherweise das Stundungsermessen anders ausgeübt hätte, wird die angegriffene Ablehnung aufgehoben. Das zuständige FA wird nochmals über den Stundungsantrag entscheiden.

Teil E Zuständigkeit der Finanzbehörden

Der Gesetzgeber musste, um eine klare Aufgabenverteilung innerhalb der verschiedenen Staatsbehörden zu gewährleisten, Zuständigkeitsregelungen treffen. Es muss feststehen, welche der verschiedenen Behörden nach der Art der Aufgabe zuständig ist (**sachliche Zuständigkeit**) und welche von mehreren Behörden mit gleichem Aufgabenbereich jeweils räumlich zuständig ist (**Örtliche Zuständigkeit**).

Die Regeln über die Zuständigkeit betreffen die Zuständigkeit von **Behörden** nach außen. Verstöße gegen die innerbehördliche Aufgabenzuweisung an Sachgebiete und Bearbeiter sind für die erlassenen VA rechtlich bedeutungslos.

1 Sachliche Zuständigkeit, § 16 AO

Nach Art. 108 GG besteht die deutsche staatliche Finanzverwaltung aus Bundes- und Landesbehörden (§ 6 AO). Der **Behördenaufbau** ist jeweils im **Gesetz über die Finanzverwaltung** (FVG) geregelt.

Aufbau der Landesfinanzverwaltungen:

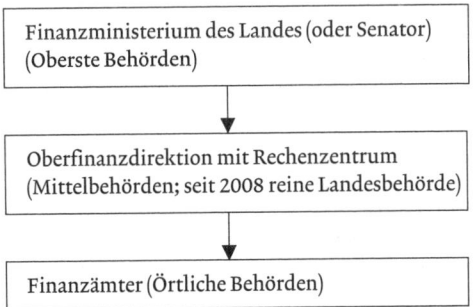

In den Stadtstaaten ist das »Landesfinanzministerium« das Amt des »Senators für Finanzen«.

Der Aufbau der **Bundesfinanzverwaltung** folgt dem gleichen Schema. Zur Unterstützung der andern Behörden und Erledigung spezieller Aufgaben sind Bundesoberbehörden eingerichtet (§§ 1, 4 FVG). Die Mittelbehörden heißen Bundesfinanzdirektionen. Örtliche Behörden sind die Hauptzollämter mit ihren Außenstellen, den Zollämtern; vgl. § 1 FVG.

Wer von diesen in § 6 AO, §§ 1 und 2 FVG genannten Behörden im **Einzelfall sachlich** zuständig ist, ergibt sich gem. § 16 AO aus Einzelbestimmungen wie §§ 195 Satz 1, 367 Abs. 1 Satz 1 AO i. V. m. dem FVG. Man nennt diese Aufgabenverteilung auf die **einzelnen** Gliederungen innerhalb eines Behördenzweigs (FA – OFD – FinMin) **funktionelle Zuständigkeit**. (Der Begriff wird auch für die Aufgabenverteilung im »Instanzenzug« verwendet.)

Das **FA** ist als örtliche Landesbehörde gem. §§ 2 Abs. 1 Nr. 4, 17 Abs. 2 FVG für die **»Verwaltung der Steuern** mit Ausnahme der Zölle« sachlich zuständig (soweit nicht die Gemeinden für die Verwaltung der Realsteuern gem. § 3 Abs. 2 AO zuständig sind). Zur »Verwaltung der Steuern« gehören nicht nur die Ermittlung, Festsetzung und Erhebung von

Steuern (§§ 88 ff., 155 ff., 218 ff. AO), sondern alles, was als »Annex« (anhangsweise) damit zusammenhängt. Die FÄ sind also außerdem zuständig für das außergerichtliche Rechtsbehelfsverfahren (§ 367 Abs. 1 AO), Korrekturverfahren, Haftungs- und Billigkeitserlassverfahren (§ 227 AO), auch wenn dies z. T. nicht ausdrücklich im Gesetz festgelegt ist.

FALL 27

Welche Behörde ist funktionell zuständig für
a) den Erlass eines ESt-Bescheids?
b) eine Außenprüfung (§§ 193, 194 Abs. 1 Satz 1, 195 Satz 1 AO)?
c) den Erlass einer Einspruchsentscheidung über einen ESt-Bescheid (§ 367 Abs. 1 AO)?
Bitte lesen Sie § 17 FVG.

Die **Verletzung** der sachlichen Zuständigkeitsvorschriften ist ein **Verfahrensmangel**. Verfahrensmängel können zur Nichtigkeit, Anfechtbarkeit oder zur Aufhebbarkeit durch die Finanzbehörden führen (vgl. D 8). Nichtigkeit kann man gem. § 125 Abs. 1 AO nur bei besonders **schwerwiegenden** und **offenkundigen** Fehlern annehmen. Dies ist nur äußerst selten der Fall, nämlich wenn die Behörde erkennbar außerhalb ihres Aufgabenbereichs (Finanzverwaltung) tätig gewesen ist. Ansonsten verdeutlichen §§ 130 Abs. 2 Nr. 1, 173 Abs. 1 Satz 1 Nr. 2b AO, dass ein solcher rechtswidriger VA wirksam, aber korrigierbar ist.

BEISPIELE

a) Das FA entzieht einem Stpfl., der sich hartnäckig weigert seine Kfz-Steuer zu bezahlen, den Führerschein.
LÖSUNG Der VA und damit die Einziehung ist unwirksam (§§ 125 Abs. 1, 124 Abs. 3 AO).

b) Das FA Ludwigsburg erlässt eine ESt-Schuld i. H. v. 150 000 € (§ 227 AO), obwohl die Finanzämter nach den Verwaltungsanweisungen des FinMin derart hohe Steuerbeträge nur nach Zustimmung der OFD erlassen dürfen (vgl. H 4.3).
LÖSUNG Hier liegt kein Verstoß gegen die sachliche Zuständigkeit vor, sondern nur ein andersartiger Verfahrensfehler. Das FA war für diesen Erlass als örtliche Behörde gem. § 227 AO sachlich zuständig. Der VA ist wirksam. Er kann auch nicht zurückgenommen werden, weil insbes. die Voraussetzungen des § 130 Abs. 2 Nr. 1 AO nicht vorliegen.

c) Die OFD erlässt eine Einspruchsentscheidung unter Verstoß gegen § 367 Abs. 1 Satz 1 AO.
LÖSUNG Die OFD ist funktionell nicht zuständig. Der VA ist trotzdem wirksam, aber gem. § 172 Abs. 1 Nr. 2b AO korrigierbar.

d) Das FA erlässt einen Gewerbesteuerbescheid (für den die Gemeinde sachlich zuständig wäre).
LÖSUNG Der Bescheid ist nicht nichtig, sondern nur nach § 172 Abs. 1 Nr. 2b AO korrigierbar. Der Fehler ist nicht besonders schwerwiegend und insbesondere nicht offenkundig.

Die hier dargestellte Zuständigkeit bezieht sich jeweils auf (ganze) **Behörden**. Damit dürfen die Fragen der **behördeninternen »Zuständigkeitsverteilung«** nicht verwechselt werden. Die Fragen, welcher VA-Bezirk, Sachgebietsleiter, Prüfer für eine bestimmte Entscheidung zuständig ist, sind in der AO nicht geregelt. Diese Zuständigkeitsverteilungen sind landesrechtlich und in Organisationsverfügungen geregelt. VA, die unter Verstoß gegen verwaltungsinterne Zuständigkeitsregelungen erlassen wurden, sind wirksam und können allein wegen dieses Fehlers nicht korrigiert werden.

Nach dem Geschäftsverteilungsplan des FA Esslingen ist Steuerinspektor I nur für die ESt-Veranlagung der Stpfl. mit dem Buchstaben S zuständig. Trotzdem erlässt er einen Steuerbescheid gegen den Stpfl. M.

LÖSUNG Der Bescheid ist wirksam, da er vom sachlich zuständigen **Finanzamt** ergeht. Die sachlichen Zuständigkeitsregeln im FVG beziehen sich auf Behörden, nicht auf einzelne Amtsträger innerhalb der Behörde. Die Korrekturmöglichkeit gem. § 172 Abs. 1 Nr. 2b AO besteht nicht.

2 Örtliche Zuständigkeit, § 17 AO

Ist ein Finanzamt örtlich für die Festsetzung einer Steuer zuständig, so hat es das gesamte Besteuerungsverfahren durchzuführen (Ermittlungen, Festsetzung, Rechtsbehelfsverfahren, Korrekturen, Betriebsprüfung). Darüber hinaus ist die örtliche Zuständigkeit für die Verteilung des Steueraufkommens zwischen den Ländern von Bedeutung (Art. 107 GG).

Maßgebender Zeitpunkt für die örtliche Zuständigkeit sind nicht die Verhältnisse im jeweiligen Veranlagungszeitraum, sondern grundsätzlich die Tatbestandsmerkmale, die zum **Zeitpunkt der Veranlagung** vorliegen bzw. – bei § 26 AO – dem FA bekannt sind (vgl. 2.10).

Gem. §§ 19–22 AO hat der Gesetzgeber die örtliche Zuständigkeit nach der jeweiligen Steuerart verschieden geregelt. Das bedeutet, dass man die Zuständigkeit für **jede Steuerart einzeln** untersuchen muss, weil für einen Stpfl. verschiedene Finanzämter örtlich zuständig sein können.

2.1 Einkommensteuer natürlicher Personen, § 19 AO

Die Zuständigkeit richtet sich hier zunächst nach dem **Wohnsitz** des Stpfl. (§§ 19 Abs. 1 Satz 1, 8 AO). Der Begriff des Wohnsitzes bestimmt sich nicht nach melderechtlichen Gesichtspunkten und auch nicht nach §§ 7 bis 11 BGB, sondern nach der tatsächlichen Gestaltung (AEAO § 8 Nr. 1). Zur Begründung eines Wohnsitzes ist erforderlich, dass der Stpfl. eine »Wohnung« innehat (nutzen darf), unter Umständen die auf eine dauerhafte Absicht hindeuten. Eine auf Dauer gerichtete Absicht wird vom BFH angenommen, wenn der Zustand mindestens sechs Monate andauern soll (BFH vom 30. 08. 1989 BStBl II 1989, 956). Als **Wohnung** kommen Räume in Frage, die zum ständigen Aufenthalt von Menschen dienen und den familiären und gesellschaftlichen Mittelpunkt des Stpfl. bilden. Es genügt eine bescheidene Bleibe. Eine abgeschlossene Wohnung mit Küche und separater Waschgelegenheit ist nicht erforderlich.

Die An- und Abmeldung bei der Meldebehörde entfalten allein keine unmittelbare steuerliche Wirkung. Sie sind jedoch Indizien für die Begündung oder Aufgabe eines Wohnsitzes (AEAO § 8 Nr. 2).

Hat jemand **mehrere Wohnsitze** begründet, so ist gem. § 19 Abs. 1 Satz 2 AO bei Ledigen das FA zuständig, in dessen Amtsbereich derjenige Wohnsitz fällt, an dem er tatsächlich die meiste Zeit verbringt und bei Verheirateten das Wohnsitz-FA, an der sich die Familie des Stpfl. vorwiegend aufhält, sofern kein dauerndes Getrenntleben anzunehmen ist. Bei Ehegatten, die getrennt leben, liegen ggf. zwei unterschiedliche örtliche Zuständigkeiten vor.

Ist kein ständiger Wohnsitz vorhanden, so ist zweiter Anknüpfungspunkt für die Zuständigkeit der **gewöhnliche Aufenthalt**. Ein gewöhnlicher Aufenthalt i. S. d. § 9 AO ist anzunehmen, wenn sich das Verweilen an einem Ort oder Gebiet (Bezirk eines FA) nicht nur auf einen kürzeren Zeitraum erstreckt. Um Auslegungsschwierigkeiten zu vermeiden, wird in § 9 Abs. 1 Satz 2 AO bestimmt, dass bei einem Aufenthalt von mehr als sechs Monaten stets ein gewöhnlicher Aufenthalt anzunehmen ist, es sei denn, § 9 Abs. 1 Satz 3 AO greift ein.

Die Sechs-Monats-Frist ist eine Ereignisfrist (vgl. F 3.2.2). Es handelt sich **nicht** um volle **Kalendermonate**. Folgendes ist dabei zu beachten:

a) Die Sechs-Monats-Frist ist unabhängig vom Veranlagungszeitraum zu berechnen.

> **BEISPIEL**
>
> Bei Beginn des Aufenthalts von A im Amtsbezirk ab 01.10.01 ist der Sechs-Monats-Zeitraum mit Ablauf des 01.04.02 erfüllt. Hat er am 02.04.02 seinen Aufenthalt noch im Amtsbezirk, liegt ein gewöhnlicher Aufenthalt im Amtsbezirk vor und zwar mit den entsprechenden materiell-rechtlichen (unbeschränkte Steuerpflicht im VZ 01 ab 01.10. und im VZ 02 bis zum Verlassen der BRD gem. § 1 Abs. 1 EStG) und verfahrensrechtlichen Folgen (§ 19 AO).

b) Kurzfristige Unterbrechungen des Sechs-Monats-Zeitraumes wie z. B. bei Auslandsurlaub bleiben bei der Fristberechnung **voll** unberücksichtigt (§ 9 Satz 2 letzter Halbsatz AO). Der Sechs-Monats-Zeitraum läuft ohne Unterbrechung weiter.

c) Der ursprüngliche Wille, keine sechs Monate hierzubleiben, bleibt außer Betracht, sobald die Frist überschritten ist.

d) Ob der Stpfl. seinen gewöhnlichen Aufenthalt im Inland endgültig beendet hat, ist aus den Umständen (z. B. Rückkehrwillen, Dauer des Wegbleibens im Ausland u. ä.) zu entnehmen.

Bei kürzerem Aufenthalt als sechs Monate ist ein »gewöhnlicher« Aufenthalt nur ausnahmsweise anzunehmen. Die Regeln zum gewöhnlichen Aufenthalt sind auch für die Einzelsteuergesetze bedeutsam. Nach § 1 Abs. 1 Satz 1 EStG z. B. ist eine natürliche Person mit **inländischem** gewöhnlichen Aufenthalt (§ 9 AO) unbeschränkt einkommensteuerpflichtig. Der Unterschied zur Zuständigkeitsregelung in § 19 AO besteht darin, dass es bei § 1 EStG nicht um den gewöhnlichen Aufenthalt im **Bezirk** eines FA, sondern im (einkommensteuerlichen) **Inland** geht. Falls aber ein gewöhnlicher Aufenthaltsort ebenfalls nicht feststellbar ist, z. B. weil sich der Stpfl. im Inland an ständig wechselnden Orten aufhält oder weil er im Ausland wohnt, so ist die **Belegenheit seines Vermögens**, bzw. des wertvollsten **Vermögensteils** maßgebend (§ 19 Abs. 2 Satz 1 AO). Es ist also zu prüfen, wo sich die **nach dem Bewertungsgesetz** zu bestimmenden, wertvollsten Vermögensteile befinden.

Ist auch dies nicht möglich, so ist nächster Anknüpfungspunkt für die Zuständigkeit der **Ort der vorwiegenden Ausübung** der Tätigkeit bzw. der Ort **der Verwertung**. Hier ist v. a. an die Einkunftsarten gedacht, bei denen zur Einkunftserzielung kein Vermögen notwendig ist, wie z. B. bei §§ 19, 21 Abs. 1 Nr. 3, 22 Abs. 1 Nr. 3 EStG. Sollte sich auch hieraus die Zuständigkeit nicht ergründen lassen, so sind §§ 24, 25 AO anzuwenden.

Klausurtipps:

a) Prüfen Sie in § 19 AO die einzelnen Absätze und innerhalb der einzelnen Absätze die Sätze in ihrer **numerischen Reihenfolge.**

b) Erst nach erfolgloser Prüfung des § 19 AO prüft man die Ersatzzuständigkeit gem. § 24 AO oder die Zuständigkeitsvereinbarung gem. § 27 AO.

c) Bei mehrfacher örtlicher Zuständigkeit gem. § 19 AO prüft man anschließend § 25 AO.

d) Bei zeitlich bedingten Veränderungen (Umzug) prüft man im Anschluss an § 19 AO den § 26 AO.

e) Negative oder positive Zuständigkeitsstreitigkeiten zwischen Behörden sind gem. § 28 AO zu lösen.

FALL 28

Stellen Sie in folgenden Fällen die Zuständigkeit für die ESt fest und klären Sie, ob die Person unbeschränkt einkommensteuerpflichtig ist.

1. Ein englischer Staatsangehöriger (E) hält sich vom 12. 12. 01 bis 29. 06. 02 in der BRD auf und schreibt Reportagen für die Süd-West-Presse. Er wohnt in dieser Zeit in einem Tübinger Hotel.

2. Ein Amerikaner (A) mit Wohnsitz in Houston hat ein Mietshaus in Heidelberg geerbt. Den größten Teil seiner Einkünfte bezieht er jedoch in USA.

3. Gewerbetreibender (G) wohnt wochentags in Würzburg, wo er einen Gewerbebetrieb unterhält. Am Wochenende fährt er heim zu seiner Frau, die mit den Kindern in Heilbronn wohnt. Er wählt getrennte Veranlagung gem. §§ 26a, 26 Abs. 2 Satz 1 EStG.

4. Ein lediger Schaufenstergestalter (S) arbeitet als selbstständiger Gewerbetreibender in Konstanz, wo er in einem möblierten Zimmer zur Miete wohnt und polizeilich gemeldet ist. Als wertvollsten Vermögensteil besitzt er eine Eigentumswohnung in Freudenstadt, wo er seine Wochenenden und die Urlaubszeit verbringt. In beiden Orten hat er sich einen »Lebensmittelpunkt« (Freundeskreis, Vereinszugehörigkeit) geschaffen.

2.2 Körperschaftsteuer von Körperschaften, Personenvereinigungen und Vermögensmassen, § 20 AO

Erster Anknüpfungspunkt für die Zuständigkeit bei dieser Steuer ist der **Ort der Geschäftsleitung** (§ 20 Abs. 1 AO). Nach § 10 AO kommt es für die Auslegung dieses Begriffes darauf an, wo die Körperschaft ihren Willen bildet und die maßgebenden Entscheidungen trifft. Nicht entscheidend ist, wo sie z. B. produziert oder Lagerhallen unterhält.

Kann ein Ort der Geschäftsleitung im Inland nicht festgestellt werden, so richtet sich die Zuständigkeit gem. § 20 Abs. 2 AO nach dem **Sitz** der Körperschaft (§ 11 AO). Im Gegensatz zu § 10 AO kommt es bei der Bestimmung des Sitzes einer Körperschaft nur auf die rechtliche Gestaltung im Gesellschaftsvertrag, Gesetz usw. an. Bei ausländischen Gesellschaften ist es denkbar, dass sie weder Sitz noch Geschäftsleitung im Inland haben. Hier ergibt sich die Zuständigkeit wie in § 19 AO aus der Belegenheit des Vermögens oder der Ausübung bzw. Verwertung einer Tätigkeit (§ 20 Abs. 3 und 4 AO).

2.3 Steuern vom Einkommen bei Bauleistungen, § 20a AO

Wer Unternehmer i.S.d. Umsatzsteuerrechts ist und Bauleistungen durchführen lässt, ist nach § 48 EStG grundsätzlich verpflichtet, einen Steuerabzug von 15 % vom Rechnungsbetrag des Leistenden vorzunehmen und an das zuständige FA abzuführen, es sei denn, es liegen Befreiungstatbestände vor. Der Leistende (z. B. Rohbauunternehmer) erhält die einbehaltenen Beträge auf die von ihm zu entrichtenden Steuern angerechnet (§ 48c Abs. 1 Satz 1 Nr. 4 EStG).

Bauleistungen sind alle Leistungen, die der Herstellung, Instandsetzung, Instandhaltung, Änderung oder Beseitigung von Bauwerken dienen. Hat der Unternehmer, der diese Bauleistungen erbringt, seinen Wohnsitz oder die Geschäftsleitung oder Sitz im **Ausland**, so ist für die Einkommensteuer (wie für die Umsatzsteuer) nach § 20a Abs. 1 AO eine **zentrale örtliche Zuständigkeit** einiger weniger FÄ gegeben. Die jeweils für bestimmte Länder ausschließlich zuständigen FÄ sind in der Umsatzsteuerzuständigkeitsverordnung (USt-ZuStV) aufgeführt, so z. B. das FA Offenburg gem. § 1 Nr. 6 UStZustV für alle in Frankreich ansässigen Unternehmer.

Diese FÄ sind auch zuständig für das Lohnsteuerabzugsverfahren, wenn von **ausländischen Verleihern** Arbeitnehmer im Baugewerbe überlassen werden (§ 20a Abs. 2 AO) und für die ESt des Arbeitnehmers, der von einem ausländischen Unternehmen i.S.d. § 20a Abs. 1 oder 2 AO (das Bauleistungen erbringt) im Inland beschäftigt ist und seinen Wohnsitz im Ausland hat.

2.4 Umsatzsteuer, § 21 AO

Hier richtet sich die Zuständigkeit nach dem FA-Bezirk, in dem das Unternehmen ganz oder vorwiegend betrieben wird. Auszugehen ist dabei von der umsatzsteuerlichen Einheit eines Unternehmens (§ 2 Abs. 1 Satz 2 UStG), auch wenn vom Unternehmer verschiedene Betriebe geführt und verschiedene Tätigkeiten ausgeübt werden (»Einheitstheorie«; vgl. Bd. 4 Umsatzsteuerrecht).

BEISPIEL

Der Unternehmer Jakob Heck aus Stuttgart betreibt in Stuttgart ein Ladengeschäft, in Mannheim eine Lederwarenfabrik und in München einen Biervertrieb. Es liegt gem. § 2 Abs. 1 Satz 2 UStG **ein** Unternehmen vor.
LÖSUNG Die Zuständigkeit richtet sich auch in diesem Fall danach, wo Heck sein Unternehmen **vorwiegend** betreibt. Das geschieht dort, wo er seine Tätigkeit anbietet, wo er Aufträge entgegennimmt, ihre Ausführung vorbereitet, wo die Zahlungen an ihn geleistet oder Geschäftsentscheidungen von Gewicht getroffen werden

Lässt sich dies ausnahmsweise nicht genau bestimmen, so greifen §§ 24, 25 AO ein. Die Behörde, die zuerst Anlass zum Handeln hatte, wird zuständig (§ 24 AO). Dasselbe gilt bei Mehrfachzuständigkeit von Ämtern (§ 25 AO). Bei Streit entscheidet die nächsthöhere Fachaufsichtsbehörde (OFD, FinMin, § 28 AO). Dabei wird man in der Regel auf das größte Umsatzvolumen der Einzelbetriebe abstellen.

Befindet sich Wohnsitz, Sitz oder die Geschäftsleitung des Unternehmens nicht im Geltungsbereich des Gesetzes, ist ein zentrales FA entsprechend der UStZuStV (vgl. 2.3) zuständig (§ 21 Abs. 1 Satz 2 AO).

Wird ein Nichtunternehmer zum Steuerschuldner für die USt, ist nach § 21 Abs. 2 AO das FA zuständig, das auch für die ESt des betreffenden Stpfl. zuständig ist.

BEISPIEL

Privatmann P veräußert seinen privat genutzten PKW an einen Unternehmer U. Weil U die Vorsteuer abziehen will, stellt ihm P (zu Unrecht) eine Rechnung mit gesondertem USt-Ausweis aus.
LÖSUNG P schuldet die als Nichtunternehmer ausgewiesene USt nach § 14c Abs. 2 UStG. Zuständig für die Festsetzung dieser USt ist das »Einkommensteuer-FA« des P.

2.5 Zuständigkeit für die Realsteuermessbescheide, § 22 AO

Bei den sog. Realsteuern (Grund- und Gewerbesteuer, § 3 Abs. 2 AO) setzt das FA die Steuermessbeträge durch Messbescheide fest (§ 184 Abs. 1 AO). Zuständig für diese Festsetzung und einen gem. §§ 185, 188 Abs. 1 AO eventuell notwendigen Zerlegungsbescheid ist gem. § 22 AO für die Grundsteuer das Lage- (§ 18 Abs. 1 Nr. 1 AO) und für die Gewerbesteuer das Betriebs-FA (§ 18 Abs. 1 Nr. 2 AO).

Für ausländische Unternehmen, die im Inland Bauleistungen erbringen, ist für die Festsetzung und Zerlegung der Gewerbesteuermessbeträge – je nach Herkunftsstaat – ein FA zentral entsprechend der UStZuStV zuständig (§ 22 Abs. 1 Satz 2 AO, s. o. 2.3).

2.6 Zuständigkeit bei sonstigen Steuerarten

In der AO ist nur die Zuständigkeit für die wichtigsten Steuerarten geregelt. Für viele Steuerarten finden sich die Zuständigkeitsregelungen in den Einzelsteuergesetzen. So ist beispielsweise zur Festsetzung der Erbschaftsteuer regelmäßig das FA zuständig, das für die ESt des Erblassers zuständig war, § 35 Abs. 1 ErbStG und nach § 17 GrEStG das Lage-FA.

2.7 Zuständigkeit für gesonderte Feststellungen, § 18 AO

§§ 179 Abs. 1, 180 AO lassen ausnahmsweise die gesonderte Feststellung von Besteuerungsgrundlagen zu (vgl. D 5.4). Welches FA hier im Einzelfall für den Erlass der Feststellungsbescheide zuständig ist, regelt § 18 AO nach dem **Prinzip der örtlichen Nähe** für die zu treffenden Feststellungen.

Klausurtipp für die Prüfungsreihenfolge:
1. Ist eine gesonderte (und eventuell auch einheitliche) Feststellung notwendig (§ 180 AO bzw. Einzelsteuergesetze)?
2. Was ist Gegenstand (Inhalte) der gesonderten Feststellung?
3. Wo ist dieser Gegenstand in § 18 AO angesprochen (örtl. Zuständigkeit)?

BEISPIEL

> Gem. § 180 Abs. 1 Nr. 2a AO ergeht ein gesonderter Feststellungsbescheid für die Einkünfte aus Gewerbebetrieb, an denen mehrere Personen beteiligt sind. Feststellungsgegenstand sind u. a. die Art, Höhe und die Zurechnung der Einkünfte. Für diese Feststellung ist gem. § 18 Abs. 1 Nr. 2 AO das FA zuständig, in dessen Bezirk sich die Geschäftsleitung befindet (Betriebsfinanzamt).

Neben den Regelungen in § 18 AO gibt es noch Spezialregelungen in den Einzelsteuergesetzen, wie z. B. § 39 Abs. 2 EStG für die Eintragungen auf der LSt-Karte durch die Gemeinde. Die Eintragung eines Freibetrags auf der LSt-Karte ist die gesonderte Feststellung einer Besteuerungsgrundlage i.S.d. § 179 Abs. 1 AO, die unter dem Vorbehalt der Nachprüfung steht (§ 39a Abs. 4 EStG). Zuständig ist das Wohnsitz-FA zum Zeitpunkt der Antragstellung (§ 19 AO).

2.7.1 Zuständigkeit gem. § 18 Abs. 1 Nr. 1 AO

Wenn ein **Einheitswert für**
- Betriebe der Land- und Forstwirtschaft,
- Grundstücke (Grundvermögen),
- Betriebsgrundstücke (für Gewerbebetriebe und selbstständig Tätige)

nach dem Bewertungsgesetz festzustellen ist (vgl. § 19 BewG), ist das **Lagefinanzamt** zuständig.

Lagefinanzamt ist das FA, in dessen Bezirk die wirtschaftliche Einheit oder Untereinheit belegen ist. Das Lagefinanzamt ist gem. § 18 Abs. 1 Nr. 1 AO neben den hier nicht näher dargestellten Einheitswertfeststellungen für Grundstücke und die Feststellung von Grundbesitzwerten gem. § 138 BewG auch für die Feststellung von **Gewinnen** aus **Land- und Forstwirtschaft** örtlich zuständig (§ 180 Abs. 1 Nr. 2a, 2b AO, vgl. D 5.4.1).

2.7.2 Zuständigkeit gem. § 18 Abs. 1 Nr. 2 AO

Sind **Gewinnfeststellungen** für einen **gewerblichen Betrieb** gem. § 180 Abs. 1 Nr. 2 b AO durch Feststellungsbescheid zu treffen, so ist dafür das **Betriebsfinanzamt** zuständig, d. h. das FA, in dessen Bezirk sich die Geschäftsleitung befindet (§ 18 Abs. 1 Nr. 2 AO). Dies ist der Ort, an dem die maßgebliche Willensbildung für den Betrieb erfolgt (§ 10 AO).

Hilfsweise ist in diesen Fällen das FA der jeweiligen Betriebsstätte zuständig. Gem. § 12 Satz 1 AO ist Betriebsstätte jede feste Geschäftseinrichtung oder Anlage, die der Tätigkeit eines Unternehmens dient, also den Unternehmenszweck fördert. § 12 Satz 2 AO enthält dann eine »beispielhafte« Aufzählung von Betriebsstätten. Diese Sachverhalte (Satz 2) führen zu Betriebsstätten, auch wenn die Begriffsbestimmung aus Satz 1 nicht zutrifft. Hingewiesen sei besonders auf den in der Praxis wichtigen § 12 Satz 2 Nr. 8 AO, der bei ausländischen Montage- und Baukolonnen zur beschränkten Einkommensteuerpflicht führt (§§ 1 Abs. 4, 49 Abs. 1 Nr. 2a EStG) und über § 18 Nr. 2 AO dem FA des jeweiligen Ausführungsorts die Zuständigkeit für gesonderte Feststellungen zuweist. Die Zuständigkeit für die ESt und KSt ergibt sich hier aber weiterhin aus § 19 Abs. 2 Satz 2 bzw. § 20 Abs. 4 und § 20a AO.

Beziehen **mehrere** Personen **Einkünfte aus Gewerbebetrieb**, ist gem. §§ 180 Abs. 1 Nr. 2a, 179 Abs. 2 Satz 2 AO eine einheitliche und gesonderte **Gewinnfeststellung** zu treffen, für die ebenfalls gem. § 18 Abs. 1 Nr. 2 AO das **Betriebs-FA** (Geschäftsleitungs-FA) zuständig ist. Dasselbe gilt in diesen Fällen für die Feststellung von **Einheitswerten**.

Liegen bei einem **einzelnen** Stpfl., der Einkünfte aus Gewerbe erzielt, zum **Ende des Gewinnermittlungszeitraumes** Wohnsitz und Betriebs-Geschäftsleitung im Bereich verschiedener FA, so ist für den gewerblichen Gewinn vom Betriebsfinanzamt eine gesonderte Gewinnfeststellung durchzuführen (§§ 180 Abs. 1 Nr. 2b AO, 18 Abs. 1 Nr. 2 AO), es sei denn, es liegt ein Fall von geringer Bedeutung vor. Spätere Verlegungen des Wohnsitzes oder der Geschäftsleitung spielen hierfür keine Rolle. Maßgeblich sind die Verhältnisse zum Schluss des »Gewinnermittlungszeitraums«. Dies ist i. d. R. das Kalenderjahr (§ 2 Abs. 7 EStG), bei Gewerbetreibenden und Land- und Forstwirten aber auch ein anderer Zeitraum (§ 4a EStG).

Dieser Feststellungsbescheid geht dann in den ESt-Bescheid ein, der gem. § 19 Abs. 1 AO vom Wohnsitz-FA erlassen wird.

BEISPIEL

Gabriella Coltello ist Inhaberin eines Gewerbebetriebs in Stuttgart. Sie hat außerdem sonstige Einkünfte i. S. v. § 22 EStG und Einkünfte aus Vermietung und Verpachtung aus einem Haus in Heidelberg. Sie wohnt mit ihrer Familie in Tübingen.

LÖSUNG Für den Gewinn aus Gewerbebetrieb ergeht ein gesonderter Feststellungsbescheid vom Finanzamt Stuttgart (§ 180 Abs. 1 Nr. 2b; § 18 Abs. 1 Nr. 2 AO). Gleichzeitig ist Stuttgart auch für die Umsatzsteuer (§ 21 AO) und Gewerbesteuermessbescheide (§§ 22, 18 Abs. 1 Nr. 2 AO) zuständig. Das Wohnsitz-FA Tübingen übernimmt gem. § 182 Abs. 1 Satz 1 AO den Gewinn aus dem Feststellungsbescheid ohne weitere Prüfung und ermittelt daneben selbstständig die Einkünfte gem. § 22 EStG und aus Vermietung und Verpachtung sowie die übrigen Besteuerungsgrundlagen (Sonderausgaben, Freibeträge usw.) für die Einkommensteuer (§ 19 Abs. 1 Satz 1 AO).

2.7.3 Zuständigkeit gem. § 18 Abs. 1 Nr. 3 AO

Auch bei **freiberuflicher Tätigkeit** sind gesonderte Feststellungen notwendig bei:
- Einkünften aus freiberuflicher Tätigkeit, die **mehreren** Personen zufließen (§§ 180 Abs. 1 Nr. 2a, 179 Abs. 2 Satz 2 AO)
- Einkünften aus freiberuflicher Tätigkeit, die **einer** Person zufließen, bei der Wohnort und Ort der freiberuflichen Tätigkeit zum Schluss des Gewinnermittlungszeitraums in verschiedenen FA-Bereichen liegen (§ 180 Abs. 1 Nr. 2b AO).

BEISPIELE

a) Zahnarzt Z hat Wohnsitz und Praxis zum 31. 12. 01 in Stuttgart. Im März 02 gibt er beim Finanzamt Stuttgart seine ESt-Erklärung 01 ab und zieht im April 02 mit seiner Familie nach Freiburg. Die Praxis wird weiterhin in Stuttgart betrieben, wo Z dienstags, mittwochs und donnerstags übernachtet. Ansonsten lebt er mit seiner Familie in Freiburg.
LÖSUNG Nach den Verhältnissen zum Schluss des Veranlagungszeitraums 01 war das Finanzamt Stuttgart im Rahmen der ESt-Veranlagung auch für die Ermittlung der freiberuflichen Einkünfte zuständig (§ 180 Abs. 1 Nr. 2b AO). Daher ist eine gesonderte Feststellung dieser Besteuerungsgrundlage für 01 nicht erforderlich. Zuständig für die Veranlagung 01 ist aber das Finanzamt Freiburg, wenn und sobald es von der Wohnsitzverlegung erfahren hat (§§ 19 Abs. 1 Satz 2, 26 AO). Bis dahin bleibt Stuttgart zuständig (§ 26 AO).

b) Wie Beispiel a, aber Z zieht bereits im November 01 nach Freiburg um und teilt dies sogleich dem Finanzamt Stuttgart mit.
LÖSUNG Hier sind die freiberuflichen Einkünfte 01 nach § 180 Abs. 1 Nr. 2b AO durch das Tätigkeitsfinanzamt Stuttgart (§ 18 Abs. 1 Nr. 3 AO) gesondert festzustellen. Für die ESt-Veranlagung 01 ist das Finanzamt Freiburg zuständig (§§ 19, 26 AO). Es ist dabei an die gesonderte Feststellung des Finanzamts Stuttgart gebunden, § 182 Abs. 1 Satz 1 AO.

2.7.4 Zuständigkeit gem. § 18 Abs. 1 Nr. 4 AO

Wenn an **Überschusseinkünften mehrere** Personen **beteiligt** sind, ist gem. § 180 Abs. 1 Nr. 2a AO eine einheitliche und gesonderte Feststellung erforderlich. Hier ist gem. § 18 Abs. 1 Nr. 4 AO das Verwaltungs-FA zuständig.

BEISPIELE

a) Eine Erbengemeinschaft hat ein Mietshaus geerbt.

b) Mehrere Personen haben sich zur nichtgewerblichen Spekulation in Grundstücken zusammengeschlossen.
LÖSUNG In beiden Fällen ist nach § 18 Abs. 1 Nr. 4 Satz 1 AO das FA zuständig, in dessen Bezirk diese Einkünfte verwaltet werden.
Dabei gilt aus Vereinfachungsgründen die Vermutung, dass bei Einkünften aus Vermietung und Verpachtung aus nur einem Grundstück die **Verwaltung am Lageort des Grundstücks** vorgenommen wird, es sei denn, die Stpfl. legen etwas anderes dar, insbesondere wenn sie als Anschrift der Feststellungsgemeinschaft einen Ort angeben, der vom Belegenheitsort des Grundstücks abweicht. Die FA stellen also bei Einkünften aus Vermietung und Verpachtung grundsätzlich keine Ermittlungen an (AEAO § 18 Nr. 4).
Kann in anderen Fällen ein Verwaltungsort nicht eindeutig festgestellt werden, richtet sich die Zuständigkeit nach der Belegenheit des wertvollsten Vermögensteils (§ 18 Abs. 1 Nr. 4 Satz 1 letzter Halbsatz AO).
Durch **§ 1 Abs. 1 Nr. 1 der Verordnung** über die gesonderte Feststellung von Besteuerungsgrundlagen **nach § 180 Abs. 2 AO** ist der Fall geregelt, in dem **mehrere Personen** Einkünfte zwar jeweils aus ihrer eigenen Einkunftsquelle beziehen, aber dafür bestimmte Wirtschafts-

güter, Anlagen und Einrichtungen gemeinsam nutzen. Das FA kann nach seinem **Ermessen** insoweit Besteuerungsgrundlagen (z. B. AfA, Vorsteuer) einheitlich und gesondert feststellen. Die örtliche Zuständigkeit richtet sich nach § 18 Abs. 1 Nr. 2 AO, denn die fraglichen Wirtschaftsgüter, Anlagen und Einrichtungen gelten als Gewerbebetrieb (§ 2 VO zu § 180 Abs. 2 AO).

§ 1 Abs. 1 Nr. 2 VO zu § 180 Abs. 2 AO räumt dem FA die Möglichkeit ein, nach seinem **Ermessen** einheitliche und gesonderte Feststellungen bei sog. **Gesamtobjekten** durchzuführen.

Ein Gesamtobjekt liegt vor, wenn zwar jeder Stpfl. seine eigene Einkunftsquelle hat, aber alle zu dritten Personen »gleichartige Rechtsbeziehungen« unterhalten. Damit sind vor allem Bauherrn- und Erwerbermodelle gemeint. Die örtliche Zuständigkeit richtet sich auch hier nach der (fiktiven) Geschäftsleitung des Gesamtobjekts (§ 18 Abs. 1 Nr. 2 AO, § 2 VO zu § 180 Abs. 2 AO). In der Praxis sind diese Zuständigkeiten durch Zentralisierungsvorschriften (Zuständigkeits-VO) auf wenige zentrale FÄ verlagert.

2.7.5 Ausnahme von der Verpflichtung zur einheitlichen und gesonderten Feststellung, § 180 Abs. 3 AO

Trotz Beteiligung mehrerer an einer Einkunftsquelle ist entgegen § 180 Abs. 1 Nr. 2 a, 3 AO **keine einheitliche Feststellung** vorzunehmen, wenn

a) nur eine Person von mehreren Beteiligten im Inland einkommen- oder körperschaftsteuerpflichtig ist (§ 180 Abs. 3 Nr. 1 AO), oder

b) es sich um **Fälle geringerer Bedeutung** handelt (§ 180 Abs. 3 Nr. 2 AO). Ein Fall von geringerer Bedeutung ist dann anzunehmen, wenn die Einkünfte unstrittig bzw. leicht zu ermitteln und nach einfachem Schlüssel auf die Beteiligten zu verteilen sind und wenn vor allem die Gefahr widersprüchlicher Entscheidungen bei den Beteiligten gering oder nahezu ausgeschlossen ist. Unter diesen Voraussetzungen kann theoretisch nicht nur die einheitliche Feststellung von Überschusseinkünften unterbleiben, sondern auch die einheitliche Feststellung von Gewinnen. Die »geringe Bedeutung« ist also nicht nur zahlenmäßig zu verstehen.

Hat das FA zunächst keine einheitliche Gewinnfeststellung durchgeführt, obwohl nach Kenntnis des FA die Voraussetzungen des § 180 Abs. 3 AO **nicht** erfüllt waren, so kann bzw. muss nachträglich eine einheitliche und gesonderte Feststellung durchgeführt werden.

FALL 29

Entscheiden Sie, welche FA tätig sein müssen, damit die **ESt** korrekt festgesetzt werden kann (keine Fälle von geringerer Bedeutung i. S. d. § 180 Abs. 3 AO):

1. A wohnt in Ludwigsburg. Er betreibt mit seinem Bruder B einen Betrieb der Land- und Forstwirtschaft in Heilbronn. B wohnt in Heilbronn.

2. C (Wohnsitz in Ludwigsburg) betreibt mit dem in Heilbronn wohnhaften D eine Kanarienvogelhandlung in Heilbronn. Daneben führt er in Form eines Einzelunternehmens ein Radiogeschäft in Esslingen in eigenem Betriebsgebäude.

3. E wohnt in Konstanz. In Lörrach besitzt er einen gewerblichen Betrieb, in Singen einen Lagerplatz für diesen Betrieb. Zusammen mit seinem Bruder vermietet er eine Wohnung in Ludwigsburg. Bescheide für E?

4. F (wohnhaft in Esslingen) bildet mit seinem Freund G eine Rechtsanwaltssozietät in Waiblingen. In Kempten haben sie zusammen eine vermietete Ferienwohnung gekauft, für die sie erhebliche Kreditmittel an die Kemptener Bank zurückzahlen müssen. Die Rückzahlung erfolgt über F, der auch als Zustellungsbevollmächtigter für den Schrift-

verkehr mit dem FA auftritt. F hat dem FA dargelegt, dass er anstehende Entscheidungen über die Wohnung (Reparaturaufträge, Mietersuche) vom Büro aus erledigt.

5. A betreibt zusammen mit vier anderen Personen die gewerblich tätige ABC-OHG mit Geschäftsleitung in Ludwigsburg. A, B, C, D, E sind zu gleichen Teilen an der OHG beteiligt. Die OHG hat im VZ 01 (aus eigenen Mitteln) 5 000 € an einen gemeinnützigen Verein gespendet. Eine ordnungsgemäße Zuwendungsbestätigung liegt vor.

Welche Feststellungen sind für die Durchführung einer ESt-Veranlagung erforderlich? Welches Finanzamt ist dafür zuständig?

2.8 Ersatzzuständigkeit, § 24 AO, und Zuständigkeit für unaufschiebbare Maßnahmen, § 29 AO

Soweit weder in der AO noch in Einzelsteuergesetzen eine Zuständigkeitsregelung für eine Verwaltungsmaßnahme besteht, ist das FA zuständig, bei dem der **Anlass für die Amtshandlung** entstanden ist, § 24 AO. Beispielsweise ist der Erlass von **Haftungsbescheiden** ein Hauptanwendungsfall. Hier ist das FA zuständig, in dessen Bezirk die haftungsbegründenden Tatsachen verwirklicht werden (§ 24 AO).

Für **unaufschiebbare Maßnahmen** ist das FA örtlich zuständig, in dessen Bezirk der **Anlass für die Maßnahme** auftritt, § 29 AO.

2.9 Mehrfache örtliche Zuständigkeit, § 25 AO

Es ist möglich, dass mehrere FA örtlich für die Besteuerung zuständig sind.

BEISPIEL

Eine Roma-Familie reist durch die ganze BRD und verkauft Teppiche, ohne dass ein bestimmter Wohn- oder Aufenthaltsort oder eine vorwiegende Ausübung der Teppichverkäufe feststellbar ist.

LÖSUNG Hier ist gem. § 24 AO **jedes** FA zuständig, in dessen Bezirk der Verkauf getätigt wird. Diese Mehrfachzuständigkeit löst § 25, indem er die Zuständigkeit dem FA der ersten Befassung zuweist, es sei denn, es wird eine Einigung unter den zuständigen FÄ herbeigeführt oder die Zuständigkeit durch die Aufsichtsbehörde bestimmt.

2.10 Zuständigkeitswechsel, § 26 AO

Grundsätzlich müssen die Voraussetzungen der Zuständigkeit für die Finanzbehörde **in dem Augenblick** vorliegen, in dem es eine Verwaltungshandlung vornehmen möchte.

Wechseln die **Zuständigkeitsvoraussetzungen**, z. B. weil der Stpfl. umzieht, so wird **objektiv** ein anderes FA zuständig. Häufig erfährt das FA nicht sofort von dem objektiv eingetretenen Zuständigkeitswechsel, so dass die Gefahr besteht, dass eine jetzt unzuständig gewordene Behörde einen VA erlässt und damit der VA fehlerhaft wäre.

Um dies zu vermeiden, schreibt § 26 AO vor, dass die einmal begründete Zuständigkeit solange erhalten bleibt, bis entweder das vorher zuständige oder das neu zuständige FA von einem Wechsel der Zuständigkeit positiv und eindeutig erfährt.

Erfährt das früher zuständige FA vom Zuständigkeitswechsel, z. B. durch Mitteilung des Stpfl. oder durch Handelsregisterauszüge, so hat es sofort die Akten abzugeben, auch wenn noch nicht alle Veranlagungen durchgeführt sind. Umgekehrt muss das neue FA die Akten unverzüglich anfordern, sobald es von seiner Zuständigkeit erfährt. Dies gilt auch dann, wenn z. B. eine Steuerfestsetzung durch Einspruch angegriffen wurde, und die Zuständigkeit nach

Einlegung des Einspruchs wechselt (§ 367 Abs. 1 Satz 2 AO). Auch bei der **Korrektur von VA** ist ein inzwischen eingetretener und bekanntgewordener Zuständigkeitswechsel zu berücksichtigen; die Akten sind zur Durchführung der Korrektur an das neu zuständige FA abzugeben. Lediglich für Betriebsteuerveranlagungen hält es die Fin.Verw. für zweckmäßig, dass das bisher zuständige FA die offenen Veranlagungen (beschleunigt) abwickelt. Dazu gibt § 26 Satz 2 AO die Möglichkeit, AEAO § 26 Nr. 3.

Aus Gründen der Verwaltungsökonomie kann die bisher zuständige Finanzbehörde ein begonnenes Verwaltungsverfahren jedoch auch sonst abschließen, wenn die neu-zuständige Behörde zustimmt und die Interessen des Stpfl. gewahrt bleiben (§ 26 Satz 2 AO). Dies ist z. B. anzunehmen, wenn nur noch der ESt-Bescheid maschinell ausgedruckt werden muss.

Wird gegen § 26 AO verstoßen, z. B. indem trotz Kenntnis des Wohnsitzwechsels das bisherige Wohnsitz-FA ohne Zustimmung des neuen FA (§ 26 Satz 2 AO) einen Bescheid erlässt, so ist dieser zwar rechtswidrig, aber nur im Rahmen des § 127 AO anfechtbar.

2.11 Zuständigkeitsvereinbarung, § 27 AO

Gem. § 27 AO können die allgemeinen Zuständigkeitsregeln der AO und der sonstigen Steuergesetze durch Vereinbarung unter den Finanzbehörden außer Kraft gesetzt werden, **wenn auch der Betroffene**, gegen den sich die Verwaltungshandlung richtet, **zustimmt**. Fehlt diese Zustimmung gilt § 127 AO.

2.12 Zuständigkeitsstreit, § 28 AO

Lässt sich die Zuständigkeit zwischen einzelnen Finanzbehörden nicht klären, so entscheidet die gemeinsame Aufsichtsbehörde bzw. es entscheiden die jeweils zuständigen Aufsichtsbehörden gemeinsam (§ 28 AO).

2.13 Folgen von Mängeln in der örtlichen Zuständigkeit

Ein Verstoß gegen örtliche Zuständigkeitsvorschriften führt nicht zur Nichtigkeit (§ 125 Abs. 1 Nr. 1 AO). Trotzdem ist der VA rechtswidrig und damit grundsätzlich anfechtbar; eine Heilung gem. § 126 AO ist nicht vorgesehen. Soweit aber der VA **materiell-rechtlich in Ordnung** ist und keine Ermessensentscheidung vorliegt, kann der Stpfl. den VA allein wegen dieses Verfahrensfehlers nicht erfolgreich anfechten (§ 127 AO; vgl. D 8.5). Wenn allerdings der angegriffene VA zusätzlich auch materiell fehlerhaft ist, wird er auf Rechtsbehelf hin aufgehoben.

Erging ein gesonderter Feststellungsbescheid, lagen die Voraussetzungen einer **gesonderten Feststellung** aber gar nicht vor, so handelt es sich nicht um einen Fall des § 127 AO, da solche Fehler dort nicht aufgeführt sind. D. h. der Rechtsbehelf gegen die gesonderte Feststellung ist schon aus diesem Grund erfolgreich und führt zur Aufhebung des Feststellungsbescheids. Ist der VA nicht angegriffen, so korrigiert ihn das FA nur, wenn er materiell-rechtlich fehlerhaft ist und deswegen ausnahmsweise eine Korrekturvorschrift eingreift (§§ 129 ff., 172 ff. AO).

Sind **Ermessensentscheidungen** von einer unzuständigen Behörde getroffen worden, so bildet der Verstoß gegen die örtliche Zuständigkeit schon für sich allein einen ausreichenden Anfechtungsgrund, da eine andere Entscheidung in der Sache hätte getroffen werden können (§ 127 AO). Der VA ist nach Anfechtung aufzuheben, und zwar von der erlassenden, unzuständigen Behörde (§ 367 Abs. 1 Satz 1 AO).

Werden **Steuerbescheide** gleichzeitig von zwei Finanzämtern erlassen, die sich für zuständig halten (Fall der Doppelveranlagung), so sind u. E. beide Bescheide wirksam. Der Bescheid des unzuständigen FA ist aber auf Antrag gem. § 174 Abs. 1 oder Abs. 2 AO aufzuheben. Ist dies bei einem **sonstigen VA** der Fall, erfolgt die Rücknahme gem. § 130 Abs. 1 AO. Nach Meinung des BFH ist dagegen der zweite Bescheid, der neben einem bereits bestandskräftigen Bescheid für dieselbe Steuer und denselben Veranlagungszeitraum tritt, gem. § 125 Abs. 1 AO nichtig, wenn das Verhältnis zwischen den beiden Bescheiden nicht klargestellt ist, z. B. der zweite Bescheid nicht als Änderungsbescheid erkennbar ist (BFH vom 23. 08. 2000 BStBl II 2001, 662).

Zusammenfassung

Die örtliche Zuständigkeit ergibt sich aus §§ 17ff AO, getrennt nach der jeweiligen Steuerart. Wurde ein örtlich unzuständiges FA tätig, wird der VA dennoch wirksam (§ 124 Abs. 1 AO). Die Folge solcher Rechtswidrigkeit ist unterschiedlich; traf die unzuständige Behörde die (einzig) sachlich richtige Entscheidung, bleibt es hierbei, selbst wenn der Betroffene zulässig Rechtsbehelf einlegt. Nur wenn der VA noch zusätzliche Fehler aufweist oder bei Ermessensentscheidungen wird der vom falschen FA erlassene VA im Rechtsbehelfsverfahren aufgehoben.

Teil F Fristen und Termine

Fristen und Termine sind Zeitfestlegungen. Die AO enthält in den §§ 108 bis 110 Vorschriften über Fristen und Termine, ohne diese Begriffe zu definieren.

1 Termine

Der **Termin** ist ein **Zeitpunkt,** dessen Beachtung oder Verstreichen die Rechtslage ändert.

Die verlangte Handlung kann **weder vorher noch nachher, sondern nur zum Termin (dem festgelegten Zeitpunkt) erbracht werden.**

»Stichtage« gehören zu den Terminen; die Verhältnisse genau an dem betreffenden Tag sind für die Besteuerung entscheidend. Auf die Frage, ob eine frühere oder eine spätere Gesetzesfassung greift, hängt häufig von den Verhältnissen an einem Stichtag ab, vgl. z. B. § 52 Abs. 40, 46a, 50 EStG.

> **BEISPIEL**
>
> Das Finanzgericht lädt den auskunftpflichtigen Geschäftspartner des Stpfl. (vgl. §§ 92 Nr. 1, 93 Abs. 1 Sätze 1, 3 AO) auf Ersuchen des FA zur **eidlichen Vernehmung** auf den 03. 05. 01 vor (vgl. § 94 Abs. 2 Satz 2 AO). Die geforderte Handlung (Auskunftsleistung) kann nur zum angegebenen Datum geleistet werden, weder vorher noch nachher. Es handelt sich also nicht um eine Fristbestimmung, sondern um einen Termin.
> Bei Versäumung des Termins tritt eine Änderung der Rechtslage ein: Dem Säumigen können die Kosten auferlegt werden. Außerdem kann seine zwangsweise Vorführung angeordnet werden. Es sind also jetzt die Tatbestandsvoraussetzungen für weitere Ermessensentscheidungen des Finanzgerichts erfüllt.

Eine automatische Verschiebung von **Terminen,** die auf einen Samstag, Sonntag oder gesetzlichen Feiertag fallen, gibt es (in der Praxis) **nicht.** Für behördliche (d. h. von Behörden gesetzte) Termine ergibt sich dies unmittelbar aus § 108 Abs. 5 AO. Für die wesentlich bedeutsameren gesetzlichen (d. h. in Gesetzen festgelegten) Termine enthält die AO keine eigene Regelung, sodass gem. § 108 Abs. 1 AO die §§ 186 bis 193 BGB zu prüfen sind. Aus § 193 BGB ist abzuleiten (Umkehrschluss), dass es bei einem gesetzlichen Termin bleibt, auch wenn er auf einen Samstag, Sonntag oder gesetzlicher Feiertag fällt, außer – was im Steuerrecht praktisch keine Rolle spielt – zu diesem Termin müsste eine Erklärung abgegeben oder eine Leistung bewirkt werden.

> **BEISPIELE**
>
> a) Gem. § 21 Abs. 2 BewG sind die bewertungsrechtlich erheblichen Sachverhalte zum Beginn des Kalenderjahrs festzustellen. Dieser Termin (»Stichtag«) ist maßgeblich, obwohl der 01. Januar ein gesetzlicher Feiertag ist. § 108 Abs. 3 AO ist nicht anwendbar, weil es sich nicht um eine Frist handelt, § 193 BGB führt nicht zu einer Verschiebung, weil am 01. Januar nichts getan werden muss.
>
> b) Die Entstehungszeitpunkte für Steuern sind Termine, vgl. z. B. § 36 Abs. 1 EStG. Es gilt das, was zu den Stichtagen ausgeführt wurde.

Der Sprachgebrauch unterscheidet nicht genau zwischen Fristen und Terminen. Häufig verdecken Formulierungen, die auf Termine hindeuten (z. B. »am« oder »zum«), dass der angebliche Termin in Wirklichkeit der letzte Tag einer Frist ist.

2 **Fristen**

Die **Frist** ist ein abgegrenzter **Zeitraum**, dessen Beachtung oder Ablauf die **Rechtslage** ändert.

BEISPIELE

a) Die Rechtsbehelfsfrist des § 355 Abs. 1 Satz 1 AO von einem Monat ist eine Frist,

aa) weil es sich um einen **Zeitraum** handelt, nicht – wie bei einem Termin – um einen Zeit**punkt**, denn der Stpfl. kann zulässigerweise auch vor dem letzten Tag der Frist Rechtsbehelf einlegen, und

bb) weil sich nach Ablauf des letzten Fristtages die **Rechtslage ändert:** Legt der Stpfl. bis dahin keinen Einspruch ein, kann er später nicht mehr (bzw. nur noch im Wege eines Korrekturantrags) geltend machen, der VA sei fehlerhaft.

b) Eine **Fristverlängerung für die Abgabe der ESt-Erklärung** (§ 149 Abs. 2 AO) über das allgemein vorgeschriebene Abgabedatum hinaus ist selbst eine Frist,

aa) weil es sich um einen **Zeitraum** handelt, denn der Stpfl. kann die Erklärung zulässigerweise auch vor dem letzten Tag der Frist abgeben und

bb) sich bei Nichtbeachtung des hinausgeschobenen Abgabedatums die **Rechtslage ändert:** Dann sind die Tatbestandsvoraussetzungen für mehrere Ermessensentscheidungen des FA erfüllt: Das FA kann nach Fristablauf ein Zwangsgeld androhen (§§ 329, 332 AO) oder einen Verspätungszuschlag festsetzen (§ 152 AO).

Weitere Beispiele sind die steuerrechtlichen **Verjährungsfristen** in §§ 169 ff., 228 ff. AO. Sie legen Zeiträume fest, in denen das FA Ansprüche aus dem Steuerschuldverhältnis (§ 37 AO) festsetzen bzw. verwirklichen kann, sonst erlöschen sie (§ 47 AO; vgl. C 4).

Die **Wochenfrist** des § 298 AO unterliegt ebenfalls dem § 108 AO: Der Stpfl. hat nach der Pfändung in der Regel noch eine Woche Zeit, um die Schuld zu bezahlen und dadurch die Versteigerung des gepfändeten Gegenstands zu verhindern (§§ 292, 297 AO).

Die unwiderlegbare Vermutung, dass bei einem **inländischen Aufenthalt von mehr als 6 Monaten** der gewöhnliche Aufenthalt im Inland liege (§ 9 Satz 2 AO), beruht auf einer Fristbestimmung. Reist der Stpfl. nicht spätestens am letzten Tag (für längere Zeit) ins Ausland, wird er unbeschränkt einkommensteuerpflichtig (§ 1 Abs. 1 EStG); vgl. E 2.1.

Die in Theorie und Praxis wichtigsten Fristen gelten hinsichtlich der **Bekanntgabe** (§ 122 Abs. 2, § 123 Satz 2 AO) und des **Rechtsbehelfsverfahrens** (§ 355 AO).

Damit Fälligkeit und Einspruchsfrist bestimmt werden können, **fingiert** der Gesetzgeber die **Bekanntgabe** auf den 3. Tag nach der Aufgabe des Bescheids zur Post § 122 Abs. 2 Nr. 1 AO für den Regelfall. Der 3-Tages-Zeitraum beschreibt eine Frist. Alle **Fristen,** die an einem Wochenende oder einem gesetzlichen Feiertag regulär enden würden, **verlängern sich** bis zum Ablauf des nächstfolgenden Werktags, § 108 Abs. 3 AO. Auch hierin besteht ein wichtiger Unterschied zu den Terminen. Dabei kann es auch zu einer zweifachen Verschiebung kommen, vgl. D 7.3.

Der VA wird am Donnerstag, 22. 11. zur Post gegeben. Die Bekanntgabefrist nach § 122 Abs. 2 Nr. 1 AO endet eigentlich am Sonntag, 25. 11., wird aber gem. § 108 Abs. 3 AO auf den Ablauf des Montag, 26. 11. verschoben.
Die Einspruchsfrist aus § 355 AO würde eigentlich mit Ablauf des 26. 12. (2. Weihnachtsfeiertag) enden. Sie endet gem. § 108 Abs. 3 AO aber erst mit Ablauf 27. 12.

»Fälligkeitszeitpunkte« (vgl. H 2; auch »Fälligkeitstermine« genannt) sind jeweils der letzte Tag von Zahlungsfristen. § 108 Abs. 3 AO ist bei ihnen zu beachten.

3 Fristarten

3.1 Gesetzliche und Behördliche Fristen

Man unterscheidet einerseits gesetzliche und behördliche Fristen, andererseits Beginn- und Ereignisfristen.

Gesetzliche Fristen sind durch Gesetz oder Verordnung bestimmt. **Behördliche Fristen** werden durch Behörden festgelegt.

Handelt es sich bei den folgenden Fristbestimmungen um gesetzliche oder um behördliche Fristen?

	gesetzliche	behördliche
Stundung, § 222 AO		
Aussetzung der Vollziehung während des Rechtsbehelfsverfahrens, § 361 Abs. 2 AO		
Frist für die USt-Voranmeldung, § 18 Abs. 1 Satz 1 UStG		
Zahlungsfrist für die ESt-Abschlusszahlung, § 36 Abs. 4 Satz 1 EStG		

Nach § 109 Abs. 1 Satz 1 (2. Alternative) AO sind **behördliche Fristen stets verlängerbar, gesetzliche** aber **nur,** wenn dies **gesetzlich vorgesehen** ist wie in § 109 Abs. 1 Satz 1, 1. Alternative AO für Erklärungs- und für Zahlungsfristen in §§ 222, 361 AO. Stundung und Aussetzung der Vollziehung wirken aber wie eine Fristverlängerung.

Dagegen besteht die **Wiedereinsetzungsmöglichkeit** des § 110 AO nur für gesetzliche, nicht auch für behördliche Fristen (vgl. 4). Darin liegt die **Bedeutung** der Unterscheidung zwischen diesen beiden Fristarten. Nach dem Wortlaut des § 110 AO ist jede gesetzliche Frist wiedereinsetzungsfähig. Liegt jedoch eine verlängerbare gesetzliche Frist vor, kommt nach Verwaltungsmeinung entgegen dem Wortlaut des § 110 AO nur eine Fristverlängerung in Frage, weil § 109 AO als Spezialvorschrift dem § 110 vorgeht (AEAO § 110 Nr. 3). Dies ist mit der herrschenden Meinung abzulehnen.

Die Voraussetzungen für die Wiedereinsetzung sind andere als die für die Fristverlängerung (vgl. 4). Die Wiedereinsetzung ist im Gegensatz zur Fristverlängerung nie eine Ermessensentscheidung.

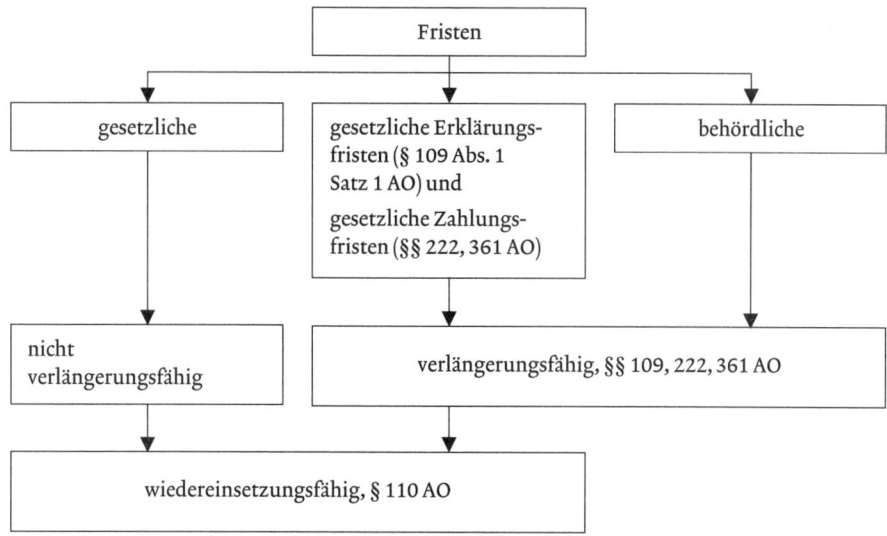

Hinweis: Gesetzliche Fristen, die von den Finanzbehörden zu beachten sind, wie z. B. die Fristen des § 169 AO (Festsetzungsverjährung), sind **nicht wiedereinsetzungsfähig**

Übungsaufgaben zu Fristen und Terminen

FÄLLE 31–33

FALL 31
1. Ist die Rechtsbehelfsfrist des § 355 Abs. 1 AO verlängerungs- oder wiedereinsetzungsfähig?
2. Wird bei schuldloser Versäumnis der Zahlungsfrist, z. B. wegen nicht voraussehbarer schwerer Erkrankung, nach § 109 Abs. 1 Satz 2 AO oder nach § 110 AO verfahren?

FALL 32 Die Einkommensteuer-Abschlusszahlungsschuld 01 eines Stpfl. ist zum 10. 09. 02 fällig.
1. Liegt eine – gesetzliche oder behördliche – Zahlungsfrist oder ein Termin vor?
2. Inwiefern ändert sich die Rechtslage, wenn der Stpfl. verspätet bezahlt? (Lesen Sie § 240 Abs. 1 Satz 1 AO!)
3. Darf der Stpfl. zulässigerweise noch später bezahlen, wenn der 10. 09. 02 ein Samstag ist?

FALL 33 Vergleichen Sie die Formulierungen in §§ 37 Abs. 1 Satz 1, 41a Abs. 1 Satz 1 EStG.
1. Handelt es sich um Frist- oder Terminbestimmungen?
2. Wenn es sich um Fristbestimmungen handelt: Welche Vorschriften sind ungenau formuliert?

3.2 Beginn- und Ereignisfristen

Allgemeines
Enthalten die Abs. 2–5 des § 108 keine spezielle Regelung zur Fristberechnung, ist gemäß § 108 Abs. 1 AO das bürgerlich-rechtliche Fristenrecht der §§ 187–193 BGB entsprechend heranzuziehen.

Nach § 187 BGB unterscheidet man zwischen Ereignis- und Beginnfristen. Der Beginn von **Ereignisfristen** ist in § 187 Abs. 1 BGB, der Beginn von **Beginnfristen** in § 187 Abs. 2 BGB geregelt. Verwechselt man sie, kann man bezüglich des Fristendes zu falschen

Ergebnissen kommen, wenn eine Monatsfrist zum Ende bzw. zum Beginn eines Kalendermonats zu laufen begonnen hat (s. Fall 38).

3.2.1 Beginnfristen

Die Beginnfrist ist eine Frist, deren Anlaufen nicht vom Eintreffen eines Ereignisses abhängt, sondern allein **vom Beginn** eines bestimmten Tages (bzw. Ablauf des Vortags), § 187 Abs. 2 BGB. Soll nach dem Sinn einer Regelung der fragliche Tag mitgezählt werden, handelt es sich um eine Beginnfrist; soll der Tag nicht mitgezählt werden, liegt eine Ereignisfrist vor.

FALL 34

Sind die folgenden Fristen Beginnfristen?

	ja	nein
Stundung (§ 222 AO) der ESt »ab 07. 08. 08«		
Stundung »ab Fälligkeit«		
Stundung »ab Bekanntgabe« der Stundungsverfügung		
»Schonfrist« des § 240 Abs. 3 AO bei Überweisungen		

Die **Lebensaltersberechnung** ist nach § 108 Abs. 1 AO, § 187 Abs. 2 Satz 2 BGB wie eine Beginnfrist durchzuführen, obwohl es sich begrifflich um eine Ereignisfrist handelt. Das erste Lebensjahr beginnt also am Tag der Geburt um 0.00 Uhr, auch wenn man z. B. erst um 12.00 Uhr geboren ist. Wer also am 01.01.03 geboren ist, vollendet sein 16. Lebensjahr am 31. 12. 18.

Der **Säumniszeitraum** ist keine Frist. Er wird jedoch zur Ermittlung der angefallenen Säumniszuschläge (§ 240 AO) **wie** eine Beginnfrist berechnet. Läuft z. B. die Zahlungsfrist am 20. 02. um 24.00 Uhr ab, so beginnt der Säumniszeitraum am 21. 02. um 0.00 Uhr.

Beginnfristen sind folgendermaßen **zu berechnen:**

1. **Beginn:** mit Beginn (d. h. mit 0.00 Uhr) des angegebenen Tags.
2. **Dauer:** x Tage, Wochen, Monate, Jahre.
3. **Ende:** nach § 188 Abs. 2 BGB.
a) **Wochen**fristen enden mit Ablauf (24.00 Uhr) des Wochentags der späteren Woche, der durch seine **Benennung** dem Anfangstag der Frist **vorgeht.**

   BEISPIEL

   Die Wochenfrist beginnt am Mittwoch, 0.00 Uhr und endet mit Ablauf des Dienstags, 24.00 Uhr, der nächsten Woche.

b) **Monats**fristen enden mit Ablauf des Tages des späteren Monats, der durch seine **Nummer** dem Anfangstag der Frist **vorgeht.** Ein Zinsmonat (§ 238 Abs. 1 AO) beginnt z. B. mit Beginn des 11. 01. und endet mit Ablauf des 10. 02.

c) **Jahres**fristen enden mit Ablauf desjenigen Tages des Folgejahres, der durch seine Nummer (Tag, Monat) dem Anfangstag der Frist vorgeht.

FALL 35

1. Bekommt ein Stpfl., der am 01.01.1944 geboren ist, eventuell den Altersentlastungsbetrag gemäß § 24a Satz 3 EStG für den VZ 2008?
2. Bekommt er den Altersentlastungsbetrag für 2008, wenn er am 02.01.1944 geboren ist?
3. Berechnen Sie das Ende des ersten und einzigen Säumnismonats (§ 240 Abs. 1 AO), wenn die Säumnis am 01.04.08, 0.00 Uhr beginnt! (Kalender 08 im Anhang).

3.2.2 Ereignisfristen

Die Ereignisfrist ist eine Frist, deren **Anlaufen** vom Eintreffen eines in den Lauf eines Tages fallenden Ereignisses oder Zeitpunkts abhängt, § 187 Abs. 1 BGB. Sie stellt unter den Fristen den Regelfall dar.

FALL 36

Sind die folgenden Fristen Ereignisfristen? Begründen Sie jeweils Ihre Entscheidung!

	ja	nein
Rechtsbehelfsfristen, § 355 AO		
Zahlungsfrist für Abschlusszahlungen nach §§ 36 Abs. 4 Satz 1 EStG, 18 Abs. 4 Sätze 1, 2 UStG		
Festsetzungsverjährungsfrist, §§ 169 ff. AO (vgl. § 170 Abs. 1, 2 Nr. 1 AO)		
Zahlungs-Verjährungsfrist, §§ 228 ff. AO (vgl. § 229 AO)		

Für die **Berechnung der Ereignisfrist** gilt:
1. Es ist das **maßgebliche Ereignis** festzustellen.

BEISPIEL

Maßgebliches Ereignis für den Beginn der Rechtsbehelfsfrist des § 355 AO ist die Bekanntgabe nach § 122 Abs. 2, 2a, 5 AO.

2. **Fristbeginn: mit Ablauf** des Ereignistags (§§ 108 Abs. 1 AO, 187 Abs. 1 BGB) oder mit Ablauf des Ereignisjahrs. Für alle im Lauf eines Tages zu unterschiedlichen Zeitpunkten eintretenden Ereignisse soll ein einheitlicher Fristbeginn gelten. Es ist zwar nicht falsch, aber doch unzweckmäßig, wenn man bei Ereignisfristen formuliert, die Frist beginne »mit Beginn des ... (folgenden) Tags«. Sachlich enthalten die Formulierungen keinen Unterschied.
3. **Dauer:** x Tage, Wochen, Monate, Jahre.
4. **Ende:** bei
a) **Tagesfristen** mit Ablauf des letzten Tags (24.00 Uhr), § 108 Abs. 1 AO, § 188 Abs. 1 BGB. So endet eine Fünftagesfrist nach Ablauf des Ereignistags und fünf voller weiterer Tage.
b) **Wochenfristen** mit Ablauf des Tages in der späteren Woche, der den **gleichen Namen** hat wie der Ereignistag, § 108 Abs. 1 AO, § 188 Abs. 2 BGB (z. B. »Dienstag«).
c) **Monatsfristen** mit Ablauf des Tages im späteren Monat, der die **gleiche Nummer** hat wie der Ereignistag, § 108 Abs. 1 AO, § 188 Abs. 2 BGB.

BEISPIEL

> Bekanntgabetag (Ereignistag) ist der 30. Mai. Die Monatsfrist beginnt mit Ablauf des 30. Mai und endet mit Ablauf des 30. Juni.
>
> Fehlt dieser Tag im betreffenden Monat, so tritt an seine Stelle der letzte Tag des Monats, § 108 Abs. 1 AO, § 188 Abs. 3 BGB.
>
> Ist z. B. der Ereignistag der 30. Januar, dann tritt an die Stelle des »30. Februar«, den es nicht gibt, der »28. Februar« bzw. ggf. 29. Februar.

Bei Tages-, Wochen- und Monatsfristen ist gleichermaßen § 108 Abs. 3 AO zu beachten: Ist der nach a)–c) ermittelte letzte Tag der Frist ein **Samstag, Sonntag oder gesetzlicher Feiertag,** so verlängert sich die Frist bis zum Ablauf des nächstfolgenden Werktags.

5. **Fristwahrung:** Zur Lösung eines Falles muss meist noch die Frage beantwortet werden, ob die Frist durch eine bestimmte Handlung gewahrt ist. Außerdem sind je nach Fragestellung die Folgen der Fristwahrung bzw. -versäumnis zu untersuchen.

BEISPIEL

> Bei der Wahrnehmung von Zahlungsfristen kommt es darauf an, wann befreiend geleistet wurde. Erlosch demzufolge die Zahlungsschuld erst nach Ablauf der Zahlungsfrist, so ist bei Tilgung durch Überweisung zu klären, ob dies noch während der »Schonfrist« des § 240 Abs. 3 AO geschah. War dies nicht der Fall, sind Säumniszuschläge nach § 240 Abs. 1 AO zu erheben (vgl. H 4.1, 6).

Besitzt das FA keinen Nachtbriefkasten, wird zu Gunsten des Stpfl. vermutet, dass ein bei der Frühleerung vorgefundenes Schriftstück (z. B. Einspruch) bereits am letzten Arbeitstag des FA eingegangen ist (**Frühleerungs-Regel**).

Tipps für die Klausur:
In Ihrer Lösung muss angeführt sein:

a) Die ... Frist gem. § ... beginnt (mit Ablauf) ..., dauert ... und endet regulär mit Ablauf ...

b) (Gegebenenfalls:) Weil das reguläre Fristende auf ... (Wochenende/gesetzl. Feiertag) fällt, verschiebt sich das Fristende gem. § 108 Abs. 3 AO auf Ablauf ....

c) Die Frist ist durch ... gewahrt/nicht gewahrt.

d) (Gegebenenfalls:) Folge ist, dass ...

FALL 37

> Zur Berechnung von Ereignisfristen: (Kalender 08 im Anhang)
> Wann endet in den folgenden Fällen die Rechtsbehelfsfrist des § 355 AO?
> 1. Am Donnerstag, dem 11. 05. 08 gibt das FA einen ESt-Bescheid mit einfachem Brief zur Post.
> 2. Der am 11. 05. 08 zur Post gegebene Bescheid ist nachweislich schon am Freitag, 12. 05. 08 in die Hände des Adressaten gelangt.
> 3. Der am 11. 05. 08 zur Post gegebene Bescheid ist nachweislich erst am Mittwoch, 17. 05. 08 in den Machtbereich des Adressaten gelangt.
> 4. Der Bescheid ist dem Stpfl. erst am 20. 05. 08 wirksam zugegangen.
> 5. Ein Bescheid ist dem Stpfl. am 31. 01. 08 wirksam zugegangen.

FALL 38

> Der Stpfl. muss spätestens am 28. 02. 01, 24.00 Uhr seine ESt bezahlen, kommt dieser Pflicht aber nicht nach. Wann ist der erste Säumnismonat (§ 240 Abs. 1 AO) abgelaufen?

4 Wiedereinsetzung in den vorigen Stand, § 110 AO

Gesetzliche Fristen sind für ein geordnetes und wirkungsvolles Verfahren unerlässlich. Versäumt der Stpfl. eine solche Frist, kann dies weitreichende Folgen nach sich ziehen; dies gilt v. a. für Rechtsbehelfsfristen (Art. 19 Abs. 4 GG). In der Praxis und Klausur muss daher in diesen Fällen automatisch Wiedereinsetzung geprüft werden.

Aus dem Aufbau des § 110 AO ergibt sich folgendes **Prüfungsschema**:

- **Abs. 1:**
  - Ist eine **gesetzliche** Frist versäumt?
  - War der Säumige **verhindert**, die Frist zu wahren?
  - Trifft ihn bezüglich der Säumnis **kein Verschulden?**
- **Abs. 2:**
  - Ist die **Monatsfrist für** die **Nachholung** der versäumten Rechtshandlung bzw. den **Wiedereinsetzungsantrag** und die **Darlegung der Tatsachen,** oder
- **Abs. 3:**
  - Wenigstens die **Jahresfrist** des Abs. 3 eingehalten (für die vorgenannten 3 Umstände)?
  - Oder war er daran durch höhere Gewalt gehindert?

Voraussetzung für die Wiedereinsetzung ist, dass der Antragsteller (objektiv) verhindert war, die Frist zu wahren, und dass ihn an der Fristversäumnis (subjektiv) kein Verschulden trifft. Dass die Fristüberschreitung nur kurz ist, ist für sich allein noch kein Wiedereinsetzungsgrund.

Verhinderung bedeutet, dass jemand wegen äußerer Umstände oder aus persönlichen Gründen die Frist nicht wahren kann. Eine bloße Behinderung, d. h. eine Erschwernis, ist noch keine Verhinderung.

BEISPIEL

Eine schwere Grippe zwingt den Stpfl. ins Bett. Er ist »verhindert«

Schuldlosigkeit an der Fristversäumnis liegt vor, wenn der Antragsteller alles getan hat, was ihm nach dem Umständen des Einzelfalls und seinen persönlichen Verhältnissen zumutbar war, um die Frist einzuhalten. Dabei wird kein individueller Maßstab angelegt. Sonst müssten unterschiedlich gewissenhafte Menschen unterschiedlich behandelt werden. Vielmehr ist auf die Sorgfalt abzustellen, die **objektiv** einem **gewissenhaften** Beteiligten nach den Umständen zuzumuten ist. Auch leichtes Verschulden ist schädlich.

Die Frage, ob Verschulden vorliegt, hängt von **sämtlichen Umständen des Einzelfalls** ab. Trotzdem sei hier in **Fallgruppen** aufgezeigt, ob die Frist typischerweise schuldlos oder schuldhaft versäumt ist. Einzelheiten sind in einem Erlass zu § 110 AO zusammengefasst.

4.1 Eigenes Verschulden

a) **Verschulden beim Empfang des VA**
Wenn der Stpfl. z. B. seinen Briefkasten nicht regelmäßig leert und deshalb eine Frist versäumt, hat er schuldhaft gehandelt. Dies gilt auch, wenn der Stpfl. die Eingangspost nicht öffnet oder amtliche Schreiben nicht oder nicht vollständig liest.

b) **Irrtum über die Erfolgsaussichten eines Rechtsbehelfs bzw. Antrags**
Wer sich über die materielle Rechtslage irrt und keinen Rechtsbehelf einlegt, weil er ihn für erfolglos hält, lässt die Frist bewusst verstreichen und kann daher keine Wiederein-

setzung verlangen. Dies gilt auch dann, wenn der BFH seine Rechtsprechung zu Gunsten des Stpfl. nach Ablauf der Rechtsbehelfsfrist ändert, so dass der Rechtsbehelf im Gegensatz zu früher jetzt günstig für den Stpfl. ausginge.

Der Stpfl. bekommt auch keine Wiedereinsetzung, wenn er für ihn günstige Beweismittel erst nach Ablauf der Rechtsbehelfsfrist entdeckt.

c) **Ausnutzung der Frist bis zum letzten Augenblick**

Fristen können bis zum letzten Augenblick ausgenutzt werden. Allerdings muss man dann »sichere Wege« gehen, um die Frist zu wahren. Wer im Übrigen behauptet, einen Brief aufgegeben bzw. in den Briefkasten des FA eingeworfen zu haben, trägt dafür die Feststellungslast, BFH vom 21. 09. 2007 BFH/NV 2008, 22. Postsendungen »reisen« auf Risiko des Aufgebers der Sendung.

BEISPIELE

a) Man darf z. B. nicht darauf vertrauen, dass ein in den Briefkasten innerhalb des Stadtgebietes eingeworfener Brief noch am selben Tag in das Postfach des FA eingelegt wird (außer dies wird vom Postamt als normaler Postlauf angegeben).

b) Ist es möglich, aber nicht sicher, dass der am vorletzten Tag aufgegebene Brief nicht fristgerecht beim FA eingeht, muss man eine andere Übermittlungsform wählen (Telefax, Hinbringen zum FA).

c) Wird man jedoch durch ein unvorhersehbares Ereignis (Unfall, Krankheitsfall) an der Einhaltung der Frist gehindert, erhält man Wiedereinsetzung, auch wenn man an dem Ergebnis (z. B. Unfall) nicht unschuldig ist.

d) Wenn die Postsendung die **gewöhnliche Laufzeit** für die betreffenden Orte **überschreitet,** handelt der Stpfl. ohne Verschulden. (Die Zeit für den gewöhnlichen Postlauf zwischen zwei Orten bei bestimmten Briefeinwurfzeiten kann bei den Postanstalten erfragt werden). Auf die präzise postalische Auskunft über die Postlaufzeit darf man vertrauen.

e) Ist ein Einspruchschreiben nicht ausreichend frankiert und wird daher die Annahme verweigert, so ist eine eventuelle Fristversäumnis schuldhaft.

f) Falsche Adressierung z. B. eines Einspruchs ist schuldhaft. Kommt ein Einspruchschreiben verspätet an, weil der Stpfl. ihn an die »falsche« Behörde geschickt hat, liegt regelmäßig Verschulden vor. Wenn allerdings die »falsche« Behörde erkennen muss, dass ein Irrläufer vorliegt, und sie trotz ausreichender Zeit bis zum Fristablauf weder den Stpfl. auf seinen Fehler hinweist noch das Schreiben an die »richtige« Behörde weiterleitet, kommt doch Wiedereinsetzung in Frage, AEAO § 357 Nr. 2 Sätze 2, 3.

d) **Urlaubsabwesenheit**

Wenn sich der Stpfl. im Urlaub im In- oder Ausland befindet, während ihm das amtliche Schreiben zugeht und die Frist abläuft, und er deshalb diese Frist versäumt, kann ein Wiedereinsetzungsfall vorliegen. Dies ist von der Rechtsprechung für Urlaub bis zu etwa sechs Wochen entschieden worden. Wiedereinsetzung scheidet aber aus, wenn der Stpfl. in dieser Zeit aufgrund eines konkreten Hinweises des FA mit der Bekanntgabe einer »Terminsache« (eines VA, an den sich eine Frist knüpft) rechnen musste. In diesem Fall muss er geeignete Vorkehrungen treffen; dasselbe gilt bei (noch) längerer Abwesenheit.

e) **Krankheit:**

Entscheidend ist das Krankheitsbild. Liegt der Stpfl. bei Fristablauf im Krankenhaus, ohne dass dieser Aufenthalt vorhersehbar gewesen ist, wird Wiedereinsetzung gewährt. Die Art der Erkrankung spielt keine Rolle. Bei vorhersehbarer stationärer Behandlung müssen geeignete Maßnahmen getroffen werden.

BEISPIEL

> Der Stpfl. kommt auf einer Trunkenheitsfahrt von der Straße ab. Er wird schwer verletzt und liegt wochenlang im Krankenhaus. Deshalb versäumt er eine Frist. Wiedereinsetzung wird gewährt.

f) **Arbeitsüberlastung**

Arbeitsüberlastung ist nur in Ausnahmefällen ein Wiedereinsetzungsgrund; ihr muss durch Organisationsmaßnahmen begegnet werden.

BEISPIEL

> Ein Landarzt wird am letzten Tag der Frist noch abends zu einem Patienten gerufen. Da der Landarzt mit solchen Vorfällen rechnen muss, liegt kein Wiedereinsetzungsgrund vor.

g) **VA ohne Begründung**

Fehlt einem VA die erforderliche Begründung (§ 121 AO) oder ist die erforderliche Anhörung eines Beteiligten vor Erlass des VA unterblieben (§ 91 AO) und ist **deswegen** die Rechtsbehelfsfrist versäumt worden, gilt die Versäumung der Rechtsbehelfsfrist gem. § 126 Abs. 3 AO als nicht verschuldet. (Vgl. D 8.4.)

h) **Sprachschwierigkeiten**

Bei Fristüberschreitung wegen Sprachschwierigkeiten liegt regelmäßig Verschulden vor. Vgl. aber § 87 Abs. 4 AO.

i) **Telefax-Übermittlung**

Es obliegt dem Absender, die Durchführung zu überwachen. Scheitert die Übermittlung wegen technischer Störungen, so hat der Stpfl. diesen Mangel zu belegen. Bei technischen Störungen am Empfangsgerät der Behörde liegt ein Wiedereinsetzungsgrund vor. Eingeplant werden muss aber, dass das Empfangsgerät kurz vor Mitternacht durch andere Faxe blockiert sein kann; bei mehrstündiger Verhinderung wird wiedereingesetzt (BFH vom 25. 07. 2007, BFH/NV 2007, 2071.

j) Berechnet der Stpfl. die Einspruchsfrist gemäß dem Bescheiddatum und versäumt die Frist, weil der VA tatsächlich früher bekanntgegeben wurde, wird wiedereingesetzt (BFH vom 20.11.2008 – III B 66/07).

4.2 Verschulden von Vertreter oder Berater

Das **Verschulden des Vertreters** (z. B. der Eltern des minderjährigen Kindes, oder des Steuerberaters) wird dem Stpfl. als **eigenes Verschulden** zugerechnet (§ 110 Abs. 1 Satz 2 AO).

Bei Einschaltung von Angehörigen der steuerberatenden Berufe kommen vor allem folgende Fallgruppen bei der Fristversäumung in Betracht (BFH vom 04. 07. 2008, BFH/NV 2008, 1860):

a) **Verschulden des Beraters selbst:** Das Beratungsbüro muss so organisiert sein, dass die Fristen zuverlässig gewahrt werden. Hier gibt es eine sehr strenge Rechtsprechung der obersten Bundesgerichte. Z. B. muss ein **Fristenkontrollbuch** (oder eine Fristenkartei) geführt und die Ausgangspost kontrolliert werden. Ein Terminkalender genügt in der Regel nicht. Urlaubs- und Krankheitsvertretung müssen geregelt sein. Die Fristberechnung kann anderen Personen nur dann überlassen werden, wenn es sich um für das Büro »geläufige« Fristen handelt und die beauftragte Person dafür geeignet ist. Ungeeignete Personen (z. B. Lehrlinge) müssen vollumfänglich überwacht werden. Zuverlässige, erfahrene Mitarbeiter müssen gelegentlich durch Stichproben überprüft werden.

Wird dies nicht beachtet, spricht man von einem schädlichen »**Organisationsmangel**« des Beraters.

b) **Verschulden von Mitarbeitern im Beratungsbüro,** die nicht berechtigt sind, als Vertreter des Mandanten aufzutreten: Nur das Verschulden des Vertreters (Bürochefs) wird dem Mandanten zugerechnet, nicht aber das Verschulden seiner Erfüllungsgehilfen. Hat zum Beispiel eine Schreibkraft eine falsche Anschrift (z. B. des FA) auf das Kuvert mit dem Einspruch geschrieben und dadurch eine Verzögerung bedingt, so wird dieses Versehen nicht dem Berater und deshalb auch nicht dem Mandanten zugerechnet. Man spricht von einem unschädlichen »**Büroversehen**«. Wiedereinsetzung ist möglich. Nur wenn gleichzeitig ein Organisationsmangel des Beraters i. S. von a) vorliegt, wird dies dem Mandanten angelastet.

c) **Kommunikationsmängel** (z. B. ein Missverständnis) zwischen Berater und Mandant sind in aller Regel vermeidbar und führen daher nicht zur Wiedereinsetzung.

Wenn z. B. der Berater zum Mandanten am Telefon sagt: »Sie haben ja Einspruch eingelegt!«, und der Mandant versteht. »Ich habe ja Einspruch eingelegt!« – so dass jeder davon ausgeht, der andere habe gehandelt, wird keine Wiedereinsetzung in die solchermaßen versäumte Frist gewährt.

d) **Kontrolle:** Der Mandant darf sich nicht »blind« auf den Berater verlassen. Soweit ihm dies als Laien möglich ist, ist es ihm zuzumuten, dass er die Arbeit des Beraters überprüft. Im Bereich der Fristwahrung wird der Mandant allerdings i. d. R. keinen Einblick in die Vorgänge im Beratungsbüro haben, so dass ihn hier regelmäßig (direkt) kein Verschulden trifft (aber vielleicht den Berater mit der Folge des § 110 Abs. 1 Satz 2 AO).

e) **Verschulden des Empfangsbevollmächtigten:** Ein Empfangsbevollmächtigter i. S. v. § 183 Abs. 1 AO ist kein Vertreter für die anderen Feststellungsbeteiligten. Erfährt ein Feststellungsbeteiligter nicht rechtzeitig vom Feststellungsbescheid, wird er ggf. in die Einspruchsfrist wiedereingesetzt (BFH vom 12. 12. 2007, HFR 208, 666).

4.3 **Dauer der Verhinderung**

§ 110 Abs. 2 Satz 1 AO knüpft an den **Wegfall** der Verhinderung an. Daher muss sorgfältig untersucht werden, **von wann bis wann die Verhinderung andauerte.**

BEISPIELE

a) Die versäumte Frist läuft von Ablauf des 14. 07. bis Ablauf des 14. 08. Der Stpfl. war vom 01. 07. bis 05. 08. in Urlaub. Wiedereinsetzung scheidet aus, weil es dem Stpfl. nach Wegfall des Hinderungsgrunds »Urlaubsabwesenheit« nach einer gewissen Einarbeitungszeit (eventuell nur einige Stunden) zuzumuten war, sich mit den in seiner Abwesenheit eingegangenen amtlichen Schreiben zu befassen.

b) Die versäumte Frist läuft von Ablauf des 14. 07. bis Ablauf des 14. 08. Der Stpfl. geht vom 20. 07. bis 20. 08. in Urlaub. Wiedereinsetzung kommt nicht in Frage, weil der Stpfl. vor Urlaubsbeginn in der Lage war, die versäumte Handlung vorzunehmen. Er wusste, dass er planmäßig erst nach Fristende aus dem Urlaub zurückkommen würde.

Hat er dagegen den Urlaub nur bis zum 10. 08. geplant, und erleidet er auf der Urlaubsrückfahrt einen Unfall, der ihn zu einem wochenlangen Krankenhausaufenthalt zwingt, ist die Frist schuldlos versäumt. Der Stpfl. muss mit diesem Geschehensablauf nicht rechnen.

4.4 **Weiteres Vorgehen gem. § 110 Abs. 2 und 3 AO**

Innerhalb der Monatsfrist des Abs. 2 muss

- die **versäumte Rechtshandlung** (formell korrekt, vgl. insbesondere § 357 Abs. 1 AO) **nachgeholt** sein (Abs. 2 Satz 3), sowie
- der **Wiedereinsetzungsantrag** z. B. formlos **gestellt** werden (Abs. 2 Satz 1).
- Außerdem müssen innerhalb der Frist die für die Wiedereinsetzung erforderlichen **Tatsachen**, aus denen sich das fehlende Verschulden an der Fristversäumnis ergibt, **vorgetragen werden**. Das Finanzamt hat hinsichtlich der Wiedereinsetzungsgründe keine Amtsermittlungspflicht. Ein Nachschieben von Wiedereinsetzungsgründen nach Ablauf der Antragsfrist ist nicht zulässig.

Die **Glaubhaftmachung** der fristgerecht vorgebrachten Tatsachen kann auch **noch im späteren Verfahren**, also nach Ablauf der Antragsfrist erfolgen, § 110 Abs. 2 Satz 2 AO. Glaubhaft machen bedeutet, etwas mit überwiegender Wahrscheinlichkeit dartun. Es ist mehr als bloßes Behaupten, aber weniger als Beweisen.

Ist innerhalb der Antragsfrist lediglich ein (schriftlicher) Wiedereinsetzungsantrag, aber kein Einspruch eingegangen, ist der Wiedereinsetzungsantrag zugleich als Einspruch auszulegen, wenn klar ist, dass sich der Stpfl. gegen einen bestimmten VA zur Wehr setzen möchte.

Die Monatsfrist ist eine Ereignisfrist. Sie beginnt mit Ablauf des Tages, an dem das Hindernis weggefallen ist, § 108 Abs. 1 AO, § 187 Abs. 1 BGB.

> **BEISPIEL**
>
> Die Monatsfrist beginnt mit Ablauf des Tags, an dem es dem Stpfl. nach Rückkehr aus dem Krankenhaus zuzumuten ist, den (zunächst versäumten) Antrag zu stellen.

Die Antragsfrist des Abs. 2 von einem Monat ist selbst wiedereinsetzungsfähig. Im Interesse des Rechtsfriedens begrenzt **§ 110 Abs. 3 AO** die Möglichkeit, den Antrag auf Wiedereinsetzung zu stellen und/oder die versäumte Rechtshandlung nachzuholen, zeitlich auf **ein Jahr seit Ablauf der versäumten Frist**. Es handelt sich um eine Beginnfrist. Nach Ablauf der Jahresfrist ist der Antrag nur noch zulässig, wenn er wegen höherer Gewalt nicht vorher gestellt werden konnte. Die Jahresfrist ist wegen dieser Spezialregelung nicht wiedereinsetzungsfähig. Unter »**höherer Gewalt**« versteht man ein für den Stpfl. unabwendbares Ereignis, Naturkatastrophen.

Wenn sich aber beispielsweise der Stpfl. über die materielle Rechtslage irrt und deshalb den Rechtsbehelf nicht rechtzeitig einlegt, liegt keine höhere Gewalt vor, wenn ihm – wie üblich – zuzumuten war, sich bei Fachleuten oder der Behörde über die Rechtslage zu informieren. Folglich scheidet Wiedereinsetzung in die versäumte Rechtsbehelfsfrist aus.

Nach § 110 Abs. 2 Satz 4 AO **kann** das FA **von Amts wegen** Wiedereinsetzung gewähren, wenn die versäumte Handlung (formgerecht) innerhalb der Monats- bzw. Jahresfrist nachgeholt worden ist. Es wird dies insbesondere dann tun, wenn offenkundig oder amtsbekannt ist, dass die Voraussetzungen des Prüfungsschemas (4.1) vorliegen.

> **BEISPIEL**
>
> Der Antrag geht einen Tag zu spät per Post ein. Das FA weiß, dass am Vortag wegen eines schweren Unfalls im Postamt keine Post zugestellt wurde. Nach dem Poststempel ist der Brief vor drei Tagen aufgegeben. Der Wiedereinsetzungsgrund ist hier amtsbekannt. Das FA wird

ohne Antrag und ohne Darlegung von Gründen durch den Stpfl. von Amts wegen Wiedereinsetzung gewähren.

Ist bei der Fristversäumnis des Stpfl. dagegen **unklar,** warum die Handlung verspätet erfolgte, muss das FA den Stpfl. lediglich auf die Fristversäumnis hinweisen und für den Fall, dass Wiedereinsetzungsgründe vorliegen könnten, ein Verfahren nach § 110 Abs. 2 Sätze 1 und 2 AO anregen.

Liegen die Voraussetzungen für die Wiedereinsetzung vor, hat der Stpfl. einen Rechtsanspruch auf Wiedereinsetzung (»ist – zu gewähren«). Der Stpfl. muss **so behandelt** werden, **als habe er die Frist eingehalten.** (Es handelt sich nicht um eine Fristverlängerung.)

Liegen die Voraussetzungen für die Wiedereinsetzung nicht vor, verbleibt es bei den nachteiligen Folgen der Säumnis. Die Ablehnung des Antrags geschieht nicht durch einen eigenständigen VA über die Wiedereinsetzung. Die Verweigerung ist nur ein unselbstständiger Bestandteil des VA, mit dem der eigentlich gestellte Antrag abgelehnt wird.

Zusammenfassung

In der Praxis (und auch in der Klausur) treten häufig Fristprobleme auf. Die Abgabe der Steuererklärung, die Zahlung der festgesetzten Steuer, aber auch ein Einspruch ist fristabhängig. Der Lauf einer steuerlichen Frist richtet sich gem. § 108 Abs. 1 AO nach §§ 187, 188 BGB; zugunsten des Stpfl. kann es zu einer Verschiebung des Fristendes nach § 108 Abs. 3 AO kommen. Wurde eine gesetzliche Frist versäumt, kann gem. § 110 AO Wiedereinsetzung gewährt werden. Dies ist v.a. im Rahmen der Einspruchsfrist zu beachten.

FALL 39

a) Fall »Schwach« (vgl. den Kalender 08 im Anhang):
Der Stpfl. Schwach in Ludwigsburg wird am Dienstag, 03.10.08 nachmittags krank und bettlägerig. Sein Hausarzt, der ihn noch abends besucht, schreibt ihn krank und ordnet die Überführung in das Kreiskrankenhaus Ludwigsburg für Mittwoch, 04.10.08 an. Schwach wird am Morgen des Samstag, 11.11.08, als geheilt nach Hause entlassen. Für die Durchsicht seiner Post und Ordnung der Unterlagen benötigt er etwa eine Stunde. Am Montag, 13.11.08, nimmt er morgens für drei Tage Urlaub, um seine Tochter in München zu besuchen. Ab Donnerstag, 16.11.08, arbeitet er wieder.

Am Freitag, 15.12.08, geht beim FA Ludwigsburg sein Einspruch gegen den ESt-Bescheid 07 ein, den dieses FA am Donnerstag 31.08.08 mit einfachem Brief zur Post gegeben hatte. Schwach macht in dem Schreiben den oben beschriebenen Sachverhalt glaubhaft, indem er die Krankheitsbescheinigung vom 03.10. und den Krankenhausentlassungsschein beifügt, und stellt Antrag auf Wiedereinsetzung.

Wie wird das FA über den Antrag entscheiden?

b) Das FA Tübingen gab den ESt-Bescheid von Gabriella Gärtner am 21.03.08 (vgl. Kalender im Anhang) zur Post. Steuerberater Martini erhob im Auftrag von Frau Gärtner mit einem an das (unzuständige, vgl. § 357 Abs. 2 S.1 AO) FA Stuttgart gerichteten und original-unterschriebenen Schreiben Einspruch. Das Schreiben ging a) am 21.04.08, b) am 27.04.08 beim FA Stuttgart ein. Von dort weitergeleitet kam der Einspruch am 02.05.08 beim FA Tübingen an. Auf Nachfrage des FA Tübingen führte Herr Martini den Adressfehler auf ein Versehen seines Büropersonals zurück. Er selbst hatte den Einspruch diktiert, dabei aber das betroffene FA weggelassen, die entsprechende Ergänzung des FA und den Versand dem gut geschulten Personal überlassen. Weil zuletzt die Prüfungsanordnung des FA Stuttgart für den Gewerbebetrieb von Frau Gärtner zu den Beraterunterlagen gekommen sei, wäre es zu der Adress-Verwechslung gekommen.

Teil G Besteuerungsverfahren

Die Steuerfestsetzung ist letztlich das Ergebnis aus **Amtsermittlung** und **Mitwirkung des Stpfl.** Je besser dieses Zusammenwirken gelingt, desto eher ergeht der betreffende VA zutreffend. Die vom Stpfl. gem. § 90 AO geschuldete Mitwirkung**spflicht** stellt sich insofern als ein **Recht** dar, auf die Besteuerung maßgeblich Einfluss zu nehmen. Dies zeigt sich deutlich an der Hauptpflicht des Stpfl. zur Abgabe von **Steuererklärungen** gem. §§ 149 ff AO (und ggf. ihrer Berichtigung nach § 153 AO). Der Stpfl. hat nämlich zugleich einen Anspruch (ein »Recht«) darauf, dass das FA grundsätzlich auf die Richtigkeit der Erklärung vertraut (Pflicht des FA). Ähnliches gilt für die Erteilung von **Auskünften**: über steuerliche Verhältnisse kann sich am ehesten der betroffene Bürger äußern. Er ist zu solchen Auskünften verpflichtet, aber zugleich berechtigt, dass das FA ein Auskunftsersuchen an ihn richtet und nur ausnahmsweise Dritte befragt (§ 93 Abs. 1 Satz 3). Daneben besteht ein dichtes Geflecht aus weiteren Rechten und Pflichten; diese werden zunehmend mittels elektronischer Mittel erfüllt. Der Ansprechpartner des FA ist der »Beteiligte« (§§ 90, 91, 93 AO). Wer Beteiligter am Besteuerungsverfahren ist, regelt § 78 AO. Dessen Rechtsfähigkeit ergibt sich aus den Einzelsteuergesetzen, die Handlungsfähigkeit aus § 79 AO. Beteiligte und »Dritte« (Nicht-Beteiligte) haben unterschiedliche Rechte und Pflichten.

BEISPIEL

Der Beteiligte muss vor Erlass eines belastenden VA angehört werden (§ 91 AO); Beteiligte sind auskunftspflichtig (§ 93 AO), dagegen sind Dritte nur eingeschränkt mitwirkungspflichtig (§ 93 AO).

1 Ermittlungsgrundsätze

Das FA hat die Besteuerungsgrundsätze der §§ 85 ff. AO zu beachten. Nach § 86 Satz 1 AO ist es beim **Verfahrensbeginn** grundsätzlich von einem Antrag oder einer Erklärung des Stpfl. unabhängig (**Amtsprinzip**). Die Entscheidung über den Verfahrensbeginn ist nur dann eine Ermessensentscheidung, wenn das Verfahren zu Ermessensentscheidungen führt, wie z. B. das Zwangsgeld-Festsetzungsverfahren (§ 329 AO). Geht z. B. eine anonyme Anzeige mit konkreten Angaben über steuerliche Sachverhalte eines Bürgers ein, der gegenüber dem FA bisher noch nicht in Erscheinung trat, **muss** das FA nach §§ 86 Satz 2 Nr. 1, 85 AO gegen diesen Bürger von Amts wegen ein Besteuerungsverfahren einleiten.

Ausnahmsweise sind Verfahren **antragsbedingt**. Beispiel ist die ESt-Veranlagung gem. § 46 Abs. 2 Nr. 8 EStG.

Das FA ermittelt in allen eingeleiteten Verfahren den Sachverhalt von Amts wegen (§ 88 AO, »**Amtsermittlungsprinzip**« oder »**Untersuchungsgrundsatz**«). Das FA muss alle notwendigen Maßnahmen treffen, um die entscheidungserheblichen Sachverhalte aufzuklären.

Als »**objektive Behörde**« hat das FA für den Stpfl. ungünstige und günstige Umstände gleichermaßen zu ermitteln und zu berücksichtigen. Der Prüfer darf beispielsweise die Prüfung nicht abbrechen, wenn er Anhaltspunkte dafür entdeckt, dass das Einkommen zu hoch erklärt ist, vgl. auch § 199 Abs. 1 AO.

Ziel der Finanzbehörde muss gem. § 85 AO sein, die deutschen Steuern **gleichmäßig festzusetzen und zu erheben**. (Dies folgt auch aus Art. 3, 20, 28 GG.) Im Doppelbesteuerungsabkommen (DBA) und im EG-Amtshilfegesetz ist daneben auch die Verpflichtung der deutschen Finanzämter niedergelegt, die **Steueransprüche anderer Länder** zu schützen. Dies geschieht i. d. R. dadurch, dass Auskunftsbegehren anderer Länder beantwortet oder sog. Spontanauskünfte erteilt werden. In der Regel erfolgt das Auskunftsverfahren über das Bundeszentralamt für Steuern. Ausnahmsweise ist grenznahen Finanzämtern der direkte Auskunftsaustausch mit dem Ausland erlaubt.

Der **Umfang der Ermittlungspflicht** richtet sich nach den Umständen des Einzelfalls (§ 88 Abs. 1 Satz 3 AO). Die **Grenzen** der Pflicht zur Aufklärung des Sachverhalts ergeben sich aus dem **Grundsatz der Verhältnismäßigkeit**.

Die Ermittlungshandlungen dürfen zu dem angestrebten Erfolg nicht erkennbar außer Verhältnis stehen. (Man schießt nicht mit Kanonen auf Spatzen.) Die Maßnahmen sollen so gewählt werden, dass damit unter Berücksichtigung der Verhältnisse des Einzelfalls ein möglichst geringer Eingriff in die Rechtssphäre des Beteiligten oder Dritter verbunden ist. Das Verhältnismäßigkeitsprinzip ist verfassungsrechtlich im Rechtsstaatsprinzip verankert (Art. 20, 28 GG).

Die **Mitwirkungspflicht des Stpfl.** begrenzt ebenfalls den Umfang der Ermittlungen durch das FA (AEAO § 88 Nr. 2).

BEISPIEL

> Der Stpfl. lehnt es ab, nähere Einzelheiten über den Geschäftsverkehr mit seinen angeblich ausländischen Lieferanten mitzuteilen. Deshalb wird es unmöglich, den Sachverhalt auf einfache Weise zu erforschen. Das FA muss dann nicht weiter entfernt liegende Beweise erheben, wenn von vorneherein Zweifel bestehen, ob der Sachverhalt auf diese Weise aufgeklärt werden kann.

Trotz des Untersuchungsgrundsatzes können bei der Frage, ob und welche Ermittlungen angestellt werden, im Ergebnis **Zweckmäßigkeitsüberlegungen** eine Rolle spielen. Zum Beispiel kann eine weitere Ermittlung für das FA **unzumutbar** sein, wenn sie bezogen auf den möglichen steuerlichen Erfolg einen nicht mehr vertretbaren Zeit- und Arbeitsaufwand verursachen würde. So kann das FA für den Regelfall davon ausgehen, dass die **Angaben in der Steuererklärung vollständig und richtig** sind, außer es liegen greifbare Umstände vor, die auf die Unwahrheit oder Unvollständigkeit der Angaben hindeuten (AEAO § 88 Nr. 2 Satz 3–5). Nachprüfungen bedürfen eines sachlichen Anlasses. Andererseits liegt ein **Verstoß gegen die Aufklärungspflicht** vor, wenn das FA offenkundigen Zweifelsfragen nicht nachgeht, die sich nach den Umständen des Falles ohne weiteres aufdrängen.

Die Finanzverwaltung hat zur Entlastung von Beweiserhebungen häufig **Vereinfachungs-, Pauschbetragsregeln und Aufgreifgrenzen** aufgestellt, die allerdings nicht zu einer offensichtlich unzutreffenden Besteuerung führen dürfen (z. B. R 19.5 Abs. 4 Satz 2 LStR: Freigrenze von 110 € pro Arbeitnehmer für Betriebsveranstaltungen).

In Fällen einer erschwerten Sachverhaltsermittlung kommt zur Vermeidung von Rechtsstreitigkeiten und im Interesse der Effektivität der Besteuerung u. U. eine sog. **tatsächliche Verständigung** zwischen FA und Stpfl. in Frage. Dies bedeutet, dass sich das FA mit dem Beteiligten über das Vorliegen eines bestimmten Sachverhalts verständigt (AEAO § 88 Nr. 1 letzter Satz; wegen der Einzelheiten vgl. N 7.3).

Das FA soll den Beteiligten Hilfestellung bei der Stellung von Anträgen leisten, wenn offensichtlich Unkenntnis oder ein Versehen vorliegt (§ 89 AO, »**Fürsorgepflicht**« des FA).

Damit sind aber nur Erklärungen und Anträge gemeint, die sich bei dem gegebenen Sachverhalt aufdrängen. Im Übrigen ist es Sache des Stpfl., sich über Antragsmöglichkeiten zu unterrichten, gegebenenfalls auch durch Rückfrage beim FA. (Zu den Fehlerfolgen bei Verstößen gegen die Fürsorgepflicht des FA vgl. H 4.3 Beispiel c) und AEAO § 89 Nr. 1.2).

Das FA soll dem Stpfl. vor dem Erlass von VA Gelegenheit zur Stellungnahme (»**rechtliches Gehör**«) gewähren (§ 91 AO). Hauptanwendungsfall des § 91 AO ist die von der Erklärung zu Ungunsten des Stpfl. abweichende Veranlagung. Hier bestimmt § 91 Abs. 1 Satz 2 AO, dass der Stpfl. nur bei beabsichtigten **wesentlichen** Abweichungen **vor** Erlass des Bescheids unterrichtet werden muss. Ab welchem Betrag die Nichtberücksichtigung eines geltend gemachten Abzugspostens »wesentlich« ist, ist nirgends schriftlich festgelegt, soweit ersichtlich auch nicht in verwaltungsinternen Anweisungen. U. E. ist ein Steuermehrbetrag von 50 € für jeden Stpfl. fühlbar und damit »wesentlich«. Ist die steuerliche Auswirkung dagegen gering, genügt es, wenn das FA die Abweichung im Steuerbescheid begründet (ebenso AEAO § 91 Nr. 1 letzter Satz). Gegen die Anhörungspflicht wird in der Praxis häufig verstoßen. Der Verstoß kann gem. § 126 Abs. 1 Nr. 3 AO geheilt werden, insbesondere durch Begründung der Abweichung im Bescheid oder im anschließenden Rechtsbehelfsverfahren. Versäumt der Stpfl. die Einspruchsfrist, weil er trotz Abweichung von seiner Erklärung nicht angehört wurde, erhält er gem. § 126 Abs. 3 AO Wiedereinsetzung in die versäumte Frist (vgl. D 8.3–8.5 und AEAO § 91 Tz. 2, 3).

2 Mitwirkungspflichten

Das FA kann nur dann eine zutreffende Entscheidung treffen, wenn es die dafür notwendige Sachkenntnis hat. Sie zu vermitteln, ist vorrangig die Aufgabe des Stpfl.: schließlich verwirklicht er die jeweiligen Steuertatbestände. Demgemäß verpflichten die wichtigsten Einzelsteuergesetze den Stpfl. zur Abgabe einer **Steuererklärung**. Als Informationsquelle kommen auch Dritte in Frage, v.a. wenn Auskünfte des Stpfl. selbst nicht zum Erfolg führen, § 93 AO. Demgemäß sind die Mitwirkungspflichten des Stpfl und von Dritten unterschiedlich stark ausgeprägt.

2.1 Anzeigepflichten

Sie dienen der Erfassung des Stpfl und damit zur Einleitung von Ermittlungsverfahren (z.B. Anzeige der Betriebseröffnung nach § 137, 138 AO). Es gibt auch Anzeigepflichten im laufenden Besteuerungsverfahren, z.B. wenn eine Eintragung auf der LSt-Karte nicht mehr stimmt, § 39 Abs. 4, 5a EStG.

2.2 Buchführungs- und Aufzeichnungspflichten

Diese **Mitwirkungspflichten** »Pflicht zur Buchführung, Aufzeichnung, Sammlung und Aufbewahrung von Belegen« treffen zunächst **Kaufleute** i. S. d. §§ 1 ff HGB (§ 140 AO) und zusätzlich die **Gewerbetreibenden** bzw. **Land- und Forstwirte,** welche die Voraussetzungen des § 141 Abs. 1 AO erfüllen. **Gewerbetreibende** müssen in jedem Fall ihren **Warenein- und -ausgang** (gesondert) **aufzeichnen** (§§ 143, 144 AO; diese Pflicht ist i.d.R. durch die Buchführung erfüllt); die Pflicht zur Aufzeichnung des Warenausgangs gilt auch für buchführungspflichtige Land- und Forstwirte (§ 144 Abs. 5 AO). § 22 Abs. 1 UStG verpflichtet v. a. **Unternehmer** (§ 2 UStG) ihre **Ausgangs- und Eingangsumsätze** aufzuzeichnen. Wie

Unterlagen aufzubewahren sind, ergibt sich aus § 147 AO. Sie werden v. a. in Außenprüfungen ausgewertet. Gemäß § 147 Abs. 5 hat die Verwaltung verschiedene Möglichkeiten, auf gespeicherte Daten zuzugreifen: Die erste Möglichkeit ist der »Nur-lese-Zugriff« mit Hilfe der Hard- und Software des Stpfl. Das FA kann vom Stpfl. außerdem verlangen, dass er maschinell erstellte **Auswertungen** der gespeicherten Daten vorlegt. Die dritte Möglichkeit besteht darin, dass der Stpfl. aufgefordert wird, die gespeicherten **Daten** dem FA auf einem maschinell verwertbaren **Datenträger** (Diskette, CD) **zur Auswertung** zu überlassen.

Andere Personen haben **keine** gesetzliche Pflicht, Aufzeichnungen zu machen oder Belege zu sammeln bzw. aufzubewahren. Dies trifft z. B. auf Arbeitnehmer und solche Überschusseinkunftserzieler (§ 2 Abs. 1 Nr. 4–7 EStG) zu, die keine Unternehmer i. S. d. UStG sind; für sie gelten §§ 147 Abs. 1 Nr. 4, 143 Abs. 3 Nr. 5, 144 Abs. 3 Nr. 5 AO nicht.

Allerdings ergeben die Regeln über die Feststellungslast, dass der Stpfl. eventuell **Nachteile zu tragen** hat, wenn er insbes. ihm günstige Umstände wie Werbungskosten, Sonderausgaben usw. **nicht** mit Originalurkunden (im Rahmen des Ermessens des FA: auch Kopien) »**belegen**« **kann**. Daraus folgt aber keine Rechtspflicht zur **Sammlung und Aufbewahrung von Belegen** gegenüber dem FA (die erzwingbar wäre s. u.), sondern nur eine **Last** sich selbst gegenüber, weil man sonst steuerliche Nachteile tragen muss.

BEISPIELE

a) Der **Arbeitnehmer** braucht seine »Belege«, z. B. Kontoauszüge, LSt-Karte, Eingangsrechnungen über Aufwendungen, die mit seiner beruflichen Arbeit zusammenhängen, Sonderausgaben usw. nicht aufzubewahren. Stellt er aber einen Antrag auf Arbeitnehmerveranlagung zur ESt gem. § 46 Abs. 2 Nr. 8 EStG, weil er LSt erstattet bekommen möchte, zeigen sich nachteilige Folgen, wenn er keine Belege hat: Das FA muss die dem Arbeitnehmer steuerlich günstigen Umstände, die dieser nicht »belegen« kann, nur dann berücksichtigen, wenn es von ihrem Vorhandensein überzeugt ist. Man sagt, der Arbeitnehmer trage für diese ihm günstigen Umstände die »Feststellungslast« (vgl. 2.7). Der Arbeitnehmer hat also keine Rechtspflicht zur Sammlung und Aufbewahrung seiner Belege, wohl aber (sich selbst gegenüber) eine entsprechende Last: beachtet er sie nicht, muss er die nachteiligen Konsequenzen tragen.

b) Die **Einnahmen-Überschussrechnung** eines nicht buchführungspflichtigen Stpfl. gem. § 4 Abs. 3 EStG »ohne Belege« hat keine Aussagekraft und berechtigt das FA zu einer Vollschätzung. Folglich sind auch Nicht-Buchführungspflichtige gut beraten, wenn sie ihre Belege sammeln und aufbewahren.

Wie lange die **Aufbewahrungslast** andauert, ergibt sich nicht unmittelbar aus dem Gesetz. Die Frage lässt sich nur im Einzelfall nach dem Grundsatz von Treu und Glauben entscheiden.

BEISPIEL

Gibt das FA nach einer Vorbehaltsveranlagung des Vermieters diesem die Belege zurück, endet die Aufbewahrungslast des Stpfl. Der Stpfl. kann nach Treu und Glauben davon ausgehen, dass das FA die Belege geprüft hat und kann sie vernichten. Anders ist es, wenn das FA bei der Rückgabe der Belege ausdrücklich vermerkt, die Belege müssten bis zur endgültigen Veranlagung u. ä. aufbewahrt werden.

2.3 Auskunfts- und Vorlagepflichten des Stpfl.

Gem. § 97 Abs. 1 Satz 1 AO kann die Finanzverwaltung die Vorlage von Büchern, Aufzeichnungen, Geschäftspapieren und anderen Urkunden verlangen und als Beweismittel verwenden (§ 92 Satz 2 Nr. 3 AO). Nach § 97 Abs. 2 AO ist der Urkundenbeweis subsidiär; er soll nur verlangt werden, wenn der Vorlagepflichtige erforderliche Auskünfte nicht oder nicht vollständig erteilt. Das Vorlageverlangen ist ein VA, der durch Einspruch angefochten werden kann (§ 347 AO). Nach §§ 328 ff. AO kann die Vorlage der Urkunden erzwungen werden.

Die dem FA vorgelegten Urkunden bleiben Eigentum des Stpfl., müssen also zurückgegeben werden, wenn der Stpfl. darauf nicht verzichtet. Die Rückgabe kann dagegen nicht verlangt werden, wenn es sich um »Bescheinigungen« handelt, die speziell zur Vorlage beim FA zur Erlangung steuerlicher Vergünstigungen erstellt und dort eingereicht werden. Dazu gehört z. B. ein Zuwendungsnachweis gem. § 50 EStDV.

Umfang der Auskunftspflicht

Bei der Erfüllung der Mitwirkungspflicht, z. B. bei der Anforderung von Beweisen, darf **nichts Unverhältnismäßiges und insbes. nichts Unmögliches verlangt** werden. Unter Umständen muss der Stpfl. jedoch besondere **Vorsorge zur Beweissicherung** treffen. Bezüglich Auslandssachverhalten besteht gem. § 90 Abs. 2 AO eine solche Vorsorgepflicht die zusätzlich gesteigert ist, wenn der Stpfl. Geschäftsbeziehungen zu einem Staat unterhält, der bestimmte Standards nicht einhält.

BEISPIEL

> Der Stpfl. bestreitet, im Inland seine Geschäftsleitung oder eine andere Betriebsstätte zu haben (BFH vom 12. 12. 2007, BFH/NV 2008, 736). Verletzt der Stpfl. die »erhöhte Mitwirkungspflicht bei Auslandssachverhalten«, kann er sich später nicht darauf berufen, dass ihm die Beweis- bzw. Kenntnisverschaffung jetzt unmöglich sei (§ 90 Abs. 2 Satz 3 AO).

Unter Umständen unterliegt der Stpfl. auch sonst einer **erhöhten Nachweispflicht.** Dies gilt vor allem bei gesellschafts- und schuldrechtlichen **Verträgen zwischen nahen Angehörigen** zu beachten. Fraglich ist dabei die Anerkennung von Werbungskosten bzw. Betriebsausgaben.

Arbeitsverträge, Zeitverträge, Familiengesellschaften

Solche Verträge sind nur dann steuerlich anzuerkennen, wenn sie »ernsthaft vereinbart und ... tatsächlich durchgeführt werden«, insbesondere wenn »eindeutige« Vereinbarungen vorliegen und die Einkommens- und Vermögensverhältnisse der Vertragsparteien »klar« getrennt sind (R 4.8 EStR). Die vertragliche Gestaltung muss formwirksam (BFH vom 12. 05. 2009 – IX R 46/08) und ihre Durchführung in wesentlichen Bereichen auch unter Dritten üblich sein (H 4.8 EStH »Fremdvergleich«). Die Beziehung kann nämlich auch auf familienrechtlichen Pflichten beruhen, und die Vermögenssphären dieser Personen sind nicht von vornherein voneinander getrennt. Allerdings führt nicht jede Abweichung von dem, was zwischen Fremden üblich wäre, zur Steuerschädlichkeit (BFH vom 10. 03. 2009 – IX B 189/08).

Der Stpfl. hat in seinem **eigenen Besteuerungsverfahren** in **keinem Fall ein Aussage- und Vorlageverweigerungsrecht.** Dies gilt sogar, wenn gegen ihn ein steuerstraf- oder ordnungswidrigkeitenrechtliches Ermittlungsverfahren eingeleitet wird. Allerdings kann dann seine Mitwirkungspflicht vom FA nicht mehr erzwungen werden, § 393 Abs. 1 AO.

2.4 Mitwirkungspflichten Dritter

Dritte, am Verfahren unbeteiligte Personen sind ebenfalls zur Mitwirkung bei der Sachverhaltsermittlung verpflichtet. Dies zeigt sich z. B. bei der **Anzeigepflicht** von Banken, Notaren und Versicherungsunternehmen für Zwecke der Erbschaft-, Schenkung- und Grunderwerbsteuer (in §§ 33 f. ErbStG, §§ 4 ff. ErbStDV, § 18 GrEStG). Wenn sich das FA an Dritte wenden möchte, muss es die in § 93 Abs. 1 Satz 3 AO vorgesehene **Reihenfolge** einhalten: Das FA soll von Dritten erst dann Auskünfte bzw. die Vorlage von Urkunden (§ 97 Abs. 1 Satz 3 AO) verlangen, wenn die Mitwirkung der Beteiligten keinen Erfolg verspricht oder keinen Erfolg gebracht hat. § 107 AO sieht eine Entschädigung für Auskünfte gem. § 93 AO vor. Verlangt das FA gem. § 97 AO eindeutig bezeichnete Unterlagen vorzulegen, scheidet eine Entschädigung dagegen aus (BFH vom 08. 08. 2006, BStBl II 2007, 80).

Dritte Personen können sich allerdings unter den Voraussetzungen der §§ 101 ff. AO auf **Auskunftsverweigerungs-** bzw. **Vorlageverweigerungsrechte** (§ 104 AO) berufen. Dabei ist das Mitwirkungsverweigerungsrecht der Angehörigen gem. § 101 AO und der rechtsberatenden Berufe (§ 102 Abs. 1 Nr. 3a und b) von Bedeutung. Ärzte sind i. R. ihrer Auskunftspflicht nach § 90 Abs. 1 Satz 2 AO berechtigt, unter Hinweis auf § 102 Abs. 1 Nr. 3c AO ggf. Patientennamen zu schwärzen. Dritte, die vom FA zur Erstellung eines Sachverständigen-Gutachtens bestellt sind, haben ihrer Ernennung Folge zu leisten (§ 96 Abs. 3 AO); sie werden für ihre Mitwirkung entschädigt (§ 107 AO).

Durch § 93 a AO wird die Bundesregierung ermächtigt, per Rechtsverordnung **Behörden** zur Mitteilung zu verpflichten, wenn diese Erkenntnisse über bestimmte Sachverhalte mit steuerlicher Bedeutung gewonnen haben. Eine solche Mitteilungspflicht besteht z. B. bei Honorarzahlungen durch eine Behörde oder bei gewerberechtlichen Gestaltungen oder bei Änderungen in Bezug auf die Minderung der Erwerbsfähigkeit bei Schwerbehinderten.

Die **Gemeinden** sind zur Mitwirkung bei der Erfassung aller Personen und Unternehmen, die der Besteuerung unterliegen, verpflichtet (§§ 134, 136 AO).

BEISPIEL

> Für die Ausstellung der LSt-Karten, für gewisse Eintragungen und deren Änderungen auf ihnen, sind die Gemeinden als Hilfsbehörden der Finanzämter zuständig (§ 39 Abs. 6 EStG; vgl. auch § 134 Abs. 1 AO).

Die Mitwirkungspflicht von **Kreditinstituten** ist durch § 30 a AO eingeschränkt. § 30 a AO dient dem **»Schutz des Bankkunden«** vor bestimmten aufgeführten Ermittlungsmethoden der Finanzbehörden, schränkt also den Untersuchungsgrundsatz des § 88 AO bzgl. der bei Kreditinstituten lagernden Einkunftsquellen und Vermögensanlagen ein.

Ein »Bankgeheimnis« gibt es also gegenüber der Finanzverwaltung nicht. Immerhin verbietet § 30 a AO, dass bei Banken Ermittlungen »ins Blaue hinein« und »Rasterfahndungen« ohne sachlichen Grund durchgeführt werden (AEAO § 30 a Nr. 2). Werden allerdings auffällige Bankgeschäfte festgestellt, dürfen anlässlich einer Betriebsprüfung Kontrollmitteilungen gem. § 194 Abs. 3 AO gefertigt werden, selbst dann, wenn es sich um legitimationsgeprüfte Konten i. S. v. § 154 Abs. 2 AO handelt. Die gesetzliche Vorgabe zum schonenden Umgang mit solchen Konten ist dann untergeordnet, BFH vom 09. 12. 2008, DStR 2009, 581.

BEISPIELE

> a) Beantragt der Stpfl., seine Einkünfte aus § 20 EStG und nach § 32d Abs. 6 EStG zu veranlagen und weigert er sich, Auskünfte über die Höhe seiner Zinseinnahmen aus seinen Konten bei der Volksbank X zu geben, so kann das FA von dieser Bank direkt Auskünfte

verlangen (§ 93 Abs. 1 Satz 3 AO), wenn das FA Anhaltspunkte für Zinszahlungen der Volksbank an den Stpfl. hat (§ 30a Abs. 5 AO). Der Bank steht nach den §§ 101 ff. AO kein Auskunftsverweigerungsrecht (z. B. ein »Bankgeheimnis«) zur Seite.

Die Aufforderung zur Mitwirkung gegenüber der Bank ist ein Ermessens-VA. Das FA muss ihn regelmäßig so begründen, dass die Bank daraus erkennen kann, ob die Voraussetzungen für ihre Mitwirkungspflicht gem. § 93 Abs. 1 Satz 3 AO vorliegen (§ 121 Abs. 1 AO). Notfalls wird die Frage der Mitwirkungspflicht im Einspruchsverfahren (§ 347 AO) geklärt.

b) Außerdem verschafft sich der Staat beim Erbfall den vollen Einblick in den sonst durch § 30a AO privilegierten Bereich: Nach § 33 ErbStG haben u. a. Kreditinstitute im Fall des Todes eines Kunden eine **Anzeigepflicht** über das bei den Instituten lagernde Vermögen bzw. die Spar- und sonstigen Guthabensforderungen zum Todeszeitpunkt des Erblassers.

2.5 Kontenabruf gem. § 93 Abs. 7 AO

Nach Einführung der Abgeltungssteuer (für Kapitalerträge) hat die Notwendigkeit für automatisierte Kontoabfragen nach § 93b AO abgenommen. Sie sind gem. § 93 Abs. 7 AO nur noch in den abschließend aufgeführten Fällen zulässig: der Stpfl. wählt hinsichtlich seiner Kapitalerträge die ihm günstigere individuelle Veranlagung (Nr. 1), die Kapitalerträge müssen anderweitig i. R. der Veranlagung erfasst werden (Nr. 2), zum Zwecke der Vollstreckung (Erhebung, auch für bundesgesetzliche Steuern, Nr. 4) und wenn der Stpfl. zustimmt (Nr. 5). Für die Versteuerung der Einkünfte aus §§ 20, 23 Abs. 1 EStG in »Altfällen« kann wie bisher eine Abfrage erforderlich werden (Nr. 3). Die Abfrage setzt zudem in allen Fällen voraus, dass ein **Auskunftsersuchen beim Stpfl.** nicht zielführend ist (letzter Halbsatz in § 93 Abs. 7 AO). Eine Abfrage i. S. d. Nr. 5 soll bei Vorliegen tatsächlicher Anhaltspunkte bzw. aufgrund allgemeiner Lebenserfahrung der Überprüfung der vom Stpfl. gemachten Angaben dienen. Ein strafrechtlicher Anfangsverdacht muss dabei noch nicht vorliegen. Verweigert der Stpfl. die Zustimmung, kommt eine Hinzuschätzung gem. § 162 Abs. 2 Satz 2 AO in Frage.

Die Abfrage führt das Bundeszentralamt für Steuern auf Ersuchen des FA durch. Sie bezieht sich auf die Stammdaten (Nummer des Kontos, Tag der Errichtung/Auflösung, Daten des Kontoinhabers); Kontostände/Kontobewegungen können nicht abgefragt werden. Die Abfrage ist kein VA, sondern ein Realakt.

Zum Schutze des Persönlichkeitsrechts des betroffenen Stpfl. (Art. 2 GG) muss dieser gem. § 93 Abs. 9 AO regelmäßig vor Durchführung des Abrufs informiert werden – er kann den Abruf dann eventuell abwenden - wie auch nach dessen Durchführung. Zudem muss der Abruf gem. § 93 Abs. 10 AO dokumentiert werden. Erbringt der Abruf Konten, die der Stpfl. auf Nachfrage nicht angegeben hatte, ist wiederum zunächst der Stpfl. zu befragen. Verbleiben Zweifel, kann das FA das Kreditinstitut nach § 93 Abs. 1 Satz 3 AO um Auskunft ersuchen.

2.6 Sanktionsmöglichkeiten

Das FA kann gegen Beteiligte und Dritte, die ihre Pflichten nicht erfüllen, die **Zwangsmittel** der §§ 328 ff. AO einsetzen.

BEISPIEL

Gegen den Stpfl., der keine Erklärung abgegeben hat, kann ein Zwangsgeldverfahren eingeleitet (§§ 329, 332 ff. AO) und damit Druck ausgeübt werden.

Außerdem kann das FA **Ungehorsamsfolgen** verhängen und **Schätzungsbescheide** erlassen (§ 162 AO).

> **BEISPIEL**
>
> Das FA kann im vorigen Fall neben oder statt des Zwangsgeldverfahrens einen Verspätungszuschlag nach § 152 Abs. 1 Satz 1 AO festsetzen. Außerdem können die Besteuerungsgrundlagen geschätzt werden. Die Schätzung ist allerdings kein Druckmittel.

Kommt der Stpfl. der Aufforderung des FA nicht nach, den Gläubiger von Schulden und anderen Lasten oder den Empfänger von Zahlungen namentlich und mit ihrer Anschrift zu benennen (**Benennungsverlangen**), sind entsprechende Ausgaben gem. **§ 160 AO** »steuerlich regelmäßig nicht zu berücksichtigen«, d. h. sie sind in Höhe der vermutlichen Grenzsteuerbelastung des Zahlungsempfängers beim Schuldner von der Berücksichtigung ausgeschlossen (BFH vom 10. 03. 1999 BStBl II 1999, 434); § 160 AO kompensiert erwartete Steuerausfälle beim Zahlungsempfänger. Ungewissheiten gehen zu Lasten des Stpfl.

> **BEISPIEL**
>
> Ein Schrotthändler verbucht Ausgaben von je 800 € an Lieferanten; die von ihm notierten Anschriften lassen sich später nicht ermitteln. Prognostiziert man einen Steuersatz von 30 % bei den Zahlungsempfängern, scheidet ein Betriebsausgabenabzug beim Stpfl. Schrotthändler insoweit aus.

2.7 Beweis- und Feststellungslastregeln

Das tatsächliche Ermittlungsergebnis unterliegt der »**freien Beweiswürdigung**« (entsprechend § 96 Abs. 1 Satz 1 FGO); Die Überzeugung folgt keinen gesetzlichen Beweisregeln, sondern dem persönlichen Gewissen (BFH vom 11. 07. 2007, BFH/NV 2007, 2241).

Ausnahmsweise gilt etwas anderes, wenn das Gesetz **Fiktionen** (»Katzen im Sinne des Gesetzes sind auch Hunde«) oder **Vermutungen** (die in der Regel widerlegbar sind) aufstellt.

> **BEISPIELE**
>
> a) § 3 Abs. 1a UStG fingiert eine entgeltliche Lieferung, obwohl tatsächlich kein Dritter Verfügungsmacht erhält und kein Entgelt existiert.
>
> b) § 158 AO begründet eine widerlegbare gesetzliche Vermutung, dass das Ergebnis einer ordnungsgemäßen Buchführung sachlich richtig ist, wenn »kein Anlass besteht, ihre sachliche Richtigkeit zu beanstanden«. Die Vermutung ist widerlegt, wenn eine Verprobung ergibt, dass das Buchführungsergebnis nicht richtig sein kann.

Ausnahmsweise verlangen die Steuergesetze zum Beweis für die tatsächlichen Voraussetzungen von Vergünstigungen eine **Beweisführung in bestimmten Formen**.

> **BEISPIELE**
>
> a) § 34c Abs. 7 Nr. 2 EStG i. V. m. § 68b Satz 1 EStDV verlangt für die Berücksichtigung ausländischer Steuern den **Nachweis durch Urkunden,** dass ausländische ESt bezahlt wurde. Der Nachweis kann also nicht anders (z. B. durch Zeugen usw.) geführt werden.
>
> b) Die Zahlung einer Handwerkerrechnung i. S. d. § 35a EStG muss bankmäßig dokumentierbar sein; Barzahlungen reichen nicht aus, § 35a Abs. 2 Satz 5 und BFH vom 20. 11. 2008 – VI R 14/08 –.

Von der Nachweisführung per Beleg sind die Fälle zu unterscheiden, in denen das Vorhandensein bzw. die Vorlage bestimmter »Belege« kraft Gesetzes Tatbestandsmerkmal einer Vergünstigungsvorschrift ist. Eigen- oder Fremdbelege haben dann nicht nur Beweis-funktion, sondern materiell-rechtliche Bedeutung.

> **BEISPIEL**
>
> Rechnung (§ 15 Abs. 1 Nr. 1 UStG); Buchnachweis gem. § 4 Abs. 7 EStG, Zuwendungsnachweis gem. § 50 EStDV.

Bescheinigungen von Behörden können sogar Bindungswirkung für das FA entfalten (§ 182 Abs. 1 AO), weil sie Grundlagenbescheide i. S. d. § 171 Abs. 10 AO darstellen, vgl. D 5.4.3.

Der Sachverhalt, der nach den Ermittlungen »**erwiesen**«, d. h. mit an Sicherheit grenzender Wahrscheinlichkeit gegeben ist, ist der Besteuerung zugrunde zu legen. Das FA muss sich vom Sachverhalt eine **Überzeugung** bilden. Dabei kann es sich über vorhandene geringfügige Zweifel hinwegsetzen.

> **BEISPIEL**
>
> Übernachtungskosten des Arbeitnehmers darf das FA als Werbungskosten (Reisekosten, § 9 Abs. 1 Satz 1 EStG) steuermindernd nur berücksichtigen, wenn sie »nachgewiesen« sind, d. h. wenn das FA von ihrem Vorliegen überzeugt ist. Sind sie allerdings zweifelsfrei entstanden, kann das FA ihre Höhe schätzen, wenn die Höhe nicht ebenfalls nachgewiesen ist (H 9.7 LStR).

Der strafprozessuale Grundsatz »**in dubio pro reo**« (im Zweifel für den Angeklagten) lässt sich nicht unmittelbar auf steuerverfahrensrechtliche Fragen (Festsetzungsverjährung nach § 169 Abs. 2 Satz 2 AO, Durchbrechung der Änderungssperre nach § 173 Abs. 2 AO und Hinterziehungszinsen gem. § 235 AO) übertragen, vgl. O 4.

Erfahrungsgrundsätze, dass typische Sachverhalte mit anderen Sachverhalten natur- oder marktgesetzlich zusammenhängen oder automatisch bestimmte Ergebnisse bewirken, sind zu beachten (**Anscheinsbeweis**).

Diese Erfahrungssätze können entkräftet oder erschüttert werden. Hierzu muss nicht etwa das Gegenteil bewiesen werden. Es genügt, dass ein Sachverhalt dargelegt wird, der einen alternativen Geschehensablauf als ernsthaft möglich erscheinen lässt, BFH vom 03. 03. 2009 – VI B 107/108 –.

> **BEISPIELE**
>
> a) Bei einem Großhandelsunternehmen spricht der **Beweis des ersten Anscheins** dafür, dass es in der Absicht der Gewinnerzielung betrieben wird und keine **Liebhaberei** vorliegt. Der Anscheinsbeweis ist **entkräftet**, wenn das FA die ernsthafte Möglichkeit darlegt, dass im konkreten Einzelfall nicht das Streben nach einem Totalgewinn, sondern persönliche Gründe für die Fortführung des Verlustunternehmens bestimmend waren, z. B. um die Krankenver-sicherungsbeiträge des Ehegatten als abzugsfähige Betriebsausgaben »laufen lassen« zu können.
>
> b) Der Stpfl. behauptet, er habe seinen USt-Bescheid erst eine Woche nach dessen Postaufgabe bekommen.
> Bei der Beurteilung dieser Behauptung gilt der Grundsatz der freien Beweiswürdigung. Die gesamten Behauptungen und Umstände des Falles müssen gegeneinander abgewogen werden. Es gibt aber einen »gerichtsbekannten speziellen Erfahrungssatz« und damit eine entspre-chende Vermutung dahingehend, dass amtliche Schriftstücke, die ordnungsgemäß zur Post gebracht werden, innerhalb von 3 Tagen zugehen. Der Stpfl. kann aber »substantiiert« Umstände vortragen, nach denen im konkreten Fall ein längerer Postlauf möglich scheint.

c) Für die Ermittlung des **Teilwerts** gibt es in § 6 EStG **Vermutungen,** die widerlegbar sind. Für neue WG bzw. nicht abnutzbare WG des Anlagevermögens ist zu vermuten, dass der Teilwert den Anschaffungs- bzw. Herstellungskosten entspricht, für abnutzbare WG des Anlagevermögens ist zu vermuten, dass ihr Teilwert gleich dem Buchwert ist, der Teilwert für Wirtschaftsgüter des Umlaufvermögens liegt vermutlich in Höhe der Wiederbeschaffungskosten vor.

d) Ob aus dem Kauf eines unbebauten Grundstücks entstandene **Schuldzinsen** mit einer späteren Bebauung zusammenhängen und folglich gem. § 9 Abs. 1 Nr. 1 EStG als Werbungskosten abzugsfähig sind, kann anhand von Indizien geschlossen werden: z. B. dass der Stpfl. schon im Kaufjahr eine Bauvoranfrage für ein Mietshaus gestellt hat, die positiv entschieden wurde, mehrere Bausparverträge abgeschlossen hat und aufgrund seiner beschränkten Einkommens- und Vermögensverhältnisse noch eine weitere Ansparphase brauchte. Dass die Baugenehmigung erst vier Jahre nach dem Grundstückskauf beantragt und erlangt wurde, ist kein beachtliches Gegenindiz.

e) Die 1%-Regelung in §§ 6 Abs. 1 Nr. 4 Satz 8 Abs. 2 Satz 2 EStG bedeutet für die Privatnutzung betrieblicher Kraftfahrzeuge eine stark typisierende und pauschalierende Bewertung. Der Beweis des ersten Anscheins spricht für eine auch private Nutzung des Dienstwagens. Er gilt aber nicht in atypischen Fällen wie z. B. bei bestimmten Werkstattwagen, BFH vom 18. 12. 2008 – VI R 34/07 –.

Kaum zu unterscheiden vom Anscheinsbeweis ist die **typisierende Betrachtungsweise.** Sie besteht darin, dass nur bestimmte Merkmale eines Sachverhalts für beachtlich erklärt werden.

BEISPIEL

Zu § 6a EStG: Aus der Statistik ergibt sich bei typisierender Betrachtungsweise und als Anscheinsbeweis, dass (auch) der beherrschende Gesellschafter-Geschäftsführer einer beliebigen Kapitalgesellschaft mit Erreichen des 65. Lebensjahr pensioniert wird (R 6a Abs. 8 EStR).

Glaubhaftmachung

Das Gesetz verlangt manchmal nur eine »Glaubhaftmachung« des Sachverhalts, also den Vorgang mit überwiegender Wahrscheinlichkeit darzustellen.

BEISPIEL

§ 110 Abs. 2 Satz 2 AO (Wiedereinsetzung in den vorigen Stand; vgl. F 4.4); Nach H 9.5 sind Fahrtkosten zum wechselnden oder auswärtigen Tätigkeitsort »nachzuweisen oder glaubhaft zu machen«.

Feststellungslast

Die Regeln über die **Beweislast (Feststellungslast)** greifen ein, **wenn der Sachverhalt ungeklärt** und eine **weitere Sachaufklärung nicht möglich** (»non liquet«) **oder unzumutbar** ist. Demjenigen, welcher die Feststellungslast trägt, gereicht es zum Nachteil, dass bestimmte rechtserhebliche Tatsachen nicht feststellbar sind.

Da eine gesetzlich festgelegte allgemeine Regel über die Verteilung der Feststellungslast **fehlt,** hat die Rechtsprechung 2 Regeln entwickelt, die sich allerdings widersprechen können.

Zum einen trägt die **Finanzbehörde** die **Feststellungslast** für die Tatsachen, die vorliegen müssen, **um einen Steueranspruch geltend machen zu können.** Der in Anspruch genommene **Stpfl.** muss dagegen die Tatsachen, die **Steuerbefreiungen und -ermäßigungen** begründen oder einen **Steueranspruch einschränken oder aufheben,** darlegen.

BEISPIELE

a) Der Stpfl. trägt die Feststellungslast, dass ein Buch, dessen Anschaffungskosten er als Werbungskostenbeleg geltend macht, wirklich ein berufliches Lehrbuch ist (§§ 9, 12 Nr. 1 EStG). Kann er seine Behauptung nicht durch einen entsprechenden Rechnungsvermerk (Titel des gekauften Buchs) oder durch Vorlage des Buchs u. ä. beweisen bzw. glaubhaft machen, trägt er den steuerlichen Nachteil der Unerweislichkeit seiner Behauptung. Die Werbungskosten werden nicht anerkannt und die ESt wird nicht gemindert.

b) Wer Einspruch einlegt, trägt die Feststellungslast dafür, dass der Einspruch fristgerecht beim FA eingegangen ist; ihm kommt werder ein Anscheinsbeweis noch eine Zugangsfiktion zugute (BFH vom 21. 09. 2007, BFH/NV 2008,22).

c) Umgekehrt trägt das FA die Feststellungslast dafür, dass ein VA dem Adressaten tatsächlich bzw. innerhalb der Fiktion der §§ 122 Abs. 2, 123 Abs. 3 AO bekannt gegeben wurde.

d) § 42 Abs. 2 Satz 2 AO kehrt die Beweislast zum Nachteil des Stpfl. um.

Zum anderen kann die Feststellungslast von der **Beweisnähe** abhängen. Diese Regel greift dann, wenn die (materiellen) gesetzlichen Vorschriften davon ausgehen, dass ein Beteiligter Beweismittel für den Sachverhalt vorlegen muss, so dass die Beweisführung regelmäßig zum Verantwortungsbereich dieses Beteiligten gehört, oder wenn ein außergewöhnlicher Sachverhalt vorliegt, insbesondere ungeordnete Verhältnisse, die in der Verantwortungssphäre eines Beteiligten liegen. In diesen Ausnahmefällen trägt der **die Feststellungslast, der »den weitaus stärkeren Bezug« zum Sachverhalt** hat, d. h. der näher an der Beweismöglichkeit dran ist.

BEISPIEL

Das FA kann aufgrund der Feststellungslast die Änderung eines (Folge)bescheids nicht mit der Begründung ablehnen, es bestünden wegen Fehlens der Steuerakten Unklarheiten über die im ursprünglichen (Folge)bescheid angesetzten Besteuerungsgrundlagen, wenn die Ursachen hierfür dem FA zuzurechnen sind, BFH vom 28. 11. 2007, BStBl II 2008, 329.

2.8 Schätzung

Die Schätzung gem. § 162 AO ist das letzte Mittel für das FA, wenn die Ermittlungen nach §§ 88 ff. AO ohne sicheres Ergebnis geblieben sind.

Insbesondere wird geschätzt, wenn der Stpfl. seine Mitwirkungspflichten schuldhaft verletzt hat, vgl. Abs. 2, 3 AO. Die Erklärungspflicht bleibt auch nach einer Schätzung bestehen (§ 149 Abs. 1 Satz 4 AO). Ziel der Schätzung ist die **höchstwahrscheinlich richtige Bemessungsgrundlage** für die Steuer.

Geschätzt wird **nicht** die **Steuer**, sondern die Besteuerungsgrundlagen. Man spricht je nach dem Umfang der zu schätzenden Besteuerungsgrundlagen von **Hinzu-** oder **Vollschätzung.** Hat das FA mangels Erklärung keinen Anhaltspunkt bezüglich der Höhe des Gewinns, macht es eine Vollschätzung unter Anwendung von sog. Richtsätzen. Vgl. auch R 4.1 Abs. 2 Satz 3 EStR. (Die Gewinnermittlung nach Durchschnittsätzen für Land- und Forstwirte gem. § 13 a EStG ist keine Schätzung.)

Hat der Stpfl. seine **Mitwirkungspflichten** im Besteuerungsverfahren **grob verletzt,** kann das FA zulasten des Stpfl. einen »**Unsicherheitszuschlag**« machen; vgl. auch § 162 Abs. 4 AO. »**Strafschätzungen**« sind dagegen unzulässig.

Im Übrigen darf die Schätzung nicht gegen Denkgesetze und allgemeine Erfahrungsgrundsätze verstoßen. Grobe Schätzungsfehler können im Ausnahmefall zur Nichtigkeit des

Bescheids gem. § 125 Abs. 1 AO führen, wenn die Schätzung keinen Realitätsbezug hat (BFH vom 20.12.2000 BStBl II 2001, 381).

Schätzungsbescheide sollen grundsätzlich **unter Vorbehalt der Nachprüfung** ergehen (§ 164 AO, AEAO § 162 Nr. 4). Dagegen wird aber in der Praxis häufig verstoßen, wenn bzw. weil für den Fall keine Außenprüfung vorgesehen ist.

BEISPIEL

> Der Stpfl. antwortet zunächst auf die Frage, woher ein als »Einlage« verbuchter erheblicher Barmittelzufluss in seinen Betrieb stammt, er habe die Gelder »aus privaten Mitteln« bzw. »aus nichtselbstständiger Arbeit« zugeführt, ohne aber die entsprechenden Belege vorzuweisen. Später erklärt er, es handle sich um Darlehen von Verwandten (was mit seiner buchmäßigen Behandlung vereinbar ist). Das FA kann den Sachverhalt nicht weiter aufklären. Es darf trotzdem die Mittelzuflüsse als bisher nicht versteuerte Betriebseinnahmen behandeln und eine entsprechende Gewinn-Hinzuschätzung vornehmen.

2.9 Tatsächliche Verständigung

Bei unklaren, schwer oder überhaupt nicht mehr ermittelbaren Sachverhalten kommt auch eine tatsächliche Verständigung zwischen dem Stpfl. und dem FA über Sachverhaltsfragen in Betracht. Die Einzelheiten sind unter N 7.3 dargestellt.

3 Die Erklärungspflicht, der Verspätungszuschlag und das Erzwingungsverfahren

3.1 Erklärungspflicht

Wer erklärungspflichtig ist, ergibt sich gem. § 149 Abs. 1 Satz 1 AO aus den Einzelsteuergesetzen. Gem. § 149 Abs. 1 Satz 2 ist außerdem jeder verpflichtet, eine Erklärung abzugeben, den das FA hierzu auffordert. Die Aufforderung kann z. B. durch öffentliche Bekanntmachung (Satz 3 [a.a.O.]) oder stillschweigend durch Zusendung von Erklärungsformularen erfolgen. **Beispiele für gesetzliche Erklärungspflichten:** Vgl. § 56 EStDV, § 31 Abs. 1 KStG, § 18 Abs. 1, 3 UStG, § 25 Abs. 1 GewStDV.

§ 150 AO enthält Vorschriften zur **Form der Erklärung.** Bei allen regelmäßig wiederkehrenden Steuern ist eine schriftliche Erklärung auf amtlichem (oder besonders zugelassenen) **Formular** vorgeschrieben. Wenn der Stpfl. nicht nur die Besteuerungsgrundlagen angeben, sondern auch die Steuer selbst errechnen muss, spricht das Gesetz von einer **Steueranmeldung** (§ 150 Abs. 1 Satz 3 AO). Die Steueranmeldung ist somit eine Unterart der Steuererklärung. Beispiele für **die gesetzlichen Anmeldungspflichten:** Gesetzliche Anmeldungspflichten bestehen z. B. bei der LSt, KapESt, USt (§§ 41a, 45a EStG, § 18 Abs. 1, 3 UStG). Zur Behandlung von Steueranmeldungen als fiktive Steuerfestsetzungen gem. § 168 AO vgl. 4.1.

Manche Einzelsteuergesetze schreiben die **eigenhändige Unterschrift** unter die Erklärung vor. Ist dies der Fall, kann ein Bevollmächtigter (§ 80 AO) nur unter den engen Voraussetzungen des § 150 Abs. 3 AO wirksam unterschreiben, d.h. wenn der Stpfl. infolge Krankheit oder längerer Abwesenheit an der Unterschriftsleistung gehindert ist.

BEISPIELE

a) Der **Steuerberater** darf die LSt-Anmeldungen und USt-Voranmeldungen für den Stpfl. unterschreiben, da § 41 a Abs. 1 Satz 2 EStG, § 18 Abs. 1 UStG die eigenhändige Unterschrift des Stpfl. nicht verlangen. Solche Anmeldungen sind elektronisch zu übermitteln (§ 41a Abs. 1 Satz 2 EStG, § 18 Abs. 1 Satz 1 UStG). Der Steuerberater darf dagegen die USt-Jahresanmeldung und die ESt-Erklärung für seinen Mandanten regelmäßig nicht unterschreiben; ebenso ist es mit der KSt- und GewSt-Erklärung (§ 18 Abs. 3 Satz 3 UStG, § 25 Abs. 3 Sätze 3 u. 4 EStG, § 31 Abs. 1 KStG in Verb. m. § 25 Abs. 3 Satz 4 EStG, § 14a Abs. 2 Satz 3 GewStG).

Die Pflicht zur eigenhändigen Unterschriftsleistung hat u. a. den **Sinn,** zu verhindern, dass der Stpfl. die strafrechtliche Verantwortung für falsche Erklärungen auf andere Personen abwälzen kann.

Fehlt auf der Steuererklärung die erforderliche **Unterschrift,** ist die Erklärung unwirksam (BFH vom 22. 05. 2007 BStBl II 2007, 857). Das FA kann die Unterschrift nachfordern. Dies gilt auch, wenn eine gemeinsame Erklärung von Ehegatten z. B. nur vom Ehemann unterschrieben ist. Da die eingereichte Erklärung bereits Bestandteil der Akten geworden ist, soll sie nach einer innerdienstlichen Anweisung nicht zurückgegeben werden. Entweder wird der Stpfl. eine Kopie der Erklärung mit der Aufforderung zugesandt, diese Kopie unterschrieben zurückzusenden, oder sie wird aufgefordert, die Erklärung an Amtsstelle zu unterschreiben, oder sie muss ein Formular unterschreiben, in dem sie versichert, dass die bereits abgegebene Erklärung richtig ist.

b) Auch die Festsetzung eines Verspätungszuschlags (§ 152 AO) wegen fehlender Unterschrift ist u. U. möglich. Hinzuschätzung (§ 162 AO) wegen fehlender Unterschrift ist ebenfalls vertretbar.

c) Hat das FA mangels Erklärung geschätzt, bleibt die Erklärungspflicht bestehen, § 149 Abs. 1 Satz 4 AO. Darauf wird im Schätzungsbescheid hingewiesen.

Soweit die eigenhändige Unterschrift nicht erforderlich ist, kann der Stpfl. seine Erklärung auch per **Fax** einreichen.

Zur Vereinfachung, Beschleunigung und Entbürokratisierung werden die Anzeige- und Erklärungspflichten künftig zunehmend **elektronisch** übermittelt: weitere Angaben bei der Aufnahme beruflicher/gewerblicher Tätigkeit gem. § 138 Abs. 1a AO; Erklärung zur einheitlichen und gesonderten Feststellung in den Fällen des § 180 Abs. 2 AO gem. § 181 Abs. 2a AO, Bilanzen und Gewinn- und Verlustrechnung nach § 5b EStG bzw. Einnahmeüberschussrechnung nach § 60 Abs. 4 Satz 4 EStDV, § 25 Abs. 4 Satz 4 EStG für bestimmte Einkünfte, KSt-Erklärung und Erklärung zur einheitlichen und gesonderten Feststellung nach § 31 Abs. 1a KStG, Gewerbesteuererklärung gem. § 14a GewStG, USt-Anmeldung und zusammenfassende Meldung nach § 18a Abs. 1 Satz 1 UStG, Antrag auf Dauerfristverlängerung nach § 48 Abs. 1 Satz 2 UStDV.

Elektronisch übermittelte Steuererklärungen müssen gem. § 150 Abs. 7 AO eine qualifizierte **elektronische Unterschrift** enthalten.

Auf Antrag verzichtet die Finanzverwaltung auf die Durchführung der elektronischen Kommunikation, wenn dies im Einzelfall unzumutbar ist, vgl. § 150 Abs. 8 AO i.V.m. den jeweiligen Regelungen im Einzelsteuergesetz.

Freiwillig kann ein Stpfl. seine Steuererklärung auch in anderen Fällen elektronisch abgeben (ELSTER).

§ 149 Abs. 2 AO regelt die **Abgabefrist** für die pflichtgemäß abzugebenden Jahressteuererklärungen. Diese Erklärungen sind bis zum **31. Mai des Folgejahres** abzugeben. Die Finanzämter können **Fristverlängerung** gewähren (§ 109 Abs. 1 AO). Die Finanzminister der Länder gewähren eine generelle Verlängerung der Erklärungsfrist bis zum 31. 12. des Folgejahres, wenn die Erklärungen von Angehörigen der steuerberatenden Berufe u. ä. angefertigt werden. Darüber hinausgehende Verlängerungen werden nur noch ausnahmsweise gewährt.

In den Fällen der **Antragsveranlagung** von Arbeitnehmern zur ESt gem. § 46 Abs. 2 Nr. 8 EStG besteht keine Erklärungspflicht. Für Inhalt und Form des Antrags gelten die obigen Ausführungen entsprechend. Naturgemäß entfallen Druckmittel wie VerspZ und Zwangsgeld.

> **FALL 40**
>
> Der ledige Stpfl. Arm hat für das Jahr 08 einen Gewinn aus Gewerbebetrieb i. H. v. 800 € ermittelt. Weitere Einkünfte hat er nicht. Ist er für den VZ 08 zur ESt erklärungspflichtig? Lesen Sie § 56 EStDV.

3.2 Festsetzung von Verspätungszuschlägen (VerspZ), § 152 AO

Kommt der Stpfl. seiner Erklärungspflicht nicht fristgerecht oder überhaupt nicht nach, hat das FA die Möglichkeit, die Erklärung durch Druckmittel (nämlich das **Zwangsgeld**verfahren, § 329 AO) zu erzwingen, und/oder einen **VerspZ** nach § 152 AO festzusetzen, und/oder die Steuer zu **schätzen**, § 162 AO (zur Schätzung vgl. 2.8).

Im Folgenden soll nur auf den **VerspZ** näher eingegangen werden.

Voraussetzungen für die Festsetzung eines VerspZ sind:
1. jemand ist verpflichtet, eine Steuererklärung abzugeben;
2. er ist dieser Pflicht nicht oder nicht fristgemäß nachgekommen;
3. die Pflichtverletzung ist nicht entschuldbar (§ 152 Abs. 1 Satz 2 AO).

Steuererklärung im Sinne der **1. Voraussetzung** ist auch eine Steueranmeldung (§ 150 Abs. 1 Satz 3 AO) oder eine Erklärung zur gesonderten Feststellung (§§ 181 Abs. 1 Satz 2, 152 Abs. 4 AO). Bei verspäteter Abgabe einer Steueranmeldung ist der VerspZ durch besonderen VA festzusetzen. Einer Begründung bedarf es hierbei i. d. R. nicht (§ 121 Abs. 2 Nr. 2 AO).

Bezüglich der **2. Voraussetzung** genügt es für die Festsetzung eines VerspZ nicht, dass innerhalb der Erklärungsfrist nur eine unrichtige, unvollständige, für »vorläufig« erklärte oder nicht unterschriebene Erklärung abgegeben wurde. In diesen Fällen kommt ein VerspZ nur in Betracht, wenn die Angaben nicht geeignet sind, ein »ordnungsmäßiges« Veranlagungsverfahren in Gang zu setzen. Werden aber nur die Personalien bzw. nur unwesentliche Besteuerungsgrundlagen angegeben, oder sind die Einkünfte in der Erklärung nur griffweise (z. B. »wie im Vorjahr«) geschätzt, oder wird nicht das amtliche oder amtlich zugelassene Erklärungsformular verwendet, kann das FA nicht ohne weiteres das Steuerfestsetzungsverfahren betreiben. Dann ist ein VerspZ gerechtfertigt.

Die Pflichtverletzung ist **entschuldbar** (3. Voraussetzung), wenn dem Stpfl. die rechtzeitige Abgabe der Erklärung aufgrund der Umstände des Einzelfalls nicht zuzumuten war. Die Finanzverwaltung geht davon aus, dass Fristversäumnisse dann regelmäßig nicht entschuldbar sind, wenn die Erklärung wiederholt nicht oder wiederholt nicht fristgemäß abgegeben wurde (AEAO § 152 Nr. 2). Hat der Stpfl. die Erklärungsfrist schuldhaft überschritten, kann das FA auch dann einen Verspätungszuschlag festsetzen, wenn es seinerseits die Erklärung nicht sofort bearbeitet. Das **Liegenlassen der verspätet eingegangenen Erklärung** macht für sich allein einen Verspätungszuschlag nicht ermessenswidrig. Auch wenn das FA z. B. die Vorjahreserklärung nicht bearbeitet hat, gibt dies dem Stpfl. kein Recht, die Erklärungsfrist für folgende Jahre zu überschreiten. Das Verschulden des gesetzlichen Vertreters oder Erfüllungsgehilfen (z. B. des Steuerberaters) wird dem Stpfl. wie eigenes

Verschulden angerechnet (§ 152 Abs. 1 Satz 3 AO), ebenso das Verschulden des Ehegatten bei Erklärungen zur Zusammenveranlagung.

BEISPIEL

> Bei Fristüberschreitung wegen plötzlicher schwerer Krankheit oder außergewöhnlich hoher, nicht vorhersehbarer Arbeitsbelastung ist die Fristversäumnis entschuldbar. Es darf kein VerspZ festgesetzt werden (§ 152 Abs. 1 Satz 2 AO).
> Bedient sich der Stpfl. eines Steuerberaters und trägt nur das Beratungsbüro Schuld an der Fristversäumnis, während der Mandant eindeutig unschuldig an der Verzögerung der Erklärung ist, kann dennoch ein VerspZ gegen den **Stpfl.**, (s. u.) festgesetzt werden (§ 152 Abs. 1 Satz 3 AO).

Sind die Voraussetzungen des § 152 AO erfüllt, liegt die Festsetzung des VerspZ im **Ermessen** des FA (Entschließungsermessen).

Hat ein gesetzlicher Vertreter oder Vermögens-Verfügungsbefugter (§§ 34, 35 AO) die Fristversäumnis verschuldet, besteht grundsätzlich ein Ermessensspielraum, ob das FA den VerspZ gegen den Vertretenen (z. B. die GmbH) oder den Vertreter (z. B. den Geschäftsführer) festsetzen will. Nach der Rspr. ist das Ermessen in aller Regel so auszuüben, dass der **VerspZ gegen den Vertretenen** (z. B. die GmbH) festgesetzt wird.

VerspZ wegen Nicht- oder verspäteter Abgabe von Erklärungen zur einheitlichen Gewinn- und Wertfeststellung können gegen den gesetzlichen Vertreter der Gesellschafter ergehen. Bei einer GmbH u. Co KG kann das FA den VerspZ gegen die GmbH oder gegen deren Geschäftsführer festsetzen.

§ 152 Abs. 2 AO enthält die Vorschriften zur **Höhe** des VerspZ. Danach kann der VerspZ bis zu 10 % der festgesetzten Steuer, höchstens 25 000 € betragen. Festgesetzte Steuer ist die Steuerschuld, die für den betreffenden VZ festgesetzt ist, nicht nur die Abschlusszahlungsschuld nach Anrechnung von Vorauszahlungen usw. Wird die Steuer auf 0 € festgesetzt, kann es nicht zu einem VerspZ kommen.

Im Übrigen ist auch die Entscheidung über die **Höhe des VerspZ** eine **Ermessensentscheidung** (§ 5 AO; »kann« in § 152 Abs. 1 AO). Die in § 152 Abs. 2 Satz 2 AO genannten Kriterien sind gleichwertig, BFH vom 15. 03. 2007, BFH/NV 2007, 1076. Daher darf das FA auch dann einen VerspZ festsetzen, wenn es (bei Feststellung einer Steuerschuld) wegen der Anrechnung von Abzugsteuern oder der Abrechnung von Vorauszahlungen u. a. zu einer Erstattung oder Vergütung kommt, jedenfalls dann, wenn dem Stpfl. »erhebliche Fristüberschreitung oder schwerwiegendes Verschulden« vorzuwerfen ist. In der Praxis kommen Verspätungszuschläge unter 25 € so gut wie nicht vor, weil Bagatellbeträge für den Stpfl. nicht fühlbar sind.

Der VerspZ wegen **Feststellungserklärungen** richtet sich nach der geschätzten Steuerauswirkung im Folgebescheid (vgl. § 152 Abs. 4 AO).

Der VerspZ wird regelmäßig zusammen mit der Steuer bzw. der gesonderten Feststellung oder dem Messbetrag auf einem Schriftstück festgesetzt (§ 152 Abs. 3 AO). Er ist trotzdem ein selbstständiger VA. Der VerspZ gegen Ehegatten kann in der einen Ausfertigung des zusammengefassten Bescheids festgesetzt werden (§ 122 Abs. 7 AO).

FÄLLE 41–42

> **FALL 41** 1. Wie hoch darf der VerspZ höchstens festgesetzt werden, wenn die Umsatz-Jahressteuerschuld laut Bescheid 14 000 € beträgt, der Unternehmer aber aufgrund seiner – im Gegensatz zur Jahresanmeldung pünktlich eingereichten – Voranmeldungen bereits 12 000 € USt bezahlt hat?

2. Wie hoch ist der VerspZ, wenn die Ausgangs-USt im Jahr 01 102 100 € und die Vorsteuer 104 100 € beträgt, was zur Festsetzung einer Vergütung i. H. v. 2 000 € führt?

FALL 42 Wie ist es, wenn die Umsatzsteuer-Jahresschuld laut Bescheid 602 800 € beträgt?

3.3 Erzwingungsverfahren, §§ 328 ff. AO

Ansprüche aus dem Steuerrechtsverhältnis, die **nicht auf Geld gerichtet** sind, kann das FA unter den Voraussetzungen und in den Formen der **§§ 328 ff.** AO auch gegen den Willen des Verpflichteten durchsetzen. Zur Vollstreckung der Ansprüche, die auf **Geld** gerichtet sind (Ansprüche aus dem Steuer**schuld**verhältnis, § 37 AO) vgl. §§ 218 ff. AO und H.

Voraussetzungen des Zwangsverfahrens:

1. Eine erzwingbare Handlung (Unterlassung) ist nicht erbracht.
2. Es besteht ein sachlicher Grund für das Zwangsmittel. Dabei ist zu prüfen, **ob** ein Zwangsgeld überhaupt verlangt werden soll (Entschließungsermessen), **gegen welche** Person vorzugehen ist (Auswahlermessen) und ob die Höhe des Zwangsgelds angemessen ist.
3. Ordnungsgemäßes Verfahren (»Ist Androhung wirksam erfolgt?«).

Erzwingbare Handlungen sind insbes. die Pflicht zur Auskunftserteilung (§ 93 AO), Vorlage von Urkunden (§ 97 AO), Buchführung (§§ 140 f. AO), Abgabe der Steuererklärung/vollständiges Ausfüllen, Unterschrift (§§ 149 f. AO), Duldung einer Bp, Erfüllung der Hilfspflichten bei Bp (§§ 193 ff., 200 AO), Abgabe der Drittschuldnererklärung bei Forderungspfändungen (§ 316 Abs. 2 AO).

Nicht erzwingbar sind dagegen die Abgabe einer eidesstattlichen Versicherung über das Vermögen (§ 95 Abs. 6 AO), eine Mitwirkungshandlung bei Gefahr der Selbstbelastung gem. § 393 Abs. 1 Satz 2 AO und wenn ein Verweigerungsrecht nach §§ 101 ff. AO besteht.

Entschließungsermessen

Das Zwangsverfahren ist rechtswidrig (ermessenswidrig), wenn das Zwangsmittel **außer Verhältnis zum angestrebten Erfolg** steht und deshalb eine Willkürmaßnahme (Schikane) darstellt (§ 328 Abs. 2 AO). Dies kann nur nach allen Umständen des Einzelfalls entschieden werden.

Bedenken können vor allem bei der (kraft Gesetzes grundsätzlich möglichen) **Wiederholung des Zwangsverfahren** bestehen. Jedenfalls ist eine erneute Zwangsgeldandrohung ermessensgemäß, wenn das zuvor angedrohte Zwangsgeld bezahlt oder beigetrieben worden ist.

Wird die **Steuererklärungspflicht** nicht fristgemäß erfüllt, führt die Verwaltung ein Zwangsverfahren i. d. R. durch.

Bei **nicht vertretenen Stpfl.** erfolgt die Androhung, wenn die Erinnerungsfrist verstrichen ist; bei **vertretenen Stpfl.** wird ohne vorherige Erinnerung zur Erklärungsabgabe ein Zwangsgeld angedroht (z. B. zum 10. 02. 2009), wenn für sie bis zum Ende der allgemeinen Fristverlängerung (31. 12. 2008) keine Erklärung abgegeben und auch kein Antrag auf (weitere) Fristverlängerung gestellt wurde.

Insbesondere, wenn ein Zwangsgeldverfahren wegen Nichtabgabe von Steuererklärungen bereits erfolglos durchgeführt worden ist, kann es zweckmäßig sein, statt der Wiederholung des Zwangsverfahrens die Steuer gem. § 162 AO zu schätzen. Dies bedeutet aber nicht, dass nach einer Schätzung ein Zwangsverfahren bzgl. der Steuererklärung ausgeschlossen wäre.

VerspZ, Schätzung der Besteuerungsgrundlagen und Zwangsgeld schließen sich nicht gegenseitig aus.

Auswahl der Zwangsmaßnahme

Das FA kann nach erfolgloser Androhung mit Fristsetzung (§ 332 AO)

1. ein Zwangsgeld (§ 329 AO) ggf. mehrfach festsetzen (§ 333 AO).

Theoretisch kommt auch Erzwingung durch

2. Vornahme auf Kosten des Stpfl. gem. § 330 AO z. B. zur Erzwingung der Buchführung (§§ 140 ff. AO) oder

3. unmittelbaren Zwang gem. § 331 AO z. B. zur Herausgabe von Unterlagen, zum Betreten von Grundstücken (§§ 97, 99, 200 Abs. 3 Satz 2 AO; u. U. durch Mithilfe der Polizei) in Frage.

Die letzten beiden Möglichkeiten werden hier nicht dargestellt, weil sie regelmäßig unverhältnismäßig und daher in der Praxis fast bedeutungslos sind.

Vor der Festsetzung **muss** das (schriftliche) **Androhungs**verfahren mit Fristsetzung (§§ 332, 333 AO) durchgeführt sein. Die Androhung ist selbst ein **Ermessens-VA.** Sie muss **bestimmt** sein, sonst ist sie möglicherweise nichtig. Dies betrifft insbes. die Angabe der geforderten Handlung und die angedrohte Sanktion.

BEISPIEL

Angedroht wird ein Zwangsgeld über 300 € wegen Nichtabgabe der ESt-, USt- und GewSt-Erklärung 01.

LÖSUNG Die Androhung ist nichtig (§ 125 Abs. 1 AO),weil der angedrohte Zwangsgeldbetrag nicht für jede einzelne verlangte Pflichterfüllung aufgegliedert ist. Dies gilt übrigens auch für die spätere Zwangsgeldfestsetzung.

Die Androhung muss auch **begründet** werden (§ 121 Abs. 1 AO). In der Praxis geschieht dies durch Angabe der einschlägigen AO-Bestimmungen (was nicht ausreicht). Die fehlende Begründung macht zwar die Androhung (bzw. genauso die Festsetzung) rechtswidrig, aber nicht nichtig. Der Fehler kann später durch Nachholung bis zum Beginn eines Finanzgerichtsprozesses geheilt werden, § 126 Abs. 1 Nr. 2, Abs. 2 AO.

Höhe des Zwangsgelds

Pro geforderter Handlung kann **höchstens 25 000 €** Zwangsgeld festgesetzt werden (absolute Höchstgrenze), sonst ist das Zwangsgeld rechtswidrig (aber nicht nichtig), § 329 AO.

Im Übrigen ist die Höhe in das **Ermessen** des FA gestellt und richtet sich nach dem Einzelfall. Insgesamt muss ein vernünftiges Verhältnis (»**angemessen**«) zwischen dem Zwangsgeld-Übel und dem Zweck des Zwangsgelds bestehen.

Auswahlermessen

Bei der Entscheidung, ob das FA gegen die vertretene Gesellschaft bzw. ihre Gesellschafter oder ihren gesetzlichen Vertreter vorgehen darf, ist u. E. genauso wie bei den VerspZ zu entscheiden. Daher darf z. B. gegen die **GmbH direkt** oder gegen den Geschäftsführer ein Zwangsgeld festgesetzt werden.

Wegen Betriebssteuern der Personengesellschaft besteht ein Auswahlermessen gegen die Gesellschaft direkt oder gegen die Gesellschafter bzw. den Geschäftsführer.

Geht es um die **ESt von Ehegatten,** kann sich das FA auf ein Zwangsverfahren gegen **einen** der Ehegatten (mit den maßgeblichen Einkünften usw.) beschränken; bei zusätzlichen Zwangsmaßnahmen gegen den andern Ehegatten ist die Frage des Übermaßverbots (Willkür) sorgfältig zu prüfen.

§ 122 Abs. 7 AO ermöglicht die **Bekanntgabe** von Zwangsgeldfestsetzungen gegen zusammen wohnende Ehegatten in einer Ausfertigung.

Einstellung des Zwangsverfahrens gem. § 335 AO

Das FA muss das Zwangsverfahren einstellen (d. h. darf es nicht weiterbetreiben), wenn die Verpflichtung erfüllt ist.

BEISPIEL

Das FA hat gegen den Stpfl. nach erfolgloser Androhung ein Zwangsgeld i. H. v. 250 € wirksam festgesetzt, weil er seine ESt-Erklärung für den VZ 01 nicht abgegeben hat. Laut Bescheid ist das Zwangsgeld sofort zu bezahlen. Der Stpfl. bezahlt aber nicht, sondern gibt schleunigst die geforderte Steuererklärung ab.

LÖSUNG Das festgesetzte Zwangsgeld kann gem. § 335 AO nicht mehr erhoben werden. (Selbst bei »freiwilliger« Zahlung nach Abgabe der Steuererklärung müsste es zurückgezahlt werden, weil die Zahlung rechtsgrundlos war (§ 37 Abs. 2 AO).

Die Stelle, welche das Zwangsgeld festgesetzt hat, muss die Finanzkasse umgehend über die gem. § 335 AO eingetretene Beendigung des Zwangsverfahrens informieren. Die Finanzkasse hat die Mitteilung unverzüglich zu bearbeiten und die Vollstreckungsstelle zu benachrichtigen, wenn bereits eine Rückstandsanzeige zur Einleitung des Vollstreckungsverfahrens erstellt worden ist.

---

4 Festsetzung der Ansprüche

Das FA kann mit seinen Ansprüchen aus dem Steuerschuldverhältnis (§ 37 AO) i. d. R. nur dann etwas »anfangen«, d. h. die Ansprüche verwirklichen (»erheben«), wenn sie **festgesetzt** sind (§ 218 Abs. 1 AO und H 1). Für Steueransprüche, die vom Stpfl. angemeldet werden (§ 150 Abs. 1 Satz 1 AO), gilt unter den Voraussetzungen des § 168 AO die Anmeldung als Festsetzung (vgl. §§ 167, 218 Abs. 1 Satz 2 AO); man spricht von »**fiktiver Steuerfestsetzung**«. Steuern sind auf volle € abgerundet, Steuererstattungen und -vergütungen auf volle € aufgerundet festzusetzen. Nur **Säumniszuschläge** (§ 218 Abs. 1 Satz 1 letzter Halbsatz AO) und **bestimmte Erstattungsansprüche** (C 4.2 a) müssen zum Zweck ihrer Erhebung nicht förmlich festgesetzt werden: Dies gilt v. a. dann, wenn sich der Erstattungsbetrag aus dem Abrechnungsteil des Steuerbescheids ergibt (weil die Steuerschuld niedriger ist als Abzugsteuern und Vorauszahlungen).

Ebenso ist es bei Erstattungsansprüchen aus begünstigenden Korrekturbescheiden und bei Billigkeitserlass von bereits bezahlten Steuern: Sie werden nicht förmlich festgesetzt. Eine **unterbliebene Anrechnung** von Quellensteuern bzw. Abrechnung von Vorauszahlungen kann bis zum Ablauf der fünfjährigen Zahlungsverjährungsfrist nachgeholt werden (§ 228 AO). Bei Streit erlässt das FA einen **Abrechnungsbescheid** gem. § 218 AO.

BEISPIEL

Ein ESt-Erstattungsanspruch i. H. v. 4 800 € ergibt sich daraus, dass die festgesetzte ESt-Jahresschuld niedriger ist als die während des Jahres bezahlte LSt (§ 36 Abs. 2 Nr. 2, Abs. 4 Satz 2 EStG).

Förmlich festgesetzt wird nur die ESt-Schuld (§ 155 AO). Schon der Abzug der LSt und erst recht die Berechnung des (zu erstattenden) Saldos i. H. v. 4 800 € gehört nicht mehr zur Steuerfestsetzung, sondern zur »Steuererhebung« (vgl. die Überschrift von § 36 EStG); beides sind Bestandteile der Anrechnungsverfügung, die ein eigener VA ist. In der Praxis wird die LSt-Abrechnung aber nicht, wie es korrekt wäre, in dem Abschnitt des Steuerbescheids vorgenommen, der mit »Abrechnung« überschrieben ist, sondern im Teil »Steuerfestsetzung«.

Steuerfestsetzungen, die gebundene VA sind (§ 155 AO), können mit einer **Billigkeits-regelung i. S. d. § 163 AO** verbunden werden. Trotz der Verbindung bleiben sie zwei verschiedene VA. **Zinsansprüche zu Gunsten des Stpfl.** werden nach den Vorschriften über die Festsetzung von Steuern förmlich festgesetzt.

Haftungsansprüche (§§ 69 ff. AO) müssen gem. § 191 Abs. 1 AO ebenfalls festgesetzt werden. Das gleiche gilt für **Verspätungszuschlags-** (§ 152 Abs. 1 Satz 1 AO) und **Zwangs-geldentscheidungen** (§§ 329, 333 AO). Für diese Ansprüche gelten aber (mangels Verweisung auf die §§ 155 ff. AO) die Vorschriften über die Steuerfestsetzung nicht (aber §§ 118 ff. AO).

4.1 Steuerfestsetzung unter Vorbehalt der Nachprüfung

Die Festsetzung der Steuer erfolgt regelmäßig durch Bescheid, § 155 Abs. 1 AO. (Zur Form des Bescheids vgl. § 157 AO.) Der Bescheid darf gem. § 120 Abs. 1 AO nur dann mit einer Nebenbestimmung versehen sein, wenn dies durch Rechtsvorschrift zugelassen ist. Gesetzlicher Regelfall ist also der »endgültige« Bescheid, der keine Einschränkungen bzw. Nebenbestimmungen enthält. Das FA kann aber Steuerbescheide mit einem **Vorbehalts-** und **Vorläufigkeitsvermerk** versehen (§ 120 Abs. 1 AO); sie sind so genannte unselbstständige Nebenbestimmungen. Wie andere unselbstständige Teile der Festsetzung kann die Nebenbestimmung nicht gesondert angegriffen werden. Der Stpfl. kann aber die Festsetzung insgesamt mit dem Ziel angreifen, dass die Form der Festsetzung geändert werden müsse. Vgl. I 2.

Vorbehaltsfestsetzungen nach § 164 Abs. 1 Satz 1 AO
Ein Vorbehalt der Nachprüfung kann sich entweder aus einer **behördlichen Entscheidung** oder **kraft Gesetzes** ergeben. Gem. §§ 164 Abs. 1 Satz 1, 120 Abs. 1 AO kann das FA Steuerfestsetzungen (und so genannte gleichgestellte Bescheide, v. a. Feststellungsbescheide) unter dem Vorbehalt der Nachprüfung (**StuV**) erlassen. Der Vorbehalt ermöglicht es bis zu seiner Aufhebung oder seinem Wegfall, den Bescheid zu **ändern, wenn hierzu ein sachlicher Anlass besteht**. Einzige **Voraussetzung** für eine StuV ist nach § 164 Abs. 1 Satz 1 AO, dass der Steuerfall noch nicht abschließend geprüft ist.

»Abschließende Prüfung« ist insbesondere eine Außenprüfung (Ap) i. S. d. §§ 193 ff. AO, wenn sich die Prüfung auf den ganzen Steuer-VA richtet und nicht nur auf einzelne seiner Besteuerungsgrundlagen.

Eine abschließende Prüfung liegt nicht schon dann vor, wenn die Veranlagungsstelle die Steuererklärung überprüft und im Bescheid von der Erklärung abweicht. Auch die Überprüfung des Falles im Rechtsbehelfsverfahren durch die Veranlagungs- oder Rechtsbehelfstelle ist grundsätzlich keine abschließende Prüfung i. S. d. § 164 Abs. 1 AO.

Im Übrigen ist die Setzung des Vorbehalts Ermessenssache (§ 5 AO; »**Ermessensvorbehalt**«), mit Ausnahme der Vorbehaltsfestsetzungen nach § 164 Abs. 1 Satz 2 AO. Er wird v. a. dann gesetzt, wenn eine Steuerfestsetzung für Änderungen im Anschluss an eine beabsichtigte Außenprüfung offen gehalten werden soll.

In der Praxis werden die Steuerfälle in drei Fallgruppen eingeteilt, die sich an § 3 BpO orientieren. In Fallgruppe 1/Großbetriebe setzt das FA die Steuer unter Vorbehalt fest. Fälle der Gruppe 2 + 3 werden endgültig veranlagt, wenn sie keine – prüfungsrelevante – Auffälligkeit aufweisen. Außerdem werden Schätzungsbescheide ggf. unter Vorbehalt der Nachprüfung erlassen, AEAO § 162 Nr. 4.

Der Vorbehalt muss **ausdrücklich im – ursprünglichen – Bescheid erwähnt** sein (§ 124 Abs. 1 AO), braucht aber **nicht begründet** zu werden (§ 164 Abs. 1 Satz 1 AO). Der Vorbehalt erfasst immer die **gesamte Steuerfestsetzung**. Die unter dem Vorbehalt der Nachprüfung stehenden Bescheide entfalten dieselben **Wirkungen** wie endgültige Bescheide, wenn man von der jederzeitigen Änderbarkeit der StuV absieht.

Vorauszahlungsfestsetzungen, § 164 Abs. 1 Satz 2 AO u. a.

Das FA setzt bei den wichtigsten Steuern Vorauszahlungen in der Höhe fest, wie sich die Steuerschuld für den betreffenden Veranlagungszeitraum voraussichtlich belaufen wird (vgl. z. B. § 37 EStG).

Solche Vorauszahlungsbescheide stehen **kraft Gesetzes unter dem Vorbehalt der Nachprüfung** (§ 164 Abs. 1 Satz 2 AO), auch wenn dies nicht ausdrücklich im Bescheid vermerkt ist.

Insoweit besteht ein Unterschied zum »Ermessensvorbehalt« gem. § 164 Abs. 1 Satz 1 AO. Ein weiterer Fall, in dem der Vorbehalt der Nachprüfung kraft Gesetzes besteht, ist in § 39 a Abs. 4 EStG geregelt: Die **Eintragung eines Freibetrags auf die Lohnsteuerkarte** als gesonderte Feststellung einer Besteuerungsgrundlage (§§ 179 ff. AO).

Steueranmeldungen, §§ 167, 168 AO

Gem. § 168 Satz 1 AO wirken Steueranmeldungen (§ 150 Abs. 1 Satz 3 AO) mit Eingang beim FA **wie Festsetzungen unter dem Vorbehalt der Nachprüfung (»fiktive Steuerfestsetzungen«).**

Dies hat Bedeutung v. a. bei der USt (§ 18 UStG), der LSt (§ 41 a EStG) und der Kapitalertragsteuer (§ 45 a EStG).

Der Stpfl. muss den angemeldeten Betrag gleichzeitig mit der Anmeldung zahlen (§ 218 Abs. 1 Satz 2 AO z. B. mit § 18 Abs. 1 Satz 3 für USt-Voranmeldung), ggf. zum späteren Fälligkeitszeitpunkt (§ 18 Abs. 4 Satz 1 UStG).

Will das FA von den Angaben in der Steueranmeldung abweichen, erlässt es einen Steuerbescheid (§ 167 Satz 1 mit § 164 Abs. 2 Satz 1 AO). Eine abweichende Festsetzung der USt-**Voranmeldungen** ist als Erlass eines Vorauszahlungsbescheids einzuordnen, der gem. § 164 Abs. 1 Satz 2 AO auch ohne besonderen Vermerk unter Vorbehalt der Nachprüfung steht. Enthält eine von der USt-Erklärung abweichende Jahressteuerfestsetzung keinen Vorbehaltsvermerk, so ist dieser Bescheid endgültig.

Führt die Anmeldung zu einer **Herabsetzung** der bisher zu entrichtenden Steuer oder zu einer **Vergütung**, tritt die Wirkung einer Steuerfestsetzung erst nach einem **Schwebezustand** ein, nämlich erst, wenn das FA der Anmeldung **zugestimmt** hat, § 168 Satz 2 AO.

Die Zustimmung ist ein eigener formloser (§ 168 Satz 3 AO) VA. Die Zustimmung muss aber zu ihrer Wirksamkeit nicht bekanntgegeben werden (§ 122 Abs. 2 AO). Es genügt, dass sie dem Stpfl. irgendwie »bekannt wird«, z. B. durch Überweisung des angemeldeten Vergütungsbetrags bei der USt. Die Einspruchsfrist läuft ab Ablauf des Tags des »Bekanntwerdens« der Zustimmung (§ 355 Abs. 1 Satz 2 AO). Gibt das FA dem Stpfl. die Zustimmung schriftlich bekannt, ist § 122 Abs. 2 AO zu beachten; außerdem ist eine Rechtsbehelfsbelehrung erforderlich. **Die Zustimmung** gilt bundesweit allgemein **als erteilt**, wenn die Vergütung bzw. das Mindersoll pro Voranmeldungszeitraum bzw. Kalenderjahr 2 500 € nicht übersteigt; in Neugründungsfällen liegt die Grenze aus Gründen der Missbrauchsbekämpfung bei 1 000 €.

Wird die Zustimmung nicht erteilt, muss ein **Ablehnungsbescheid** ergehen, § 155 Abs. 1 Satz 3, Abs. 4 AO. Ebenso ist trotz eingegangener Steueranmeldung eine Festsetzung durch Bescheid erforderlich, wenn das FA einen von der Anmeldung abweichenden Betrag festsetzen will, § 167 Satz 1 AO (vgl. aber § 1 Abs. 2 Kleinbetragsverordnung [KBV]).

FALL 43

Stehen die folgenden Festsetzungen kraft Gesetzes unter dem Vorbehalt der Nachprüfung bzw. können sie unter diesen Vorbehalt (Ermessensvorbehalt) gestellt werden, oder ist ein Vorbehalt nicht möglich?

	gesetzlicher Vorbehalt	Ermessensvorbehalt	kein Vorbehalt
1. LSt-Anmeldung Januar 06			
2. USt-Vorauszahlungsbescheid			
3. Gewerbesteuermessbescheid			
4. ein ESt-Bescheid, der aufgrund einer Betriebsprüfung ergeht			

Aufhebung und Änderung von Vorbehaltsfestsetzungen, § 164 Abs. 2 AO

Nach § 164 Abs. 2 AO kann eine Festsetzung unter dem Vorbehalt der Nachprüfung **ohne weiteres** nach dem Ermessen des FA **korrigiert** werden, solange der Vorbehalt nicht aufgehoben (Abs. 3) oder (nach Abs. 4 kraft Gesetzes) wegen Festsetzungsverjährung weggefallen ist. Diese Korrekturmöglichkeit ist der Grund, weshalb man diesen Vorbehalt gesetzt hat, bzw. weshalb er kraft Gesetzes vorgeschrieben ist.

Die einzige Einschränkung ergibt sich aus der Treu- und Glaubensvorschrift des § 176 AO: § 176 AO ist (zu Gunsten der Stpfl.) auch auf die Änderung von Vorbehaltsbescheiden anzuwenden.

Steuerbescheide sind wie alle VA nach ihrer Bekanntgabe (§ 122 AO) für den Stpfl. und die Verwaltungsbehörde bindend (§ 124 Abs. 1 AO). Bei Vorbehaltsfestsetzungen darf der Stpfl. aber wegen des Vorbehalts nicht auf den Bestand der Festsetzung vertrauen. Der Gesetzgeber hat dem FA bei Vorbehaltsfestsetzungen die jederzeitige Änderung oder Aufhebung gem. § 164 Abs. 2 AO erlaubt (»**eingeschränkte Bestandskraft**« der StuV). Auf der anderen Seite kann der Stpfl. nach § 164 Abs. 2 Satz 2 AO jederzeit die Änderung oder Aufhebung aus sachlichen Gründen beantragen.

Das FA darf bei der Änderung bzw. Aufhebung gem. § 164 Abs. 2 AO **sowohl Rechts-, als auch Tatsachenfehler** korrigieren (Änderungen unter 10 € unterbleiben gemäß § 1 Abs. 1 KBV), vgl. L 4.

FALL 44

Können die folgenden VA gem. § 164 Abs. 2 AO geändert werden?
1. Eine Außenprüfung ergibt, dass der Gewinn einer Kommanditgesellschaft 160 000 € beträgt, statt wie in dem unter dem Vorbehalt der Nachprüfung stehenden Feststellungsbescheid niedergelegt, 150 000 €. Der Feststellungsbescheid über 150 000 € ist nach Ablauf der Einspruchsfrist bereits unanfechtbar geworden (§ 355 AO).

2. Das FA hatte in dem ESt-Bescheid, der unter dem Vorbehalt der Nachprüfung steht, beschränkt abzugsfähige Sonderausgaben ohne Rücksicht auf die Grenzen der Abzugsfähigkeit in voller Höhe anerkannt.

3. Das FA hat in dem unter dem Vorbehalt der Nachprüfung stehenden ESt-Bescheid entsprechend der ständigen Rechtsprechung des BFH Werbungskosten als abzugsfähig anerkannt. Als der BFH seine Rechtsprechung änderte, möchte auch das FA in dem konkreten Fall die Werbungskosten nicht mehr berücksichtigt wissen und deshalb die Steuer erhöhen. (Lesen Sie § 176 Abs. 1 Nr. 3 AO!)

4. Das FA möchte im Jahr 08 den Vorauszahlungsbescheid für die ESt der Jahre 08 und folgende ändern, weil aufgrund der laufenden USt-Anmeldungen mit einem höheren Jahresgewinn 08 zu rechnen ist als bisher angenommen.

5. Der Stpfl. beantragt, den auf seiner Lohnsteuerkarte eingetragenen Werbungskostenfreibetrag um 200 € zu erhöhen, weil er infolge eines Umzugs jetzt einen längeren Weg zur Arbeitsstätte zurückzulegen habe.

Wegfall des VdN

Der Vorbehalt kann entweder durch **Aufhebung** oder **kraft Gesetzes** entfallen.

a) Behördliche Aufhebung

Die **Aufhebung** des VdN kann nur **ausdrücklich** geschehen. Das gilt auch für Änderungsbescheide gem. § 164 Abs. 2 AO: Ergeht ein Änderungsbescheid oder eine Einspruchsentscheidung in Bezug auf eine StuV, ohne auf einen im ursprünglichen Bescheid angeordneten VdN einzugehen, besteht dieser VdN fort. Klarstellend soll jedoch auch in diesen Fällen auf den VdN eingegangen werden, AEAO § 164 Nr. 6 Satz 1.

BEISPIELE

a) Der ursprüngliche ESt-Bescheid 01 stand unter VdN. Es ergeht ein Änderungsbescheid gem. § 164 Abs. 2 AO, in dem die Steuer um 1 200 € erhöht ist. Über die Form des Änderungsbescheids wird im Bescheid nichts ausgesagt.
LÖSUNG Auch der Änderungsbescheid steht noch unter VdN (bis der Vorbehalt ausdrücklich aufgehoben wird).

b) Der Änderungsbescheid, der den ursprünglichen USt-Bescheid gem. § 164 Abs. 2 AO geändert hat, enthält den Vermerk: »Endgültiger Bescheid über USt ...«.
LÖSUNG Damit ist der Vorbehalt beseitigt.

c) Wenn der erstmalige USt-Zahlungsbescheid, der von einer USt-Jahreserklärung abweicht, keine Äußerung über eine Vorbehaltsfestsetzung enthält, ist er endgültig. Da es sich um einen erstmaligen Bescheid handelt, spielt es keine Rolle, dass mit dem Eingang der Jahreserklärung eine fiktive Vorbehaltsfestsetzung vorlag (§ 168 Satz 1 AO), der mit § 168 AO verbundene Vorbehalt der Nachprüfung gilt nicht weiter.

Der Vorbehalt der Nachprüfung **muss aufgehoben werden,** wenn eine **abschließende Prüfung** des Steuerfalls stattgefunden hat. Abschließende Prüfung ist in aller Regel nur eine Außenprüfung i. S. d. §§ 193 ff. AO.

Eine »**abgekürzte**« **Prüfung** durch die Betriebsprüfungsstelle oder eine Amtsbetriebsprüfung, die sich laut Prüfungsanordnung (diese ist entscheidend!) nur auf einen Teil der Besteuerungsgrundlagen bezieht (§ 203 AO) und auch eine USt-Nachschau (§ 27b UStG) begründen keine Pflicht zur Aufhebung des Vorbehalts.

Im Anschluss an eine **abschließende** (Voll-)**Prüfung** nach §§ 193ff AO muss die bisherige Steuerfestsetzung ausdrücklich **endgültig** gestellt werden. Schließlich entfällt mit ihr die nach § 164 Abs. 1 Satz 1 AO geltende Voraussetzung für den Vorbehalt. Führt die Außenprüfung zu **Feststellungen** und ergeht deshalb ein Steueränderungsbescheid, wird zugleich mit diesem der bisherige Vorbehalt der Nachprüfung aufgehoben (Umkehrschluss aus § 164 Abs. 1 Satz 1 AO). Ergibt sich anlässlich der Prüfung **keine Feststellung** und daher auch kein Anlass für das FA, die bisherige Festsetzung zu ändern, muss dennoch der Vorbehalt gem. § 164 Abs. 3 Satz 3 AO (formularmäßig) aufgehoben werden. Verstößt das FA gegen die Pflicht zur Aufhebung des Vorbehalts, bleibt der Vorbehalt – rechtswidrig – bestehen und erlaubt spätere Änderungen gem. § 164 Abs. 2 AO zulasten oder zugunsten des Stpfl. solange, bis der Vorbehalt durch Verjährung gem. § 164 Abs. 4 AO erlischt. Der Stpfl. kann bis dahin die Aufhebung des Vorbehalts durch einen Antrag gem. § 164 Abs. 2 Satz 2 AO erzwingen.

Auch ohne abschließende Prüfung kann das FA den Vorbehalt jederzeit **nach Ermessen** aufheben, ohne dies – entsprechend § 164 Abs. 1 Satz 2 AO – begründen zu müssen.

Gem. § 164 Abs. 3 Satz 2 AO muss die Aufhebung des Vorbehalts wie eine (gleichsam neue) **endgültige Steuerfestsetzung** verstanden werden. Es beginnt eine neue Rechtsbehelfsfrist. Der Stpfl. kann gegen die Aufhebung vollumfänglich Einspruch einlegen, also auch solche Fehler vortragen, die von Anfang an bestanden. Mit der Aufhebung des VdN verliert der Stpfl. nämlich sein Antragsrecht aus § 164 Abs. 2 AO, das es ihm bis dahin ermöglichte, eine Änderung der Steuerfestsetzung herbeizuführen, ohne hierbei an die Einspruchsfrist gem. § 355 AO gebunden zu sein.

b) Wegfall des Vorbehalts durch Zeitablauf (§ 164 Abs. 4 AO)

Der Vorbehalt der Nachprüfung fällt ohne ausdrückliche Erklärung (nur) gem. § 164 Abs. 4 Satz 1 AO nach den Regeln der **Festsetzungsverjährung** weg (**automatischer Wegfall infolge Zeitablaufs**).

BEISPIEL

Der Vorbehalt fällt gem. § 164 Abs. 4 Satz 1 AO beim ESt-Bescheid regulär mit Ablauf des 4. Kalenderjahrs nach dem Jahr der Abgabe der Steuererklärung weg (§§ 170 Abs. 2 Nr. 1, 169 Abs. 2 Nr. 2 AO).

Die meisten Ablaufhemmungen in § 171 AO, welche die Festsetzungsverjährung andauern lassen, lassen solange und in ihrem Umfang auch den Vorbehalt der Nachprüfung fortbestehen. Wenn z. B. der Stpfl. einen Antrag gem. § 164 Abs. 2 Satz 2 AO gestellt hat, tritt die Festsetzungsverjährung im Umfang des Betrags nicht mit Ablauf der regulären Frist, sondern erst mit der Unanfechtbarkeit der Entscheidung über den Antrag ein (§ 171 Abs. 3 AO). Solange und im Umfang des Antrags bleibt auch der Vorbehalt der Nachprüfung erhalten.

Die verlängerten Verjährungsfristen wegen Steuerverkürzung (fünf bzw. zehn Kalenderjahre) aus § 169 Abs. 2 Satz 2 AO spielen gem. § 164 Abs. 4 Satz 2 AO für die Frage, wann der Vorbehalt wegfällt, keine Rolle. Zur Festsetzungsverjährung vgl. O.

BEISPIELE

a) Im laufenden Beispiel gibt Gabriella Gärtner monatlich USt-Voranmeldungen ab. Die Voranmeldung für Januar 09 ergibt eine Zahllast, weil die USt aus den von Frau Gärtner erbrachten steuerpflichtigen Lieferungen und Leistungen die VSt aus den Eingangsleistungen übersteigt.

LÖSUNG Die Monatserklärung stellt eine Anmeldung i.S.d. § 150 AO dar: der Stpfl. muss die entstandene Steuer selbst berechnen. Die abgegebene Erklärung wirkt gem. § 168 Satz 1 AO als StuV. Eine Steuerfestsetzung durch das FA ist nicht erforderlich; nur wenn das FA von der Anmeldung abweichen will, erlässt es gem. §§ 167, 164 Abs. 2 AO eine geänderte Steuerfestsetzung, die dann gem. § 164 Abs. 1 Satz 2 AO kraft Gesetzes wiederum eine StuV ist. Frau Gärtner muss die angemeldete Zahllast zugleich bezahlen, ohne dass das FA ein Leistungsgebot festsetzt.

b) Weil Frau Gärtner im Voranmeldungszeitraum Februar Umsätze erzielte, aus denen sich zwar eine USt i. H. v. 10 000 € ergibt, aber auch Eingangsleistungen bezog, die sie zu einem VSt-Abzug i.H.v. 15 000 € berechtigen, ergibt die USt-Anmeldung eine Vergütung von 5 000 €.
LÖSUNG Die Anmeldung ist mit ihrer Abgabe zunächst nur schwebend (un-/)wirksam. Erst wenn das FA zustimmt (etwa durch Auszahlung), wird die Anmeldung zu einer StuV, die im Bedarfsfall (nach § 164 Abs. 2 AO) geändert werden kann. Die Anmeldung soll nach internen Dienstvorschriften »unverzüglich« bearbeitet werden; zuständig ist in den meisten Bundesländern eine zentrale Überwachungsstelle für USt-Voranmeldungen (ZÜV). Ist die Vergütung zweifelhaft, kann kurzfristig entweder eine abgekürzte Außenprüfung (§ 203 AO) oder USt-Nachschau (§ 27b UStG) oder eine Sicherheitsleistung (§ 18f UStG i. V. m. §§ 241ff AO) angeordnet werden.

c) Das FA setzt die ESt 09 für Frau Gärtner entsprechend der eingereichten Steuererklärung auf 30 000 € fest; in der Anrechnungsverfügung werden die festgesetzten und gem. § 164 Abs. 1 Satz 2 AO unter Vorbehalt der Nachprüfung stehenden, von Frau Gärtner geleisteten ESt-Vorauszahlungen von 4 x 5 000 € berücksichtigt. Im Hinblick auf eine beabsichtigte Betriebsprüfung ergeht die ESt-Festsetzung allerdings unter VdN.
LÖSUNG Unabhängig vom VdN muss Frau Gärtner noch 10 000 € zum Fälligkeitszeitpunkt bezahlen. Wegen der Möglichkeit der Festsetzung unter VdN kann das FA zunächst auf eine vom Innendienst kaum leistbare und aufwändige Ermittlung verzichten und doch die unstreitig entstandene Steuer schon vereinnahmen. Stattdessen könnte das FA die ESt auch abweichend von der Erklärung festsetzen.

d) In allen Fällen a)–c) kann Frau Gärtner Einspruch einlegen, auch gegen ihre eigene Anmeldung, eventuell verbunden mit einem Antrag auf Aussetzung der Vollziehung gem. § 361 AO. Statt dessen bzw. nach Ablauf der Rechtsbehelfsfrist könnte sie zudem einen Änderungsantrag gem. § 164 Abs. 2 AO stellen (ohne die Möglichkeit eines Antrags nach § 361 AO).

e) Hatte Frau Gärtner Räume vermietet, könnte sie noch nach § 9 UStG optieren, solange der VdN noch besteht; andere Wahlrecht knüpfen dagegen z.T. an die Bestandskraft (nach Ablauf der Rechtsbehelfsfrist) an: §§ 19 Abs. 2 Satz 4, § 23 Abs. 3 Satz 3 UStG.

FALL 45

Das FA führte bei Gabriella Gärtner 09 eine Betriebsprüfung gem. §§ 193ff AO hinsichtlich ESt 04 und USt 04 durch. Die ESt-Festsetzung war unter VdN ergangen. Die Betriebsprüfung ergab keine Feststellungen. Dies teilte das FA Frau Gärtner mit (§ 202 Abs. 1 Satz 3 AO). Sonst unternahm das FA nichts.

a) Später beantragt Frau Gärtner, die ESt 04 wegen weiterer Betriebsausgaben bei ihren Einkünften aus § 15 EStG herabzusetzen.
Kann der Bescheid später nach § 164 Abs. 2 AO geändert werden?

b) Zugleich bittet Frau Gärtner darum, die USt 04 ebenfalls um die hinsichtlich dieser Betriebsausgaben angefallene Vorsteuer gem. § 164 Abs. 2 AO zu ihren Gunsten zu ändern. Sie hatte die USt-Jahresanmeldung 04 ordnungsgemäß abgegeben. Abweichend hiervon hatte das FA die angemeldete USt-Zahllast um 2 000 € erhöht festgesetzt; ein VdN wurde hierbei nicht angeordnet.
Könnte das FA später die erhöht festgesetzte USt nochmals nach § 164 Abs. 2 AO ändern?

c) Im Auftrag des Innendienstes überprüfte die Betriebsprüfung zugleich die USt-Voranmeldungszeiträume Januar–März 09. Die Januar-Voranmeldung endet mit einer Zahllast, die Anmeldung für Februar hatte das FA zulasten von Frau Gärtner geändert, mit der März-Anmeldung wurde ein Vorsteuerüberhang angemeldet.
Muss/kann ein etwa bestehender VdN hinsichtlich der Voranmeldungen aufgehoben werden?

4.2 **Vorläufige Steuerfestsetzung**

Im Unterschied zu einem endgültigen Bescheid können Steuerfestsetzungen und gleichgestellte Bescheide (v. a. Feststellungsbescheide, § 181 Abs. 1 Satz 1 AO) punktuell offen für
Änderungen bleiben, wenn ein Vorläufigkeitsvermerk gesetzt ist (§ 165 Abs. 1 AO). Die
Vorläufigkeit muss ebenso wie der VdN nach § 164 Abs. 1 AO ausdrücklich angeordnet
werden, damit sie gem. § 124 Abs. 1 AO wirkt.

Voraussetzung für eine vorläufige Steuerfestsetzung gem. § 165 Abs. 1 AO ist:

a) eine **tatsächliche** Ungewissheit (§ 165 Abs. 1 Satz 1 AO)

b) oder eine der in Satz 2 aufgeführten **rechtlichen** Ungewissheiten (§ 165 Abs. 1 Satz 2
AO).

Gem. **§ 165 Abs. 1 Satz 1** AO darf das FA einem Steuer- oder gleichgestellten Bescheid mit
einem Vorläufigkeitsvermerk versehen, wenn sich das **FA vorübergehend** über Grund und/
oder Höhe von Besteuerungsgrundlagen (subjektiv) **im unklaren** ist. Voraussetzung ist
immer die Ungewissheit über das Vorliegen eines **Lebenssachverhalts**. Ungewissheiten
über steuerrechtliche Auslegungsfragen sind kein Vorläufigkeitsgrund in diesem Sinne.

> **BEISPIEL**
>
> Der ESt-Bescheid kann insoweit für vorläufig erklärt werden, als ungewiss ist, ob das
> angeschaffte Grundstück später tatsächlich vermietet wird (§ 21 EStG).

Gemäß § 165 Abs. 1 **Satz 2** AO kann das FA einen Bescheid außerdem dann vorläufig
stellen, wenn in

- Nr. 1 zu Gunsten des Stpfl. möglicherweise ein Doppelbesteuerungsabkommen rück-
  wirkend in Kraft treten wird,
- Nr. 2 das BVerfG ein Steuergesetz für verfassungswidrig erklärt und den Gesetzgeber zu
  einer Neuregelung verpflichtet hat (die noch aussteht),
- Nr. 3 ein Rechtsstreit über die Vereinbarkeit eines Steuergesetzes mit höherrangigem
  Recht beim EuGH, BVerfG oder einem Obersten Bundesgericht (insbes. dem BFH)
  anhängig ist.
- Nr. 4 die Auslegung eines Steuergesetzes Gegenstand eines Verfahrens vor dem BFH ist.
  Anders als in Nr. 3 kommt es nicht darauf an, ob die streitige Regelung mit höher-
  rangigem Recht vereinbar ist.

Die Vorläufigkeit nach § 165 Abs. 1 Satz 2 AO wird programmgesteuert gewährt. Sie dient der
Entlastung der Finanzverwaltung, befreit aber auch die Stpfl. davor, massenhaft Einspruch
einzulegen, v. a. in den Fällen von Nr. 3 und Nr. 4.

Die Vorläufigkeit betrifft – im Gegensatz zur Vorbehaltsfestsetzung nach § 164 AO –
regelmäßig nur einen **Teil der Festsetzung**. Das FA hat einen Ermessensspielraum bei der
Bestimmung des Umfangs der Vorläufigkeit.

> **BEISPIEL**
>
> Bei der ESt-Veranlagung von Gabriella Gärtner im laufenden Beispiel ist ungewiss, ob die
> Voraussetzung für eine den gewerblichen Gewinn mindernde Garantierückstellung in der
> behaupteten Höhe vorliegt. Dagegen bestehen keine Zweifel an der Höhe der erklärten
> Überschusseinkünfte, Sonderausgaben und außergewöhnlichen Belastungen.
> Es liegt im Ermessen des FA, ob es die Rückstellung zunächst in der gewünschten Höhe
> berücksichtigt, oder ob es die Rückstellung nur in der branchen- oder bisher firmenüblichen
> Höhe berücksichtigt. In beiden Fällen kann das FA den Bescheid (teil-)vorläufig stellen. Es kann

dabei die Vorläufigkeit auf die Rückstellung beschränken oder auf den gewerblichen Gewinn ausdehnen. Die Überschusseinkünfte, Sonderausgaben und außergewöhnliche Belastungen des Stpfl. dürfen nicht in die Vorläufigkeit einbezogen werden.

Grund und **Umfang** der Vorläufigkeit sind im Bescheid **anzugeben** (§ 165 Abs. 1 Satz 3 AO). Der zum VdN insoweit geltende Unterschied rechtfertigt sich derart, dass der VdN den gesamten VA erfasst. Erfasst die Vorläufigkeit dagegen nur bestimmte Umstände, muss für den Stpfl. erkennbar werden, in welchem Bereich später eine Änderung (gem. § 165 Abs. 2 AO) erfolgen darf und inwieweit der Bescheid endgültig ergeht. Nach dem Gesetzestext müsste bei **Teilvorläufigkeit** der ungewisse Teilbetrag der Steuer angegeben werden (z. B. »teilvorläufig bzgl. 356 € USt«). In der Praxis werden dagegen aus praktischen Gründen die ungewissen Besteuerungsgrundlagen zur Bestimmung des Umfangs der Teilvorläufigkeit angegeben. Dies ist zulässig.

BEISPIEL

> Der Bescheid ist als »vorläufig bzgl. des gewerblichen Gewinns« bezeichnet. Der Bescheid enthält die Anmerkung: »Der Bescheid ist bzgl. des gewerblichen Verlusts vorläufig, weil das Vorliegen einer Gewinnerzielungsabsicht derzeit noch nicht abschließend beurteilt werden kann.«
> **LÖSUNG** Umfang und Grund der Vorläufigkeit sind hier ausreichend angegeben.

Häufig ist zweifelhaft, ob das FA den Bescheid ganz oder nur zum Teil für vorläufig erklärt hat. Unklare Bezeichnungen sind auszulegen. Die **Auslegung der Umfangsbestimmung** bei »unsauberem« Vorläufigkeitsvermerk richtet sich nach den Grundsätzen, die allgemein für die Auslegung von VA gelten. Die Formulierungen sind nach ihrem »objektiven Erklärungswert« auszulegen, d. h. so wie ihn der Adressat des VA bei verständiger Würdigung aller Umstände des Einzelfalls verstehen musste. Notfalls muss der Stpfl. zur Auslegung seine eigene Steuererklärung heranziehen (in welcher er z. B. eine geschätzte oder pauschal bestimmte Zahl ansetzte), oder einen vorangegangenen Schriftwechsel mit dem FA über die Ungewissheit (BFH vom 22. 08. 2007, BFH/NV – V 2007, 2379).

BEISPIELE

> a) Der ESt-Bescheid ist oben im Bescheidkopf als »vorläufig gem. § 165 AO« bezeichnet. In den Gründen heißt es: »Der Bescheid ist bezüglich der Einkünfte aus Vermietung und Verpachtung vorläufig, weil sich erst nach Ablauf von drei Jahren seit dem Erwerb herausstellt, ob der zum Abzug zugelassene Reparaturaufwand als 'anschaffungsnaher Aufwand' nur über § 7 Abs. 4 EStG zu berücksichtigen ist.«
> **LÖSUNG** Die Auslegung der beiden Textstellen im Bescheid ergibt: Nicht der ganze Bescheid soll vorläufig sein, sondern nur die ESt aus den Vermietungseinkünften. Die Vorläufigkeitsfestsetzung ist wirksam und bezieht sich auf die genannten Reparaturkosten im Rahmen der Vermietungseinkünfte.
>
> b) Das FA beurteilte das Ausscheiden eines Grundstücks aus dem Betriebsvermögen fälschlich als einen begünstigten Veräußerungsgewinn i. s. d. §§ 16, 34 EStG und machte den ESt-Bescheid »bezügl. des Veräußerungsgewinns vorläufig, weil über den Wert des Grundstücks noch das Gutachten des Bauamts eingeholt werden muss«. Später stellte sich heraus, dass in Wirklichkeit eine voll zu versteuernde Entnahme des Grundstücks i. S. d. § 6 Abs. 1 Nr. 4 EStG vorlag. Fraglich war, ob das FA nicht nur den Wert des Grundstücks anders ansetzen darf als bisher, sondern auch den gewährten Freibetrag gem. § 16 Abs. 4 und die Tarifermäßigung gem. § 34 EStG wieder kassieren darf.

LÖSUNG Hier hat das FA den Umfang und den Grund der Vorläufigkeit angegeben, allerdings auf eine Besteuerungsgrundlage bezogen (Aufgabegewinn), die im konkreten Fall nicht vorlag. Da dem FA bei Erlass des ESt-Bescheids nur der Wert des Grundstücks ungewiss war, bezieht sich die Vorläufigkeitsstellung nur auf diesen Wert. Im Übrigen ist der Bescheid endgültig, insbesondere was die Rechtsfolgen der §§ 16, 34 EStG angeht.

Kann der **Umfang** der Vorläufigkeit auch durch Auslegung **nicht geklärt** werden, ist der Bescheid **insgesamt endgültig,** weil der Vorläufigkeitsvermerk dann unwirksam ist.

BEISPIEL

Der in Stuttgart wohnende Tim Gärtner mietete von seiner Ehefrau Gabriella Räume in Tübingen an, in denen er eine Galerie eröffnete. Das FA Tübingen hatte erklärungsgemäß Feststellungsbescheide erlassen, in denen vorläufig der Verlust aus den Einkünften gem. § 15 EStG festgestellt worden waren. Grund und Umfang der Vorläufigkeit waren nicht erläutert. Unter Hinweis auf § 165 Abs. 2 AO hob das Betriebsfinanzamt etliche Jahre später die Verlustfeststellungsbescheide auf, weil eine Gewinnerzielungsabsicht i.S.d. § 15 EStG fehle. Hiergegen legt Tim Gärtner Einspruch ein.

LÖSUNG (Dass überhaupt ein Feststellungsbescheid zu erlassen war, ergibt sich aus § 179 Abs. 1 i.V.m. § 180 Abs. 1 Nr.2b AO; zuständig war das FA Tübingen gem. § 18 Abs. 1 Nr.2 AO, vgl. E 2.7.2.). Im Rahmen des Einspruchsverfahrens ist zu prüfen, ob eine Änderung nach § 165 Abs. AO rechtmäßig war. Dann müsste die im Bescheid angeordnete Vorläufigkeit wirksam geworden sein. Zwar wurden die Feststellungsbescheide gem. §§ 122, 124 AO wirksam. Die darin enthaltene Vorläufigkeit könnte freilich gem. § 125 Abs. 1 AO unwirksam geblieben sein. Nicht entscheidend ist, dass der Grund der Vorläufigkeit entgegen § 165 Abs. 1 Satz 3 AO im Bescheid nicht angegeben war. Ein Begründungsfehler lässt sich gem. § 126 AO (ggf. noch im Rechtsbehelfsverfahren) heilen (vgl. D 8.3.). Ungleich schwerer wiegen die fehlenden Angaben zum Umfang der Vorläufigkeit. Da sich die Feststellungsbescheide ausschließlich mit der Galeristentätigkeit beschäftigten, liegt eine Auslegung nahe, dass die Vorläufigkeit auf einer nicht geklärten Einkünfteerzielungsabsicht gründete; allerdings könnte sie sich auch auf den Umfang der Betriebseinnahmen oder -ausgaben beziehen. Weitere Anhaltspunkte ergaben sich weder aus dem vorangehenden Verhalten des Stpfl. noch aus dem Bescheid selbst. Die Vorläufigkeit ist also unbestimmt entsprechend § 119 Abs. 1 AO und damit unwirksam. Die betroffenen Bescheide konnten nicht nach § 165 Abs. 2 AO geändert werden (BFH vom 12.07.2007, BStBl II 2008, 2).

Das FA darf ausnahmsweise die gesamte Steuerfestsetzung vorläufig gestalten (strittig), wenn die Besteuerungsgrundlagen insgesamt zweifelhaft sind. Für diesen Fall kann es auch die Besteuerung vorläufig verschieben (sie »aussetzen«, § 165 Abs. 1 Satz 4 AO). Dies ist nicht mit der AdV (§ 361 AO) zu verwechseln.

Vorbehalt der Nachprüfung und **Vorläufigkeit** schließen sich nicht aus, sondern können in einem Bescheid **zusammentreffen** (§ 165 Abs. 3 AO). Eine solche Verbindung der beiden Nebenbestimmungen kann sinnvoll sein, weil die Voraussetzungen, unter denen das FA die Nebenbestimmungen wieder aufheben muss, jeweils verschieden sind, und die Festsetzungsverjährung (§§ 169 ff. AO) durch Vorbehalts- und Vorläufigkeitsvermerke unterschiedlich beeinflusst wird (§ 171 Abs. 8 AO).

Aufhebung und Änderungen von vorläufigen Festsetzungen, § 165 Abs. 2 AO

Ist die **Ungewissheit,** die den Grund für die Vorläufigkeit bildete, **weggefallen,** so **muss** das FA die Festsetzung für endgültig erklären (Abs. 2 Satz 2). Dabei kann es den VA (letztmals) nach § 165 Abs. 2 Satz 1, 2 AO ändern (soweit die Vorläufigkeit reicht).

Der vorläufige Bescheid kann nur dann gem. § 165 Abs. 2 AO geändert werden, wenn sich die »ungewissen Tatsachen«, deretwegen der Bescheid für vorläufig erklärt wurde, später anders darstellen als ursprünglich vom FA angenommen. Es genügt also nicht jeder Fehler im Bereich der vorläufigen Festsetzung. Insbesondere führen Rechtsfehler des FA nicht zu einer Änderung des Bescheids.

Eine Änderung oder Aufhebung kann auch vom Stpfl. jederzeit beantragt werden, obwohl eine § 164 Abs. 2 Satz 2 AO entsprechende Regelung fehlt.

Der **Umfang** der Änderungsbefugnis nach § 165 Abs. 1 Satz 1 AO kann im Einzelfall schwierig zu ermitteln sein. Bezieht sich hiernach die Vorläufigkeit nur auf eine tatsächliche Ungewissheit, kommt es zu einer Änderung nur, wenn sich die so bestimmte Ungewissheit in anderer Weise aufklärt, als bei der Besteuerung bisher angenommen, vgl. zu den Einzelheiten L 5, v.a. »Nachrangigkeit«.

> **BEISPIELE**
>
> a) Der Stpfl. Tim Gärtner hatte verschiedene Betriebsausgaben im Rahmen einer künstlerischen Tätigkeit geltend gemacht. Das FA hat einen Verlust aus selbständiger Arbeit gem. § 18 Abs. 1 Nr. 1 EStG vorläufig gem. § 165 Abs. 1 Satz 3 AO anerkannt mit dem Hinweis, dass noch nicht geklärt sei, ob »Liebhaberei« vorliegt.
>
> **LÖSUNG** Führt das künstlerische Dasein von Herrn Gärtner auch nach Jahren nicht zu einem Gewinn, wird das FA den ESt-Bescheid später nach § 165 Abs. 2 AO ändern; der Verlust aus § 18 EStG wird dann nicht mehr berücksichtigt, die ESt also insoweit heraufgesetzt.
>
> Hatte das FA dagegen bestimmte Werbungskosten bei den Einkünften aus § 19 EStG im fraglichen ESt-Bescheid anerkannt, scheidet hierfür eine Änderung nach § 165 Abs. 2 Satz 1 AO aus.
>
> b) Die ESt-Festsetzung erging zusätzlich vorläufig gem. § 165 Abs. 1 Satz 2 Nr. 3 AO hinsichtlich der begrenzten Abzugsfähigkeit von Vorsorgeaufwendungen. Gemäß der später vom Bundesverfassungsgericht getroffenen Entscheidung sind bei Herrn Gärtner Vorsorgeaufwendungen im größeren Umfang als bisher zu berücksichtigen.
>
> **LÖSUNG** Das FA ändert den vorläufig ergangenen Steuerbescheid entsprechend; hieran zeigt sich nochmals der Vorteil solcher Vorläufigkeit: obwohl das konkrete Verfahren vor dem BVerfG nur für die unmittelbar Beteiligten gilt, wird das Urteil über § 165 AO für alle gleich Betroffenen umgesetzt, ohne dass zuvor ein Einspruch eingelegt wurde.

Wird eine Steuerfestsetzung nach § 165 Abs. 1 **Satz 2** für vorläufig erklärt, so kann dagegen die Vorläufigkeitserklärung auch nach Wegfall des Grundes aus § 165 Abs. 1 Satz 2 AO bestehen bleiben, wenn sich die bisherige Festsetzung bestätigt (§ 165 Abs. 2 Satz 3 AO). Das FA muss die Festsetzung nicht für endgültig erklären. Dies dient der Verfahrensökonomie. Nur wenn der Stpfl. den Antrag stellt, die Festsetzung für endgültig zu erklären, ist dem zu folgen.

> **BEISPIEL**
>
> Bleibt es im vorgenannten Beispiel b) auch nach der Entscheidung des BVerfG bei den bereits (vorläufig) anerkannten Sonderausgaben, ergibt sich also kein Änderungsbedarf, dann muss die vorläufige Steuerfestsetzung nur auf besonderen Antrag von Herrn Gärtner für endgültig erklärt werden. Damit bleiben dem FA Kosten erspart. Ohne ausdrückliche Aufhebung der Vorläufigkeit, erlischt diese mit Eintritt der (durch § 171 Abs. 8 AO verlängerten) Festsetzungsverjährung.

Da sich im Gegensatz zur StuV die Vorläufigkeit regelmäßig nur auf einen Teil der Festsetzung erstreckt, ist die Änderung nach § 165 Abs. 2 AO ebenfalls nur **bezüglich des**

vorläufig festgesetzten Teils möglich. Für die endgültig festgesetzten Teile der Festsetzung bleibt es bei den Korrekturvoraussetzungen der §§ 129, 172–177 AO u. a. Wie der Vorbehaltsvermerk fällt auch der Vorläufigkeitsvermerk bei Erlass eines Änderungsbescheids oder einer Einspruchsentscheidung nur dann weg, wenn er **ausdrücklich aufgehoben** wird. Wenn das FA im Änderungsbescheid einen anderen Teil des Bescheids für vorläufig erklärt als im ursprünglichen Bescheid, ist dies als Aufhebung der ursprünglichen Vorläufigkeitsbestimmung auszulegen, AEAO § 165 Nr. 5.

BEISPIEL

Das FA hatte die ESt von Tim Gärtner hinsichtlich seiner Einkünfte aus § 18 EStG für vorläufig erklärt, weil die Gewinnerzielungsabsicht nicht geklärt sei. Zugleich ordnete das FA einen Vorbehalt der Nachprüfung an. Ein Jahr später erging ein Steueränderungsbescheid, in dem weitere Zuwendungen gem. § 10b EStG berücksichtigt waren, die Tim unter Vorlage einer entsprechenden Bestätigung geltend gemacht hatte. Der Änderungsbescheid erging »vorläufig nach § 165 Abs. 1 Satz 2 Nr. 3 AO im Hinblick auf die begrenzte Abzugsfähigkeit von Vorsorgeaufwendungen«. Auf die (bisherige wegen Liebhaberei angeordnete) Vorläufigkeit ging das FA nicht mehr ein. Später will das FA den Verlust aus § 18 EStG nicht mehr anerkennen, die Steuer also nach § 165 Abs. 2 AO erhöhen.

LÖSUNG Die Änderung in Bezug auf den Verlust kann das FA nur nach § 165 Abs. 2 Satz 2 AO vornehmen, wenn eine entsprechende Vorläufigkeit noch besteht. Diese wurde zwar im ursprünglichen Bescheid zurecht angeordnet. Bezieht sich die Vorläufigkeit im Änderungsbescheid aber nur noch auf andere Umstände, ergibt eine Auslegung aus Sicht des betroffenen Stpfl., dass zugleich die ursprüngliche Vorläufigkeit aufgehoben wurde. Sie kann eine Änderung also nicht mehr rechtfertigen. Freilich kann das FA nun nach § 164 Abs. 2 AO ändern. Dass beide Nebenbestimmungen nebeneinander angeordnet werden können, ergibt sich aus § 165 Abs. 3 AO und rechtfertigt sich einmal aus den jeweiligen Besonderheiten des VdN bzw. der Vorläufigkeit, v.a. aber aus unterschiedlicher Festsetzungsverjährung (§ 171 Abs. 8 AO).

Änderbarkeit bei **rechtswidrig angeordneter Vorläufigkeit**

Unsicher ist, ob § 165 Abs. 2 Satz 1 AO zu einer Änderung berechtigt, wenn das FA vorläufig veranlagte, obwohl weder die Voraussetzungen des § 165 Abs. 1 Satz 1 AO noch von § 165 Abs. 1 Satz 2 AO vorliegen.

BEISPIEL

Gabriella Gärtner hatte in ihrer ESt-Erklärung bestimmte Betriebsausgaben geltend gemacht. Die Sachbearbeiterin beim FA ist sich nicht sicher, ob insoweit § 4 Abs. 3 EStG erfüllt ist. Sie vereinbart daher mit Frau Gärtner, insoweit eine bevorstehende Dienstbesprechung abzuwarten und die Ausgaben bis dahin vorläufig anzuerkennen. Die Steuerfestsetzung ergeht vorläufig »im Hinblick auf die zur Abziehbarkeit der geltend gemachten Betriebsausgaben stattfindende Dienstbesprechung«. Entsprechend dem bei der Dienstbesprechung erörterten Ergebnis versagt das FA später die Abziehbarkeit der fraglichen Ausgaben und erhöht die festgesetzte Steuer. Frau Gärtner bestreitet, dass das FA die Steuer nach § 165 Abs. 2 AO ändern durfte.

LÖSUNG Die Abziehbarkeit der erklärten Betriebsausgaben ist eine Rechtsfrage, betrifft keine tatsächliche Ungewissheit und begründet demnach keine Vorläufigkeit gem. § 165 Abs. 1 Satz 1 AO. Auch die Voraussetzungen einer Vorläufigkeit im Sinne von § 165 Abs. 1 Satz 2 AO sind nicht erfüllt. Weil § 165 Abs. 2 Satz 2 AO aber an eine Vorläufigkeit i.S.v. § 165 Abs. 1 AO anknüpft, kann man ein Änderungsrecht nach dieser Vorschrift verneinen. Dieser Betrachtungsweise steht allerdings entgegen, dass der Bescheid mit seinem rechtswidrigen Vorläufigkeitsvermerk nach § 124 Abs. 1 AO wirksam wurde. Ausgehend hiervon ist das FA u. E. zu einer Änderung nach § 165 Abs. 2 AO berechtigt.

Teil H Erhebungsverfahren

An das Festsetzungsverfahren schließt sich das Erhebungsverfahren an. Es ist im Fünften Teil der AO (§§ 218 ff.) geregelt. Daneben sind die allgemeinen Verfahrensvorschriften des Dritten Teils zu beachten (§§ 78 ff. AO).

Das Erhebungsverfahren dient der **Verwirklichung (Realisierung)** der **Ansprüche aus dem Steuerschuldverhältnis** gem. § 37 AO (vgl. den Wortlaut des § 218 Abs. 1 Satz 1 AO und die Überschriften vor dieser Bestimmung). Es geht um die Frage, **ob, wie und wann Zahlungsschulden erfüllt werden müssen.**

Organisatorisch sind innerhalb des FA mit dem Erhebungsverfahren vor allem die Finanzkasse und die Vollstreckungsstelle, zum Teil aber auch die Veranlagungsstelle befasst.

1 Voraussetzungen für die Verwirklichung, § 218 AO

Nach § 218 Abs. 1 AO ist regelmäßig Voraussetzung für die Verwirklichung von Ansprüchen aus dem Steuerschuldverhältnis, dass deren **Festsetzung** erfolgt ist; vgl. G 1.5. Für die Verwirklichung von Säumniszuschlägen (Sz) genügt dagegen die Erfüllung des gesetzlichen Tatbestands, d. h. dass der jeweilige Säumnismonat zu laufen begonnen hat (§ 240 Abs. 1 AO).

BEISPIELE

a) Die ESt 01 ist spätestens mit Ablauf dieses Kalenderjahres entstanden (§ 36 Abs. 1 EStG). Vor ihrer Festsetzung im Bescheid weiß niemand, wie hoch sie ausfällt. Deshalb kann das FA vor der Festsetzung weder Zahlung verlangen (§ 220 Abs. 2 Satz 2 AO), noch mahnen.

b) Der Steuerschuldner war drei Monate mit der Zahlung säumig. Können die angefallenen Sz erhoben werden (3 %, § 240 AO)?

LÖSUNG Die Finanzkasse kann den festgesetzten Steuerbetrag zusammen mit den entstandenen 3 % Sz anmahnen, ohne dass die Sz vorher festgesetzt sind. Der Gesetzgeber hat auf die Festsetzung der Sz generell verzichtet. Der Steuerschuldner kann im Säumnisfall selbst errechnen, in welcher Höhe die Sz entstanden sind (1 % des auf volle 50 € abgerundeten rückständigen Betrags pro angefangenem Monat, § 240 Abs. 1 AO).

Den **Streit** darüber, ob eine Schuld noch fortbesteht (z. B. ob sie bezahlt ist, ob der Stpfl. wirksam aufgerechnet hat) oder ob und in welcher Höhe Sz entstanden sind, entscheidet das FA gem. § 218 Abs. 2 Satz 1 AO durch sog. »**Abrechnungsbescheid**« (s. 7).

2 Fälligkeit, § 220 AO

Fälligkeit bedeutet, dass die Zahlungspflicht eintritt. Vorher konnte, jetzt muss die Schuld beglichen werden. Wird die Fälligkeit nicht beachtet, tritt Säumnis ein und zu Steuern fallen Säumniszuschläge an (§ 240 Abs. 1 Satz 1 AO, außer die Steuer ist noch nicht festgesetzt, § 240 Abs. 1 Satz 3 AO).

Gem. § 220 AO ergeben sich folgende Regelungen für den **Eintritt der Fälligkeit:**

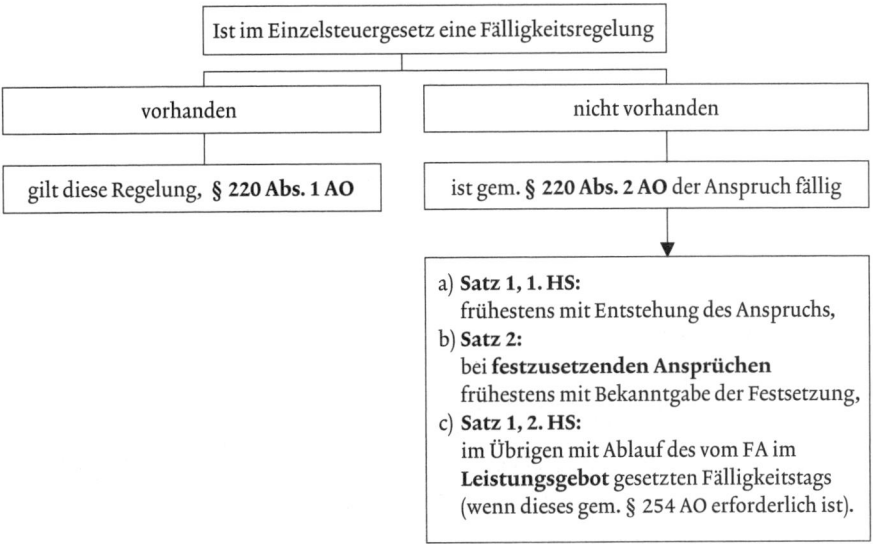

Die Regelung in § 220 Abs. 2 Satz 1 1. HS AO hat – außer für Erstattungsansprüche des Stpfl. wegen Überzahlung – kaum Bedeutung, weil die Finanzkassen regelmäßig von der Ermächtigung in § 220 Abs. 2 Satz 1 2. HS AO Gebrauch machen und im Leistungsgebot eine Zahlungsfrist von einer Woche oder einem Monat ab Bekanntgabe des Leistungsgebots einräumen. Für fast alle Fälle gilt daher, dass die Fälligkeit erst **nach** dem Entstehen des Anspruchs eintritt; nur ausnahmsweise fallen Entstehung und Fälligkeit zusammen.

Die Systematik des § 220 AO wird anhand des folgenden Beispiels deutlich:

BEISPIEL
Wann wird die ErbSt fällig? Im ErbStG und in der ErbStDV sind keine Fälligkeitsregelungen enthalten, ebensowenig Vorschriften über die Form der Steuerfestsetzung.
LÖSUNG
Die ErbSt entsteht regelmäßig mit dem Tod des Erblassers, § 9 Nr. 1 ErbStG.
Da keine einzelsteuergesetzliche Fälligkeitsregelung vorhanden ist, gilt § 220 Abs. 2 AO.
Es handelt sich um einen schriftlich festzusetzenden Anspruch, da sich aus dem ErbStG nichts anderes ergibt, § 155 Abs. 1 AO. Folglich greift die »frühestens«-Regelung in § 220 Abs. 2 Satz 2 AO. Die ErbSt kann nicht vor Bekanntgabe des ErbSt-Bescheids fällig werden.
Die Finanzkasse kann nach § 220 Abs. 2 Satz 1, 2. HS AO einen späteren Fälligkeitszeitpunkt setzen. Sie räumt im Regelfall eine Zahlungsfrist von einem Monat ab Bekanntgabe des Bescheids ein.

Ist die Fälligkeit gesetzlich für ein bestimmtes Datum vorgesehen (z. B. »zum 10. des folgenden Monats«), so spricht man von einer »**Fälligkeitssteuer**«. Die wichtigsten Beispiele für Fälligkeitssteuern sind die USt-Vorauszahlungen und die LSt-Abführungen.

BEISPIEL
Der USt-Vorauszahlungsanspruch August 12 der x-AG (§ 18 Abs. 2 Satz 2 UStG) wird regulär am 10. 09. 12 fällig (§ 18 Abs. 1 Satz 4 UStG). Da dies ein Sonntag ist (Kalender 12 im Anhang!), verschiebt sich die Fälligkeit bis Ablauf Montag, 11. 09. 12 (§ 108 Abs. 3 AO). Die Fälligkeit tritt

Beispiele für einzelsteuergesetzliche Fälligkeitsregelungen (§ 220 Abs. 1 AO)

Art der Steuer	§§	Fälligkeit
Lohnsteuer	§ 41a Abs. 1 Satz 1 EStG	10. Tag nach Ablauf des maßgeblichen Lohnsteuer-Anmeldungszeitraums (§ 41a Abs. 21 EStG)
ESt-Vorauszahlung	§ 37 Abs. 1 Satz 1 EStG	10. 03., 10. 06., 10. 09., 10. 12.
rückwirkende Erhöhung der 4. Vorauszahlung zur ESt (spätester Anpassungszeitpunkt: § 37 Abs. 3 Satz 3 EStG)	§ 37 Abs. 4 Satz 2 EStG	1 Monat nach Bekanntgabe des Änderungsbescheids
ESt-Abschlusszahlung	§ 36 Abs. 4 Satz 1 EStG	1 Monat nach Bekanntgabe des Steuerbescheids (rückständige Vorauszahlung: sofort)
KSt-Vorauszahlung	§ 31 Abs. 1 Satz 1 KStG	wie ESt
KSt-Abschlusszahlung	§ 31 Abs. 1 Satz 1 KStG	wie ESt
GewSt-Vorauszahlung	§ 19 Abs. 1 Satz 1 GewStG	15. 02., 15. 05., 15. 08., 15. 11.
GewSt-Abschlusszahlung	§ 20 Abs. 2 GewStG	wie ESt
Vierteljährliche (§ 18 Abs. 2 Satz 1 UStG) USt-Vorauszahlungen	§ 18 Abs. 1 Satz 4 UStG,	10. Tag nach Ablauf des maßgeblichen Kalendervierteljahrs
Monatliche (§ 18 Abs. 2 Satz 2 und 4, Abs. 2a UStG) USt-Vorauszahlungen	§ 18 Abs. 1 Satz 4 UStG	10. Tag nach Ablauf des maßgeblichen Kalendermonats
USt-Vorauszahlung, wenn das FA wegen fehlender oder zu niedriger Voranmeldung einen Bescheid erlässt (§ 167 AO)	§ 18 Abs. 1 Satz 4 UStG	10. Tag nach Ablauf des maßgeblichen Kalendermonats bzw. -vierteljahrs (also regelmäßig rückwirkend! Wegen des Anfalls von Sz vgl. aber § 240 Abs. 1 Satz 3 AO)
USt-Abschlusszahlung a) aufgrund der Anmeldung b) aufgrund Bescheids	§ 18 Abs. 4 UStG Satz 1 Satz 2	1 Monat nach Eingang der Anmeldung beim FA 1 Monat nach Bekanntgabe des Bescheids

gem. § 220 Abs. 1 AO auch dann zu diesem Datum ein, wenn noch keine Voranmeldung eingegangen ist (§ 164 Abs. 1 Satz 2 AO) bzw. keine Vorauszahlungsfestsetzung bekanntgegeben wurde. Allerdings fallen vor der (eventuell fiktiven) Festsetzung der Vorauszahlung noch keine Sz an (§ 240 Abs. 1 Satz 3 AO) und der Anspruch ist noch nicht vollstreckbar (§ 254 Abs. 1 AO). Auch die Zahlungsverjährung beginnt erst mit Ablauf des Jahres zu laufen, in dem die Steuer (zumindest fiktiv, § 167 AO) festgesetzt wurde (§ 229 Abs. 1 Satz 2 AO, vgl. 4.4.2).

Einzelheiten zur Fälligkeit von USt-Vorauszahlungen

Die kompliziertesten Fälligkeitsregeln gibt es bei der Umsatzsteuer:

- Regel-**Vorauszahlungszeitraum** ist das Kalendervierteljahr (»Vierteljahreszahler«). In drei Fallgruppen müssen die Unternehmer jedoch für jeden Kalendermonat Voranmeldungen abgeben und Vorauszahlungen leisten (»Monatszahler«): Wenn ihre Umsatzsteuer im Vorjahr mehr als 7 500 € betragen hat (§ 18 Abs. 2 Satz 1 UStG), in Neugründungsfällen im Gründungs- und im Folgejahr (§ 18 Abs. 2 Satz 4 UStG) und auf Antrag, wenn sich für das Vorjahr ein Überschuss zu ihren Gunsten von mehr als 7 500 € ergeben hat (§ 18 Abs. 2a Satz 1 UStG). Das FA nimmt die Einordnung in die ersten beiden Gruppen von Amts wegen spätestens bis Ende Februar eines jeden Jahres vor. Ist zu diesem Zeitpunkt die Steuer für das Vorjahr noch nicht bekannt, wird die Steuer z. B. aus den vorhandenen Voranmeldungen für das Vorjahr hochgerechnet. Ergibt sich später eine Änderung der Steuer des Vorjahres und wird die 7 500 €-Grenze überschritten, führt dies nur für die Folgezeit zu einer Änderung der Einordnung; für die bis dahin verstrichene Zeit bleibt der Stpfl. zur Abgabe von Voranmeldungen nach der bisherigen Einordnung verpflichtet (R 225a Abs. 3 UStR).
- Die Vorauszahlungen sind am 10. Tag nach Ablauf des Voranmeldungszeitraums fällig (§ 18 Abs. 1 Satz 4 UStG).
- Nach Maßgabe der §§ 46–48 UStDV (§ 18 Abs. 7 UStG) können die Unternehmer per **Dauerfristverlängerung** erreichen, dass sie die Vorauszahlungen einen Monat später leisten können, z. B. die Vorauszahlung für das erste Quartal erst zum 10.05. (vgl. dazu R 228 UStR).
- Eine Besonderheit stellen die Fälle der **Fahrzeugeinzelbesteuerung** dar (§ 1b UStG). Hier geht es um den innergemeinschaftlichen Erwerb neuer Fahrzeuge durch »andere« Erwerber als die in § 1a Abs. 1 Nr. 2 UStG genannten Personen, also grundsätzlich durch Nichtunternehmer. Der Erwerber muss für jedes erworbene neue Fahrzeug innerhalb von 10 Tagen seit dem Erwerb eine eigene Steueranmeldung abgeben und die USt bezahlen (§§ 16 Abs. 5a, 18 Abs. 5a Satz 4 UStG, R 221a, 231a UStR). Die sich daraus ergebende USt ist keine Fälligkeitssteuer, weil die Fälligkeit nicht an festgelegte Kalendertage anknüpft.

FALL 46

An welchem Tag ist die Steuer spätestens zu zahlen? (Kalender 12 im Anhang)

1. A ist gewerbesteuer-vorauszahlungspflichtig im Jahr 12.
2. Entsprechend den Festsetzungen im Einkommensteuerbescheid 08 vom 01.02.10 muss C im Kalenderjahr 11 Vorauszahlungen i. H. v. jeweils 7 000 € leisten. Im Einkommensteuerbescheid 11, der entsprechend der am 03.05.12 eingegangenen Erklärung erging und am 02.10.12 wirksam bekanntgegeben wurde, ist die Einkommensteuerschuld auf 30 000 € festgesetzt. Die Vorauszahlung für das 4. Quartal 11 wurde nicht geleistet.
3. D ist Arbeitnehmer. Er erhält am 27.04.12 für das Kalenderjahr 10 eine Lohnnachzahlung i. H. v. 2 000 € (Überweisung i. H. v. 1 500 €). Es handelt sich um einen »sonstigen Bezug« i. S. d. § 38a Abs. 1 Satz 3 EStG, R 115 Abs. 2 Nr. 8 LStR. Der Arbeitgeber meldet die

Lohnsteuer in Höhe von 500 € zum vorgeschriebenen Zeitpunkt bei der Finanzkasse an (§ 39 b Abs. 3 EStG).

4. Unternehmer E unterliegt bei der Umsatzsteuer der Sollbesteuerung. Er vereinbarte mit einem Abnehmer am 14. 12. 11 die Lieferung einer Maschine um 100 000 € zuzüglich Umsatzsteuer. Die Lieferung erfolgte am 05. 01. 12, die Zahlung am 10. 02. 12. Er gab die Voranmeldung für den maßgeblichen Monat (§ 18 Abs. 2 Satz 2 UStG), in dem kein weiterer Umsatz getätigt wurde, vor dem vorgeschriebenen Zeitpunkt ab.

5. Die Umsatzsteuer-Jahreserklärung 11 des Unternehmers F überstieg die Summe seiner Voranmeldungen um 5 000 € (Umsatzsteuer). Sie ging am 02. 03. 12 beim Finanzamt ein. Das Finanzamt setzte die Umsatzsteuer mit Bescheid, der am Freitag, 23. 06. 12 mit einfachem Brief zur Post ging, noch einmal um 1 000 € höher fest.

6. Der Stpfl. hat in der am 10. 10. 01 beim FA eingereichten USt-Voranmeldung für September 01 einen Vergütungsanspruch i. H. v. 15 000 € angemeldet (Monatsanmelder gem. § 18 Abs. 2 Satz 4 UStG). Die Überprüfung von Seiten des FA dauert lange, ergibt aber, dass der angemeldete Vergütungsanspruch zu Recht besteht. Die FK zahlte den Betrag am 12. 12. 01 aus (Gutschrift auf dem Konto des Stpfl. am 15. 12. 01). Wann ist der Vergütungsbetrag fällig gewesen?

3 Verschieben der Fälligkeit

3.1 Überblick

Die Fälligkeit des § 220 AO kann vom FA **nur** folgendermaßen verändert werden:

1. Das FA kann sie **hinausschieben** durch **Stundung, § 222 AO** – außer bei LSt und andern Abzugsteuern –, oder

2. bei der **USt vorverlegen**, wenn der Unternehmer trotz Androhung dieser Maßnahme mehrfach mit der Zahlung säumig war, § 221 AO.

Andere Maßnahmen des FA oder des Stpfl. haben **keinen Einfluss auf die Fälligkeit.** Insbesondere wird die Fälligkeit nicht hinausgeschoben durch

- die **bloße Einlegung eines Rechtsbehelfs**; vgl. den Wortlaut des § 361 Abs. 1 AO;
- **Niederschlagung** gem. § 261 AO und »interne Stundung«, denn diese sind interne Maßnahmen des FA, während die Fälligkeit bzw. der Anfall von Sz nur durch einen mit Außenwirkung ausgestatteten VA beeinflusst werden kann (zur Niederschlagung vgl. 4).
- den mitgeteilten **Vollstreckungsaufschub** gem. § 258 AO, denn dieser lässt die Verpflichtung des Schuldners zur Zahlung unberührt, so dass Säumniszuschläge weiterhin anfallen. Das FA ist nur vorläufig gehindert, Betreibungsmaßnahmen durchzuführen (vgl. den Wortlaut der Bestimmung und ihre systematische Stellung im Sechsten Teil »Vollstreckung«; AEAO § 240 Nr. 7).
- Nach h. M. schiebt auch die **Aussetzung der Vollziehung** (AdV, § 361 Abs. 2 AO) eines Anspruchs aus dem Steuerschuldverhältnis – im Gegensatz zur Stundung – dessen Fälligkeit nicht hinaus. Es fallen aber wie nach einer Stundung keine Sz, sondern Zinsen an. Vgl. dazu I 12.7.

Im Folgenden wird nur die Stundung näher dargestellt.

3.2 **Stundung, § 222 AO**

Anwendungsbereich: Das FA kann alle Ansprüche aus dem Steuerschuldverhältnis gegen den Stpfl. stunden, mit Ausnahme der Abzugsteuern gegenüber dem Abführungspflichtigen bzw. Haftungsschuldner (§ 222 Satz 3, 4 AO). Diese Einschränkung verstößt nicht gegen den allgemeinen Gleichheitssatz in Art. 3 Abs. 1 GG (BFH vom 24.03.1998 BStBl II 1999, 3).

> **BEISPIELE**
>
> a) Abzuführende LSt der Arbeitnehmer kann dem Arbeitgeber nicht gestundet werden.
> b) KapSt auf Ausschüttungen kann der GmbH nicht gestundet werden (BFH vom 23.08.2000 BStBl II 2001, 742).
> c) Dagegen gelten die Regeln über die Stundung uneingeschränkt für die **pauschale** Lohnsteuer und die Umsatzsteuer.

Im Übrigen ist die Stundung nach der höchstrichterlichen Rechtsprechung eine **reine Ermessensentscheidung** (BFH vom 29.04.1965 BStBl III 1965, 466). Bei der Ausübung des Ermessens sind die berechtigten Interessen des Stpfl. und das Recht des Staates auf wirksame Besteuerung gegenseitig abzuwägen.

Im Gesetzestext des § 222 AO sind zwei Anhaltspunkte für die **Ermessensausübung** enthalten:

- Ist die Zahlung bei Fälligkeit für den Stpfl. eine **erhebliche Härte,** so ist die Stundung ermessensgemäß. Die erhebliche Härte kann auf **persönlichen und sachlichen Stundungsgründen** beruhen. Bei den persönlichen Stundungsgründen ist auch die **Stundungswürdigkeit** zu prüfen.
- Führt die Stundung aber zu einer **Gefährdung des gestundeten Anspruchs,** ist die Stundung ermessenswidrig.

Nach anderer Meinung sind die genannten Umstände (als »unbestimmte Rechtsbegriffe«) Tatbestandsmerkmale der Stundung. Das Ermessen des FA beschränke sich darauf, bei Vorliegen der Tatbestandsmerkmale die Modalitäten der Stundung zu bestimmen, z.B. den Stundungszeitraum, eine Sicherheitsleistung usw.

3.2.1 **Ermessensentscheidung bei erheblicher Härte**

Die »**erhebliche Härte**« kann auf persönlichen oder sachlichen Stundungsgründen beruhen.

a) Persönliche Stundungsgründe

Persönliche Stundungsgründe sind insbesondere **vorübergehende,** über das bei Steuerzahlungen normale Ausmaß hinausgehende finanzielle Einengungen (»**Liquiditätsengpässe**«).

> **BEISPIEL**
>
> Die Insolvenz eines wichtigen Abnehmers oder unerwartet hohe Nachzahlungspflichen aufgrund einer Außenprüfung haben zu einem außergewöhnlichen Liquiditätsengpass beim Stpfl. geführt.
> In der Praxis wird zur Abfrage der Vermögens- und Liquiditätsverhältnisse ggf. ein Formular eingesetzt. Der Fragenkatalog ist derselbe wie beim Billigkeitserlass aus »persönlichen« Gründen, vgl. 4.3.

Hat der Stpfl. zum Fälligkeitszeitpunkt zwar Vermögen, aber kein Bargeld um seine Steuerschuld zu bezahlen, wird von ihm verlangt, Vermögensteile zu verkaufen oder zu beleihen, oder Bankkredit bis zur Höhe seiner »Kreditlinie« aufzunehmen (BFH vom 08. 03. 1990 BStBl II 1990, 673, 676). Erst wenn dieses nicht mehr möglich ist, beginnt der Bereich der Stundung. Die Finanzkasse ist keine Bank!

Eine erhebliche Härte kann auch aus **anderen Gründen** als einem Liquiditätsengpass eintreten.

BEISPIEL

> Der Stpfl. liegt wegen eines Unfalls im Krankenhaus und kann deswegen – trotz vorhandener Liquidität – nicht zahlen.

Vom Stpfl., der eine Stundung aus »persönlichen« Gründen beantragt, ist zu verlangen, dass er im Rahmen des Vorhersehbaren Vorsorge für den Fälligkeitseintritt seiner Steuern getroffen hat. Ist ihm in diesem Punkt eine **bewusste Nachlässigkeit** oder sogar ein **vorsätzlicher Verstoß** vorzuwerfen, liegt in der Liquiditätsklemme **keine erhebliche Härte.** Man sagt, dieser Stpfl. sei »**nicht stundungswürdig**« (BFH vom 07. 05. 1993 BFH/NV 1994, 144).

BEISPIELE

> a) Der Stpfl. hat vor dem Fälligkeitstermin sein Bankkonto schenkungsweise auf seine Tochter übertragen; es liegt trotz einer Liquiditätsanspannung keine erhebliche Härte vor.
>
> b) Dem Stpfl. ist eine erhebliche Menge Geld gestohlen worden, was zu einer erheblichen Liquiditätsknappheit führt; es liegt eine erhebliche Härte vor.
>
> c) Geht die finanzielle Einengung auf die schlechte Konjunkturentwicklung oder die periodisch eintretende »tote« Saison eines Saisongeschäfts u. ä. zurück, so genügt diese Begründung regelmäßig nicht für eine Stundung. Der Stpfl. muss sich im Rahmen des Vorhersehbaren auf Liquiditätsverknappungen, insbesondere wenn sie periodisch wiederkehren, einrichten und Vorsorge treffen, dass er trotzdem die Steuern pünktlich bezahlen kann. Sonst würden durch die Stundung die gesetzlichen Fälligkeitsregeln für ganze Branchen beseitigt. Stundung wird also in solchen Fällen nur gewährt, wenn die Entwicklung anormal schlecht ist (BFH vom 13.09 1966 BStBl III 1966, 694).

Maßgebend für die Frage, ob eine erhebliche Härte vorliegt, sind die **Verhältnisse im Zeitpunkt der Entscheidung des FA** über den Stundungsantrag (BFH vom 17. 07. 1985 BStBl II 1985, 122; für den Fall, dass der Stpfl. Einspruch einlegt: der Tag der Einspruchsentscheidung).

b) Sachlicher Stundungsgrund

Ein sachlicher Stundungsgrund liegt im Fall der »**Verrechnungsstundung**« vor. Treu und Glauben verlangen, dass das FA seinen Anspruch stundet, wenn der Stpfl. mit an Sicherheit grenzender Wahrscheinlichkeit einen Gegenanspruch hat, der alsbald fällig wird. Das FA kann aber LSt und andere Abzugsteuern auch dann nicht stunden, wenn die Voraussetzungen einer Verrechnungsstundung vorliegen würden (§ 222 Sätze 3, 4 AO).

BEISPIEL

> Der Stpfl. hat eine Erklärung eingereicht, die nach seiner Berechnung zu einer Erstattung (oder Vergütung) führen wird. Andererseits schuldet er noch aus einer anderen Steuerart einen Restbetrag. Er will den Restbetrag im Hinblick auf die zu erwartende Erstattung (in deren Höhe) gestundet haben.
>
> **LÖSUNG** Das FA würde sich treuwidrig verhalten, wenn es die Zahlung eines Betrags verlangen würde, obwohl feststeht, dass es den Betrag alsbald wieder zurückzahlen muss. Dies ist aber nur dann der Fall, wenn der Gegenanspruch des Stpfl. **mit an Sicherheit**

grenzender Wahrscheinlichkeit besteht und in absehbarer Zeit **fällig** wird (BFH vom 29. 11. 1984 BStBl II 1985, 194).

Für die Frage, ob das FA stunden wird, ist also entscheidend, ob das FA den Erstattungsanspruch bestreitet. Dann ist die Aussicht auf die Erstattung so ungewiss, dass eine Verrechnungsstundung nicht in Frage kommt (BFH vom 07. 03. 1985 BStBl II 1985, 449). Sonst muss das FA stunden.

3.2.2 Ermessensentscheidung bei Gefährdung des Steueranspruchs durch die Stundung

Erscheint der **Anspruch** durch die Stundung **gefährdet,** darf nicht gestundet werden (§ 222 Satz 1 AO). Ist insbesondere vorauszusehen, dass der Stpfl. nach Ablauf der Stundungsfrist noch weniger zahlen kann als zum Fälligkeitszeitpunkt, scheidet Stundung aus.

Die Stundung ist nur für voraussichtlich vorübergehende finanzielle Schwierigkeiten das geeignete Hilfsmittel. Für voraussichtlich dauernde Zahlungsunfähigkeit kommt der Billigkeitserlass nach § 227 AO in Frage.

Eine Gefährdung ist trotz mangelnder Bonität des Stpfl. nicht anzunehmen, wenn er **Sicherheit** (§ 241 AO) **leistet** (§ 222 Satz 2 AO). In der Praxis verlangt das FA entgegen dem Wortlaut des Gesetzes nur im Ausnahmefall oder bei Stundungsbeträgen über 10 000 € eine Sicherheitsleistung. Dies ist richtig, denn etwas übertreibend kann man sagen, wer über Sicherheiten im Sinne des § 241 AO verfügt, bei dem liegen die Stundungsvoraussetzungen nicht vor. Zahlt der Stpfl. bei Stundungsablauf nicht, kann das FA die Sicherheit verwerten, § 327 AO.

Beispiele für **Sicherheitsleistungen** sind:
- Verpfändung mündelsicherer Wertpapiere, § 241 Abs. 1 Nr. 2 AO;
- Verpfändung von Spareinlagen bei einem Kreditinstitut durch Einigung und Übergabe des Sparbuchs usw., § 241 Abs. 1 Nr. 3 AO; Bestellung einer erstrangigen Hypothek, § 241 Abs. 1 Nr. 5 AO; Stellung eines Bürgen, § 241 Abs. 1 Nr. 7 AO.

3.2.3 Das Stundungsverfahren

Das **Stundungsverfahren** ist weitgehend frei von Formalitäten. Ein Antrag ist z. B. nicht vorgeschrieben (aber üblich, vgl. § 222 Satz 2 AO). Die Stundung kann also u. U. auch von Amts wegen gewährt werden.

> **BEISPIEL**
>
> Der Stpfl. hat Stundung für die ESt 09 und 10 beantragt. Das FA kann von Amts wegen auch die ESt 11 stunden, wenn es erkennt, dass die Stundungsvoraussetzungen bezüglich aller drei VZ vorliegen, und der Antrag offensichtlich nur versehentlich enger formuliert ist; vgl. auch § 89 AO.

Der Stpfl. darf sich nicht damit begnügen, allgemeine Hinweise auf die schlechte Konjunktur- oder Branchenlage zu geben. Er muss die Gründe und das Ausmaß seines Härtefalls im Einzelnen **darlegen.** Das FA kann die Stundung schon deshalb versagen, weil der Stpfl. die ihm mögliche und zumutbare Aufklärung über Umstände verweigert, die für die Stundung maßgeblich sind (BFH vom 29. 04. 1987 BFH/NV 1988, 73).

In größeren Stundungsfällen wegen Liquiditätsschwierigkeiten verlangt das FA einen zeitnahen »Liquiditätsstatus«. In dieser Auflistung sind die vorhandenen flüssigen bzw. kurz- und mittelfristig verflüssigbaren Mittel den Zahlungsverpflichtungen unter Angabe des Datums der Verfügbarkeit bzw. der Fälligkeit gegenübergestellt.

Die Stundung ist ein VA, der formularmäßig unter dem **Vorbehalt des Widerrufs** (§ 120 Abs. 2 Nr. 3 AO) **ausgesprochen wird.** (Bundesweit ist verwaltungsintern vorgeschrieben, Stundung nur unter Widerrufsvorbehalt zu gewähren. Auch die Schriftform ist kraft Gesetzes nicht vorgeschrieben.)

Sachlich zuständig für Stundungen sind nach § 222 Satz 1 AO »die Finanzbehörden«. Nach gleichlautenden Erlassen der obersten Landesfinanzbehörden vom 02. 01. 2004 BStBl I 2004, 29 können die Finanzämter Stundungen aussprechen, sind aber ab bestimmten Grenzen an die vorherige Zustimmung der Mittel- und eventuell der Obersten Behörden gebunden. Ob Verstöße gegen diese internen Vorschriften die Stundungsentscheidung rechtswidrig machen, ist fraglich; es liegt aber keinesfalls ein Rücknahmegrund i. S. d. § 130 Abs. 2 Nr. 1 AO vor.

Nach den gleichlautenden Erlassen der obersten Finanzbehörden der Länder vom 02. 01. 2004 BStBl I 2004, 29 sind die Finanzämter befugt zu stunden (getrennt für jede Steuerart und jeden VZ)

a) in eigener Zuständigkeit
- Beträge bis 100 000 € einschließlich zeitlich unbegrenzt,
- höhere Beträge bis zu 6 Monaten,

b) mit Zustimmung der OFD
- Beträge bis 250 000 € einschließlich zeitlich unbegrenzt,
- höhere Beträge bis zu 12 Monaten,

c) mit Zustimmung des Landesfinanzministeriums in allen übrigen Fällen,

d) mit Zustimmung des BMF bei Beträgen über 500 000 €, wenn länger als 12 Monate gestundet wird (BMF vom 02. 01. 2002 BStBl I 2002, 61).

Stundungsablehnungen kann das FA ohne Rücksicht auf den Betrag bzw. die beantragte Stundungsfrist aussprechen, ohne die vorherige Zustimmung der Oberbehörden einzuholen.

Für die Dauer der gewährten Stundung fallen **Zinsen** an (§ 234 AO; zu ihrer Berechnung vgl. 5.3.1), auf die aber verzichtet werden kann. Die Zinsen sind durch **schriftlichen Zinsbescheid** festzusetzen (§ 239 Abs. 1 AO und 5.2).

4 Erlöschen der Ansprüche aus dem Steuerschuldverhältnis

Die wichtigsten **Erlöschensgründe** sind beispielhaft in § 47 AO aufgezählt:
1. **bei Erfüllung oder Leistung an Erfüllungs Statt:**
a) unbare oder bare Zahlung, §§ 224 f. AO (Erfüllung),
b) Aufrechnung, § 226 AO i. V. m. §§ 387 ff. BGB (Leistung an Erfüllungs Statt; zu diesem Begriff vgl. § 364 BGB),
2. **trotz Nichterfüllung:**
a) Niedrigerfestsetzung aus Billigkeitsgründen, § 163 AO,
b) Billigkeitserlass, § 227 AO,
c) Festsetzungsverjährung, §§ 169 ff. AO,
d) Zahlungsverjährung, §§ 228 ff., 232 AO.

Soweit die Erlöschensgründe bereits **festgesetzte Ansprüche** betreffen, sind sie im Fünften Teil der AO (Erhebungsverfahren) geregelt. Noch nicht festgesetzte, aber festzusetzende Ansprüche können durch Festsetzungsverjährung und Billigkeitserlass bei der Steuerfestsetzung gem. § 163 AO erlöschen.

Die im Gesetz nicht geregelte **Verwirkung** führt nicht zum Erlöschen (vgl. 4.5). Die **Niederschlagung** (§ 261 AO) ist ebenfalls **kein** Erlöschensgrund, sondern eine amtsinterne Entscheidung im Rahmen des durch § 249 Abs. 1 Satz 1 AO eingeräumten Ermessens, zunächst nicht zu vollstrecken (Abschn. 14 Abs. 2 VollstrA). Die Niederschlagung geschieht regelmäßig in der Absicht, einen Rückstand verjähren zu lassen. Sie erfolgt, wenn feststeht, dass die Einziehung keinen Erfolg haben wird, oder wenn die Kosten der Einziehung außer Verhältnis zur Höhe des Rückstands stehen. Behördenintern sind die Vollstreckungsstellen zuständig. Sie entscheiden nach den Verhältnissen des Einzelfalles. Rückstände unter 25 € werden i. d. R. niedergeschlagen, wenn der Vollstreckungsschuldner trotz Mahnung nicht bezahlt hat, oder Beträge unter 250 €, wenn bereits ein Vollstreckungsversuch erfolglos war oder der Vollstreckungsschuldner unbekannt verzogen ist (Einzelheiten in Abschn. 15 VollstrA); zur Abgrenzung der Niederschlagung von der Stundung vgl. 3.1.

Auch die Anwendung der **Kleinbetragsregelung für das Erhebungsverfahren** (BMF vom 22. 03. 2001 BStBl I 2001, 242) führt nicht zum Erlöschen der Ansprüche. In solchen Minifällen unternimmt die Verwaltung überhaupt nichts, sondern sie wartet auf eine Änderung der Verhältnisse und schlägt die Kleinbeträge oft nicht einmal nieder. In dem bundeseinheitlichen Erlass vom 22. 03. 2001 ist geregelt, dass Beträge unter 3 € nicht angemahnt bzw. Beträge von 3 € bis 9,99 € erst nach Ablauf eines Jahres angemahnt werden; dabei ist auf den unter einer Steuernummer gebuchten Gesamtbetrag einschließlich steuerlicher Nebenleistungen abzustellen (Tz. 3 [a. a. O.]). Kleinstbeträge unter 1 € werden von der FK gar nicht erhoben (auch nicht erstattet, Tz. 5 [a. a. O.]). Sind nur Säumniszuschläge zur Zahlung offen, sollen Beträge unter 5 € nicht gesondert angefordert werden (Tz. 2 [a. a. O.]).

4.1 Zahlung, §§ 224 f. AO

Zahlungen können bar oder unbar erfolgen (vgl. § 224 Abs. 2 AO):
- Barzahlung geschieht durch Übergabe gesetzlicher Zahlungsmittel, d. h. von Banknoten und Münzen. Barzahlung lässt die Schuld sofort erlöschen.
- Gedeckte Schecks bewirken das Erlöschen der Schuld erst am dritten Tag nach dem Scheckeingang, § 224 Abs. 2 Nr. 1 2. Alt. AO. Will der Stpfl. Säumniszuschläge vermeiden, muss er den Scheck spätestens am 3. Tag vor der Fälligkeit bei der Finanzkasse einreichen. Maßgeblich ist der Eingangsstempel.
- Unbare Zahlung erfolgt durch Überweisung von Konto zu Konto usw. Die Schuld erlischt, wenn der Betrag dem Konto der Finanzkasse gutgeschrieben wird (§ 224 Abs. 2 Nr. 2 AO); maßgeblich ist der Tag der Wertstellung. Da die Dauer des Zahlungsverkehrs zwischen Banken für den Stpfl. nicht vorhersehbar ist, gibt es – nur – bei Überweisungen die sog. **Schonfrist** gem. § 240 Abs. 3 AO, wonach bei Gutschriftverzögerung bis zu drei Tagen nach der Fälligkeit der angefallene Säumniszuschlag nicht erhoben wird (s. 6.1c).
- Das »Lastschrifteinzugsverfahren« bei Vorliegen einer Einzugsermächtigung (§ 224 Abs. 2 Nr. 3 AO) ist für die Entrichtung der laufenden Steuern zu Recht immer beliebter geworden. Die Schuld erlischt am Fälligkeitstag, auch wenn die Finanzkasse den Betrag später abbucht, § 224 Abs. 2 Nr. 3 AO.

Die Zahlungsschuld ist eine Bringschuld (§ 224 Abs. 1 Satz 1 AO). Der Schuldner ist also nur befreit, wenn das Geld bei der Finanzkasse tatsächlich eingeht (s. anschließend; Ausnahme in § 224 Abs. 1 Satz 2 AO).

Der Wortlaut des § 224 Abs. 1 AO ist ungenau. Der Zahlungspflichtige ist nur befreit,

1. bei Zahlung innerhalb des Kassenraums: wenn die Zahlung zu dem annahmebefugten Kassen**personal** gelangt; dies ist der Kassier;

2. bei Zahlung außerhalb des Kassenraums: wenn die Zahlung an einen zur Annahme von Zahlungsmitteln für diesen Fall besonders ermächtigten Amtsträger gelangt. Dies sind Vollziehungsbeamte, soweit sie einen Vollziehungsauftrag haben. Häufig sind bei FÄ, deren Kassen den Barzahlungsverkehr eingestellt haben, insbesondere Mitarbeiter der Vollstreckungsstelle zu »Hilfsvollziehungsbeamten« bestellt. Sie dürfen in dieser Eigenschaft Bar- und Scheckzahlungen von Vollstreckungsschuldnern annehmen, die diese dem Innendienst der Vollstreckungsstelle anbieten. Aus Zweckmäßigkeitsgründen sollen die Vollstreckungsschuldner nicht auf unbare Zahlung verwiesen werden.

Die Leistung an Zahlungs Statt gem. § 224a AO durch Übertragung von Kunstgegenständen und Sammlungen auf den Fiskus des Landes gemäß öffentlich-rechtlichem Vertrag wird hier nicht dargestellt.

FÄLLE 47–48

FALL 47 Muss der Stpfl. Säumig in den folgenden Fällen nochmal bezahlen?

1. Der Stpfl. Säumig schickt einen 100-€-Schein zur Begleichung seiner KfzSt-Schuld an das Finanzamt. StS Ungetreu in der Posteingangsstelle unterschlägt das Geld.

2. Das nächste Mal will Säumig auf Nummer Sicher gehen: Er bringt die 100 € persönlich zur Finanzkasse. Als er vor der Kasse eine lange Schlange von Zahlungswilligen sieht, übergibt er den Geldschein dem für seine Steuer zuständigen Buchhalter, StOS Ungeheuer, der ihm verspricht, das Geld später beim Kassier abzugeben. Ungeheuer vergisst sein Versprechen und kann sich nachher an nichts mehr erinnern.

3. Der Vollziehungsbeamte Schuldig unterschlägt die KfzSt-Zahlung des Säumig in Höhe von 100 € auf dem Rückweg von Säumigs Wohnung zur Finanzkasse. Schuldig hat den Betrag aufgrund eines Vollstreckungsauftrags abgeholt.

4. Ändert sich etwas, wenn Säumig dem Schuldig einen Scheck über 100 € übergeben hat, den Schuldig auf seinem Privatkonto einlöst?

FALL 48 Wann ist in den folgenden Fällen die Zahlung bewirkt?

1. Säumig übersendet seinen Scheck über 100 € an die zuständige Finanzkasse, wo er am 12. 10. 12 eingeht. Der Scheck wird dem Konto der Finanzkasse mit Wertstellung zum 16. 10. 12 gutgeschrieben.

2. Der Scheck (Tz. 1.) wird mangels Deckung auf dem Konto des Säumig nicht eingelöst.

3. Säumig überweist die Umsatzsteuer i. H. v. 500 € auf das Konto der Finanzkasse. Der Überweisungsauftrag geht am 10. 11. 12 bei seiner Bank ein. Die Abbuchung von seinem Konto erfolgt am 13. 11. 12, die Gutschrift auf dem Konto der Finanzkasse am 15. 11. 12.

4. Säumig hat der Finanzkasse für seine KfzSt eine Einzugsermächtigung von seinem Girokonto erteilt. Die KfzSt ist am 10. 04. 12 fällig. Die Finanzkasse lässt den Betrag am 18. 04. 12 von seinem Konto abbuchen. Er wird dem Konto der Finanzkasse am 19. 04. 12 gutgeschrieben.

4.2 Aufrechnung, § 226 AO

Aufrechnung ist die Verrechnung von sich gegenüberstehenden Zahlungsansprüchen durch einseitige Erklärung eines Beteiligten. Der Erklärende erfüllt seine Zahlungspflicht nicht (§ 362 BGB), sondern leistet »an Erfüllung Statt« (§ 364 BGB). Dabei ist § 226 AO zu prüfen, wenn auch nur einer der beteiligten Zahlungsansprüche ein Anspruch aus dem Steuerschuldverhältnis ist. § 226 AO verweist in Abs. 1 auf die sinngemäße Anwendung der zivilrechtlichen Vorschriften in §§ 387–396 BGB, deren Regeln dann allerdings in den

Absätzen 2–4 z. T. verändert werden. Aus der zivilrechtlichen Literatur stammt auch die übliche (verwirrende) **Terminologie:** Die Forderung des Aufrechnenden (mit der dieser aufrechnet) wird als »Gegenforderung«, die Forderung des Gegenüber (gegen die aufgerechnet wird) wird als »Hauptforderung« bezeichnet. Einfacher ist es, vom Anspruch des Aufrechnenden und vom Anspruch des Aufrechnungsgegners zu sprechen.

4.2.1 Voraussetzungen

Voraussetzungen für eine wirksame Aufrechnungserklärung sind:

- Gleichartigkeit, § 226 Abs. 1 AO, § 387 BGB
- Gegenseitigkeit, § 226 Abs. 1 AO, § 387 BGB
- Fälligkeit der Forderung der Aufrechnenden, § 226 Abs. 1 AO, § 387 BGB
- Entstehung der Forderung des Aufrechnungsgegners, § 226 Abs. 1 AO, § 387 BGB
- **zusätzlich für die Aufrechnung durch den Stpfl.:** die Forderung des Stpfl. ist rechtskräftig oder unbestritten, § 226 Abs. 3 AO.

Die Aufrechnung ist nur dann wirksam erklärt, wenn die »Aufrechnungslage« eingetreten ist, d. h. wenn alle Voraussetzungen des § 226 AO erfüllt sind. Dies sind:

a) Gleichartigkeit der Forderungen, § 387 BGB

Auf Geld gerichtete Ansprüche sind gleichartig, egal ob sie privatrechtlicher oder öffentlichrechtlicher Natur sind.

> **BEISPIEL**
>
> Der Stpfl. kann mit seinem Kaufpreisanspruch aus der Lieferung von Papier an das FA gegen den USt-Anspruch des FA aufrechnen, genauso umgekehrt.

b) Gegenseitigkeit der Forderungen, § 387 BGB

Schuldner und Gläubiger der beiden Forderungen müssen dieselben Personen in umgekehrter Reihenfolge sein.

Allerdings kann man sich den Anspruch einer dritten Person **abtreten** lassen, um damit die für die Aufrechnung erforderliche Personenidentität herbeizuführen. Für die Abtretung gelten die §§ 398 ff. BGB; Stpfl., die steuerliche Erstattungs- oder Vergütungsansprüche abtreten wollen, müssen zusätzlich § 46 AO für die Abtretungsanzeige beachten.

Nach § 226 Abs. 4 AO gilt auf Seiten des Staates als Gläubiger nicht nur die Körperschaft, der die Ertragshoheit zusteht, sondern auch die Körperschaft, die den Anspruch verwaltet (vgl. A 4.1). Land und Bund werden durch ein Finanzamt vertreten, dieses wieder durch seinen leitenden Beamten (»Vorsteher«) oder durch eine von ihm beauftragte Person.

> **BEISPIELE**
>
> a) Ehemann A ist Einzelunternehmer, ebenso seine Ehefrau B. A kann sich den USt-Vergütungsanspruch seiner Frau in den Formen des § 46 AO abtreten lassen, um damit gegen seine eigenen USt-Schuld gegenüber dem FA aufzurechnen.
> (Zur Abtretung von Erstattungs- und Vergütungsansprüchen gem. § 46 AO vgl. C 6.3.)
>
> b) Das FA kann mit »seinem« (von ihm verwalteten, § 226 Abs. 4 AO) ESt-Anspruch gegen den USt-Vergütungsanspruch des Stpfl. aufrechnen, obwohl die Ertragshoheit Bund und Land nicht jeweils im gleichen Umfang zusteht. Beidesmal »gilt« (Fiktion!) das verwaltende Land zu 100 % als Gläubiger bzw. Schuldner der Ansprüche, jeweils vertreten durch das FA.
>
> c) Der Stpfl. A kann, statt seine ErbSt-Schuld i. H. v. 2 000 € zu bezahlen, dagegen mit seinem ESt-Erstattungsanspruch i. H. v. 2 000 € aufrechnen. Die Ertragshoheit für die ErbSt liegt gem. Art. 106 GG beim Land zu 100 %, die Ertragshoheit für die ESt teilen sich Bund und Land zu je

1/2. Da aber das Land bezüglich der ESt wenigstens die Verwaltungshoheit hat (Art. 108, Art. 83 ff. GG), gilt das Land doch für beide Ansprüche als Gläubiger bzw. als Schuldner. A kann folglich aufrechnen.

d) Der Stpfl. wohnte früher in Rheinland-Pfalz und betrieb dort eine Gaststätte, die er unter Hinterlassung von USt-Schulden aufgab. Jetzt ist er in Bremen ansässig. Die aktuelle ESt-Veranlagung durch ein Bremer FA ergibt einen Erstattungsanspruch. Das Land Bremen lässt sich vom Land Rheinland-Pfalz dessen Anteil am USt-Anspruch (sowie den Anteil des Bundes daran) abtreten und rechnet damit gegen den ESt-Erstattungsanspruch des Stpfl. auf (Sachverhalt des Urteils des BFH vom 05. 09. 1989 BStBl II 1989, 1004).

LÖSUNG Gläubiger des USt-Anspruchs ist z. T. der Bund, z. T. das Land Rheinland-Pfalz. Schuldner des ESt-Erstattungsanspruchs ist z. T. der Bund, z. T. das Land Bremen. Der ESt-Erstattungsanspruch wird vom Land Bremen verwaltet. Das Land Bremen gilt also gem. § 226 Abs. 4 AO für Aufrechnungszwecke zu 100 % als Schuldner dieses Erstattungsanspruchs. Die Inhaberschaft des USt-Anspruchs konnte durch Abtretung der beiden USt-Teilansprüche des Bundes und des Landes Rheinland-Pfalz (durch das verwaltende Land Rheinland-Pfalz) auf das Land Bremen übertragen werden (§§ 398 ff. BGB; § 46 AO muss dabei nicht beachtet werden). Bremen ist so Inhaber des USt-Anspruchs geworden und gilt als Schuldner des ESt-Erstattungsanspruchs. Folglich kann es die Aufrechnung erklären. Vgl. auch AEAO § 226 Tz. 1, 3.

c) Fälligkeit der Forderung des Aufrechnenden, § 387 BGB

Zur Fälligkeit siehe § 220 AO und H 2.

BEISPIELE

a) Das FA kann vor Ablauf der Stundungsfrist nicht mit dem gestundeten ESt-Anspruch gegen den USt-Vergütungsanspruch des Stpfl. aufrechnen. Allerdings kann es die Stundung widerrufen (§ 131 Abs. 2 Nr. 1, 3 AO), um anschließend aufzurechnen.

b) Das FA kann auch nicht mit einem Anspruch aufrechnen, dessen Vollziehung ausgesetzt ist (vgl. I 12.7.).

d) Erfüllbarkeit der Forderung des Aufrechnungsgegners, § 387 BGB

Die Forderung ist erfüllbar, sobald sie entstanden ist; vgl. dazu § 38 AO und C 5, für zivilrechtliche Ansprüche § 271 BGB. Ist die Forderung des Aufrechnungsgegners ein festzusetzender Anspruch aus dem Steuerschuldverhältnis, muss er für Aufrechnungszwecke noch nicht festgesetzt (auch nicht fällig) sein. Eine Aufrechnung mit **verjährten Ansprüchen aus dem Steuerschuldverhältnis** ist nicht möglich (§ 226 Abs. 2 AO), weil diese Ansprüche erloschen sind (§ 47 AO; anders bei Aufrechnung mit verjährten zivilrechlichen Ansprüchen, vgl. § 390 Satz 2 BGB).

BEISPIEL

Das FA kann mit dem fälligen USt-Anpruch gegen den letztjährigen ESt-Erstattungsanspruch des Stpfl., der sich laut dessen Erklärung ergibt, auch schon vor der Festsetzung der letztjährigen ESt aufrechnen.

e) Zusätzlich bei Aufrechnung durch den Stpfl., § 226 Abs. 3 AO.

Der Stpfl. kann gem. § 226 Abs. 3 AO nur mit Forderungen aufrechnen, die »**rechtskräftig**« festgestellt oder von der (verwaltenden) Behörde **nicht bestritten** werden. Der Ausdruck »rechtskräftig« ist in zweierlei Hinsicht ungenau: Nur Entscheidungen von Gerichten erwachsen in Rechtskraft. Verwaltungsentscheidungen werden »bestandskräftig«. Zum andern gibt es die »materielle« und die »formelle« Rechts- und Bestandskraft (vgl. I 7.1). U. E. kann die Frage dahinstehen, was das Gesetz genau unter »Rechtskraft« versteht, da die

Verwaltungsbehörden an ihre eigenen Entscheidungen nach deren Bekanntgabe gebunden sind, ihre Richtigkeit also grundsätzlich nicht mehr bestreiten dürfen (§ 124 Abs. 1 AO).

Aus der Spezialregelung in § 226 Abs. 3 und 4 AO ergibt sich, dass § 395 BGB (»Kassenidentität«) jedenfalls für Aufrechnungen des Stpfl. gegen Ansprüche aus dem Steuerschuldverhältnis **nicht** gilt (AEAO § 226 Nr. 1; § 395 BGB stellt sonst für Aufrechnungen gegen die öffentliche Hand das Erfordernis der **Kassenidentität** auf, d. h. beide Forderungen müssen bei derselben öffentlichen Kasse zum Soll oder Haben gestellt sein).

> **BEISPIEL**
>
> Der Unternehmer Platt hat einen Kaufpreisanspruch aus der Lieferung von Büromöbeln an das Innenministerium BaWü. Die Richtigkeit seiner Forderung wird nicht bestritten. Gleichzeitig müsste er seine USt-Vorauszahlung für Juli 08 an das FA Böblingen (BaWü) bezahlen. Kann er die Aufrechnung erklären?
> **LÖSUNG** Die Ansprüche sind gleichartig, weil beide auf Geld gerichtet sind. Daß der eine öffentlich-rechtlicher, der andere zivilrechtlicher Natur ist, spielt keine Rolle. Inhaber des USt-Anspruches ist z. T. der Bund, z. T. das Land BaWü. Das Land BaWü gilt insgesamt als Gläubiger, da es die Steuer verwaltet (§ 226 Abs. 4 AO). Der Kaufpreisanspruch richtet sich gegen das Land BaWü, das u. a. durch das FA Böblingen vertreten wird. Gegenseitigkeit ist damit gegeben. Auf die »Kassenidentität« (§ 395 BGB) kommt es nicht an, weil § 395 BGB durch § 226 Abs. 4 AO verdrängt ist. Da der Kaufpreisanspruch des Platt fällig und unbestritten und der USt-Anspruch entstanden ist (§ 226 Abs. 1, 3 AO, § 387 BGB), kann Platt mit seiner Forderung gegen den USt-Anspruch des FA Böblingen aufrechnen, soweit sich die Beträge decken.

4.2.2 Aufrechnungserklärung und maßgeblicher Zeitpunkt für die Aufrechnungsvoraussetzungen

Die Aufrechnung ist eine **einseitige, empfangsbedürftige Willenserklärung,** für die das Gesetz keine Form vorschreibt. Da u. a. § 388 BGB in § 226 Abs. 1 AO für entsprechend anwendbar erklärt wurde, ist auch die vom FA erklärte Aufrechnung kein VA, sondern immer eine zivilrechtliche Erklärung (ebenso BFH vom 02. 04. 1987 BStBl II 1987, 536). Die Aufrechnungserklärung des FA kann nicht mit Einspruch angefochten werden, da Rechtsbehelfe der AO nur gegen Verwaltungsakte gegeben sind, § 347 AO. Der Stpfl., der die Aufrechnungserklärung des FA überprüfen lassen will, muss einen Abrechnungsbescheid gem. § 218 Abs. 2 AO beantragen, der einspruchsfähig ist.

Die Aufrechnung ist nur wirksam, wenn im Zeitpunkt der Erklärung die **Aufrechnungslage** gegeben ist, d. h. alle Voraussetzungen für die Aufrechnung (schon bzw. noch) vorliegen. Sie wächst auch dann nicht in die Wirksamkeit hinein, wenn zu einem späteren Zeitpunkt (nach der Aufrechnungserklärung) alle Aufrechnungsvoraussetzungen vorliegen würden.

> **BEISPIELE**
>
> a) Das FA rechnet gleichzeitig mit der Bekanntgabe des ESt-Bescheids, der eine ESt-Abschlusszahlung bringt, gegen den USt-Vergütungsanspruch des Stpfl. auf.
> **LÖSUNG** Die Aufrechnung ist unwirksam, weil der Abschlusszahlungsanspruch erst einen Monat nach der Bekanntgabe fällig wird (§ 36 Abs. 4 EStG). Auch nach Eintritt der Fälligkeit wird die erklärte Aufrechnung nicht wirksam. (Das FA kann aber die Erklärung wiederholen.)
>
> b) Der Stpfl. kann die **Aufrechnung nicht dadurch verhindern,** dass er **nach** der Aufrechnung durch das FA **seinen Erstattungs- oder Vergütungsanspruch z. B. an seine Bank abtritt** (§ 46 AO; vgl. § 404 BGB).

4.2.3 **Wirkung der Aufrechnung**

Die (wirksame) Aufrechnung führt zum **Erlöschen** des betroffenen Anspruchs aus dem Steuerschuldverhältnis (§ 47 AO). Das Erlöschen tritt **rückwirkend** ein.

Maßgeblich ist grundsätzlich der objektive Beginn der Aufrechnungslage (§ 389 BGB; BFH vom 13.01.2000 BStBl II 2000, 246, 247). Der Anspruch aus dem Steuerschuldverhältnis erlischt also rückwirkend an dem Tag, an dem erstmals alle Voraussetzungen für die Aufrechnung vorlagen. Die **Sz** (§ 240 AO, vgl. 6) erlöschen jedoch rückwirkend nur ab dem Zeitpunkt, in dem die Erstattungs- oder Vergütungsforderung des Stpfl. fällig wurde. Dies ergibt sich für Aufrechnungserklärungen des Stpfl. aus § 240 Abs. 1 Satz 5 AO, gilt aber genauso für Aufrechnungserklärungen des FA (BFH vom 13.01.2000 BStBl II 2000, 246, ebenso AEAO § 226 Tz. 2). In gleicher Weise wirkt die Aufrechnungserklärung auf angefallene Zinsen, vgl. § 238 Abs. 1 Satz 3 AO).

BEISPIEL

> Der Steueranspruch i. H. v. 2 000 € ist mit Ablauf des 17.05.03 fällig. Der Erstattungsanspruch des Stpfl. aus Überzahlung einer anderen Steuer i. H. v. 2 000 € wird am 24.08.03 fällig. a) Das FA rechnet am 13.10.03 auf. b) (Alternativ:) Der Stpfl. rechnet am 13.10.03 auf. Wirkung auf die angefallenen Sz?
>
> **LÖSUNG** a) Aufrechnung durch das FA am 13.10.03: Die Sz fallen rückwirkend weg für Säumnismonate, die nach dem 24.08.03 beginnen. Die vorher (seit Beginn der 18.05.03) angefallenen Sz bleiben bestehen (4 %, § 240 AO, s. u. 6.2).
>
> b) Aufrechnung durch den Stpfl. am 13.10.03: Gleiches Ergebnis, § 240 Abs. 1 Satz 5 AO.

Die Aufrechnungswirkung tritt nur ein, **soweit** sich die Ansprüche aufrechenbar gegenüberstehen, insbesondere soweit sie sich betragsmäßig decken.

4.2.4 **Hinweis auf den »Verrechnungsvertrag«**

Liegen die Voraussetzungen für eine Aufrechnung nicht vor, kommt doch eine vertragliche Verrechnung der Forderungen in Frage (BFH vom 13.01.2000 BStBl II 2000, 246, 250). Voraussetzung ist – im Gegensatz zur Aufrechnung – das **gegenseitige Einverständnis** der Beteiligten. Die Finanzkassen arbeiten bei ihren »Umbuchungen« von Schulden auf Forderungen und umgekehrt vielfach mit der Unterstellung, der Stpfl., der gar nicht gefragt wird, sei mit der Verrechnung schon einverstanden. Dies ist nur dann zutreffend, wenn der Erstattungsanspruch des Stpfl. nur unwesentlich früher fällig ist als der Zahlungsanspruch des FA (vgl. auch AEAO § 226 Nr. 5). Im Übrigen ist die erwähnte Praxis schon deshalb fragwürdig, weil das FA aus dem Schweigen des Stpfl. dessen Zustimmung zum »Verrechnungsvertrag« schließt.

Liegen im Zeitpunkt der Umbuchung die Voraussetzungen einer Aufrechnung durch das FA vor, ist die »Umbuchungsmitteilung« als Aufrechnungserklärung auszulegen.

4.3 **Billigkeitserlass, § 227 AO**

Der Billigkeitserlass dient dem Härteausgleich zu Gunsten der Stpfl. in Ausnahmefällen. Mit dem Billigkeitserlass wird endgültig auf einen Anspruch aus dem Steuerschuldverhältnis (§ 37 AO) verzichtet. Auch bereits entrichtete Steuern können erlassen werden; dann ist die Steuer zu erstatten oder anzurechnen (§ 227 letzter HS AO).

Der Erlass ist eine reine **Ermessensentscheidung** (BFH vom 13. 07. 1976 BStBl II 1977, 125; strittig). Die Ermessensausübung muss zur »Billigkeit«, d. h. zur gerechten Entscheidung nach den Umständen des Einzelfalls führen.

Die Rechtsprechung hat **zwei Arten von Unbilligkeit** herausgearbeitet:

1. Sachliche Unbilligkeit, oder
2. persönliche Unbilligkeit mit zwei Merkmalen: Erlassbedürftigkeit und Erlasswürdigkeit.

Unbillig ist, was mit dem Rechtsempfinden unvereinbar ist. Die Einziehung einer Steuer ist an sich nicht unbillig. Die Unbilligkeit ist die Ausnahme. Härten, die im Gesetz selbst liegen und jeden gleichermaßen treffen, der den Tatbestand erfüllt, können nicht durch Billigkeitserlass »ausgeglichen« werden.

Es gibt persönliche und sachliche Unbilligkeit:

a) **Sachliche Unbilligkeit** liegt vor, wenn der Gesetzgeber einen Fall von der Besteuerung ausgenommen oder doch anders geregelt hätte, wenn er den Fall gesehen hätte. Hier kommt es also auf die wirtschaftlichen oder sonstigen Verhältnisse des Stpfl. nicht an. Hat der Gesetzgeber eine Härte bewusst in Kauf genommen, liegt keine sachliche Unbilligkeit »des Einzelfalls« vor (s. o.).

BEISPIELE

a) Sparguthabenzinsen unterliegen der ESt (§ 20 Abs. 1 Nr. 7 EStG), auch wenn die Inflationsrate so hoch ist wie der Zinssatz, so dass die Steuer »aus der Substanz« bezahlt werden muss. Die Besteuerung trifft alle Guthabenbesitzer gleichermaßen. Ein Billigkeitserlass kommt nicht in Frage (BVerfG vom 19. 01. 1978 BStBl II 1979, 308; BFH vom 07. 09. 2005 BStBl II 2006, 61).

b) Eine Steuer ist um 2 000 € zu hoch festgesetzt worden. Die **Festsetzung ist unanfechtbar** geworden, weil der Stpfl. nicht rechtzeitig Einspruch (§ 347 AO) eingelegt hat.
Der Gesetzgeber hat mit der Einspruchsfrist (§ 355 AO) dem Stpfl. **nicht rechtzeitig vorgebrachte Einwendungen** abschneiden wollen. Was in einem Rechtsbehelf hätte vorgebracht werden können, begründet später regelmäßig keinen Billigkeitserlass. **§ 227 AO ist kein Ersatz für versäumte Rechtsbehelfe.** Dies ist nach BFH vom 31. 03. 1981 BStBl II 1981, 507 nur dann anders, wenn vom Stpfl. die Anstrengung eines Rechtsbehelfsverfahrens unter Berücksichtigung aller Umstände des Falles billigerweise nicht erwartet werden konnte. Die Einlegung eines Rechtsbehelfs ist dem Stpfl. z. B. nicht zuzumuten, wenn ihm das FA zu erkennen gegeben hat, er brauche nicht Rechtsbehelf einzulegen, weil ihm die Steuer auf jeden Fall erlassen werde (BFH vom 30. 08. 1995 BFH/NV 1996, 436).

c) Heute würde das FA die Steuer niedriger festsetzen, weil sich nach Unanfechtbarkeit der Bescheid zugunsten der Stpfl. geändert hat. Trotzdem liegt keine sachliche Unbilligkeit vor (BFH vom 13.01.2005 BStBl II 2005, 460).

d) Der Stpfl. hat aus Rechtsunkenntnis im Rahmen eines Steuerfestsetzungsverfahrens den Antrag auf eine Steuervergünstigung nicht gestellt. Nach den Umständen war dem FA eindeutig erkennbar, dass die Voraussetzungen für die Vergünstigung vorliegen und der Stpfl. die Antragsmöglichkeit nicht kennt. Trotzdem hat es den Stpfl. auf die Antragsmöglichkeit nicht hingewiesen. Eine Korrektur des Bescheids ist nicht möglich.
Das Unterlassen des Hinweises auf die Antragsmöglichkeit ist in diesem Fall ein **Verstoß gegen die Fürsorgepflicht des FA gem. § 89 AO** (vgl. G 1). Zunächst ist zu untersuchen, ob dem Stpfl. über das Rechtsbehelfsrecht per Wiedereinsetzung in die versäumte Rechtsbehelfsfrist geholfen werden kann (§§ 355, 110 AO, vgl. F4). Eventuell kommt auch Hilfe durch eine Korrektur des Bescheids gem. §§ 172 ff. AO in Betracht (vgl. L). Scheiden diese Möglichkeiten

aus, weil die Jahresfrist gem. § 110 Abs. 3 AO abgelaufen ist und liegt kein Korrekturgrund vor, muss das FA in Höhe der zu Unrecht festgesetzten Steuer einen Billigkeitserlass wegen sachlicher Unbilligkeit gewähren (BFH vom 08. 10. 1980 BStBl II 1981, 82, AEAO § 89 Nr. 1.2).

e) Zum Erlass von **Zinsen** (§§ 233 ff. AO) wegen Unbilligkeit vgl. 5.2.2.

f) Zum Erlass von **Sz** (§ 240 AO) wegen Unbilligkeit vgl. 6.5.

b) **Persönliche Unbilligkeit** liegt in der Person des Steuerschuldners und seinen wirtschaftlichen Verhältnissen begründet. Er muss erlassbedürftig und -würdig sein. **Erlassbedürftigkeit** liegt vor, wenn die wirtschaftliche Existenz des Stpfl. »jetzt« und in absehbarer Zeit ernstlich gefährdet wäre, würde man ihn zur Zahlung zwingen. Dabei müssen seine Einkommens- und Vermögensverhältnisse untersucht werden. Vom Stpfl. wird verlangt, dass er notfalls zur Steuerzahlung auch seine Vermögenssubstanz angreift, es sei denn, dies würde für ihn den Ruin bedeuten. Alten, nicht mehr erwerbstätigen Stpfl. muss wenigstens so viel von ihrem Vermögen belassen werden, dass sie damit für den Rest ihres Lebens eine bescheidene Lebensführung bestreiten können, ohne der Sozialfürsorge zur Last zu fallen. Im Übrigen darf das FA in Verschuldung geratenen Stpfl. nicht die Chance nehmen, eine neue wirtschaftliche Existenz zu begründen (BFH vom 27. 09. 2001 BStBl II 2002, 176). Dies gilt auch für Stpfl. im vorgerückten Alter. Ist andererseits die Steuerschuld nur eine von vielen Schulden des in Not geratenen Stpfl., ist zu prüfen, ob der Erlass der Steuerschuld (allein) die Situation des Stpfl. wirklich konkret verändert. Wirkt sich der Erlass der Steuer nicht positiv aus, ist er nicht zu gewähren (BFH vom 27. 09. 2001 [a. a. O.]).

Maßgeblich (»jetzt«) für die Prüfung der Einkommens- und Vermögensverhältnisse ist grundsätzlich der Zeitpunkt der Entscheidung des FA über den Erlassantrag. Beim Billigkeitserlass bereits entrichteter Steuern kommt es auf den Zeitpunkt der Entrichtung der Steuer an. (Dieser Antrag geht auf die Erstattung der trotz Unbilligkeit gezahlten Steuer; vgl. BFH vom 26. 02. 1987 BStBl II 1987, 612).

BEISPIELE

a) Ist die finanzielle Notlage des Stpfl. voraussichtlich nur vorübergehend, so darf die Schuld nicht erlassen werden. Dem Stpfl. kann mit einer Stundung geholfen werden (§ 222 AO).

b) Dem Stpfl. wurde alles Geld gestohlen. Seine Konten sind durch betrügerische Machenschaften geräumt. Er ist aber Eigentümer eines unbelasteten Einfamilienhausgrundstücks. Ein Billigkeitserlass ist trotzdem regelmäßig nicht angezeigt, außer dem Stpfl. würde z. B. durch eine Vollstreckung in das Grundstück die Alterssicherung genommen.

c) Sz werden wegen persönlicher Unbilligkeit erlassen, wenn ihre Zahlung jetzt und auf absehbare Zeit den Stpfl. ruinieren würde (zum Erlass aus sachlichen Gründen vgl. 6.5).

Das FA untersucht auch im Billigkeitsverfahren den Sachverhalt von Amts wegen (»**Untersuchungsgrundsatz**«, § 88 AO, vgl. G 1). Die Mitwirkungspflicht des Stpfl. (§ 90 AO) grenzt hier die amtliche Ermittlungspflicht aber enger ein als im Steuerfestsetzungsverfahren. Schließlich geht es um eine Ausnahmeentscheidung im Interesse des Stpfl. Legt z. B. der Stpfl. trotz Aufforderung die Tatsachen nicht offen, aus denen sich seine Erlassbedürftigkeit ergeben soll, oder macht er sie nicht glaubhaft, kann dies zur Ablehnung seines Erlassantrages führen (BFH vom 31. 01. 1996 BFH/NV 1996, 565). Unklarheiten im Tatsächlichen gehen jedenfalls zu Lasten des Stpfl.

In der **Praxis** fragen die Finanzämter zur Klärung der wirtschaftlichen Verhältnisse des Stpfl., die für den Erlass wegen »persönlicher« Unbilligkeit bedeutsam sind, formularmäßig nach folgenden Umständen:

- Welchen Personen gewährt der Stpfl. Unterhalt? Höhe der Zahlungen? Höhe des Einkommens der unterhaltenen Personen?
- Welche in- und ausländischen Einnahmen haben der Stpfl. und sein Ehegatte im Monat (auch nicht steuerpflichtige)?
- Welche Abzüge und Aufwendungen tragen der Stpfl. und sein Ehegatte im Monat (Steuern, Sozialversicherungsbeiträge, sonstige Versicherungsbeiträge, Werbungskosten, Haushaltsausgaben, Miete, Zinsen und Tilgung, Kfz-Kosten, Einzahlungen auf Sparverträge, sonstige Ausgaben)?
- Besondere Belastungen (z. B. Körperbehinderung)?
- Welche Vermögenswerte haben der Stpfl. und sein Ehegatte (Grund-, Betriebsvermögen, Gesellschaftsanteile, Bank- und Sparguthaben, Wertpapiere, Lebensversicherungen, sonstige Vermögenswerte außer Hausrat, Kleidung, Berufsbedarf, Wertgegenstände)?
- Darlehens- und andere Schulden des Stpfl. und seines Ehegatten?

Erlasswürdigkeit ist gegeben, wenn der Stpfl. seine mangelnde Leistungsfähigkeit nicht selbst verschuldet und durch sein Verhalten nicht in eindeutiger Weise gegen die Interessen der Allgemeinheit verstoßen hat (BFH vom 14. 11. 1957 BStBl III 1958, 153).

BEISPIELE

a) Der Stpfl. hat sein Vermögen in der Spielbank verspielt, obwohl ihm seine ESt-Rückstände bekannt waren. Deren Zahlung würde jetzt seine wirtschaftliche Existenz gefährden.
LÖSUNG Die Erlasswürdigkeit fehlt. Billigkeitserlass kommt nicht in Frage.

b) Der Betrieb eines Stpfl. ist durch ein Unwetter zerstört worden. Er ist aus Altersgründen nicht in der Lage, den Betrieb wieder aufzubauen. Seine Rente liegt an der Pfändbarkeitsgrenze. Die Steuerrückstände betragen 25 000 €.
LÖSUNG Erlasswürdigkeit und -bedürftigkeit (wegen persönlicher Unbilligkeit) liegen vor. Die Rückstände können erlassen werden.

Abzugsteuern (z. B. LSt) werden von der Finanzverwaltung wegen persönlicher Unbilligkeit in der Person des Abführungspflichtigen (z. B. des Arbeitgebers) grundsätzlich nicht erlassen, weil der Erlass hier (angeblich) zu einer Wettbewerbsverzerrung führen müsste und unrentable Betriebe auf Kosten der Allgemeinheit am Leben erhalten würden. Die **Umsatzsteuer** hat dagegen auch hier (wie bei der Stundung) keine Sonderstellung: USt kann aus persönlicher oder sachlicher Unbilligkeit erlassen werden (BFH vom 23. 05. 1985 BStBl II 1985, 489).

Sachlich zuständig für die Erlassentscheidung sind »die Finanzbehörden« (§ 227 AO). Mangels genauerer Regelung in der AO sind die **Finanzämter** als örtliche Behörden zuständig; der Billigkeitserlass ist ein »Annex« der Besteuerung (§ 17 Abs. 2 FVG, vgl. E 1).

Die Finanzämter sind aber verpflichtet, beim Erlass hoher Steuerbeträge vorher die Zustimmung übergeordneter Finanzbehörden, u. U. sogar des BMF einzuholen (bundeseinheitliche Erlasse der Länder vom 02. 01. 2004 BStBl I 2004, 29 und das BMF-Schreiben vom 02. 01. 2002 BStBl I 2002, 61).

a) Vor dem Billigkeitserlass müssen die FÄ die Zustimmung einholen
– der OFD (Mittelbehörde) bei Beträgen über 20 000 und bis 100 000 €,
– des Landesfinanzministeriums (Oberste Behörde) bei Beträgen darüber,
– zusätzlich des BMF bei Beträgen über 200 000 €.
b) Für den Erlass von Sz aus sachlicher Unbilligkeit muss keine Zustimmung eingeholt werden, ebensowenig für die Ablehnung von Billigkeitsmaßnahmen.

4.4 Zahlungsverjährung, §§ 228–232 AO

Aus der systematischen Stellung der §§ 228 ff. AO im fünften Teil der AO ergibt sich, dass es bei der Zahlungsverjährung um die Frage geht, wie lange die Ansprüche aus dem Steuerschuldverhältnis (§ 37 AO) **verwirklicht** werden können, also z. B. wie lange der Stpfl. oder das FA die fällige Zahlung leisten muss, wie lange das FA die fälligen Zahlungsansprüche fordern, stunden, zwangsweise beitreiben, aufrechnen, aber auch erlassen kann.

Ist die Zahlungsverjährung eingetreten, **erlischt der Zahlungsanspruch** des FA. (Die zivilrechtliche Verjährung bewirkt dagegen nur eine sog. »Einrede« des Schuldners, § 214 Abs. 1 BGB).

Die steuerrechtliche Verjährung ist **von Amts wegen** zu beachten. Bezahlt der Stpfl. z. B. trotz Verjährung, hat er gem. § 37 Abs. 2 AO einen Erstattungsanpruch; die Erstattung muss von Amts wegen erfolgen.

Anwendungsbereich: Wegen § 218 Abs. 1 Satz 1 bzw. § 220 Abs. 2 Satz 2 AO kann die Zahlungsverjährung von festzusetzenden Ansprüchen erst nach deren Festsetzung eingreifen. Die Zahlungsverjährung erfasst daher festgesetzte Ansprüche aus dem Steuerschuldverhältnis und Ansprüche aus dem Steuerschuldverhältnis, die der Festsetzung nicht bedürfen (Abgrenzung zur Festsetzungsverjährung, vgl. O 2).

a) Die Zahlungsverjährung kann nur eine bereits festgesetzte KSt betreffen.
b) Säumniszuschläge unterliegen nur der Zahlungsverjährung.
c) Der Anspruch des Stpfl. auf Rückerstattung einer Doppelzahlung auf ESt 01 unterliegt nur der Zahlungsverjährung.

Läuft für die folgenden Ansprüche die Verjährungsfrist nach §§ 228 ff. AO
1. Den noch nicht festgesetzten ESt-Anspruch aus dem VZ 03?
2. Die rechtzeitig angemeldete, aber noch nicht bezahlte USt-Vorauszahlungsschuld für Februar 03?
3. Die noch nicht beglichene ESt-Abschlusszahlungsschuld 02 laut Bescheid vom Mai 03?
4. Die Sz für die seit Juni 03 rückständige KSt?
5. Den festgesetzten, aber versehentlich nicht ausbezahlten USt-Vergütungsanspruch des Unternehmers?
6. Den Anspruch des FA auf Auskunft gegen den Geschäftsfreund des Stpfl.?

4.4.1 Dauer der Zahlungsverjährungsfrist, § 228 Satz 2 AO

§ 228 Satz 2 AO schreibt für alle Ansprüche aus dem Steuerschuldverhältnis eine Verjährungsfrist von **fünf Jahren** vor.

FALL 50

Wie lange dauert die Zahlungsverjährungsfrist für
1. hinterzogene (§ 370 AO) ESt, die nach Entdeckung der Tat festgesetzt wurde?
2. den festgesetzten Verspätungszuschlag gem. § 152 AO?
3. Säumniszuschläge gem. § 240 Abs. 1 AO?

4.4.2 Beginn und Ende der Zahlungsverjährungsfrist, § 229 AO

Nach § 229 Abs. 1 Satz 1 AO beginnt die Zahlungsverjährung **regelmäßig mit Ablauf des Kalenderjahrs,** in dem der **Anspruch erstmals fällig** wurde, und endet regulär mit Ablauf des 5. darauf folgenden Kalenderjahrs.

Die Zahlungsverjährung tritt immer mit Ablauf eines Kalenderjahrs ein, nie zu einem anderen Datum (**Kalenderjahrprinzip**).

Wenn der Steueranspruch ab Fälligkeit über das Ende des Kalenderjahres hinaus gestundet wurde, beginnt die Zahlungsverjährung erst mit Ablauf des Jahres, in dem die Stundung endet, denn der Betrag ist erstmals mit Ablauf der Stundung zur Zahlung fällig. Dies ist allerdings strittig. Nach einer anderen Meinung beeinflusst die Stundung den Beginn der Zahlungsverjährung nicht. Der Meinungsstreit kann aber dahinstehen, da man bei der abweichenden Meinung über die Unterbrechungsregelung in § 231 AO zum selben Ergebnis (zum Ende der Verjährungsfrist) kommt (vgl. 4.4.3).

Ausnahmsweise beginnt die Zahlungsverjährung nicht mit Ablauf des Fälligkeitsjahrs, sondern mit Ablauf eines späteren Kalenderjahrs, wenn eine **Anlaufhemmung** nach § 229 Abs. 1 Satz 2 AO eintritt. In diesem Fall beginnt die Frist nicht vor Ablauf des Kalenderjahrs zu laufen, in dem die **Festsetzung** (bzw. Änderung, Berichtigung, Aufhebung der Festsetzung) **wirksam** geworden ist. Damit ist gewährleistet, dass der Stpfl. durch die verspätete Erfüllung seiner Erklärungspflichten das FA nicht daran hindert, die reguläre Zahlungsverjährungsfrist voll auszuschöpfen.

BEISPIEL

Das FA setzt im Februar 12 die USt-Vorauszahlung für das 3. Quartal 11 fest, weil der Stpfl. keine Voranmeldung dafür abgegeben hat.
LÖSUNG Die festgesetzte Vorauszahlung ist mit Ablauf des 10. 10. 11 fällig (§ 18 Abs. 1 Satz 3, Abs. 2 Satz 1 UStG). Nach dem Regelsatz des § 229 Abs. 1 Satz 1 AO würde somit die Zahlungsverjährung mit Ablauf des Kalenderjahrs 11 beginnen. Es tritt jedoch eine Anlaufhemmung nach § 229 Abs. 1 Satz 2 AO ein, weil die Festsetzung der Vorauszahlung erst im Jahr 12 wirksam bekanntgegeben wurde (§§ 122, 124 Abs. 1 AO). Die Zahlungsverjährung beginnt folglich erst mit Ablauf des Kalenderjahrs 12.

FALL 51

Zum Beginn der Zahlungsverjährung: (Kalender 12 im Anhang!)
1. Der USt-Bescheid 11 mit einer Abschlusszahlungsschuld in Höhe von 2 000 € geht dem A am 13. 11. 12 wirksam zu. Wann beginnt und endet die Zahlungsverjährungsfrist für den Betrag?
2. Ändert sich etwas, wenn das FA auf Antrag des A vom 03. 11. 12 die Steuer ab Fälligkeit bis zum Ablauf des Januar 13 stundet?
3. Das FA weicht von den jeweils fristgemäß abgegebenen USt-Voranmeldungen des B für 11 in Höhe von monatlich 2 000 € (Steuer) nicht ab. Die Jahresanmeldung für 11 über 27 000 € geht im November 12 beim FA ein. Der USt-Bescheid 11 über 28 000 € wird dem B am 05. 12. 12 wirksam bekanntgegeben.
Wann tritt die Zahlungsverjährung für die Vorauszahlungen und die Abschlusszahlungsschulden, die alle noch offen sind, ein?

> 4. Der Stpfl. C, dessen Abschlusszahlung zur ESt 06 am 02.02.12 fällig war, bezahlt erst am 07.04.12. Wegen der Säumnis sind 3% Sz angefallen (§ 240 Abs. 1 AO). Wann verjähren die Sz?

4.4.3 Unterbrechung der Zahlungsverjährungfrist, § 231 AO

Die Unterbrechung kann irgendwann (aber nur) im Verlauf der noch nicht beendeten Zahlungsverjährungsfrist eintreten. Sie bewirkt, dass eine **völlig neue, wiederum fünfjährige Frist** ab Ablauf des Kalenderjahrs zu laufen beginnt (§ 231 Abs. 3 AO), in dem die Unterbrechung geendet hat. Wann die Unterbrechung endet, ist in § 231 Abs. 2 AO geregelt (s.u.). Das Kalenderjahrprinzip wird auch im Fall der Unterbrechung gewahrt. Die Unterbrechung tritt jeweils nur bezüglich des Teils des Anspruchs ein, auf den sich die Unterbrechungshandlung bezieht (§ 231 Abs. 4 AO, »Grundsatz der Teilverjährung«).

Die **Unterbrechungsgründe** sind in § 231 Abs. 1 AO abschließend aufgezählt. Es sind:

a) **Schriftliche Geltendmachung** durch das FA oder den Berechtigten; auf Seiten des FA geschieht dies regelmäßig durch das Leistungsgebot oder Mahnungen (§ 259 Sätze 1 und 2 AO). Mündliche Mahnungen unterbrechen nicht. Die Einspruchsentscheidung als solche ist auch bei Zurückweisung oder Verwerfung des Einspruchs noch keine Geltendmachung des Anspruchs. Der Umfang der Unterbrechung richtet sich nach dem Betrag der Mahnung;

b) **Stundung** (§ 222 AO); sie kann schriftlich oder mündlich ausgesprochen werden (vgl. 3.2). Der Umfang der Unterbrechung richtet sich nach dem Stundungsbetrag. Durch eine rückwirkende Stundung von bereits verjährter Steuer kann die Verjährung nicht wirksam manipuliert werden;

c) **Zahlungsaufschub;** z.B. wenn das FA zwar einen Stundungsantrag als verspätet ablehnt, aber gleichzeitig eine Zahlungsfrist von 2 Wochen gewährt;

d) **Aussetzung der Vollziehung** (§ 361 Abs. 2, 3 AO); sie kann im Rechtsbehelfs- und Rechtsmittelverfahren ebenfalls schriftlich oder mündlich erfolgen. Ob die Aussetzung der Vollziehung rechtmäßig oder rechtswidrig-aufhebbar ist, hat für § 231 AO keine Bedeutung. Der Umfang der Unterbrechung richtet sich nach dem ausgesetzten Betrag;

e) **Sicherheitsleistung** (§§ 241 ff. AO, vgl. 3.2.2); meist wird dieser Unterbrechungsgrund mit anderen (wie Stundung usw.) zusammentreffen. Der Umfang der Unterbrechung richtet sich nach dem Betrag, für den Sicherheit geleistet wird;

f) **Vollstreckungsaufschub** (§ 258 AO) während des Beitreibungsverfahrens. Der Umfang der Unterbrechung richtet sich nach den Beträgen, für die Vollstreckungsaufschub gewährt wurde;

g) **Vollstreckungsmaßnahmen** im Beitreibungsverfahren, egal ob sie erfolgreich oder erfolglos waren (Umkehrschluss aus § 231 Abs. 2 Satz 1 AO), z.B. Pfändung gem. §§ 249 ff., 281 AO. Der Umfang der Unterbrechung richtet sich nach dem Betrag, für den die Vollstreckungsmaßnahme eingeleitet wird. Dies ist der Betrag, der im Vollziehungsauftrag aufgeführt ist.

Die Anfrage der Vollstreckungsstelle beim Amtsgericht, ob der Vollstreckungsschuldner im dortigen Schuldnerverzeichnis eingetragen ist (d.h. ob der Vollstreckungsschuldner innerhalb der letzten drei Jahre eine eidesstattliche Versicherung über seine Vermögensverhältnisse abgegeben hat), unterbricht die Verjährungsfrist nicht (BFH vom 24.09.1996 BStBl II 1997, 112).

h) **Anmeldung zum Insolvenzverfahren** (§ 174 InsO). Der Umfang der Unterbrechung bestimmt sich nach den angemeldeten Beträgen.

i) **Ermittlungen des FA** über den Wohnsitz bzw. den gewöhnlichen Aufenthalt des **Zahlungspflichtigen.** Zahlungspflichtig ist – außer bei Säumniszuschlägen – ein Stpfl. erst nach der Festsetzung des Anspruchs (§ 218 AO).

Rein routinemäßige »Ermittlungsmaßnahmen« ohne sachlichen Anlass wie z. B. die Anfrage beim Einwohnermeldeamt nach der neuen Anschrift des Stpfl., der aber gar nicht verzogen ist, unterbrechen die Verjährung nicht (BFH vom 24. 11. 1992 BStBl II 1993, 220).

Rein interne Maßnahmen des FA unterbrechen u. E. ebenfalls nicht. Dies ergibt sich daraus, dass auch sonst keine internen Maßnahmen mit Unterbrechungswirkung ausgestattet sind, und aus § 231 Abs. 1 Satz 2 AO (ebenso für einen Vollstreckungsaufschub, der dem Stpfl. nicht mitgeteilt wurde, BFH vom 23. 04. 1991 BStBl II 1991, 742; BFH vom 21.11.2006 BStBl II 2007, 291 verlangt als Voraussetzung der Unterbrechung eine irgendwiegeartete »Außenwirkung« der Maßnahme).

Anmerkung: Nichtige VA (Leistungsgebot, Stundung, AdV, Vollstreckungsmaßnahmen) unterbrechen die Verjährungsfrist nicht, ebensowenig VA, die später aufgrund eines Einspruchs aufgehoben werden.

Einige der Unterbrechungshandlungen sind **Dauerunterbrechungstatbestände;** ihre unterbrechende Wirkung erstreckt sich regelmäßig über das Ende eines Tages hinaus, z. B. Stundung, Aussetzung der Vollziehung, Sicherheitsleistung, Vollstreckungsaufschub, erfolgreiche Vollstreckungsmaßnahmen, Anmeldung im Insolvenzverfahren (§ 231 Abs. 2 Satz 1 AO), schriftliche Geltendmachung eines Anspruchs **gegen** die Finanzbehörde (§ 231 Abs. 2 Satz 2 AO).

Bei **punktuellen** Unterbrechungen ist das nicht der Fall. Für die Unterscheidung ist maßgeblich, ob der Unterbrechungstatbestand in § 231 Abs. 2 AO aufgeführt ist: Dann handelt es sich um eine Dauerunterbrechung. (Beispiele für punktuelle Unterbrechungen sind: Schriftliche Geltendmachung des Anspruchs durch das **Finanzamt, erfolglose** Vollstreckungsversuche, Ermittlungen des FA über den Wohnsitz usw. des Zahlungspflichtigen.)

Bei der **Frage, ab wann die unterbrochene Verjährungsfrist neu zu laufen beginnt,** muss man gem. § 231 Abs. 2, 3 AO zwischen den punktuellen und Dauerunterbrechungstatbeständen unterscheiden:

Bei **punktuellen** Unterbrechungen kommt es für die Frage, ab wann (d. h. mit Ablauf welchen Kalenderjahrs) die neue Zahlungsverjährungsfrist läuft, auf den Bekanntgabetag (§ 122 AO) an bzw. auf den Tag, an dem die Unterbrechungshandlung vorgenommen wurde.

Bei **Dauerunterbrechungstatbeständen** ist für die Frage, ab wann die neue Zahlungsverjährungsfrist läuft, auf den Zeitpunkt abzustellen, in dem die Dauerunterbrechung endet (§ 231 Abs. 2 AO).

BEISPIELE

a) Am 07. 04. 11 wurde beim Vollstreckungsschuldner ein erfolgloser Pfändungsversuch unternommen. Die Verjährungsfrist beginnt mit Ablauf des Kalenderjahrs 11 neu zu laufen (§ 231 Abs. 3 AO) und endet mit Ablauf 16.

b) Die USt-Anmeldung für das 1. Quartal 10 i. H. v. 3 000 € wurde pünktlich abgegeben. Die Steuer ist aber rückständig. Deshalb wird nach zwei erfolglosen schriftlichen Mahnungen in 10 im Oktober 11 wegen der 3 000 € der PKW des Vollstreckungsschuldners gepfändet (§ 286 AO). Weitere Voranmeldungen werden nicht abgegeben; es ergehen auch keine Vorauszahlungsbescheide. Die USt-Jahresschuld 10 beläuft sich laut Schätzungsbescheid vom Juli 11 auf 15 000 €; das restliche Zahlungssoll i. H. v. 12 000 € wird für August 11 fällig gestellt. Der gepfändete PKW wurde im Januar 12 ohne Verschulden des FA durch Brand zerstört.

LÖSUNG Die Zahlungsverjährung für die 3 000 € läuft seit Ablauf 10 und endet regulär mit Ablauf 15. Durch Pfändung tritt in dieser Höhe im Oktober 11 eine Unterbrechung der Zahlungsverjährungsfrist für die 3 000 € ein (§ 231 Abs. 1 AO). Der **Unterbrechungsvorgang endet im Jahr 12** (»Dauerunterbrechung«). Mit Ablauf 12 beginnt bezüglich der 3 000 € eine neue, wiederum fünfjährige Verjährungsfrist (bis Ablauf 17) zu laufen (§ 231 Abs. 2–4 AO). Die Verjährung der restlichen 12 000 € beginnt mit Ablauf 11 (vgl. § 229 Abs. 1 Satz 2 AO). Die Verjährung wird insoweit nicht unterbrochen, da sich der Vollziehungsauftrag, der zur Pfändung des PKW führte, nicht auf diesen Teilbetrag bezog. Die 12 000 € verjähren mit Ablauf 16.

Gem. § 231 Abs. 1 Satz 2 AO ist für die **Frage, ob eine ablaufbedrohte Zahlungsverjährungsfrist noch gewahrt ist,** die Regelung in § 169 Abs. 1 Satz 3 AO zu beachten. Das heißt, es kommt darauf an, wann die unterbrechende Handlung »den Bereich des FA verlässt«. Der Zugangstag ist nach dem Gesetzestext ohne Bedeutung (Einzelheiten in O 5). Dies gilt auch für Unterbrechungshandlungen, die sich nicht direkt an den Stpfl. wenden.

BEISPIEL

Das FA erfährt vom Wegzug des Zahlungspflichtigen und befragt kurz vor Ablauf der fünfjährigen Verjährungsfrist das Einwohnermeldeamt nach dessen neuem Wohnsitz. Für die Frage, ob die Frist noch gewahrt ist, kommt es darauf an, wann das Ermittlungsschreiben des FA zur Post gegeben wurde, §§ 231 Abs. 1 Satz 2, 169 Abs. 1 Satz 3 AO.

Auch für die Dauerunterbrechungstatbestände, die (sonst) rückwirkend gesetzt werden können, ist für die Frage der rechtzeitigen Verjährungsunterbrechung die Postaufgabe entscheidend.

BEISPIEL

Für die Frage, ob die Stundung die Verjährung noch unterbrechen kann, kommt es nicht auf den Beginn einer rückwirkend gewährten Stundung an, sondern auf den Tag, an dem der Stundungsverwaltungsakt zur Post gegeben wird. Sonst könnte das FA durch rückwirkende Stundung (nach Ablauf der regulären Verjährungsfrist) die Zahlungsverjährung nachträglich unterlaufen.

FÄLLE 52–53

FALL 52 Zum Beginn der neuen Zahlungsverjährungsfrist nach einer Unterbrechung: Wann endet die Verjährungsfrist?

1. Die Finanzkasse mahnt den Stpfl. wegen der rückständigen ESt-Abschlusszahlung 05 aus dem Bescheid vom Juli 06 mit Schreiben vom 15. 12. 07, das am selben Tag mit einfachem Brief zur Post gegeben wurde, aber wegen des Umzugs des Stpfl. diesem unstreitig erst am 09. 01. 08 zugeht.
2. Die pünktlich angemeldete USt-Vorauszahlung für das 1. Quartal 07 ist antragsgemäß vom 01. 11. 07 bis 20. 02. 08 gestundet.
3. Der Stpfl. hat gegen den im Oktober 05 ergangenen ESt-Bescheid sofort Einspruch (§ 347 Abs. 1 Satz 1 AO) eingelegt. Auf seinen Antrag wurde ihm von Juli 06 bis zum Eintritt der Unanfechtbarkeit der Streitentscheidung die Aussetzung der Vollziehung bezüglich 2/3 der Steuer gewährt (§ 361 Abs. 2 AO). Der Streit wird durch Urteil des Finanzgerichts (zu Ungunsten des Stpfl.) entschieden, das im September 11 unanfechtbar wird.

FALL 53 Zur Fristwahrung:
Die Zahlungsverjährung tritt in den folgenden Fällen regulär mit Ablauf des Kalenderjahrs 11 ein. Ist die Frist durch die folgenden Unterbrechungsmaßnahmen noch gewahrt?
1. Die Mahnung der Finanzkasse wird am 10.12.11 zur Post gegeben, geht dem Stpfl. aber wegen dessen Umzugs unstreitig erst am 02.01.12 zu.
2. Die Stundung vom 01.01.12 bis 31.12.12 geht am 01.12.11 zur Post.

Bei Unterbrechung ist im Falle der **Gesamtschuldnerschaft** außerdem zu untersuchen, gegen wen sich die Unterbrechungshandlung richtet. Die Unterbrechung wirkt sich nur bei dem Gesamtschuldner aus, gegen den die Unterbrechungshandlung gerichtet ist (Umkehrschluss aus § 44 Abs. 2 Satz 1, 2 AO, vgl. § 44 Abs. 2 Satz 3 AO).

FÄLLE 54–55

FALL 54 Die Ehegatten sind zur ESt 05 zusammenveranlagt (§ 26 b EStG). Die Steuer ist noch nicht bezahlt. Die reguläre Zahlungsverjährung tritt mit Ablauf des Kalenderjahrs 11 ein. Verändert sich der Verjährungseintritt in den folgenden Fällen?
1. Die Eheleute haben sich getrennt. Im Jahr 08 versucht das FA den neuen Wohnsitz des Ehemanns durch schriftliche Anfrage beim Einwohnermeldeamt zu erfahren.
2. Der Ehefrau wird auf deren Antrag vom Januar 07 bis Ablauf August 07 die Steuer gestundet. Der Ehemann hat weder eine Stundung beantragt noch bekommen.

FALL 55 Wann endet die Zahlungsverjährungsfrist?
Geben Sie jeweils den Beginn, die Dauer, das reguläre Ende, die mögliche Unterbrechung und ihre Wirkung an, begründen Sie Ihre Entscheidung ausreichend, u. a. mit der einschlägigen gesetzlichen Bestimmung!
1. Der ESt-Bescheid 11 geht dem Schriftsteller A, der nur positive Einkünfte aus selbstständiger Arbeit gem. § 18 EStG hat und nicht vorauszahlungspflichtig war, im November 12 wirksam zu.
2. Ändert sich etwas im Ergebnis des Falles 1., wenn der Leiter der Finanzkasse den A im März 13 anruft und ihn auffordert, die rückständige ESt 11 endlich zu begleichen?
3. Die Finanzkasse mahnt den A mit Schreiben vom Juli 13, das dem A Anfang August 13 zugeht.
4. Abweichend von den bisherigen Fallgestaltungen kann die Finanzkasse den A nicht mahnen, weil er unmittelbar nach dem Zugang des Bescheids mit unbekanntem Ziel verzogen ist. Der Buchhalter der Finanzkasse fragt deshalb im März 13 bei der Vollstreckungsstelle seines FA nach, ob dort der Aufenthalt des A bekannt sei. Darauf macht er einen Aktenvermerk, dass A unauffindbar sei.
5. Im Mai 13 schickt der Buchhalter aus Sachverhalt 4. eine entsprechende Anfrage an das Einwohnermeldeamt der früheren Wohnsitzgemeinde des A, die ebenfalls ohne Erfolg ist.

4.5 Hinweis auf Verwirkung

Die Verwirkung ist weder in der AO noch in den Einzelsteuergesetzen geregelt. Sie wird aus dem auch im Steuerrecht geltenden Grundsatz von Treu und Glauben abgeleitet; vgl. BFH vom 03.11.1982 BStBl II 1983, 182. Ob sie das Erlöschen des Anspruchs bewirkt, ist streitig. Nach BFH vom 13.09.1991 BStBl II 1992, 148, 156 und ganz herrschender Meinung führt sie dazu, dass der Anspruch zwar **noch besteht**, aber **nicht mehr geltend gemacht werden kann** (kein Erlöschensgrund).

Voraussetzungen für die Verwirkung sind
1. dass ein **längerer** Zeitraum verstrichen ist und
2. ein **Verhalten des FA** vorliegt, aus dem **der Stpfl. Folgerungen ziehen konnte und musste,** die die spätere **Geltendmachung** des Anspruchs als eine Verletzung des Verbots

der **unzulässigen Rechtsausübung** und als eine Verletzung des allgemeinen Rechtsempfindens erscheinen lassen (BFH vom 14. 09. 1977 BStBl II 1978, 168). D. h. der Stpfl. durfte sich wegen des Verhaltens des FA **darauf einrichten,** dass das FA den Anspruch nicht mehr geltend machen werde. Dieses Verhalten des FA kann ausnahmsweise auch Schweigen oder Untätigbleiben sein, wenn daraus entnommen werden kann, dass die Untätigkeit endgültig ist und ein Steueranspruch nicht mehr geltend gemacht werden soll (BFH vom 03. 11. 1982 [a. a. O.]).

3. Regelmäßig ist weitere Voraussetzung für eine Verwirkung, dass sich der Stpfl. **tatsächlich** entsprechend **eingerichtet** hat. Die Maßnahmen, die er daraufhin getroffen oder unterlassen hat, müssen zur **Folge** haben, dass für den Stpfl. die **Entrichtung** der (nachträglich doch festgesetzten) Steuer wegen der damit verbundenen Nachteile billigerweise **nicht mehr zumutbar** ist (BFH vom 14. 09. 1978 BStBl II 1979, 121).

BEISPIELE

a) Der Stpfl. zahlt die im Jahr 06 fällig gewordene Steuerschuld nicht. Das FA unternimmt nichts. Im Jahr 10 wird der Fall bei einer internen Geschäftsprüfung der Finanzkasse entdeckt. Der Stpfl. wird gemahnt. Der Stpfl. ist der Meinung, dass das FA nach so langer Zeit den Anspruch nicht mehr geltend machen könne.

LÖSUNG Es ist noch keine Verwirkung eingetreten. Das FA hat sich nicht so verhalten, dass der Stpfl. damit rechnen konnte, es werde den Anspruch nicht mehr verwirklichen. Das FA kann den Anspruch bis zur Verjährungsgrenze (regulär mit Ablauf 11, §§ 228, 229 AO) geltend machen.

b) Hat das FA die Steuer festgesetzt und legt der Stpfl. dagegen Einspruch ein, so führt das fast zehnjährige Liegenlassen des Rechtsbehelfs nicht zur Verwirkung des Steueranspruchs (BFH vom 08. 10. 1986 BStBl II 1987, 12).

c) Das FA hat den Stpfl. auf dessen Rechtsbehelf hin als Freiberufler besteuert, d. h. es hat die ESt-Bescheide geändert und auf § 18 EStG gestützt, sowie die GewSt-Messbescheide ersatzlos aufgehoben. Dieses Verfahren wird in den Folgejahren fortgeführt: Das FA erlässt nur ESt-Bescheide mit Einkünften aus freiberuflicher Tätigkeit (§ 18 EStG) und keine GewSt-Messbescheide.
Schließlich stellt sich heraus, dass der Stpfl. doch gewerbesteuerpflichtig ist. Das FA will nun für diejenigen zurückliegenden Jahre GewSt-Messbescheide nachholen, für die die Festsetzungsverjährung (vgl. O) noch nicht eingetreten ist, und die auch von den früheren Rechtsbehelfsverfahren nicht betroffen waren.

LÖSUNG Der BFH (Urteil vom 07. 06. 1984 BStBl II 1984, 780) bejaht zu Recht die Verwirkung des Anspruchs auf **Nachholung der GewSt-Messbescheide,** führt aber noch Folgendes aus:
1. Das FA ist an seine falsche Rechtsauffassung nicht für alle Zeiten gebunden, auch dann nicht, wenn der Stpfl. im Vertrauen darauf »disponiert« (z. B. seine Preise entsprechend kalkuliert) hat. Das **Prinzip der Abschnittsbesteuerung** geht hier dem Vertrauensschutz vor. Für die Zukunft dürfen ohne weiteres GewSt-Messbescheide ergehen.
2. Unter den geschilderten Verhältnissen kann die Falschbehandlung der Einkünfte (Anwendung des § 18 statt des § 15 ESt) in den ESt-Bescheiden und die Aufhebung der GewSt-Messbescheide zur Verwirkung der GewSt der jeweiligen Vorjahre führen, wenn dem FA der maßgebliche Sachverhalt bekannt und die ESt-Bescheide endgültig sind.
3. Auf ESt-Bescheide unter Vorbehalt der Nachprüfung darf der Stpfl. nicht vertrauen. Folglich darf das FA die GewSt-Messbescheide für die Vorjahre, deren ESt-Bescheide unter VdN standen, nachholen.

5 Zinsen, §§ 233 ff. AO

5.1 Allgemeines

Zinsen sind **steuerliche Nebenleistungen** (§ 3 Abs. 3 AO) und daher Ansprüche aus dem Steuerschuldverhältnis (§ 37 Abs. 1 AO). Sie entstehen zulasten und zu Gunsten der Stpfl. nur, wenn dies gesetzlich bestimmt ist (§ 233 Satz 1 AO). Grundsätzlich lässt § 233 Satz 1 AO die Verzinsung aller Ansprüche aus dem Steuerschuldverhältnis zu. Die Verzinsung von steuerlichen Nebenleistungen kommt jedoch gem. § 233 Satz 2 AO nicht in Frage. So gibt es z. B. keine Zinseszinsen, wenn Zinsforderungen gestundet werden (§§ 222, 234, 233 Satz 2 AO).

Im Übrigen ist in den einzelnen Zinstatbeständen der §§ 233 a ff. AO unterschiedlich geregelt, welche Ansprüche verzinslich sind:

a) Gem. § 233 a Abs. 1 AO fallen Nachforderungs- und Erstattungszinsen nur zu bestimmten, dort abschließend aufgeführten Steuerarten an (zu laufenden Steuern).

b) Ob zu **Kirchensteuer** Zinsen anfallen, hängt von der jeweiligen Landesgesetzgebung ab. In der weit überwiegenden Anzahl der Bundesländer ist die Kirchensteuer nicht verzinslich, und zwar weder zu Gunsten noch zulasten der Stpfl.; dies gilt in den neuen Bundesländern ausnahmslos. Im Bereich der alten Bundesländer gibt es z. T. abweichende Regelungen in Baden-Württemberg, Berlin und Nordrhein-Westfalen.

In Baden-Württemberg fallen z. B. nur zu den Kirchensteuern keine Zinsen an, die von den Finanzämtern verwaltet werden (§ 21 Abs. 3 KiStG BadWürtt). In Berlin sind Kirchensteuern generell verzinslich (§ 7 Sätze 1,3 KiStG), aber die christlichen Kirchen machen wegen des »biblischen Zinsverbots« keinen Gebrauch von den Zinsvorschriften.

c) Haftungsschulden sind nicht verzinslich (BFH vom 25. 07. 1989 BStBl II 1989, 821), außer im Rahmen von Stundungen.

In allen Zinstatbeständen außer in § 234 Abs. 1 AO (Stundungszinsen) ist von »Steuern« und »Steuervergütungen« die Rede, in § 234 Abs. 1 AO dagegen allgemein von (gestundeten) »Ansprüchen aus dem Steuerschuldverhältnis«. Der Haftungsanspruch gehört zu den Ansprüchen aus dem Steuerschuldverhältnis (§ 37 AO); begrifflich gehört er auch nicht zu den steuerlichen Nebenleistungen, zu denen gem. § 233 Satz 2 AO keine Zinsen anfallen können. Wird also dem Haftenden, der für eine Steuer haften muss, die Haftungsschuld gestundet, fallen dazu Zinsen gem. § 234 Abs. 1 AO an. Dagegen gibt es z. B. keine Aussetzungszinsen (§ 237 AO) und keine Prozesszinsen gegen und für den Haftenden (§ 236 AO).

Das Steuerreformgesetz 1990 (vom 25. 07. 1988 BGBl I 1988, 1093) hat das Zinsrecht der AO entscheidend verändert. Im damals neu geschaffenen **§ 233 a AO** hat der Gesetzgeber für die ertragreichen unter den laufenden Steuern, nämlich für **ESt, KSt, USt** und **GewSt** ab dem VZ 1989 (§ 15 Abs. 4 EGAO) die sog. **Vollverzinsung** eingeführt. Für die **übrigen Steuern** (z. B. die GrESt) bleibt es bei dem bisher gültigen Grundsatz der **Teilverzinsung**.

Der Ausdruck **Vollverzinsung** ist zu hoch gegriffen. Vollverzinsung bedeutet gem. § 233 a AO: Die genannten Steuern bzw. entsprechende Erstattungsansprüche werden nicht ab Entstehung oder Fälligkeit verzinst, sondern ab dem Ablauf einer sog. **Karenzfrist** von 15 bzw. 21 Monaten seit dem Ablauf des Entstehungsjahrs des verzinslichen Anspruchs, bis zum Ablauf des Tages, an dem die Steuerfestsetzung wirksam wird. Diese Karenzfristregelung soll pauschalierend ausgleichen, dass einige Stpfl. früher, andere später veranlagt werden bzw. ihre Steuer bezahlen müssen.

Teilverzinsung bedeutet: Zinsansprüche entstehen nur beim Vorliegen besonderer Sachverhalte, die in §§ 234–237 AO aufgeführt sind. Diese Regelungen sind für die AO abschließend. In Spezialgesetzen gibt es jedoch noch weitere Teilverzinsungen (z. B. § 28 ErbStG, § 8 InvZulG). Die AO kennt folgende Fälle der Teilverzinsung (gültig für alle Steuerarten):

a) zu Gunsten des FA:

Stundungszinsen gem. § 234 AO für die Dauer einer gewährten Stundung (§ 222 AO), vgl. zur Stundung 3.2;

Hinterziehungszinsen gem. § 235 AO für hinterzogene (vorsätzlich verkürzte) Steuern (§ 370 AO);

Aussetzungszinsen gem. § 237 AO für Beträge, deren Vollziehung im außergerichtlichen oder gerichtlichen Rechtsbehelf- oder Rechtsmittelverfahren ausgesetzt ist (§ 361 Abs. 2, 3 AO); vgl. I 12.

b) zu Gunsten des Stpfl.:

(Prozess-)Zinsen auf Erstattungsbeträge und Vergütungsbeträge gem. § 236 AO auf Erstattungs- oder Vergütungsforderungen des Stpfl. ab Rechtsabhängigkeit (Eingang der Klage bei Gericht). Für die Zeit des Einspruchverfahrens kann man keine Zinsen verlangen. Voraussetzung für Prozesszinsen ist, dass der Stpfl. seine Steuerschuld zunächst bezahlt (oder keine Vergütung erhalten) hat, aber dann im Prozess obsiegt. Vgl. aber § 236 Abs. 3 AO: Obsiegt der Stpfl. bei Gericht mit Gründen, die er schon im außergerichtlichen Rechtsbehelfsverfahren hätte vorbringen können und sollen, muss er eventuell nicht nur die Gerichtskosten tragen (§ 137 FGO), sondern er verliert auch noch seinen Anspruch auf Prozesszinsen. Gewinnt der Stpfl. nur »zufällig«, d. h. würde sich die Ermäßigung auch ohne seine Klage ergeben, gibt es keine Prozesszinsen (BFH vom 15.10.2003 BStBl II 2004, 169).

FALL 56

> Der Stpfl. hat seine GrESt-Schuld i. H. v. 3 700 € bei Fälligkeit bezahlt. Auf seinen Einspruch hin wird der Bescheid sechs Monate später geändert und die Steuer auf 2 700 € herabgesetzt. Der Stpfl. beantragt Erstattung der 1 000 € und Bezahlung von 30 € Zinsen. Ist die Zinsforderung berechtigt?

Diese Zinsarten fallen auch bei den Ansprüchen an, für die Vollverzinsung gilt. Soweit sich dabei **Überschneidungen der Zinsläufe** ergeben, werden die Zinsen aus der Vollverzinsung (§ 233 a AO) auf die Zinsen aus der Teilverzinsung (§§ 234 ff. AO) angerechnet, vgl. §§ 234 Abs. 3, 235 Abs. 4, 236 Abs. 4, 237 Abs. 4 AO (**Verbot der Zinskumulation**). Soweit sich Teil- und Vollverzinsung zeitlich überschneiden, wird im Ergebnis nur auf den Vollverzinsungsbescheid gezahlt.

Soweit im Überschneidungsfall Nachforderungszinsen aus technischen Gründen nicht angerechnet werden können, werden sie von der Verwaltung aus Billigkeitsgründen erlassen (AEAO § 233 a Nr. 65–68).

BEISPIEL

> Der Stpfl. zahlt seine ESt-Schuld 01 bei Fälligkeit am 21.11.02 unter Protest. Nach erfolglosem Einspruch (eingegangen am 21.02.02) ist endlich seine Klage (Eingang beim Finanzgericht am 20.06.03) erfolgreich: Das Gericht hebt durch am 21.07.04 zugestelltes Urteil den ESt-Bescheid 01 insgesamt auf. Die FK zahlt die ESt am 22.09.04 zurück. Erhält der Stpfl. Zinsen?
>
> **LÖSUNG** Der Tatbestand des § 236 AO ist erfüllt, denn der Stpfl. erhält auf Grund des gewonnenen Steuerprozesses eine Steuererstattung.

> Die Prozesszinsen gem. § 236 AO laufen »vom Tage der Rechtshängigkeit an«, d. h. ab dem Beginn des Tags des Klageeingangs beim Finanzgericht (§ 66 FGO), also ab Beginn des 20. 06. 03. Die Prozesszinsen enden am Tag der Rückzahlung des Steuerbetrags durch die FK, also mit Ablauf des 20. 09. 04 (15 vollendete Zinsmonate = 7,5 % Zinsen).
>
> Die Erstattungszinsen aus Vollverzinsung (§ 233 a Abs. 1 AO) laufen nicht ab dem Zahlungstag 21. 11. 02 (Abs. 3 Satz 3 [a. a. O.]), sondern erst ab Beginn des 01. 04. 03 (nach Ablauf der Karenzfrist gem. Abs. 2 Satz 1 [a. a. O.]) bis Ablauf des 21. 07. 04, an dem die Aufhebung der Steuerfestsetzung wirksam wurde. Der Zeitraum der Vollverzinsung läuft daher vom 01. 04. 03 bis zum 21. 07. 04 (15 vollendete Zinsmonate = 7,5 % Zinsen). Er überschneidet sich in der Zeit vom 20. 06. 03 bis zum 21. 07. 04 mit den Prozesszinsen. Beide Zinsarten sind für sich festzusetzen, jedoch werden die zeitgleichen Zinsen aus Vollverzinsung auf die Prozesszinsen angerechnet, § 236 Abs. 4 AO.
>
> Im Ergebnis zahlt die FK auf den Erstattungszinsbescheid für die Zeit vom 01. 04. 03 bis 21. 07. 04 (7,5 % Zinsen, § 233 a AO) und auf den Bescheid über Prozesszinsen für die Zeit vom 22. 07. 04 bis 22. 09. 04 (1 % Zinsen, § 236 AO; auf die vom 20. 06. 03 bis 21. 07. 04 anfallenden Prozesszinsen werden ja die parallel laufenden Erstattungszinsen angerechnet, § 236 Abs. 4 AO).

Zinsschuldner ist der jeweilige Schuldner der Hauptschuld (Steuerschuldner; Ausnahme bei den Hinterziehungszinsen gem. § 235 Abs. 1 Satz 2 AO).

5.2 Berechnung und Festsetzung der Zinsen

Die Zinsen **betragen** 0,5 % für jeden vollen Zinsmonat (nicht: Kalendermonat) von der **auf 50 € abgerundeten** Bemessungsgrundlage (§ 238 Abs. 2 AO), wenn die Zinsen nach dem 31. 12. 2001 festgesetzt werden; dabei spielt keine Rolle, ob der Zinszahlungszeitraum im Jahr 2002 oder früher liegt (Art. 97 § 15 Abs. 10 EGAO in der Fassung des Steuer-Euroglättungsgesetzes – StEuglG – vom 19. 12. 2000).

Der Zinszahlungszeitraum wird wie eine Beginnfrist berechnet (vgl. F 3.2.1).

Die Zinsen werden in einem schriftlichen **Zinsbescheid,** auf den die Vorschriften für Steuerbescheide (§§ 155 ff. AO) entsprechend anzuwenden sind, festgesetzt (§ 239 Abs. 1 AO). Eine Festsetzung erfolgt jedoch nur, wenn der Zinsbetrag **mindestens 10 €** beträgt (§ 239 Abs. 2 AO).

Bei Zinsfestsetzungen ab 01. 01. 2002 werden die Zinsen gem. § 239 Abs. 2 Satz 1 AO (Fassung durch StEuglG vom 19. 12. 2000) immer **zu Gunsten des Stpfl. auf den nächsten vollen € gerundet.** D. h. vom Stpfl. zu zahlende Zinsen sind auf volle € abzurunden, an den Stpfl. zu zahlende Zinsen auf den nächsten vollen € aufzurunden.

BEISPIEL

> Seit Rechtshängigkeit der Klage gegen den GrESt-Bescheid sind fast 40 Monate vergangen, als das FA nachgibt, den Steuerbescheid wie beantragt ändert und die Steuer um 1 995 € herabsetzt (§ 172 Abs. 1 Nr. 2 Buchst. a AO). Gleichzeitig erstattet es dem Stpfl. die 1 995 € GrESt, die dieser bei Fälligkeit bezahlt hatte.
>
> **LÖSUNG** Es sind gem. § 236 AO Zinsen auf den Erstattungsbetrag angefallen. Sie belaufen sich bei 39 vollen Zinsmonaten auf 19,5 % aus 1 950 € (§ 238 Abs. 1, 2 AO) = 380,25 €. Gem. § 239 Abs. 2 Satz 1 AO sind aufgerundet Zinsen in Höhe von 381 € festzusetzen. Die Mindestgrenze für die Zinsfestsetzung beträgt nur 10 € (§ 239 Abs. 2 Satz 2 AO).

Sowohl bei der Anwendung der Abrundungs- und der Kleinbetragsregelung in §§ 238 Abs. 2, 239 Abs. 2 AO, als auch bei der Frage, ob jeweils gem. § 238 Abs. 1 Satz 2 AO ein voller

Zinsmonat abgelaufen ist, ist nach Verwaltungsmeinung (AEAO § 238 Nr. 2) jeder Anspruch (Teilanspruch) für sich zu betrachten, der sich von andern unterscheidet nach
1. Steuerart,
2. VZ,
3. Teilzeitraum (bei Teilansprüchen wie z. B. Vorauszahlungen),
4. Beginn des Zinslaufs.

Die Textziffern 3. und 4. ergeben sich nicht aus dem Gesetzestext. Die Verwaltung hält sich jedoch gem. § 156 Abs. 2 AO an diese Regeln, wenn es für den Stpfl. günstig ist.

Die Anrechnung anderer Zinsarten (z. B. von Vollverzinsungszinsen gem. § 236 Abs. 4 AO) erfolgt im Festsetzungsteil des Zinsbescheids, nicht im Bereich der Abrechnung.

BEISPIELE

a) Die Abschlusszahlung zur ESt 01 i. H. v. 390 € wird vom 10.06.02 bis 09.10.02 je einschließlich gestundet. Auf Antrag des Stpfl. wird der Betrag erneut vom 01.12.02 bis 30.04.03 je einschließlich gestundet.
Zins für die erste Stundung: Vier volle Zinsmonate ergeben gem. §§ 234, 238 Abs. 1 Satz 2 AO 2% Stundungszinsen aus (abgerundet, § 238 Abs. 2 AO) 350 € = 7 €.
Zins für die zweite Stundung: fünf volle Zinsmonate ergeben 2,5% Stundungszinsen aus 350 € = 8,75 €.
Wegen des unterschiedlichen Beginns des Zinslaufs dürfen die Teilbeträge bei Anwendung des § 239 Abs. 2 Satz 2 AO nicht zusammengefasst werden. Da keiner der Zinsbeträge 10 € erreicht, dürfen sie nicht festgesetzt werden.
Das gleiche Ergebnis würde eintreten, wenn die erste viermonatige Stundung um weitere fünf Monate verlängert würde.

b) Sowohl für die ESt 01 i. H. v. 10010 € als auch für die USt 01 i. H. v. 9040 € eines Stpfl. tritt ab Ablauf der Karenzfrist (31.03.03) Vollverzinsung für zwei volle Zinsmonate ein (§ 233a AO).
Für die Berechnung der Zinsen müssen die Ansprüche (nach Steuerarten/VZ) getrennt untersucht werden, obwohl der Beginn des Zinslaufs gleich ist (01.04.03, § 233a Abs. 2 Satz 1 AO). Dies bedeutet für die Anwendung der Abrundungsvorschrift in § 238 Abs. 2 AO: Zins für die ESt 01 i. H. v. 10 010 € für zwei volle Zinsmonate = 1% aus 10 000 € = 100 €; Zins für die USt 01 i. H. v. 9090 € für zwei volle Zinsmonate = 1% aus 9050 € = 90,50 €, abgerundet gem. § 239 Abs. 2 Satz 1 AO 90 €. Es werden insgesamt 190 € Zinsen festgesetzt (nicht 191 €!). Die Festsetzung der 100 € soll im ESt-Bescheid, die Festsetzung der 90 € im USt-Bescheid erfolgen (§ 233a Abs. 4 AO).

c) Das FA stundet vom 01.10.–31.12.01 je einschließlich die ESt-Vorauszahlungen für das erste bis dritte Quartal 01 i. H. v. jeweils 600 €.
Zinsberechnung: Für die Vorauszahlung des 1. Quartals 01 laufen 3 volle Stundungszinsmonate; dies führt zu 1,5% aus 600 € = 9 € Zinsen. Dies gilt jeweils auch für die Stundungszinsen zum Vorauszahlungsanspruch des 2. und 3. Quartals 01. Insgesamt fallen 27 € Stundungszinsen an (§§ 234, 238 AO), die aber nicht festgesetzt werden. Die Vorauszahlungen werden zu unterschiedlichen Zeitpunkten fällig (§ 37 EStG), gelten also für die Berechnung der Stundungszinsen zu Gunsten des Stpfl. als Einzelforderungen (§ 156 Abs. 2 AO). Keiner der Zinsbeträge aus den 3 Einzelforderungen erreicht 10 € (§ 239 Abs. 2 AO).

FALL 57

Zur Zinsberechnung:
Dem Stpfl. wurden am 10.03.03 antragsgemäß (Eingang des Antrags am 21.02.03) bis Ablauf des 30.06.03 auf **einem** Formular gestundet:

a) 3 028 € Umsatzsteuer des VZ 01 ab Fälligkeit (Fälligkeit eingetreten mit Ablauf des 03. 02. 03);

b) ESt-Vorauszahlungen i. H. v. jeweils 480 € aus dem 4. Quartal des Jahres 02 und dem 1. Quartal des Jahres 03 ab Beginn des 21. 02. 03.

Wieviel Stundungszinsen fallen an und in welcher Form werden die Zinsen festgesetzt?

5.2.1 Beschränkte Akzessorietät der Zinsen

Zinsen sind abhängig von der Steuer, zu der sie anfallen; sie stellen eine Gegenleistung für das Hinausschieben von deren Fälligkeit dar. Man spricht deshalb von der **Akzessorietät** (Abhängigkeit) der Zinsen.

Um aber zu verhindern, dass die Zinsbescheide jedesmal geändert werden müssen, wenn die entsprechenden Steuerfestsetzungen korrigiert werden (§§ 175 Abs. 1 Satz 1 Nr. 1, 239 Abs. 1 Satz 1 AO), hat der Gesetzgeber diesen Grundsatz eingeschränkt: Erfolgen die Bescheidkorrekturen **nach** dem Ende des Zinslaufs, bleiben die **Teil-Zinsbescheide** ohne Änderung (§§ 234 Abs. 1 Satz 2, 235 Abs. 3 Satz 3, 236 Abs. 5, 237 Abs. 5 AO).

Die **Vollverzinsung** folgt dagegen grundsätzlich den Änderungen der Steuerfestsetzung, gleichgültig, wann der Steuerbetrag geändert wird (§ 233 a Abs. 5 AO). Davon gibt es gem. § 233 a Abs. 2a AO Ausnahmen für den Fall, dass der Steuerbescheid wegen rückwirkenden Ereignisses (§ 175 Abs. 1 Satz 1 Nr. 2 AO) oder wegen Verlustabzugs (§ 10 d EStG) geändert wird.

BEISPIELE

a) Das FA stundete die ESt-Abschlusszahlungsschuld 06 i. H. v. 10 000 € aus dem Bescheid vom 05. 04. 08 für den Zeitraum vom 01. 03. 09 bis 10. 04. 09. Die Stundungszinsen i. H. v. 50 € sind bereits in dem Formular, mit dem die Stundung mitgeteilt wurde, festgesetzt. Mit Änderungsbescheid vom 10. 05. 09 wird die Steuer auf Null € herabgesetzt.
LÖSUNG Dies hat keine Auswirkung auf die festgesetzten Zinsen, vgl. § 234 Abs. 1 Satz 2 AO.

b) Im obigen Beispiel wird der ESt-Bescheid bereits am 08. 04. 09 wirksam geändert und die Steuer herabgesetzt. Die Abschlusszahlungsschuld vermindert sich dadurch auf 6 000 €.
LÖSUNG Nach BFH vom 18. 07. 1990 BFH/NV 1991, 212 folgt aus der Akzessorietät der Zinsen, wenn sie – wie hier – nicht gesetzlich eingeschränkt ist, dass die Zinsberechnung von Anfang an aus 6 000 € erfolgen muss, obwohl die Bescheidänderung und Steuersenkung erst kurz vor Stundungsende erfolgte. Der Zinsbescheid muss gem. §§ 239 Abs. 1 Satz 1, § 175 Abs. 1 Satz 1 Nr. 1 AO geändert und der Zinsbetrag auf 30 € herabgesetzt werden.

c) In Beispiel b wird der ESt-Bescheid bereits am 08. 04. 09 wirksam geändert und die Steuer heraufgesetzt. Die Abschlusszahlungsschuld erhöht sich dadurch auf 12 000 €.
LÖSUNG Es verbleibt bei den festgesetzten Zinsen i. H. v. 50 €, weil nur 10 000 € gestundet sind. (Im Übrigen handelt es sich um ein Problem der Nachforderungszinsen gem. § 233 a Abs. 1, 5 AO.)

5.2.2 Billigkeitserlass (§§ 163, 239, 227 AO) der Zinsen

Auf die Festsetzung von Stundungs- und Aussetzungszinsen kann von vornherein **aus Billigkeitsgründen** ganz oder teilweise **verzichtet** werden (§§ 234 Abs. 2, 237 Abs. 4 AO). Für die anderen Zinsarten ergibt sich dies aus §§ 163, 239 Abs. 1 Satz 1 AO. Im Übrigen können alle festgesetzten Zinsforderungen aus Billigkeitsgründen gem. § 227 AO erlassen werden.

Wegen **persönlicher Unbilligkeit** kommt ein Erlass der Zinsen vor allem dann in Frage, wenn auch die zugrunde liegende Steuer z. B. wegen Verarmung des Stpfl. erlassen wird (AEAO § 233a Nr. 69.1, § 234 Nr. 11).

Der Erlass von Zinsen wegen **sachlicher** Unbilligkeit wird von der Verwaltung im Allgemeinen abgelehnt. Nach BFH vom 21. 02. 1991 BStBl II 1991, 498 hat z. B. ein Finanzamt zu Recht den Billigkeitserlass von Aussetzungszinsen wegen überlanger Dauer des Rechtsbehelfsverfahren abgelehnt. Der Gesetzgeber habe die in der Zinslast liegende Härte dem Stpfl. auch für solche Fälle bewusst auferlegt. Im Übrigen habe der Stpfl. den Vorteil des Hinausschiebens der Fälligkeit in Anspruch genommen; die Zinsen seien die Gegenleistung für diesen Vorteil.

Bei der **Verrechnungsstundung** (3.2.1b) ist es dagegen grundsätzlich **sachlich unbillig**, Stundungszinsen zu verlangen (§ 234 Abs. 2 AO). Stundungszinsen kommen bei der Verrechnungsstundung nur dann in Betracht, wenn die Erstattung bzw. Vergütung nach § 233a AO verzinslich ist, oder soweit der Erstattungsbetrag nicht ausreicht, um die gestundete Steuer auszugleichen (AEAO § 234 Nr. 11).

Besonders umstritten ist der Erlass von **Nachforderungszinsen** gem. § 233a AO (5.4) wegen sachlicher Unbilligkeit, wenn die **Verzögerung** der Veranlagung eindeutig **vom FA zu vertreten** ist. Der BFH hält aber die Erhebung von Nachforderungszinsen auch dann nicht für unbillig. Die Verzinsung nach § 233a AO soll nach dem Willen des Gesetzgebers einen Ausgleich dafür schaffen, dass die Steuern bei den Stpfl. »aus welchen Gründen auch immer« zu unterschiedlichen Zeitpunkten festgesetzt und fällig werden (BFH vom 05. 06. 1996 BStBl II 1996, 503; vom 12. 04. 2000 BFH/NV 2000, 1178). Nur dann, wenn der Stpfl. aus der verspäteten Festsetzung der Steuer keinen Vorteil haben konnte, setzt die Finanzverwaltung entweder die Zinsen von vornherein aus Gründen der Unbilligkeit nicht fest oder erlässt sie (§§ 156, 239 Abs. 1, 227 AO). »Keinen Vorteil« hat der Stpfl., wenn und soweit er eine **freiwillige Vorauszahlung** geleistet hat. Nach freiwilligen Vorauszahlungen der Stpfl. erlassen die Finanzämter die Nachforderungszinsen für die Zeit zwischen der freiwilligen Zahlung und der Bekanntgabe des Steuerbescheids (nur für volle Monate ab der freiwilligen Zahlung und vom auf volle 50 € abgerundeten Betrag der freiwilligen Zahlung, AEAO § 233a Nr. 70.1.1 und 70.1.2).

Führen **Gewinnverlagerungen** insbesondere nach Betriebsprüfungen zur Erhöhung der **Einkommen-, Körperschaft- und Gewerbesteuer** und zu Senkungen dieser Steuern in anderen Jahren, so liegt für das Jahr der Steuererhöhung kein Fall einer unbilligen Nachforderungszins-Festsetzung vor (§ 233a Abs. 5 AO; vgl. BFH vom 16. 11. 2005 BStBl II 2006, 155; AEAO § 233a Nr. 70.3).

Dagegen räumt die Verwaltung bei den Nachforderungszinsen zur **Umsatzsteuer** den Unternehmern zumindest in Ausnahmefällen eine **Chance zum Billigkeitserlass** ein, wenn die Steuer eines früheren Jahres allein wegen Mängeln in den zu Grunde liegenden Rechnungen erhöht werden muss (§ 233a Abs. 5 AO) und die Berichtigung der Rechnung mit ihrer USt-senkenden Wirkung erst in einem späteren Jahr erfolgt (AEAO § 233a Nr. 70.2.3, 70.2.4; vgl. aber BFH vom 19. 03. 2009 – V R 48/07–). Voraussetzung für den Billigkeitserlass ist allerdings, dass der Stpfl. zweifelsfrei keinen wirtschaftlichen Vorteil aus der Verspätung der USt-Festsetzung gezogen hat. Zeitweilige Liquiditätsvorteile des Stpfl. sollen bereits schädlich für einen Billigkeitserlass der Nachforderungszinsen sein (BFH vom 12. 04. 2000 BFH/NV 2000, 1178).

a) Die Betriebsprüfung bei einem Freiberufler entdeckt bei Prüfung der ESt 01 und 02 im Jahr 05, dass eine vom Stpfl. im Jahr 02 in seiner Betriebseinnahmen-Betriebsausgaben-Überschussrechnung erfasste Betriebseinnahme i. H. v. 25 000 € bereits im Jahr 01 zugeflossen ist (§§ 4 Abs. 3, 11 EStG). Die Änderungsbescheide zur ESt 01 (Steuermehrung: 12 000 €) und zur ESt 02 (Steuerminderung 9 000 €) ergehen im Jahr 05 und enthalten (01) eine Nachforderungsbzw. (02) eine Erstattungszinsfestsetzung gem. § 233 a Abs. 5 AO. Sind die Nachforderungszinsen für 01 ganz oder zum Teil unbillig?

LÖSUNG Die Festsetzung der Nachforderungszinsen für 01 ist nicht unbillig, auch soweit ihr betragsmäßig (aus 3 000 €) oder vom Zeitverlauf her (vom 01.04.03 bis 31.03.04) keine Erstattungszinsen gegenüberstehen (AEAO § 233 a Nr. 70.3). Der Gesetzgeber hat bei der Vollverzinsung auf das Ergebnis der einzelnen Jahresveranlagungen abgestellt und nicht auf den Saldo der Steueränderungen über mehrere Jahre. Härten, die damit zusammenhängen, hat der Gesetzgeber in Kauf genommen (BFH vom 16. 11. 2005 BFH/VN 2006, 697).

b) Dies gilt auch für die Fälle, in denen bei bilanzierenden Stpfl. (§ 5 EStG) die Gewinnerhöhung im Jahr 01 Nachforderungszinsen nach sich zieht, denen überhaupt keine Erstattungszinsen in den Folgejahren gegenüberstehen, weil die Gewinnminderungen der Folgejahre bilanzielle Folgeänderungen i. S. d. § 175 Abs. 1 Satz 1 Nr. 2 AO darstellten, die sich gem. § 233 a Abs. 2 a AO auf die Zinsfestsetzung zu den Folgejahren nicht auswirken.

c) Ein Bauunternehmer hat im Jahr 02 in seiner Ausgangs-Gesamtrechnung für ein Gebäude entgegen § 14 Abs. 5 Satz 2 UStG die Abschlagszahlungen des Kunden (R 181 UStR) beim Gesamtentgelt und beim USt-Ausweis nicht berücksichtigt. Dies wird erst bei einer USt-Sonderprüfung im Jahre 05 entdeckt. Nach (nicht zweifelsfreier) Verwaltungsmeinung schuldet der Unternehmer die doppelt ausgewiesene Umsatzsteuer als USt-Schuld gem. § 14 c Abs. 1 UStG. Deshalb erhöht das FA im Änderungsbescheid des Jahres 05 die USt 02 entsprechend, verbunden mit einem Nachforderungszinsbescheid.

Der Unternehmer berichtigt seine Gesamtrechnung im Jahr 05 und zieht die Abschlagszahlungen des Kunden vom Gesamtentgelt ab. Die sich daraus ergebende USt-Minderung wirkt sich materiell-rechtlich aber erst im Jahr 05 aus. Muss das FA auf Antrag des Unternehmers die Nachforderungszinsen erlassen?

LÖSUNG Die USt-Erhöhung aus § 14 c Abs. 1 UStG kann aus Billigkeitsgründen erlassen werden (AEAO § 233 a Nr. 70.2.3). Der Stpfl. hatte aus dem Verstoß gegen § 14 Abs. 5 Satz 2 UStG keinen Liquiditätsvorteil.

d) Anders liegen die zahlreichen Fälle, in denen der Unternehmer zunächst Vorsteuer abgezogen hat, und sich erst Jahre später herausstellt, dass dies wegen eines »formellen« Fehlers in einer Eingangsrechnung gegen § 15 Abs. 1 Nr. 1 UStG verstößt (zur umsatzsteuerlichen Lage in diesen Fällen vgl. BFH vom 17. 05. 2004 BStBl II 2005, 236). Der Vorsteueranspruch hat materiell-rechtlich nicht bestanden, denn die Ordnungsmäßigkeit der Rechnung ist Tatbestandsmerkmal für den Vorsteuerabzug. Folglich hatte der Stpfl. infolge des unberechtigten Abzugs der Vorsteuer einen Liquiditätsvorteil. Ein Billigkeitserlass der Nachforderungszinsen scheidet aus.

5.2.3 Fälligkeit der Zinsen

Über die **Fälligkeit** festgesetzter Zinsen sagen die §§ 233 ff. AO nichts aus. Folglich tritt die Fälligkeit gem. § 220 Abs. 2 Satz 2 AO frühestens mit der Festsetzung ein. Dies ist bei Erstattungszinsen ausnahmslos der Fall. Für Sollzinsen setzt das FA regelmäßig eine Zahlungsfrist, welche der für Steuern entspricht (§ 220 Abs. 2 Satz 1 AO).

5.3 Besonderheiten bei Stundungs- und Aussetzungszinsen, §§ 234, 237 AO

5.3.1 Stundungszinsen, § 234 AO

Zur Stundung vgl. 3.2.

Oben (5.2) wurde darauf hingewiesen, dass für die Abrundung der Bemessungsgrundlage (§ 238 Abs. 2 AO), den Mindestzinsbetrag und die Rundung des Zinsbetrags bei der Festsetzung (§ 239 Abs. 2 AO) auf jede »Einzelforderung« abzustellen ist (§ 156 Abs. 2 AO).

Der **Zinszahlungszeitraum beginnt** mit dem 1. Tag der (eventuell rückwirkend gewährten) Stundung. Bei Stundung »ab Fälligkeit« ist zu beachten, dass die Fälligkeit durch § 108 Abs. 3 AO hinausgeschoben sein kann.

> **BEISPIEL**
>
> Die ESt-Abschlusszahlung wurde laut Bescheid zum Samstag 14. 07. fällig gestellt. Die Stundung erfolgte »ab Fälligkeit«: Die Fälligkeit ist wegen § 108 Abs. 3 AO erst zum Ablauf des Montag, 16. 07. eingetreten. Der 1. Zinsmonat beginnt mit Beginn des 17. 07.

Fällt das **Ende** des gesamten Stundungszeitraums auf ein Wochenende oder einen gesetzlichen Feiertag, wird die Fälligkeit gem. § 108 Abs. 3 AO bis zum Ablauf des nächsten Werktags hinausgeschoben. Dies wirkt sich auch auf den Zinslauf aus (AEAO § 234 Nr. 5).

> **BEISPIEL**
>
> Die Stundung wurde antragsgemäß vom 11. März 0.00 Uhr bis 09. April gewährt; der 09. April ist ein Sonntag. Der Stpfl. muss spätestens bis zum Ablauf des Montag, 10. April bezahlen (§ 108 Abs. 3 AO). Zinsen sind festzusetzen, weil § 108 Abs. 3 AO auch für das Zinsrecht uneingeschränkt gilt. Allerdings ist der Mindest-Zinsbetrag von 10 € zu prüfen (§ 239 Abs. 2 Satz 2 AO).

Nach dem Wortlaut des § 234 Abs. 1 AO werden die Stundungszinsen **für die Dauer der »gewährten« Stundung** festgesetzt. Vorzeitige Zahlung vor Stundungsablauf führt daher nicht automatisch zu einer Verminderung der Zinsschuld (Prinzip der »**Sollverzinsung**«). Dies ist für die Praxis schon deswegen bedeutsam, weil die Stundungszinsen regelmäßig sofort zusammen mit dem Stundungsverwaltungsakt auf einem Formular festgesetzt werden. Bei **vorzeitiger Zahlung** kann das FA aber auf einen Teil der Zinsen verzichten (§ 234 Abs. 2 AO; AEAO § 234 Nr. 1 Abs. 2), oder die Stundung ab dem Tag der vorzeitigen Zahlung – mit Zustimmung des Stpfl. – widerrufen (§ 131 Abs. 2 Nr. 1 und 3 AO), was zu einer Änderung des Zinsbescheids mit Verminderung der Zinsschuld entsprechend § 175 Abs. 1 Satz 1 Nr. 1 AO führt (ebenso AEAO § 234 Nr. 3).

Werden die Zinsen nicht zugleich mit der Stundung festgesetzt, insbesondere nicht auf dem Stundungsformular, muss das FA nach einer verwaltungsinternen Anweisung den Stpfl. schriftlich darauf hinweisen, dass wegen der eventuell noch festzusetzenden Zinsen ein besonderer Bescheid ergehen werde. Fehlt der Hinweis, folgt daraus aber kein Festsetzungshindernis für die Zinsen.

5.3.2 Aussetzungszinsen, § 237 AO

Zur AdV vgl. I 12.

Voraussetzung für den Zinsanfall ist, dass während des Rechtsbehelfsverfahrens die Vollziehung des angegriffenen VA ausgesetzt war und der Rechtsbehelf wenigstens zum Teil verloren geht (§ 361 Abs. 2, 3 AO, § 69 Abs. 2, 3 FGO). Im Gegensatz zur Stundung können die Zinsen daher hier erst nach der Entscheidung über den Rechtsbehelf festgesetzt werden. Ist nur ein Teilbetrag ausgesetzt, fallen auch nur insoweit Zinsen an.

Der Zinsverlauf **beginnt** frühestens mit der regulären Fälligkeit, weil die Aussetzung vorher nicht wirken kann. Im Übrigen beginnt der Zinslauf »ab dem Tag« des Eingangs des Rechtsbehelfs (§ 237 Abs. 2 Satz 1 AO), bzw. »mit dem Tag« der Aussetzung der Vollziehung, wenn dieser erst nachfolgt (§ 237 Abs. 2 Satz 2 AO). Dieser Gesetzeswortlaut deutet darauf hin, dass der Tag des Rechtsbehelfseingangs bzw. der Bekanntgabe der Aussetzung (§§ 124, 122 AO) bereits ein Aussetzungstag sein soll, an dem der Stpfl. vor den Säumnisfolgen geschützt ist. Deshalb müssen sie bei der Zinsberechnung mitgezählt werden (Beginnfrist, vgl. F 3.2.1, § 108 Abs. 2 letzter HS AO, AEAO § 237 Nr. 6). Wenn der Stpfl. antragsgemäß eine rückwirkende Vollziehungsaussetzung erhält, laufen die Zinsen über den vollen Aussetzungszeitraum (AEAO § 361 Nr. 7.4).

FALL 58

Wann beginnt der Zinslauf?

Der ESt-Bescheid, mit dem eine Steuerschuld von 2 850 € festgesetzt ist, wurde am 10. 09. wirksam bekanntgegeben. Laut Leistungsgebot ist die Steuer am 10. 10. fällig (§ 36 Abs. 4 EStG). Der Stpfl. legt am 20. 09. Einspruch ein. Der Einspruch ist zulässig. Der Ef. trägt gewichtige Gründe gegen die Rechtmäßigkeit des angegriffenen Bescheides vor.

Alternative Sachverhaltsvarianten:

a) Gleichzeitig beantragt er die Aussetzung, die noch am selben Tag ausgesprochen wird.

b) Gleichzeitig beantragt er die Aussetzung, die ihm mit am 20. 10. zur Post gegebenem VA »ab Bekanntgabe dieses Schreibens« gewährt wird.

c) Die Aussetzung wird antragsgemäß »ab 01. November« ausgesprochen.

Der Aussetzungszinszeitraum **endet** mit Ablauf des Tags, an dem bzw. in dessen Verlauf die Aussetzung endet (§ 237 Abs. 2 Satz 1 AO, vgl. AEAO § 237 Nr. 6). Aus dem andersartigen Gesetzeswortlaut gegenüber § 234 Abs. 1 AO ergibt sich, dass bei § 237 AO das Prinzip der Sollverzinsung nicht gilt (vgl. 5.3.1), und dass der letzte Tag, an dem die Vollziehung auch nur zeitweise ausgesetzt war, noch als Zinstag in Frage kommt.

BEISPIELE

a) Die Vollziehung des ESt-Bescheids 02 war »bis 2 Wochen nach der Bekanntgabe der Entscheidung über den Einspruch« ausgesetzt. Die Entscheidung über den Einspruch wird am 13. Mai (Mittwoch) wirksam bekanntgegeben (§§ 366, 122 Abs. 2 AO).

Der Zinszeitraum läuft mit Ablauf des Mittwoch, 27. Mai ab (§ 237 Abs. 2 Satz 1 AO; zur Berechnung der Zwei-Wochen-Frist vgl. §§ 187 Abs. 1, 188 Abs. 2 1. Alt. BGB, § 108 Abs. 1 AO). Üblich ist, die Aussetzung »bis zum Eintritt der Unanfechtbarkeit der Entscheidung« zu gewähren. Vgl. dazu § 47 FGO und AEAO § 361 Nr. 8.2.1.

b) Wenn der Stpfl. im letzten Beispielsfall bereits am 03. Mai gezahlt hat, endet der Zinszahlungszeitraum mit Ablauf des 03. Mai (entsprechend § 237 Abs. 2 Satz 1 AO).

c) Die Vollziehung war »bis zur Unanfechtbarkeit des Bescheids« ausgesetzt. Das Urteil des BFH wird am 04. Juli, 10 Uhr zugestellt. Würde mit Ablauf des 04. Juli ein voller Zinsmonat enden, so könnten auch für diesen Monat Zinsen verlangt werden (§ 237 Abs. 2 Satz 1 AO).

5.4 Besonderheiten bei Vollverzinsung, § 233 a AO

Die Vollverzinsung soll einen Ausgleich dafür schaffen, dass die Steuern eines Veranlagungszeitraums trotz gleichen Entstehungszeitpunkts für alle Stpfl. doch in den Einzelfällen zu unterschiedlichen Zeitpunkten festgesetzt und fällig werden.

Von der Vollverzinsung sind aber **nur Nachforderungen und Erstattungen** bei den in § 233 a Abs. 1 Satz 1 AO genannten Steuern, nämlich **bei ESt, KSt, USt und GewSt** betroffen. Nachforderungen und Erstattungen von Unterarten dieser Steuern in Form von **Abzugsteuern** (z. B. LSt, KapSt) und **Vorauszahlungen** sind in § 233 a Abs. 1 Satz 2 AO ausdrücklich von der Zinspflicht gem. § 233 a AO **ausgenommen**. Bei der USt ist also nur die **Jahressteuer** von der Vollverzinsung erfasst. **Vergütungsansprüche** (für ganze Veranlagungszeiträume) sind zwar in § 233 a Abs. 1 Satz 1 AO nicht aufgeführt. Die Verwaltung verzinst sie trotzdem (auch die Vorsteuervergütung für ausländische Unternehmer gem. § 18 Abs. 9 UStG; vgl. BFH vom 17. 08. 2008 – V R 41/06). Erstattungsansprüche (nach Jahressteuerfestsetzungen) bezüglich bezahlter USt sind verzinslich, egal aus welchem Grund die Erstattung erfolgt. Die gegen den Arbeitgeber festgesetzte **pauschalierte LSt** gem. §§ 40, 40a, 40b EStG ist in § 233 a AO nicht erwähnt und wird deshalb **nicht** vollverzinst, ebensowenig der Investitionszulagenanspruch (§ 233 Satz 1 AO, BFH vom 23. 02. 2006 BStBl II 2006, 741).

Die Zinsen **beginnen** gem. Abs. 2 mit **Ablauf der Karenzfrist** (grundsätzlich mit Beginn des 01. 04. 03 für die Ansprüche aus dem Jahr 01) zu laufen, egal ob es sich um einen Anspruch aus einer erstmaligen Festsetzung (Abs. 3) oder aus einer Korrektur der Festsetzung (Abs. 5) handelt. Der Gesetzgeber geht davon aus, dass die genannten Ansprüche im Allgemeinen innerhalb der Karenzfrist richtig festgesetzt werden. Wie sich aus dem Wortlaut des § 233 a Abs. 2 Satz 1 AO ergibt, spielt für den Beginn der Vollverzinsung keine Rolle, ob das Ende der Karenzfrist auf ein Wochenende fällt.

Die **Karenzfrist** der ESt und KSt beträgt gem. § 233 a Abs. 2 Satz 2 AO **21 Monate**, wenn bei der erstmaligen Festsetzung dieser Steuern Einkünfte aus **Land- und Forstwirtschaft** die andern Einkünfte überwiegen. Diese Regelung berücksichtigt, dass bei dieser Einkunftsart regelmäßig ein vom Kalenderjahr abweichendes Wirtschaftsjahr gilt, was zu einer späteren Erklärungsabgabe und Veranlagung führen kann; vgl. § 4 a EStG, § 8c EStDV. Erzielt der Land- oder Forstwirt nur Verluste aus verschiedenen Einkunftsarten, »überwiegen« die Einkünfte mit den geringeren Verlusthöhen (BFH vom 13. 07. 2006 BStBl II 2006, 881).

Für das **Ende des Zinslaufs** kommt es auf den Ablauf des Tags der wirksamen Steuerfestsetzung an, i. d. R. also auf den Ablauf des Tags der Bescheidbekanntgabe (§ 233 a Abs. 2 Satz 3 AO). Bei (zustimmungspflichtigen) USt-Jahreserklärungen mit einem »Rotbetrag« (Vergütung oder Erstattung) endet der Zinslauf mit Ablauf des Tages, an dem die Zustimmung des FA dem Stpfl. bekannt wird (§ 168 Satz 2 AO). Dies gilt nach Verwaltungsmeinung zu Gunsten des Stpfl. auch in den kleineren Fällen, für welche die Zustimmung allgemein erteilt ist (AEAO § 233 a Nr. 5 a. E., vgl. G 5).

BEISPIELE

a) Der Stpfl. gibt seine ESt-Erklärung 02 nicht ab, in der Hoffnung, das FA werde ihn nicht entdecken. Dies geschieht im September 04 doch. Der ESt-Bescheid 02 wird am 11. 11. 04 wirksam bekanntgegeben und setzt eine Steuerschuld i. H. v. 4 805 € fest. Dies ist auch gleichzeitig die Abschlusszahlungsschuld laut Leistungsgebot. Im Steuerbescheid ist auch eine Zinsfestsetzung über 168 € enthalten. Der »Veranlagungsschluss« bei der zuständigen Veranlagungsstelle für Fälle dieser Art war zu diesem Zeitpunkt noch nicht eingetreten;

deshalb ist die (mögliche) ESt-Hinterziehung 02 (§ 370 AO) noch nicht vollendet und Hinterziehungszinsen (§ 235 Abs. 2 AO) haben noch nicht zu laufen begonnen. Sind die Zinsen richtig festgesetzt?

LÖSUNG Die 4 805 € sind ab Ablauf der Karenzzeit, d. h. ab 01. 04. 04 (§ 36 Abs. 1 EStG, §§ 38, 233 a Abs. 2 Satz 1 AO) bis zum Ablauf des Bekanntgabetags der Steuerfestsetzung (§ 122 Abs. 2 AO) zu verzinsen, hier bis Ablauf 11. 11. 04. Vom Beginn des 01. 04. 04 bis Ablauf des 11. 11. 04 laufen 7 volle Zinsmonate, folglich sind 3,5 % von 4 800 € (§ 238 Abs. 1, 2 AO) = 168 € Zinsen festzusetzen Die Verbindung des Zins- mit dem Steuerbescheid entspricht § 233 a Abs. 4 AO und war ebenfalls richtig.

b) Meldet der Unternehmer in der Jahres-USt-Erklärung 02, die am 28. 09. 04 beim FA eingeht, einen Vergütungsbetrag i. H. v. 9 800 € an, so läuft der Zinszeitraum für die Erstattungszinsen nicht nur vom 01. 04. 04 bis Ablauf des 28. 09. 04, sondern bis Ablauf des Tages, an welchem dem Unternehmer die Zustimmung des FA zu seiner »Rotanmeldung« bekannt wird. Denn nach § 168 Satz 2 AO gilt die fiktive Vergütungsfestsetzung »erst, wenn die Finanzbehörde zustimmt«; die Zustimmung wird erst wirksam, wenn sie dem Stpfl. bekannt wird (AEAO § 233 a Nr. 5, § 168 Nr. 2.

Dies gilt auch, wenn der angemeldete Vergütungsbetrag so gering ist, dass dafür »allgemein« (von vornherein) die Zustimmung erteilt ist (AEAO § 168 Nr. 9, § 233 a Nr. 5); vgl. G 5.

Für die Bestimmung der **Berechnungsgrundlage** muss man zwischen (aus der Sicht des Stpfl.) Sollzinsen (»Nachforderungszinsen«, Abs. 3 Satz 1, 2) und Habenzinsen (»Erstattungszinsen«, § 233 a Abs. 3 Satz 3 AO) unterscheiden.

Sollzinsen (Nachforderungszinsen)

Gem. § 233 a Abs. 3 Satz 1 AO berechnen sich die Zinsen nach dem **Unterschiedsbetrag** zwischen **festgesetzter Steuer und** den (laut Leistungsgebot) **anzurechnenden Steuerabzugsbeträgen** und der (nach altem Recht) **anzurechnenden KSt**, sowie den »**festgesetzten Vorauszahlungen**« (dem Vorauszahlungs-Soll – daher auch »**Soll-Prinzip**« genannt). Nach Ablauf der Karenzfrist festgesetzte oder erhöhte Vorauszahlungen werden wie freiwillige Vorauszahlungen behandelt.

Freiwillig, d. h. ohne Festsetzung **geleistete Vorauszahlungen** werden bei der Zinsfestsetzung **nicht** berücksichtigt, § 233 a Abs. 3 Satz 1 AO. Damit soll verhindert werden, dass ein Stpfl. insbesondere in Zeiten niedriger Sparzinsen (Marktzinsen) das FA durch freiwillige Vorauszahlungen zwingen könnte, Guthabenzinsen in gesetzlich festgelegter Höhe (6 %) zu zahlen. Zum Billigkeitserlass von Nachforderungszinsen nach freiwilligen Vorauszahlungen vgl. 5.2.2.

Zur **Vermeidung von Nachforderungszinsen** ist zu empfehlen:

1. die frühestmögliche Erklärungsabgabe, in der Erwartung, dass das FA den Steuerbescheid vor Ablauf der Karenzfrist erlässt;
2. bei den Ertragsteuern und der GewSt ein frühzeitiger Antrag auf Anpassung (Erhöhung) der Vorauszahlungen. § 37 Abs. 3 Satz 3 EStG, § 31 Abs. 1 Satz 1 KStG, § 19 Abs. 3 Satz 2 GewStG gestatten allerdings nur, die Vorauszahlungen bis zum 31. 03. des auf den VZ folgenden übernächsten Jahres anzupassen; vgl. auch § 233 a Abs. 3 Satz 1 AO;
3. bei der USt die Abgabe einer berichtigten (erhöhten) Voranmeldung bzw. nach Ablauf der Karenzfrist einer (ausdrücklich so bezeichneten) »vorläufigen« Jahreserklärung. Dies führt zu einer entsprechenden Zahlungspflicht gem. § 18 UStG;
4. Leistung »freiwilliger« Vorauszahlungen. Dies bewirkt den Billigkeitserlass der Nachforderungszinsen für den Zeitraum ab der freiwilligen Vorauszahlung (vgl. 5.2.2; sie führen aber nie zu Erstattungszinsen).

Habenzinsen (Erstattungszinsen)

Für Erstattungszinsen gilt gem. § 233a Abs. 3 Satz 3 AO das **Ist-Prinzip.** Berechnungsgrundlage für Erstattungszinsen ist daher nur der **Unterschiedsbetrag** zwischen der **Jahressteuerschuld,** den **anzurechnenden Steuerabzugsbeträgen** und der **anzurechnenden KSt,** sowie den **tatsächlich geleisteten Vorauszahlungen.** Sollverzinsung würde hier dazu führen, dass der Stpfl. Erstattungszinsen bekäme, obwohl er die festgesetzten Vorauszahlungen nicht geleistet hat.

Freiwillige Überzahlungen bleiben auch hier außer Betracht, § 233a Abs. 3 Satz 1 AO. Kommt es zu einer Erstattung wegen einer Zahlung, die erst nach Beginn des regulären Zinslaufs (d.h. nach Ablauf der Karenzfrist) geleistet wurde, laufen die Zinsen »frühestens mit dem Tag der Zahlung«.

BEISPIELE

a) Die ESt-Festsetzung 02 des Herrn A wird wirksam am 05.11.04. Die Steuerschuld beträgt 50000 €, die anzurechnenden Steuerabzugsbeträge (LSt, KapSt) belaufen sich auf 22820 €. Die vier Vorauszahlungen waren auf 2500 €/Quartal festgesetzt; sie sind tatsächlich beglichen worden (Leistungsgebot im Steuerbescheid: 17180 €).

LÖSUNG Berechnung der Zinsen gem. § 233a AO:

Steuerschuld	50000 €
./. anzurechnende Steuerabzugsbeträge und KSt	22820 €
./. festgesetzte Vorauszahlungen	10000 €
Unterschiedsbetrag gem. § 233a Abs. 3 Satz 1 AO:	17180 €
Berechnungsgrundlage (Abrundung gem. § 238 Abs. 2 AO):	17150 €

Zinszeitraum: 01.04.04 (§ 233a Abs. 2 Satz 1 AO) bis Ablauf des Bekanntgabetags 05.11.04 (§ 36 Abs. 4 EStG, § 220 AO). Dies sind sieben volle Zinsmonate. Mit dem ESt-Bescheid 02 sollten daher 3,5% von 17150 € = 600 € Zinsen (abgerundet) festgesetzt werden (§§ 238, 239 Abs. 2 Satz 1, 233a Abs. 4 AO).

b) Wie Beispiel a), aber der Stpfl. hat die festgesetzten Vorauszahlungen nicht geleistet. Die Abschlusszahlungsschuld (ESt) beträgt 27180 €.

LÖSUNG Am Ergebnis des Beispiels a) ändert sich bezüglich der Zinsen nichts (»Sollverzinsung« gem. § 233a Abs. 3 Satz 1 AO).

c) Die ESt-Festsetzung 03 der Eheleute B wird am 09.08.05 wirksam bekanntgegeben. Die Steuerschuld beträgt 45000 €, dabei sind gem. § 34c EStG 911 € an ausländischer Ertragsteuer berücksichtigt (auf die Steuerschuld angerechnet). Laut Leistungsgebot werden 46930 € LSt und 800 € geleistete Vorauszahlungen auf die Steuerschuld angerechnet, so dass eine Erstattung i. H. v. 2740 € erfolgen muss. Bezüglich der anzurechnenden 800 € wird ermittelt, dass die Eheleute B von den in Höhe von 4 x 400 € = 1600 € festgesetzten Vorauszahlungen 03 nur die Hälfte (nämlich die Vorauszahlung vom 10.03. und vom 10.06.03) bezahlt haben.

LÖSUNG Da es sich um Erstattungszinsen handelt, ist für die Ermittlung des Unterschiedsbetrags § 233a Abs. 3 Satz 1, 3 AO maßgeblich:

Steuerschuld	45000 €
./. anzurechnende Abzugsteuern	46930 €
./. tatsächlich (aufgrund von Festsetzungen) bezahlte Vorauszahlungen	800 €
Erstattungsbetrag	2730 €
Bemessungsgrundlage gem. § 238 Abs. 2 AO:	2700 €

Zinszeitraum: 01.04.05 bis Ablauf des Bekanntgabetags des Bescheids am 09.08.05; dies sind vier volle Zinsmonate = 2% Zins aus 2700 € (§ 238 AO) = 54 € Zinsen. Dass das Vorauszahlungs-Soll höher war, spielt für die Zinsberechnung keine Rolle; dafür fallen Sz an. Die ausländische, gem. § 34c EStG anzurechnende Steuer hat die Steuerschuld bereits gemindert (vgl. die Überschrift des § 34c EStG), darf also bei Ermittlung des Unterschiedsbetrags nicht (nochmal) berücksichtigt werden.

Ergibt sich eine Nachzahlung oder Erstattung aufgrund der **Korrektur** eines Steuerbescheids, dann ist auch der frühere Zinsbescheid zu korrigieren, § 233a Abs. 5 AO. Die Bemessungsgrundlage für die Zinsen richtet sich dabei immer nach dem »Unterschiedsbetrag« gem. Abs. 5 Satz 2 a.a.O., auch wenn die ursprüngliche Steuerfestsetzung vor Ablauf der Karenzfrist ergangen ist und deshalb nicht mit einer Zinsfestsetzung verbunden war (BFH vom 18.05.2005 BStBl II 2005, 735). Der Unterschiedsbetrag ergibt sich aus dem Vergleich von damaliger und jetziger Steuerschuld, jeweils abzüglich der anzurechnenden Abzugsbeträge bzw. KSt und der festgesetzten Vorauszahlungen; in Erstattungsfällen wird nur der Erstattungsbetrag verzinst (§ 233a Abs. 5 Satz 4 AO). Der bisher festgesetzte Zinsbetrag wird um den so festgestellten Korrekturbetrag erhöht oder vermindert (§ 233a Abs. 5 Satz 3 AO); es werden also nicht – in Form eines Ergänzungsbescheids – nur die neu hinzukommenden Zinsen festgesetzt. Sind aufgrund der früheren Zinsfestsetzung bereits Zinsen gezahlt worden, wird dies selbstverständlich im Leistungsgebot (wie eine Art Vorauszahlung) berücksichtigt.

Wird der Steuerbescheid mehrfach geändert, muss auch der Zinsbescheid jeweils angepasst werden. § 239 Abs. 2 AO ist jeweils zu beachten.

BEISPIEL

a) Die Bp vom März 11 erbringt, dass die KSt-Schuld 06 der A-GmbH im Bescheid vom Januar 08 um 56 020 € zu hoch festgesetzt war. Der Fehler geht auf die grobe Nachlässigkeit des Geschäftsführers der A-GmbH bei Erstellung der Steuererklärung zurück. Das FA gab den Änderungsbescheid (§ 164 Abs. 2 AO) am 15.05.11 zur Post. Muss das FA den Erstattungsbetrag verzinsen?
LÖSUNG Die KSt-Erstattung ist ab 01.04.08 (§ 233a Abs. 2 Satz 1 AO) bis Ablauf des 18.05.11 zu verzinsen (§§ 122 Abs. 2, 233a Abs. 2 Satz 3 i.V.m. Abs. 5 AO). Dies ergibt 37 volle Zinsmonate. Für die Bemessungsgrundlage ist § 233a Abs. 5 Satz 2 AO heranzuziehen, denn die Zinsfestsetzung beruht auf einem Steueränderungsbescheid. Dass der ursprüngliche Steuerbescheid vor Ablauf der Karenzfrist erging, spielt keine Rolle (BFH vom 18.05.2005 BStBl II 2005, 735). Es sind Erstattungszinsen i.H.v. 18,5% aus 56 000 € (§ 238 Abs. 1, 2 AO) = 10 360 € festzusetzen. Dass die Erstattung auf einen groben Fehler des gesetzl. Vertreters der Stpfl. zurückgeht, spielt keine Rolle. Die Zinsfestsetzung soll gem. § 233a Abs. 4 AO mit dem KSt-Änderungsbescheid verbunden werden.

b) Die ursprüngliche ESt-Festsetzung 06 gegen Herrn A wurde am 05.11.08 wirksam. Die Steuerschuld betrug 50 000 €. Unter Berücksichtigung der anzurechnenden Abzugsbeträge i.H.v. 32 820 € ergab sich eine Abschlusszahlung von 17 180 €. Der Bescheid enthielt (zu Recht) eine Zinsfestsetzung gem. § 233a AO i.H.v. 600 €. Der ESt-Bescheid 06 wird durch am 09.04.09 bekanntgegebenen Änderungsbescheid geändert. Die Steuerschuld ist auf 55 000 € erhöht. Es stellt sich heraus, dass 33 420 € anzurechnende Abzugsteuern vorliegen.
LÖSUNG Berechnung der Zinsfestsetzung im Änderungsbescheid:
Bisherige Steuerschuld./. damals anzurechnende Abzugsbeträge und festgesetzte Vorauszahlungen: 50 000./. 32 820 = 17 180 €;
Korrigierte Steuerschuld ./. jetzt maßgebliche Abzugsbeträge und festgesetzte Vorauszahlungen: 55 000./. 33 420 = 21 580 €;
Unterschiedsbetrag   + 4 400 €;
dies ist die Bemessungsgrundlage für den Zins-Hinzurechnungsbetrag;

Zinszahlungszeitraum hierfür: ab 01.04.08 bis Ablauf des Bekanntgabetags des Änderungsbescheids, d.h. bis Ablauf des 09.04.09 = 12 volle Zinsmonate = 6% von 4400 = 264 € Zinsen (§ 238 AO).

Ergebnis: Der ursprüngliche Zinsbescheid ist gem. § 233a Abs. 5 Satz 1 AO zu ändern. Im ESt-Änderungsbescheid soll die Zinsfestsetzung um 264 € von 600 auf 864 € erhöht werden (§ 233a Abs. 5 Sätze 2, 3, Abs. 4 AO). Hat der Stpfl. die früher festgesetzten Zinsen (600 €) bereits bezahlt, ist dies im Leistungsangebot zu berücksichtigen; zu zahlen ist dann nur der Erhöhungsbetrag 264 €.

Erfolgt jedoch die **Änderung des Steuerbescheids wegen eines rückwirkenden Ereignisses** (§ 175 Abs. 1 Satz 1 Nr. 2 AO) oder wegen Verlustabzugs (§ 10d EStG), führt dies gem. § 233a Abs. 2 Buchst. a AO nicht zur rückwirkenden Vollverzinsung. Diese Änderungen wirken sich zinsmäßig erst ab Ablauf von 15 Monaten nach Ablauf des Jahrs des Auftretens des rückwirkenden Ereignisses bzw. des Verlustjahrs aus.

BEISPIEL

Der Stpfl. macht im Jahr 08 so hohe Verluste, dass per Verlustrücktrag gem. § 10d EStG auch die ESt-Schuld 07 von 50 200 € auf Null € sinkt. Der ursprüngliche ESt-Bescheid 07 vom Juli 09 war mit der Festsetzung von Nachforderungszinsen verbunden. Der Änderungsbescheid für 07 datiert von Februar 10.

LÖSUNG Dies hat auf die früher festgesetzten Nachforderungszinsen zur ESt 07 keine Auswirkung (»eingeschränkte Akzessorietät« der Zinsen zur Steuer, vgl. 5.2.1). Die Steuerminderung für 07 könnte sich gem. § 233a Abs. 2a AO zinsmäßig nur auswirken, wenn der Änderungsbescheid für 07 später als März bzw. April 10 wirksam würde.

6 Säumniszuschlag (Sz), § 240 AO

6.1 Allgemeines

Sz sind ein **Druckmittel eigener Art.** Sie sollen den Stpfl. zur pünktlichen Zahlung anhalten, sind aber keine Strafe wegen unpünktlicher Zahlung.

Daneben betont die Rspr. den **Zinscharakter** der Sz. Wie die Zinsen seien auch die Sz eine Gegenleistung für das Hinausschieben der Zahlung (vgl. BFH vom 29.08.1991 BStBl II 1991, 906). Außerdem gelten Sz auch den **Verwaltungsaufwand** ab, der dem FA ensteht, wenn der Stpfl. eine fällige Steuer nicht bezahlt (BFH vom 18.04.1996 UR 1997, 36).

a) Voraussetzungen des Sz gem. § 240 Abs. 1, Abs. 2 AO

Voraussetzung für den Anfall von Sz zu einer Steuer ist, dass bei der Steuer eine »Säumnis« eingetreten ist, d.h. dass der Stpfl. die Fälligkeit der Steuer nicht eingehalten hat. Dann fallen kraft Gesetzes (§ 240 Abs. 1 Satz 1 AO) Sz an. Verschulden der Säumnis gehört nicht zum Tatbestand.

Die **Säumnis beginnt** regelmäßig mit Beginn des Tages, der auf den Fälligkeitstag folgt. Bei gestundeten Beträgen beginnt die Säumnis mit dem Beginn des Tages, der auf den letzten Tag der Stundung folgt (§ 240 Abs. 1 Satz 1 AO). Dies gilt genauso bzw. entsprechend für Aussetzungen der Vollziehung gem. § 361 AO, § 69 FGO. Bei »Fälligkeitssteuern«, die zu einem im Gesetz genau bestimmten Datum fällig werden (vgl. 2), »tritt die Säumnis nicht ein«, bevor die Steuer festgesetzt oder angemeldet ist (§ 240 Abs. 1 Satz 3 AO).

BEISPIEL

> Die USt-Vorauszahlungen sind Fälligkeitssteuern, weil sie jeweils zum 10. des auf den maßgeblichen Kalenderabschnitts folgenden Kalendermonat fällig sind (§ 18 Abs. 1 Satz 4 UStG).
>
> Gibt der Stpfl. seine USt-Voranmeldung für Februar 01 erst am 20.03.01 ab statt, wie in § 18 Abs. 1 Satz 1 UStG vorgeschrieben, am 10.03.01, so ändert dies an der zum 10.03.01 eingetretenen Fälligkeit der Vorauszahlung nichts. Säumnis i.S.d. § 240 AO tritt aber erst mit Beginn des 21.03.01 ein, da die Steuer erst am 20.03.01 angemeldet wurde. Die Sz werden erst ab Beginn des 21.03.01 berechnet, § 240 Abs. 1 Satz 3 AO.

b) Anwendungsbereich des § 240 AO

Sz fallen an zu rückständigen Steuern, aber auch zu rückständigen, an das FA zurückzuzahlende Steuervergütungen (§ 240 Abs. 1 Satz 2 AO) und – erst recht – für an das FA zurückzuzahlende Steuererstattungen. Zu nicht rechtzeitig geleisteten Steuervorauszahlungen fallen auch dann Sz an, wenn die Veranlagung eine Jahressteuerfestsetzung auf Null € oder eine Erstattung bringt. Zu rückständigen **Haftungsschulden** (§ 191 Abs. 1 AO) fallen seit 01.08.1998 ebenfalls Sz an, wenn die Haftung für eine Steuerschuld bzw. Steuervergütung besteht, § 240 Abs. 1 Satz 2 AO, Art. 97 § 16 Abs. 4 EGAO.

Rückständige steuerliche Nebenleistungen (§ 3 Abs. 3 AO) lösen keine Sz aus, § 240 Abs. 2 AO.

Natürlich führen rückständige Vergütungs- und Erstattungsansprüche des Stpfl. nicht zum Anfall von Sz gegen das FA, denn die Sz sind vom Gesetzgeber als Druckmittel gegen den Stpfl. konzipiert.

c) Schonfrist

Ein **entstandener Sz wird nicht erhoben**, wenn die Zahlung (nur!) **per Überweisung** innerhalb einer »**Schonfrist**« von drei Tagen seit dem Beginn der Säumnis erfolgte (§ 240 Abs. 3 AO). Für andere Zahlungsformen gilt die Schonfrist nicht, insbes. nicht für Bar- und Scheckzahlungen (§ 240 Abs. 3 Satz 2 AO). Die Schonfrist beginnt mit der Säumnis. Sie wird wie eine Beginnfrist nach §§ 187 Abs. 2, 188 Abs. 1 BGB, § 108 Abs. 1 AO berechnet. Auf ihren Ablauf ist § 108 Abs. 3 AO entsprechend anzuwenden. Erfolgt die Gutschrift des Überweisungsbetrags erst nach Ablauf der Schonfrist, hat die Schonfrist keine Bedeutung mehr. Die Sz werden dann vom ersten Tag der Säumnis an berechnet. Insbesondere gilt die Schonfrist nicht nach Ablauf des letzten (vollen) Säumnismonats!

Sz bedürfen zu ihrer »**Verwirklichung**« nicht der Festsetzung, § 218 Abs. 1 AO. Zahlt der Stpfl. die von ihm selbst oder in einem Kontoauszug zu seiner Information errechneten Sz, muss auch kein Leistungsgebot ergehen. Sz dürfen jedoch nur dann beigetrieben werden (§§ 249 ff. AO), wenn sie in einer Zahlungsaufforderung (Leistungsgebot oder Vollstreckungsankündigung) erfasst sind, § 254 Abs. 1 AO. Dies gilt gem. § 254 Abs. 2 Satz 1 AO allerdings nicht, wenn Sz zusammen mit der Steuer, zu der sie angefallen sind, vollstreckt werden.

Die Mitteilung über angefallene Sz, insbesondere per Kontoauszug der Finanzkasse, ist kein Verwaltungsakt. Anders ist es, wenn das FA den Stpfl. zur Zahlung der Sz besonders auffordert. Dies ist ein Leistungsgebot und damit ein VA.

Besteht Streit über die Höhe der Sz oder ihre Tilgung, sieht die AO eine Streitentscheidung durch **Abrechnungsbescheid** gem. § 218 Abs. 2 AO vor, der von Amts wegen oder auf Antrag ergeht (vgl. 7).

Schuldner der Sz ist der Schuldner der Hauptschuld (Steuerschuld bzw. Haftung für Steuer), zu denen sie anfallen. Handelt es sich um eine **Gesamtschuld**, greift § 240 Abs. 4 AO: Liegt die Säumnis bei beiden Gesamtschuldnern in gleicher Weise vor, sind die Stpfl. auch bezüglich der Sz Gesamtschuldner. Der Gläubiger der Sz kann aber diese insgesamt nur ein Mal verlangen. Zur Gesamtschuld vgl. § 44 Abs. 1 Satz 2, Abs. 2 Satz 1 AO und C 6.1.

6.2 Berechnung der Sz

Der Sz beträgt 1 % der **auf volle 50 € abgerundeten** rückständigen Steuer pro **angefangenem** Säumnismonat (§ 240 Abs. 1 Satz 1 AO). Die Abrundungsvorschrift für die Bemessungsgrundlage ist auf jeden Rückstand mit eigenem Fälligkeitsdatum jeweils gesondert anzuwenden. Eine Abrundung des Sz selbst auf volle Euro oder einen Mindestbetrag (wie für die Zinsen, § 239 Abs. 2 AO) gibt es nicht.

> **BEISPIEL**
>
> Der Stpfl. ist bis Mai 02 mit USt-Vorauszahlungen für Januar, Februar und März 02 i. H. v. 40, 45 und 49 € säumig (§ 18 Abs. 1 Satz 3, Abs. 2 Satz 2 UStG).
> **LÖSUNG** Es können keine Sz verlangt werden, weil bei Untersuchung der Mindestbemessungsgrundlage von 50 € jeder Anspruch für sich betrachtet werden muss.

Der Säumniszeitraum wird zur Berechnung der Sz entsprechend den Vorschriften für die **Beginnfrist** ermittelt, weil sein Beginn vom Ablauf von Zahlungsfristen (§ 240 Abs. 1 Satz 1 AO) abhängt, die stets mit dem Ablauf eines Tages enden (vgl. § 187 Abs. 2 BGB).

Am Tag, an dem die **Schuld beglichen** wird, hat die Säumnis noch einige Stunden angedauert. Ist gerade zum Ende des Vortags ein Säumnismonat abgelaufen, entsteht deshalb ein weiterer Sz von 1 % (§ 240 Abs. 1 Satz 1 AO). In der Praxis wird dieses letzte Prozent tatsächlich erhoben (§ 227 AO); die Verwaltung lehnt insoweit einen Erlass wegen sachlicher Unbilligkeit – von Ausnahmen abgesehen – ab.

> **BEISPIEL**
>
> Die USt-Abschlusszahlung ist mit Ablauf des Donnerstag, 10. 04. fällig. Der Stpfl. reicht einen Scheck über den Betrag am Dienstag, 08. 04. bei der Finanzkasse ein. Sz?
> **LÖSUNG** Es ist ein Sz i. H. v. 1 % der abgerundeten Bemessungsgrundlage entstanden, denn die Scheckeinreichung ließ die Steuerschuld gem. § 224 Abs. 2 Nr. 1 2. Alt. AO erst am Freitag, 11. 04. erlöschen. Die Schonfristregelung (§ 240 Abs. 3 AO) greift bei Scheckzahlungen nicht. Da Unternehmer die Folgen der Scheckzahlung kennen, verweigert die Verwaltung in solchen Fällen regelmäßig einen Billigkeitserlass des Sz gem. § 227 AO.

Die Säumnis ist ein **einheitlicher** Zeitraum. D. h. § 108 Abs. 3 AO ist nur auf den Ablauf des letzten Säumnismonats (nicht auch der vorangehenden) anzuwenden. Nach Bescheidkorrekturen oder (zu Vorauszahlungen) nach Festsetzung der Jahressteuer beginnt aber ein neuer Säumniszeitraum (siehe unten).

Gem. § 240 Abs. 1 Satz 4 AO bleiben **bereits angefallene Sz unberührt von späteren Korrekturen der Steuer- oder Haftungsfestsetzung.** Dies gilt gleichermaßen für spätere korrekturrechtliche Änderungen der Steuerschuld wie auch für spätere Herabsetzungen der Steuerschuld im Einspruchs- oder Klageverfahren. Sz zu nicht bezahlten Steuervorauszahlungen bleiben auch dann bestehen, wenn die Vorauszahlungen später vom FA herabgesetzt werden. Besonders bitter ist dabei für den Stpfl. bei späteren Herabsetzungen der Steuer- oder Haftungsschuld, dass er dann auch keinen Anspruch auf Billigkeitserlass der Sz aus sachlichem Grund hat (§ 227 AO, s. u. 6.5). Der Gesetzgeber hat mit § 240 Abs. 1 Satz 4 AO eine entgegengesetzte Rechtsprechung des BFH zunichte gemacht, welche aus der Akzessorietät der Sz zur Steuerfestsetzung eine Rückwirkung der steuersenkenden Korrektur auch für die Sz folgerte. Der Gesetzgeber hat also diese Härte bewusst in Kauf genommen.

Wird dagegen nicht die Steuerschuld selbst, sondern das **Leistungsgebot** (Steueran- und abrechnungen) zu Gunsten des Stpfl. **korrigiert**, bewirkt dies doch eine rückwirkende Verminderung der Bemessungsgrundlage für die Sz, denn vom Prinzip her sind Sz akzessorisch zur Steuer, soweit dies § 240 Abs. 1 Satz 4 AO nicht ausschließt (BFH vom 24. 03. 1992 BStBl II 1992, 9556). Wird eine Steueran- oder -abrechnung zulasten des Stpfl. korrigiert, bleibt u. E. die Bemessungsgrundlage für früher angefallene Sz unberührt; Sz hätten insoweit keinen Sinn als »Druckmittel« (im Ergebnis ebenso AEAO § 240 Nr. 2, Satz 3).

BEISPIELE

Kalender 12 in der Anlage!
a) Die rückständige KSt-Abschlusszahlung der A-GmbH beträgt laut KSt-Bescheid 10 vom 25. 01. 12 32 032 €. Die GmbH bezahlt nicht, legt aber Einspruch ein. Das FA gibt dem Einspruch in der Einspruchsentscheidung vom 04. 04. 12 zum Teil statt und senkt die KSt um 21 000 €, so dass die Stpfl. nur noch 11 032 € bezahlen muss. Die GmbH bezahlt diesen Betrag am 05. 04. 12. Wie viele Sz sind angefallen?
LÖSUNG Die KSt-Abschlusszahlung aus dem gem. §§ 122 Abs. 2, 108 Abs. 3 AO erst am 30. 01. 12 bekannt gegebenen Bescheid wurde mit Ablauf des 28. 02. 12 fällig, § 36 Abs. 4 EStG, § 31 Abs. 1 KStG, § 108 Abs. 1 AO, § 188 Abs. 3 BGB. Die GmbH ist vom Beginn des 01. 03. bis zum 05. 04. 12 säumig. Es haben zwei Säumnismonate zu laufen begonnen. Folglich sind 2 % Sz angefallen. Bemessungsgrundlage für die Sz ist die auf 50 € abgerundete rückständige Steuer, also 32 000 € (§ 240 Abs. 1 Satz 1 AO). Die Sz belaufen sich auf 640 €.
Die Herabsetzung der Steuer durch die Einspruchsentscheidung vom 04. 04. 12 ändert daran nichts (§ 240 Abs. 1 Satz 4 AO). Auch ein Teil-Billigkeitserlass der Sz scheidet aus, weil keine sachliche Unbilligkeit vorliegt.
Die GmbH hätte im Einspruchsverfahren Aussetzung der Vollziehung in Höhe von 21 000 € beantragen sollen. Bei AdV der 21 000 € wären nur 220 € Sz angefallen (und keine Aussetzungszinsen, weil der Einspruch der A-GmbH erfolgreich war).

b) Die rückständige ESt-Abschlusszahlung der Eheleute Spät beträgt laut ESt-Bescheid 10 vom 27. 01. 12 32 032 €. Die Schuld wird zunächst nicht bezahlt. Zufällig entdeckt der Sachbearbeiter des FA Anfang April 12, dass die Abrechnung im Bescheid fehlerhaft ist. Die von den Eheleuten Spät für 10 geleisteten Vorauszahlungen sind um 21 000 € zu wenig angerechnet worden. Da insoweit eine ähnliche offenbare Unrichtigkeit i. S. d. § 129 AO vorliegt, berichtigt das FA mit Verwaltungsakt vom 04. 04. 12 das Leistungsgebot und ermäßigt die Abschlusszahlung um 21 000 € auf 11 032 €. Die Eheleute bezahlen am 05. 04. 12.
LÖSUNG Der Sachverhalt ist nach BFH vom 24. 03. 1992 BStBl II 1992, 956 wie folgt zu lösen: Vermindert sich der rückständige Steuerbetrag, vermindern sich auch die angefallenen Sz prinzipiell rückwirkend. Zwar sieht § 240 Abs. 1 Satz 4 AO für die Korrektur der Steuerfestsetzung eine andere Lösung vor. Die Korrektur des Leistungsgebots ist in dieser Bestimmung aber nicht geregelt. Folglich sind die Sz nach der Korrektur des Leistungsgebots am 04. 04. 12 rückwirkend neu zu berechnen. Sie betragen nur 220 €.

c) Zur Folge einer **Aufrechnungserklärung** für die vorher angefallenen Sz vgl. § 240 Abs. 1 Satz 5 AO und oben 4.2.3.

Nach der Korrektur einer Steuerfestsetzung bestimmt das FA die Fälligkeit und damit den **Beginn der Säumnismonate für die Zukunft neu.** Bis dahin ist die frühere Fälligkeit für die Sz-Berechnung maßgeblich. Erhöhungsbeträge sind für die Zukunft nach Verwaltungsmeinung immer wie selbständige Steuerrückstände zu behandeln.

BEISPIEL

Die ursprüngliche ESt-Festsetzung 01 erbrachte eine Abschlusszahlung i. H. v. 20 000 €, fällig zum Ablauf des 12. 12. 02. Der Änderungsbescheid vom 03. 03. 03 erhöht die Steuerschuld auf 23 000 €. Im Änderungsbescheid heißt es: »Abrechnung: Abzurechnen sind 23 000 €, bereits getilgt 0 €, noch zu zahlen 23 000 €, bitte zahlen Sie spätestens am 07. 04. 03, da der 06. 04. 03 ein Sonntag ist.«
Wie viele Sz sind bei Bezahlung der 23 000 € am 10. 05. 03 entstanden?
LÖSUNG Vom Beginn des 13. 12. 02 bis zur Bezahlung am 10. 05. 03 haben ab Säumnisbeginn (Beginn des 13. 12. 02) 5 Säumnismonate zu laufen begonnen hinsichtlich des Teilrückstands i. H. v. 20 000 €. Dies ergibt 5% Sz aus 20 000 = 1 000 €. Zum Erhöhungsbetrag i. H. v. 3 000 € sind seit Säumnisbeginn (Beginn des 08. 04. 03) bis zur Bezahlung am 10. 05. 03 2% Sz angefallen (60 €). Insgesamt muss der Stpfl. 1 060 € Sz bezahlen.

Die Berechnung von Sz zu **rückständigen Vorauszahlungen nach der Wirksamkeit von Jahressteuerfestsetzungen** ist streitig. Nach Verwaltungsmeinung laufen die Säumnismonate für die in der Abschlusszahlung enthaltenen Vorauszahlungsbeträge unverändert bis zur Bezahlung weiter. Diese Berechnungsmethode hat den Vorteil, dass es keine Überschneidungen der Säumniszeiträume der einzelnen Teilbeträge gibt. Die Verwaltung orientiert sich dabei für alle Steuerarten am Wortlaut des § 18 Abs. 4 Satz 3 UStG. Sowohl was den Beginn der Säumnis angeht als auch für die Rundung der Bemessungsgrundlage wird die Erhöhung wie ein eigener Steuerrückstand behandelt. Bei Teilzahlungen ohne ausdrückliche Erlöschensbestimmung des Stpfl. wird jeweils die »älteste« Schuld zuerst getilgt (§ 225 Abs. 2 Satz 2 AO).

Diese Meinung ist allerdings schwer mit dem Umstand zu vereinbaren, wonach die Jahressteuerfestsetzung die Vorauszahlungsfestsetzungen (für die Zukunft) erledigt, so dass sie nur noch Bedeutung für die Berechnung der vorher angefallenen Sz haben. Auch der Wortlaut der § 36 Abs. 4 EStG (vgl. § 31 Abs. 1 KStG), 20 Abs. 2 GewStG spricht dafür, dass die rückständigen Vorauszahlungen mit Bekanntgabe des Jahressteuerbescheids »sofort« fällig werden und bei Nichtbeachtung dieser neuen Fälligkeit mit Beginn des auf die Bekanntgabe folgenden Tags eine neue Säumnis beginnt. Da aber diese von der Verwaltungsmeinung abweichende Auffassung für den Stpfl. ungünstig ist, soll sie hier nicht weiter verfolgt werden.

BEISPIEL

Zur rückständigen ESt-Vorauszahlung für das 4. Quartal 01 i. H. v. 4 000 € fallen seit Beginn des 11. 12. 01 Säumniszuschläge an. Am 03. 06. 02 wird der ESt-Jahresbescheid 01 wirksam bekanntgegeben, der eine Abschlusszahlung i. H. v. 4 080 € erbringt. Der Stpfl. bezahlt die 4 080 € am 15. 07. 02.
LÖSUNG nach Verwaltungsmeinung: Die Säumnis der rückständigen ESt-Vz i. H. v. 4 000 € beginnt mit Beginn des 11. 12. 01 und dauert bis zur Bezahlung am 15. 07. 02. Dies sind 8 angefangene Säumnismonate und daher sind 8% aus 4 000 € = 320 € Sz angefallen. Die restliche Abschlusszahlung i. H. v. 80 € wird erst zum Ablauf des 03. 07. 02 fällig. Insoweit fällt ab Beginn des 04. 07. ein weiterer Sz von 1 % aus (abgerundet) 50 € an (0,50 €). Insgesamt muss der Stpfl. 320,50 € Sz bezahlen.

Nach der **Kleinbetragsregelung für das Erhebungsverfahren** (vgl. § 261 AO; BMF vom 22. 03. 2001 BStBl I 2001, 242) sollen Sz unter 5 € nicht gesondert, sondern nur zusammen mit anderen Beträgen angefordert werden (Tz. 2 [a.a.O]). Säumniszuschläge von weniger als 3 € werden überhaupt nicht, Sz zwischen 3 und 9,99 € werden in der Regel erst nach Ablauf eines Jahres angemahnt (Tz. 3 [a.a.O]).

FALL 59

Benutzen Sie bitte den Kalender 12 im Anhang.

1. Die Fälligkeit einer Steuer ist zum Ablauf des 31.01.12 eingetreten. Wieviel Sz fallen bei Zahlung am 29.03.13 an?
2. Die Fälligkeit einer Steuer ist zum Ablauf des 28.02.12 eingetreten. Wieviel Sz fallen bei Zahlung am 29.06.12 an?
3. Die USt-Abschlusszahlung 10 i.H.v. 2500 € ist zum 20.04.12 fällig gestellt. Wieviel Sz fallen an, wenn der Stpfl.
   a) am 22.05.12,
   b) am 21.06.12,
   c) am 21.08.12 bezahlt?
4. Wie lange kann der Stpfl. bei Vermeidung von Sz unter Ausnutzung der Schonfrist die Zahlung per Überweisung hinausschieben, wenn seine ESt-Schuld zum 10.06.12 fällig gestellt ist?
5. Wieviel Sz fallen bei 4. an, wenn der Überweisungsbetrag erst am 19.07.12 auf dem Konto der FK eingeht?
6. Am Freitag, 07.04.12 wurde ein USt-Bescheid 10 mit einfachem Brief zur Post gegeben. Er fordert abweichend von der Jahreserklärung, nach der keine Abschlusszahlung hätte erfolgen müssen, eine Abschlusszahlung von 145 €. Der Stpfl. zahlt am 11.10.12 bar. Wieviel Sz sind angefallen?

6.3 Übersicht über die Unterschiede zwischen Sz und Zinsen

	Zinsen	SZ
Berechnung?	0,5 % für volle Monate, Bemessungsgrundlage abgerundet	1 % für angefangene Monate, Bemessungsgrundlage abgerundet
Festsetzung?	ja, mit Zinsbescheid erst ab 10 €	nein (die Berechnung z. B. in der Rückstandsanzeige des Vollziehers ist keine »Festsetzung«); gesonderte Anforderung erst ab 5 €
Akzessorietät?	ja, aber eingeschränkt	ja, aber gem. § 240 Abs. 1 Satz 4 AO für den Regelfall beseitigt
Fälligkeit?	§ 220 Abs. 2 Satz 2 AO: nicht vor Bekanntgabe des Zinsbescheids; regelmäßig durch Bestimmung im Zinsbescheid	§ 220 Abs. 2 Satz 1 AO: automatisch mit Entstehen, d. h. jeweils mit Beginn eines Säumnismonats
Rechtsbehelf?	Einspruch gem. § 347 Abs. 1 Nr. 1 AO; ebenso gegen die Niedrigerfestsetzung aus Billigkeitsgründen gem. §§ 234 Abs. 2, 237 Abs. 4 AO oder ihre Ablehnung	Einspruch nur gegen die erstmalige Anforderung im Leistungsgebot gegeben; bei Mitteilung z. B. im Kontoauszug i. d. R. nur Antrag auf Abrechnungsbescheid möglich (§ 218 Abs. 2 AO)
Verjährung?	Festsetzungs- und Zahlungsverjährung (§§ 169 ff., 239 Abs. 1, 2; 228 ff. AO)	nur Zahlungsverjährung (§§ 228 ff. AO)

6.4 Übungsfälle zur Berechnung von Sz und Zinsen

FÄLLE 60–61

Bitte benutzen Sie den Kalender 12 im Anhang.

FALL 60

a) Wieviele Stundungszinsen setzt das FA fest?
b) Fallen Sz an?

1. Das FA hat dem Stpfl. Klamm die ESt 10 i. H. v. 2 849 € und die festgesetzten VerspZ i. H. v. 100 € vom Fälligkeitstag Freitag, 15. 09. 12 bis zum Ablauf des 15. 12. 12 verzinslich gestundet. Klamm begleicht seine Schulden am Dienstag, 12. 12. 12 mit Scheck. (Der 15. 10. 12 = Ende des 1. Stundungsmonats ist ein Sonntag.)
2. Die ESt 10 des Stpfl. Langsam i. H. v. 7 329 € ist mit Ablauf des Mittwoch, 31. 08. 11 fällig. Auf seinen Antrag wird die Steuer ab Fälligkeit »auf 8 Monate« gestundet. Er bezahlt am 02. 05. 12 mit Scheck (Eingangstag des Schecks).
3. Wie ist es bei 2., wenn Langsam Überweisung wählt, der Betrag dem Konto der FK aber erst am 05. 05. 12 gutgeschrieben würde?

FALL 61 Der ESt-Bescheid 09 vom 29. 03. 12 (Kalender 12 im Anhang!) weist eine Steuerschuld i. H. v. 27 130 € und eine Zinsschuld auf. Nach Anrechnung von 8 000 € geleisteten Vorauszahlungen (**Vz**) ergibt sich eine Steuer-Abschlusszahlung i. H. v. 19 130 €. In dieser Abschlusszahlung sind die beiden rückständigen Vz für das 3. und 4. Quartal 09 (aus einer Festsetzung von Januar 09) i. H. v. je 4 000 € enthalten. Auf Antrag erhält der Stpfl. eine Stundung über 19 130 € vom 01. 06. 12 bis 15. 09. 12 mit Zinsfestsetzung.

Er bezahlt 10 000 € mit Scheck vom 15. 09. 12, der bei der Frühleerung vom 18. 09. 12 im Briefkasten des FA vorgefunden wird (das FA hat keinen Nachtbriefkasten); die Gutschrift auf dem Konto der Finanzkasse erfolgt am 20. 09. 12. Über den Restbetrag (9 130 €) geht am 22. 09. 12 ebenfalls ein Scheck ein (Gutschrift am 28. 09. 12 auf dem Konto der FK). Beide Schecks enthalten keinen Verwendungsauftrag.

1. Wieviele Zinsen sind angefallen?
2. Wieviele Sz sind angefallen?
3. Wieviel muss der Stpfl. insgesamt noch bezahlen?

Unterstellen Sie dabei, dass sämtliche Zinsen rechtzeitig festgesetzt worden sind! Der 10. 09. 09, der 10. 12. 09 und der 31. 03. 11 sind Samstage.

6.5 Billigkeitserlass von Sz

Wie alle Ansprüche aus dem Steuerschuldverhältnis (§ 37 AO) können auch Sz gem. § 227 AO aus Billigkeitsgründen erlassen werden (vgl. 4.3). In der Praxis sind gerade Sz die Ansprüche, die am häufigsten erlassen werden.

Aus **persönlicher Unbilligkeit** erlässt das FA z. B. dann Sz, wenn der Stpfl. zum Fälligkeitszeitpunkt krank war, oder wenn ein bisher pünktlicher Steuerzahler einmal versehentlich nicht rechtzeitig bezahlt (AEAO § 240 Nr. 5). Genauso entscheidet das FA, wenn schon die Steuer zu erlassen ist, weil der Stpfl. nunmehr in Vermögensverfall geraten ist. In diesen Fällen ist es regelmäßig ermessensgemäß, die gesamten angefallenen Sz zu erlassen (vgl. AEAO § 240 Nr. 5 a–c, e).

Sz sind aus **sachlichen** Billigkeitsgründen für Zeiträume zu erlassen, in denen sie ihren Sinn als Druckmittel zur Zahlung verloren haben, ungeachtet der augenblicklichen Vermögenslage des Stpfl. Dies ist zunächst für Säumniszeiträume anzunehmen, in denen der Stpfl. zweifelsfrei **überschuldet und zahlungsunfähig** war. Sachlich unbillig sind aber auch Sz aus Zeiträumen, für die dem Stpfl. die **Aussetzung der Beitreibung** (§ 258 AO) **gewährt** wurde unter der Auflage, bis zur Grenze seiner Leistungsfähigkeit berechnete Raten zu zahlen (BFH vom 23. 05. 1985 BStBl II 1985, 489; vom 22. 06. 1990 BStBl II 1991, 23). Genauso ist es bei Sz für Zeiträume, in denen die **Voraussetzungen einer Stundung vorlagen** (§ 222 AO), die aber nicht gewährt wurde (BFH vom 23.05.1985 [a.a.O.]). Zum gleichen Ergebnis kommt der BFH (Urteil vom 29.08.1991 BStBl II 1991, 906) auch in einem Fall, in welchem dem Stpfl. eine **AdV** (§ 361 AO) mehrfach **verweigert**, aber der Steueranspruch doch nicht vollstreckt wurde, und in dem die Steuerfestsetzung nach jahrelangem Rechtsstreit aufgehoben wurde.

Im **letzteren Fall** sowie den Fällen, in denen eigentlich die Voraussetzungen einer verzinslichen Stundung vorlagen, hält die Rspr. i.d.R. den Billigkeitserlass nur bis zur Höhe der Zinsen für geboten, d.h. **in Höhe von 0,5 % pro Monat.** Begründet wird dies mit dem Zinscharakter der Sz (BFH vom 29.08.1991 BStBl II 1991, 906) und dass sonst Stpfl. denen die Steuer verzinslich gestundet wurde, benachteiligt würden (BFH vom 30.03.2006 BStBl II 2006, 612). Es soll sogar ermessensgemäß sein, die Sz nur bis zur Hälfte für die Säumniszeiträume zu erlassen, in denen der Stpfl. zahlungsunfähig oder überschuldet war (BFH vom 09.07.2003 BStBl II 2003, 901; ebenso AEAO § 240 Nr. 5 Buchst. c bis e). Dies ist u.E. bedenklich, weil in diesen Fällen kein Zinstatbestand erfüllt wurde (es wurde keine Stundung bzw. AdV gewährt) und folglich auch keine Zinsen festgesetzt werden könnten.

Lagen dagegen die Voraussetzungen für eine zinslose Stundung vor (die aber nicht gewährt wurde), kommt ein Billigkeitserlass der Sz in **voller** Höhe in Frage (ebenso AEAO § 240 Nr. 5 Buchst. e).

Vermindert sich die Steuerschuld durch Korrektur der Steuerfestsetzung, nachdem bereits Sz angefallen sind, übt dies gem. § 240 Abs. 1 Satz 4 AO auf die **angefallenen Sz keine Rückwirkung** aus. Diese Vorschrift schränkt die prinzipiell bestehende Akzessorietät der Sz für den wichtigsten Fall ein: Die Korrektur der Steuerfestsetzung wirkt sich auf die Sz nur für die Zukunft aus (s. 6.2). Ein Erlass der angefallenen Sz wegen sachlicher Unbilligkeit scheidet in diesen Fällen aus, weil der Gesetzgeber diese Härte bewusst in Kauf genommen hat (vgl. aber BFH vom 29.08.1991 BStBl II 1991, 906 zu einem Fall, in dem das FA vor der Aufhebung der Steuerfestsetzung zu Unrecht eine AdV verweigert hatte).

7 **Abrechnungsbescheid**

Streitigkeiten über Fragen des Erhebungsverfahrens entscheidet das FA durch Abrechnungsbescheid gem. § 218 Abs. 2 AO. Das FA kann den Bescheid von Amts wegen erlassen, in der Regel ergeht er aber auf Antrag des Stpfl. Der Abrechnungsbescheid ist ein einspruchsfähiger Verwaltungsakt (§§ 347 Abs. 1 Nr. 1, 118 AO). Amtsintern ist die Finanzkasse »zuständig«. Beispielsweise entscheidet das FA durch Abrechnungsbescheid den Streit darüber

- ob die Zahlung des Stpfl. auf die Steuerschuld oder die Sz gebucht werden musste,
- ob die Aufrechnungserklärung des Stpfl. bzw. des FA wirksam war,
- ob der Steueranspruch zahlungsverjährt ist,
- wie viele Sz angefallen sind usw.

Im Abrechnungsbescheid ist das Finanzamt an früher ergangene Anrechnungsverfügungen über Quellensteuern (im Erhebungsteil von Steuerbescheiden) gebunden, sofern diese nicht korrigiert werden können (§§ 129, 130 f. AO; AEAO § 218 Nr. 4, s. L 1).

Teil I Das Rechtsbehelfsverfahren

1 Allgemeines

Im Folgenden wird das außergerichtliche Rechtsbehelfsverfahren der §§ 347–367 AO im **Überblick** dargestellt.

Verwaltungsakte, die meist recht erheblich in die Rechte des Einzelnen eingreifen, unterliegen aus rechtsstaatlichen Gründen (Art. 19 Abs. 4 GG) der gerichtlichen Kontrolle. Die gerichtliche Überprüfung von Maßnahmen der Finanzverwaltung wird durch sog. Rechtsbehelfe in Gang gesetzt, die der Betroffene einlegen kann.

Man unterscheidet folgende **Arten von (förmlichen) Rechtsbehelfen:**
- außergerichtliche Rechtsbehelfe
- gerichtliche Rechtsbehelfe.

Der außergerichtliche Rechtsbehelf in Abgabenangelegenheiten, auf welche die AO anwendbar ist, heißt **Einspruch** (§ 347 AO). Über den Einspruch entscheidet das FA, von dem der angegriffene Verwaltungsakt stammt, selbst (§ 367 Abs. 1 AO). Das Einspruchsverfahren gegen Verwaltungsakte ist **dem gerichtlichen Rechtsbehelfsverfahren (»Klage«) vorgeschaltet** (§ 44 FGO): Das Finanzgericht kann den angegriffenen VA in aller Regel erst dann auf seine sachliche Richtigkeit überprüfen, wenn das Einspruchsverfahren von der Finanzbehörde durch eine abweisende Entscheidung abgeschlossen worden ist (Einspruchsentscheidung, § 366 AO).

Der Abschluss eines außergerichtlichen Rechtsbehelfsverfahrens ist damit regelmäßig »Sachurteilsvoraussetzung« für das Finanzgericht. Dies ist kein Verstoß gegen die Garantie des gerichtlichen Rechtsschutzes in Art. 19 Abs. 4 GG, sondern erforderlich, um die Funktionsfähigkeit der Finanzgerichte zu erhalten (»**Filterwirkung**« des außergerichtlichen Rechtsbehelfsverfahrens). Im Übrigen ist das Einspruchsverfahren **gebührenfrei**, während Kläger bei Gericht immer ein Kostenrisiko tragen.

Die **gerichtlichen** Rechtsbehelfe sind in der Finanzgerichtsordnung (**FGO**) geregelt. Sie heißen Klage, Revision und Beschwerde und bewirken, dass ein Finanzgericht das Verhalten der Finanzbehörde überprüft. Sie werden hier nicht dargestellt.

Von den förmlichen außergerichtlichen Rechtsbehelfen sind die **formlosen** zu unterscheiden. Sie sind nicht in der AO geregelt.

Formlose Rechtsbehelfe (vgl. AEAO vor § 347 Nr. 1) sind
- die Gegenvorstellung,
- die (Sach-)Aufsichtsbeschwerde,
- die Dienstaufsichtsbeschwerde und
- die Petition gem. Art. 17 GG zum Parlament (gegen Akte der Finanzämter zum jeweiligen Landtag bzw. Senat).

Während sich der Einspruch nur gegen **VA** richtet, kann der Stpfl. mit den formlosen Rechtsbehelfen jedes Verhalten der Finanzbehörden angreifen.

BEISPIELE

> a) Gegen Steuerbescheide kann sowohl Einspruch als auch – unzweckmäßigerweise! – eine Gegenvorstellung erhoben werden. Die Gegenvorstellung ist das **formlose** Ersuchen um Überprüfung einer behördlichen Maßnahme, die kein VA sein muss. Man hat keinen Anspruch auf eine Entscheidung, und der Abschluss des Verwaltungsverfahrens eröffnet nicht den Weg zu den Gerichten.
>
> b) Wegen der unfreundlichen Art einer Auskunft eines Beamten, der sich in seiner Frühstückspause gestört fühlte, kann nur Dienstaufsichtsbeschwerde erhoben werden. Die Dienstaufsichtsbeschwerde ist ebenfalls ein **formloser** Rechtsbehelf.

Die nichtförmlichen Rechtsbehelfe bewirken lediglich, dass das Vorbringen überprüft und dem Stpfl. das Ergebnis der Überprüfung mitgeteilt werden muss. Der Stpfl. hat also eine weitaus schwächere Position als im förmlichen Rechtsbehelfsverfahren, wo er bei rechtswidrigen VA regelmäßig die Beseitigung des rechtswidrigen Zustands verlangen kann. Deshalb haben die nichtförmlichen Rechtsbehelfe nur ganz geringe Bedeutung. Von ihrer Darstellung wird hier abgesehen. Wenn im Folgenden von außergerichtlichen Rechtsbehelfen gesprochen wird, sind damit nur die förmlichen, also Einsprüche gemeint.

Neben der Einlegung eines Einspruchs kann der Stpfl. auch mit den Mitteln des **Korrekturrechts** die Überprüfung und eventuell die Korrektur eines VA erreichen (vgl. dazu Teil L). Das Korrekturrecht entfaltet allerdings regelmäßig erst dann seine Bedeutung, wenn der VA schon unanfechtbar geworden ist, ein Einspruch also erfolglos wäre. Allerdings kann die Abgrenzung des Einspruchs vom **Antrag auf »schlichte Änderung« gem. § 172 Abs. 1 Satz 1 Nr. 2 Buchst. a AO** schwierig sein (vgl. 3.1.3 und L 6.2).

2 Zulässigkeitsvoraussetzungen des Einspruchs (Auszug)

Bevor die Finanzbehörden darüber entscheiden, ob die Einwendungen des Stpfl. gegen einen VA oder dessen Ablehnung berechtigt (»begründet«) sind, müssen sie einige verfahrensrechtliche (»formelle«) Voraussetzungen überprüfen.

Sind die in der AO niedergelegten **Form- und Verfahrensvoraussetzungen nicht erfüllt**, so ist der Rechtsbehelf **unzulässig**. Die Finanzverwaltung kann die sachliche Richtigkeit des angegriffenen VA in diesem Rechtsbehelfsverfahren nicht überprüfen, sondern muss den Einspruch als unzulässig **verwerfen**, auch wenn der VA inhaltlich falsch sein sollte (§ 358 AO). Unberührt bleibt die Anwendung von Korrekturvorschriften.

Für die **Prüfung der Erfolgsaussichten von Rechtsbehelfen** bedeutet dies: Zunächst ist die Zulässigkeit des Einspruchs zu untersuchen. Die Zulässigkeit ist Sachentscheidungsvoraussetzung. Ist die Zulässigkeit bejaht, erfolgt die Prüfung der Begründetheit des Einspruchs.

Klausurtipp:
Lautet die Klausuraufgabe, zu Zulässigkeit **und** Begründetheit Stellung zu beziehen, muss im Fall der Unzulässigkeit des Rechtsbehelfs ein »Hilfsgutachten« zur Begründetheit angefertigt werden.

Bei der Prüfung der verfahrensrechtlichen Fragen von Einsprüchen kann man nach der folgenden »Checkliste« vorgehen:

a) Vorfragen:

1. **Auslegung des Begehrens des Antragstellers:**
   - **Wer** ist der Einspruchführer (**Ef**)?
   - **Wogegen** wendet sich der Ef (welchen bzw. wieviele VA greift er an) bzw. was will er erreichen?
   - Will er überhaupt einen außergerichtlichen förmlichen **Rechtsbehelf** (Einspruch) einlegen?
2. Ist die örtliche und sachliche **Zuständigkeit der Behörde für die Entscheidung über den Einspruch** gegeben? (§ 367 Abs. 1 AO)

b) Checkliste für die Zulässigkeitsprüfung:

1. **Finanzrechtsweg** gegeben? (§ 347 Abs. 1 Nr. 1–4, Abs. 2 AO, i. d. R. kein Problem)
2. Ist der Einspruch trotzdem gem. § 348 AO ausgeschlossen?
   VA angegriffen (§ 347 Abs. 1 Satz 1 AO – sonst u. U. Nr. 7. unten)?
3. **Form** (und Mussinhalt bzw. die Sollvorschriften über den **Inhalt**) des Rechtsbehelfs gewahrt (§ 357 Abs. 1, 3 AO)?
4. Rechtsbehelfs**frist** gewahrt (§§ 355 f., § 357 Abs. 2 AO)? Bei Fristversäumnis: Wiedereinsetzung in den vorigen Stand (§ 110 AO)?
   Falls ein **EW-, Messbescheid oder Zerlegungsbescheid angegriffen wurde, der nicht an den Ef. adressiert ist,** aber gegen diesen »dingliche Wirkung« hat (§ 182 Abs. 2 AO): Läuft die Rechtsbehelfsfrist noch? (§ 353 AO)
5. **Beschwer schlüssig geltend gemacht (§ 350 AO)?**
6. Nur falls ein **einheitlicher Grundlagenbescheid angegriffen** ist:
   Ist der Ef. **zur Führung des Rechtsbehelfs befugt** (§ 352 AO)? Wenn ja: inwieweit?
7. Nur bei einem **Untätigkeitseinspruch (UE)** gem. § 347 Abs. 1 Satz 2 AO:
   Sonderregeln für den UE eingehalten?
8. **Sonstige,** sich an den Ef richtende **Verfahrensvorschriften** beachtet? Zu prüfen ist insbes. die **Handlungsfähigkeit des Ef.** (§§ 365, 79 AO).
9. Verbrauch durch **Verzicht** (§ 354 AO) oder **Rücknahme** (§ 362 AO) des Einspruchs?

c) Hinweise:

1. Die Prüfung der §§ 126, 127, 166 AO sollte bei der Begründetheit erfolgen; dies gilt aus Vereinfachungsgründen auch für § 351 Abs. 1 AO und auf jeden Fall für § 351 Abs. 2 AO.
2. Die einzelnen Punkte der Checkliste brauchen in der Klausur nur dann angesprochen zu werden, wenn sie im vorliegenden Einzelfall problematisch sind. Form und Frist müssen immer dargestellt werden.

3 Vorfragen vor der Zulässigkeitsprüfung

3.1 Wie ist das Begehren des Antragstellers auszulegen?

3.1.1 Person des Antragstellers/Ef

Anträge des Stpfl. sind häufig nicht eindeutig. Dann muss man die Regeln über auslegungsfähige und auslegungsbedürftige Willenserklärungen anwenden; zur Auslegung siehe B 2. Insbesondere kann unklar sein, wer eigentlich den Antrag gestellt hat.

BEISPIELE

a) Beim FA geht ein vom Ehemann M unterschriebener Einspruch gegen den ESt-Zusammen-veranlagungsbescheid ein.

LÖSUNG Durch Auslegung des Schreibens, notfalls durch Rückfrage bei M muss ermittelt werden, ob er den Einspruch allein oder zugleich einen zweiten Einspruch im Namen und Auftrag seiner Ehefrau F einlegen wollte. Im Zweifel handelt es sich u. E. um zwei Einsprüche (der Ehegatten), weil nur diese Auslegung den Eheleuten hilft, wenn sie – wie üblich – eine Wirtschaftsgemeinschaft bilden. Dies hat z. B. zur Folge, dass sich die Frage der Hinzuziehung (§ 360 AO) der F zum Einspruchsverfahren des M gar nicht stellt, dass F im Verfahren ohne weiteres Anträge stellen kann, und dass das FA zum Abschluss des Verfahrens Einspruchs-entscheidungen gegen beide Ehegatten erlassen und bekanntgeben muss (§ 366 AO, vgl. 10 und 11).

b) Der Rechtsanwalt der (GmbH & Co) KG reichte am letzten Tag der Einspruchsfrist ein Einspruchsschreiben gegen den Gewerbesteuer-Messbescheid beim FA ein. In dem Schreiben heißt es an einer Stelle, er führe den Rechtsbehelf »für die GmbH«, an anderer Stelle »für den Geschäftsführer, Herrn A«. (Herr A ist der gesetzliche Vertreter der GmbH, diese ist gesetzliche Vertreterin der KG.) Richtigerweise kann der Einspruch nur im Namen der KG eingelegt werden, die Schuldnerin der Gewerbesteuer ist (§ 5 Abs. 1 Satz 2 GewStG). Ist der Einspruch zulässig?

LÖSUNG Die Bezeichnung des Einspruchsführers im Einspruchsschreiben ist nicht eindeutig. Es ist auslegungsbedürftig. Auch Schreiben von fachkundigen Bevollmächtigten können unter diesen Umständen auslegungsfähig sein. Zugunsten der Einspruchsführerin ist der Einspruch als solcher der KG auszulegen (»rechtsschutzgewährende Auslegung«, BFH vom 29.04.2008 BStBl II 2008, 817).

3.1.2 **Bestimmung des angegriffenen VA**

Außerdem muss notfalls durch Auslegung unklarer oder unzweckmäßiger (§ 89 AO) Anträge geklärt werden, wogegen sich der Ef eigentlich wendet. Davon kann z. B. die Zulässigkeit des Einspruchs abhängen.

BEISPIELE

a) Der Stpfl. schreibt nach der Bekanntgabe seines ESt-Bescheids 01 lediglich: »Ich bin nicht damit einverstanden, dass Sie für 01 meine Sonderausgaben nicht anerkannt haben.«

LÖSUNG Er hat, auch wenn er seinen Rechtsbehelf nicht (oder falsch) bezeichnet, gegen die **ESt-Festsetzung 01** Einspruch eingelegt, § 347 Abs. 1 Nr. 1 AO. Der Einspruch umfasst die **gesamte** Steuerfestsetzung mit allen Besteuerungsgrundlagen. Ein Einspruch gegen den »Ansatz der Sonderausgaben« wäre unzulässig, weil diese Besteuerungsgrundlagen (§ 199 AO) für sich keinen VA darstellen.

b) Aus dem nicht näher bezeichneten Einspruch ergibt sich, dass der Stpfl. nur mit der Abschlusszahlung im Steuerbescheid nicht einverstanden ist. Er meint, dass die Vorauszah-lungen nicht in voller Höhe auf die ESt-Schuld angerechnet wurden.

LÖSUNG Er hat gegen das **Leistungsgebot** Einspruch eingelegt, § 347 Abs. 1 Nr. 1 AO.

Als Auslegungsmaßstab hat der BFH zu Gunsten des Stpfl. festgelegt, dass **derjenige (außergerichtliche) Rechtsbehelf** als eingelegt anzusehen ist, der nach Lage der Sache in Betracht kommt bzw. **sachlich den Belangen des Stpfl. entspricht** und mithin Erfolg versprechen kann (BFH vom 11.09.1986 BStBl II 1987, 5).

Der Stpfl. legt, nachdem er einen Gewinnfeststellungs-Schätzungsbescheid und einen GewSt-Messbescheid erhalten hat, Einspruch ein mit folgendem Inhalt: »Betrifft: Gewerbesteuer-bescheid... Gegen den o. a. Steuerbescheid erhebe ich Einspruch... Es sind Verluste gemacht worden...«

Das FA wies den »Einspruch gegen den GewSt-Messbescheid« als unbegründet zurück. Monate später beantragt der jetzt vom Stpfl. hinzugezogene Steuerberater eine »Entschei-dung über den von meinem Mandanten eingelegten Einspruch gegen den Gewinnfeststel-lungsbescheid«. Das FA ist der Meinung, dass kein solcher Einspruch eingelegt bzw. das neue Schreiben als verspäteter Einspruch gegen den Gewinnfeststellungsbescheid zu behandeln sei.

LÖSUNG Zugunsten des Stpfl. ist sein Schreiben (zumindest auch) als Einspruch gegen den Gewinnfeststellungsbescheid auszulegen. Dies zeigt der Umstand, dass er in seinem Schreiben einen Verlust (statt des festgestellten Gewinns) geltend macht, also (vage) Einwendungen gegen die Richtigkeit der Gewinnfeststellung erhebt. Der Einspruch ist zulässig und muss vom FA noch »verbeschieden« werden (BFH vom 11. 09. 1986 BStBl II 1987, 5).

Schwierig kann die Auslegung sein, welcher VA angefochten ist, bei Einsprüchen gegen **Feststellungsbescheide und andere Sammel-VA** (vgl. D 1.6). Hier kann sich der Ef durch eine weite Formulierung des Antrags (Einspruch gegen den »gesamten Bescheid« o. ä.) oder das »Vorbehalten weiteren Vorbringens« gegen eine ihm eventuell schädliche enge Auslegung seines Rechtsbehelfs schützen.

a) Der Stpfl. legte rechtzeitig nach der Bekanntgabe des gesonderten Gewinnfeststellungsbe-scheids »Einspruch« ein mit dem Antrag, die Art der Einkünfte von »gewerblich« in »Einkünfte aus selbstständiger Arbeit« zu ändern. Zwei Monate später machte er zusätzlich Einwendungen gegen die **Höhe** des festgestellten Gewinns geltend.

LÖSUNG Das spätere Schreiben des Stpfl. ist ein weiterer Einspruch gegen einen bis dahin nicht angegriffenen VA im gesonderten Feststellungsbescheid (»Sammel-VA«). Dieser spätere Einspruch ist wegen Versäumung der Einspruchsfrist unzulässig und zu verwerfen (§§ 355, 358 AO).

b) Ein Lohnsteuerhaftungsbescheid gegen den Arbeitgeber über 19 000 € nahm u. a. Bezug auf »Tz. 4 bis 8 des Prüfungsberichts des LSt-Prüfers«. In diesen Textziffern sind Haftungsfälle dargestellt, die zu verschiedenen Zeiten und aufgrund von unterschiedlichen Tatumständen einen Haftungsanspruch (nach Meinung des FA) begründen. Der Stpfl. griff (rechtzeitig) die Inhaftungnahme wegen Tz. 4 und 5 des Prüfungsberichts an. Viel später wendet er sich auch gegen »die anderen Teile des Haftungsbescheids«.

LÖSUNG Nur der Einspruch (die Einsprüche) gegen die Inhaftungnahme wegen Tz. 4 und 5 des Prüfungsberichts ist (sind) zulässig. Soviele Sachverhalte im Bescheid als Haftungsgrund-lage herangezogen werden, soviele VA liegen vor. Die VA »Inhaftungnahme wegen Tz. 6–8« sind nicht rechtzeitig angegriffen. Diese Einsprüche sind als unzulässig zu verwerfen (§§ 355, 358 AO; vgl. BFH vom 04. 07. 1986 BStBl II 1986, 921).

c) Ein Arbeitgeber hat den gegen ihn gerichteten endgültigen Steuerbescheid über pauschale LSt (§§ 40, 40 a, b EStG) nur bzgl. Tz. 4 (»LSt aus zweitägigem Betriebsausflug«) mit Einspruch angegriffen, mit dem Ziel, die LSt um 200 € zu senken. Im Zug der Überprüfung entdeckt das FA, dass es bei Tz. 7 im LSt-Bescheid aufgrund eines Rechtsirrtums die Steuer aus Zukunfts-sicherungsleistungen für die Arbeitnehmer um 4 500 € zu niedrig festgesetzt hat. Es möchte den LSt-Bescheid um 4 300 € LSt rechtsbehelfsrechtlich »verbösern« (nach Verrechnung mit der überhöhten LSt aus Tz. 4 i. H. v. 200 €, § 367 Abs. 2 Satz 2 AO).

LÖSUNG Eine Verböserung, d. h. eine Erhöhung der Steuer über den Betrag im angegriffenen Bescheid hinaus auf den materiell richtigen Betrag, ist gem. § 367 Abs. 2 Satz 2 AO möglich, wenn dem Stpfl. zuvor »rechtliches Gehör« gewährt wird (vgl. 11). Voraussetzung ist aber, dass der betreffende Steuerbescheid mit Einspruch angegriffen ist. Pauschale Lohnsteuerbescheide sind nach der Rspr. des BFH »sachverhaltsbezogene« VA, d. h. es liegen so viele VA vor, wie Sachverhalte besteuert werden. Der VA mit dem Sachverhalt der Tz. 7 ist nicht angegriffen, folglich scheidet eine rechtsbehelfsrechtliche Verböserung aus. (Auch korrekturrechtlich könnte hier die Steuer nicht erhöht werden, weil kein Korrekturgrund greift.)

Mit der Bestimmung des angegriffenen VA ist auch der **Streit- oder Verfahrensgegenstand** des Einspruchsverfahrens geklärt. Streitgegenstand ist die Behauptung des Ef, der angegriffene VA verletze ihn in seinen Rechten.

Der **Streitgegenstand** hat vielfache **Bedeutung:** Bezüglich eines Streitgegenstands dürfen nicht gleichzeitig mehrere Rechtsbehelfsverfahren geführt werden. Die Veränderung des Streitgegenstands durch den Ef stellt einen neuen außergerichtlichen Rechtsbehelf dar. Erhebt der Stpfl. z. B. zunächst Einspruch mit dem Ziel, den ESt-Bescheid 02 aufzuheben, und trägt er später vor, dass nicht der ESt-Bescheid 02 falsch sei, sondern der ESt-Bescheid 01, so ist dieses Vorbringen als – weiterer – Einspruch gegen einen anderen VA auszulegen, der nur zulässig ist, wenn er ebenfalls die Einspruchsfrist wahrt.

Allerdings können Erklärungsirrtümer insbesondere in widersprüchlichen Einspruchsschreiben auch nach Ablauf auf der Einspruchsfrist noch berichtigt werden. Ergibt die Auslegung des Einspruchsschreibens, dass der wirkliche Wille »von Anfang an klar erkennbar« ein anderer war als der formulierte Wille, ist das wirklich Gewollte der Streitgegenstand (BFH vom 16.08.2001 BStBl II 2002, 767 zu einer missglückten Klagschrift).

BEISPIEL

»Ich lege Einspruch gegen den ESt-Bescheid 01 ein.« In den Gründen geht es aber um Werbungskosten des Jahres 02. Der ESt-Bescheid 01 liegt schon mehr als ein Jahr zurück. Der ESt-Bescheid 02 ist erst zwei Wochen alt. Nach Ablauf der Einspruchsfrist teilt er mit, er habe »natürlich« den ESt-Bescheid 02 angreifen wollen.
LÖSUNG Die Auslegung ergibt: Der Ef wollte den ESt-Bescheid 02 angreifen und so ist sein Einspruch bzw. dessen Streitgegenstand auch auszulegen. Der Einspruch ist zulässig.

Ein bloßer **Austausch der Begründung** ist keine Veränderung des Streitgegenstands und daher ohne Weiteres möglich.

BEISPIEL

Der Stpfl. legt rechtzeitig Einspruch gegen seinen ESt-Bescheid 01 ein mit dem Ziel, die Steuer um 300 € zu senken. Zur Begründung trägt er vor, das FA habe ihm zu Unrecht den Abzug von Betriebsausgaben i. H. v. 600 € versagt. Das FA weist nach, dass es sich insoweit um nichtabzugsfähige Aufwendungen i. S. d. § 12 EStG handelt. Zufällig findet der E daraufhin einen Beleg über abzugsfähige Versicherungsbeiträge i. H. v. 600 €, die bisher noch nicht als Sonderausgaben vorgetragen bzw. berücksichtigt waren.
LÖSUNG Es handelt sich nach wie vor um einen und denselben Einspruch, der zulässig und (in vollem Umfang) begründet ist. Das FA wird die ESt 01 um 300 € senken.

Auch die **Erweiterung oder Einschränkung des Antrags** bzgl. des angegriffenen VA verändert den Streitgegenstand nicht. Es ist also z. B. ohne weiteres möglich, während des Laufs der Einspruchsfrist eine Senkung der USt 01 i. H. v. 1 300 € zu beantragen, und den Antrag nach Ablauf der Einspruchsfrist auf Senkung der USt 01 um 8 200 € zu erweitern.

Wird der angegriffene **VA während des Einspruchsverfahrens korrigiert oder ersetzt,** wird der Korrektur- oder Ersatz-VA automatisch zum (neuen) Gegenstand des außergerichtlichen Rechtsbehelfsverfahrens, vgl. § 365 Abs. 3 AO, sowie 11.

3.1.3 Abgrenzung förmlicher Rechtsbehelf – Korrekturantrag – Steuererklärung

Bei der Auslegung ist nicht der Wortlaut, sondern der Sinn des Antrags maßgeblich. In der Regel will der Stpfl. der gegen die Richtigkeit eines VA Einwendungen erhebt, einen Rechtsbehelf einlegen, sofern der überhaupt – noch – zulässig ist. Er will keinen Korrekturantrag (§§ 129 ff., 172 ff. AO, vgl. L) stellen, weil seine Rechtsstellung im Rechtsbehelfsverfahren grundsätzlich besser ist (ebenso AEAO vor § 347 Nr. 1 a. E., oder er will den Korrekturantrag nur hilfsweise stellen). In Zweifelsfällen soll das FA durch Rückfragen und Hinweise (§ 89 AO) klären, welchen Antrag der Stpfl. stellen wollte.

BEISPIEL

> Der Stpfl. schickt eine Woche nach dem Zugang seines ESt-Bescheids einen »Antrag auf Berichtigung des Bescheids«. In der Begründung behauptet er, das FA habe einen Teil der von ihm geltend gemachten Betriebsausgaben zu Unrecht nicht anerkannt.
> **LÖSUNG** Es handelt sich nicht um einen Berichtigungsantrag gemäß § 129 AO, sondern um einen Einspruch nach § 347 Abs. 1 Nr. 1 AO. Diese Auslegung liegt regelmäßig im Interesse des Stpfl. Eine berichtigungsfähige offenbare Unrichtigkeit i. S. d. § 129 AO ist nicht ersichtlich. Der Rechtsbehelf eröffnet eine umfassende Überprüfung des VA (§ 367 Abs. 2 AO).

Problematisch ist die Abgrenzung des Rechtsbehelfs zum korrekturrechtlichen **Antrag auf schlichte Änderung gem. § 172 Abs. 1 Satz 1 Nr. 2 Buchst. a AO** (vgl. L 6.2.2). Auch hier ist im Zweifel zu Gunsten eines Einspruchs auszulegen, sofern dieser frist- oder formgemäß wäre. Dies ist auch Verwaltungsmeinung. Vgl. AEAO vor § 347 Tz. 1 a. E.: »In Zweifelsfällen ist ein Einspruch anzunehmen, da er die Rechte des Stpfl. umfassender wahrt als ein Korrekturantrag.« Im Übrigen sind beide Verfahren gebührenfrei.

Die Bedeutung des § 172 Abs. 1 Nr. 2 Buchst. a AO für das Einspruchverfahren ergibt sich aus zwei Umständen: Zum einen entlastet es die Rechtsbehelfsstatistik des FA, wenn der Stpfl. einen Antrag auf Überprüfung des VA gem. § 172 AO stellt. Zum anderen kann gem. § 172 Abs. 1 Satz 1 Nr. 2 Buchst. a AO letzter HS ein zulässiger und begründeter Rechtsbehelf durch Erlass eines »Abhilfebescheids« »erledigt« werden, so dass keine förmliche, arbeitsaufwendige Einspruchsentscheidung ergehen muss (§ 367 Abs. 2 Satz 3 AO).

Reicht der Stpfl. unmittelbar nach Bekanntgabe eines Schätzungsbescheids kommentarlos eine Steuererklärung ein, die ein günstigeres Ergebnis hat als der Schätzungsbescheid, ist dies als Einspruch gegen den Bescheid auszulegen (BFH vom 27. 02. 2003 BStBl II 2003, 505).

3.2 Zuständigkeit für die Einspruchsentscheidung (§ 367 Abs. 1 AO)

Über den eingelegten Einspruch gegen VA des FA entscheidet dieses FA selbst (§ 367 Abs. 1 Satz 1 AO).

Tritt nach Bekanntgabe des angegriffenen VA eine Änderung der örtlichen Zuständigkeit für das betreffende Besteuerungsverfahren ein (§ 26 AO), teilt sich dies auch dem Einspruchsverfahren mit (§ 367 Abs. 1 Satz 2 AO). Das bisher zuständige FA hat auch die Einspruchsakte an das neu zuständige FA abzugeben. Das bisher zuständige FA kann das Verfahren gem. § 26 Satz 2 AO fortführen, wenn technische Gründe dafür sprechen, die Interessen des Ef gewahrt sind, und das andere FA zustimmt.

4 Statthaftigkeit des Einspruchs

Gegen VA der Finanzbehörden ist regelmäßig der Einspruch gegeben bzw. »statthaft« (§ 347 Abs. 1 Nr. 1 AO), weil diese fast ausschließlich im Bereich der »Abgabenangelegenheiten« i. S. d. Abs. 1 Nr. 1–4, Abs. 2 [a. a. O.] tätig sind. Deshalb ist bei Rechtsbehelfen gegen **Steuerbescheide** u. ä. selbstverständlich, dass der Einspruch statthaft ist. In Klausur und Praxis genügt dann die Erwähnung des § 347 Abs. 1 (z. B. Nr. 1) AO; weitere Ausführungen sind überflüssig.

Bei Angriffen gegen Maßnahmen der **Steuerfahndung** (§ 208 Abs. 1 AO) und der **Strafsachen- und Bußgeldstelle** (§§ 385 ff., 409 ff. AO) ist dies grundsätzlich anders. Hier muss § 347 AO im Einzelfall geprüft werden. Dabei kommt es darauf an, ob die Finanzbehörde nach außen objektiv und eindeutig im straf- oder bußgeldrechtlichen Ermittlungsverfahren tätig wurde – dann sind die Rechtsbehelfe nach der Strafprozessordnung gegeben (§ 347 Abs. 3 AO) –, oder im Besteuerungsverfahren – dann ist der Einspruch gegeben (§ 347 Abs. 1 Nr. 1 AO; vgl. BFH vom 29. 10. 1986 BStBl II 1987, 440 und BStBl II 1988, 359).

Auch bei VA im Rahmen des **Realsteuer**-Verfahrens (§§ 1, 3 Abs. 2 AO) muss der Rechtsweg im Einzelfall untersucht werden: Gegen Maßnahmen des FA sind die Rechtsbehelfe der AO gegeben (z. B. gegen den GewSt-Messbescheid, § 347 Abs. 1 Nr. 1 AO); gegen Maßnahmen der Gemeinde die Rechtsbehelfe der Verwaltungsgerichtsordnung (VwGO, z. B. gegen den GewSt-Bescheid der Widerspruch gem. § 69 VwGO).

Der Einspruch ist in den Fällen des § 348 AO ausnahmsweise nicht statthaft. Danach kann man z. B. gegen Einspruchsentscheidungen nicht erneut Einspruch, sondern nur Klage zum Finanzgericht einlegen (§ 348 Nr. 1 AO). Auch gegen VA der Ministerien bzw. der Zulassungs- und Prüfungsausschüsse in Angelegenheiten des Steuerberatungsgesetzes ist direkt die Klage zum FG gegeben (Nr. 3, Nr. 4 [a. a. O.]). Im letzteren Fall nimmt das Gesetz dem Betroffenen ohne zwingenden Grund die »Verwaltungsinstanz«. Das FG veranlasst deshalb nach Klageeinlegung gegen die Prüfungsentscheidung auf Grund des Steuerberatungsgesetzes zunächst ein »Überdenkungsverfahren« bei der Prüfungsbehörde, wenn der Kläger wenigstens »substantiierte Einwendungen« vorträgt (BFH vom 12. 06. 2001 BStBl II 2001, 736; ständige Rechtsprechung).

5 Arten des Einspruchs

5.1 (Normaler) Einspruch, § 347 Abs. 1 Nr. 1 AO

Gegen **VA des FA in Abgabenangelegenheiten** ist der Einspruch statthaft, § 347 Abs. 1 Nr. 1 AO, sofern der angegriffene VA nicht in § 348 AO aufgeführt ist.

Beispiele für VA, gegen welche der Einspruch statthaft ist:
- Haftungsbescheid (§ 191 AO)
- Zinsbescheid (§ 239 AO)
- Gewinnfeststellungsbescheid (§ 180 Abs. 1 Nr. 2 AO)
- Auskunftsersuchen des FA gegenüber Dritten (im Besteuerungsverfahren eines anderen, § 93 AO),
  - Stundung (§ 222 AO) oder ihre Ablehnung,
  - Erlass (§ 227 AO) oder seine Versagung,
  - Zwangsgeldandrohung (§ 332 AO) und -festsetzung (§ 328 AO),

- Solidaritätszuschlag (§ 1 SolZG: Ergänzungsabgabe zur ESt/KSt),
- Gewährung und Verweigerung der beantragten Investitionszulage (§ 13 Satz 2 InvZulG 2007), der Wohnungsbauprämie (§ 8 Abs. 1 WoPG) oder Arbeitnehmer-Sparzulage (§ 14 Abs. 2 Satz 1 des 5. VermG),
- Kirchensteuerfestsetzung (nach Landesgesetz; vgl. z. B. § 21 Abs. 1 Satz 1 KiStG Bad.-Württ.),
- weitere Beispiele im AEAO § 347 Nr. 6.

Lehnt das FA im Steuer-, Zins- oder Feststellungsbescheid ab, eine Besteuerungsgrundlage aus Billigkeitsgründen abweichend vom Gesetz für den Stpfl. günstiger zu behandeln (§§ 163, 234 Abs. 2, 237 Abs. 4 AO), so greift ein »zweigleisiges Verfahren« Platz: Gegen die Ermessensentscheidung ist der Einspruch gegeben, da sie ein (eigener Grundlagen-)VA in Abgabenangelegenheit ist. Im Übrigen ist gegen den Steuer- oder Feststellungsbescheid ein weiterer Einspruch gegeben (§ 347 Abs. 1 Nr. 1 AO, AEAO § 347 Nr. 4).

Nicht nur gegen den erstmaligen Erlass eines VA ist der Einspruch zulässig, sondern auch wenn er **korrigiert wurde,** oder wenn das FA einen **Antrag** auf Erteilung bzw. Korrektur eines einspruchsfähigen VA **abgelehnt** hat. Zur Frage, ob der Einspruchsführer einen Korrektur-Bescheid, der den angegriffenen Bescheid während des Einspruchsverfahrens ändert, wiederum angreifen kann, vgl. § 365 Abs. 3 AO und 10.4.

Der Einspruch kann nach dem Gesetzestext in § 347 Abs. 1 AO nur gegen **VA** erhoben werden. Hat das FA fälschlicherweise einen **Nicht-VA** mit der **Belehrung** versehen, der Stpfl. könne »**dagegen Einspruch**« einlegen, so ist ein Einspruch trotzdem unzulässig. Die Frage, ob ein Einspruch statthaft ist, ist gesetzlich in § 347 Abs. 1 Nr. 1 AO geregelt; das FA kann in anderen Fällen nicht wirksam den Rechtsbehelfsweg eröffnen.

Erlässt eine Finanzbehörde andererseits einen **nichtigen** VA (§ 125 AO), oder wird der VA wegen eines **Bekanntgabemangels nicht wirksam,** so trägt er doch den Rechtsschein der Gültigkeit und kann für den Stpfl. gefährlich werden. Da das Grundgesetz für den Stpfl. einen lückenlosen Rechtsschutz gegen VA verlangt, muss der Stpfl. auch gegen nichtige oder nicht wirksam bekanntgegebene VA mit Einspruch vorgehen können. In diesen Fällen läuft allerdings die Einspruchsfrist nicht. Vgl. auch § 125 Abs. 5 AO.

Der Einspruch darf sich nicht allein gegen **unselbstständige Teile eines VA** richten.

BEISPIEL

Der Stpfl. legt Einspruch »gegen den Vorbehaltsvermerk gem. § 164 Abs. 1 AO« im ESt-Bescheid 01 ein.

LÖSUNG Der Einspruch ist eigentlich unzulässig und zu verwerfen (§ 358 AO), weil nur der ESt-Bescheid insgesamt ein VA i. S. d. § 347 Abs. 1 Nr. 1 AO und damit einspruchsfähig ist. Der Vorbehaltsvermerk ist nur eine unselbstständige Nebenbestimmung zum VA (vgl. G 4.1). Die Auslegung ergibt (jedenfalls im Einspruchsverfahren) in der Regel aber, dass der Stpfl. den gesamten ESt-Bescheid wegen des Vorbehaltsvermerks angreifen will. Also ist der Einspruch als zulässig zu behandeln (für das gerichtliche Rechtsbehelfsverfahren bevorzugt der BFH allerdings eine engherzige strenge Auslegung mit Unzulässigkeitsfolge für die Klage, wenn der Kläger durch eine steuerliche Fachperson vertreten war; vgl. Urteil vom 25. 10. 1989 BStBl II 1990, 278).

5.2 **Untätigkeitseinspruch (UE), § 347 Abs. 1 Satz 2 AO**

Der Stpfl. kann gem. § 347 Abs. 1 Satz 2 AO mit dem Untätigkeitseinspruch gegen jede **behördliche Untätigkeit** vorgehen, außer gegen die Untätigkeit des FA im Einspruchsverfahren (§ 348 Nr. 2 AO; in diesen Fällen greift die Untätigkeitsklage gem. § 46 FGO). Mit dem

UE will der Ef nicht nur erreichen, dass sich das FA verpflichtet, den Antrag schnell und irgendwie zu verbescheiden. Vielmehr verfolgt der Ef mit dem UE seinen Antrag sachlich weiter, den das FA zunächst hat liegen lassen.

BEISPIELE

a) Der Stpfl. stellt Antrag auf Erlass der USt 01 aus Billigkeitsgründen (§ 227 AO). Der Antrag ist mit einer Begründung versehen. Das FA schweigt sich ein Jahr lang aus.
LÖSUNG Der Antragsteller kann UE erheben mit dem Ziel des Billigkeitserlasses.

b) Ein Arbeitnehmer hat Antrag auf ESt-Veranlagung gestellt. Nach Ablauf eines Jahres hat er noch keinen Bescheid erhalten.
LÖSUNG Er kann UE erheben und Veranlagung fordern.

c) Eine GmbH beantragt die Änderung ihres KSt-Bescheids 01 wegen neuer, ihr günstiger Tatsachen (§ 173 Abs. 1 Nr. 2 AO). Das FA nimmt zu diesem Antrag jahrelang nicht Stellung. Die GmbH kann UE erheben. Das FA muss prüfen, ob die Änderungsvoraussetzungen vorliegen.

d) Dem Arbeitnehmer steht laut seinem ESt-Bescheid 01 ein Erstattungsanspruch i. H. v. 760 € zu. Das FA zahlt den Betrag trotz mehrmaliger Mahnung nicht aus, sondern vertröstet den Stpfl. auf später. Der Stpfl. erhebt endlich Untätigkeiteinspruch.
LÖSUNG Der UE ist hier nicht gegeben. Der ursprüngliche unerledigte Antrag war nicht auf Erlass eines VA gerichtet (sondern nur auf einen »Realakt« bzw. eine zivilrechtlich zu beurteilende Handlung, die Auszahlung des Erstattungsbetrags).
Der Stpfl. hätte die Erteilung eines Abrechnungsbescheids (§ 218 Abs. 2 AO) beantragen müssen, der wiederum einspruchsfähig ist. Bei entsprechendem Rechtsschutzinteresse könnte er auch eine »allgemeine (bzw. sonstige) Leistungsklage« zum Finanzgericht erheben (§ 40 Abs. 1 letzte Alt. FGO).

Besondere Zulässigkeitsvoraussetzungen des UE:
1. Über den Antrag auf Erlass eines VA ist (sofern kein Einspruch vorlag, § 348 Nr. 2 AO)
2. binnen angemessener Frist
3. ohne Mitteilung eines zureichenden Grundes
4. sachlich nicht entschieden.

Welche **Zeit** für die Erledigung eines Antrags **angemessen** ist, hängt ganz von den Umständen des Einzelfalls ab, insbesondere von der Schwierigkeit und der Bedeutung des Falles für den Antragsteller und die Finanzbehörde. Normalerweise können u. E. sechs Monate Bearbeitungszeit für die Erledigung eines Antrags noch angemessen i. S. d. § 347 Abs. 1 Satz 2 AO sein, sofern nicht der Stpfl. ein erkennbares Interesse an einer schnelleren Entscheidung hat. Auch problemlose ESt-Antragsveranlagungen sollten u. E. regelmäßig innerhalb von 6 Monaten abgeschlossen sein. Im Falle eines Antrags auf Änderung oder Aufhebung einer Vorbehaltsfestsetzung darf das FA die Entscheidung gem. § 164 Abs. 2 Satz 3 AO bis zur abschließenden Prüfung des Steuerfalls hinausschieben, die innerhalb angemessener Frist vorzunehmen ist.

Ein »**zureichender Grund**« für die verzögerte Behandlung liegt vor, wenn der Antragsteller bei objektiver Betrachtung eine Entscheidung der Behörde noch nicht erwarten kann. Solange der Antragsteller selbst sachgerechte und zumutbare Fragen des FA zur Erledigung seines Antrags nicht beantwortet, kann er die Untätigkeit des FA nicht beanstanden.

Eine »obere« zeitliche Grenze für die Einlegung des UE gibt es nicht. Wird auch über den UE ohne Mitteilung eines zureichenden Grundes nicht innerhalb angemessener Frist entschieden, ist die Untätigkeitklage gegeben (§ 46 FGO, § 348 AO). Wurde der UE verfrüht eingelegt, entscheidet das FA aber nicht sofort über den Rechtsbehelf, so wird der ursprünglich unzulässige Rechtsbehelf dadurch eventuell nachträglich zulässig.

FALL 62

Entscheiden Sie, ob und welcher außergerichtliche Rechtsbehelf gegeben ist:

1. Das FA hat den Antrag des Stpfl. abgelehnt, den Vorauszahlungsbescheid für die ESt 11 wegen der voraussichtlich geringeren Steuerschuld zu ermäßigen.
2. Das FA stundet die rückständige ESt statt wie beantragt für sechs Monate, nur für drei Monate.
3. Die Stundungszinsen werden aus Billigkeitsgründen nur um 100 € (statt wie beantragt, um 200 €) niedriger festgesetzt (§ 234 Abs. 2 AO).
4. Das FA hat über einen Erlassantrag des Stpfl. ohne Mitteilung eines Grundes noch nicht entschieden, obwohl sieben Monate seit Antragstellung vergangen sind (§ 227 AO).
5. Der Stpfl. hat in seiner USt-Erklärung einen Antrag auf Vergütung von USt gestellt (§ 168 AO; § 18 Abs. 3 und 4 UStG). Das FA hat nach Ablauf von neun Monaten dem Antrag noch nicht zugestimmt.

6 Form und (notwendiger) Inhalt der Rechtsbehelfe

6.1 Form der Rechtsbehelfe, § 357 AO

Einspruch und UE können gem. § 357 Abs. 1 AO

- schriftlich eingereicht werden – Übertragung per Telefax wahrt die Form (BFH vom 26. 03. 1991 BStBl II 1991, 463; zur Unterschrift s. 6.2).
- durch Telegramm eingelegt werden (sogar telefonische Telegrammaufgabe ist möglich),
- per E-Post eingereicht werden (§ 87 a Abs. 3, Abs. 6 AO),
- zur Niederschrift des FA erklärt werden.

Mündliche, insbes. telefonische Einlegung eines Einspruchs ist unzulässig. Ein Aktenvermerk des Beamten über das Telefongespräch ist keine »Niederschrift«.

6.2 Notwendiger Inhalt und Sollinhalt der Rechtsbehelfe, §§ 357, 350 AO

Aus dem förmlichen Vorbringen muss sich ergeben, dass eine bestimmte Person eine **Überprüfung des angegriffenen VA im Rechtsbehelfsverfahren begehrt.** Das heißt, das Schreiben muss **Einwendungen** eines **bestimmten Stpfl.** gegen einen **bestimmten VA** enthalten. Dies ist der vom Gesetz (nicht ausdrücklich definierte, aber) begrifflich vorausgesetzte **Mussinhalt** eines jeden Einspruchs.

Das Vorbringen des Stpfl. ist notfalls auszulegen, welchen VA bzw. gegen welche Verwaltungsakte er sich wehren will (oben 3.1.2). Der Einspruch ist zulässig, wenn – innerhalb der Einspruchsfrist – nach dem Schreiben des Stpfl. und sonstigen dem FA bekannten Umständen eindeutig erkennbar ist, welcher VA von wem angegriffen ist.

BEISPIELE

a) »Ihr Bescheid vom … ist völliger Schwachsinn. Hochachtungsvoll Artur Baumann.«
Das Schreiben erfüllt den Mindestinhalt eines Einspruchs; er kann also zulässig sein. Sollte das Schreiben beleidigende Inhalte haben, ändert dies nichts an der Zulässigkeit des Einspruchs (sondern führt vielleicht zu einer strafrechtlichen Anzeige).

b) »Ihr Bescheid vom … gibt mir Anlass zu sagen: Verschonen Sie mich in Zukunft mit solchen Verwaltungsprodukten! Hochachtungsvoll Gerd Meyer.«

Die Auslegung ergibt nicht, dass der Stpfl. gegen den erhaltenen Bescheid Einspruch einlegen wollte. Beruft er sich doch nach Fristablauf darauf, er habe mit dem zitierten Schreiben (fristwahrend) Einspruch eingelegt, wird der Einspruch (aus dem späteren Schreiben) als verfristet verworfen (§ 358 AO).

c) Der Steuerberater hat versehentlich den Namen des Mandanten und Einspruchsführers im Einspruchschreiben nicht erwähnt. Aus der angegebenen Steuernummer und dem erwähnten Bescheiddatum ergibt sich aber, welcher Stpfl. gemeint ist.

LÖSUNG Der Einspruch ist als Einspruch dieses Mandanten auszulegen.

Der Rechtsbehelf braucht nicht als »Einspruch« oder als »UE« bezeichnet zu sein; die **unrichtige oder fehlende Bezeichnung** schadet nicht (§ 357 Abs. 1 Satz 4 AO).

BEISPIEL

Der Stpfl. greift den Gewinnfeststellungsbescheid für seine gewerblichen Einkünfte gem. § 180 Abs. 1 Nr. 2 Buchst. b AO mit einem »Widerspruch« an.
LÖSUNG Richtiger Rechtsbehelf ist der Einspruch (§ 347 Abs. 1 Nr. 1 AO). Der eingelegte Rechtsbehelf ist als Einspruch zu behandeln (§ 357 Abs. 1 Satz 4 AO).

Ist zweifelhaft, ob er eine rechtsbehelfsrechtliche Überprüfung möchte oder eine Änderung nach den korrekturrechtlichen Bestimmungen, ist sein Schreiben als Einspruch auszulegen (vgl. 3.1.3).

Der Ef muss den Rechtsbehelf nicht unbedingt **unterschreiben**. Es genügt für die Zulässigkeit, dass sonst irgendwie aus dem Schriftstück des Ef oder anderen Unterlagen des FA eindeutig hervorgeht, wer den Rechtsbehelf eingelegt hat (§ 357 Abs. 1 Satz 2 AO). Letzteres gehört allerdings zum Mussinhalt. Deshalb ist (auch nach Ablauf des Jahres 2011) ein Einspruch per E-Post ohne qualifizierte Signatur nicht von vornherein unzulässig (§§ 87a Abs. 3 Satz 2, Abs. 6 Satz 1; 357 Abs. 1 Satz 2 AO).

BEISPIEL

Der Stpfl. hat den Einspruch versehentlich nicht unterzeichnet. Der Name des Stpfl. ergibt sich aber aus dem Briefkopf des Einspruchschreibens.
LÖSUNG Der Rechtsbehelf ist gem. § 357 Abs. 1 Satz 2 AO zulässig.

Der Stpfl. muss seinen Rechtsbehelf nicht unbedingt mit einer **Begründung** versehen. Dies ergibt sich aus § 357 Abs. 3 Satz 3 AO, dessen Bestimmungen zum Inhalt der Rechtsbehelfe nur **Soll-Vorschriften** sind. Der Verstoß gegen eine Soll-Vorschrift macht den Rechtsbehelf nicht unzulässig.

BEISPIEL

Der Stpfl. begründet seinen Einspruch nicht, obwohl ihn das FA mehrfach dazu aufgefordert hat.
LÖSUNG Der Einspruch ist trotzdem zulässig, § 357 Abs. 3 Satz 3 AO ist nur eine Soll-Vorschrift. Nach Treu und Glauben ist in diesen Fällen allerdings die Ermittlungspflicht des FA (§§ 365, 88 AO) eingeschränkt (AEAO § 365 Nr. 1, § 88 Nr. 2). Der Einspruch ist auch nicht wegen Verstoßes gegen § 350 AO unzulässig (vgl. 8).

»Vorsorglich« eingelegte Einsprüche sind als vollgültige Rechtsbehelfe zu werten.

7 Frist zur Einlegung des Einspruchs, §§ 355, 356 AO

7.1 Monats- und Jahresfrist

Aus Gründen der Rechtssicherheit und -klarheit kann ein VA nicht zeitlich unbeschränkt angefochten werden. Dies kann zulässigerweise nur innerhalb der Einspruchsfrist des § 355 AO geschehen. Mit ihrem Ablauf wird der VA unanfechtbar bzw. »formell bestandskräftig«.

Die Einspruchsfrist beträgt **einen Monat** und beginnt mit der **wirksamen** Bekanntgabe des VA. Ist die Frist abgelaufen, so ist **Wiedereinsetzung** unter den Voraussetzungen des § 110 AO von Amts wegen zu prüfen (F4 und D 8.4 zu § 126 Abs. 3 AO). Zur Berechnung der Monatsfrist vgl. F 3.2, 4.3. Fehlt die wirksame Bekanntgabe, beginnt die Rechtsbehelfsfrist nicht zu laufen. Der Rechtsbehelf ist bereits ab dem tatsächlichen Zugang des VA möglich, auch wenn der VA erst später, z. B. am 3. Tag nach der Aufgabe zur Post wirksam wird (§ 122 Abs. 2 AO). Gegen lediglich angekündigte VA kann noch kein Rechtsbehelf eingelegt werden. Ein unvollständig übermittelter VA setzt den Fristlauf nicht in Gang (BFH vom 25. 07. 2007 BStBl II 2008, 94).

Bei **einheitlichen und gesonderten Bescheiden** kommt es vor, dass der Bescheid nur gegenüber einem Teil der Beteiligten wirksam bekanntgegeben wurde (§ 183 AO), gegenüber den übrigen aber nicht. Wegen der Rechtsscheinwirkung können die letzteren Gesellschafter den einheitlichen Feststellungsbescheid (fristlos) angreifen, a) obwohl er ihnen gegenüber nicht wirksam wurde, und b) obwohl die Einspruchsfrist bei den anderen Gesellschaftern vielleicht schon abgelaufen ist.

Auch die **eigenen Steueranmeldungen** (z. B. USt-Voranmeldungen, § 18 Abs. 1 UStG, § 150 Abs. 1 Satz 2 AO) können gemäß § 347 Abs. 1 Nr. 1 AO mit dem Einspruch angefochten werden. Da hier ein Bekanntgabetag naturgemäß fehlt, ist als maßgebendes Ereignis für die Fristbeginn regelmäßig der Eingang der Steueranmeldung beim FA anzunehmen (§ 355 Abs. 1 Satz 2 AO). Bei der »Rotanmeldung« (eines Vergütungs- oder Erstattungsbeitrags) ist auf das »Bekanntwerden« der behördlichen Zustimmung abzustellen (letzter Halbsatz a. a. O.; Einzelheiten in AEAO § 355 Nr. 1). Wenn das FA dem Stpfl. die Zustimmung ausnahmsweise ausdrücklich mitteilt, gilt § 122 Abs. 2, 2a AO.

Stirbt der Stpfl. während des Laufs der Rechtsbehelfsfrist, läuft die Frist doch weiter; es gibt deswegen keine Unterbrechung (anders bei Insolvenzeröffnung, analog § 240 ZPO).

Soweit ein schriftlicher VA **keine oder eine unrichtige Rechtsbehelfsbelehrung** enthält, beginnt die Rechtsbehelfsfrist nicht zu laufen (§ 356 Abs. 1 AO). In einem solchen Fall wird die Frist aber später in Gang gesetzt, sobald die Behörde die Belehrung nachholt oder korrigiert. Sie läuft spätestens **ein Jahr** nach Bekanntgabe des Bescheids mit der fehlerhaften bzw. fehlenden Rechtsbehelfsbelehrung ab (§ 356 Abs. 2 Satz 1 AO).

Wurde die Jahresfrist des § 356 Abs. 2 AO versäumt, so kann der Stpfl. seinen Rechtsbehelf nur dann noch später anbringen, wenn ihm die Fristwahrung infolge höherer Gewalt unmöglich war, oder eine schriftliche Belehrung dahin erfolgte, dass kein Rechtsbehelf gegeben sei (§ 356 Abs. 2 AO; vgl. F 4.4).

FALL 63

Das FA erlässt am Freitag, 02. 07. 11 (Postaufgabetag) einen ESt-Vorauszahlungsbescheid für das Jahr 11. In der beigefügten Rechtsbehelfsbelehrung ist vermerkt, dass gegen diesen Bescheid kein Rechtsbehelf gegeben sei.
Wie lange kann der Stpfl. Rechtsbehelf einlegen?

7.2 Fristwahrung durch Einlegung bei der richtigen Anbringungsbehörde, § 357 Abs. 2 AO

Grundsätzlich sind Einsprüche bei der **Behörde** anzubringen, **deren VA angefochten wird** (§ 357 Abs. 2 Satz 1 AO). Sie bleibt auch dann Anbringungsbehörde, wenn die Zuständigkeit gemäß § 367 Abs. 1 Satz 2 AO in Verb. mit §§ 17 ff. AO nachträglich auf eine andere Finanzbehörde übergegangen ist.

> **BEISPIEL**
>
> Ist nach der Bekanntgabe des ESt-Bescheids wegen Mitteilung des erfolgten Umzugs ein örtlicher Zuständigkeitswechsel eingetreten, so kann der Einspruch doch weiterhin nur beim FA, das die Steuer festgesetzt hat fristwahrend eingelegt werden (vgl. die Rechtsbehelfsbelehrung im Bescheid!). Dieses FA gibt dann die Akten an das neu zuständige FA zur Entscheidung ab (§ 367 Abs. 1 AO). Das bisher zuständige FA kann nur unter den Voraussetzungen des § 26 Satz 2 AO über den Rechtsbehelf entscheiden, vgl. § 367 Abs. 1 Satz 2 AO und 3.2.

Einsprüche gegen **Grundlagenbescheide** (§ 171 Abs. 10 AO) können auch fristwahrend bei der Behörde angebracht werden, die **zum Erlass des Folgebescheids örtlich zuständig** ist (§ 357 Abs. 2 Satz 2 AO). Dies gilt nicht im umgekehrten Fall.

> **BEISPIEL**
>
> Ein Stpfl., wohnhaft in Heilbronn, erhält für seinen Gewerbebetrieb, den er in Esslingen betreibt, einen **gesonderten Gewinnfeststellungsbescheid** gem. §§ 180 Abs. 1 Nr. 2 Buchst. b, 18 Abs. 1 Nr. 2 AO vom Betriebsfinanzamt Esslingen.
> **LÖSUNG** Der Einspruch kann beim Betriebs-FA Esslingen oder beim Wohnsitzfinanzamt Heilbronn (§ 19 Abs. 1 AO) fristwahrend eingelegt werden. Beide Finanzämter sind »richtige Anbringungsbehörden« für den Einspruch.
> Beim Einspruch gegen seinen **ESt-Bescheid** ist nur der Eingang beim FA Heilbronn fristwahrend, nicht aber der beim Betriebsfinanzamt Esslingen, da § 357 Abs. 2 Satz 2 AO ausdrücklich nur für Rechtsbehelfe gegen Grundlagenbescheide gilt.

Sofern ein Einspruch bei der **unrichtigen Behörde** angebracht wird, ist dies unschädlich, wenn der Rechtsbehelf vor Ablauf der Rechtsbehelfsfrist einer der Behörden übermittelt wird, die nach § 357 Abs. 2 Sätze 1–3 AO mögliche Anbringungsbehörden sind (§ 357 Abs. 2 Satz 4 AO). Bei Fristversäumung liegt hier i.d.R. Verschulden des Rechtsbehelfsführers vor, weil er in der Rechtsbehelfsbelehrung auf die richtige Anbringungsbehörde hingewiesen wurde. Deshalb kommt Wiedereinsetzung in den vorigen Stand gem. § 110 AO nur in Frage, wenn die »falsche« Anbringungsbehörde das Einspruchsschreiben leicht als das Origianl und als Irrläufer hätte erkennen können, weil es eindeutig keine Kopie »zur Information« darstellte. Dann darf diese Behörde den Einspruch nicht einfach »ohne weitere Veranlassung« zu ihren Akten nehmen, sondern muss ihn ohne schuldhaftes Verzögern weiterleiten (BVerfG vom 29.09.2002 BStBl II 2002, 507).

8 Schlüssige Geltendmachung der Beschwer, § 350 AO

Gem. § 350 AO muss der Ef **geltend machen,** dass er durch den angegriffenen VA **in seinen Rechten beeinträchtigt** wird, d.h. dass **er selbst »beschwert«** ist. Auch dies ist gegebenenfalls durch Auslegung zu ermitteln.

Andererseits ist **nicht jedes Vorbringen geeignet,** die Zulässigkeit des Einspruchs zu begründen. Ausnahmsweise ist nämlich ein Rechtsbehelf **unzulässig, wenn er offensichtlich und unter keinem rechtlichen Gesichtspunkt zum Erfolg führen kann** (BFH vom 21. 10. 1970, BStBl II 1971, 30). Dann ist die Beschwer **nicht »schlüssig«** vorgetragen. Ein Rechtsbehelfsbegehren ist schlüssig vorgetragen, wenn man, die Richtigkeit der Behauptungen des Rechtsbehelfsführers unterstellt, eine Verletzung der eigenen Rechte des Rechtsbehelfsführers nicht ausschließen kann.

Eine Beschwer kann sich in aller Regel nur aus dem **Entscheidungssatz (»Tenor«)** eines **VA** ergeben. Erstrebt der Ef nur eine Änderung der Begründung eines VA, welche den Entscheidungssatz des VA nicht berührt, ist eine Beschwer **nicht** schlüssig vorgetragen und der Rechtsbehelf als unzulässig zu verwerfen. **Begründungen** der Entscheidung können nur dann (ausnahmsweise) eine eigene Beschwer entfalten, wenn sie eine irgendwie geartete Bindungswirkung für andere VA entwickeln. Grundlagenbescheide entfalten immer irgendwie eine steuerliche Bindungswirkung. Im Einspruch gegen solche Bescheide ist daher eine Beschwer sozusagen automatisch schlüssig geltend gemacht (ähnlich BFH vom 10. 11. 2004 BStBl II 2005, 431, AEAO § 350 Nr. 4).

Gelegentlich werden Rechtsbehelfe wegen fehlenden Rechtsschutzbedürfnisses als unzulässig verworfen, obwohl die AO dieses nicht ausdrücklich als Zulässigkeitserfordernis erwähnt. Man kann das **Rechtsschutzbedürfnis** als selbstverständliche und deshalb nicht extra erwähnte Voraussetzung der Zulässigkeit von Rechtsbehelfen ansehen, oder sein Erfordernis mit § 350 AO begründen. Denn es ist von der »schlüssigen Geltendmachung der Beschwer« gem. § 350 AO nicht eindeutig abzugrenzen. Wegen fehlenden Rechtsschutzbedürfnisses sind z. B. Einsprüche als unzulässig anzusehen, die wegen verfassungsrechtlicher Zweifel an einer Gesetzesbestimmung erhoben werden, wenn das FA die Anwendbarkeit dieser Bestimmung im Bescheid für vorläufig erklärt hat (§ 165 Abs. 1 Satz 2 AO; AEAO § 350 Nr. 6), oder wenn das Gesetz einen einfacheren, kostengünstigeren Weg zur Beseitigung des Problems vorsieht.

Klausurtipp:

§ 350 AO ist zwar von Amts wegen zu prüfen. In der Klausur geht man auf die Bestimmung aber nur in Sonderfällen näher ein, denn VA des FA entfalten im Normalfall eine Beschwer und der Stpfl. wird normalerweise keine »unsinnigen« Einsprüche einlegen.

> **BEISPIELE**
>
> a) Der Einspruchführer behauptet im Einspruch gegen seinen ESt-Bescheid, er habe 700 € für Fachbücher ausgegeben. Das FA fordert ihn vergeblich auf, Belege für diesen Aufwand vorzulegen (oder ihn sonst glaubhaft zu machen).
> **LÖSUNG** Der Einspruch ist zulässig, aber unbegründet. Er ist **zulässig,** weil die ESt zu senken wäre, wenn man die Richtigkeit seiner Behauptungen (er habe den Aufwand getragen) unterstellt (§ 350 AO). Der Einspruch ist unbegründet, weil der Stpfl. seine Werbungskosten belegen muss (vgl. G 2.6) und dies nicht getan hat. Die Erwähnung des § 350 AO in der Klausurlösung ist hier eigentlich überflüssig.
>
> b) Der Stpfl. legt Einspruch gegen seinen ESt-Bescheid ein. Er akzeptiert zwar ausdrücklich die Höhe der ESt, wendet sich aber dagegen, dass das FA Einkünfte i. H. v. 67 500 € entgegen seiner Erklärung als solche aus Gewerbebetrieb (§§ 15, 4 Abs. 3 EStG) und nicht aus Vermietung (§ 21 EStG) erfasst habe. Er befürchtet, dass das FA konsequenterweise einen GewSt-Messbescheid gegen ihn erlassen wird und »will den Anfängen wehren«.

LÖSUNG Der Einspruch ist unzulässig und zu verwerfen (§ 358 AO). Der Ef hat nicht schlüssig eine Beschwer geltend gemacht (§ 350 AO). Eine Beschwer kann sich nur aus dem Entscheidungssatz (»Tenor«) des VA ergeben, nicht aus seiner Begründung. Folgt man dem Einspruchbegehren des Ef, so wird die ESt der Höhe nach nicht verändert. Die Besteuerungsgrundlagen werden selbst nicht bestandskräftig. Sie können nur ausnahmsweise eine selbstständige Beschwer entfalten, wenn sie Bindungswirkung für andere Bescheide entfalten. Dies ist hier nicht der Fall. Der ESt-Bescheid ist für den GewSt-Messbescheid kein Grundlagenbescheid. Zwar wird voraussichtlich derselbe Beamte nach denselben Kriterien wie beim Erlass des ESt-Bescheids auch über den Erlass des GewSt-Messbescheids entscheiden. Die spätere Entscheidung über den GewSt-Messbescheid kann aber vor ihrem Ergehen noch nicht angegriffen werden.

c) Die Ehegatten greifen ihren ESt-Zusammenveranlagungsbescheid mit Einsprüchen an und beantragen, die bisher hälftig auf beide Ehegatten verteilten Einkünfte aus Vermietung ausschließlich dem vermietenden Ehemann zuzurechnen. (An der Höhe der ESt ändert sich dadurch nichts.)

LÖSUNG Die Einsprüche sind zulässig. Die Zuordnung der Einkünfte hat hier ausnahmsweise Bindungswirkung für eine mögliche Aufteilung der ESt-Schuld im Vollstreckungsverfahren gem. §§ 268 ff., 270 Satz 2 AO. Solange sich die Bindungswirkung entfalten kann (nämlich bis zur vollständigen Bezahlung der Steuerschuld; danach ist ein Aufteilungsverfahren nicht mehr möglich), kann die angeblich falsche Zurechnung der Besteuerungsgrundlage eine Beschwer entwickeln, § 350 AO.

d) Der Stpfl. legt Einspruch gegen seinen ESt-Bescheid 01 ein mit dem Ziel, diese Steuer zu erhöhen. Er hat zwischenzeitlich festgestellt, dass sein zu versteuerndes Einkommen in den Folgejahren deutlich höher sein wird als in 01, so dass er günstiger wegkommt, wenn er in 01 für betriebliche Wirtschaftsgüter nur die Normal-AfA und keine Sonderabschreibung in Anspruch nimmt.

LÖSUNG Wegen der Bindungswirkung der Schlussbilanz 01 für das Jahr 02 usw. bzgl. des AfA-Volumens der Jahre 02 ff. ist der auf Erhöhung der ESt-Schuld 01 gerichtete Rechtsbehelf ausnahmsweise zulässig (AEAO § 350 Nr. 2). Es geht, auf Dauer betrachtet, um seine **rechtl.** Besserstellung. (Eine bloß wirtschaftliche Besserstellung würde für eine Beschwer i. S. d. § 350 AO nicht ausreichen.)

e) Der Einspruch gegen einen ESt-Null-Bescheid ist mangels Beschwer unzulässig, außer seine Feststellungen haben sozialrechtliche Auswirkungen (AEAO § 350 Nr. 3).

f) Der Stpfl. legt »Einspruch« gegen einen Prüfungsbericht (§ 202 AO) des Betriebsprüfers ein.

LÖSUNG Der Einspruch ist unzulässig. Zum Ersten ist der Prüfungsbericht kein VA. Also ist der Einspruch gem. § 347 Abs. 1 Nr 1 AO nicht statthaft. Außerdem hat der Stpfl. nicht schlüssig geltend gemacht, dass er in seinen Rechten verletzt (»beschwert«) ist. Mit dem Prüfungsbericht kündigt das FA nur an, dass es z. B. einen Bescheid erlassen werde, in dem es voraussichtlich von den Darlegungen im Prüfungsbericht ausgehen werde. Ein Einspruch gegen einen noch nicht ergangenen VA ist nicht möglich, da dieser noch keine Beschwer i. S. d. § 350 AO entfaltet. Die rechtlichen Interessen des Stpfl. können noch nicht verletzt sein, weil sich das FA noch gar nicht festgelegt hat.

g) Der Stpfl. legt Einspruch ein und behauptet, der Bescheid sei wegen eines schweren Adressierungsmangels nichtig. Dies stellt sich als richtig heraus.

LÖSUNG Der Einspruch ist (fristlos) zulässig, obwohl der Wortlaut des § 347 AO einen VA verlangt. Der Einspruch dient zur Beseitigung des Rechtsscheins, dass ein VA vorliege. Insofern macht der Stpfl. schlüssig eine Beschwer geltend (ebenso BFH vom 07. 08. 1985 BStBl II 1986, 42). Ist der Bescheid tatsächlich nichtig, kann der Einspruch gem. § 125 Abs. 5 AO erledigt werden.

Dritte, die im VA nicht als Adressaten aufgeführt sind, können einen VA nur dann zulässigerweise angreifen, wenn sie schlüssig darlegen, dass der angegriffene VA sie in ihren **eigenen Rechten** verletzt (was selten ist).

BEISPIELE

a) Der Arbeitnehmer kann den LSt-Haftungsbescheid angreifen, den das FA gegen seinen Arbeitgeber erlassen hat (§ 42 d EStG, § 191 AO). Es handelt sich um LSt, deren Steuerschuldner der Arbeitnehmer ist (§ 38 Abs. 2 EStG). Er ist also »betroffen« i. S. d. § 122 Abs. 1 Satz 1 AO und kann eine eigene Beschwer geltend machen, obwohl der Haftungsbescheid nicht an ihn selbst gerichtet ist. Der Einspruch (§ 347 Abs. 1 Nr. 1 AO) ist gem. § 350 AO zulässig, wenn und soweit er die Inhaftungnahme des Arbeitgebers wegen LSt des Ef beanstandet. Mangels Bekanntgabe des Haftungsbescheids gegenüber dem Arbeitnehmer läuft für diesen übrigens keine Einspruchsfrist.

b) Der Arbeitnehmer kann Einspruch gegen die LSt-Anmeldung des Arbeitgebers einlegen (BFH vom 12. 10. 1995 BStBl II 1995, 87).

9 Rechtsbehelfsbefugnis bei einheitlichen Feststellungsbescheiden, § 352 AO

9.1 Übersicht über die Anfechtungsrechtsbeschränkung gem. § 352 AO

- Gem. **§ 352 Abs. 1 Nr. 1 1. Alt. AO** kann **die Gesellschaft** gegen einheitliche Feststellungsbescheide **nur** durch ihren **gesetzlichen Vertreter** Einspruch einlegen.
- Nur falls kein gesetzlicher Vertreter vorhanden ist:
  Dann kann gem. **§ 352 Abs. 1 Nr. 1 2. Alt. AO** die Gesellschaft bzw. Gemeinschaft Einspruch **nur** durch den **»Einspruchsbevollmächtigten«** einlegen.
- Nur falls auch ein solcher nicht vorhanden ist:
  Dann kann gem. **§ 352 Abs. 1 Nr. 2 AO jeder** Gesellschafter bzw. Gemeinschafter Einspruch einlegen, soweit ihn die Feststellung betrifft.

Neben dem Geschäftsführer bzw. Einspruchbevollmächtigten können (für sich selbst und soweit der Bescheid sie betrifft) **immer Einspruch** einlegen:

- **ausgeschiedene Gesellschafter bzw. Gemeinschafter, § 352 Abs. 1 Nr. 3 AO,**
- jeder Betroffene, **soweit** es um **seine Gesellschafterstellung oder ihren Umfang** geht, § 352 Abs. 1 Nr. 4 AO,
- jeder Betroffene, **soweit** es um »**ihn persönlich angehende Fragen**« geht (Sonder-BE, -BA, -BV), § 352 Abs. 1 Nr. 5 AO und
- jeder Betroffene, dem das FA eine **eigene Ausfertigung** des einheitlichen Feststellungsbescheids **bekannt gegeben** hat (BFH vom 27. 05. 2004 BStBl II 2004, 964).

Einheitliche Feststellungsbescheide (§ 179 Abs. 2 Satz 2 AO) ergehen z. B. für ertragsteuerliche Zwecke, wenn mehrere Personen an einer Einkunftsquelle beteiligt sind (§ 180 Abs. 1 Nr. 2 Buchst. a AO), d. h. wenn sie sich in Personengesellschaften (GbR, oHG, KG, Partnerschaft) und Personengemeinschaften (Erbengemeinschaft, Hausbesitzgemeinschaft usw.) organisiert haben. Zu einheitlichen Feststellungsbescheiden vgl. D 5.4.1 und § 179 Abs. 2 Satz 2 AO.

Die Einschränkung der Rb-Befugnis durch § 352 AO hat folgenden Sinn: Nach § 350 AO könnte jeder der Feststellungsbeteiligten gegen den einheitlichen Feststellungsbescheid Einspruch einlegen, soweit er ihn in seinen Rechten beschwert. Dies würde aber die Zahl der Einsprüche anschwellen lassen. Außerdem sollen Kommanditisten ihre spärlichen Informations- und Kontrollrechte nach HGB nicht durch die Hintertür »Einspruch« und Akteneinsicht beim FA/FG verbessern können. Deshalb schränkt das Gesetz die Zahl der Rb-Befugten in § 352 AO für alle Arten von einheitlichen Feststellungen ein.

Die Regelungen in § 352 AO gelten nur für den Angriff gegen einheitliche Feststellungsbescheide. Den Umsatzsteuerbescheid und den Gewerbesteuermessbescheid kann die Gesellschaft nur durch ihre gesetzlichen Vertreter angreifen (§ 79 Abs. 1 Nr. 3 AO; BFH vom 27.05.2004 BStBl II 2004, 964).

9.2 Einspruch für die Gesamtheit gem. § 352 Abs. 1 Nr. 1 AO

Hat die Personengesellschaft (GbR, oHG, KG, Partnerschaft) einen **vertretungsbefugten Geschäftsführer**, ist **nur dieser** für die Gesellschaft **einspruchsbefugt** gegen einheitliche Feststellungsbescheide (§ 352 Abs. 1 Nr. 1 AO 1. Alt.).

Nur wenn **kein vertretungsbefugter Geschäftsführer** vorhanden ist, kommt es zur Einspruchsbefugnis des »**Einspruchsbevollmächtigten**« i. S. d. § 352 Abs. 2, Abs. 1 Nr. 1 AO 2. Alt. Dies ist z. B. der Fall, wenn der einzige Geschäftsführer einer KG ums Leben gekommen ist, oder von vornherein bei Gemeinschaften. Die Gemeinschaften (z. B. Erben-, Hausbesitz-, Bauherrngemeinschaften) haben nämlich keinen Geschäftsführer bzw. können keinen »Geschäftsführer« als gesetzlichen Vertreter haben.

Der Wortlaut des § 352 Abs. 1 Nr. 1 AO legt nahe, dass der Geschäftsführer den EInspruch im eigenen Namen (für sich selbst) führt. BFH, Verwaltung und herrschende Meinung in der Literatur gehen aber zu Recht davon aus, dass der vertretungsbefugte Geschäftsführer den Einspruch **im Namen der Gesellschaft** führt (auch wenn er dies nicht weiß oder sich missverständlich ausdrückt). Man sagt, der Vertretungsbefugte handelt »**in Prozessstandschaft**« für die Gesellschaft. Dies gilt nicht nur für den Einspruch von **Handels**personengesellschaften (oHG, KG) und von Partnerschaften, sondern auch für Einsprüche der Gesellschaften bürgerlichen Rechts (**GbR**). Denn seit dem Urteil des BGH vom 29.01.2001 ZIP 2001, 330 ist auch die GbR als »aktiv und passiv parteifähig« anerkannt (sofern sie keine reine Innengesellschaft ist); dies gilt auch im Steuerrecht (BFH vom 18.05.2005 BStBl II 2004, 998 und 929).

BEISPIELE

Vertretungsbefugte Geschäftsführer gem. § 352 Abs. 1 Nr. 1 AO 1. Alt.:
a) Bei oHG und KG vgl. §§ 114–117, 125–127, 161, 164 HGB.

b) Bei der **GbR** sind (mangels abweichender Regelungen im Gesellschaftsvertrag) die Gesellschafter nur insgesamt (alle zusammen) einspruchsbefugt. Die GbR hat aber trotzdem »zur Vertretung berufene Geschäftsführer« i. S. d. § 352 Abs. 1 Nr. 1 1. Alt. AO, nämlich alle Gesellschafter zusammen.
Können sie sich nicht einigen, kann nicht einer von ihnen als »Einspruchsbevollmächtigter« (s. u.) Einspruch gegen Feststellungsbescheide einlegen!

Zur Anwendung des § 352 Abs. 1 Nr. 1 AO 1. Alt.:
c) Das Finanzamt reduziert eine von der KG passivierte Rückstellung und stellt daher einen höheren Gewinn der Kommanditgesellschaft fest. Wer darf gegen den einheitlichen Gewinnfeststellungsbescheid Rb einlegen?
LÖSUNG Obwohl diese Gewinnänderung im Ergebnis die Gesellschafter trifft (Erhöhung der gewerblichen Einkünfte nach § 15 Abs. 1 Nr. 2 EStG) sind **nicht diese** rechtsbehelfsbefugt,

sondern ausschließlich die KG, vertreten durch den geschäftsführenden und vertretungs-befugten Gesellschafter.

d) Die Müller GmbH u. CoKG schickt ihren einheitlichen Gewinnfeststellungsbescheid dem Steuerberater Klein zur Prüfung und ggf. Einlegung eines Einspruchs zu. Für wen legt der Steuerberater Einspruch ein, für Herrn Müller als gesetzlichen Vertreter der GmbH, für die GmbH als gesetzliche Vertreterin der KG, oder für die KG?
LÖSUNG Für die KG.

Zur Anwendung des § 352 Abs. 1 Nr. 1 AO 2. Alt.:

e) Die Erbengemeinschaft hat keinen gesetzlichen Vertreter, ebensowenig die Bauherrnge-meinschaft, Haus- bzw. Vermietergemeinschaft. Hier führt den Einspruch gegen einheitliche Feststellungsbescheide der Einspruchsbevollmächtigte für die Gesamtheit der Gemeinschafter.

§ 352 Abs. 2 AO verweist **zur Bestimmung des »Einspruchsbevollmächtigten«** auf § 183 AO: Empfangsbevollmächtigung (für die Entgegennahme/Bekanntgabe von Bescheiden) gem. § 183 AO führt grundsätzlich zur Einspruchsbevollmächtigung gem. § 352 Abs. 2 AO für den Fall, dass kein gesetzlicher Vertreter vorhanden ist.

Empfangsbevollmächtigter ist zunächst

- der von den Gesellschaftern/Gemeinschaftern **bestellte** (§ 183 Abs. 1 Satz 1 AO),
- sofern **keiner bestellt** ist: Der gem. § 183 Abs. 1 Satz 2 AO **fingierte** (jeder gesetzliche Vertreter, auch wenn er nur Gesamtvertretungsbefugnis hat: im letzteren Fall sind auch dann gesetzl. Vertreter gem. § 352 Abs. 1 Nr. 1 AO **1. Alt.** vorhanden, wenn sie sich nicht einigen können).
- sofern auch **kein fingierter vorhanden** ist: Der **vom FA unwidersprochen bestimmte** Empfangsbevollmächtigte, sofern das FA die Feststellungsbeteiligten bei der Aufforde-rung auch auf die Folgen gem. § 352 AO aufmerksam gemacht hat, § 183 Abs. 1 Sätze 3–5 AO (§ 352 Abs. 2 Satz 3 AO).
- Im Übrigen kann jeder Feststellungsbeteiligte der »Einspruchsbefugnis« des »fingier-ten« oder »vom FA bestimmten« Empfangsbevollmächtigten **widersprechen.** Diese besteht dann nicht (mehr), § 352 Abs. 2 Satz 2 letzter HS AO.

Wo die Empfangsbevollmächtigung gem. § 183 Abs. 2 AO endet, insbes. bei dem FA (positiv) bekanntem Streit der Gesellschafter untereinander, endet auch die Einspruchsbevollmächti-gung (mit der Folge, dass jeder für sich Einspruch einlegen kann, soweit er selbst betroffen ist, § 352 Abs. 1 Nr. 2 AO).

9.3 Einspruchsbefugnis für einzelne Beteiligte gem. § 352 Abs. 1 Nr. 2–5 AO

Ist **kein** Geschäftsführer und auch **kein** Einspruchsbevollmächtigter vorhanden, kann jeder Gesellschafter, Gemeinschafter oder Mitberechtigte gem. § 352 Abs. 1 Nr. 2 AO wirksam Einspruch einlegen (aber nur dann!). Nach BFH vom 03. 03. 1998 BStBl II 1998, 401 handelt es sich im Gegensatz zu den Fällen der Nr. 1 [a.a.O.] nicht um einen Einspruch in Prozessstand-schaft (für die Gesellschaft bzw. Gemeinschaft). Vielmehr handelt der einzelne Gesellschafter bzw. Gemeinschafter beim Einspruch gem. § 352 Abs. 1 Nr. 2 AO nur aus eigenem Recht. Er kann deshalb nur die ihn betreffenden Feststellungen zulässig angreifen.

Die Vorschrift hat so gut wie keine praktische Bedeutung.

Neben (und unabhängig von) dem Geschäftsführer bzw. Einspruchsbevollmächtigten kann ein **ausgeschiedener** Gesellschafter, Gemeinschafter oder Mitberechtigter Einspruch einlegen (§ 352 Abs. 1 Nr. 3 AO).

Wenn es um die **Frage der Gesellschafterstellung** also solche **oder** um die **Gewinn-verteilung** unter den Gesellschaftern geht, hat **jeder Betroffene** die Befugnis, Einspruch (für sich selbst) einzulegen, § 352 Abs. 1 Nr. 4 und 5 AO. Der Einspruch dieser Personen (z. B. eines Kommanditisten) ist nur soweit zulässig, soweit sie Einwendungen i. S. d. Nr. 4 und 5 [a. a. O]. erheben. Greifen die Feststellungsbeteiligten darüber hinaus auch andere Feststellungen im Bescheid an, ist ihr Einspruch insoweit unzulässig (BFH vom 30. 12. 2003 BStBl II 2004, 239).

Der BFH schließt aus dem Umstand, dass das FA den **Gesellschaftern bzw. Gemein-schaftern** jeweils eine eigene Ausfertigung des einheitlichen Feststellungsbescheids **persön-lich bekannt gibt** (Einzelbekanntgabe gem. § 183 Abs. 2 AO), dass damit ein belastender VA an jede dieser Personen gerichtet ist. Dann soll jeder von ihnen befugt sein, für sich selbst Einspruch einzulegen (BFH vom 27. 05. 2004 BStBl II 2004, 964).

BEISPIELE

> Zur Anwendung des § 352 Abs. 1 Nr. 4 und 5 AO:
> a) Das Finanzamt verneint im Feststellungsbescheid für eine KG die Gesellschafterstellung/ Mitunternehmereigenschaft des Stpfl., der behauptet, Kommanditist dieser KG zu sein. (Man bezeichnet solche Bescheide insoweit als »negative Feststellungsbescheide«.)
> **LÖSUNG** Hier sind neben der **KG**, vertreten durch den geschäftsführenden Gesellschafter, auch **sämtliche** Gesellschafter rechtsbehelfsbefugt, da **ihre** rechtlichen Interessen (anderer Gewinn- bzw. Verlustanteil) berührt sind (§ 352 Abs. 1 Nr. 4 AO).
>
> b) Werden Sonderbetriebseinnahmen/-ausgaben eines/mehrerer Gesellschafter einer KG ganz/ teilweise nicht anerkannt, so ist neben der Gesellschaft (vertreten durch den geschäftsführen-den Gesellschafter) rechtsbehelfsbefugt, wessen Sonderbetriebseinnahmen/-ausgaben **nicht** in vollem Umfang anerkannt worden sind (Abs. 1 Nr. 5 [a. a. O.]).

Der vertretungsbefugte Geschäftsführer kann immer und aus jedem beschwerenden Grund Einspruch einlegen, also auch in den beiden letzteren Beispielfällen, auch z. B. wenn und soweit der persönlich betroffene Gesellschafter bereits Einspruch eingelegt hat. Der Geschäftsführer ist sozusagen »omnipotent«.

Wenn nur die Gesellschaft (z. B. durch ihren gesetzlichen Vertreter gem. § 352 Abs. 1 Nr. 1 AO) zulässig Einspruch eingelegt hat, aber neben ihr gem. § 352 Abs. 1 Nr. 4, Nr. 5 AO auch einzelne Gesellschafter einspruchsbefugt wären, müssen sie zum Einspruch der Gesell-schaft notwendig hinzugezogen werden (§ 360 Abs. 3 AO, vgl. 10.2). Dies gilt auch für den umgekehrten Fall (BFH vom 14. 10. 2003 BStBl II 2004, 359).

10 Beachtung der Verfahrensvorschriften für das Einspruchsverfahren

Je nach Fragestellung sind folgende Verfahrensprobleme weiter zu prüfen:
a) Sind die sich an das FA richtenden **Verfahrensvorschriften** für das Einspruchsverfahren beachtet? Zu prüfen sind
- wegen § 365 Abs. 1 AO die Verfahrensvorschriften für das **Besteuerungs**verfahren, wie z. B. das **Amtsermittlungsprinzip** (§ 88 AO) und
- zusätzlich spezielle Verfahrensvorschriften in §§ 347 ff. AO, wie z. B. die **Hinzuzie-hungsvorschrift** in § 360 AO, die **Präklusionsfrist** gem. § 364 b AO und ihre Voraus-

setzungen oder die Verpflichtung in § 367 Abs. 2 Satz 2 AO, vor einer »Verböserung« **rechtliches Gehör** zu gewähren.

b) Wie kann/muss das Rechtsbehelfsverfahren **abgeschlossen** werden? (Z. B. **Einspruchsentscheidung** oder **Abhilfebescheid; wieviele Ausfertigungen; Bekanntgabe gegenüber welcher Person/welchen Personen?**)

zu a)

Das Einspruchsverfahren ist eine Fortsetzung des Verfahrens, in dem der angegriffene VA ergangen ist (sog. **verlängertes Verwaltungsverfahren**). Deshalb gelten die für den Erlass des angegriffenen VA gültigen Verfahrensvorschriften im Rechtsbehelfsverfahren entsprechend (§ 365 AO). Dies gilt auch für die Beweislastregeln (vgl. G 2.6).

> **BEISPIEL**
>
> Das Einspruchsverfahren gegen einen Steuerbescheid stellt die Fortsetzung des Besteuerungsverfahrens dar. Gemäß § 365 Abs. 1 AO hat das FA von Amts wegen zu ermitteln (§ 88 AO; vgl. auch § 367 Abs. 2 AO), den Einspruchsführer bei der Abgabe von Erklärungen zu beraten (§ 89 AO) und rechtliches Gehör vor Erlass eines weiteren VA zu gewähren (§ 91 AO; vgl. auch § 367 Abs. 2 Satz 2 AO).

Ist ein **Korrekturbescheid** mit Einspruch angegriffen, der einen bereits unanfechtbaren Steuer- oder diesem gleichgestellten Bescheid geändert hat, greift § 351 Abs. 1 AO. Das Einspruchsverfahren wird dann zu einem »verlängerten Korrekturverfahren«. Bei der Begründetheit des Einspruchs ist u. a. die Frage zu klären, ob das Korrekturrecht den Erlass des angegriffenen Korrekturbescheids ermöglicht hat.

Ist ein **Folgebescheid** mit Einspruch angegriffen, kann der Ef in diesem Verfahren mit Argumenten gegen einen Grundlagenbescheid nicht gehört werden (§ 351 Abs. 2 AO). Solche Argumente sind dem Einspruchsverfahren gegen den Grundlagenbescheid vorbehalten. Im Einspruch gegen den Folgebescheid kann in Zusammenhang mit dem Grundlagenbescheid nur vorgetragen werden, dass der Grundlagenbescheid nichtig oder nicht wirksam bekanntgegeben, oder die Bindungswirkung oder die Verjährung des Grundlagenbescheids verkannt worden sei (§ 182 AO).

Aus praktischen Gründen prüft man § 351 Abs. 1 und 2 AO bei der Begründetheit des Einspruchs. In der Praxis werden aber Einsprüche, die § 351 Abs. 1 AO verletzen, als (ganz oder zum Teil) unzulässig verworfen (§ 358 AO). Bei Verstoß gegen § 351 Abs. 2 AO kommt es dagegen zur Abweisung als unbegründet.

Gem. § 365 Abs. 1 AO sind auch die Vorschriften über die **Handlungsfähigkeit** und die **Vertretung** im Rechtsbehelfsverfahren zu beachten (§§ 79, 34, 80 AO).

Die »normalen« Verfahrensvorschriften werden im Einspruchsverfahren ggf. durch spezielle Verfahrensvorschriften in §§ 347 ff. AO verdrängt.

> **BEISPIELE**
>
> a) Das FA kann (nur) im Einspruchsverfahren mit Ausschlusswirkung **Fristen zum Tatsachenvortrag durch den Stpfl.** setzen (§ 364 b AO, s. 10.1) und berücksichtigt dann verspätet bekanntgewordene Tatsachen, die für den Ef günstig sind, in der EE nicht – gegen §§ 85, 88 AO,
>
> b) Das Steuergeheimnis (§ 30 AO) verhindert z. B. die **Hinzuziehung Dritter** zum Veranlagungsverfahren eines Stpfl., während dies unter den Voraussetzungen des § 360 AO im Einspruchsverfahren nicht der Fall ist (vgl. aber auch § 174 Abs. 5 AO).

FALL 64

(Kalender 12 im Anhang)

Der 12-jährige Unternehmenserbe greift seinen am 24. 02. 12 zur Post gegebenen und korrekt adressierten USt-Bescheid mit einem Schreiben vom 28. 03. 12 an, das mit »Widerspruch« überschrieben ist und bei der Frühleerung am 03. 04. 12 im Amtsbriefkasten vorgefunden wird (kein »Nachtbriefkasten«).

Ist der Rechtsbehelf zulässig?

10.1 Befristung des nachträglichen Tatsachenvortrags (»Präklusionsrecht des FA«) gem. § 364 b AO

Wenn der Ef entscheidungserhebliche Umstände dem FA nicht mitteilt oder Urkunden nicht vorlegt und dadurch das Einspruchsverfahren verzögert, kann das FA nach seinem Ermessen eine angemessene Frist setzen. Nach AEAO § 364 b Nr. 1 soll das FA von der Präklusion »insbesondere« in Fällen von Einsprüchen gegen Vollschätzungsbescheide Gebrauch machen.

Die **Fristsetzungsmöglichkeit im Ermessen des FA** betrifft (nur)

- Abs. 1 Nr. 1: die **Angabe von Tatsachen** (z. B. Begründung des Einspruchs, Höhe des Gewinns und von Einnahmen, Aufwänden, sonstige Besteuerungsgrundlagen)
- Abs. 1 Nr. 2: die **Erklärung »über bestimmte klärungsbedürftige Punkte«** (damit ist insbesondere gemeint, dass der Ef einen bestimmten Antrag stellen soll)
- Abs. 1 Nr. 3: die **Bezeichnung von Beweismitteln und ihre Vorlage** (§§ 92, 97 AO, z. B. von Werbungskosten-Belegen, von Bilanz und GuV, Bescheinigungen).

Die Fristsetzung hat nur dann Ausschlusswirkung, wenn sie **angemessen** (i. d. R. mindestens 1 Monat) und mit einer **Belehrung** über die Ausschlusswirkung versehen ist (diese muss also gleichzeitig ergehen), § 364 b Abs. 3 AO. Die Frist ist verlängerungs- und wiedereinsetzungsfähig (Einzelheiten in AEAO § 364 b Nr. 4). Nach sehr umstrittener Verwaltungsmeinung kann der Stpfl. die Fristsetzung nicht direkt mit Einspruch angreifen. Die Vorschrift will das Einspruchsverfahren zügiger machen und nicht verdoppeln bzw. verlängern.

Lässt der Ef diese wirksam gesetzte Frist verstreichen, tritt gem. Abs. 2 [a. a. O.] Präklusion **(Ausschluss)** ein, d. h. eventuell **verspätet vorgetragene, aber fristbefangene Tatsachen dürfen zu Gunsten des Ef im Einspruchsverfahren nicht berücksichtigt werden;** diese Umstände kommen also bei der Begründetheitsprüfung des Einspruchs nicht in Betracht (ebensowenig bei einer schlichten Änderung gem. § 172 Abs. 1 Satz 2 letzter Halbsatz AO). Das FA hat insoweit keine Wahlmöglichkeit. Dies ist nur dann anders, wenn der Stpfl. zulässig Klage eingelegt hat (BFH vom 13. 05. 2004 BStBl II 2004, 833, AEAO § 364b Nr. 5).

10.2 Hinzuziehung zum Verfahren gem. § 360 AO

Es ist zwischen »**einfacher**« (Abs. 1) und »**notwendiger**« Hinzuziehung (Abs. 3) zu unterscheiden.

- Für die **einfache Hinzuziehung** genügt, dass »rechtliche Interessen« des Dritten im Einspruchsverfahren des Ef. »berührt« sind (wie z. B. grundsätzlich beim Ehegatten im Zusammenveranlagungsfall, der selbst nicht Einspruch eingelegt hat).
- Für die **notwendige Hinzuziehung** (Abs. 3) ist erforderlich, dass die Entscheidung des eingelegten Einspruchs nur einheitlich, unter Einbeziehung von Dritten (auch gegen diese) stattfinden kann. Insoweit geht es vor allem um einheitliche Feststellungen (§ 179 Abs. 2 Satz 2 AO), wo jeder, der gem. § 352 AO einspruchsbefugt ist, zum (zulässigen)

Einspruch des/der anderen Einspruchsbefugten hinzugezogen werden muss, s. o. 9.3. Bei der Veranlagung von Ehegatten zur ESt ist die Hinzuziehung nur dann eine notwendige, wenn es um die Frage geht, ob eine Einzel-, eine besondere, eine getrennte oder eine Zusammenveranlagung durchzuführen ist (§ 26 EStG, vgl. BFH vom 17. 02. 2000 BStBl II 2000, 354).

Die Hinzuziehung ist (für den Ef und den Hinzugezogenen) ein **einspruchsfähiger VA** (§ 347 Abs. 1 Nr. 1 AO). Der **Hinzugezogene** kann **dieselben Rechte wie der Ef** geltend **machen** (Abs. 4). Die **Fehlerfolge** (der Nicht-Hinzuziehung) ist lediglich, dass das FG das Verfahren an das FA zur Nachholung der Hinzuziehung zurückverweist, oder die Hinzuziehung (als Beiladung gem. § 60 FGO) selbst vornimmt (nachholt).

Die **Hinzuziehung gem. § 360 AO hat andere Voraussetzungen** als die Hinzuziehung gem. § 174 Abs. 5 AO, s. u. L 8.2.

10.3 Wiederaufrollung des gesamten Falles und Verböserungsmöglichkeit gem. § 367 Abs. 2 AO

Der **Einspruch** führt zu einer **Wiederaufrollung des gesamten Falles,** auch wenn der Stpfl. nur einen Teil des angegriffenen VA für unrichtig hält bzw. der Antrag sich nur auf einen Teil des angegriffenen VA bezieht (§ 367 Abs. 2 Satz 1 AO). Eine Einschränkung des Einspruchsverfahrens bzw. des Überprüfungsrechts des FA auf (unselbstständige) Teile des VA ist rechtlich nicht möglich.

> **BEISPIEL**
>
> Greift der Stpfl. seinen ESt-Bescheid mit der Begründung an, die Einkünfte aus nichtselbstständiger Arbeit seien zu hoch festgestellt, ist auch eine Überprüfung der anderen Einkünfte, der Sonderausgaben usw. ohne weiteres möglich. Richtet sich ein Rechtsbehelf aber nur gegen einen VA, der mit anderen VA zusammen einen »Sammel-VA« bildet, so sind die anderen VA von diesem Rechtsbehelf nicht berührt (vgl. 3.1.2 und D 1.6).

Der Gesetzgeber hat wegen der Wiederaufrollung des gesamten Falles zugelassen, dass das FA den angegriffenen VA auch zu Ungunsten des Einspruchsführers ändert (»**verbösert«**). Vorher ist allerdings dem Stpfl. rechtliches Gehör zu gewähren (»**Verböserungshinweis«** gem. § 367 Abs. 2 Satz 2 AO). Im Verböserungshinweis muss das FA den Einspruchsführer auf die konkrete beabsichtigte Änderung hinweisen. Außerdem muss der FA dem Einspruchsführer eine angemessene Frist (i. d. R. ein Monat) für eine eventuelle Rücknahme seines Einspruchs einräumen (§ 362 Abs. 1 AO). Die Rücknahme verbraucht den eingelegten Rechtsbehelf, so dass danach eine (verbösernde) Einspruchsentscheidung nicht mehr möglich ist.

> **BEISPIEL**
>
> Der Stpfl. macht mit seinem Einspruch nachträglich 2 000 € Werbungskosten bei den Einkünften aus Vermietung und Verpachtung geltend. Die Ermittlungen ergeben zwar die Richtigkeit dieser Angaben, jedoch stellt das FA gleichzeitig fest, dass versehentlich beschränkt abzugsfähige Lebensversicherungsbeiträge ohne Rücksicht auf die Höchstbetragsregelung um 3 000 € zu hoch zum Abzug zugelassen wurden.
> **LÖSUNG** Das FA wird den Stpfl. unter Angabe von Gründen darauf hinweisen, dass es den Einspruch zurückweisen und den zu versteuernden Einkommensbetrag um 1 000 € erhöhen wird (§ 367 Abs. 2 Satz 2 AO), sofern er den Einspruch nicht binnen einer angemessenen Frist zurücknimmt.

> Dem kann der Stpfl. entgegenwirken, indem er seinen Einspruch zurücknimmt. Damit entfällt
> für das FA die Möglichkeit der Wiederaufrollung des Steuerfalls. Es kann den Fehler jedoch
> eventuell unter den engen Voraussetzungen des Korrekturrechts korrigieren (vgl. L).

Die Verböserungsmöglichkeit ist keine Spezialität des steuerlichen Einspruchsverfahrens. Sie gilt vielmehr generell in außergerichtlichen Rechtsbehelfsverfahren über öffentlich-rechtliche Ansprüche, jedoch nicht im gerichtlichen Verfahren.

Ob das Finanzamt das Prinzip der Wiederaufrollung des gesamten Falles und die Verböserungsmöglichkeit **missbrauchen** kann, ist umstritten. In der Praxis wird der Vorwurf gelegentlich erhoben, wenn das FA (der Veranlagungsbezirk) das Besteuerungsverfahren oberflächlich durchgeführt oder z. B. über fehlende Belege großzügig hinweggesehen hat, aber dann im Einspruchsverfahren (Rechtsbehelfstelle) penibel untersucht und auf die exakte Einhaltung aller Bestimmungen besteht. U. E. verläuft die Missbrauchsgrenze dort, wo das Finanzamt das Prinzip des § 367 Abs. 2 AO benutzt, um von der Einlegung von Einsprüchen abzuschrecken. Uns ist aber kein Fall bekannt, in dem ein Finanzgericht umfassende Ermittlungen des Finanzamtes in Einspruchsverfahren als treuwidrig beanstandet hätte. Die intensive Behandlung des Falles im Einspruchsverfahren liegt im Einklang mit dem Gesetz. Das Gesetz will (§ 367 Abs. 2 AO), dass im Einspruchsverfahren, das nach dem Willen des Ef aus der Masse der Besteuerungsfälle herausgehoben ist, gründlich und umfassend untersucht wird.

10.4 Korrektur- oder Ersetzungsbescheid während des Einspruchsverfahrens, §§ 132, 365 Abs. 3 AO

Da das FA gem. § 132 AO das Korrekturrecht (§§ 129–131, 172–177 AO) immer und überall beachten muss, sind die Auswirkungen einer Korrektur des angegriffenen VA während des anhängigen Einspruchsverfahrens zu bedenken.

Der **Zeitpunkt der Korrektur** ist gesetzlich nicht vorgeschrieben, also in das Ermessen des FA gestellt. Das FA kann z. B. auch die Anwendung der Korrekturvorschrift bis zum Ergehen der Einspruchsentscheidung hinausschieben (vgl. z. B. § 164 Abs. 2 Satz 3 AO).

> **BEISPIEL**
>
> Während des Einspruchsverfahrens gegen den ESt-Bescheid, den der Ef. wegen Sonderausgaben und außergewöhnlichen Belastungen führt, wird der einheitliche Gewinnfeststellungsbescheid für die KG geändert, an welcher der Ef als Kommanditist beteiligt ist. Der Gewinnanteil des Ef erhöht sich von 150 000 auf 165 000 €.
> **LÖSUNG** Das FA kann den Änderungsbescheid (§ 175 Abs. 1 Satz 1 Nr. 1 AO, vgl. L 9.1) bereits während des Einspruchsverfahrens erlassen (§ 132 AO). Wenn die Auswirkung – anders als im vorliegenden Beispiel – steuerlich geringfügig ist, kann es mit der Auswertung der Änderungsmitteilung des Betriebs-FA auch bis zum Erlass der Einspruchsentscheidung warten.

Wenn das FA **während des Einspruchsverfahrens einen Korrekturbescheid erlässt,** wird der Korrekturbescheid gem. § 365 Abs. 3 AO zum neuen Streitgegenstand, ohne dass dazu vom Stpfl. oder vom FA eine Erklärung abgegeben wird, und gleichgültig, ob die Veränderung für den Ef günstig oder ungünstig ist. Weder das FA, noch der Ef können dies verhindern. Man spricht von der **automatischen Streitgegenstandsauswechslung** (zum Begriff des Streitgegenstands vgl. 3.1.2).

Wenn das Gesetz diese Regelung nicht getroffen hätte, würde der Einspruch gegen den angegriffenen Bescheid im Zeitpunkt von dessen Korrektur wegen Wegfalls der Beschwer

(§ 350 AO) unzulässig. Der Korrekturbescheid hebt ja die Wirkungen (insbesondere auch die belastenden) des angegriffenen Bescheids auf (»Ummantelungstheorie«, vgl. L 1). Beim Teilwiderruf oder der Teilrücknahme gem. §§ 130, 131 AO bleibt dagegen der angegriffene VA wenigstens zum Teil erhalten. Insoweit ist eine »automatische Streitgegenstandsauswechslung« nicht erforderlich und findet daher auch nicht statt (vgl. AEAO § 365 Nr. 2 Abs. 2).

Entsprechendes gilt für den Fall der »Ersetzung« des ursprünglich angefochtenen VA durch einen anderen VA während des Einspruchsverfahrens. Ein erneuter Einspruch gegen den Korrektur- oder Ersetzungsbescheid ist rechtlich nicht möglich, wenn der Einspruch im Zeitpunkt der Korrektur bzw. Ersetzung zulässig war, § 365 Abs. 3 AO. Dies gilt auch, wenn das FA die Rechtsbehelfsbelehrung im zweiten Bescheid nicht gestrichen hat.

BEISPIELE

a) Der Unternehmer hat den USt-Vorauszahlungsbescheid für das 4. Quartal angefochten. Während dieses Einspruchsverfahrens ergeht die USt-Festsetzung für das betreffende Kalenderjahr.
Die Jahressteuerfestsetzung ersetzt den Vorauszahlungsbescheid, der für die Zukunft keine Wirkung mehr entfaltet und »erledigt« ist (§ 124 Abs. 2 AO). Das Einspruchsverfahren setzt sich gem. § 365 Abs. 3 AO über die Jahressteuerfestsetzung fort. Erneuter Einspruch ist weder erforderlich noch möglich (BFH vom 04. 11. 1999 BStBl II 2000, 454; AEAO § 365 Nr. 2).

b) Der angefochtene USt-Bescheid ist wegen eines schweren Adressierungsfehlers nichtig. Während des Einspruchsverfahrens erlässt das FA den Bescheid neu und macht diesmal bei der Adressierung alles richtig.
Gestritten werden kann jetzt nur noch über diesen (neuen) Bescheid, § 365 Abs. 3 AO.

§ 365 Abs. 3 AO ist – bei verfassungskonformer Auslegung der Vorschrift – nur anwendbar, wenn das **ursprüngliche Einspruchsverfahren zulässig** war; sonst würde die Unzulässigkeit des Einspruchs gegen den ersten VA automatisch auf den Einspruch gegen den zweiten (Korrektur- oder Ersetzungs-)VA abfärben. Im Ergebnis könnte der Stpfl. gegen den zweiten VA nicht erfolgreich Einspruch führen; dies würde dem Rechtsstaatsprinzip widersprechen (Art. 20, 28, 3 Abs. 1 GG; im Ergebnis ebenso BFH vom 13. 04. 2000 BStBl II 2000, 490; AEAO § 365 Nr. 2). Da der Ef nie sicher sein kann, ob sein ursprünglicher Einspruch zulässig war, ob also § 365 Abs. 3 AO greift oder nicht, empfiehlt es sich für die Praxis eventuell doch, sicherheitshalber (»vorsorglich«) Einspruch gegen den Korrektur- oder Ersetzungs-VA einzulegen. Denn wenn sich die Unzulässigkeit des ursprünglichen Einspruchs erst spät herausstellt, liegt zwar eventuell ein Grund für die Wiedereinsetzung in die versäumte Einspruchsfrist gegen den zweiten VA vor (§ 110 Abs. 1 AO). Die Wiedereinsetzung könnte aber an der Ausschlussfrist des § 110 Abs. 3 AO scheitern. Dem Ef entsteht durch den vorsorglichen Einspruch gegen den zweiten VA kein Nachteil, auch wenn der Einspruch gem. § 365 Abs. 3 AO unnötig bzw. unzulässig sein sollte:

Legt der Ef gegen den Korrekturbescheid (fälschlicherweise) Einspruch ein, wird dieser »Einspruch« in der Praxis kommentarlos als rechtlich unbeachtliche Bestätigung, dass der Einspruch aufrecht erhalten bleibe, zu den Akten genommen. Wenn aber der Ef auf einer separaten Entscheidung über seinen »neuen« Einspruch besteht, wird dieser neue Einspruch als unzulässig verworfen, weil über **einen** Streitgegenstand nicht mehrere Rechtsbehelfsverfahren geführt werden können (vgl. 3.1.2).

Wenn ein **Sammel-VA** vollumfänglich angegriffen ist (D 1.6), und das FA hebt einen belastenden VA aus der Mehrzahl dieser VA ersatzlos auf, liegt insoweit ein Voll-Abhilfebescheid i. S. d. § 367 Abs. 2 Satz 3 AO vor; die restlichen VA bleiben im Streit, ohne dass § 365 Abs. 3 AO zu prüfen wäre (BFH vom 06. 08. 1996 BStBl II 1997, 79).

11 Die Entscheidung über den Rechtsbehelf

11.1 Einspruchsentscheidung, § 367 AO

§ 367 Abs. 1 Satz 1 AO sieht als Regelfall für den Abschluss des Einspruchsverfahrens den Erlass einer Einspruchsentscheidung vor. Die Einspruchsentscheidung kann inhaltlich von der Aufhebung des angegriffenen VA bis zu seiner »Verböserung« reichen (§ 367 Abs. 2 AO, vgl. 10.3). Infolge des Grundsatzes der »Wiederaufrollung des gesamten Falles« im Einspruchsverfahren (§ 367 Abs. 2 Satz 1 AO) ist das FA nicht an den Antrag des Ef gebunden. Es kann über den Antrag des Ef hinausgehen, hinter ihm zurückbleiben oder gegen den Antrag entscheiden und verbösern.

Ist der Einspruch **unzulässig, verwirft** ihn das FA per Einspruchsentscheidung (§ 358 AO). Ist der Einspruch zulässig, aber **unbegründet,** wird er **ab-** oder **zurückgewiesen.**

Nach **Streitgegenstandsauswechslung** (§ 365 Abs. 3 AO) ergeht die Einspruchsentscheidung über den neuen Streitgegenstand. Es kann z. B. sein, dass der Einspruch gegen den zunächst angegriffenen ursprünglichen Steuerbescheid unbegründet war, gegen den während des Einspruchsverfahrens ergangenen Korrekturbescheid (§ 365 Abs. 3 AO) aber begründet ist, weil keine Korrekturvorschrift erfüllt war – und umgekehrt.

> **BEISPIEL**
>
> Das FA hat während des Einspruchsverfahrens den Vorbehalt der Nachprüfung im angegriffenen Bescheid aufgehoben. Die Einspruchsentscheidung des FA bezieht sich jedoch ausdrücklich auf den (ursprünglichen) Vorbehaltsbescheid und erwähnt die Aufhebung des Vorbehalts an keiner Stelle.
> **LÖSUNG** Die Endgültigstellung des Bescheides bewirkt eine Streitgegenstandsänderung gem. § 365 Abs. 3 AO (s. 10.4). Neuer Streitgegenstand ist der endgültige Bescheid. Die Einspruchsentscheidung des FA »geht ins Leere« und muss auf Klage hin schon allein deshalb aufgehoben werden (BFH vom 26. 02. 2002 BStBl II 2002, 112).

Stand der angegriffene VA unter dem **Vorbehalt der Nachprüfung,** kann dieser Vorbehalt in der Einspruchsentscheidung aufrechterhalten werden, sofern zwischenzeitlich keine abschließende Prüfung i. S. d. § 164 Abs. 3 AO (vgl. §§ 193 ff. AO) stattgefunden hat. Das Rechtsbehelfsverfahren selbst ist keine abschließende Prüfung i. S. d. § 164 Abs. 3 AO, trotz des Wortlauts in § 367 Abs. 2 Satz 1 AO. Diese Vorschrift soll nur klarstellen, dass das FA bei seiner Entscheidung nicht an Anträge des Rechtsbehelfsführers gebunden ist und unabhängig hiervon die »richtige« Steuer zum Ende des Rechtsbehelfsverfahrens festsetzen kann (s. 10). Wird der VdN nicht ausdrücklich aufgehoben, bleibt er wirksam (BFH vom 01. 08. 1984 BStBl II 1984, 788; vgl. G 5.1.1).

Wird der **Vorbehalt** in der Einspruchsentscheidung (ausdrücklich) **aufgehoben** (§ 164 Abs. 3 AO), muss dies nicht begründet werden; auch die Setzung des Vorbehalts war ja nicht begründungspflichtig (§ 164 Abs. 1 Satz 1 AO). Nach BFH vom 10. 07. 1996 BStBl II 1997, 5 braucht das FA allein wegen der Aufhebung des Vorbehalts keinen Verböserungshinweis vor Erlass der Einspruchsentscheidung zu geben (§ 367 Abs. 2 Satz 2 AO), weil die Endgültigstellung keine Verschlechterung der Rechtsposition des Ef darstelle, sondern sozusagen »neutral« sei.

Die Rechtsprechung (BFH vom 12. 06. 1980 BStBl II 1980, 527) lässt zu, dass das FA im umgekehrten Fall die Einspruchsentscheidung über einen **endgültigen VA ohne Zustimmung** des Rechtsbehelfsführers unter **VdN** setzt. Da es sich hier nach BFH vom 12. 06. 1980 BStBl II 1980, 527 um eine Verböserung handelt (handeln kann), muss vorher rechtliches Gehör gem. § 367 Abs. 2 Satz 2 AO gewährt werden (AEAO § 367 Nr. 5). Abhilfebescheide können in solchen Fällen aber nur mit Zustimmung des Rechtsbehelfsführers unter den VdN gestellt werden (BFH vom 30. 10. 1980 BStBl II 1981, 150, AEAO a. a. O., allerdings zu einer Abhilfe im gerichtlichen Rechtsbehelfsverfahren).

Wenn das FA einen **Einspruch abweist**, lautet der **Entscheidungssatz (»Tenor«)** in der Einspruchsentscheidung:

a) Bei **Unzulässigkeit** des Einspruches (§ 358 AO): »Der Einspruch wird (als unzulässig) **verworfen**«;

b) Bei **Unbegründetheit** des Einspruchs: »Der Einspruch wird (als unbegründet) **zurückgewiesen**«.

Die Einspruchsentscheidung muss seit der Änderung des § 366 AO durch das Steueränderungsgesetz 1992 **nicht mehr zugestellt** werden (§§ 366, 122 Abs. 5 AO, §§ 2ff. VwZG). Bekanntgabe durch einfachen Brief genügt.

Haben **mehrere Personen** Einsprüche eingelegt, so muss grundsätzlich jedem von ihnen eine **eigene Ausfertigung** der Einspruchsentscheidung bekanntgegeben werden. Dies ist auch dann der Fall, wenn mehrere Ef einen gemeinsamen **Empfangsbevollmächtigten** benannt haben. Haben mehrere Ef dagegen einen gemeinsamen **Verfahrensbevollmächtigten** (z. B. einen Steuerberater, der für sie im Rechtsbehelfsverfahren als Vertreter auftritt), genügt entsprechend § 8 Abs. 1 Satz 3 VwZG die Bekanntgabe einer Ausfertigung der Einspruchsentscheidung für alle Beteiligten (AEAO § 122 Tz. 3.3.1).

11.2 Teil-Einspruchsentscheidung und Entscheidung durch Allgemeinverfügung, § 367 Abs. 2a, 2b AO

Gem. § 367 Abs. 2a Satz 1 AO kann das FA nach seinem Ermessen statt einer Einspruchsentscheidung über den gesamten Streitgegenstand auch zunächst nur eine **Teil-Einspruchsentscheidung** erlassen, wenn dies zweckdienlich ist. Das ist z. B. dann der Fall, wenn nur ein Teil des Streits »entscheidungsreif« ist, andere Fragen aber voraussichtlich noch längere Zeit ungeklärt bleiben werden, oder wenn sich der Einspruchsführer unter anderem auf einen Musterprozess beim BFH, BVerfG oder EuGH beruft, der noch andauert (AEAO § 367 Nr. 6.1). In der Teil-Einspruchsentscheidung ist genau anzugeben, welche Punkte bzw. Fragen noch »offen« bleiben (§ 367 Abs. 2a Satz 2 AO). Ist die Entscheidung insoweit unklar oder widersprüchlich, ist sie nichtig (§ 119 Abs. 1 AO). Statt der Teil-Einspruchsentscheidung kann auch eine Teilabhilfe erfolgen, wenn der Einspruch insoweit zulässig und begründet ist (§ 172 Abs. 1 Nr. 2 Buchstabe a AO, s. 11.3). Die Teilbeendigung des Einspruchs bedeutet für den Einspruchsführer (sofern er nicht Klage einlegt), dass er nach Unanfechtbarkeit hinsichtlich des entschiedenen Einspruchsteils weder Begründung noch Antrag erweitern kann.

Hat sich der Stpfl. im Einspruchsverfahren auf einen Musterprozess vor dem BFH, BVerfG oder EuGH berufen und geht der Musterprozess ungünstig für den Kläger aus, können die Finanzminister bzw. -senatoren der Länder nach ihrem Ermessen im BStBl I und im Internet eine **Allgemeinverfügung** veröffentlichen, wonach Einsprüche, die sich ganz oder zum Teil auf den Musterprozess beziehen, hiermit insoweit abgewiesen werden (§ 367 Abs. 2b

AO). Steht fest, dass sich der Einspruchsführer ausschließlich auf den Musterprozess beim BFH, BVerfG oder EuGH stützt, ist damit das Einspruchsverfahren komplett beendet. Dasselbe gilt, wenn das FA schon vorher eine Teil-Einspruchsentscheidung erlassen und nur die dem Musterprozess unterliegende Frage offen gelassen hat (AEAO § 367 Nr. 7.2). Beruft sich dagegen der Einspruchsführer noch auf andere Gründe oder lässt er dies offen, muss das FA den restlichen Einspruch durch individuelle Einspruchsentscheidung abweisen, wenn es den Einspruch insoweit für unzulässig oder unbegründet hält.

Gewinnt der Kläger den Musterprozess vor dem BFH, BVerfG oder EuGH, können die Einspruchsverfahren der Stpfl., die sich auf diesen Musterprozess berufen haben, nur individuell beendet werden (i. d. R. durch Abhilfeentscheidung, s. 11.3).

11.3 Erledigung durch Abhilfebescheid, § 367 Abs. 2 Satz 3 AO

Wenn die Finanzbehörde dem **Einspruch stattgeben** möchte, so kann sie statt einer förmlichen Einspruchsentscheidung einen **Abhilfebescheid** erlassen. Nach Verwaltungsmeinung handelt es sich um einen korrekturrechtlichen Bescheid, der je nach Einzelfall auf §§ 172 Abs. 1 Satz 1 Nr. 2 Buchst. a, 164 Abs. 2, 165 Abs. 2 oder §§ 129 bis 131 AO beruht. Der Abhilfebescheid erledigt das Einspruchsverfahren in einfachster Weise (§ 367 Abs. 2 Satz 3 AO). Auf diese Erledigung des Verfahrens soll in den Gründen des Abhilfebescheids hingewiesen werden. Der Abhilfebescheid, welcher **voll** abhilft, ist erneut mit dem Einspruch anfechtbar.

Teilabhilfe ist möglich (vgl. »insoweit« in § 367 Abs. 2 Satz 3 AO). Teilabhilfe erledigt den Einspruch aber nicht ganz. Es muss noch eine Einspruchsentscheidung ergehen. Das ursprüngliche Einspruchsverfahren ist noch anhängig. Der Teilabhilfebescheid kann folglich nicht mit einem weiteren Einspruch angegriffen werden; vgl. § 365 Abs. 3 AO. Der Teilabhilfebescheid wird »Streitgegenstand« des bereits laufenden Rechtsbehelfsverfahrens (s. 10.4, »automatische Auswechslung des Streitgegenstands«). Legt der Stpfl. doch Einspruch gegen den Teilabhilfebescheid ein, wird dies als rechtlich unbeachtliche Bestätigung des anhängigen Einspruchs ausgelegt.

12 Aussetzung und Aufhebung der Vollziehung (AdV), § 361 AO

Der Rechtsbehelf selbst hemmt die Vollziehung des angegriffenen VA nicht. Der VA ist vom Stpfl. trotz des Einspruchs zu befolgen (§ 361 Abs. 1 AO). Will der Stpfl. vorläufigen Rechtsschutz vor der Forderung des FA, so setzt dies einen eigenen VA des FA, nämlich die AdV voraus. Da die AdV eine Verschlechterung der Rechtslage des Rechtsbehelfsführers nur **vorläufig** verhindern soll, darf sie nicht dazu führen, dass das mit dem Einspruch angestrebte Ergebnis vorweggenommen und »zementiert« wird.

War der VA bereits zwangsweise oder »freiwillig« vollzogen, spricht man nicht von »Aussetzung«, sondern von »**Aufhebung« der Vollziehung**. Die Regeln des § 361 AO gelten für die Aussetzung der Vollziehung gleichermaßen wie für die Aufhebung der Vollziehung.

Zuständig für die Aussetzung eines VA des FA ist immer das FA ohne Rücksicht auf die Höhe des auszusetzenden Betrags (§ 361 Abs. 2 Satz 1 AO).

Das Aussetzungsverfahren ist eine **Eilsache** (AEAO § 361 Nr. 3.1)

12.1 **Verhältnis der AdV zur Stundung (§ 222 AO)**

Der **Anwendungsbereich** der beiden Institute ist unterschiedlich. Die Stundung bezieht sich nur auf Zahlungsansprüche, die AdV auf alle Arten von vollziehbaren VA. Der Anwendungsbereich der AdV ist also weiter als der der Stundung. Z. B. kann ein Gewinnfeststellungsbescheid nicht gestundet, wohl aber seine Vollziehung ausgesetzt werden. Auch die Anordnung einer Außenprüfung (§ 196 AO) kann nur ausgesetzt, nicht gestundet werden.

Die **Voraussetzungen** sind unterschiedlich. Ist ein Rechtsbehelf eingelegt, können die Voraussetzungen beider Institute vorliegen; nach Verwaltungsmeinung soll dann vorrangig AdV gewährt werden (AEAO § 361 Tz. 1.4). Ist der Bescheid unanfechtbar, kommt nur eine Stundung in Frage.

12.2 **Voraussetzungen der AdV**

Für eine AdV müssen folgende Voraussetzungen vorliegen:
- Anfechtung des VA mittels Einspruchs oder Klage.
- Der angefochtene VA ist vollziehbar.
- Ein Aussetzungsgrund liegt vor.

Zur Frage, ob die AdV eine Ermessensentscheidung ist, s. u. 12.3.

a) **Anfechtung des VA**

Voraussetzung für die AdV ist, dass der VA mit Einspruch angegriffen ist. Der Antrag auf Feststellung der Nichtigkeit gem. § 125 Abs. 5 AO z. B. ist kein Rechtsbehelf; also kann in diesem Verfahren keine AdV gewährt werden (vielmehr nur die an äußerst strenge Voraussetzungen geknüpfte »einstweilige Anordnung« durch das Finanzgericht gem. § 114 FGO). Auch im Antragsverfahren auf »schlichte Änderung« (§ 172 Abs. 1 Satz 1 Nr. 2 Buchst. a AO) gibt es keine AdV.

b) **Vollziehbarkeit des angefochtenen VA**

In der Regel sind VA vollziehbar. Insbesondere das auf Zahlung gerichtete Leistungsgebot im Steuerbescheid kann durch die in §§ 249 ff. AO geregelte Vollstreckung vollzogen werden.

> **BEISPIELE**
>
> a) Grundlagenbescheide (z. B. Gewinnfeststellungsbescheide) sind vollziehbar dadurch, dass sie in den Folgebescheid »eingebaut« werden. Vgl. zur AdV von Grundlagenbescheiden § 361 Abs. 3 AO und Tz. 12.6.
>
> b) Der Widerruf einer Stundung ist ein vollziehbarer VA (§ 131 AO), denn er führt die Fälligkeit der Forderung des FA herbei, aus der nun (unter den üblichen Voraussetzungen) vollstreckt werden kann.
>
> c) Die Ablehnung des Antrags auf Änderung des ESt-Vorauszahlungsbescheids und auf Herabsetzung der Vorauszahlungen von 8 400 auf 6 500 € ist ein nicht vollziehbarer VA. Die Ablehnung ändert nichts am bisherigen Zustand (an der bisherigen Vollstreckbarkeit; vgl. BFH vom 27. 03. 1991 BStBl II 1991, 643).
>
> d) Der Stpfl. hat in der USt-Anmeldung 01 einen »Rotbetrag« i. H. v. 525 € geltend gemacht. Das FA stimmt nicht zu, sondern erlässt einen USt-Bescheid, in dem die USt auf 0 € festgesetzt ist. (Dagegen legt der Stpfl. Einspruch ein, mit dem Ziel der Festsetzung einer Vergütung i. H. v. 525 €.)

Der Null-Bescheid ist kein vollziehbarer VA; das FA kann aus dem Bescheid nicht vollstrecken, vgl. BFH vom 17. 12. 1981 BStBl II 1982, 149. AdV scheidet aus.

e) Der Abrechnungsbescheid gem. § 218 Abs. 2 AO (vgl. H 7) ist ein vollziehbarer VA, soweit darin eine Aufrechnung erklärt oder bestätigt wird. Vgl. BFH vom 10. 11. 1987 BStBl II 1988, 43. Weitere Beispiele im AEAO § 361 Nr. 2.3.1 und 2.3.2.

f) Die USt ist endgültig-unanfechtbar festgesetzt, aber noch nicht bezahlt. Als das FA Vollstreckungsmöglichkeiten sondiert, beantragt der Stpfl. einen Abrechnungsbescheid (§ 218 Abs. 2 AO, s. H 7), weil er meint, dass die Abschlusszahlungsschuld zwischenzeitlich durch Zahlungsverjährung erloschen sei (§§ 228ff., 47 AO). Im Abrechnungsbescheid stellt das FA aber fest, dass der Anspruch noch nicht erloschen ist. Dagegen legt der Stpfl. Einspruch ein und beantragt die Aussetzung der Vollziehung der Abschlusszahlungsschuld.
Der Abrechnungsbescheid ist (hier) ein nicht vollziehbarer VA. Er erschöpft sich in der Verneinung des Eintritts der Zahlungsverjährung. Deshalb ist der Aussetzungsantrag unzulässig (BFH vom 08. 11. 2004, AO-StB 2004, 100).

c) Aussetzungsgrund

Gem. § 361 Abs. 2 Satz 2 AO soll (Einschränkung des Ermessens) auf **Antrag** AdV gewährt werden beim Vorliegen von einem der beiden **Aussetzungsgründe:**

1. **ernstliche Zweifel** an der Richtigkeit der angegriffenen Entscheidung, **oder**
2. **unbillige Härte der Vollziehung.**

Die AdV kann **von Amts wegen** gewährt werden. Dies kommt in der Praxis kaum vor.

Ernstliche Zweifel liegen vor, wenn sich schon bei summarischer Prüfung eine »gewisse Unentschiedenheit oder Unsicherheit in der Beurteilung von Rechts- oder Tatfragen« ergibt (also hinsichtlich des möglichen Erfolgs des Einspruchs; vgl. BFH vom 10. 02. 1967 BStBl III 1967, 182). Dagegen wird **keine AdV** gewährt, wenn die Wahrscheinlichkeit gering ist, dass der angegriffene VA rechtswidrig ist, insbesondere wenn der AdV-Antrag eindeutig nur zur Verzögerung der Zahlung gestellt wurde. Für eine AdV darf aber **nicht** verlangt werden, dass mit dem **Obsiegen** des Rechtsbehelfsführers **überwiegend** zu rechnen ist. Ist der Einspruch unzulässig, kommt schon deshalb eine AdV nicht in Betracht.

Eine AdV kommt auch in Frage, wenn und soweit der Stpfl. »lediglich« **verfassungsrechtliche Gründe** gegen eine steuergesetzliche Regelung vorträgt, auf welcher der Bescheid beruht. Für die AdV ist dann nach der überwiegenden höchstrichterlichen Rechtsprechung die **Prognose** ausschlaggebend, ob das Bundesverfassungsgericht im Erfolgsfall des Verfahrens schlussendlich nur die Verfassungswidrigkeit der Vorschrift aussprechen und den Gesetzgeber zu einer Neuregelung für die Zukunft verpflichten wird, oder ob das Bundesverfassungsgericht das Gesetz oder die einzelne Bestimmung für nichtig erklären wird (§ 78 BVerfGG). Im ersteren Fall müssen die Stpfl. die verfassungswidrige Regelung hinnehmen; es besteht kein Anlass, den angegriffenen Bescheid zu ändern und die Vollziehung auszusetzen. Gelegentlich verlangt die BFH-Rechtsprechung, vor allem in Masseneinspruchsfällen, in denen hohe Steuerbeträge und damit ein geordneter Vollzug des Staatshaushalts auf dem Spiel stehen, dass der Ef ein besonderes »berechtigtes Interesse« an der AdV hat (vgl. AEAO § 361 Nr. 2.5.4). Dies ist sehr umstritten (dahingestellt im BFH-Beschluss zur »Pendlerpauschale« vom 23. 08. 2007 BStBl II 2007, 799).

In der **Praxis** unterläuft Einspruchsführern gelegentlich folgender Fehler: Sie legen »Einspruch« ein verbunden mit dem Antrag auf AdV und der Bemerkung »Gründe reiche ich nach«. In diesen Fällen kann das FA keine AdV gewähren, wenn die ernstlichen Zweifelsgründe nicht ausnahmsweise amtsbekannt sind. Wenn der Ef auf die Aufforderung des FA, Gründe vorzutragen, nicht reagiert, kann das FA den Antrag auf AdV nur ablehnen.

Die AdV wegen »**unbilliger Härte« infolge der Vollziehung** hat kaum Bedeutung, da die »unbillige Härte« nach dem Wortlaut gegen das öffentliche Interesse an der sofortigen Vollziehung des VA abgewogen werden muss. Das öffentliche Interesse an der sofortigen Vollziehung tritt nach BFH vom 19.04.1968 BStBl II 1968, 538 nur dann hinter der »unbilligen Härte« zurück, wenn »Zweifel an der Rechtmäßigkeit der angegriffenen Entscheidung« nicht ausgeschlossen werden können. Dann liegt aber bereits der Aussetzungsgrund Nr. 1 »ernstliche Zweifel« vor. Vgl. auch AEAO § 361 Nr. 2.6.

12.3 Ermessenscharakter der AdV

Die AdV ist nach Verwaltungsmeinung **Ermessenssache** (auch bzgl. des Umfangs und der Modalität Sicherheitsleistung), AEAO § 361 Nr. 2.4. Dies liegt nach dem Wortlaut der Vorschrift nahe (»kann« in Abs. 2 Sätze 1 und 5, »soll« in Abs. 2 Satz 2). Nach der Rspr. des BFH hat aber das FA – jedenfalls bei ernstlichen Zweifeln an der Richtigkeit der angegriffenen Entscheidung – keinen Ermessensspielraum (BFH GrS vom 04.12.1967 BStBl II 1968, 199, BFH vom 10.11.1994 BStBl II 1995, 814). In der Praxis **muss** das FA einem AdV-Antrag stattgeben, wenn ernstliche Zweifel an der Rechtmäßigkeit der angegriffenen Entscheidung vorliegen, außer im Einzelfall liegen ganz besondere Ausnahmeumstände vor. Nach AEAO § 361 Nr. 2.4 ist bei der Entscheidung über den Aussetzungsantrag »der gesetzliche Ermessensspielraum im Interesse des Stpfl. stets voll auszuschöpfen«.

12.4 Umfang der Aussetzung/Aufhebung der Vollziehung

Bezüglich der **Dauer der AdV** macht das Gesetz keine Aussage. In der Praxis wird die AdV regelmäßig bis zum Ablauf eines Monats nach Zustellung der Einspruchsentscheidung gewährt (und im Übrigen immer auf Widerruf, AEAO § 361 Nr. 8.2.1, 9.1). Manchmal enthält die AdV eine »längstens«-Klausel, z. B. »bis zum Eintritt der Unanfechtbarkeit der Entscheidung über den angegriffenen Bescheid, längstens bis Ablauf des Jahres …«. Dies ist zulässig.

Wie die Stundung kann die AdV von Steuerzahlungsansprüchen **frühestens ab** der **Fälligkeit** des Anspruchs ausgesprochen werden. Sie kann **rückwirkend** gewährt werden (AEAO § 361 Nr. 7.4).

Sachlich kann die Aussetzung bzw. Aufhebung der Vollziehung den ganzen mit Rechtsbehelf angegriffenen VA umfassen oder nur einen Teil von ihm (§ 361 Abs. 2 Satz 1 AO). Dies hängt davon ab, inwieweit ein Aussetzungsgrund vorliegt.

Bei **Steuerbescheiden** schränkt § 361 Abs. 2 Satz 4 AO den **Umfang** der Aufhebung der Vollziehung stark ein. Nach dem Willen des historischen Gesetzgebers sollte diese Regelung lediglich verhindern, dass das FA per AdV des Jahressteuerbescheids Vorleistungen des Stpfl. wie anzurechnende Quellensteuern und geleistete Vorauszahlungen vorläufig erstatten muss (BT-Drucksache 13/5952, 57). Der Wortlaut des Gesetzes ist aber eindeutig anders und geht deshalb vor. Nach dem Gesetzeswortlaut können auch festgesetzte, aber rückständige Vorauszahlungsbeträge nicht in der Vollziehung ausgesetzt werden (AEAO § 361 Nr. 4). Diese Regelung bzw. Auslegung ist verfassungsgemäß (BFH vom 24.01.2000 BStBl II 2000, 559). Aussetzungsfähig ist deshalb nur die festgesetzte Jahressteuer abzüglich der anzurechnenden Quellensteuern und festgesetzten Vorauszahlungen.

Die Begrenzung des aussetzungsfhigen Betrags bei der Jahressteuer gilt gem. § 361 Abs. 2 Satz 4 AO ausnahmsweise nicht, wenn dies »zur Abwendung wesentlicher Nachteile nötig erscheint«. Dann ist auch eine vorläufige Steuererstattung möglich. Dieser Ausnahmefall dürfte nur vorliegen, wenn die wirtschaftliche Existenz des Stpfl. ohne vorläufige

Erstattung ernsthaft bedroht wäre, also wenn »eigentlich« auch ein Erlass der Steuer wegen persönlicher Unbilligkeit ausgesprochen werden könnte (ähnlich AEAO § 361 Nr. 4.6.1).

BEISPIELE

a) Die GmbH hat KSt-Vorauszahlungen i. H. v. 100 000 € geleistet. Der KSt-Bescheid für dieses Jahr ergeht ebenfalls über 100 000 € KSt-Schuld. Die GmbH legt Einspruch ein und beantragt die Aufhebung der Vollziehung durch vorläufige Erstattung von 20 000 €. Zur Begründung verweist sie auf ein neues BFH-Urteil, wonach ihr doch – entgegen der Meinung des FA – eine Sonderabschreibung mit dieser steuerlichen Auswirkung zusteht.

LÖSUNG Der Antrag auf vorläufige Erstattung der KSt per Aufhebung der Vollziehung ist gem. § 361 Abs. 2 Satz 4 AO abzulehnen, außer die wirtschaftliche Existenz der GmbH hängt von der vorläufigen Steuererstattung ab.

b) Sind im obigen Beispielsfall nur 80 000 € an Vorauszahlungen festgesetzt und geleistet und bezahlt die GmbH sofort nach Erhalt des Jahressteuerbescheids über 100 000 € KSt die geforderte Abschlusszahlung i. H. v. 20 000 €, und legt sie erst danach zulässig und mit Aussicht auf Erfolg Einspruch ein mit dem Ziel der Steuersenkung auf 80 000 €, kommt eine vorläufige Erstattung der 20 000 € in Frage. § 361 Abs. 2 Satz 4 AO greift nicht, denn die vorläufig zu erstattenden 20 000 € sind weder geleistete Vorauszahlungen, noch anzurechnende Abzugsteuern.

Weitere Beispiele in AEAO § 361 Nr. 4.

FALL 65

1. Die GmbH hat laut Vorauszahlungsbescheid 40 000 € an KSt-Vorauszahlungen 01 geleistet. Im KSt-Bescheid 01 ist dann die KSt-Schuld auf 39 000 € festgesetzt. Die FK erstattet 1 000 €. Die GmbH greift den Steuerbescheid an mit der Begründung, bestimmte Rückstellungen müssten verdreifacht werden. Dadurch verringere sich der Gewinn 01 und die KSt 01 auf 26 500 €. Mit dem gleichzeitig gestellten AdV-Antrag wird die Rückzahlung von weiteren 12 500 € KSt angestrebt. Im beschriebenen Umfang liegen »ernstliche Zweifel« vor.

2. Im obigen Fall hat die GmbH von den festgesetzten Vorauszahlungen i. H. v. 40 000 € die Hälfte (= 20 000 €) bis zur Bekanntgabe des KSt-Bescheids gestundet bekommen, also nur 20 000 € bezahlt. Infolge der Festsetzung von 39 000 € KSt ergibt sich eine Abschlusszahlungsschuld i. H. v. 19 000 €. Die GmbH legt gegen den KSt-Bescheid Einspruch ein mit der Begründung wie oben und dem Ziel, die KSt auf 26 500 € herabzusetzen. Mit dem gleichzeitig gestellten AdV-Antrag möchte sie erreichen, dass sie vorläufig nur 6 500 € bezahlen muss (statt 19 000 €; AdV i. H. v. 12 500 €).

12.5 **Nebenbestimmungen im Aussetzungs-VA**

Würde die Aussetzung zu einer Gefährdung des Steueranspruchs führen, darf sie nur gegen **Sicherheitsleistung** ausgesprochen werden, §§ 361 Abs. 2 Satz 5, 120 Abs. 1 AO. Der Steueranspruch ist nicht gefährdet, wenn die »**Bonität**« des Ef gut ist (BFH vom 03. 02. 2005 BStBl II 2005, 351). Das FA darf dann bei der AdV keine Sicherheitsleistung verlangen (und zwar – entgegen der häufigen Praxis – auch nicht bei Aussetzungsbeträgen über 10 000 €). Wenn allerdings konkrete Zweifel an der Bonität des Ef bestehen, kommt es auf die **Erfolgsaussichten des Einspruchs** an. Die Gefährdung des Steueranspruchs hat umso geringere Bedeutung, je wahrscheinlicher ein Obsiegen des Stpfl. im Rechtsbehelfsverfahren ist; vgl. BFH vom 22. 12. 1969 BStBl II 1970, 127. Im Übrigen muss die Anordnung der Sicherheitsleistung (§ 241 AO) dem Grundsatz der Verhältnismäßigkeit entsprechen (Art. 20, 28 GG, AEAO § 361 Nr. 9.2.2 ff.).

In der Praxis wird die AdV regelmäßig mit einem **Widerrufsvorbehalt** versehen (wie auch bei Stundungen, vgl. AEAO § 361 Nr. 9.1). Dies ist gem. § 120 Abs. 2 Nr. 3 AO zulässig.

12.6 **AdV von Grundlagenbescheiden**

Gem. § 361 Abs. 3 AO führt die AdV des Grundlagenbescheids, soweit die Bindungswirkung reicht, zur Aussetzung des Folgebescheids.

BEISPIEL

Die A-B-OHG erklärt für das Jahr 01 einen Gewinn i. H. v. 40 000 €. Das FA stellt aber im Gewinnfeststellungsbescheid einen Gewinn i. H. v. 60 000 € fest. Die Gesellschaft legt dagegen Einspruch ein mit dem Antrag, den Gewinn auf 40 000 € zu senken. Der gleichzeitig gestellte AdV-Antrag ist begründet, weil der Einspruch Aussicht auf Erfolg hat. Die zwei Gesellschafter A und B sind an der OHG zu je 1/2 beteiligt. Der ESt-Bescheid 01 für A ist endgültig und zwischenzeitlich unanfechtbar. Der ESt-Bescheid 01 für B soll jetzt erlassen werden.

Das Betriebs-FA setzt die Vollziehung des Gewinnfeststellungsbescheids bezüglich 20 000 € aus und teilt dies der Antragstellerin und den Wohnsitzfinanzämtern der Gesellschafter mit.

Das Wohnsitz-FA von A muss nun den ESt-Bescheid 01 für A bezüglich 10 000 € zu versteuerndem Einkommen außer Vollzug setzen, obwohl er bereits unanfechtbar ist (AEAO § 361 Nr. 6). Hat A seine ESt per Abschlusszahlung schon vorher geleistet, wird ihm die anteilige ESt vorläufig erstattet (»Aufhebung der Vollziehung«). Soweit er keine Abschlusszahlung geleistet hat, ist aber die Umfangsbeschränkung für die AdV in § 361 Abs. 2 Satz 4 AO zu beachten.

Das Wohnsitz-FA von B kann den ESt-Bescheid 01 für B erlassen und muss bei der Höhe der Einkünfte aus Gewerbebetrieb von einem Gewinnanteil i. H. v. 30 000 € ausgehen (§ 361 Abs. 3 Satz 2 AO). Es muss aber von Anfang an von Amts wegen die AdV des Bescheids bezüglich der ESt aus 10 000 € zu versteuerndem Einkommen gewähren (Satz 1 [a. a. O.]), soweit dies trotz § 361 Abs. 2 Satz 4 AO möglich ist.

Nach der BFH-Rechtsprechung kommt AdV auch im Rahmen von Rechtsbehelfen gegen **Verlustfeststellungs**bescheide in Betracht, die die Feststellung eines **noch höheren Verlusts** zum Ziel haben (BFH vom 22. 10. 1980 BStBl II 1981, 99, AEAO § 361 Nr. 5.1). Würde in diesen Fällen kein Grundlagenbescheid ergehen, sondern würde die Verlustfeststellung unmittelbar im ESt-Bescheid getroffen, gäbe es nämlich keine Schwierigkeiten bei der Entscheidung über die AdV des Bescheids. Der Stpfl. soll aber aus dem »mehrstufigen Veranlagungsverfahren« (d. h. durch die Abfolge von Grundlagen- und Folgebescheiden) keine Nachteile erleiden.

AdV kommt sogar gegen »negative Feststellungsbescheide« in Frage (BFH GrS vom 14. 04. 1987 BStBl II 1987, 637, AEAO § 361 Nr. 5.1). Negative Feststellungsbescheide sind Bescheide, in denen das FA (i. d. R. entgegen der Behauptung in einer Erklärung zur einheitlichen und gesonderten Feststellung) mit Bindungswirkung für und gegen alle Beteiligten feststellt, dass keine Gesellschaft bzw. Gemeinschaft zwischen ihnen besteht, oder dass bestimmte Personen steuerlich nicht zur Gesellschaft bzw. Gemeinschaft gehören, oder dass die Gesellschaft bzw. Gemeinschaft keine steuerlich beachtlichen Einkünfte erzielt hat.

12.7 **Folgen der AdV**

Die »Vollziehung« des angefochtenen VA ist gehemmt. Wird die Vollziehung eines Grundlagenbescheids ausgesetzt, ist auch die Vollziehung von Folgebescheiden gehemmt, soweit sie an den Grundlagenbescheid gebunden sind (vgl. 12.6). Zwangsmaßnahmen (§§ 249, 251, 328 ff. AO) dürfen nicht eingeleitet oder weiterbetrieben werden.

Während der Aussetzungszeit fallen **keine Säumniszuschläge** an (§ 240 AO) und das FA darf **nicht vollstrecken** (§ 251 Abs. 1 AO). Nach ständiger BFH-Rspr. beeinflusst die AdV aber

nicht die Fälligkeit des Anspruchs. Dies ist zweifelhaft. Der Streit kann aber auf sich beruhen, denn er betrifft eigentlich nur die Frage, ob das Finanzamt während der Aussetzungszeit aufrechnen darf, was abzulehnen ist (H 3.1; zur Aufrechnung vgl. H 4.2.1. lit. c.). Der BFH kommt seit dem Urteil vom 31. 08. 1995 BStBl II 1996, 55 unter Aufgabe seiner früheren Rechtsprechung zum gleichen Ergebnis. Der Begriff »Vollziehung« umfasst auch die »Aufrechnung«. Folglich kann das FA mit dem Anspruch, dessen Vollziehung ausgesetzt ist, **nicht aufrechnen.**

Bei **rückwirkender AdV** (»Aufhebung« der Vollziehung) fallen die vorher verwirkten Sz weg (BFH vom 10. 12. 1986 BStBl II 1987, 389). War vorher gezahlt oder erfolgreich vollstreckt worden, erhält der Stpfl. durch die Aufhebung der Vollziehung einen Erstattungsanspruch. Bereits durchgeführte Vollstreckungsmaßnahmen (Pfandrechte) bleiben aber bestehen, außer ihre Aufhebung wird ausdrücklich angeordnet (§ 257 Abs. 1 Nr. 1, Abs. 2 Satz 3 AO).

Für die Zeit der Aussetzung sind eventuell Aussetzungs**zinsen** festzusetzen (§ 237 AO, H 5.3.2). Die Zinsfestsetzung kann aus technischen Gründen erst nach dem Ende der AdV erfolgen. Dabei ist die kurze Verjährungsfrist für die Festsetzung von Zinsen zu beachten, § 239 AO.

Teil K Der Amtsträger und seine Pflichten

1 Der Amtsträger, § 7 AO

In ihren einleitenden Vorschriften enthält die AO in § 7 eine Begriffsbestimmung des Amtsträgers:

a) Gem. § 7 **Nr. 1** AO sind Beamte und Richter Amtsträger ohne Rücksicht auf die Beschäftigungsbehörde. Ob jemand Beamter oder Richter ist, bestimmt sich nach den Beamtengesetzen von Bund und Ländern bzw. dem Richtergesetz. Es ist dabei unerheblich, ob man Beamter auf Lebenszeit, auf Widerruf oder auf Probe ist. Daher sind z. B. bereits Finanz- oder Steueranwärter Amtsträger. Es ist auch nicht entscheidend, ob Anstellungsbehörde der Bund, ein Land oder eine Gemeinde ist.

b) Nach § 7 **Nr. 2** AO sind auch alle Personen Amtsträger, die in einem »sonstigen öffentlich-rechtlichen Amtsverhältnis« stehen. Der Anwendungsbereich ist gering; darunter fallen beispielsweise Minister oder der Wehrbeauftragte.

c) Bedeutungsvoller ist dagegen die 3. Gruppe von Amtsträgern, nämlich die zur Wahrnehmung von Aufgaben der öffentlichen Verwaltung bestellten Personen (§ 7 **Nr. 3** AO). Hier wird nicht auf den Status einer Person abgestellt, sondern hier wird man **wegen der ausgeübten Funktion** zum Amtsträger. Als »Aufgabe der öffentlichen Verwaltung« sind nur selbstständige Tätigkeiten mit **Entscheidungsbefugnis** zu betrachten. Wer lediglich als Hilfsperson bei öffentlichen Aufgaben mitwirkt und rein mechanische Tätigkeiten ausübt, ist kein Amtsträger (AEAO § 7 Nr. 3 a. E.).

BEISPIELE

a) Wer als Angestellter des FA eine Betriebsprüfung durchführt, übt eine Aufgabe der öffentlichen Verwaltung aus und ist damit Amtsträger gemäß § 7 Nr. 3 AO.

b) Angestellte Registratur- und Schreibkräfte oder Fahrer werden, auch wenn sie im hoheitlichen Bereich des FA tätig sind, nicht zu Amtsträgern.

Soweit der Gesetzgeber in anderen Vorschriften der AO den Begriff »Amtsträger« verwendet, ist § 7 AO verbindlich.

Beispiele für solche Bestimmungen: § 30 AO (Steuergeheimnis); § 32 AO (Haftungsbeschränkungen); §§ 82 ff. AO (Ausschließung und Ablehnung von Amtsträgern); § 371 Abs. 2 AO (Ausschluss der Selbstanzeige).

FALL 66

Entscheiden Sie, ob die folgenden Personen Amtsträger sind:

1. Kantinenangestellte des Finanzamts.
2. Angestellter des Studentenwerkes, der über BAföG-Anträge zu entscheiden hat, und beim FA nach den Einkommensverhältnissen eines Studenten anfragt.
3. Phonotypistin beim FA, die Einspruchsentscheidungen tipppt.
4. Angestellter der Finanzkasse, der Geld auszahlt.
5. Hausmeister des FA (Angestellter), der alte Steuerakten verbrennt.
6. ein Finanzanwärter, der nach der Laufbahnprüfung als Angestellter zum Steuerberater geht.

2 Steuergeheimnis, § 30 AO

Im Besteuerungsverfahren gilt das »**Prinzip der gläsernen Taschen**«, d. h. der Steuerpflichtige muss den Finanzbehörden alle steuererheblichen persönlichen, wirtschaftlichen und sozialen Verhältnisse vollständig und wahr mitteilen.

BEISPIEL

Der Stpfl. muss u. a. Gewinnhöhe, Kundenlisten, Familienstand, nichteheliche Kinder, eventuell sogar Krankheiten usw. dem FA mitteilen. Diese Verpflichtung geht soweit, dass Einkünfte bzw. Umsätze aus sittenwidrigen und strafbaren Handlungen angegeben werden müssen, wenn sich daraus steuerliche Folgen ergeben, wie beispielsweise bei der gewerbsmäßigen Hehlerei (vgl. §§ 40, 90 Abs. 1 AO).

Das kann nur verlangt werden, wenn die Geheimhaltung dieser Verhältnisse sichergestellt ist. Grundsätzlich sind alle Angehörigen der öffentlichen Verwaltung zur **Amtsverschwiegenheit** verpflichtet. In Baden-Württemberg z. B. gilt dies für Landesbeamte gem. § 73 Landesbeamtengesetz Baden-Württemberg; für Angestellte gemäß § 9 Abs. 2 BAT, für Arbeiter gem. § 11 Abs. 1 Manteltarif/Land.

Eine Verletzung dieser Pflicht kann disziplinarrechtlich und u. U. gem. § 353 b Strafgesetzbuch (StGB) auch strafrechtlich geahndet werden. Dieser Schutz erschien dem Gesetzgeber aber nicht ausreichend, da die Pflicht zur Amtsverschwiegenheit eine Weitergabe von steuerlichen Verhältnissen z. B. an Gerichte nicht verhindern würde. Der Gesetzgeber hat deshalb in § 30 AO festgelegt, dass das **Steuergeheimnis** zu wahren ist. Diese Regelung geht als **Spezialvorschrift** der Verpflichtung zur Wahrung des Amtsgeheimnisses vor.

Welche **Rechtsfolge** bei einer Verletzung des Steuergeheimnisses eintritt, ist allerdings nicht in der AO geregelt, sondern (in den disziplinarrechtlichen Vorschriften und) in **§ 355 StGB**. Dort sind für vorsätzliche Verletzungen des Steuergeheimnisses Geldstrafe oder Freiheitsstrafe bis zu zwei Jahren angedroht.

2.1 Dem Steuergeheimnis unterliegender Personenkreis, § 30 Abs. 1 und 3 AO

Unter § 30 fallen
a) die Amtsträger (§ 7 AO, § 11 Nr. 2 StGB; vgl. 1), § 30 Abs. 1 AO,
b) die für den öffentl. Dienst besonders verpflichteten Personen (§ 11 Nr. 4 StGB), § 30 Abs. 3 Nr. 1 und Nr. 1a AO.
Unter den Personenkreis der besonders verpflichteten Personen fallen alle, die keine Amtsträger sind, aber nach §§ 1 und 2 des Verpflichtungsgesetzes vom 02. 03. 1974 BStBl I 1974, 380 **besonders** zur Wahrung des Steuergeheimnisses **verpflichtet** worden sind. Damit wird sichergestellt, dass z. B. auch Stenotypistinnen, oder der Hausmeister, der Steuerbescheide versendet, dem Steuergeheimnis unterliegen, obwohl sie keine hoheitliche Aufgabe wahrnehmen und damit keine Amtsträger sind. Ein zunehmend wichtiger Anwendungsbereich des § 30 Abs. 3 Nr. 1 AO betrifft die Bediensteten von Privatfirmen, auf welche Verwaltungsbehörden bestimmte Hilfstätigkeiten übertragen haben (»Outsourcing«) wie z. B. die Versendung von Steuererklärungen und -bescheiden, die Wartung von EDV-Geräten usw. (AEAO § 30 Nr. 2.3).
c) Amtlich hinzugezogene Sachverständige (z. B. Gutachter nach § 96 AO), § 30 Abs. 3 Nr. 2 AO.

d) Träger von Ämtern der Kirchen und anderen Religionsgemeinschaften des öffentl. Rechts, § 30 Abs. 3 Nr. 3 AO.

2.2 Die Verletzungstatbestandsmerkmale, § 30 Abs. 2 AO

2.2.1 Verhältnisse eines anderen, § 30 Abs. 2 Nr. 1 AO

Unter »Verhältnissen eines anderen« versteht man neben den für die Besteuerung maßgebenden Tatsachen auch alle anderen persönlichen und wirtschaftlichen Umstände des Steuerpflichtigen (§ 33 AO) oder anderer Personen, die im Besteuerungsverfahren Angaben machen müssen (z. B. von Auskunftspersonen, vgl. § 33 Abs. 2 AO). Verhältnisse eines anderen sind z. B. Einkünfte, Eigentums- und Vermögensverhältnisse, Lebensalter, religiöse und politische Einstellung, eheliche und nichteheliche Kinder, Geschäftsbeziehungen, der Name eines Anzeigerstatters.

2.2.2 Betriebs- oder Geschäftsgeheimnisse, § 30 Abs. 2 Nr. 2 AO

Ob ein geschütztes Betriebs- oder Geschäftsgeheimnis vorliegt, richtet sich danach, ob ein betrieblicher Umstand nur einem sehr kleinen Personenkreis bekannt ist, und ob der Unternehmer den berechtigten Willen hat, diese Verhältnisse geheimzuhalten, wie beispielsweise Rezepte, Fertigungsmethoden, Kundenlisten, Bezugsquellen, u. U. beabsichtigte Investitionen, Know-how.

2.2.3 Art der Kenntniserlangung

Geheimnisgeschützte Umstände liegen nur dann vor, wenn ein Steuergeheimnisträger die Verhältnisse bzw. Betriebsgeheimnisse in einem Verfahren kennen gelernt hat, das in § 30 Abs. 2 Nr. 1 Buchst. a–c AO aufgeführt ist. Gemeinsames Merkmal aller Verfahren ist, dass die Kenntnisse **dienstlich** erlangt sein müssen. Was man – auch als Amtsträger – **außerhalb** dieser Verfahren erfährt, fällt nicht unter § 30 AO, § 355 StGB.

BEISPIEL

Steuerinspektor I erfährt von dem mit ihm befreundeten Betriebsprüfer BP in der Mittagspause, dass die von BP geprüfte Firma erhebliche Zahlungsschwierigkeiten habe; StI I hat mit dieser Firma dienstlich nichts zu tun.

LÖSUNG Während BP das Steuergeheimnis verletzt hat, könnte I kein Verstoß gegen § 30 AO, § 355 StGB vorgeworfen werden, wenn er diese Verhältnisse am Stammtisch weitererzählt. Es fehlt für I die dienstliche Kenntniserlangung. Was man beim sog. »Amtsratsch« erfährt und weitergibt, fällt nicht unter § 30 AO.

FALL 67

Könnte in folgenden Fällen **wegen der Art der Kenntniserlangung** das Steuergeheimnis verletzt werden, wenn Amtsträger die erlangten Kenntnisse weiterverbreiten oder verwerten?
1. Betriebsprüfer Findig berichtet dem zuständigen Sachbearbeiter Schaffig, dass der von ihm geprüfte Unternehmer sowohl an die CDU als auch an die SPD Spenden geleistet habe.
2. Finanzanwärter Neu, der dem Veranlagungsbezirk für Körperschaften zur Ausbildung zugeteilt ist, geht in einen anderen Veranlagungsbezirk, um die Steuerakten seines Nachbarn einzusehen und erfährt so die Höhe von dessen Einkommen.
3. Zwei Sachbearbeiter haben gemeinschaftlich ein Dienstzimmer. Wenn ein Steuerpflichtiger erscheint und Angaben macht, erfährt auch der andere (unzuständige) Kollege zwangsläufig von den Verhältnissen des Steuerpflichtigen.

Wie erwähnt (s. 1) gibt es auch **außerhalb der Finanzverwaltung** Amtsträger i. S. d. §§ 7, 30 AO. Dies wird durch § 30 Abs. 2 Nr. 1 Buchst. c AO bestätigt. Danach dürfen auch die normalerweise nicht mit Steuersachen befassten Steuergeheimnisträger Tatsachen, die sie **in dienstlicher Eigenschaft** von den Finanzbehörden erfahren, nicht unbefugt offenbaren (sog. **verlängerter Schutz des Steuergeheimnisses**).

> **BEISPIEL**
>
> Ein Beamter der Landkreisverwaltung, der über Wohngeldanträge zu entscheiden hat, erhält zulässigerweise das Einkommen eines Steuerpflichtigen vom FA mitgeteilt. Der verlängerte Schutz greift ein, der Landkreisbeamte hat das Steuergeheimnis zu wahren.

2.2.4 Offenbaren oder Verwerten

Offenbaren bedeutet nicht nur die Weitergabe von Geheimnissen an andere durch Schriftstücke oder Worte; es kann auch durch schlüssiges Verhalten (z. B. durch Kopfnicken auf entsprechende Fragen) oder durch offenes Liegenlassen von Akten offenbart werden.

Allgemein bekannte Tatsachen können nicht mehr offenbart werden. Ebensowenig kann eine Mitteilung von eigenen Tatsachen des Stpfl. an diesen Stpfl. ein Offenbaren sein.

> **FALL 68**
>
> Liegt in folgenden Fällen ein Offenbaren i. S. d. § 30 Abs. 2 AO vor?
> 1. Sachbearbeiterin S lässt während der Mittagspause Akten offen auf dem Schreibtisch liegen, ohne ihr Dienstzimmer abzuschließen. Ein zufällig hereinkommender Kollege liest die offen liegenden Seiten der Akten.
> 2. Sachbearbeiter S wirft einen teilweise fehlerhaften Steuerbescheid in den Papierkorb. Beim Entleeren des Korbs liest die Putzfrau den Bescheid.
> 3. Ausbildungsleiter A verteilt für Ausbildungszwecke eine Abschrift des Gesellschaftsvertrags der (tatsächlich bestehenden) Pleite und Geier OHG an Finanzanwärter.

Neben dem Offenbaren ist auch das **Verwerten**, d. h. die Verwendung dienstlich bekannt gewordener Umstände und Geheimnisse für gewerbliche und wirtschaftliche Zwecke untersagt. Hierbei ist nicht notwendig, dass die Tatsachen einem Dritten offengelegt werden, so z. B. wenn ein Betriebsprüfer das Adressenmaterial einer Versandfirma kopiert und die Kunden im Rahmen seiner ererbten GmbH anschreibt.

> **FALL 69**
>
> Prüfen Sie, ob ein Verwerten vorliegt!
> 1. Ein Betriebsprüfer droht dem Stpfl. U, dessen Unternehmen er geprüft hat, er werde das ihm bekanntgewordene Herstellungsverfahren verraten, wenn U nicht 15 000 € Schweigegeld bezahle. U zahlt den geforderten Betrag.
> 2. Ein Betriebsprüfer entdeckt Erweiterungspläne einer Firma für ein bisher noch nicht der Firma gehörendes Gebiet. Er kauft eines der fraglichen Grundstücke auf, um sie später an die Firma teuer weiterzuverkaufen.

2.2.5 Abrufen von EDV-Daten

Schon das (unbefugte) Abrufen geschützter Daten aus dem automatisierten Verfahren verletzt das Steuergeheimnis (§ 30 Abs. 2 Nr. 3 AO) und ist damit verboten. Geschützt sind damit sämtliche persönlichen Verhältnisse sowie Betriebs- und Geschäftsgeheimnisse, soweit sie in einem Verwaltungs- oder Gerichtsverfahren in Steuersachen, Steuerstrafsachen oder

Bußgeldsachen gespeichert worden sind. Weitergabe (»Offenbaren«) oder Verwerten der abgerufenen Daten gehört nicht zum Tatbestand des Abs. 2 Nr. 3.

2.3 Unbefugtes Offenbaren, Verwerten oder Abrufen (Rechtswidrigkeit)

BEISPIEL

Steuerinspektor I von der Grunderwerbsteuerstelle des Finanzamtes teilt dem Sachbearbeiter bei der Einkommensteuer-Veranlagungsstelle mit, dass ein Stpfl. ein privates, vor 3 Jahren erworbenes Grundstück um 1,5 Mio. € verkauft hat. Die ESt-Stelle benutzt diese Angaben zur Kontrolle der ESt-Erklärung des Stpfl. (§ 23 Abs. 1 Nr. 1 EStG).

LÖSUNG I offenbart dem ESt-Sachbearbeiter Verhältnisse eines anderen, nämlich den Verkauf des Grundstücks und den Kaufpreis, und erfüllt damit den Tatbestand des § 30 Abs. 1, 2 AO. Es wäre aber ein völlig unmögliches Ergebnis, wenn Steuerinspektor I wirklich das Steuergeheimnis (rechtswidrig) verletzt hätte.

Wenn feststeht, dass der Tatbestand der Verletzung des Steuergeheimnisses erfüllt ist, ist weiter zu untersuchen, ob das Offenlegen von Tatsachen oder das Verwerten **»unbefugt«**, d. h. **rechtswidrig** geschah. Dies ist bei Vorliegen des Offenbarungstatbestands regelmäßig, bei Vorliegen des Verwertungstatbestands immer der Fall. Man sagt, dass die Tatbestandsmäßigkeit einer Handlung ihre Rechtswidrigkeit indiziert.

In Ausnahmefällen kann aber ein sog. **Rechtfertigungsgrund** für die tatbestandsmäßige Handlung vorliegen, der die Offenbarung des Steuergeheimnisses erlaubt und damit rechtmäßig macht (§§ 30 Abs. 4–6, 31, 31 a, 31 b AO). Man formuliert dann so: Der Amtsträger hat zwar das Steuergeheimnis verletzt; die Tat ist aber nicht rechtswidrig.

Man kann dies aufgrund einer andersartigen systematischen Betrachtung (§ 30 AO als »offener Tatbestand«) auch anders formulieren: Der Amtsträger hat das **Steuergeheimnis nicht unbefugt verletzt.** Bei dieser Betrachtung ist der Tatbestand der Steuergeheimnisverletzung nur erfüllt, wenn sie **unbefugt** geschieht. (Das Merkmal »unbefugt« wird als Tatbestandsteil verstanden.) Die Befugnis bestimmt sich aber auch hier nach §§ 30 Abs. 4 bis 6, 31, 31 a, 31 b AO. Beide systematischen Betrachtungsweisen sind u. E. gleichwertig. Im Folgenden werden aber § 30 Abs. 4 bis 6 AO und §§ 31 ff. AO als **Rechtfertigungsgrund** und nicht als Tatbestandsmerkmal behandelt.

In welchen Fällen ein Rechtfertigungsgrund gegeben und eine Durchbrechung des Steuergeheimnisses erlaubt ist, ergibt sich aus §§ 30 Abs. 4 bis 6, 31, 31 a, 31 b AO und aus anderen Gesetzen i. V. m. § 30 Abs. 4 Nr. 2 AO. Die **Rechtfertigungsgründe** betreffen nur das Offenbaren und Abrufen (in keinem Fall das Verwerten) von Geheimnissen. Es sind insbesondere:

a) Offenbarung zur Durchführung von Steuerverfahren, § 30 Abs. 4 Nr. 1 AO

Die Mitteilung bekanntgewordener Umstände an andere Personen ist zulässig, wenn dies der ordnungsgemäßen Durchführung des Besteuerungsverfahrens oder eines Strafverfahrens dient.

BEISPIEL

Ein Betriebsprüfer berichtet der Veranlagungsdienststelle über das Ergebnis der Prüfung. Gleichzeitig teilt er der Straf- und Bußgeldstelle die Verdachtsmomente über eine Steuerhinterziehung mit.

b) Gesetze als Rechtfertigungsgrund, § 30 Abs. 4 Nr. 2 AO

Ein Offenbaren ist auch dann nicht unbefugt, wenn es durch ein Gesetz ausdrücklich zugelassen ist. Diese gesetzliche Erlaubnis kann sich aus der AO selbst ergeben (so aus §§ 31 bis 31b AO) oder aber aus außersteuerlichen Gesetzen (zahlreiche Beispiele im AEAO § 30 Nr. 5). Die Pflicht zur **Amtshilfe** gem. Art. 35 GG (vgl. § 111 AO, § 4 VwVfG) begründet aber noch **keine Rechtfertigung** i. S. d. § 30 Abs. 4 Nr. 2 AO für Auskünfte aus den Steuerakten.

BEISPIELE

a) Nach § 309 Abs. 2 Satz 2 AO darf die Vollstreckungsstelle des FA bei der Pfändung einer Forderung des Vollstreckungsschuldners gegen dessen »Dritt«-Schuldner dem Drittschuldner den beizutreibenden Rückstandsbetrag mitteilen (nicht aber weitere Einzelheiten wie z. B. Steuerart, VZ, Bescheid-Datum usw.).

b) Wenn die Betriebsprüfung Tatsachen feststellt, die den Verdacht auf Schmiergeldzahlungen begründen (vgl. § 299 Abs. 2 StGB »Bestechung im wirtschaftlichen Verkehr«), muss sie dies der Strafsachen- und Bußgeldstelle bzw. der Staatsanwaltschaft mitteilen, § 4 Abs. 5 Nr. 10 Satz 3 EStG, § 30 Abs. 4 Nr. 2 AO. Es genügt ein sog. Anfangsverdacht auf die Straftat; die Betriebsprüfung hat keinerlei Ermessensspielraum (vgl. BFH vom 14. 07. 2008 BStBl II 2008, 850). Die Beschränkungen der Mitteilungspflicht in § 30 Abs. 4 Nr. 4 AO (s. 2.3 d) greifen nicht, weil der Prüfer nicht in einem straf- oder bußgeldrechtlichen Ermittlungsverfahren, sondern im Rahmen einer Außenprüfung ermittelt hat (§§ 193 ff. AO, s. N).

c) Nach der Selbstanzeige einer in der Finanzverwaltung tätigen Beamtin wegen Steuerhinterziehung (§ 370 AO) »soll« das Finanzamt den Dienstherrn der Beamtin gem. § 125c BRRG i. V. m. § 30 Abs. 4 Nr. 2 AO über das Strafverfahren informieren, auch wenn dies wegen befreiender Selbstanzeige (§ 371 AO) oder wegen Verfolgungsverjährung (§ 78 StGB) eingestellt wurde. Bei der Entscheidung hat das Finanzamt zu berücksichtigen, »wie gesichert diese Erkenntnisse sind«. Die Mitteilungspflicht ist nicht beschränkt auf den Fall, dass das Finanzamt, wäre es selbst der Dienstherr, dienstrechtliche Maßnahmen gegen die Beamtin ergreifen würde. Insofern findet grundsätzlich keine (dienstrechtliche) Vorprüfung statt. BFH vom 11. 06. 2007 BStBl II 2008, 337 lässt aber dahingestellt, ob eine Mitteilung ausnahmsweise unterbleiben kann, wenn es dem Finanzamt z. B. wegen Geringfügigkeit der Verfehlung ausgeschlossen erscheint, dass der Dienstherr wegen der Umstände disziplinarische Maßnahmen gegen die Beamtin ergreift. Wurde das strafrechtliche Ermittlungsverfahren wegen erwiesener Unschuld der Beamtin eingestellt, oder lässt sich die Schuld nicht feststellen, scheidet eine Mitteilung an den Dienstherrn natürlich aus.

d) Nach den meisten Doppelbesteuerungsabkommen (mit anderen Staaten) und dem EG-Amtshilfegesetz vom 19. 12. 1985 sind die FÄ berechtigt (u. U. verpflichtet), über das Bundesamt für Finanzen »**spontane**« **Auskünfte an ausländische Finanzbehörden** zu geben, wenn Umstände bekannt werden, die auf erhebliche Steuerverkürzung im Ausland hindeuten. »Spontan« nennt man diese Auskünfte deshalb, weil sie nicht erst auf entsprechende Anfrage der ausländischen Behörde erfolgen. Vgl. BFH vom 04. 09. 2000 BStBl II 2000, 648.

e) Nach § 10 StBerG sind die Finanzämter zur Mitteilung schuldhafter Berufspflichtverletzungen von Steuerberatern an die Steuerberaterkammer verpflichtet. Diese Pflicht betrifft auch Verfehlungen des Steuerberaters in seiner eigenen Steuerangelegenheit (BMF vom 13. 08. 2002 BStBl I 2002, 796).

c) Zustimmung des Betroffenen als Rechtfertigungsgrund, § 30 Abs. 4 Nr. 3 AO

Soweit der Betroffene, dessen Verhältnisse offenbart werden sollen, der Bekanntgabe selbst wirksam (§ 79 AO) zustimmt, besteht kein schutzwürdiges Interesse an der Geheimhaltung mehr. Die Bekanntgabe erfolgt dann rechtmäßig.

BEISPIEL

> Eine Körperschaft des öffentlichen Rechts verlangt in einem Ausschreibungs-Wettbewerbs-
> verfahren von einer Baufirma eine Bestätigung darüber, dass sie bisher ihren steuerlichen
> Pflichten nachgekommen ist (§ 8 Nr. 5 Abs. 1 (Buchst. d) Verdingungsordnung für das Bauge-
> werbe – VOB A). Die Baufirma bittet das Finanzamt um eine entsprechende Bestätigung
> gegenüber der Körperschaft (»Bescheinigung in Steuersachen«), die folglich rechtmäßiger-
> weise erteilt wird.

Für die Zustimmung ist keine bestimmte Form vorgeschrieben. Aus Nachweisgründen
ist aber für die Praxis zu empfehlen, dass eine schriftliche Zustimmung verlangt bzw. erteilt
wird.

Früher war es üblich, dass Steuerbüros beim Finanzamt, insbesondere der Finanzkasse
telefonisch Informationen über dort gespeicherte Daten ihrer Mandanten eingeholt und sich
dabei lediglich mit der Angabe der Steuernummer ihrer Mandanten als deren Bevollmächtigte
ausgewiesen haben. Dies genügt heute nicht mehr zum Beweis einer Berechtigung gem. § 30
Abs. 4 Nr. 3 AO. Seit dem 01. 07. 2000 müssen Unternehmer ihre Steuernummer oder USt-
Identifikationsnummer in den Rechnungen angeben (§ 14 Abs. 4 Nr. 2 UStG). Da sich die
Finanzbeamten im Interesse des Steuergeheimnisses vor Auskünften von der Berechtigung des
Anrufers überzeugen müssen, müssen sie sich von Anrufern, die ihnen persönlich unbekannt
sind, zur Sicherheit weitere Details aus dem Steuervorgang nennen lassen.

d) Offenbarung von nichtsteuerlichen Straftaten, § 30 Abs. 4 Nr. 4 AO

Soweit die Strafsachen- und Bußgeldstelle in einem Steuer**straf**verfahren oder einem
bußgeldrechtlichen Ermittlungsverfahren (§§ 385ff., 409 ff. AO) Kenntnisse von **nicht-
steuerlichen Straftaten erlangt**, kann sie diese Straftaten (z. B. Diebstahl) der Staatsanwaltschaft nur unter den Voraussetzungen des § 30 Abs. 4 Nr. 4 AO mitteilen. Die Information der
Staatsanwaltschaft ist **nicht** möglich,

1. wenn die außersteuerliche Straftat schon im Besteuerungsverfahren, d. h. vor Einleitung
   des straf- oder bußgeldrechtlichen Ermittlungsverfahrens bekannt wurde, oder wenn der
   Stpfl. die außersteuerliche Straftat selbst gegenüber einem Amtsträger offenbart hat, und
   dabei nicht wusste, dass gegen ihn bereits ein straf- oder bußgeldrechtliches Ermittlungsverfahren eingeleitet war;

BEISPIEL

> Der Stpfl., dem die Eröffnung des steuerstrafrechtlichen Ermittlungsverfahrens mitgeteilt
> wurde, gesteht anschließend der StraBu-Stelle des FA nicht nur, dass die Vorwürfe hinsichtlich
> der Steuerhinterziehung zutreffen, sondern von sich aus auch, dass er Geschäftsfreunde
> betrogen hat; die Taten haben nichts miteinander zu tun (»Tatmehrheit«, § 53 StGB).
> **LÖSUNG** Die StraBu-Stelle kann der Staatsanwaltschaft Mitteilung über beide Tatkomplexe
> machen (Betrug gem. § 263 StGB: § 30 Abs. 4 Nr. 4 Buchst. a AO).
> Der Betroffene ist im strafrechtlichen Ermittlungsverfahren nach der StPO nicht zur Aussage
> verpflichtet. Er kann die Mitwirkung verweigern. Daraus dürfen ihm keine Nachteile
> entstehen. Über diese Rechtslage ist er bei Beginn der Vernehmung zu belehren, § 136
> Abs. 1 Satz 2 StPO i. V. m. § 385 AO. (Dies gilt auch für das Ermittlungsverfahren wegen
> Ordnungswidrigkeiten § 46 Abs. 1 OWiG i. V. m. § 410 AO). Wenn er nach dieser Belehrung
> trotzdem nichtsteuerliche Straftaten offenlegt, besteht kein Anlass, die Weitergabe an die
> Staatsanwaltschaft mit Hilfe des Steuergeheimnisses zu verhindern.

2. für diejenigen Straftaten, die Dritte dem Amtsträger mitgeteilt haben, die zu der Angabe
   steuerlich verpflichtet waren (§§ 92 Nr. 1, 93 Abs. 1 Satz 3 AO), oder denen zu Unrecht

kein Aussageverweigerungsrecht eingeräumt worden war (§§ 101 ff. AO); vgl. § 30 Abs. 4 Nr. 4 Buchst. b AO.

BEISPIEL

> Wurde die Verlobte des Stpfl. auf ihr Aussageverweigerungsrecht gem. §§ 101 Abs. 1, 15 Abs. 1 Nr. 1 AO hingewiesen, und macht sie als Zeugin doch Aussagen über die vom Stpfl. vorgenommenen Bestechungen (nichtsteuerliche Vergehen), kann dies der Staatsanwaltschaft mitgeteilt werden.
>
> Wer ohne rechtliche Verpflichtung aussagt (z. B. ein Anzeigeerstatter oder die Angehörige, die auf ihr Aussageverweigerungsrecht verzichtet), dessen Aussage ist nicht geheimnisschutzwürdig gegenüber der Staatsanwaltschaft.

e) Zwingendes öffentliches Interesse als Rechtfertigungsgrund, § 30 Abs. 4 Nr. 5 AO

Ergibt ein Abwägen zwischen dem Geheimhaltungsinteresse des Steuerpflichtigen und den Nachteilen, die der Allgemeinheit durch die Wahrung des Steuergeheimnisses entstehen, dass **schwere Nachteile für das öffentliche Wohl** durch die Geheimhaltung eintreten, so ist der Bruch des Steuergeheimnisses gerechtfertigt.

§ 30 Abs. 5 a–c AO enthält **Beispiele,** in denen ein zwingendes öffentliches Interesse an der Offenbarung gegeben ist (vgl. dazu AEAO § 30 Nr. 8):
a) Bei Verbrechen oder vorsätzlichen schweren Vergehen gegen Leib oder Leben oder gegen den Staat,
b) Bei bestimmten schweren Wirtschaftsstraftaten,
c) Bei öffentlich über die Verwaltung verbreiteten unwahren Tatsachen. Die Entscheidung über den Geheimnisbruch ist hier dem Finanzministerium (Senator) im Einvernehmen mit dem BMF vorbehalten.

f) Vorsätzlich falsche Angaben des Betroffenen, § 30 Abs. 5 AO

Werden gegenüber dem FA vorsätzlich falsche Angaben gemacht, so darf die Finanzverwaltung diese Fälle einer falschen Verdächtigung (§ 164 StGB) den Strafverfolgungsbehörden mitteilen.

BEISPIEL

> Ein entlassener Buchhalter beschuldigt seinen früheren Chef gegenüber dem FA, Steuern hinterzogen zu haben. Diese Behauptung erweist sich als nachweislich falsch.
>
> **LÖSUNG** Wenn der Vorsatz erwiesen ist, kann das FA diese falsche Verdächtigung der Staatsanwaltschaft mitteilen. Der Angezeigte (der frühere Chef) hat hier einen direkten Anspruch gegen das FA auf Nennung des Namens des Anzeigeerstatters (BFH vom 08. 02. 1994 BStBl II 1994, 552).

g) Zulässigkeit des Datenabrufs, § 30 Abs. 6 AO

Schon der automatisierte Abruf von elektronisch gespeicherten Daten kann einen Verstoß gegen das Steuergeheimnis darstellen (auch ohne Offenbarung oder Verwertung, § 30 Abs. 1 Nr. 3 AO). Gem. § 30 Abs. 6 AO ist der Abruf gespeicherter Daten durch Bildschirm oder Drucker aber zulässig, wenn dies für Zwecke des Besteuerungsverfahrens u. Ä. gem. § 30 Abs. 2 Nr. 1 AO geschieht. Ein Abruf z. B. für wissenschaftliche Zwecke im Rahmen der Dissertation eines Finanzbeamten ist unzulässig. Die Abrufberechtigung und das einzuhaltende Verfahren beim automatisierten Datenabruf sind in der Steuerdaten-Abruf-VO (StDAV) vom 13.10.2005 BStBl I 2005, 950 geregelt.

h) Mitteilung von Besteuerungsgrundlagen an bestimmte Körperschaften, § 31 AO

Gem. § 31 Abs. 1 AO müssen die Finanzämter bestimmte Besteuerungsgrundlagen an Körperschaften des öffentlichen Rechts mitteilen, soweit diese die Bemessungsgrundlage für Abgaben dieser Körperschaften bilden. Z. B. bilden Gewerbesteuermessbeträge die Grundlage für die Beiträge der IHK. Daher müssen die FA diese Messbeträge der Industrie- und Handelskammer (IHK) mitteilen.

i) Mitteilung zur Bekämpfung der illegalen Beschäftigung und des Leistungsmissbrauchs, § 31 a AO

§ 31 a Abs. 1 Nr. 1 Buchst. a) AO berechtigt und verpflichtet (Abs. 2 Satz 1) das FA, Verhältnisse zu offenbaren, **soweit** bei Schwarzarbeit steuerliche Verpflichtungen schuldhaft (vorsätzlich oder fahrlässig) nicht erfüllt wurden oder werden. Das FA muss die Behörden von diesem Tatbestand unterrichten, die nach der Gewerbeordnung, der Handwerksordnung oder dem Sozialgesetzbuch I für die Bekämpfung der Schwarzarbeit zuständig sind (§ 1 Gesetz zur Bekämpfung der Schwarzarbeit i. d. F. vom 01. 10. 2002 BGBl I 2002, 3866). Eine Mitteilung z. B. an den Arbeitgeber eines Arbeitnehmers, der nebenberuflich schwarz arbeitet, ist nicht zulässig.

Gleiches gilt, wenn Ausländer ohne die erforderliche Genehmigung beschäftigt werden. § 31 a Abs. 1 Nr. 1 Buchst. b, Abs. 2 AO verpflichtet das FA, der Bundesanstalt für Arbeit Tatsachen mitzuteilen, die für die Erlaubnis zur Arbeitnehmerüberlassung schädlich sind (Arbeitnehmerüberlassungsgesetz (AÜG) vom 02. 03. 2009 BGBl I 2009, 416).

Außerdem ist das FA verpflichtet, an öffentliche Subventionsgeber (§ 264 Abs. 1 Nr. 1 StGB) und Sozialleistungsträger (§§ 18–29 Sozialgesetzbuch I) solche Tatsachen zu übermitteln, nach denen eine Subvention oder eine Sozialleistung eventuell unberechtigt erlangt ist oder unberechtigt erlangt werden wird. Das FA muss z. B. die Agentur für Arbeit über Einnahmen eines Stpfl. aus selbständiger Arbeit informieren, der im betreffenden Jahr auch Arbeitslosengeld bezogen hat. Das FA hat dabei keinen Ermessensspielraum und mus vor der Information keine »Vorprüfung« durchführen, ob die Agentur für Arbeit das Arbeitslosengeld zurückfordern wird (BFH vom 04. 10. 2007 BStBl II 2008, 42).

k) Mitteilung zur Bekämpfung der Geldwäsche und Terrorfinanzierung, § 31 b AO

Die Vorschrift verpflichtet die Finanzverwaltung zur »unverzüglichen« Mitteilung von Tatsachen an die Staatsanwaltschaft, die zur Ahndung oder Verhinderung der Geldwäsche (§ 261 StGB, Verschleierung unrechtmäßig erlangter Vermögenswerte) und der Terrorismusfinanzierung dienen.

2.4 Verschulden

Der unbefugte Bruch des Steuergeheimnisses ist verboten. Anders ausgedrückt: Der Tatbestand der Steuergeheimnisverletzung (§ 30 AO) ist rechtswidrig auch dann erfüllt, wenn den Verletzer (ausnahmsweise) kein Schuldvorwurf trifft.

Eine Bestrafung wegen Verletzung des Steuergeheimnisses nach § 355 StGB kann aber nur erfolgen, wenn der betreffende Steuergeheimnisträger **schuldhaft** gehandelt hat. Das bedeutet hier gem. § 15 StGB, dass er **vorsätzlich** gehandelt haben muss, weil die fahrlässige Begehungsweise nicht ausdrücklich unter Strafe gestellt ist. **Vorsatz** bedeutet nach einer etwas ungenauen Formel: Wissen und Wollen der Tat. Nur wer weiß, was er tut, nämlich dass er Verhältnisse eines Steuerpflichtigen offenbart bzw. Betriebsgeheimnisse verwertet, und dies auch will, macht sich strafbar. Fahrlässiges Offenbaren reicht zur Bestrafung nicht aus. Die Grenze der Strafbarkeit liegt bei der »bedingt« vorsätzlichen Geheimnisverletzung: Wem es auf die Verletzung des Geheimnisses zwar nicht direkt ankommt, sie aber »billigend in Kauf nimmt«, macht sich doch strafbar (so genannter **»bedingter Vorsatz«**).

BEISPIEL

Ein Amtsträger verhandelt mit einem Stpfl. am Telefon, **ohne sich bewusst** zu sein, dass ein anderer Stpfl. hinter der Tür des Dienstzimmers interessiert die Einzelheiten des Gespräches belauscht, als er den Namen des Telefonpartners hört.

LÖSUNG Hier liegt zwar tatbestandsmäßig ein Offenbaren vor, das auch rechtswidrig ist. Er weiß und will aber nicht, dass ein Dritter den Gesprächsinhalt mithört (Tatumstandsirrtum, der den Vorsatz gem. § 16 Abs. 1 StGB ausschließt). Der Amtsträger hat nur fahrlässig gehandelt und macht sich deswegen nicht strafbar.

Rechnet dieser Amtsträger damit, dass der wartende Stpfl. eventuell interessiert zuhört, und denkt er, weil ihm dies gleichgültig ist, »na, wenn schon«, so nimmt er die Verletzung billigend in Kauf. Sein Verhalten ist vorsätzlich (»bedingter Vorsatz«) und strafbar.

Hofft er stattdessen, dass der Stpfl. nichts von dem Gesprochenen versteht, handelt er »nur« fahrlässig, was für eine Bestrafung gem. § 355 StGB nicht ausreicht.

2.5 Folgen der Verletzung des Steuergeheimnisses

Ist das Offenbaren von Verhältnissen nicht gerechtfertigt (§§ 30 Abs. 4, 5, 31 f. AO), so ist bei **vorsätzlichem** Handeln des Steuergeheimnisträgers § 355 StGB erfüllt und der Täter ist von den Strafgerichten zu **Geld- oder Freiheitsstrafe** zu verurteilen.

Daneben treten auch **disziplinarische** Folgen ein. Außerdem hat der Staat bzw. der Steuergeheimnisträger eventuell gem. Art. 34 GG, §§ 839 oder 823 Abs. 2 BGB **Schadensersatz** zu leisten.

3 Der Angehörigenbegriff, § 15 AO

3.1 Anwendungsbereich

Der Begriff des **Angehörigen** wird sowohl in der AO (z. B. in §§ 82 Abs. 1, 101 AO), als auch in verschiedenen Einzelsteuergesetzen (z. B. in § 1 Abs. 2 Satz 1 EStG) verwendet. Soweit nichts anderes bestimmt ist, muss zur Auslegung dieses Begriffs jeweils § 15 AO herangezogen werden.

3.2 **Die Angehörigen im Einzelnen**

Angehörige gem. § 15 Abs. 1 AO (Beispiele)

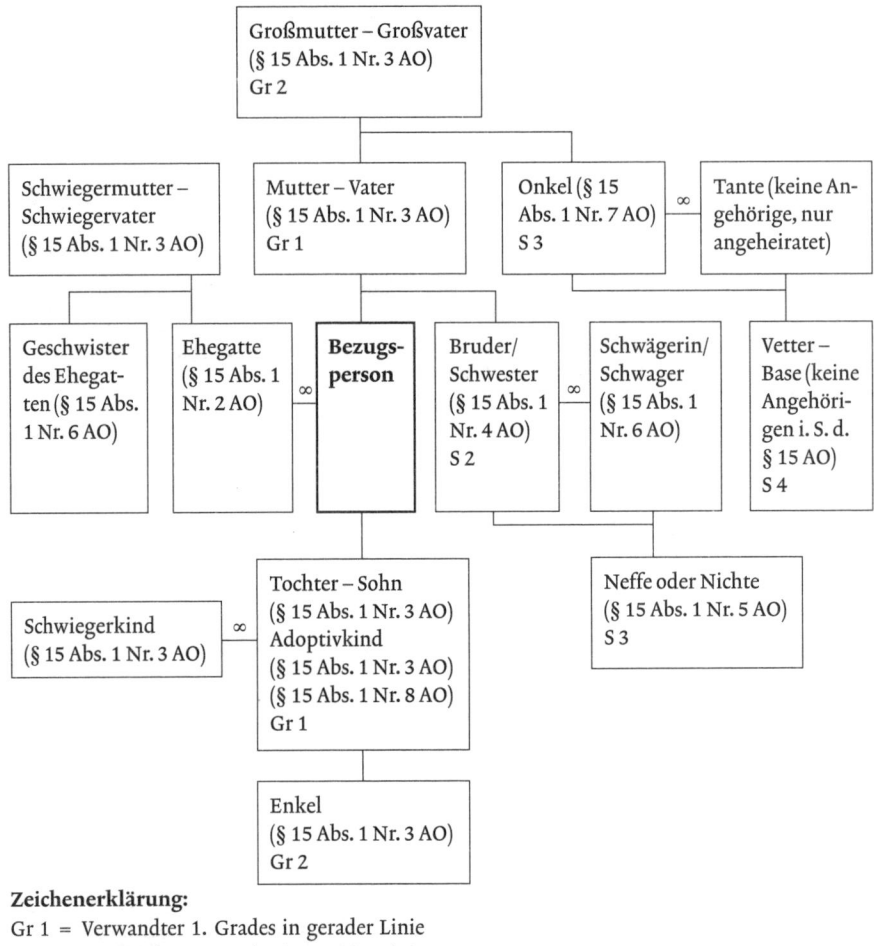

Zeichenerklärung:

Gr 1 = Verwandter 1. Grades in gerader Linie
Gr 2 = Verwandter 2. Grades in gerader Linie
S 2 = Verwandter 2. Grades in der Seitenlinie
S 3 = Verwandter 3. Grades in der Seitenlinie
S 4 = Verwandter 4. Grades in der Seitenlinie
∞ = verheiratet

a) **Verlobte (§ 15 Abs. 1 Nr. 1 AO)**
Darunter fallen Personen, die einander die Ehe versprochen haben (§ 1297 BGB). Mit der Entlobung endet auch die Angehörigeneigenschaft (Umkehrschluss aus § 15 Abs. 2 AO).

b) **Ehegatten (§ 15 Abs. 1 Nr. 2 AO)**
Notwendig ist eine gültige Eheschließung (§§ 1310 ff. BGB). Ist mindestens einer der Ehegatten Ausländer, richtet sich die Anerkennung der Eheschließung nach Art. 13 EGBGB. Auch nach Auflösung der Ehe bleibt die Angehörigeneigenschaft erhalten (§ 15 Abs. 2 Nr. 1 AO). Lebenspartnerschaften begründen auch dann kein Angehörigenverhält-

nis i. S. d. § 15 Abs. 1 Nr. 2 AO, wenn es sich um eine eingetragene Lebenspartnerschaft i. S. d. Lebenspartnerschaftsgesetzes handelt.

c) **Verwandte und Verschwägerte in gerader Linie** (§ 15 Abs. 1 Nr. 3 AO)

Verwandtschaft beruht nach § 1589 BGB auf der gemeinsamen Abstammung. Verwandtschaft in **gerader Linie** bedeutet **unmittelbare** Abstammung der einen Person von der anderen, so sind z. B. Urgroßvater – Großvater – Vater – Sohn miteinander in gerader Linie verwandt. Verwandtschaft **in der Seitenlinie** bedeutet, dass die verwandten Personen nur gemeinsame Vorfahren haben (vgl. § 15 Abs. 1 Nr. 4, 5 und 7 AO, § 1589 BGB).

Zum Begriff »im ersten Grad mit dem Stpfl. verwandte Kinder« in § 32 Abs. 1 Nr. 1 EStG vgl. H 32.1 »Verwandtschaft im ersten Grad« EStH.

Schwägerschaft nennt man die Beziehung zwischen dem einen Ehegatten und den Verwandten des anderen Ehegatten (§ 1590 BGB). Nach Abs. 1 Nr. 3 [a. a. O.] ist nur die Schwägerschaft in **gerader Linie** von Bedeutung. Verschwägert in gerader Linie ist man sowohl mit den Eltern, Großeltern, Urgroßeltern als auch mit den Kindern des anderen Ehegatten (also den sog. Stiefkindern). Dazu kommt gem. § 15 Abs. 1 Nr. 6 AO noch ein kleiner Bereich der Schwägerschaft in der Seitenlinie (s. u. f.). Trotz Beendigung der Ehe bleibt für Verschwägerte die Angehörigeneigenschaft erhalten (§ 15 Abs. 2 Nr. 1 AO).

Zu Verwandten der geraden Linie rechnen auch Kinder, die als Minderjährige adoptiert wurden (§§ 1741 ff. BGB), sog. **Adoptivkinder**. Sie sind zivilrechtlich verwandt mit dem Adoptierenden und dessen Verwandten (§ 1754 Abs. 1, Abs. 2 BGB); auch ihre Schwägerschaft richtet sich nach der »neuen« Familie. Wird ein Erwachsener adoptiert (§§ 2, 1767 ff. BGB), wird er zivilrechtlich nur verwandt mit dem Adoptierenden, nicht mit dessen Vorfahren oder Kindern (§ 1770 Abs. 1 Satz 1 BGB). Auch der Ehegatte des volljährig Adoptierten wird nicht verschwägert mit dem Adoptierenden (§ 1770 Abs. 1 Satz 2 BGB).

Soweit diese neue Verwandtschaft reicht, soweit geht auch die steuerliche Angehörigeneigenschaft (§ 15 Abs. 1 Nr. 3 AO); bei den »neuen« Verschwägerten reicht die Angehörigeneigenschaft so weit, wie dies § 15 Abs. 1 Nr. 3 und 7 AO vorsehen.

Auch soweit durch die Adoption das zivilrechtliche Verwandtschaftsverhältnis zu den leiblichen Eltern des Adoptierten erlischt (bei minderjährig Adoptierten: umfassend, § 1755 BGB), bleibt die steuerliche Angehörigeneigenschaft erhalten (§ 15 Abs. 2 Nr. 2 AO).

d) **Geschwister** (§ 15 Abs. 1 Nr. 4 AO)

Geschwister sind Personen, die entweder beide Elternteile oder wenigstens einen Elternteil (Stiefgeschwister) gemeinsam haben, auch wenn die Gemeinschaft zu den Elternteilen auf Adoption beruht.

e) **Kinder der Geschwister** (§ 15 Abs. 1 Nr. 5 AO)

Diese werden umgangssprachlich als Nichten und Neffen bezeichnet.

f) **Ehegatten der Geschwister und Geschwister der Ehegatten** (§ 15 Abs. 1 Nr. 6 AO)

Der Ehemann der Schwester (der Schwager der Bezugsperson) oder die Ehefrau des Bruders (die Schwägerin der Bezugsperson) sind ebenfalls Angehörige der Bezugsperson, ebenso die Brüder und Schwestern des andern Ehegatten. Es handelt sich um einen Teilbereich der Schwägerschaft in der Seitenlinie.

BEISPIELE

a) Bezugsperson   Schwester der   ∞   Ehemann der
(B)   Bezugsperson   Schwester (E)
E ist Angehöriger gem. § 15 Abs. 1 Nr. 6 AO von B.

b) Bezugsperson   ∞   Ehegatte der   Bruder des
(B)   Bezugsperson   Ehegatten (G)
G ist Angehöriger gem. § 15 Abs. 1 Nr. 6 AO von B. Auch nach Beendigung der Ehe bleibt die Angehörigeneigenschaft bestehen (§ 15 Abs. 2 Nr. 1 AO).

c) Der Schwiegervater meines Bruders ist kein Angehöriger von mir im steuerlichen Sinne.

g) **Geschwister der Eltern** (§ 15 Abs. 1 Nr. 7 AO)
Volkstümlich werden diese Personen als Onkel und Tante bezeichnet. Der **angeheiratete** Onkel (oder die angeheiratete Tante) ist aber kein Angehöriger.

h) **Pflegeeltern und Pflegekinder** (§ 15 Abs. 1 Nr. 8 AO)
Hier muss ein besonders enges familiäres Band zwischen nicht notwendigerweise verwandten Personen bestehen, damit sie zu »Angehörigen« werden. Die Pflegeeltern müssen ein Kind in der Absicht aufgenommen haben, wie für ein eigenes ideell und materiell zu sorgen (vgl. R 32.2 »Pflege-Kindschaftsverhältnis« EStR). Die Aufnahme eines fremden Kindes gegen Entgelt als sog. Kostkind reicht nicht aus.
Nach § 15 Abs. 2 Nr. 3 AO dauert das Angehörigenverhältnis auch nach der Auflösung der häuslichen Gemeinschaft an, wenn Pflegeeltern und Pflegekinder weiterhin wie Eltern und Kinder miteinander verbunden sind.

4 Die Ausschließung und Ablehnung von Amtsträgern und sonstigen Personen

4.1 Einführung

Die Vorschriften der §§ 82–84 AO dienen der Sicherheit des Stpfl., damit das Besteuerungs- oder sonstige Verwaltungsverfahren objektiv und unparteiisch durchgeführt wird. Daneben sollen aber auch die Angehörigen der Finanzverwaltung vor Gewissenskonflikten und rechtswidrigen Handlungen bewahrt werden. Außerdem soll durch §§ 82 ff. AO das Vertrauen der Öffentlichkeit in die Objektivität der Verwaltung gestärkt werden.

4.2 Ausschluss wegen § 82 AO

Nach § 82 Abs. 1 AO ist ein bestimmter Personenkreis vom Verwaltungsverfahren ausgeschlossen. Der Begriff des Verwaltungsverfahrens umfasst das Ermittlungs-, Festsetzungs-, Erhebungs- und Beitreibungsverfahren. Dabei ist es gleichgültig, ob die in § 82 AO angesprochenen Personen an diesem Verfahren als voll entscheidungsbefugte Personen oder aber nur im Rahmen einer Vorbereitungshandlung tätig sind. Letzteres ist z. B. der Fall, wenn ein Steuerinspektor z. A. lediglich einen Steuerbescheid vorbereitend ausfüllt, die abschließende Unterzeichnung aber noch vom Sachgebietsleiter vorgenommen werden muss. Man muss sogar, um dem Zweck des § 82 AO gerecht zu werden, auch reine Hilfstätigkeiten, die die Möglichkeit zu einer Einflussnahme oder Manipulation eröffnen, in den Anwendungsbereich des § 82 AO mit einbeziehen.

BEISPIELE

a) Eine Kassenbeamtin darf nicht in ihrer eigenen Steuerangelegenheit die Kfz-Steuerschuld mit dem ESt-Erstattungsanspruch verrechnen.

b) Dagegen ist eine Stenotypistin, die eine Einspruchsentscheidung schreibt, zwar in einem Verwaltungsverfahren **tätig** (und könnte das Steuergeheimnis verletzen). Die Entscheidung ist bereits getroffen. Sie kann auf diese keinen Einfluss mehr ausüben, so dass sie durchaus ihre eigene Einspruchsentscheidung schreiben könnte.

Im Einzelnen sind **ausgeschlossen:**

a) Wer selbst Beteiligter (§ 78 AO) ist. D. h. man darf nicht in seiner eigenen Steuersache oder bei seinem eigenen Bausparprämienantrag tätig werden.

b) Der Angehörige eines Beteiligten. Zum Begriff des Angehörigen vgl. § 15 AO (Tz. 3.2). Soweit juristische Personen, z. B. eine GmbH, betroffen sind, ist deren gesetzl. Vertreter, z. B. der Geschäftsführer, nicht als Beteiligter einzuordnen, so dass dessen Bruder die Steuererklärung der GmbH bearbeiten könnte. Diese etwas bedenkliche Lösung kann durch Enthaltung von der Mitwirkung gem. § 83 AO korrigiert werden.

c) Wer Vertreter eines Beteiligten ist.

Man kann also nicht in einer Person »Anwalt und Richter« eines Beteiligten zugleich sein und beispielsweise bei der Veranlagung einer GmbH mitwirken, deren Geschäftsführer man ist.

d) Der Angehörige (§ 15 AO) einer **Person,** die einem Beteiligten **Hilfe in Steuersachen leistet.**

Es ist also nicht gestattet, dass ein Steuerinspektor die Mandanten seines Bruders, der Steuerberater ist, veranlagt.

e) Wer bei einem beteiligten Stpfl. **gegen Entgelt beschäftigt,** oder Mitglied in dessen **Vorstand, Aufsichtsrat** oder gleichartigem Organ ist.

Ein Veranlagungsbeamter darf damit z. B. nicht einen Verein zur KSt veranlagen, den er als Vorstand vertritt.

f) Wer als Privatmann **in dieser Angelegenheit** ein **Gutachten abgegeben** hat oder sonst tätig geworden ist.

So darf der als Vereinsvorstand inzwischen zurückgetretene Steuerinspektor keine Steuerveranlagung durchführen, für die er noch gem. § 34 AO während seiner Amtszeit die Steuererklärung gefertigt hatte.

g) Wer zwar nicht Beteiligter i. S. d. § 82 Abs. 1 Nr. 1 AO ist, aber dennoch einen **eigenen unmittelbaren Vorteil oder Nachteil** erlangen kann.

BEISPIELE

a) Steuerinspektor I ist als Gesellschafter an der X-GmbH beteiligt. Da die Höhe der Körperschaftsteuer oder Vermögensteuerschuld gleichzeitig den Wert seines Anteils an der GmbH beeinflusst, darf er insoweit nicht tätig werden, auch wenn er nicht der Geschäftsführer der GmbH ist.

b) Der Einsatz eines Betriebsprüfers ist nicht deshalb rechtswidrig, weil dessen Ehefrau am Ort als Steuerberaterin tätig ist und die geprüften Unternehmen ebenfalls (von den anderen Beratern) steuerlich beraten werden. Der Vorteil, den die Ehefrau des Prüfers erlangen könnte, wäre lediglich als mittelbarer Vorteil einzustufen (§ 82 Abs. 1 Satz 1 Nr. 4 und Nr. 2 in Verb. mit Satz 2 AO; BFH vom 14. 12. 1983 BStBl II 1984, 409).

Bei Gefahr im Verzug gilt das Verbot des Tätigwerdens für die gem. § 82 Abs. 1 AO Ausgeschlossenen nicht (§ 82 Abs. 2 AO).

4.3 Die Folgen eines Verstoßes gegen § 82 Abs. 1 AO

Wenn ein **selbst Beteiligter** verbotenerweise in einem Verwaltungsverfahren mitwirkt, so ist dies ein so schwerwiegender und offenkundiger Verstoß gegen eine zwingende Verfahrensnorm, dass **Nichtigkeit** eintritt ist (§ 125 Abs. 1 AO, Umkehrschluss aus § 125 Abs. 3 Nr. 2 AO). Ein in eigener Sache erlassener Steuerbescheid ist also unbeachtlich und kann nicht wirksam zu einer Erstattung oder Freistellung von Steuern führen.

Dagegen führt die Mitwirkung einer **gem. § 82 Abs. 1 Nr. 2–6 und Satz 2 AO ausgeschlossenen** Person nicht zur Nichtigkeit des VA (§ 125 Abs. 3 Nr. 2 AO, vgl. D 8.1). Ein solcher VA ist »nur« fehlerhaft-rechtswidrig. § 126 sieht hier keine Heilungsmöglichkeit vor. Der VA ist aber nur dann wegen dieses Verstoßes mit Erfolg anfechtbar, wenn es sich um einen VA handelt, der auf einer Ermessensentscheidung beruht; bei VA, die auf einer zwingenden Rechtsnorm fußen, ist eine Anfechtung allein wegen dieses Umstands nicht erfolgreich (§ 127 AO; vgl. D 8.5). Von sich aus kann die Finanzbehörde den fehlerhaften VA nur dann aufheben, wenn die Voraussetzungen einer Korrekturvorschrift erfüllt sind (vgl. L; dies kann, wenn keine weiteren Fehler vorliegen, nur bei Ermessensentscheidungen der Fall sein, §§ 130 f. AO).

4.4 Ausschluss wegen Besorgnis der Befangenheit, § 83 AO

Für einen Amtsträger kann sich ein Interessenkonflikt ergeben, wenn er z. B. seinen Nachbarn veranlagen muss, gegen den er einen Rechtsstreit führt, oder aber auch, wenn er die Steuer gegenüber seiner Freundin festsetzen soll. Hier sprechen objektive Tatsachen dafür, dass dieser Amtsträger nicht unvoreingenommen, sondern parteiisch und befangen ist. Wie Amtsträger sind insoweit auch die in § 30 Abs. 3 AO bezeichneten Personen zu behandeln, selbst wenn sie nicht unmittelbar unter § 7 AO fallen (vgl. 2.1).

In diesen Fällen kann entweder der betroffene Amtsträger, sein Dienstvorgesetzter, oder aber auch der Stpfl. eine Befangenheitsprüfung einleiten (§ 83 AO). Über das Vorliegen der Befangenheit entscheidet dann der Behördenleiter oder sein Beauftragter.

Erkennt der Behördenleiter die Befangenheit nicht an, so gibt es allerdings gegen die Ablehnung des Befangenheitsantrags weder für den Amtsträger noch für den Stpfl. einen Rechtsbehelf. Die Entscheidung ist nach der Rechtsprechung kein VA, sondern ein »innerdienstlicher Organisationsakt« (BFH vom 07. 05. 1981 BStBl II 1981, 634; vom 13. 12. 1994 BFH/NV 1995, 758). Der Stpfl. kann ggf. nur die vom angeblich befangenen Amtsträger verfügte **Entscheidung** (insgesamt) anfechten und überprüfen lassen.

Soweit bekannt geworden hat der BFH bisher nur ein einziges Mal dem Stpfl. ein selbstständiges Ablehnungsrecht gegenüber einem Steuerbeamten eingeräumt, den er für befangen hält (Aussetzungsentscheidung vom 29.04.2002 BStBl II 2002, 507 zu einem Betriebsprüfer, der bei der vorangegangenen Prüfung erwiesenermaßen die Unwahrheit gesagt hat).

4.5 Folgen bei Mitwirkung eines befangenen Amtsträgers

Hat bei Erlass eines VA ein befangener und ausgeschlossener Verwaltungsträger mitgewirkt, so ist der VA nicht nichtig. Trotz der Rechtswidrigkeit, die einem solchen VA anhaftet, kann der Stpfl. den VA **aus diesem Grund** allein nicht anfechten (§ 127 AO). Er kann allerdings ganz allgemein die Rechtswidrigkeit darlegen und so eine Überprüfung der Entscheidung erreichen. Soweit es sich um Ermessensentscheidungen handelt, ist gem. § 127 letzter Halbsatz AO der VA im Falle eines Rechtsbehelfs bereits wegen der Mitwirkung eines befangenen und ausgeschlossenen Verwaltungsträgers aufzuheben, ohne dass ein weiterer Fehler vorliegen müsste (vgl. D 8.5).

Teil L Überblick über die Korrekturvorschriften

1 Allgemeines, Systematik der Korrekturvorschriften

Das Finanzamt kann von einem bekanntgegebenen Verwaltungsakt nicht ohne weiteres abweichen, auch wenn der Verwaltungsakt fehlerhaft ist. Mit der Bekanntgabe (§ 122 AO) ist er **wirksam** (§ 124 Abs. 1 AO), also für den Steuerpflichtigen und das Finanzamt **bindend** geworden (vgl. D). Nach § 124 Abs. 2 AO fällt die Bindungswirkung nur weg, wenn und soweit er (u. a.) »zurückgenommen«, »widerrufen«, »anderweitig aufgehoben«, kurz: wenn und soweit er **korrigiert** wird. Die **Korrektur** ist **nur möglich,** wenn ein **Korrekturtatbestand erfüllt** ist.

Daneben besteht die Möglichkeit, dass das FA auf zulässigen **Rechtsbehelf** des Stpfl. hin (§§ 347 ff. AO) die Sach- und Rechtslage erneut prüft und den angegriffenen VA per Rechtsbehelfsentscheidung »korrigiert« (vgl. I 11). Die Korrektur nach Korrekturrecht ist dagegen unabhängig von einem Rechtsbehelfsantrag durchzuführen. Die Korrekturtatbestände entfalten ihre eigentliche Bedeutung gerade dann, wenn die VA unanfechtbar geworden sind (außer die »schlichte Änderung« gem. § 172 Abs. 1 Nr. 2 Buchst. a AO). Sie können aber auch während und nach Abschluss eines Rechtsbehelfsverfahrens angewendet werden (§§ 132, 172 Abs. 1 Satz 2 AO, vgl. I 10.4.

Vor dem »Einstieg« in die Prüfung der Korrekturtatbestände muss geklärt werden, ob es sich **überhaupt** um eine **Korrektur** handelt. Was auf den ersten Blick wie eine Korrektur aussieht, kann sich bei genauerer Betrachtung als ein Fall der **Ersetzung eines erledigten oder nichtigen/nicht wirksam bekanntgegebenen VA** oder der **Ergänzung** eines bestehenbleibenden VA herausstellen. Die »Ersetzung« oder »Ergänzung« ist möglich, ohne dass die Voraussetzungen einer Korrekturbestimmung erfüllt sind. Diese Abgrenzungsfragen müssen also vorab geprüft werden!

BEISPIELE

»Ersetzungs«-VA:
a) Das FA erlässt zunächst 12 USt-Vorauszahlungsschätzungsbescheide, danach einen USt-Jahresschätzungsbescheid, der zu einer Abschlusszahlung führt. Ist dies eine Korrektur?
LÖSUNG Der Jahressteuerbescheid ist ein »erstmaliger« Bescheid. Das FA benötigt zu seinem Erlass keine Korrekturvorschrift. Die Vorauszahlungsbescheide sind durch den Erlass des Jahressteuer-Bescheids, wie dies § 124 Abs. 2 AO formuliert, »in anderer Weise« (als durch Zeitablauf) »erledigt«. (Es handelt sich um einen »Ersetzungs-VA« im Sinne der rechtsbehelfsrechtlichen Vorschrift des § 365 Abs. 3 AO. Vgl. I 10.4)

b) Ist ein **VA nichtig** (§ 125 AO), so sind auf ihn die Korrekturbestimmungen nicht anwendbar. Will das FA einen nichtigen VA durch einen wirksamen VA ersetzen, geht es in Wirklichkeit um den **erstmaligen** Erlass des VA (BFH vom 28. 09. 1984 BStBl II 1985, 42; vom 11. 07. 1986 BStBl II 1985, 775).
Wird der neue sachlich richtige Bescheid vom FA fälschlich mit Korrekturrecht begründet, ist dieser Fehler unbeachtlich, wenn der Bescheid abgesehen von diesem Begründungsmangel in Ordnung ist.

c) Ob die nachträgliche Durchführung einer anderen Ehegatten-Veranlagungsart gem. §§ 26a, b, c EStG eine Korrektur oder eine Ersetzung der früheren Veranlagung darstellt, ist fraglich.

Jedenfalls bleiben die bisherigen Besteuerungsgrundlagen unverändert, soweit der frühere Bescheid nicht mit Einspruch angegriffen oder die Voraussetzungen des Korrekturrechts vorliegen oder die neue Veranlagungsart nicht etwas anderes vorschreibt, z. B. hinsichtlich des Tarifs (vgl. BFH vom 03.03.2005 BStBl II 2005, 564) und der frühere Bescheid entfällt gem. § 175 Abs. 1 Nr. 2 AO (»rückwirkendes Ereignis«, BFH vom 03.03.2005 BStBl I 2005, 690). Dies spricht u. E. mehr für eine Korrektur als für eine Ersetzung.

»Ergänzungs«-VA und Gegenbeispiele: Es kann sein, dass neben einen (z. B. rechtmäßigen) VA ein zweiter VA (»**Ergänzungs-VA**«) tritt, ohne dass der erste VA dadurch korrigiert wird. Voraussetzung ist, dass der neue VA nicht in den Regelungsbereich des alten eingreift.

d) Das FA gewährte Stundung vom 01.07. bis 10.08. Am 01.08. wird die Stundung bis Jahresende verlängert.
LÖSUNG Die Verlängerungsfrage war ausschließlich anhand des § 222 AO zu prüfen. Korrekturrecht spielt keine Rolle, denn die ursprüngliche Stundung wurde nur ergänzt.

e) Die bis 10.08. gewährte Stundung wird am 23.07. abgekürzt auf die Zeit bis zum 30.07.
LÖSUNG Diese Stundung wurde **korrigiert**, weil der Regelungsinhalt der ursprünglichen Stundung verändert wurde (vgl. §§ 129 ff. AO).

f) Ein Gewinnfeststellungsbescheid enthielt keine Feststellung über die Einkunftsart (z. B. »Einkünfte aus Vermietung«). Sonst ist das Bescheidformular korrekt ausgefüllt.
LÖSUNG Diese notwendige Feststellung (§ 179 Abs. 1 AO) ist gem. § 179 Abs. 3 AO in einem »**Ergänzungsbescheid**« nachzuholen (vgl. BFH vom 27.10.2004 BStBl II 2005, 463).

g) Wenn dagegen die Artfeststellung im Bescheid unrichtig mit »Einkünfte aus Gewerbebetrieb« angegeben ist, wird der Bescheid unter den Voraussetzungen des Korrekturrechts richtiggestellt (»Einkünfte aus Vermietung«). Er kann insoweit nicht gem. § 179 Abs. 3 AO »ergänzt« werden.

h) Im Steuerbescheid Nr. 1 über pauschale LSt gegen den Arbeitgeber sind nur die Zukunftssicherungsleistungen dieses Stpfl. für die Arbeitnehmer A und B besteuert. Später wird dem FA bekannt, dass auch der Arbeitnehmer C in den Genuss solcher Zukunftssicherungsleistungen des Arbeitgebers gekommen ist. Die pauschale LSt daraus wird per Bescheid Nr. 2 festgesetzt.
LÖSUNG Nach BFH vom 30.08.1988 BStBl II 1989, 193 handelt es sich um einen Ergänzungsbescheid, weil der pauschale Steuerbescheid Nr. 1 nur den o. a. Sachverhalt regelte und keine Aussage über die Besteuerung von Lohn des Arbeitnehmers C machte. Am Erlass des Bescheids Nr. 2 wird das FA z. B. nach einer LSt-Prüfung nicht durch die »Änderungssperre« gem. § 173 Abs. 2 AO gehindert, weil es sich eben nicht um eine Änderung, sondern um eine Ergänzung des ersten Bescheids handelt.

i) Nach Erlass eines fehlerhaft zu niedrigen Schenkungssteuerbescheids gegen den Beschenkten ergeht ein weiterer Schenkungssteuerbescheid gegen den Schenker in richtiger Höhe. (Bei der Schenkungsteuer sind Schenker und Beschenkter Gesamtschuldner.)
LÖSUNG Der 2. Bescheid (gegen den Schenker) ist kein Korrekturbescheid, sondern ist ohne weiteres (nach dem ErbStG) zulässig (BFH vom 13.05.1987 BStBl II 1988, 188). Im 1. Bescheid ist die Schenkungsteuerschuld des Beschenkten (falsch) geregelt. Der 2. Bescheid setzt die Schenkungsteuerschuld des Schenkers (richtig) fest. Die Bescheide haben unterschiedliche Regelungsbereiche.

Die Korrekturregeln der AO befinden sich in den **§§ 129 bis 131, 172 bis 177 AO**. Daneben gibt es in der AO noch **Sonderregelungen** für bestimmte Verwaltungsakte (z. B. §§ 207, 280 AO) und Regelungen in den **Einzelsteuergesetzen** (z. B. § 10d Abs. 1 Satz 2,

Abs. 4 Satz 4 EStG, § 22 BewG). Hier werden nur die §§ 129 bis 131, 172 bis 177 AO dargestellt.

Die Korrekturvorschriften der AO sind jeweils (anders § 129 AO) nur **auf bestimmte Gruppen von VA anwendbar** (vgl. den Wortlaut der §§ 129, 172 Abs. 1 Satz 1 2. HS und Satz 1 Nr. 2 Buchst. d AO).

Art des VA		einschlägige Korrekturvorschriften
Alle VA		§ 129 AO
Steuerfestsetzungen und gleichgestellte Bescheide	endgültige	§§ 172 ff. AO oder Vorschriften in Einzelsteuergesetzen i. V. m. § 172 Abs. 1 Nr. 2 Buchst. d AO
	Vorbehalts-festsetzungen	§ 164 Abs. 2, 3 AO
	Vorläufige Festsetzungen	§ 165 Abs. 2 AO
andere VA (Steuerbescheiden nicht gleichgestellt)	rechtswidrige rechtmäßige oder Sonderfälle	§ 130 AO § 131 AO z. B. §§ 207, 280 AO (Spezialvorschriften)

Den Steuerbescheiden **gleichgestellt** sind die Bescheide, für die auf die Vorschriften über Steuerfestsetzungen verwiesen ist (vgl. in D 2.1).

Das Gesetz verwendet bisher den **Begriff »korrigieren«** nicht. Vielmehr sind den einzelnen Korrekturvorschriften ganz **bestimmte Ausdrücke** zugeordnet:

- »**ändern**« und »**aufheben**« in   §§ 172 ff., 164, 165 AO,
- »**zurücknehmen**« (ganz oder zum Teil) in   § 130 AO,
- »**widerrufen**« (ganz oder zum Teil) in   § 131 AO,
- »**berichtigen**« (die offenbare Unrichtigkeit) in   § 129 AO.

Vielfach wird – wie im früheren Recht – der Ausdruck »Berichtigung« als Oberbegriff verwendet. Da das Gesetz diesen Ausdruck nur für Sondertatbestände (§§ 129, 177 AO) verwendet, erscheint ein »neutraler« **Oberbegriff** wie »**Korrektur**« sachgerechter.

FALL 70

Nach welchen Vorschriften der AO können/müssen die folgenden VA korrigiert werden? (Bitte ankreuzen!) Lesen Sie die angegebenen Korrekturbestimmungen! Prüfen Sie jeweils §§ 129, 164, 165, 172 ff., 130, 131 AO!

1. eine rechtswidrige Stundung (§ 222 AO)
2. eine rechtmäßige Zwangsgeldandrohung (§§ 332, 329 AO)
3. ein endgültiger GewSt-Messbescheid (§ 184 AO)
4. ein ESt-Vorauszahlungsbescheid (§ 37 Abs. 3 EStG)
5. ein rechtswidriger Haftungsbescheid (§ 191 Abs. 1 AO)
6. ein z. T. vorläufiger, z. T. endgültiger Feststellungsbescheid (§ 179 AO)
7. ein endgültiger Jahresbescheid über USt-Vergütung
8. eine LSt-Anmeldung (§ 41 a Abs. 1 EStG)

Das **Verhältnis zwischen den Korrekturvorschriften der AO und den Korrektur-regeln in den Einzelsteuergesetzen** (vgl. § 172 Abs. 1 Nr. 2 Buchst. d AO) kann nicht einheitlich beschrieben werden. Manche einzelsteuergesetzliche Regelungen füllen Lücken (z. B. § 10d Abs. 1 Satz 3 EStG, § 32a KStG), manche sind Spezialregelungen, welche die AO-Bestimmungen verdrängen (z. B. § 14c Abs. 1 Satz 2, Abs. 2 Satz 3 i. V. m. § 17 Abs. 1 UStG).

BEISPIELE

a) Der EW-Bescheid eines Grundstücks zum Hauptfeststellungszeitpunkt 01.01.01 gilt für mehrere Jahre (§ 21 Abs. 1 BewG; er hat seit 1997 allerdings nur noch für die Grundsteuer Bedeutung). Ist der EW unrichtig festgestellt, weil dem FA ein Sachverhalt unbekannt war, so wird der Bescheid unter den Voraussetzungen des Korrekturrechts der AO auf den 01.01.01 geändert (§§ 173 Abs. 1, 181 Abs. 1 AO).

Greift kein Korrekturtatbestand nach der AO (»materieller Fehler«), so findet nur eine Fortschreibung des EW – regelmäßig auf den Beginn des Jahres, in dem der Fortschreibungsbescheid erlassen wird (§ 22 Abs. 3, 4 Nr. 2 BewG) – statt. § 22 BewG ist **Lückenfüller** für das Korrekturrecht der AO.

b) Geht der Unternehmer bei der Anschaffung eines Wirtschaftsgutes davon aus, dass er es voll für unternehmerische Zwecke verwenden werde, so nimmt er die Vorsteuer vollumfänglich in Anspruch (§ 15 UStG). Ändern sich im Folgejahr die Verhältnisse, wird das Wirtschaftsgut z. B. ab 01.01.02 zum Teil für außerunternehmerische Zwecke verwendet, so darf nicht der USt-Bescheid des Jahres 01 nach der AO geändert werden. Vielmehr wird die Verwendungsänderung gem. § 15a UStG bei der USt der Jahre 02ff. berücksichtigt. Diese **Spezialregelung** geht den Korrekturvorschriften der AO vor.

Es kann sein, dass **mehrere Korrekturtatbestände gleichzeitig erfüllt** sind. Hat das FA aber den Korrektur-VA mit einer falschen Bestimmung begründet, kann diese Begründung ohne weiteres ausgewechselt werden (»kumulative Prüfung« der Korrekturbestimmungen im Rechtsbehelfsverfahren gegen den Korrektur-VA; vgl. BFH vom 19.04.2005 BStBl II 2005, 762). Der Änderungsbescheid kann aus diesem Grund nicht erfolgreich angefochten werden, § 127 AO. Allerdings kann auch hier nicht ein auf eine zwingende Korrekturvorschrift gestützter VA nachträglich mit einer Korrekturbestimmung begründet werden, welche der Verwaltung ein Ermessen einräumt (§ 128 Abs. 3 AO).

Oft ist es nicht ganz einfach festzustellen, **welcher VA** eigentlich korrigiert werden soll.

BEISPIELE

a) Der Betrag der bezahlten Lohnsteuer ist von der Lohnsteuerkarte versehentlich falsch in den ESt-Bescheid übernommen worden.
LÖSUNG Korrigiert wird (gem. § 129 AO) nicht die Steuerfestsetzung, sondern die Anrechnungsverfügung im Abrechnungsteil des Steuerbescheids. Die Anrechnung von Abzugsteuern gehört nicht mehr zur Steuerfestsetzung, sondern zur »Steuererhebung« (Überschrift zu § 36 EStG).
Statt der Korrektur des Leistungsgebots kann das FA auf Antrag einen Abrechnungsbescheid gem. § 218 Abs. 2 AO erlassen (s. H 7). Dabei kann es vom früheren Leistungsgebot nur unter den Voraussetzungen des Korrekturrechts abweichen (AEAO § 218 Nr. 3 a. E.).

b) Eine gem. § 34c EStG auf die ESt-Schuld anzurechnende ausländische, vor Bescheiderteilung bezahlte Steuer wurde nicht angerechnet, weil der Stpfl. die Zahlung nicht belegte.
LÖSUNG Hier ist die Steuerfestsetzung zu ändern (gem. § 173 Abs. 1 Satz 1 Nr. 2 AO), wenn er später ein Beweismittel für die Zahlung beibringt. Es geht also nicht um die Korrektur des Leistungsgebots, denn § 34c EStG steht unter der Überschrift »Ermäßigung der Steuerschuld« und gehört daher ins Veranlagungsverfahren.

c) Die mit dem Steuerbescheid verbundene Abrechnung von USt-Vorauszahlungen enthält Fehler zu Gunsten des Stpfl., die das FA beseitigen will.

LÖSUNG Hier geht es um die Korrektur der Abrechnung (des Leistungsgebots), nicht der Steuerfestsetzung (Einschlägig sind die §§ 129, 130 Abs. 2 AO; vgl. BFH vom 16. 10. 1986 BStBl II 1987, 405); zur Möglichkeit eines Abrechnungsbescheids s. o. Beispiel 1.

Wegen **Kleinbeträgen** wird nicht korrigiert. Die Regelungen finden sich in der **Kleinbetragsverordnung (KBV)** und weiteren Spezialvorschriften.

- Die **KBV** lässt Korrekturen nur zu, wenn der **Steueränderungsbetrag 10 €** erreicht (Kleinbetrag: bis 9,99 €). Bei der ESt und KSt ist die Steuerschuld nach Anrechnung von Steuerabzugsbeträgen und von KSt zu vergleichen (§ 1 Abs. 1 Satz 2 KBV). Gewerbesteuer-Messbescheide werden nur geändert, wenn sich der Messbetrag um mindestens 2 € verändert, Einkunftsfeststellungsbescheide nur dann, wenn sich die festgestellten Einkünfte um mindestens 20 € verändern (§§ 2–3 KBV). Dabei spielt jeweils keine Rolle, ob die **Änderung zulasten oder zugunsten** des Stpfl. wirkt.
- Für die **Erhöhung von Steuervorauszahlungsfestsetzungen** kann es höhere Änderungsgrenzen geben. Gem. § 37 Abs. 5 Satz 2 EStG werden z. B. ESt-Vorauszahlungsfestsetzungen nur erhöht, wenn die Erhöhung 100 bzw. 5 000 € oder mehr beträgt.

Das **Verhältnis zwischen ursprünglichem VA und Korrektur-VA** ist dadurch gekennzeichnet, dass der ursprüngliche VA keine Wirkung mehr entfaltet, solange der Korrektur-VA besteht. Der Korrektur-VA nimmt den ursprünglichen VA in seinen Regelungsinhalt auf, überlagert bzw. »ummantelt« ihn, so dass der ursprüngliche VA »suspendiert« ist (»**Ummantelungstheorie**«, vgl. z. B. BFH vom 09. 12. 2004 BStBl II 2006, 346). Der ursprüngliche VA ist erst dann wieder zu beachten, wenn der Korrektur-VA (z. B. auf Rechtsbehelf hin) wieder aufgehoben wird.

Regelmäßig ist **von Amts wegen** zu korrigieren, ausnahmsweise nur auf Antrag (z. B. in § 174 Abs. 1 AO). Auf den Korrektur-VA finden die **Zuständigkeits-, Verfahrens- und Formvorschriften** des ursprünglichen VA Anwendung. Z. B. wird der Korrekturbescheid über die ESt-Zusammenveranlagung 01 der Eheleute X genauso wie der ursprüngliche Bescheid gem. § 122 Abs. 7 AO bekannt gegeben (vgl. D 7.2).

2 Berichtigung gem. § 129 AO

2.1 Anwendungsbereich

Die Vorschrift gilt für offenbare Unrichtigkeiten in **allen VA,** z. B. im Steuerbescheid und im Leistungsgebot. Die Berichtigung kann sich zu Gunsten oder zu Ungunsten des Stpfl. auswirken.

Nach der herrschenden Meinung in der Literatur hat § 129 AO einen anderen Charakter als die übrigen Korrekturvorschriften. Im Gegensatz zu den anderen Korrekturvorschriften bleibe bei § 129 AO die Willensentscheidung der Behörde bei § 129 AO unverändert bestehen. Nur der fehlerhafte Ausdruck des Gewollten müsse richtig gestellt werden. Die Behörde könne nicht an etwas gebunden sein, was sie in Wirklichkeit nicht gewollt und innerlich anders entschieden hat (so auch BFH vom 14. 10. 1976 BStBl II 1977, 38 zu § 107 FGO, wonach offenbare Unrichtigkeiten in Urteilen berichtigt werden können; dahingestellt in BFH vom 08. 03. 1989 BStBl II 1989, 531, zu § 129 AO).

Voraussetzungen der Berichtigung gem. § 129 AO:

- Schreib- oder Rechenfehler oder
- ähnliche Unrichtigkeit,
- die offenbar ist und
- beim Erlass eines VA unterlaufen ist (i. d. R. nur Fehler des FA)

2.2 Tatbestand

Nach dem Wortlaut des § 129 AO geht es um die Berichtigung von **Schreibfehlern, Rechenfehlern** und (diesen beiden) **ähnlichen offenbaren Unrichtigkeiten.** Der Begriff »Rechen- und Schreibfehler« ist aus der Umgangssprache bekannt. Problematisch sind nur die »ähnlichen offenbaren Unrichtigkeiten«.

2.2.1 Ähnliche Unrichtigkeiten

»**Ähnliche Unrichtigkeiten**« i. S. d. § 129 AO sind **mechanische Fehler** im Gegensatz zu Rechts- und Sachverhalts- (Ermittlungs-) fehlern.

Charakteristisch für Rechen- und Schreibfehler ist, dass sie rein mechanisch, aus Versehen geschehen. Eine **ähnliche** Unrichtigkeit i. S. d. § 129 AO ist daher ein **mechanisches Versehen.** Außerdem kann ein Rechen- oder Schreibfehler nie das (unrichtige) Ergebnis einer Rechtsüberlegung sein. Folglich führt ein **Rechtsirrtum,** mag er auch noch so groß sein, keinesfalls zu einer **ähnlichen** Unrichtigkeit i. S. d. § 129 AO. Ebensowenig führt Unkenntnis des wahren Sachverhalts (»**Sachverhaltsfehler**«) zu § 129 AO.

Allerdings könnte man manchmal zu einem Ergebnis, das aufgrund eines Schreib- oder Rechenfehlers zustande gekommen ist, auch mit Hilfe einer – abwegigen – Rechtsüberlegung kommen. Trotzdem bleibt es ein Fall des § 129 AO. »Ähnliche Unrichtigkeiten« liegen auch dann vor, wenn man zu dem Ergebnis nicht nur infolge eines rein mechanischen Versehens, sondern auch mit Hilfe einer vom betreffenden Fall völlig losgelösten (»rein theoretischen«) Rechtsüberlegung kommen könnte. Man muss auf den konkreten, vorliegenden Sachverhalt abstellen. Ist **bei diesem Sachverhalt** die **Rechts- und Sachlage eindeutig** und daher **für Rechtserwägungen kein Raum,** dann ist ein Rechtsirrtum ausgeschlossen; es liegt ein **mechanisches Versehen** vor.

Besteht aber im konkreten Fall auch nur die **Möglichkeit** eines Rechtsirrtums, eines Denkfehlers, von Mängeln in der Sachverhaltsaufklärung oder bei der Tatsachenwürdigung, so ist eine Berichtigung ausgeschlossen (vgl. BFH vom 28. 09. 1984 BStBl II 1985, 32).

BEISPIELE

Ähnliche Unrichtigkeiten:
a) Fehler beim Ablesen einer Tabelle, weil man in der Zeile verrutscht ist;

b) Übertragungsfehler von einer Seite auf die nächste; Tippfehler, Zahlendreher

c) Technische Fehler bei der maschinellen Bescheiderstellung (Programmierfehler sind dagegen in der Regel Rechtsirrtümer, also keine ähnlichen Unrichtigkeiten).

d) Der Stpfl. hat in einer Anlage zur »Anlage GSE« der ESt-Erklärung klar erkennbar vom steuerpflichtigen Veräußerungsgewinn den Freibetrag gem. § 16 Abs. 4 EStG abgezogen. Das FA in im ESt-Bescheid von diesem Differenzbetrag den Freibetrag gem. § 16 Abs. 4 EStG nochmal abgezogen.

LÖSUNG Der doppelte Ansatz des Freibetrags ist eine ähnliche Unrichtigkeit i. S. d. § 129 AO (BFH vom 08. 03. 1989 BStBl II 1989, 531).

Fehler, die keine ähnlichen Unrichtigkeiten sind:
e) Überlegungsfehler;

f) Rechtsirrtümer wie Nichtbeachtung von Höchstabzugsbeträgen, auch wenn es sich um schwere Irrtümer und für Fachleute einfache Rechtsfragen handelt.

g) Eine Berichtigung gem. § 129 AO kommt nicht in Frage, wenn der Fehler in Wirklichkeit ein Ermittlungsfehler des FA ist (BFH vom 16. 03. 2000 BStBl II 2000, S. 372). Ein Ermittlungsfehler kann z. B. darin bestehen, dass der Bearbeiter des FA bei der Veranlagung einfach die Vorjahresdaten auf der Bildschirmmaske übernimmt, ohne in die Vorjahresakte zu sehen, aus der sich eindeutig ergibt, dass dieser Datenbestand überholt ist (FG BW EFG 1999, 119 – rkr –).

Insbesondere spielt in der Praxis eine Rolle, ob in der Akte **dokumentiert** ist, dass der Bearbeiter sich in einer Rechts- oder Sachverhaltsfrage definitiv **für eine bestimmte Lösung entschieden** hat. Enthält der Bescheid eine andersartige Lösung als diejenige, die in den Akten getroffen wurde, handelt es sich regelmäßig um einen Übertragungsfehler.

> **BEISPIEL**
>
> Der Bearbeiter hat alle geltend gemachten Werbungskosten in der Anlage V des ESt-Erklärung mit einem Haken versehen, aber eine Zeile durchgestrichen mit dem Vermerk »§ 12 EStG«. Im Bescheid sind alle geltend gemachten Werbungskosten berücksichtigt.
> **LÖSUNG** Da sich der Bearbeiter eindeutig zu einer bestimmten Sachbehandlung entschieden hat, hatte er in dieser Sache keine weitere Sach- oder Rechtsentscheidung zu treffen. Es kommt nur ein mechanisches Versehen in Frage, das gem. § 129 AO zu berichtigen ist.

Klausurtipps:
Mechanische Fehler liegen auch vor, wenn
1. die Sach- und Rechtslage im konkreten Fall so klar war, dass kein Anlass bestand (in der Richtung, in welcher der Fehler liegt) Überlegungen anzustellen,
2. und/oder die Rechts- oder Sachfrage nachweislich schon entschieden war und der Fehler erst danach unterlaufen ist.

2.2.2 Offenbare (ähnliche) Unrichtigkeiten

Die Beteiligten dürfen nicht darauf vertrauen, dass Fehler aufrecht erhalten bleiben, die man ohne weiteres erkannt hat oder erkennen musste, die auf der Hand liegen, durchschaubar, eindeutig oder augenfällig sind (BFH vom 04. 09. 1984 BStBl II 1984, 834). Ein »offenbarer« Fehler i. S. d. § 129 AO ist also ein Fehler, den einer der Beteiligten (oder ein Dritter) **ohne umfangreiche und zeitraubende Nachforschungen, »auf den ersten Blick«** erkannt hat oder erkennen könnte. Er muss ebenso mechanisch, wie er gemacht wurde, d. h. ohne weitere Prüfung, erkannt und berichtigt werden können (vgl. BFH vom 28. 09. 1984 [a. a. O.]).

Man muss folglich grundsätzlich darauf abstellen, ob der Fehler einem »**unvoreingenommenen Dritten**« ohne weiteres aufgefallen wäre (BFH vom 15. 03. 1994 BFH/NV 1995, 937). War der Fehler aber dem **betroffenen** Stpfl. augenfällig, so ist u. E. der Fehler auf jeden Fall offenbar i. S. d. § 129 AO, auch wenn ihn andere Stpfl. nicht ohne weiteres erkannt hätten. Dieser Stpfl. darf auf den Bestand des VA nicht vertrauen.

> **BEISPIEL**
>
> Ein unvoreingenommener Dritter weiß, dass die – als solche erklärte – Summe der Betriebseinnahmen etwas anderes ist als der für die Einkommensteuer bedeutsame Gewinn. Übernimmt daher der Bearbeiter des FA bei der ESt-Veranlagung die Summe der Betriebsein-

nahmen (ohne Berücksichtigung der ebenfalls erklärten Betriebsausgaben) in die Rubrik »Gewinn« aus Gewerbebetrieb, so liegt eine offenbare Unrichtigkeit i.S.d. § 129 AO vor. Der Fehler ist augenfällig.

Hat der Stpfl. im konkreten Fall den Fehler sofort erkannt, erübrigt sich die Prüfung, ob dies auch auf einen durchschnittlichen Stpfl. zuträfe. Der Fehler ist offenbar.

Rechen- und Schreibfehler gelten nach der Rechtsprechung des BFH **immer als offenkundig**, egal wo die fehlerhafte Berechnung bzw. der Schreibfehler vom Bearbeiter gemacht wurde (BFH vom 08. 04. 1987 BStBl II 1987, 164).

Bei der Frage, ob ein Fehler offenbar ist, ist nicht nur die dem Betroffenen **zugegangene Ausfertigung des Bescheids** zu berücksichtigen, sondern insbesondere auch der **Inhalt der Akten des FA**. Dies ist ständige Rechtsprechung des BFH (vgl. Urteil vom 04. 09. 1984 BStBl II 1984, 834), Verwaltungsmeinung (AEAO § 124 Nr. 2) und herrschende Meinung in der Literatur. Dies steht in Einklang mit dem Wortlaut des § 129 AO, wonach »beim Erlass« des VA unterlaufene Fehler berichtigt werden können. »Beim Erlass« des VA können Fehler unterlaufen, die u. U. nur aus dem Akteninhalt zu entnehmen sind.

> **BEISPIEL**
>
> Ein rein mechanischer Übertragungsfehler des Sachbearbeiters bei der Dateneingabe am Bildschirm geschieht »beim Erlass« des VA, ist aber nur leicht feststellbar, wenn man den Akteninhalt hinzuzieht. Aus dem Bescheid ist er eventuell nicht erkennbar.
> **LÖSUNG** § 129 AO greift trotzdem ein.

Ein Fehler kann offenbar sein, auch wenn er **mehrmals hintereinander** oder **mehreren Personen** passiert.

> **BEISPIEL**
>
> Ein Übertragungsfehler im Prüfungsbericht wird vom Veranlagungsbezirk des FA in den Änderungsbescheid übernommen, ohne ihn zu bemerken. Aus dem Umständen ergibt sich klar, dass der Veranlagungsbezirk von der Meinung des Prüfers nicht abweichen wollte.
> **LÖSUNG** Es handelt sich um eine offenbare Unrichtigkeit, die gem. § 129 AO berichtigt wird (BFH vom 10. 09. 1987 BStBl II 1987, 834).

> **FALL 71**
>
> Handelt es sich in den folgenden Fällen um offenbare Unrichtigkeiten i. S. d. § 129 AO?
> 1. Der Bearbeiter des FA hat im ESt-Eingabebogen die Kennziffer der Splittingtabelle statt der Grundtabelle vermerkt. Dadurch kam eine seit acht Jahren vor dem betreffenden VZ verwitwete 81-jährige Stpfl., deren Besteuerung seit sechs Jahren ununterbrochen nach der Grundtabelle erfolgte, in den Genuß der Besteuerung nach der Splittingtabelle. (Dieser Sachverhalt lag dem BFH-Urteil vom 02. 08. 1974 BStBl II 1974, 727 zugrunde; der Fehler ist allerdings in modernen Veranlagungsverfahren nicht mehr möglich.)
> 2. Der Bearbeiter des FA erkennt bei der ESt-Veranlagung des Stpfl. (aus der sog. »Vormerkliste«), dass bei dem Stpfl. innerhalb von drei Jahren eine Betriebsprüfung stattfinden wird (Fallgruppe 1). Er vermerkt in der Akte: »Vorbehalt der Nachprüfung setzen«. Trotzdem ergeht der Bescheid ohne einen Vermerk über seine Form.

2.2.3 »Beim Erlass eines VA unterlaufener« Fehler

Nur Fehler des FA können offenbare Unrichtigkeiten sein. Aber es bestehen Besonderheiten bei

- vom FA »übernommenen« Fehlern des Stpfl.,
- Fehlern des Stpfl. in Steueranmeldungen.

Nur **Fehler des Finanzamts** können, wie es im Wortlaut des § 129 AO heißt, »beim Erlass« des VA geschehen. Fehler des Stpfl. z. B. beim Ausfüllen der Erklärung oder in seiner Buchführung führen nicht zur Berichtigung. (Bei solchen Fehlern können andere Korrekturvorschriften greifen, z. B. § 173 AO.)

> **BEISPIEL**
>
> Der Stpfl. verrechnete sich in seiner Zusammenstellung der Hypothekenzinsen als Werbungskosten bei den Einkünften aus Vermietung. Deshalb trägt er einen zu niedrigen Betrag in die entsprechende Zeile der »Anlage V« ein. Der Bescheid folgt der Erklärung.
> **LÖSUNG** Der Rechenfehler kann nicht gem. § 129 AO berichtigt werden, weil er nicht »beim Erlass« des ESt-Bescheids unterlaufen ist. Evtl. erfolgt eine Bescheidkorrektur nach § 173 AO.

Allerdings ist möglich, dass das **FA einen Fehler des Stpfl. »nachvollzieht«**, zu seinem eigenen Fehler macht. Dann greift § 129 AO unter den üblichen Voraussetzungen ein. Dieser Ausnahmefall liegt nur vor, wenn das FA den Fehler aus den eingereichten Unterlagen **klar erkennen konnte** und trotzdem den Fehler in den Bescheid übernahm. Es handelt sich dann (auch) um einen Fehler des FA. Dass dem Stpfl. vorher derselbe Fehler unterlaufen ist, ändert daran nichts.

> **BEISPIEL**
>
> Aus der der ESt-Erklärung beigefügten Aufstellung der Betriebseinnahmen und Betriebsausgaben i. S. d. § 4 Abs. 3 EStG ergibt sich ein gewerblicher **Verlust** i. H. v. 10 000 €. Der Stpfl. hat in der Anlage GSE zur ESt-Erklärung versehentlich einen **Gewinn** i. H. v. 10 000 € angegeben. Das FA legt den erklärten Gewinn der Besteuerung zugrunde.
> **LÖSUNG** Dieser Fehler ist nicht nur dem Stpfl., sondern auch dem FA »beim Erlass« des ESt-Bescheids unterlaufen. Die widersprüchlichen Papiere lagen dem FA vor, das den mechanischen Fehler des Stpfl. wiederholte. Der Tatbestand des § 129 AO ist erfüllt (BFH vom 10. 09. 1987 BStBl II 1987, 834).

Ist das mechanische Versehen des Stpfl. aus den dem FA vorliegenden Unterlagen nicht unmittelbar ersichtlich, übernimmt es diesen Fehler nicht »als eigenen«. Dies gilt sogar, wenn das FA den Fehler bei gehöriger Erfüllung seiner Ermittlungspflicht hätte erkennen müssen. Dann liegt keine Unrichtigkeit i. S. d. § 129 AO vor. Die neuere Rspr. des BFH lässt deshalb für »übernommene« mechanische Versehen kaum noch einen Anwendungsspielraum.

> **BEISPIELE**
>
> a) Der 40-jährige Stpfl. hat vergessen, die (seit 10 Jahren unveränderten) Lebensversicherungsbeiträge in seiner ESt-Erklärung als Sonderausgaben anzugeben. Im handschriftlichen Entwurf der Erklärung war der Betrag enthalten. Auch das FA erkannte den Fehler nicht.
> **LÖSUNG** Es handelt sich um einen Übertragungsfehler des Stpfl., der aber nicht »beim Erlass des VA« unterlaufen ist. Dem FA musste sich bei diesem Sachverhalt aufdrängen, weitere Ermittlungsmaßnahmen durchzuführen. Trotzdem hat hier das FA das Versehen des Stpfl. nicht zu seinem eigenen gemacht. Der Fehler des Stpfl. war aus den für diesen VZ eingereichten Unterlagen nicht klar erkennbar. Dem FA ist zwar möglicherweise ein Verstoß gegen die Ermittlungspflicht vorzuwerfen. Eine offenbare Unrichtigkeit des FA liegt nicht vor (BFH vom 24. 07. 1984 BStBl II 1985, 785).
>
> b) Der (vertretene) Stpfl. vergaß in die GewSt-Erklärung für 02 den gem. § 10a GewStG vortragsfähigen Verlust des Jahres 01 einzutragen. § 10a GewStG ist von Amts wegen anzuwenden. Das FA hätte den Verlust aus 01 ohne weiteres aus der GewSt-Akte entnehmen

können. Es hat aber einfach die GewSt-Erklärung abgeschrieben, ohne den Verlust aus 01 zu erkennen.
LÖSUNG BFH vom 31.07.1990 BStBl II 1991, 22 lehnt für diesen Fall eine Berichtigung des endgültigen GewSt-Messbescheids 02 ab. Es liege kein »übernommenes« mechanisches Versehen des FA vor, sondern ein Fehler bei der Sachverhaltsermittlung. Die mögliche Amtspflichtverletzung wegen Nichtberücksichtigung des Voraktinhalts sei keine Unrichtigkeit i. S. d. § 129 AO und mit einer solchen auch nicht gleichzusetzen. Dem ist zuzustimmen.

Rechen- und Schreibfehler sowie ähnliche Unrichtigkeiten, die **dem Stpfl. in einer Steueranmeldung** unterlaufen, führen dagegen zu einer Berichtigung gem. § 129 AO.

Bei Steueranmeldungen wird der Stpfl. sozusagen »anstelle des FA« tätig. Mit Eingang der Anmeldung liegt regelmäßig eine fiktive Steuerfestsetzung vor. Deshalb ist die Anwendung des § 129 AO auf diese Fehler des Stpfl. gerechtfertigt (BFH vom 26.07.1979 BStBl II 1980, 18). Solange aber der Vorbehalt der Nachprüfung besteht (§§ 168, 164 AO) hat die Berichtigung wegen § 164 Abs. 2 AO keine praktische Bedeutung.

BEISPIEL

Der Stpfl. überträgt versehentlich bei der Anfertigung seiner USt-Jahresanmeldung die auf Seite 2 unten mit 14 812 € ermittelte Ausgangs-USt in Höhe von 1 481 € nach Seite 3.
LÖSUNG Dieser Übertragungsfehler ist eine offenbare Unrichtigkeit i. S. d. § 129 AO.

2.2.4 Berichtigung als Ermessens- oder als gebundene Entscheidung?

§ 129 Satz 1 AO stellt die Berichtigung in das pflichtgemäße **Ermessen** des FA. Ausschlaggebend können z. B. Erwägungen der Zweckmäßigkeit und der Verwaltungsvereinfachung sein. Besteht dagegen ein »**berechtigtes Interesse**« des Stpfl. an der Berichtigung, ist der Ermessensspielraum kraft Gesetzes auf nur eine mögliche Entscheidung eingeengt: Nach § 129 Satz 2 AO hat der Stpfl. dann einen **Anspruch** auf die Berichtigung, bzw. das FA **muss** berichtigen.

BEISPIELE

Berechtigtes Interesse:
a) Durch die Berichtigung mindert sich die USt um 100 €.
b) Der mit der offenbaren Unrichtigkeit behaftete Bescheid ist für einen anderen Bescheid bindend (§ 182 AO).

Kein berechtigtes Interesse:
Der Name des Stpfl. in der Adresse ist falsch geschrieben, z. B. »Schöhn« statt richtig »Schön«.
LÖSUNG Eine Berichtigung gem. § 129 AO findet nicht statt.

Wenn der Fehler keine Auswirkung auf eine Steuerfestsetzung hat, kann der Stpfl. von vornherein kein berechtigtes Interesse an der Berichtigung haben.

2.3 Umfang der Berichtigung

§ 129 AO führt nur zu einer Berichtigung der offenbaren Unrichtigkeit. Andere Fehler, die jetzt ebenfalls erkannt werden, können grundsätzlich nur dann zugleich mit der Berichtigung korrigiert werden, wenn hierfür ein weiterer eigenständiger Korrekturgrund vorliegt.

Strittig ist die Frage, ob »**materielle**« Fehler gemäß **§ 177 AO** mit der offenbaren Unrichtigkeit verrechnet werden müssen, wenn sie nach ihrer Auswirkung per Saldo gegenläufig zur offenbaren Unrichtigkeit sind. Nach dem Wortlaut des § 177 AO ist eine Mitberichtigung nur bei (selbstständigen) »Änderungen« oder »Aufhebungen« möglich, also nicht bei »Berichtigungen« i. S. d. § 129 AO. Zudem vertritt die h. M. in der Literatur (s. 2.1), dass bei der mechanischen Richtigstellung (der versehentlich verstümmelten Wiedergabe der Verwaltungsentscheidung) für Rechtsentscheidungen wie die Mitberichtigung von Rechtsfehlern kein Raum sei. Weiterhin hat der Gesetzgeber trotz Kenntnis des Problems bei der letzten, umfangreichen Änderung des § 177 AO durch das StMBG vom 21.12.1993 BGBl I 1993, 2310 den Begriff »Berichtigung« nicht in den Wortlaut des § 177 Abs. 1 und 2 AO aufgenommen. Folglich spricht viel für die Meinung, § 177 AO sei bei Berichtigungen offenbarer Unrichtigkeiten gem. § 129 AO nicht sinngemäß anzuwenden, weil keine Regelungslücke vorhanden sei.

Der BFH vom 08.03.1989 BStBl II 1989, 531 hat sich – zu Recht – anders entschieden. Er lässt die Frage dahingestellt, ob § 177 AO bei Berichtigungen anzuwenden sei, denn dafür bestehe kein Bedürfnis. Die Anwendung des § 177 AO auf Berichtigungen gem. § 129 AO sei »überflüssig«, da der Mechanismus des **§ 177 AO dem § 129 AO** sowie **immanent** sei. Bei richtiger Ausübung des Ermessens müssen bei Anwendung des § 129 AO materielle Fehler (nach dem Prinzip, das § 177 AO zugrunde liegt) mitberichtigt werden. Die Verwaltung folgt der BFH-Rechtsprechung und will dabei ihre Anweisungen zu § 177 AO sinngemäß anwenden (AEAO § 129 Nr. 2). Damit kommt man zum gleichen Ergebnis wie über die sinngemäße Anwendung des § 177 AO auf Berichtigungen gem. § 129 AO. Deshalb kann die Streitfrage auf sich beruhen, was die zutreffende systematische Begründung für dieses Ergebnis ist. Aus **Vereinfachungsgründen** ist es u. E. bei der Korrektur endgültiger Steuerfestsetzungen und gleichgestellter Bescheide zuzulassen, § 177 AO auf alle selbstständigen Korrekturvorschriften einschließlich § 129 AO gleichmäßig anzuwenden.

BEISPIEL

> Das Finanzamt hat sich zu Ungunsten des Stpfl. verrechnet und daher das zu versteuernde Einkommen um 5000 € zu hoch festgesetzt. Als der Stpfl. nach Ablauf der Rechtsbehelfsfrist die offenbare Unrichtigkeit rügt und das FA den Fehler gem. § 129 AO korrigieren möchte, stellt es fest, dass eine Geldstrafe i. H. v. 2500 € fälschlicherweise als Werbungskosten anerkannt wurde (§ 12 Nr. 4 EStG). Insoweit liegt ein materieller Fehler vor (s. 11.1b).
> **LÖSUNG** Nach BFH (Urteil vom 08.03.1989 [a.a.O.]) ist der materielle Fehler bei »ermessensgemäßer Anwendung des § 129 AO« mitzuberichtigen. Der Rechenfehler im Bescheid wird daher gem. § 129 AO berichtigt und das zu versteuernde Einkommen (nicht um 5000 €, sondern nur) um 2500 € gesenkt.

2.4 Form der Berichtigung

Für die Berichtigung ergeht regelmäßig ein eigener Berichtigungsbescheid. Der Berichtigungsverwaltungsakt könnte stattdessen auch auf dem Schriftstück vorgenommen werden, das die offenbare Unrichtigkeit enthält. Zu diesem Zweck kann das FA die Vorlage des dem Betroffenen zugegangenen fehlerhaften Schriftstücks verlangen, § 129 Satz 3 AO. Dies soll der Verwaltungsvereinfachung dienen. Die Finanzverwaltung macht von dieser Möglichkeit kaum Gebrauch.

3 Rücknahme und Widerruf von Verwaltungsakten nach §§ 130, 131 AO

3.1 Anwendungsbereich

Aus § 172 Abs. 1 Satz 1 Nr. 2 Buchst. d AO ergibt sich, dass §§ 130, 131 AO **nicht** für Steuerbescheide und den Steuerbescheiden gleichgestellte Bescheide gelten (D 2.1). Ihr Anwendungsbereich sind die »**sonstigen**« VA. Wegen Spezialregelung in der betreffenden Bestimmung gelten § 130 f. auch nicht für verbindliche Zusagen nach einer Außenprüfung (§ 207 AO), wohl aber für verbindliche Auskünfte gem. § 89 Abs. 2 AO (AEAO § 89 Nr. 3.6.5).

Hauptanwendungsfälle für die §§ 130, 131 AO sind Ermessens-VA wie die Aussetzung der Vollziehung (§ 361 Abs. 2, 3 AO), die Stundung (§ 222 AO), der Verspätungszuschlag (§ 152 AO), Haftungsbescheide (§ 191 AO) und Anrechnungsverfügungen über Quellensteuern (s. H 7). Nach BFH vom 16. 10. 1991 BStBl II 1992, 322 gehören auch die nv-Bescheinigungen gem. §§ 36 b Abs. 2, 44 a Abs. 2 EStG zu dieser Gruppe von VA.

3.2 Systematik der §§ 130, 131 AO

1. § 130 AO oder § 131 AO?

§ 130 AO ist die Korrekturvorschrift für rechtswidrige, § 131 für rechtmäßige VA. Rechtswidrige VA werden ganz oder zum Teil mit Wirkung für die Zukunft und/oder die Vergangenheit **zurückgenommen**, rechtmäßige (nur) für die Zukunft **widerrufen.**

Ob ein VA **rechtmäßig oder rechtswidrig** ist, kann nur aus der **Rückschau** entschieden werden: Maßgeblich ist a) die spätere (»geläuterte«) Erkenntnis b) der Rechts- und Sachlage c) im Zeitpunkt des Zugangs des VA. Die spätere Erkenntnis ist ausschlaggebend, auch wenn das FA bei der Bekanntgabe des ursprünglichen VA von seiner Rechtmäßigkeit überzeugt war bzw. nach seiner damaligen Rechts- und Sachkenntnis überzeugt sein durfte.

2. Ist § 130 Abs. 1 oder Abs. 2 anwendbar?

Nach dem **Wortlaut** kommt es auf den Charakter des ursprünglichen VA an: War dieser belastend, gilt Abs. 1, war er begünstigend, gilt Abs. 2.

Um unsinnige Ergebnisse zu verhindern, ist das nach dieser Wortlautauslegung gefundene Ergebnis durch eine **Auslegung nach dem Sinn** der Vorschrift zu überprüfen (vgl. B): § 130 Abs. 1 soll Verbesserungen für den Stpfl. »ohne weiteres« (d. h. bei Vorliegen eines sachlichen Grundes, § 5 AO) ermöglichen. § 130 Abs. 2 AO macht die Korrektur zu Lasten des Stpfl. von engen Voraussetzungen abhängig, wenn dies der Vertrauensschutz für den Stpfl. verlangt. Verschlechterungen für den Stpfl. sollen gem. § 130 Abs. 2 von besonderen Umständen abhängig sein. Nach dem Sinn der Vorschrift kommt es folglich auf die **Richtung der Veränderung** an. Die Auslegung nach dem Sinn geht der nach dem Wortlaut vor. Bei Korrektur zu Gunsten des Stpfl. greift § 130 Abs. 1 (Ermessen), bei Korrektur zu Lasten des Stpfl. § 130 Abs. 2 (enge Voraussetzungen).

Die Verwaltungsmeinung kommt mit anderer Begründung, die enger am Wortlaut bleibt, zum gleichen Ergebnis (AEAO § 130 Nr. 4). Sie nimmt z. B. bei der Korrektur eines belastenden (rechtswidrigen) VA zu Ungunsten des Stpfl. zunächst eine (Total-) Rücknahme an (zu Gunsten des Stpfl. nach § 130 Abs. 1 AO), »verbunden mit einer neuen, höheren Festsetzung« (die nur unter den Voraussetzungen des § 130 Abs. 2 AO möglich ist).

BEISPIELE

a) Der FA will einen VerspZ von 200 € auf 100 € herabsetzen.

LÖSUNG Nach beiden Auslegungsmethoden ist dies »ohne weiteres« (bei Vorliegen irgendeines sachlichen Grundes) möglich, § 130 Abs. 1 AO.

b) Das FA hat gegen Sicherheitsleistung gestundet (§§ 222 Satz 2, 120 Abs. 2 Nr. 2 oder Nr. 4 AO). Später will es auf die Sicherheitsleistung verzichten.

LÖSUNG Dies ist eine Korrektur des Stundungs-VA. Nach dem Wortlaut der Vorschriften müsste eine der engen Voraussetzungen des § 130 Abs. 2 vorliegen, weil die Stundung ein begünstigender VA ist. Nach dem Sinn ist eine Verbesserung ohne weiteres möglich (§ 130 Abs. 1). Irgendein sachlicher Grund genügt, damit das FA die Nebenbestimmung wegfallen lassen kann.

c) Das FA hat einen Haftungsbescheid auf Antrag wegen angeblicher sachlicher Fehler zurückgenommen, ohne Hinweis auf einen möglichen Neuerlass. Ein halbes Jahr danach erlässt es ihn erneut mit gleichem Inhalt.

LÖSUNG Die Rücknahme des Haftungsbescheids erfolgte nach § 130 Abs. 1 AO. Der »Neuerlass«, in Wirklichkeit die »Rücknahme der Rücknahme«, ist nur unter den Voraussetzungen des § 130 Abs. 2 AO möglich, da sie den Stpfl. belastet (BFH vom 22. 01. 1985 BStBl II 1985, 562).

d) Das FA nimmt einen Haftungsbescheid über 30 000 € auf Antrag u. a. wegen formeller Mängel, die aber nicht zur Nichtigkeit geführt haben, zurück. Gleichzeitig (»In der Anlage befindet sich...«) erlässt es wegen desselben Sachverhalts wie im ursprünglichen Bescheid einen neuen Haftungsbescheid über 16 000 € gegen den Antragsteller.

LÖSUNG Trotz des formellen Umwegs handelt es sich in Wirklichkeit nur um eine Teilrücknahme i. S. d. § 130 Abs. 1 AO, die ohne weiteres im Rahmen des Ermessens (§ 5 AO) möglich ist.

3. Liegen die Voraussetzungen im Einzelnen vor?

Die Korrektur des VA **zu Gunsten des Stpfl.** ist nach den **Absätzen 1** der §§ 130, 131 AO, ohne weitere Voraussetzung möglich. D. h. die Korrektur liegt im Rahmen des **Ermessens** und die Entscheidung hat sich ausschließlich nach sachlichen Gesichtspunkten zu richten (§ 5 AO). Da ein Antrag nicht vorgeschrieben ist, kann die Korrektur von Amts wegen erfolgen.

Stellt der Stpfl. erst **nach dem Eintritt der Unanfechtbarkeit** einen Antrag auf Rücknahme oder Teilrücknahme bzw. Widerruf zu seinen Gunsten, hat er trotz der Unanfechtbarkeit des VA einen Anspruch auf Überprüfung der Rechtslage und auf ermessensgerechte Entscheidung, insbesondere wenn er Gründe für die Korrektur vorträgt, z. B. bei § 130 Abs. 1 AO Gründe für die angebliche Rechtswidrigkeit des VA (Gesetzestext und BFH vom 09. 03. 1989 BStBl II 1989, 749). Die Ablehnung der beantragten Verbesserung (z. B. der Rücknahme eines Haftungsbescheids) kann allerdings schon dann ermessensfehlerfrei sein, wenn der Stpfl. zur Begründung seines Antrags nur solche Gründe vorgetragen hat, die er bei fristgerechter Einspruchseinlegung gegen den ursprünglichen VA hätte vorbringen können (BFH vom 26. 03. 1991 BStBl II 1991, 552).

BEISPIEL

Der VerspZ (§ 152 AO) zur ESt-Schuld i. H. v. 400 000 € wurde auf 4 000 € festgesetzt. ESt-Festsetzung und VerspZ sind unanfechtbar. Nach einer Bp ändert das FA den ESt-Bescheid gem. § 164 Abs. 2 AO und setzt die ESt auf 5 000 € herab. Das FA kann (gleichzeitig oder danach) auf Antrag oder von Amts wegen den VerspZ z. B. auf 500 € ermäßigen (vgl. §§ 130 Abs. 1, 152 Abs. 1 und 2 AO).

Die **Absätze 2** der §§ 130, 131 AO enthalten 4 bzw. 3 verschiedene Voraussetzungen für Rücknahmen bzw. Widerrufe, die den Stpfl. belasten. Trotz des jeweils auftauchenden

Wörtchens »nur« gibt es jeweils noch einen ungeschriebenen Korrekturgrund, die Zustimmung des Stpfl. Außerdem müssen § 131 Abs. 2 Nr. 1, Nr. 2 AO auf rechtswidrige VA (§ 130 Abs. 2 AO) entsprechend angewandt werden: Wenn schon rechtmäßige VA wegen des Widerrufsvorbehalts oder wegen der Nichterfüllung einer Auflage zu Lasten des Stpfl. korrigiert werden können, dann erst recht auch rechtswidrige VA; die Wirkung der Korrektur kann dann allerdings nur für die Zukunft eintreten.

BEISPIELE

a) Ein FA möchte eine Stundung zurücknehmen, weil es für die Entscheidung örtlich unzuständig war. Die Stundung war rechtswidrig wegen Unzuständigkeit (aber nicht nichtig, § 125 Abs. 3 Nr. 1 AO).
LÖSUNG Nach beiden Auslegungsmethoden ist für die Korrektur der Abs. 2 des § 130 AO heranzuziehen. Dort ist nur sachliche, nicht aber örtliche Unzuständigkeit als Rücknahmegrund aufgeführt. Die Stundung kann wegen der örtlichen Unzuständigkeit gem. § 130 Abs. 2 AO nicht zurückgenommen werden.
Ist die Stundung – wie üblich – unter Vorbehalt des Widerrufs ausgesprochen, kann sie aber entsprechend § 131 Abs. 2 Nr. 1 AO für die Zukunft korrigiert werden.

b) Der Stpfl. stimmt der Rücknahme im obigen Beispiel zu.
LÖSUNG Die Rücknahme ist dann möglich; Zustimmung ist – trotz der scheinbar abschließenden Aufzählung – ein ungeschriebener Korrekturgrund.

c) Dem Stpfl. wurde seine ESt aus Billigkeitsgründen erlassen. Er hat das FA in seinem Antrag vorsätzlich (»wissentlich und willentlich«) darüber getäuscht, dass er nicht genügend Vermögen zur Bezahlung der Steuer besitze.
LÖSUNG Der Erlass war rechtswidrig, weil die Voraussetzungen des § 227 AO nicht vorlagen. Er kann gemäß § 130 Abs. 2 Nr. 2 AO zurückgenommen werden. (Kommt das FA nicht zu dem zweifelsfreien Ergebnis, dass der Stpfl. vorsätzlich handelte, stützt es die Rücknahme auf § 130 Abs. 2 Nr. 3 AO.)

d) Die ESt-Schätzungsfestsetzung steht unter Vorbehalt der Nachprüfung. Deshalb kann das FA, als der Stpfl. schließlich doch seine Steuererklärung einreicht, die auf 100 000 € geschätzten Einkünfte aus nichtselbständiger Arbeit erklärungsgemäß auf 90 000 € senken. Kann das FA im Änderungsbescheid auch das Leistungsgebot korrigieren, in dem bisher fälschlich 30 000 € LSt angerechnet wurden, statt richtig nur 26 000 €?
LÖSUNG Das fehlerhafte Leistungsgebot soll zu Ungunsten des Stpfl. korrigiert werden. Also ist § 130 Abs. 2 AO einschlägig. § 130 Abs. 2 Nr. 1–3 AO greifen nicht, wohl aber Abs. 2 Nr. 4, denn dem Stpfl. war bekannt oder nur wegen grober Fahrlässigkeit unbekannt, dass im ursprünglichen Leistungsgebot zu viel LSt angerechnet wurde. Die Korrektur des Leistungsgebots ist ermessensgemäß.

e) Das FA hat im zwischenzeitlich endgültigen und unanfechtbaren ESt-Schätzungsbescheid die Einkünfte aus nichtselbständiger Arbeit auf 100 000 € und im Leistungsgebot die anzurechnende (einbehaltene) LSt auf 30 000 € geschätzt. Später beweist der Stpfl., dass diese Einkünfte 90 000 € und die anzurechnende LSt 26 000 € betragen. Die ESt-Festsetzung lässt sich mangels eines Korrekturgrunds nicht mehr ändern (§ 173 Abs. 1 Nr. 2 AO greift wegen groben Verschuldens des Stpfl. nicht). Kann das FA das Leistungsgebot auf 26 000 € korrigieren, was zu einer Nachzahlung führen würde?
LÖSUNG Das Leistungsgebot war fehlerhaft, weil zu viel LSt angerechnet wurde. Folglich ist § 130 AO zu prüfen. Die Korrektur wäre für den Stpfl. ungünstig, also ist sie nur unter den engen Voraussetzungen des § 130 Abs. 2 AO möglich. § 130 Abs. 2 Nr. 1–3 AO greifen nicht,

jedoch war dem Stpfl. bekannt oder nur wegen grober Fahrlässigkeit unbekannt, dass zu viel LSt angerechnet wurde. Damit ist § 130 Abs. 2 Nr. 4 AO erfüllt.

Die Verwaltung korrigiert in solchen Fällen das Leistungsgebot trotzdem nicht. Dies ist ermessensgemäß, denn sonst wäre ein Stpfl., der seine Steuererklärung nachträglich abgibt, im Ergebnis schlechter gestellt als ein Stpfl., der in der gleichen Situation keine Erklärung einreicht.

4. Wie sind die Wirkungen der Korrektur?

Der Widerruf (§ 131 AO) ist nur mit Wirkung für die Zukunft möglich, die Rücknahme (§ 130 AO) auch mit Wirkung für die Vergangenheit.

BEISPIEL

Wird eine Stundung »ex tunc« (von Anfang an) zurückgenommen, fallen ab Fälligkeit Sz an. Wird eine Stundung »ex nunc« (mit Wirkung von jetzt an) widerrufen, fallen Sz frühestens ab Zugang des Widerrufs an; regelmäßig wird sogar eine neue Zahlungsfrist gesetzt.

FALL 72

1. Das FA hat Erleichterungen bei der steuerlichen Buchführungspflicht rechtmäßig gewährt. Unterstellt, das FA habe einen sachlichen Grund für einen Widerruf der Erleichterungen, kann es die Erleichterungen widerrufen? (Lesen Sie § 148 Satz 1 AO!)
2. Dem Stpfl. wurde seine ESt-Schuld i. H. v. 20 000 € aus Billigkeitsgründen erlassen, weil die Zahlung seine wirtschaftliche Existenz ernsthaft gefährdet hätte (§ 227 AO). Ein halbes Jahr nach dem Billigkeitserlass erbt er 50 000 €. Kann das FA den Billigkeitserlass widerrufen?

4 Aufhebung und Änderung von Vorbehaltsfestsetzungen, § 164 Abs. 2, 3 AO

Wegen der StuV und den damit verbundenen weitgehenden Änderungsmöglichkeiten vgl. G 5.4 und 6 (»eingeschränkte Bestandskraft« von Vorbehaltsfestsetzungen).

Vorbehaltsfestsetzungen können **nur gem. § 164 Abs. 2, Abs. 3 AO** korrigiert werden, abgesehen von der Berichtigung offenbarer Unrichtigkeiten gem. § 129 AO. §§ 172 ff. AO sind nicht anwendbar (§ 172 Abs. 1 1. HS AO); nur die Regeln über Festsetzungsverjährung in §§ 172 ff. AO können ergänzend herangezogen werden; ähnlich BFH vom 10. 05. 2007 BStBl II 2007, 807).

Voraussetzungen der Änderung gem. § 164 Abs. 2 AO sind:

- Änderung wegen jeden Fehlers zu Gunsten oder zu Ungunsten des Stpfl.,
- solange der Vorbehalt besteht.
- Einzige Einschränkung: § 176 AO (Vertrauensschutz) ist bei Änderungen zu Lasten des Stpfl. zu beachten.

Änderungsgrund gem. § 164 Abs. 2 AO ist, dass der Bescheid falsch war oder aufgrund eines nach Bekanntgabe des Bescheids gestellten rechtserheblichen Antrags falsch wurde, und noch unter dem Vorbehalt der Nachprüfung steht. Es spielt keine Rolle, ob der Fehler auf einem Rechtsirrtum des FA oder des Stpfl. oder auf einem Sachverhaltsirrtum des FA oder des Stpfl. beruht. Das FA kann den Vorbehaltsbescheid insbesondere auch nach Ablauf der Einspruchsfrist zu Gunsten (und zu Lasten) des Stpfl. ändern.

§ 176 AO ist aber zu Gunsten des Stpfl. zu beachten (trotz der Stellung der Bestimmung in den §§ 172 ff. AO; vgl. BFH vom 28. 09. 1987 BStBl II 1988, 40). Diese Vertrauensschutzvorschrift ist nach ihrem Wortlaut in Abs. 1 Satz 1 bei **allen** belastenden Aufhebungen und Änderungen von Steuerfestsetzungen zu prüfen, also auch bei solchen gem. § 164 Abs. 2 AO.

Nach ausdrücklicher Aufhebung (§ 164 Abs. 3 AO) bzw. automatischem Wegfall des Vorbehalts durch Zeitablauf gem. § 164 Abs. 4 AO kommt, sofern die Steuer noch nicht verjährt ist, eine Korrektur nur mehr unter den Voraussetzungen der §§ 172 ff., 129 AO in Frage, da der Bescheid nunmehr »endgültig« ist.

> **BEISPIEL**
>
> Der Stpfl. hat durch seine vorsätzlich fehlerhafte, im Jahr 06 abgegebene ESt-Erklärung erreicht, dass die ESt 05 zu niedrig festgesetzt wurde. Die Steuerhinterziehung kann ihm im Jahr 11 nachgewiesen werden.
>
> **LÖSUNG** Der Bescheid könnte bis Ablauf des Jahres 10 gem. § 164 Abs. 2 AO geändert werden (§ 164 Abs. 4 Satz 1 AO). Mit Ablauf 10 fällt der Vorbehalt der Nachprüfung weg. Der Bescheid wird endgültig. Ab dem Jahr 11 kann der Bescheid nur noch unter den engen Voraussetzungen der §§ 129, 172 f. AO korrigiert werden (bis Ablauf des Jahres 16; vgl. zur Festsetzungsverjährung O); es greifen §§ 172 Abs. 1 Nr. 2 Buchst. c, 173 Abs. 1 Nr. 1 AO.

5 Aufhebung und Änderung von vorläufigen Festsetzungen, § 165 Abs. 2 AO

Wegen der vorläufigen Bescheide vgl. G 6.

Vorläufige Bescheide können **nur gem. § 165 Abs. 2 AO** geändert werden, außer sie enthalten eine offenbare Unrichtigkeit i. S. d. § 129 AO. Die Korrekturregeln in §§ 172 ff. AO sind, soweit die Vorläufigkeit reicht, nicht anwendbar (§ 172 Abs. 1 1. HS AO), wohl aber (ergänzend) die dortigen Regeln über Festsetzungsverjährung. Beim Umfang der Änderung von teilvorläufigen Bescheiden ist ggf. zu berücksichtigen, dass sich materielle Fehler aus dem endgültigen Teil des Bescheids gem. § 177 AO gegenläufig auswirken (s. 5.2).

Die **Voraussetzungen** für eine Änderung nach § 165 Abs. 2 AO sind streitig. Nach dem Wortlaut des § 165 Abs. 2 Satz 1 AO kann der Bescheid, soweit die Vorläufigkeit reicht, ohne weiteres geändert werden (wie ein Vorbehaltsbescheid gem. § 164 Abs. 2 AO). Nach **BFH** vom 25. 04. 1985 BStBl II 1985, 648 kann jedoch der vorläufige Bescheid gem. § 165 Abs. 2 AO – im Gegensatz zur StuV – wegen **Rechtsirrtümern des FA allein nicht geändert** werden. Dies wird mit den Voraussetzungen eines Vorläufigkeitsvermerks gem. § 165 Abs. 1 Satz 1 AO erklärt. § 165 Abs. 1 Satz 1 AO ermögliche die vorläufige Festsetzung nur, wenn Unklarheiten im tatsächlichen Bereich vorliegen. Wenn das FA sich diese Möglichkeit hätte offen halten wollen, hätte es den Vorbehalt der Nachprüfung setzen müssen. Nur § 164 AO entbinde das FA von der Pflicht, die Prüfung der Rechtslage zunächst zurückzustellen.

Deshalb formuliert der BFH in seinem Urteil vom 25. 04. 1985 BStBl II 1985, 648 die Folge daraus für § 165 Abs. 2 AO folgendermaßen: Die vorläufige Festsetzung könne nur geändert werden, wenn und inwieweit sich der Sachverhalt ändert, auf Grund dessen die Vorläufigkeit ausgesprochen wurde.

Diese Meinung ist zweifelhaft. Vertretbar erscheint auch, dass Bescheide, soweit die Vorläufigkeit reicht, grundsätzlich ohne weiteres geändert werden können, d. h. aus jedem Grund, der mit den Besteuerungsgrundlagen im vorläufigen Teil des Bescheids zusammenhängt. Das Gesetz nennt in § 165 Abs. 2 Satz 1 AO als einzige Voraussetzung für die Änderung des Bescheids, dass dieser (insoweit) vorläufig ist. Aus §§ 172 Abs. 1 Satz 1 1. HS, 177 Abs. 4 AO ergibt sich, dass das Gesetz von der jederzeitigen Änderbarkeit vorläufiger Bescheide ausgeht.

Es gibt keine Anhaltspunkte, dass das Gesetz eine höhere Bestandskraft vorläufiger Bescheide gegenüber endgültigen Bescheiden will bzw. im Bereich der Vorläufigkeit auf das Prinzip der Mitberücksichtigung »gegenläufiger sonstiger Rechtsfehler« verzichtet hätte. Der BFH-Rspr. ist allerdings zuzugestehen, dass Treu und Glauben im Einzelfall erfordern kann, auf die Änderung vorläufiger Bescheide zu Lasten der Stpfl. allein wegen eines **Rechts**fehlers des FA zu verzichten.

War der Vorläufigkeitsvermerk »unwirksam«, weil kein Vorläufigkeitsgrund vorlag, kann sowieso nicht gem. § 165 Abs. 2 AO geändert werden (BFH vom 08. 07. 1998 BStBl II 1998, 702; diese Rechtsprechung ist allerdings schwer mit der Bestandskraft des vorläufigen Bescheids zu vereinbaren.)

Damit kann man die **Voraussetzungen** für eine Änderung gem. § 165 Abs. 2 AO nach der Rechtsprechung des BFH folgendermaßen zusammenfassen:

- Der Bescheid ist (insoweit) vorläufig.
- Es lag ursprünglich ein Vorläufigkeitsgrund vor.
- Die Ungewissheit i. S. d. § 165 Abs. 1 AO, deretwegen die Vorläufigkeit ausgesprochen wurde, ist aber ursprünglich vom FA falsch eingeschätzt worden.
- Ausnahme bei »nachrangigen« Unrichtigkeiten.

5.1 Nachrangige Fragen, die vom Vorläufigkeitsgrund abhängen

Im Urteil vom 22. 12. 1987 BStBl II 1988, 234 schwächt der BFH seine frühere Weigerung ab, gem. § 165 Abs. 2 AO andere Fehler zu korrigieren, deretwegen der Bescheid nicht für vorläufig erklärt wurde: Ist der Bescheid bzgl. der Steuer aus einer »vorrangigen« Frage vorläufig, kann auch jeder tatsächliche und rechtliche Fehler im Bereich damit zusammenhängender **Folge**fragen gem. § 165 Abs. 2 AO beseitigt werden. Dem ist zuzustimmen.

> **BEISPIEL**
>
> Das FA ging im ursprünglichen Bescheid davon aus, dass ausgleichsfähige Verluste aus Erfindertätigkeit vorliegen (§ 18 EStG). Es machte den Bescheid aber insoweit vorläufig mit der (zutreffenden) Begründung, die Frage, ob »Liebhaberei« oder anzuerkennende Verluste vorliegen, hänge von der zukünftigen Entwicklung ab. Als die weitere Entwicklung zeigte, dass wirklich eine anzuerkennende Einkunftsquelle bestand, untersuchte das FA erstmals die Höhe der Verluste, die es im ursprünglichen Bescheid einfach aus der Erklärung übernommen hatte. Es stellte sich heraus, dass die Verluste niedriger waren als erklärt.
> Der BFH bejahte im Urteil vom 22. 12. 1987 BStBl II 1988, 234 die Änderung des Bescheids gem. § 165 Abs. 2 AO, obwohl das FA das Grundproblem schon im ursprünglichen Fall richtig gelöst hatte, nämlich die Frage, ob eine anzuerkennende Einkunftsquelle vorliege. Der BFH führt [a. a. O.] aus: Nachrangige Fragen, die vom Vorläufigkeitsgrund abhängen, braucht das FA bei der vorläufigen Veranlagung nicht zu prüfen; hierbei vorkommende Fehler können später ohne weiteres gem. § 165 Abs. 2 AO beseitigt werden.

5.2 Anwendung des § 177 AO

Bei der Änderung eines teilvorläufigen Bescheids gem. § 165 Abs. 2 Satz 1 AO werden Materielle Fehler aus dem endgültigen Teil des Bescheids mitberichtigt (BFH vom 02. 03. 2000 BStBl II 2000, 332). Damit setzt sich der BFH zu Recht über den Wortlaut des § 177 Abs. 4 AO hinweg.

5.3 Endgültigerklärung

Ist die **Ungewissheit,** die der Grund für die Vorläufigkeit war, **weggefallen,** so **muss** das FA die Festsetzung für **endgültig** erklären. Dabei kann es den VA (letztmals) nach § 165 Abs. 2 Sätze 1 und 2 AO ändern.

BEISPIEL

> Der ESt-Bescheid wurde bzgl. der Höhe des im Rahmen des Gewerbebetriebs anfallenden Entnahmegewinns für vorläufig erklärt, weil das Gutachten eines Sachverständigen über den Teilwert des entnommenen Grundstücks noch nicht vorlag. Das später vorgelegte Gutachten bestätigt die Meinung des Stpfl., dass der Teilwert des Grundstücks und damit der Entnahmegewinn im Bescheid um 50 000 € zu hoch angesetzt ist.
> **LÖSUNG** Das FA muss den Bescheid ändern, weil die Ungewissheit beseitigt ist (§ 165 Abs. 2 Satz 2 AO). Im Änderungsbescheid ist der gewerbl. Gewinn um 50 000 € zu kürzen. Der Änderungsbescheid muss den Vorläufigkeitsvermerk aufheben.

6 Aufhebung und Änderung von Steuer- und gleichgestellten Bescheiden nach § 172 AO

6.1 Anwendungsbereich und Bedeutung der Vorschrift

§ 172 AO gilt für **Steuer- und gleichgestellte Bescheide** (§ 172 Abs. 1 Satz 1 AO), für VA, mit denen ein Antrag auf Erlass oder Änderung eines solchen Bescheids abgelehnt wird (§ 172 Abs. 2 AO) und für Einspruchsentscheidungen in den genannten Fällen (§ 172 Abs. 1 Satz 2 AO).

Gleichgestellt sind Bescheide, für die auf die Vorschriften über die Steuerfestsetzung verwiesen wird. Dies sind: Freistellungs- und Vergütungsbescheide (§ 155 Abs. 1 Satz 3, Abs. 4 AO), »nv-Verfügungen«, soweit damit Anträge auf Veranlagungen abgelehnt werden (§ 155 Abs. 1 Satz 3 AO), Feststellungsbescheide (§ 181 Abs. 1 AO), Messbescheide (§ 184 Abs. 1 AO), Zerlegungsbescheide (§ 188 AO), Zinsbescheide (§ 239 AO) u. a. m. (D 2.1). Nicht dazu gehören z. B. die Haftungsbescheide (§ 191 AO vgl. 3.1).

§ 172 AO gilt **nicht für StuV und vorläufige Festsetzungen** (»soweit er nicht vorläufig oder unter dem Vorbehalt der Nachprüfung ergangen ist«, § 172 Abs. 1 Satz 1 AO).

§ 172 Abs. 1 Satz 2 AO bestimmt, dass **Einspruchsentscheidungen und Abhilfebescheide** nach den gleichen Vorschriften und unter den gleichen Voraussetzungen geändert werden wie die ursprünglichen Bescheide. Insofern genießen Einspruchsentscheidungen also **keine »erhöhte Bestandskraft«.**

Das Wort »nur« in § 172 Abs. 1 Satz 1 AO besagt nicht, dass die Korrekturgründe für die obigen Bescheide in der Bestimmung **abschließend** aufgezählt seien. Denn § 172 AO enthält in Abs. 1 Satz 1 Nr. 2 Buchst. d eine **Generalverweisung** auf Vorschriften in §§ 173 ff. AO und in anderen Gesetzen (z. B. § 35 b GewStG, § 10 d EStG, § 17 UStG, § 16 GrEStG), die ebenfalls eine Aufhebung und Änderung von Steuer- und gleichgestellten Bescheiden zulassen. § 172 AO ist deshalb die **Einstiegsvorschrift** in die Korrekturbestimmungen für endgültige Steuer- und gleichgestellte Bescheide. Das Wort »nur« in § 172 Abs. 1 Satz 1 AO besagt also lediglich, dass es keine Korrektur ohne gesetzlichen Korrekturgrund gibt. (Korrekterweise müsste man z. B. sagen, der Steuerbescheid wird »nach §§ 172 Abs. 1 Satz 1 Nr. 2 Buchst. d, 173 Abs. 1 Nr. 1 AO« geändert. Die Erwähnung des § 172 AO in diesem Zusammenhang ist jedoch ein bloßer Formalismus und sollte unterbleiben.)

Neben seiner Generalverweisungsvorschrift enthält § 172 AO auch **eigenständige Änderungstatbestände**. Von diesen hat nur **Abs. 1 Satz 1 Nr. 2 Buchst. a** größere Bedeutung.

6.2 Antrag auf »schlichte« Änderung gem. § 172 Abs. 1 Satz 1 Nr. 2 Buchst. a AO

6.2.1 Voraussetzungen

Voraussetzung für die »schlichte« Änderung gem. § 172 Abs. 1 Satz 1 Nr. 2 Buchst. a AO ist:

- Ein Antrag bzw. die Zustimmung des Stpfl. (formlos, aber Mindestinhalt erforderlich)
- Der Antrag bzw. die Zustimmung muss vor Ablauf der Einspruchs- bzw. Klagefrist eingegangen sein, wenn die Bescheidänderung zugunsten des Stpfl. erfolgen soll.
- (Ermessensgründe)

Der **Antrag** auf »schlichte« Änderung **zu Gunsten** des Antragstellers kann **»bis zum Ablauf der Einspruchsfrist«** (vgl. §§ 355 f. AO) bzw. nach Einspruchsentscheidungen bis zum Ablauf der Klagefrist (Abs. 1 Satz 3) gestellt werden. Auf den Zeitpunkt der Bekanntgabe des Änderungsbescheids kommt es nicht an.

Später kann der Antrag nicht zu Gunsten des Stpfl. erweitert werden. (Praktische Bedeutung hat das aber nur für ein reines Korrekturverfahren, also wenn der Stpfl. keinen zulässigen Rechtsbehelf eingelegt hat, § 172 Abs. 1 Satz 1 Nr. 2 Buchst. a letzter Halbsatz AO.)

Der Änderungsantrag bzw. die Zustimmung bedarf **keiner Form**. Im Gegensatz zu den Rechtsbehelfen (§ 357 Abs. 1 AO) kann der Stpfl. den Antrag also mündlich im Amt oder telefonisch stellen.

Der Antrag auf schlichte Änderung verlangt aber einen **Mindestinhalt**. Der ASt. muss zumindest erkennen lassen, mit welchem Komplex des Bescheides die Änderung zusammenhängt. U. E. genügt auch die Angabe des gewünschten Betrags ohne Sachverhaltsausführungen.

BEISPIELE

a) Der Stpfl. bittet vor Ablauf der Einspruchsfrist um »schlichte Änderung des ESt-Bescheids gem. § 172 AO«. Weitere Ausführungen macht er nicht.

LÖSUNG Dieser – so präzise scheinende – Antrag auf schlichte Änderung ist wegen Unbestimmtheit unwirksam (BFH vom 27. 10. 1993 BStBl II 1994, 439). Der ASt. hätte vor Ablauf der Einspruchsfrist konkretisieren müssen, inwiefern er den Bescheid für fehlerhaft hält. Dass er diesen Hinweis nach Ablauf der Einspruchsfrist nachholt, hilft ihm nichts. Infolge der Erwähnung des § 172 AO kann der Antrag auch nicht in einen Einspruch umgedeutet werden.

b) Die Eheleute wurden mangels Erklärungsabgabe per Schätzung zur ESt zusammen veranlagt. Der Steuerberater der Eheleute stellte in ihrem Namen innerhalb der Einspruchsfrist einen »Antrag auf schlichte Änderung gem. § 172 AO ... Es wird eine Herabsetzung auf Null beantragt; die Steuererklärung wird nachgereicht«. Die Erklärung wurde erst nach Unanfechtbarkeit eingereicht.

LÖSUNG Der Antrag auf schlichte Änderung ist unwirksam und abzuweisen. Eine rein betragsmäßige Angabe genügt nicht. Der Antrag ist nur dann ausreichend »bestimmt«, wenn der noch zu berücksichtigende Sachverhalt bzw. die angeblich für den Antragsteller ungünstig entschiedene Frage zumindest in groben Zügen (vor Unanfechtbarkeit) bezeichnet wird (BFH vom 20. 12. 2006 BStBl II 2007, 503; eine Änderung gem. § 173 Abs. 1 Nr. 2 AO scheitert am »groben Verschulden« der Eheleute am verspäteten Bekanntwerden).

Anträge zur Änderung von Steuerbescheiden sind u. E. ergebnis-, nicht sachverhaltsbezogen. Dem Stpfl. kommt es auf das Ergebnis an, nicht auf die Begründung. Das FA muss daher einem Antrag stattgeben, auch wenn er durch andere Gründe als den vom Stpfl. behaupteten gedeckt ist.

Ist der Antrag nur zum Teil begründet, wird er nicht gänzlich abgelehnt, sondern das FA gibt ihm insoweit statt (»soweit« im Gesetzestext; zur Mitberichtigung gem. § 177 AO s. u.). Die Änderung kann also hinter dem Antrag zurückbleiben, darf aber keinesfalls den Umfang des Antrags überschreiten.

Geht die Initiative vom FA aus, genügt die **Zustimmung** des Stpfl. Bei Bescheidänderung zu Gunsten des Stpfl. muss sie (wie ein Antrag) vor Ablauf der Einspruchsfrist vorliegen.

> **BEISPIEL**
>
> Das FA erkennt sofort nach der Bekanntgabe, dass der Bescheid einen Fehler zu Ungunsten des Stpfl. enthält. Es erlässt deshalb mit unterstellter Zustimmung des Stpfl. sofort einen Änderungsbescheid zu Gunsten des Stpfl.
> **LÖSUNG** Der Änderungsbescheid ist rechtswidrig (aber wirksam).
> Der Fehler kann gem. § 126 Abs. 1 Nr. 1 AO geheilt werden, wenn der Stpfl. die Zustimmung bis zum Ablauf der Einspruchsfrist nachholt.

Die Änderung ist eine **Ermessens**entscheidung. D. h. außer dem Antrag bzw. der Zustimmung muss noch ein sachlicher Grund für die Änderung vorliegen. Ein **sachlicher Grund** liegt vor, wenn der Bescheid rechtswidrig ist, und der Verwaltungsaufwand nicht außer Verhältnis zum Änderungserfolg steht. Bei Änderungsanträgen zu **Lasten** des Stpfl. **nach** Eintritt der Unanfechtbarkeit des Bescheids entscheidet die Verwaltung sehr engherzig, s. 6.2.4. Bei rechtzeitig und wirksam gestellten Änderungsanträgen des Stpfl. zu seinen Gunsten verengt sich u. E. der Ermessensspielraum des FA auf Null: Es muss den Bescheid wie beantragt ändern, soweit er falsch ist.

Der **Antrag auf** (»schlichte«) **Änderung** zu Gunsten des Antragstellers gem. § 172 Abs. 1 Satz 1 Nr. 2 Buchst. a AO ist eine korrekturrechtliche **Alternative zur Einlegung eines Einspruchs** (§§ 347 ff. AO). Außerdem stützt sich die volle oder teilweise Erledigung von Einsprüchen gegen Steuer- und diesen gleichgestellte Bescheide per **Abhilfebescheid** auf § 172 Abs. 1 Satz 1 Nr. 2 Buchst. a AO (§ 172 Abs. 1 Satz 1 Nr. 2 Buchst. a letzter HS AO vgl. I 11.3).

> **BEISPIELE**
>
> a) Der Stpfl. hat form- und fristgerecht Einspruch gegen die ESt-Festsetzung 01 eingelegt. Er begehrt eine Herabsetzung des ESt von 10 000 € auf 9 000 €. Der Bearbeiter erkennt sofort, dass der Einspruch begründet ist.
> **LÖSUNG** Er kann gem. § 172 Abs. 1 Satz 1 Nr. 2 Buchst. a AO (Verwaltungsmeinung) einen Abhilfebescheid über 9 000 € ESt erlassen. Damit ist der Rechtsbehelf erledigt. Eine Einspruchsentscheidung braucht nicht zu ergehen (§ 367 Abs. 2 Satz 3 AO).
>
> b) Wie Beispiel a. Der Bearbeiter erkennt, dass der Einspruch nur bezüglich 400 € begründet ist.
> **LÖSUNG** Er kann auch hier einen (Teil-)Abhilfebescheid gem. § 172 Abs. 1 Satz 1 Nr. 2 Buchst. a AO erlassen, da er »soweit« dem Antrag des Stpfl. stattgibt. Dieses Verfahren ist aber i. d. R. nur zweckmäßig, wenn der Stpfl. dem zugestimmt hat, weil sonst doch noch eine Einspruchsentscheidung ergehen muss, § 367 Abs. 2 Satz 3 AO.

6.2.2 Antrag auf »schlichte« Änderung oder Einspruch?

Bei der Entscheidung, **Einspruch einzulegen oder »schlichte« Änderung** zu beantragen, sollte der Stpfl. die Vor- und Nachteile der beiden Anträge im Einzelfall gegeneinander abwägen.

Der **Vorteil** des Antrags auf »schlichte« Änderung für den Stpfl. kann darin liegen, dass der Veranlagungsfall hier nicht insgesamt wieder aufgerollt wird, wie es im Einspruchsverfahren der Fall wäre (§ 367 Abs. 2 Satz 1 AO). Das FA kann nur über den gestellten Antrag entscheiden. Es kann dem Antrag stattgeben oder ihn zum Teil oder schlimmstenfalls ganz ablehnen. Eine verbösernde Entscheidung wie im Einspruchsverfahren (§ 367 Abs. 2 Satz 2 AO) scheidet aus, Mitberichtigung ist aber möglich (s. 6.2.3.).

Von **Nachteil** kann sein, dass der Stpfl. seinen Antrag nach Unanfechtbarkeit nicht erweitern bzw. das FA den Bescheid nicht noch weiter zu Gunsten des Stpfl. ändern kann. Der Antrag auf schlichte Änderung ist nur wirksam, wenn er erkennen lässt, worum es dem ASt geht. Der Einspruch braucht dagegen zu seiner Zulässigkeit nicht begründet zu werden. Außerdem kann der Stpfl. nach der Ablehnung seines Antrags nicht sofort das Finanzgericht anrufen (vgl. § 44 FGO), und das Finanzgericht ist in der Frage, wie weit es den Bescheid zu Gunsten des Stpfl. ändern kann, in gleicher Weise wie das FA an den Umfang des rechtzeitig gestellten Änderungsantrags gebunden. Vorläufiger Rechtsschutz durch Aussetzung der Vollziehung (§ 361 AO) ist nicht möglich (vgl. I 12.2 a).

Zur **Auslegung** eines unklaren Antrags, ob es sich vielleicht um einen Rechtsbehelf handelt, vgl. I 3.1.3 und AEAO vor § 347 Nr. 1 a. E.: **Im Zweifel** liegt ein **Einspruch** vor.

BEISPIELE

a) Der Stpfl. beantragt rechtzeitig eine schlichte Änderung des ESt-Bescheids und bittet (erstmals) um Berücksichtigung von Aufwand für Fachbücher i. H. v. 300 € als Werbungskosten bei den Einkünften aus nicht selbstständiger Arbeit; gleichzeitig legt er die Belege vor. Er gibt zu, die Werbungskosten nur aus grober Schlamperei in der Erklärung nicht angesetzt zu haben. Der Bescheid ist gem. § 172 Abs. 1 Satz 1 Nr. 2 Buchst. a AO zu ändern; die Werbungskosten sind zu berücksichtigen.

Ergibt die Überprüfung außerdem, dass geltend gemachte Sonderausgaben i. H. v. 700 € zu Unrecht im Bescheid nicht berücksichtigt wurden, so kann dieser Fehler nicht gem. § 172 Abs. 1 Satz 1 Nr. 2 Buchst. a AO beseitigt werden, denn der vor Unanfechtbarkeit gestellte Antrag des Stpfl. geht nicht so weit. Eine Erweiterung des Änderungsantrags nach Unanfechtbarkeit wäre verspätet, da die (weitergehende) Änderung ja zu Gunsten des Stpfl. ausfallen würde (Wortlaut des § 172 Abs. 1 Satz 1 Nr. 2 Buchst. a AO). Liegt allerdings insoweit ein anderer selbstständiger Änderungsgrund vor (z. B. § 173 Abs. 1 Nr. 2 AO), wird dieser Fehler gleich mit beseitigt.

Hätte der Stpfl. Einspruch eingelegt, könnten die 700 € ohne weiteres z. B. in einem Abhilfebescheid gem. § 172 Abs. 1 Nr. 2 Buchst. a AO berücksichtigt werden.

b) Wie im Beispiel a hat der Stpfl. rechtzeitig einen Antrag gem. § 172 AO auf Berücksichtigung von 300 € als Werbungskosten bei seinen Arbeitseinkünften gestellt. Die Überprüfung ergibt, dass dieser Aufwand **privat** veranlasst, also gem. § 12 EStG nicht abzugsfähig ist. Gleichzeitig bemerkt das FA jedoch, dass es bei der Veranlagung Sonderausgaben i. H. v. 300 € zu Unrecht bisher nicht anerkannt hatte.

LÖSUNG Das FA muss dem Antrag auf Änderung des Bescheids und Senkung der ESt aus einem um 300 € geringeren zu versteuerndem Einkommen wegen dieser Sonderausgaben stattgeben. Der Antrag auf Änderung ist ergebnis-, nicht sachverhaltsbezogen (wie beim Streitgegenstand im Rechtsbehelfsverfahren, vgl. I 3.1.2). Das FA sollte den Stpfl. vor der Änderung des Bescheids hören bzw. im Änderungsbescheid auf seine Begründung der

Änderung hinweisen, die von der des Stpfl. abweicht. Das Ergebnis ist dasselbe wie beim Einspruch.

6.2.3 Mitberichtigung gem. § 177 AO

Bei der Überprüfung des gestellten Antrags ist auch **§ 177 AO** zu beachten (s. 11). Diese Vorschrift ist nach ihrem Wortlaut und Sinn auf alle Änderungsvorschriften in §§ 172 ff. AO anzuwenden.

BEISPIEL

Das FA ist im ESt-Bescheid von der Erklärung abgewichen und hat den Gewinn um 10 000 € höher festgesetzt als erklärt, weil es für bestimmte geltend gemachte Aufwendungen einen privaten Anlass annahm (§ 12 EStG). Der Stpfl. stellt sofort nach der Bekanntgabe des Bescheids Antrag auf schlichte Änderung und bittet um Berücksichtigung des Aufwands als Betriebsausgabe (§ 4 Abs. 4 EStG).

LÖSUNG Alternative a) Ergibt die Überprüfung, dass es sich insgesamt um abzugsfähige Betriebsausgaben handelt, muss der Bescheid entsprechend geändert werden.

Alternative b) Ergibt die Überprüfung, dass die 10 000 € abzuziehen sind, dass aber andererseits nicht abzugsfähiger Geschenkaufwand i. S. d. § 4 Abs. 5 Nr. 1 EStG i. H. v. 1 000 € rechtsfehlerhaft als Betriebsausgabe akzeptiert worden war, wird dem Antrag nur zum Teil stattgegeben und das zu versteuernde Einkommen um 9 000 € gesenkt (§§ 172 Abs. 1 Satz 1 Nr. 2 Buchst. a i. V. m. § 173 Abs. 1 Nr. 1 oder § 177 Abs. 2 AO).

Alternative c) Ergibt die Überprüfung, dass die 10 000 € doch privat bedingter Aufwand sind, und dass außerdem nicht abzugsfähiger Geschenkaufwand i. H. v. 1 000 € den Gewinn (zu Unrecht) gemindert haben, darf das FA doch nur den gestellten Antrag ablehnen. Eine Erhöhung des zu versteuernden Einkommens durch Änderungsbescheid kommt nur in Frage, wenn bezüglich des Geschenkaufwands ein weiterer selbstständiger Änderungsgrund vorliegt (z. B. § 173 Abs. 1 Nr. 1 AO). Handelt es sich insoweit um einen reinen Rechtsfehler des FA, darf der Bescheid nicht geändert werden.

Hätte der Stpfl. im letzteren Fall Einspruch eingelegt, käme eine Verböserung in Betracht (§ 367 Abs. 2 Sätze 1 und 2 AO), sofern der Ef den Einspruch nach Gewährung des rechtlichen Gehörs nicht zurücknimmt.

6.2.4 Antrag auf Änderung zu Lasten des Stpfl.

Im Gegensatz zum Antrag auf Änderung zu seinen Gunsten kann der Stpfl. den **Antrag auf Änderung zu seinen Lasten** jederzeit stellen (bzw. jederzeit einer entsprechenden Anregung des FA zustimmen). In diesen Fällen zeigt sich die wahre Bedeutung dessen, dass die »schlichte« Änderung eine Ermessensentscheidung ist: Die Verwaltung gibt Änderungsanträgen zu Ungunsten des Stpfl. (bezogen auf das Antragsjahr) regelmäßig nicht statt, wenn diese allein damit begründet werden, dass sich durch die Änderung die Steuerlast in anderen Jahren mindert und deshalb ein steuerliches Wahlrecht anders als bisher ausgeübt werde. Die verfahrensrechtliche Problematik ist aber infolge der Einschränkung der Bilanzänderung gem. § 4 Abs. 2 Satz 2 EStG (in der Fassung des Steuerentlastungsgesetzes 1999/2000/2002) weitgehend beseitigt.

BEISPIEL

In der Bilanz zum 31. 12. 01 sind sog. GWG mit 1 € angesetzt, in der GuV ist ein entsprechender Aufwand gem. § 6 Abs. 2 EStG i. H. v. 29 999 € angegeben. Nach Unanfechtbarkeit des Bescheids beantragt der Stpfl. eine Bescheidänderung gem. § 172 Abs. 1 Satz 1 Nr. 2 Buchst. a AO. Er möchte von der Wahlmöglichkeit gem. § 6 Abs. 2 EStG keinen Gebrauch mehr machen, sondern dafür die lineare Abschreibung (i. H. v. 6 000 €) ansetzen. Die ESt 01 erhöht sich dadurch um 4 800 €. Da der Gewinn in den Folgejahren »explodiert« ist, ist die Abschreibungsmasse in diesen Jahren wesentlich steuerwirksamer als im Jahr 01.

LÖSUNG Das FA kann dem Antrag nicht stattgeben, weil die Bilanzänderung gem. § 4 Abs. 2 Satz 2 EStG n. F. unzulässig ist.

Nacherklärungen (§ 153 AO) und **Selbstanzeigen** (§§ 371, 378 Abs. 3 AO) sind nicht als Antrag i. S. d. § 172 Abs. 1 Satz 1 Nr. 2 Buchst. 1 AO auszulegen. (Gegebenenfalls kommt in diesen Fällen eine Bescheidänderung gem. §§ 173 Abs. 1 Nr. 1, 172 Abs. 1 Nr. 2 Buchst. c in Frage).

6.3 § 172 Abs. 1 Satz 1 Nr. 2 Buchst. b, c AO

§ 172 Abs. 1 Satz 1 Nr. 2 Buchst. b AO ermöglicht die Änderung bei **sachlicher Unzuständigkeit** (nicht: bei örtlicher Unzuständigkeit) der Behörde.

Nach § 172 Abs. 1 Satz 1 **Nr. 2 Buchst. c** AO kann der Bescheid geändert werden, wenn er **durch unlautere Mittel »erwirkt«** (vom Stpfl. herbeigeführt) ist. Unlautere Mittel sind z. B. »arglistige« (d. h. vorsätzliche, mit Wissen und Wollen eingesetzte) Täuschung (wie Steuerhinterziehung gem. § 370 AO), Drohung oder Bestechung (Wortlaut der Bestimmung).

Ob der Stpfl., ein **Dritter** oder der Bearbeiter des FA den Bescheid »arglistig erwirkt« haben, ist gleichgültig. (Außer bei Bestechung greift in den Fällen des § 172 Abs. 1 Satz 1 Nr. 2 Buchst. c AO auch § 173 Abs. 1 Nr. 1 AO.)

7 Aufhebung und Änderung von Steuer- und gleichgestellten Bescheiden wegen nachträglich bekannt gewordenen Tatsachen oder Beweismitteln, § 173 AO

7.1 Überblick über § 173 AO und Prüfungsschema

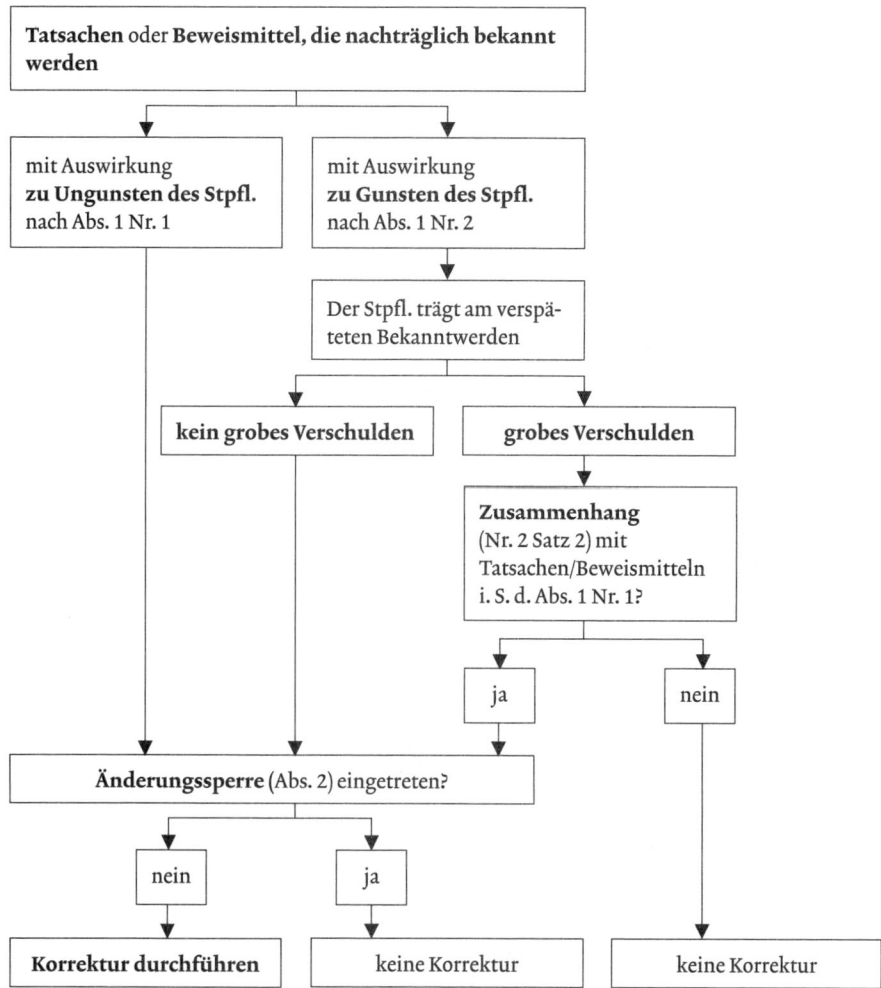

7.2 Die Korrekturvoraussetzungen im Einzelnen

7.2.1 Tatsachen

Der BFH bezeichnet als Tatsache alles, was Merkmal oder Teilstück eines gesetzlichen Steuertatbestandes sein kann, also Zustände, Vorgänge, Beziehungen und Eigenschaften materieller oder immaterieller Art. Keine Tatsachen sind Schlussfolgerungen aller Art, insbesondere juristische Subsumtionen (vgl. B 2.2); BFH vom 28. 03. 1985 BStBl II 1986, 120.

Sie müssen im Zeitpunkt der Bekanntgabe des ursprünglichen VA abgeschlossen vorliegen (Ausnahmen: Hilfstatsachen, s. u.), sonst sind sie nicht rechtserheblich für § 173 AO. Sachverhalte, die sich erst **nach der Bekanntgabe des Bescheids** ereignen, sind **keine** Tatsachen i. S. d. § 173 AO bzw. sind für § 173 AO nicht rechtserheblich (zur Abgrenzung von »Tatsachen« i. S. d. § 173 AO zu »rückwirkenden Ereignissen« i. S. d. § 175 Abs. 1 Satz 1 Nr. 2 AO vgl. 9.2).

BEISPIELE

Tatsachen und keine Tatsachen (vgl. auch die Beispiele in 7.2.4):
a) **Tatsache** ist: der Zufluss einer Betriebseinnahme i. H. v. 300 €, der wahre Tag der Scheckübergabe, das Nichtvorhandensein von Garantieleistungen, der Umstand, dass ein Wirtschaftsgut mit Nutzungsdauer über den Bilanzstichtag hinaus angeschafft wurde, usw.

b) Folgende Besteuerungsmerkmale gelten **nicht** als Tatsachen i. S. d. § 173 AO, sondern verdecken diese nur bzw. sind lediglich Folgewirkungen von Tatsachen: **Falschbuchung**, fehlerhafte Behandlung in der Bilanz bzw. Gewinn- und Verlustrechnung, falsche Darstellung eines Sachverhalts in der Steuererklärung usw. verdecken die wahren Sachverhalte, sind aber selbst keine (weiteren) Tatsachen; die fehlerhaft berechnete oder nicht vorgenommene **Abschreibung** (§ 7 EStG usw.) ist selbst keine Tatsache, sondern nur eine Folge der Tatsache, dass der Stpfl. ein gewisses Wirtschaftsgut mit einem gewissen Aufwand und einer gewissen Nutzungsdauer in seine Verfügungsgewalt gebracht hat. Der sich aus USt-Anmeldungen ergebende Betrag der Vorsteuer oder Ausgangs-USt ist nicht die »Tatsache«, auf die § 173 AO abstellt, sondern eine rechtliche Schlussfolgerung; Tatsachen sind vielmehr die Lebenssachverhalte, welche den Anspruch auf Vorsteuer bzw. Ausgangs-USt auslösen (BFH vom 13. 09. 1990 BStBl II 1991, 124).

c) Rechtliche und tatsächliche Schlussfolgerungen wie z. B. **Schätzungen** oder tatsächliche Vermutungen sind keine Tatsachen. Dagegen sind die den Schlussfolgerungen zugrunde liegenden »wertbegründenden Eigenschaften« und Schätzungsgrundlagen Tatsachen, ebenso die Umstände, aus denen sich nach der Lebenserfahrung eine bestimmte Vermutung ergibt (BFH vom 20. 12. 1988 BStBl II 1989, 585).

d) Ob die Wirksamkeit eines **zivilrechtlichen Vertrags** bzw. sein Charakter und Inhalt usw. (»Kauf«, »Pacht«, »non-pay-out-lease«) eine Tatsache darstellt, ist fraglich. Der BFH fasst in ständiger Rspr. zivilrechtliche Beurteilungen und Wertungen des Stpfl. z. B. in seiner ESt-Erklärung unter dem Begriff »**vorgreifliche Rechtsverhältnisse**« zusammen und behandelt sie als Tatsachen i. S. d. § 173 AO (vgl. BFH vom 20. 12. 1988 BStBl II 1989, 585). Die Frage kann u. E. offenbleiben. Der Bescheid ist jedenfalls gem. § 173 AO zu ändern, wenn sich aufgrund von Tatsachen oder Beweismitteln herausstellt, dass die Wertung des Stpfl. nicht zutrifft.

e) Bezüglich **antragsbedingten Vergünstigungen** und der **Ausübung von Wahlrechten** siehe unten bei § 173 Abs. 1 Nr. 2 AO (7.2.6.2).

f) Handlungen und Erklärungen des FA werden nicht als Tatsachen im Sinne des § 173 AO behandelt.

g) In- und ausländische steuerliche Rechtsvorschriften sind keine Tatsachen i. S. d. § 173 AO.

h) Steuerliche Gerichtsentscheidungen sind keine Tatsachen i. S. d. § 173 AO. Dies gilt auch für steuerliche Urteile des EuGH (BFH vom 21. 03. 1996 BStBl II 1996, 399) und des BVerfG; zu außersteuerlichen Urteilen von Gerichten s. u. § 175 Abs. 1 Satz 1 Nr. 2, Tz. 9.2.1 Beispiel d).

Es ist zwar z. B. eine »**Tatsache**« (im allgemeinen Sprachgebrauch), dass der BFH im Urteil vom 11. 08. 1999 BStBl II 2000, 229 entschieden hat, die Abfärberegelung des § 15 Abs. 3 Nr. 1 EStG sei bei einem äußerst geringen Anteil der originär gewerblichen Tätigkeit einer GbR nicht anzuwenden, so dass die übrigen Einkünfte im Rahmen der GbR solche aus selbstständiger Tätigkeit bleiben. Das BFH-Urteil ist aber **keine Tatsache i. S. d § 173 AO,** das zu einer Bescheidänderung berechtigen würde. Die zitierte BFH-Entscheidung hilft nur bei der Auslegung steuerlicher Begriffe (hier: des § 15 Abs. 1 Nr. 3 EStG), wenn Lebenssachverhalte (Tatsachen i. S. d. § 173 AO) steuerlich beurteilt werden sollen.

Grundsätzlich ist »Tatsache« i. S. d. § 173 AO die **kleinste Einheit an Besteuerungsgrundlagen,** die sich steuerlich auswirkt. So sind z. B. Ein- und Verkauf eines Wirtschaftsguts zwei verschiedene Tatsachen, auch wenn sich die gesamte Gewinnauswirkung bzw. das umsatzsteuerliche Ergebnis erst aus ihrer Zusammenschau »per Saldo« ergibt.

Dies folgt daraus, dass § 173 Abs. 1 Nr. 1 und 2 AO unterschiedliche Voraussetzungen an die Korrektur stellen, je nachdem, ob es sich um eine für den Stpfl. günstige oder ungünstige Tatsache handelt. Von diesem Grundsatz gibt es allerdings **Ausnahmen,** wenn es um die Korrektur von Schätzungsbescheiden geht, oder wenn die Korrektur stattfindet, weil der Stpfl. bisher eine ganze Einkunftsquelle (bzw. Einkunftsart) verschwiegen hat; vgl. 7.2.4.

Gelegentlich sind Umstände, die sich erst nach Bescheiderteilung ereignen, doch für eine Änderung gem. § 173 AO bedeutsam. Es kann sich um Hinweise (**Hilfstatsachen**) auf vor Bescheiderteilung vorliegende innere Tatsachen i. S. d. § 173 Abs. 1 AO handeln. Gehören bei einer Vorschrift **innere Tatsachen** (subjektive Vorstellungen wie z. B. die Einkunftserzielungsabsicht bei den Einkunftsarten des § 2 EStG) zum Tatbestand, sind diese inneren Tatsachen diejenigen i. S. d. § 173 AO. Lassen »äußere« oder Hilfstatsachen, die sich erst nach Bekanntgabe des Bescheids ereignen, den **sicheren Schluss** auf das Vorhandensein bestimmter innerer Tatsachen vor Bekanntgabe des Bescheids zu, greift (unter den übrigen Voraussetzungen) § 173 AO (BFH vom 06. 12. 1994 BStBl II 1995, 192).

BEISPIEL

Der Stpfl. behauptet, seine Aufwendungen (insbes. Zinsen) aus einem unbebauten Grundstück stünden in Zusammenhang mit zukünftigen Einnahmen, denn er wolle das Grundstück bebauen und vermieten. Das FA anerkennt die entsprechenden Vermietungsverluste in einem endgültigen ESt-Bescheid. (Zweckmäßigerweise hätte es den Bescheid insoweit vorläufig stellen sollen, § 165 Abs. 1 Satz 1 AO). Ein Jahr nach Bekanntgabe des Bescheids verkauft der Stpfl. das Grundstück unbebaut und ohne den Versuch gemacht zu haben, eine Baugenehmigung zu erhalten.

LÖSUNG Wenn diese Vorgänge (Veräußerung) den sicheren Schluss zulassen, dass der Stpfl. von Anfang an keine Einkunftserzielungsabsicht hatte, ist die fehlende Einkunftsabsicht eine Tatsache i. S. d. § 173 Abs. 1 (Nr. 1) AO, die zur Bescheidänderung führt. Die nach Bescheiderteilung auftretenden äußeren oder Hilfstatsachen machen die entscheidende Tatsache, die schon vor Bescheiderteilung vorlag, nur »nachträglich bekannt« (vgl. 7.2.3).

Eine ähnliche Lösung gibt es für **Gesamtsachverhalte.** Sind steuerliche Fragen vom Vorliegen eines sich über mehrere Jahre erstreckenden **Gesamtsachverhalts** abhängig, ist der Gesamtsachverhalt eine Tatsache i. S. d. Nr. 1 oder Nr. 2 (vgl. BFH vom 21. 10. 1986 BStBl I 1987, 284, 286). Beispiele dazu finden sich etwa im ESt- und GewSt-Recht bei der Abgrenzung gewerblicher und andersartiger Tätigkeit: Die Abgrenzung kann von Ereignissen beeinflusst sein, die sich über mehrere Jahre hinziehen, z. B. Entwicklung der Organisation beim Stpfl., Anzahl und Ausgestaltung der Geschäfte, Zahl der Geschäftspartner, Vorliegen eines »Totalgewinns« usw. (vgl. H 15.6, 15.7 EStH usw.). Bei der Frage, ob »anschaffungsnaher

Erhaltungsaufwand« bei Gebäuden als Herstellkosten zu behandeln ist, ist maßgebliche Tatsache, wieviel in einem Dreijahreszeitraum an solchem Aufwand angefallen ist (§ 6 Abs. 1 Nr. 1 a EStG).

Gelegentlich ist unklar, ob steuerlich ein **objektiver** Gesamtsachverhalt maßgeblich sein soll, oder die **subjektive** Absicht (»innere Tatsache«) des Stpfl., einen (Gesamt-) Sachverhalt zu verwirklichen. **Je nachdem, was materiell-rechtlich ausschlaggebend** ist, ist Tatsache i. S. d. § 173 AO entweder der verwirklichte objektive Gesamtsachverhalt oder die »innere Tatsache«. In der neueren höchstrichterlichen Rechtsprechung gewinnen die »inneren Tatsachen« immer größere Bedeutung. Dies hängt wohl mit dem oben erwähnten Umstand zusammen, dass Sachverhalte, die erst nach der Bekanntgabe des Bescheides verwirklicht werden, keine »Tatsache« i. s. d. § 173 AO mehr sein können. Sie wirken sich nur dann im Rahmen des § 173 AO aus, wenn man sie als Hilfstatsachen interpretiert, die den (sicheren) Schluss auf bereits vor Bescheidbekanntgabe vorliegende »innere Tatsachen« zulassen.

> **BEISPIEL**
>
> Veräußerungen von nicht betrieblich zugeordneten Grundstücken können eventuell den Rahmen einer (nicht ertragsteuerpflichtigen) Vermögensverwaltung überschreiten und einen gewerblichen Grundstückshandel bilden (§ 15 EStG). Für die Abgrenzung ist nach R 15.7 (1) EStR, H 15.7 (1) »Gewerblicher Grundstückshandel« EStH die **objektive** Zahl der Immobilienverkäufe pro Zeiteinheit von entscheidender Bedeutung: Veräußerungen von bis zu drei Objekten innerhalb von fünf Jahren stellen noch Vermögensverwaltung dar (»Drei-Objekt-Grenze«).
>
> In der neueren Rechtsprechung betont der BFH dagegen, dass die Zahl der verkauften Objekte nur »Indizbedeutung« habe; entscheidend seien die **Absichten** des Stpfl.
>
> Wird **nach** Bekanntgabe des Steuerbescheides für das Jahr der bisherigen drei Veräußerungen, aber innerhalb von fünf Jahren ein viertes Grundstück verkauft, kommt eine Bescheidänderung gem. § 173 Abs. 1 Nr. 1 AO in Frage, wenn sich aus dem weiteren Verkauf zwingend schließen lässt, der Stpfl. habe von Anfang an in der Absicht gehandelt, die Grundstücke in erster Linie nicht zur Furchtziehung (§ 21 EStG), sondern zur Verwertung der Vermögenssubstanz einzusetzen (»innere Tatsache«). Der Verkauf des 4. Objekts ist jedenfalls kein rückwirkendes Ereignis i. s. d. § 175 Abs. 1 Satz 1 Nr. 2 AO (BFH vom 06.07.1999 BStBl II 2000, 306).

7.2.2 Beweismittel

Beweismittel sind alle zur Aufklärung eines Sachverhalts dienenden Erkenntnismittel, also alle Umstände, die das Vorliegen oder Nichtvorliegen von Tatsachen beweisen können, wie beispielsweise eine Vertragsurkunde, eine Zeugenaussage oder eine Quittung (»Beleg«). Auch Beweismittel müssen im Zeitpunkt der Bekanntgabe des Bescheids schon existieren.

> **BEISPIEL**
>
> Eine nach Erteilung des unanfechtbaren ESt-Bescheids erstellte Bescheinigung des Arbeitgebers, wonach er dem Stpfl. bestimmte Reiseaufwände entgegen der Annahme des FA nicht ersetzt hat, ist kein ausreichendes »Beweismittel« zur Bescheidänderung für den Arbeitnehmer (i. s. d. § 173 Abs. 1 Nr. 2 AO).
>
> Diese Meinung ist infolge der Rechtsprechung des BFH zu den (objektiven) Hilfstatsachen für innere Tatsachen (Absichten des Stpfl.) zweifelhaft geworden, denn Hilfstatsachen gehören begrifflich zu den »Beweismitteln«.

FALL 73

Liegt in folgenden Fällen eine Tatsache (T), ein Beweismittel (B) oder keines von beiden (0) vor?

a) Familienstand des Stpfl.

b) Lebensalter des Stpfl.

c) Einnahme-Quittung

d) Verfügung der OFD über die Auslegung des § 9 EStG

e) Änderung der BFH-Rechtsprechung zu § 9 EStG

f) Anwendung eines falschen USt-Satzes durch das FA

g) Quadratmeterpreis eines Grundstücks

h) Lage und Zuschnitt, Bebaubarkeit eines Grundstücks

i) Bezahlter Kaufpreis für das Nachbargrundstück

j) Die Ehegatten wohnen an unterschiedlichen Orten (§ 26 EStG)

k) Nach Unanfechtbarkeit des Zusammenveranlagungsbescheids gestellter Antrag auf getrennte Veranlagung

7.2.3 Nachträgliches Bekanntwerden

Die Tatsache (bzw. das Beweismittel) ist nachträglich bekannt geworden, wenn sie den **entscheidungsbefugten Amtsträgern** der **zuständigen Stelle** (z. B. dem Veranlagungsbezirk) beim **Abschluss der Willensbildung** (Abzeichnung des VA, »Freigabe« am Bildschirm) noch unbekannt war. In der Praxis spricht man oft – ungenau – statt von »nachträglich bekannt gewordenen« Tatsachen bzw. Beweismitteln von »neuen« Tatsachen bzw. Beweismitteln.

Als **bekannt** gilt, was der zuständige Bearbeiter bei Abschluss der Willensbildung weiß. Als bekannt gilt auch, was zu diesem Stichtag **in den Akten** dieser Stelle vermerkt ist, selbst wenn der Bearbeiter den Vermerk tatsächlich nicht kennt (BFH vom 20. 06. 1985 BStBl II 1985, 492) oder aktenlos veranlagt wird (BFH vom 13. 07. 1990 BStBl II 1990, 1047). Wurde der zuständige Beamte mündlich von Tatsachen informiert, die er aber im maßgeblichen Zeitpunkt wieder vergessen hat, gelten die Tatsachen nicht als bekannt (BFH vom 20. 04. 1988 BStBl II 1989, 804).

Beim **Stichtag für die Kenntnisnahme** (»abschließende Zeichnung«) kommt es darauf an, wann der zuständige Bearbeiter des FA die letzte sachliche Überprüfung des VA vor der Bescheidversendung vornimmt (Beweisanzeichen dafür sind sein Namenszeichen mit Datumsangabe). In der Regel ist der Zeitpunkt maßgeblich, in dem dem Rechner der Befehl zur Verarbeitung der eingegebenen Daten und zur Erstellung eines Bescheids gegeben wird. Das Datum der abschließenden Entscheidung des Beamten ist dem Stpfl. auf Anfrage mitzuteilen (AEAO § 173 Nr. 2.1).

Als **Akteninhalt** gilt alles, was in sämtlichen gehefteten und losen Schriftstücken, die bei der betreffenden Dienststelle vorliegen, enthalten ist. »Bekannt« ist auch der Inhalt von (z. B. im Keller des FA) archivierten Akten, wenn bei der Veranlagungstätigkeit Anlass für ihre Hinzuziehung bestand (BFH vom 11. 02. 1998 BStBl II 1998, 552). Kenntnisse **anderer Stellen** des FA werden der veranlagenden Stelle **grundsätzlich nicht zugerechnet** (BFH vom 20. 06. 1985 [a. a. O.]; Ausnahme im Verhältnis Rechtsbehelfsstelle – Veranlagungsstelle, vgl. BFH vom 23. 03. 1983 BStBl II 1983, 548). Z. B. werden Kenntnisse des Betriebsprüfers oder der Erbschaftsteuerstelle in der Regel der ESt-Veranlagungsstelle nicht zugerechnet.

BEISPIEL

Beim Stpfl. hat eine USt- und eine LSt-Prüfung stattgefunden. Beide Prüfer erkannten, dass der Stpfl. 1 600 € Vorsteuer zu Unrecht abgezogen hat, weil der Aussteller der Rechnung kein Unternehmer, sondern ein Arbeitnehmer des Stpfl. war (§§ 2, 15 Abs. 1 Nr. 1 UStG). Der USt-Prüfer teilte den Sachverhalt mündlich der für die Änderung des USt-Bescheids zuständigen Veranlagungsstelle mit. In seinem Prüfungsbericht war der Sachverhalt aus nicht mehr aufklärbaren Gründen nicht enthalten. Der zuständige Beamte vergaß die mündliche Mitteilung und hielt sich beim Erlass des USt-Änderungsbescheids an die schriftlichen Vorschläge des USt-Prüfers im Prüfungsbericht. Der LSt-Prüfer hat den Sachverhalt in seinem Prüfungsbericht dagegen richtig dargestellt; dieser Prüfungsbericht ging aber nur der LSt-Arbeitgeberstelle zu und wurde der USt-Veranlagungsstelle nicht zugänglich gemacht.

Als sich der wahre Sachverhalt herausstellte, möchte das FA den endgültigen USt-Änderungsbescheid nochmals ändern. (Die Änderungssperre gem. § 173 Abs. 2 AO greift hier nicht, weil die USt-Prüfung nicht »abschließend« war.)

LÖSUNG Dass die Rechnungen mit Vorsteuerausweis i. H. v. 1 600 € von einem Arbeitnehmer des Stpfl. ausgestellt wurden, ist eine Tatsache. Sie war der veranlagenden Stelle im Zeitpunkt der (letzten) Änderung des USt-Bescheids nicht bekannt. Auf die Kenntnis der Prüfer kommt es nicht an. Auch die – vergessene – mündliche Mitteilung des USt-Prüfers ist unbeachtlich. Der Inhalt der Akte bei der LSt-Arbeitgeberstelle wurde der USt-Stelle nicht zugänglich gemacht. Folglich handelt es sich um eine bisher »unbekannte« Tatsache i. S. d. § 173 Abs. 1 Nr. 1 AO. Der USt-Bescheid wird geändert und die Vorsteuer um 1 600 € gekürzt (BFH vom 20. 04. 1988 BStBl II 1988, 804).

Als der veranlagenden Stelle »bekannt« gilt aber auch der **Akteninhalt anderer Stellen,** wenn diese Akten der zuständigen Stelle »zugänglich gemacht« wurden (BFH vom 20. 04. 1988 BStBl II 1988, 804), bzw. wenn sich die zuständige Stelle die Kenntnisse eines andern FA »zu Eigen gemacht hat«, z. B. wenn die Schenkungsteuerstelle eines FA die Wertfeststellungen des Betriebs-FA ihrer Schätzung des Schenkungswerts zugrunde legt (BFH vom 14. 01. 1998 BStBl II 1998, 371).

»Entscheidungsbefugte Amtsträger« (s. o.) sind der zuständige Sachgebietsleiter mit seinen Sachbearbeitern und den Mitarbeitern, wenn sie ein (irgendwie geartetes) Zeichnungsrecht haben, ihre Urlaubs- und Krankheitsvertreter und bei Personalwechsel der Amtsvorgänger und -nachfolger.

7.2.4 Liegt § 173 Abs. 1 Nr. 1 oder Nr. 2 AO vor?

Da § 173 Abs. 1 in Nr. 1 und 2 **zwei selbstständige Korrekturvorschriften** enthält, die unterschiedliche Tatbestandsvoraussetzungen haben, muss geklärt werden, ob die **einzelne Tatsache** (das einzelne Beweismittel) zu einer für den Stpfl. ungünstigen (Nr. 1) oder günstigen (Nr. 2) Änderung führt. Dies hat auch Bedeutung für die Anwendung des § 177 AO (Mitberichtigung von materiellen Rechtsfehlern), die weiter unten dargestellt wird. Deshalb dürfen regelmäßig für die Frage, ob nach Nr. 1 oder Nr. 2 zu korrigieren ist, die steuerlichen Auswirkungen verschiedener neuer Tatsachen/Beweismittel zu Gunsten und zu Ungunsten des Stpfl. **nicht saldiert** werden.

Anmerkung: Betrachtet man die Korrektur-Buchungsvorgänge nach dem Bekanntwerden des wahren Sachverhalts, gibt es Fälle, in denen sich **eine** Tatsache/ein Beweismittel bei einer Steuerart in einem Veranlagungszeitraum buchungstechnisch sowohl zu Ungunsten wie zu Gunsten des Stpfl. auswirkt. Hier kommt es für die Frage, ob nach Nr. 1 oder Nr. 2 zu korrigieren ist, ausnahmsweise auf den Saldo der steuerlichen Auswirkungen an; dies ist insbes. bei der Nachaktivierung abschreibungspflichtiger Wirtschaftsgüter der Fall. Führt die

Tatsache z. B. per Saldo im Veranlagungszeitraum der Nachaktivierung zu einer Steuererhöhung, erfolgt die Änderung nur nach § 173 Abs. 1 Nr. 1 AO.

Maßgeblich ist nur die **Auswirkung im zu ändernden Bescheid**. Es kommt also z. B. nicht auf die Auswirkung der Änderung in einem andern Jahr oder bei einer andern Steuer an. Nach BFH vom 26. 02. 2008 BStBl II 2008, 659 und Verwaltungsmeinung ist bei der Änderung der Steuerfestsetzung nur auf diese abzustellen. Ob sich infolge der konsequent anschließenden Korrektur der Anrechnungsverfügung von Quellensteuern eine Erstattung oder eine Nachzahlungsschuld ergibt, bleibt außer Betracht.

BEISPIELE

a) Der Stpfl. hat eine Betriebseinnahme i. H. v. 4000 € und eine Betriebsausgabe i. H. v. 9000 € nicht verbucht. Die Änderung erfolgt nach § 173 Abs. 1 Nr. 1 **und** 2 AO (bezüglich der 9000 € unter der Voraussetzung, dass kein grobes Verschulden vorliegt; zur Anwendung des § 177 AO vgl. 11). Die effektive Steueränderung ergibt sich allerdings nur aus ./. 5000 € zu versteuerndes Einkommen.

b) Der Stpfl. hat eine Maschine (Nutzungsdauer fünf Jahre) nicht aktiviert. Dadurch ist der Gewinn um 5000 € zu niedrig ausgewiesen. Unter Berücksichtigung der (natürlich nicht abgesetzten) Abschreibung für das Anschaffungsjahr ergibt sich gleichzeitig eine Gewinnminderung um 1000 €.
LÖSUNG Die Änderung erfolgt (nur) gemäß § 173 Abs. 1 Nr. 1 AO. Tatsache ist, dass der Stpfl. um 5000 € ein Wirtschaftsgut gekauft hat, dessen Nutzungsdauer sich über den Schluss des Wirtschaftsjahrs (auf fünf Jahre) erstreckt. Die Nachaktivierung hat Folgen zu Gunsten und zu Ungunsten des Stpfl. bei der ESt des betreffenden Veranlagungszeitraums, wenn man die Korrekturbuchungen betrachtet, und der Saldo ist ungünstig für den Stpfl. Die Steueränderung ergibt sich aus + 4000 € zu versteuerndem Einkommen.

c) Es waren nur gewerbliche Verluste erklärt, weshalb ein endgültiger ESt-Nullbescheid ergangen ist. Später erklärt der Stpfl. bisher vorsätzlich verschwiegene Kapitaleinkünfte nach, woraus sich eine Erhöhung der ESt auf 4472 €, infolge der Anrechnung von KapSt gem. § 36 Abs. 2 EStG aber eine Erstattung i. H. v. 528 € ergibt.
Die Änderung der Steuerfestsetzung beruht auf § 173 Abs. 1 Nr. 1 AO; Das grobe Verschulden am verspäteten Bekanntwerden der Kapitaleinkünfte spielt keine Rolle. (Die Korrektur der Anrechnungsverfügung, bei welcher der Ermessensspielraum des FA auf Null verengt ist, erfolgt u. E. gem. § 131 Abs. 1 AO.)

Wie bereits erwähnt (vgl. 7.2.1), ist **ausnahmsweise** nicht die kleinste Einheit an Besteuerungsgrundlagen »Tatsache« i. S. d. § 173 AO, sondern eine Zusammenfassung von Besteuerungsgrundlagen mit eventuell gegenläufigen steuerlichen Auswirkungen. Die BFH-Rechtsprechung hat dies bisher in zwei Fallgruppen angenommen, bei der **Korrektur von Schätzungsbescheiden** und bei der **Korrektur wegen bisher vom Stpfl. verschwiegener Einkunftsquellen.**

BEISPIELE

a) Nach **Vollschätzungen** ist der richtige Betrag dessen, was vorher geschätzt wurde, die einzige neue Tatsache.
Ist der Gewinn mangels Erklärung geschätzt, ist die einzige Tatsache die **richtige** Höhe des Gewinns (der sich z. B. aus einer Bp oder einer verspäteten Erklärung ergibt; BFH vom 24. 04. 1991 BStBl II 1991, 606; AEAO § 173 Nr. 7). Ist der »richtige« Gewinn niedriger, ist dies eine Tatsache i. S. d. Abs. 1 Nr. 2, ist er höher, eine solche i. S. d. Nr. 1. Grund für diese Meinung ist, dass man bei griffweisen Schätzungen nicht feststellen kann, dass bzw. inwieweit

die später bekanntwerdenden Tatsachen von früheren Annahmen abweichen; man hat sich bei der Schätzung keine Vorstellung über die einzelnen Betriebseinnahmen und -ausgaben gemacht.

b) War dem zuständigen Bearbeiter des FA bei der Veranlagung zur ESt eine **gesamte Einkunftsquelle** des Stpfl. unbekannt, ist nach höchstrichterl. Rechtsprechung das Vorliegen der Einkunftsquelle die einzige Tatsache i. S. d. § 173 AO (BFH vom 01. 10. 1993 BStBl II 1994, 346). Das Urteil betraf einen neu eröffneten verlustbringenden Gewerbebetrieb.

Bei verlustbringenden, neu eröffneten Einkunftsquellen hindert dies im Ergebnis die Bescheidänderung: Trifft den Stpfl. grobes Verschulden am nachträglichen Bekanntwerden der Einkunftsquelle, kann er sich nicht auf § 173 Abs. 1 Nr. 2 Satz 2 AO berufen. Die nachträglich bekanntgewordenen Betriebsausgaben und Betriebseinnahmen usw. gelten nicht als Tatsachen (deren sachlicher Zusammenhang das grobe Verschulden des Stpfl. überspielen könnte). Dies gilt auch für Überschusseinkünfte (z. B. weitere vermietete Eigentumswohnungen, bisher verheimlichte vermietete Garagen usw.).

Die Verwaltung legt das zitierte BFH-Urteil vom 01. 10. 1993 folgendermaßen aus: Wenn dem FA nachträglich Einkünfte »einer bestimmten **Einkunftsart**« bei einem Stpfl. bekannt werden, ist die Höhe dieser Einkünfte eine (einzige) Tatsache (AEAO § 173 Nr. 6. 2).

c) Bei USt-Schätzungen wird i. d. R. die Ausgangs-USt und die Vorsteuer geschätzt (nicht nur ihr Saldo). Ergibt sich später ein Sachverhalt, der eine höhere Ausgangs-USt begründet, liegt ein Fall des § 173 Abs. 1 Nr. 1 vor. Ergibt sich (z. B. auch) ein Sachverhalt, der zu einer höheren Vorsteuer führt, liegt (außerdem) ein Fall der Nr. 2 [a. a. O.] vor; ebenso AEAO § 173 Nr. 6.3.

Bei der Änderung von gesondert festgestellten (positiven) Werten fällt deren Erhöhung unter § 173 Abs. 1 Nr. 1 AO, die Ermäßigung unter Nr. 2. Bei der betragsneutralen Änderung von **Feststellungsbescheiden** (z. B. Änderung der Art, Zugehörigkeit zu einer bestimmten Vermögensart) entsprechend § 173 Abs. 1 AO (§ 181 Abs. 1 AO) ist nach der Rechtsprechung des BFH **unwiderlegbar zu vermuten,** dass eine vom FA aus eigenem Antrieb vorgenommene Korrektur zulasten des Stpfl. wirkt (Nr. 1), während eine vom Stpfl. **beantragte Korrektur zu seinen Gunsten** wirkt (Nr. 2); vgl. BFH vom 16. 09. 1987 BStBl II 1988, 174 und AEAO § 173 Nr. 10.2.

In allen Fällen des § 173 Abs. 1 AO liegt **keine Ermessensentscheidung** bezüglich der Änderung vor. Es **muss** geändert werden.

7.2.5 **Besonderheiten bei § 173 Abs. 1 Nr. 1 AO**

a) **Verletzung der Ermittlungspflicht des FA**

Bei § 173 Abs. 1 Nr. 1 AO – nicht bei Nr. 2 – gelten u. U. aus Billigkeitsgründen Tatsachen als bekannt, obwohl sie dem FA tatsächlich unbekannt waren: Sie können dann nicht steuererhöhend berücksichtigt werden. Dies betrifft Tatsachen und Beweismittel i. S. d. Abs. 1 Nr. 1, deren Unkenntnis auf einer (**groben**) **Verletzung der Ermittlungspflicht des FA** beruht, weil sich die Zweifel ohne weiteres aufgedrängt haben (BFH vom 13. 11. 1985 BStBl II 1986, 241, AEAO § 173 Nr. 4).

Das FA kann allerdings bei einer nicht widersprüchlichen Steuererklärung in der Regel davon ausgehen, dass die **Erklärung vollständig und richtig** ist (vgl. AEAO § 88 Nr. 2).

a) Der vom Stpfl. erklärte Sachverhalt ist offen widersprüchlich. Einem sachkundigen und objektiven Dritten müssten sich deshalb weitere Ermittlungsmaßnahmen aufdrängen.
LÖSUNG Eine Änderung zu Ungunsten des Stpfl. nach § 173 Nr. 1 AO ist nach Treu und Glauben nicht möglich. Die Tatsachen gelten wegen (groben) Ermittlungsfehlers als dem FA bekannt.

b) Der Stpfl. gibt seine Erklärung trotz Mahnung nicht ab und wird deshalb geschätzt. Der Bescheid ist endgültig. Nachträglich stellt sich heraus, dass der Gewinn zu niedrig angenommen wurde. Der Stpfl. wehrt sich gegen die Änderung, weil dem FA ein Ermittlungsfehler vorzuwerfen sei. Es habe davon ausgehen müssen, dass seine Schätzung niemals genau richtig sein könne, und habe dem Mangel durch eine Außenprüfung (§§ 193 ff. AO) abhelfen können.
LÖSUNG Dem FA ist kein Ermittlungsfehler vorzuwerfen. Genauere Ermittlungen sind dem FA nicht zuzumuten, wenn der Stpfl. seine Erklärungspflicht grob verletzt (BFH vom 24. 10. 1985 BStBl II 1986, 223). Das FA muss den Bescheid gem. § 173 Abs. 1 Nr. 1 AO ändern und den Gewinn erhöhen.

c) Der Stpfl. hat seine Erklärung vollständig und richtig abgegeben. Das FA folgt jedoch einer – unrichtigen – Kontrollmitteilung eines anderen FA und setzt ohne weitere Rücksprache mit dem Stpfl. eine Besteuerungsgrundlage zu niedrig an.
LÖSUNG Der Stpfl., der seine Erklärungspflicht voll erfüllt, darf darauf vertrauen, dass das FA den Fall bei der endgültigen Veranlagung abschließend geprüft hat und folglich den endgültigen Bescheid nicht mehr zu seinen Lasten ändert. Das FA muss sich nach Treu und Glauben so behandeln lassen, als habe es die Tatsache gekannt. Eine Änderung gem. § 173 Abs. 1 Satz 1 Nr. 1 AO scheidet aus (vgl. BFH vom 13. 11. 1985 BStBl II 1986, 241).

b) Beidseitiges Verschulden

Hat sowohl das FA seine Ermittlungspflicht als auch der Stpfl. seine Mitwirkungspflicht (insbesondere seine Erklärungspflicht) verletzt, ist das Verschulden des FA i. d. R. unbeachtlich. Der Bescheid muss zu Lasten des Stpfl. geändert werden. Der Stpfl. kann sich gegen die Änderung nicht unter Berufung auf Treu und Glauben wehren, da er selbst seine Pflichten verletzt hat (BFH vom 11. 11. 1987 BStBl II 1988, 115). Nur dann, wenn der Sorgfaltsverstoß des FA den des Stpfl. deutlich überwiegt, muss die Änderung gem. § 173 Abs. 1 Nr. 1 AO unterbleiben (BFH vom 20. 12. 1988 BStBl II 1989, 585, AEAO § 173 Nr. 4.1.1).

c) Zusammenfassung: Voraussetzungen für eine Änderung gem. § 173 Abs. 1 Nr. 1 AO sind:

- Die Steuer ist endgültig und **zu niedrig** festgesetzt,
- weil eine **Tatsache** (Lebenssachverhalt) oder ein **Beweismittel** (Erkenntnismittel für Lebenssachverhalt)
- der **zuständigen** (Veranlagungs-)Stelle des FA erst **nachträglich** (nach Abschluss der Willensbildung) **bekannt** wurde,
- sofern sie (Tatsache) **rechtserheblich** für die falsche Festsetzung war (ungeschriebenes Tatbestandsmerkmal).
- Die **Änderungssperre** gem. § 173 Abs. 2 AO ist zu beachten.

7.2.6 Zusätzliche Voraussetzungen bei § 173 Abs. 1 Nr. 2 AO

Voraussetzungen für eine Änderung gem. § 173 Abs. 1 Nr. 2 AO sind:

- Die Steuer ist endgültig und **zu hoch** festgesetzt,
- weil eine **Tatsache** oder ein **Beweismittel**

- der **zuständigen** Stelle des FA erst **nachträglich bekannt** wurde,
- sofern die Tatsache rechtserheblich für die falsche Festsetzung war.
- Es liegt **kein grobes Verschulden des Stpfl.** (oder seines Angestellten bzw. seines Steuerberaters) am verspäteten Bekanntwerden vor.
- Das grobe Verschulden ist gem. **Nr. 2 Satz 2** [a. a. O.] unbeachtlich, wenn die neue Tatsache zu Gunsten des Stpfl. **ursächlich zusammenhängt** mit einer Korrektur (-möglichkeit) zu Ungunsten des Stpfl. gem. **Nr. 1** [a. a. O.]
- Die **Änderungssperre** gem. § 173 Abs. 2 AO ist zu beachten.

Nach § 173 Abs. 1 Nr. 2 AO ist eine Korrektur zu Gunsten des Stpfl. ausgeschlossen, wenn **der Stpfl. ein grobes Verschulden** daran trägt, dass die Tatsache/das Beweismittel dem zuständigen Bearbeiter erst nachträglich bekannt geworden ist.

Grobes Verschulden beinhaltet **Vorsatz** und **grobe Fahrlässigkeit.**

Bei der Prüfung des Verschuldensgrades ist ein **subjektiver Maßstab** anzulegen. Da der Begriff im Gesetz nicht näher definiert ist, darf er **nicht** zu Lasten des Stpfl. **extensiv ausgelegt werden.** Grobes Verschulden liegt folglich vor, wenn der Stpfl. die Sorgfalt, zu der er nach seinen persönlichen Kenntnissen und Fähigkeiten verpflichtet und imstande war, in **besonders schwerem Maß verletzt** hat. Der Stpfl. handelt z. B. grob schuldhaft, wenn er nicht beachtet, was bei diesem Sachverhalt **jedem einleuchten** muss, oder wenn er schon die **einfachsten und ganz nahe liegenden Überlegungen nicht angestellt** hat. Bloße Nichtkenntnis von steuerlichen Vorschriften (»Rechtsirrtum«, BFH vom 11. 12. 1997 BStBl II 1998, 367), oder z. B. ein Verschreiben in der Erklärung stellen kein grobes Verschulden dar. Wird ein Fehler **erstmals** begangen, spricht dies gegen grobes Verschulden, bei **Wiederholung** des Fehlers kommt man eher in den Bereich des groben Verschuldens.

Mechanische Fehler des Stpfl. sind dann leicht schuldhaft unterlaufen, wenn sie auch einem sorgfältigen Bearbeiter gelegentlich unterlaufen können (BFH vom 13. 09. 1990 BStBl II 1991, 124 AEAO § 173 Nr. 5.1.1).

Weitere Beispiele für grobes Verschulden (aus AEAO § 173 Nr. 5):
- Unrichtige oder fehlende Buchführung unter Berufung auf die Kompliziertheit des Steuerrechts.
- Nichtabgabe einer Steuererklärung trotz Aufforderung.
- Nichtbeantworten einer klaren Frage bzw. Nichtausfüllen einer Zeile im Erklärungsformular (im Regelfall).
- Nichtbeachten eines Hinweises auf die gesetzliche Lage in der »amtlichen Anleitung« zum Ausfüllen der Erklärungsformulare, wenn der Stpfl. diese Anleitung erhalten hat.
- Werden Angaben wegen **schlampiger Belegführung** vergessen, so stellt dies grobes Verschulden dar.

Nach höchstrichterlicher Rspr. und AEAO § 173 Nr. 5.5 ist nicht nur das grobe Verschulden bei (bis zur) Abgabe der Erklärung schädlich, sondern auch das grobe Verschulden **bei Versäumung der Einspruchsfrist** (BFH vom 21. 02. 1991 BStBl II 1991, 496). Dies wirkt sich z. B. dann aus, wenn der Stpfl. die für ihn günstigen Umstände erst nach der Erklärungsabgabe erfahren, insbes. einen ausdrücklichen Hinweis im Bescheid nicht beachtet hat. Hat der Stpfl. trotz Mahnung keine Steuererklärung abgegeben, trifft ihn am verspäteten bekannt Werden der Tatsachen aus einer nach Unanfechtbarkeit des Schätzungsbescheids abgegebenen Steuererklärung grobes Verschulden. Das grobe Verschulden bei der Abgabe der Steuererklärung bleibt auch dann maßgeblich (und schädlich), wenn dem Stpfl. bei der

Versäumung der Einspruchsfrist nur leichtes Verschulden vorzuwerfen ist (BFH vom 16. 09. 2004 BStBl II 2005, 75).

Das **Verschulden des Vertreters oder eines Erfüllungsgehilfen** (z. B. des Steuerberaters, der die Erklärung angefertigt hat, oder eines eigenen Angestellten des Stpfl.) ist dem Stpfl. als eigenes Verschulden zuzurechnen (BFH vom 18. 05. 1988 BStBl II 1989, 713). Eventuelles Verschulden eines Mitarbeiters des Steuerberaters ist unbeachtlich, wenn dieser Mitarbeiter nicht selbstständig nach außen auftreten kann (BFH vom 26. 8. 1987 BStBl II 1988, 109; unklar bei BFH vom 13. 09. 1990 BStBl II 1991, 124). Allerdings kann gleichzeitig ein sog. »Organisationsverschulden« des Beraters vorliegen, der die ungeeignete Person mit der fehlerhaft erledigten Aufgabe betraut oder diese Person nicht genügend beaufsichtigt hat. (Vgl. zum Begriff »Organisationsverschulden« die Ausführungen zur Wiedereinsetzung gem. § 110 AO, F 4.2 und AEAO § 173 Nr. 5.4 Abs. 2.)

BEISPIELE

a) Der Stpfl. brachte seine Einnahme- und Ausgabenbelege zum Steuerberater. Dort wurden sie zunächst verbucht und später zu einer Betriebseinnahmen-Betriebsausgaben-Überschussrechnung verarbeitet (§ 4 Abs. 3 EStG). Die letztere Arbeit hat ein Steuerfachgehilfe erledigt. Der Steuerberater überprüfte die Gewinnermittlung und die danach erstellte ESt-Erklärung nicht, obwohl es sich um die erste Erklärung dieser Art für den Mandanten handelte. Nach Eintritt der Unanfechtbarkeit des endgültigen ESt-Bescheids stellte sich heraus, dass der gesamte Ausgabeposten für Waren- und Materialeinkäufe bei der Gewinnermittlung nicht erfasst war. Dieser Wareneinsatz macht einen erheblichen Teil des Aufwands bei diesem Stpfl. aus. Der Stpfl. beantragt die Änderung des Bescheids gem. § 173 Abs. 1 Nr. 2 AO.
LÖSUNG Den Berater trifft »grobes Verschulden«. Er hätte zumindest diese erste Gewinnermittlung für den Mandanten einer Vollständigkeits- und Plausibilitätskontrolle unterziehen müssen. Sein grobes Verschulden ist dem Mandanten zuzurechnen. Das Verschulden des Fachgehilfen und dessen Verschuldensgrad ist unbeachtlich. Er ist nicht der Vertreter des Stpfl. Der Antrag auf Änderung wird abgelehnt (BFH vom 26. 08. 1987 BStBl II 1988, 109).

b) Der Angestellte im Steuerberaterbüro vergisst, die gezahlte USt in der Überschussrechnung gem. § 4 Abs. 3 EStG zu berücksichtigen. Dadurch ist der Gewinn um 40 000 € zu hoch.
LÖSUNG Den Steuerberater trifft hier i. d. R. grobes Verschulden, weil ihm der Fehler schon bei oberflächlicher Überprüfung hätte auffallen müssen. Der Fehler wird dem Mandanten wie eigenes grobes Verschulden zugerechnet.

Das grobe Verschulden des einen Ehegatten wird bei Zusammenveranlagung dem anderen Ehegatten ohne weiteres zugerechnet (AEAO § 173 Nr. 5.2). Ein »mitwirkendes Verschulden« des FA, das eventuell seine Fürsorgepflicht (§ 89 AO) verletzt hat, ist bei § 173 Abs. 1 Nr. 2 AO unerheblich (BFH vom 09. 08. 1991 BStBl II 1992, 65).

7.2.6.1 Ursächlicher Zusammenhang gem. § 173 Abs. 1 Nr. 2 Satz 2 AO

Nach § 173 Abs. 1 **Nr. 2 Satz 2** AO ist das **grobe Verschulden unerheblich**, wenn die neue Tatsache bzw. das neue Beweismittel zu Gunsten des Stpfl. mit solchen zu**un**gunsten des Stpfl. i. S. d. **Abs. 1 Satz 1 Nr. 1 sachlich zusammenhängt.** Ein bloß zeitlicher Zusammenhang genügt schon nach dem Wortlaut nicht und ist auch nicht erforderlich. Es genügt, dass z. B. die Steuerminderung in 01 ursächlich mit einer Steuererhöhung in 02 verknüpft ist (BFH vom 28. 03. 1985 BStBl II 1986, 120).

Für den »**unmittelbaren oder mittelbaren Zusammenhang**« genügt nicht, dass die Tatsachen in einer Person (des Stpfl.), in einem VZ, bei einer Einkunftsart zusammentreffen.

Dagegen ist der Zusammenhang dann sicherlich gewahrt, wenn die Aufwendungen getätigt wurden, **um** die Einnahmen (Tatsachen i. S. d. Abs. 1 Satz 1 Nr. 1) **zu** erzielen.

Die BFH-Rspr. zum »Zusammenhang« i. S. d. Nr. 2 Satz 2 ist restriktiv. Der BFH (Urteil vom 28. 03. 1985 [a. a. O.]) nimmt einen sachlichen Zusammenhang nur bei **ursächlicher Verknüpfung** der Ereignisse an. U. E. ist diese Definition angesichts des Wortlauts, nach dem auch ein »mittelbarer« Zusammenhang genügt, zu eng. U. E. hängen z. B. die Vorgänge innerhalb einer **Einkunftsquelle** zumindest mittelbar miteinander zusammen. Dies bedeutet, dass im Rahmen eines Betriebs angefallene Betriebseinnahmen und -ausgaben immer i. S. d. Nr. 2 Satz 2 zusammenhängen, ebenso Einnahmen und Aufwendungen aus einem bestimmten vermieteten Haus. Die Verwaltung und die h. M. in der Literatur folgen dagegen der BFH-Rechtsprechung (AEAO § 173 Nr. 6.1).

Bei der **USt** nimmt der BFH einen Zusammenhang i. S. d. Nr. 2 Satz 2 zwischen Ausgangs-USt-Tatbeständen und Vorsteuersachverhalten nur an, soweit bisher nicht berücksichtigte Vorsteuertatbestände für bisher nicht berücksichtigte Ausgangs-USt-Tatbestände »verwendet« wurden (BFH vom 08. 08. 1991 BStBl II 1992, 12, AEAO § 173 Nr. 6.3). Die Aufteilung der Vorsteuer, die mit den nachträglich bekanntgewordenen Umsätzen zusammenhängt, kann notfalls im Schätzungswege erfolgen (BFH vom 19. 10. 1995 BStBl II 1996, 149).

BEISPIEL

Im endgültigen Schätzungsbescheid sind angesetzt: Ausgangsumsätze 200 000 €, Eingangsumsätze 0 €. Laut grob schuldhaft verspäteter USt-Erklärung, die erst nach Unanfechtbarkeit des Bescheids beim FA eingeht, liegen tatsächlich vor: Ausgangsumsätzue 2 Mio. €, Eingangsumsätze 2,1 Mio. €; materiell richtig wäre eine USt-Vergütung für den Stpfl. mit der Bemessungsgrundlage 100 000 €.
LÖSUNG Die Prüfung des § 173 AO ergibt (andere Korrekturvorschriften greifen nicht):
»Neue« Tatsache gem. § 173 Abs. 1 Nr. 1 AO: Mehr-Ausgangsumsatz i. H. v. 1,8 Mio. €;
»neue« Tatsache gem. § 173 Abs. 1 Nr. 2 AO: Mehr-Eingangsumsatz i. H. v. 2,1 Mio. €.
Die nachträglich bekannt gewordenen Tatsachen zu Gunsten des Stpfl. können wegen dessen grobem Verschulden am verspäteten Bekanntwerden nur insoweit berücksichtigt werden, als sie mit nachträglich bekannt gewordenen Tatsachen zu Ungunsten des Stpfl. ursächlich zusammenhängen. Nur solche Eingangsumsätze können also gem. § 173 Abs. 1 Nr. 2 Satz 2 AO berücksichtigt werden, welche für nachträglich bekanntgewordene Ausgangsumsätze verwendet wurden. Da für diese Zuordnung (i. d. R. – so auch hier) keine Anhaltspunkte vorhanden sind, muss die Zuordnung im Schätzungswege durchgeführt werden.
Danach sind nachträglich bekanntgeworden 1,8 Mio. € = 90 % der richtigen Ausgangsumsätze (von 2 Mio. €). Von den nachträglich bekanngewordenen Eingangsumsätzen (2,1 Mio. €) sind 90 % gem. § 173 Abs. 1 Nr. 2 AO berücksichtigungsfähig, d. h. 1 890 000 €.
Es wird ein USt-Änderungsbescheid gem. § 173 Abs. 1 Nr. 1 und 2 Satz 2 AO ergehen mit einer Bemessungsgrundlage von (2 Mio. € ./. 1 890 000 € =) + 110 000 €; die Bemessungsgrundlage für die USt ist damit gegenüber dem Schätzungsbescheid um 90 000 € gesenkt.

Zwischen Tatsachen, die für verschiedene Steuerarten von Bedeutung sind, besteht i. d. R. kein sachlicher Zusammenhang i. S. d. Gesetzes. Der BFH hat z. B. zwischen verspätet deklarierten Mehreinnahmen, die zu einer ESt-Mehrung führen und den einschlägigen Eingangs-Umsätzen, die bei der USt zu einer Erhöhung der Vorsteuer führen, keinen sachlichen Zusammenhang i. S. d. Nr. 2 Satz 2 gesehen (BFH vom 21. 02. 1991 BStBl II 1991, 496). Auch § 9b EStG begründet u. E. keinen ursächlichen Zusammenhang zwischen ESt- und USt-Folgen.

Der Zusammenhang i. S. d. Satzes 2 der Nummer 2 ist nicht **betragsmäßig begrenzt** auf die Auswirkungen der Änderung nach Nr. 1 (BFH vom 02. 08. 1983 BStBl II 1984, 4). Dies kann dazu führen, dass trotz groben Verschuldens des Stpfl. die Änderung nach § 173 Abs. 1 Nr. 1 und 2 AO im Ergebnis zu seinen Gunsten ausfällt.

BEISPIEL

> Im endgültigen USt-Bescheid 01 ist der Ein- und Verkauf einer Ware grob fahrlässig nicht berücksichtigt. Die Vorsteuer beträgt 3 000 €, die Ausgangs-USt nur 2 000 €, weil die Ware wegen Beschädigung verbilligt abgestoßen werden musste.
>
> **LÖSUNG** Die Tatsachen, welche den Vorsteuerbetrag abzugsfähig machen und die Ausgangs-USt anfallen lassen, stehen in unmittelbarem Zusammenhang zueinander (§ 173 Abs. 1 Nr. 2 Satz 2 AO). Das grobe Verschulden bzgl. des verspäteten Bekanntwerdens der Eingangsumsätze bleibt daher unbeachtlich. Der Bescheid wird gem. § 173 Abs. 1 Nr. 1 und 2 AO geändert und die USt um 1 000 € verringert.

Zu beachten ist aber, dass § 173 Nr. 2 Satz 2 trotz des sachlichen Zusammenhangs dann nicht mehr anwendbar ist, wenn die Änderung zu Lasten des Stpfl. gem. § 173 Abs. 1 Nr. 1 AO bereits unanfechtbar durchgeführt worden ist (vgl. BFH vom 19. 08. 1983 BStBl II 1984, 48).

In der Praxis ist die Bedeutung des § 173 Abs. 1 Nr. 2 Satz 2 AO durch die Rspr. des BFH zum Begriff der (nachträglich bekanntgewordenen) »Tatsache« in Zusammenhang mit Schätzungsbescheiden und dem FA bisher unbekannten Einkunftsquellen bzw. -arten eingeschränkt (vgl. 7.2.4. und AEAO § 173 Nr. 6.2, 6.3, 7.2). Nach dieser Rechtsprechung gibt es in diesen Fällen später nur eine einzige relevante Tatsache, den richtigen Betrag des vorher Geschätzten, bzw. die Höhe der Einkünfte (Saldo). Es gibt also keine sich gegenüberstehenden belastenden und begünstigenden Besteuerungsgrundlagen, zwischen denen eventuell ein Zusammenhang i. S. d. Nr. 2 Satz 2 [a. a. O.] bestehen könnte.

7.2.6.2 Rechtserheblichkeit der Tatsache bzw. des Beweismittels

Ändert sich in späteren Jahren die Rechtsprechung **zu Gunsten des Stpfl.**, so versuchen die Stpfl. durch Änderungsanträge gem. § 173 Abs. 1 Nr. 2 AO in den Genuss der Vorteile der neuen Rechtsprechung zu kommen. Zur Begründung tragen sie vor, dass sie die Tatsache deswegen früher nicht vorgetragen haben, weil sie die alte Rechtsprechung gekannt und einen Rechtsbehelf für aussichtslos gehalten haben.

Die Anträge sind abzulehnen, weil die Tatsachen im Zeitpunkt der Bekanntgabe des ursprünglichen Bescheids nicht »**rechtserheblich**« waren (wie hier BFH GrS vom 07. 05. 1986 BStBl II 1987, 180, AEAO § 173 Nr. 3.1). Das FA hätte den Sachverhalt damals nicht steuerentlastend berücksichtigt und den Stpfl. auf den Rechtsweg verwiesen.

Falls aber für den Zeitpunkt der damaligen Entscheidung keine BFH-Rspr. und auch keine Verwaltungsübung festzustellen ist, ist die nachträglich vorgebrachte Tatsache rechtserheblich. D. h. die Rechtserheblichkeit der Tatsache (und damit die Änderung des Bescheids) darf nicht allein unter Hinweis auf eine neuere, dem Stpfl. nachteilige Rspr. oder Verwaltungsrichtlinie verneint werden (BFH vom 15. 01. 1991 BStBl II 1991, 741).

Bei **antragsbedingten Vergünstigungen** und der **Ausübung von Wahlrechten** muss man wie folgt unterscheiden:

a) Die **Anträge** selbst bzw. die **Wahlrechtsausübung:**
   Vor Erlass bzw. vor Unanfechtbarkeit des VA gestellte Anträge und ausgeübte Wahlrechte, die der veranlagenden Stelle unbekannt waren, sind Tatsachen i. S. d. § 173 Abs. 1 AO.

Anders ist es bei den **nach Unanfechtbarkeit** des Bescheids gestellten Anträgen und ausgeübten Wahlrechten. Solche Anträge sind keine Tatsachen i. S. d. § 173 AO (ebenso AEAO § 173 Nr. 3.2). Hier kommt es nur auf das »nachträgliche Bekanntwerden« des Sachverhalts an (vgl. b). Im Übrigen ist bei dem Antrag zu prüfen, ob er überhaupt noch gestellt werden kann. Nur dann ist er »rechtserheblich«. In den Einzelsteuergesetzen vorgesehene Anträge können regelmäßig fristlos gestellt werden, insbesondere auch nach Eintritt der Unanfechtbarkeit der Festsetzung. Dies ist nur ausnahmsweise anders, wenn das Gesetz eine Befristung festgelegt hat.

Bei Anträgen bis zur Unanfechtbarkeit hilft § 172 Abs. 1 Nr. 2 Buchst. a AO, vgl. 6.2.1.

Zur Behandlung von Anträgen bei § 175 Abs. 1 Satz 1 Nr. 2 AO s. u. 9.2.

b) Der nur auf Antrag zu berücksichtigende **Sachverhalt:**

Hat der Stpfl. nicht nur den Antrag vergessen, sondern auch den ganzen Sachverhalt versehentlich nicht mitgeteilt, ist der Bescheid unter zwei (weiteren) Voraussetzungen gem. § 173 Abs. 1 Nr. 2 AO zu ändern: Der Antrag wird wirksam nachgeholt und den Stpfl. trifft kein grobes Verschulden am erst verspäteten Bekanntwerden des Sachverhalts (BFH vom 28. 09. 1984 BStBl II 1985, 117).

War dagegen der Sachverhalt bei der Veranlagung bekannt, wurde er aber mangels Antrags nicht berücksichtigt, so scheidet eine spätere Änderung gem. § 173 Abs. 1 Nr. 2 AO nach dem Wortlaut der Vorschrift aus. Der Vergleich mit dem zuvor dargestellten Fall zeigt allerdings, dass dieses Ergebnis unbillig sein kann, zumal dem FA hier häufig der Vorwurf zu machen ist, es habe den Stpfl. auf die Antragsmöglichkeit hinweisen müssen (vgl. § 89 AO). Die Verwaltung hilft hier u. U. (fälschlich) durch Berichtigung gem. § 129 AO oder (u. E. zutreffend) durch Billigkeitserlass gem. § 227 AO. Vgl. H 4.3.

BEISPIEL

§ 34 f EStG gewährte eine antragsbedingte Vergünstigung (sog. Baukindergeld – altes Recht). Der Antrag wurde erst nach Unanfechtbarkeit des Bescheids gestellt; dies war möglich, weil das Gesetz keine Frist für den Antrag bestimmte.

Maßgeblicher Sachverhalt ist hier u. a.: Der Stpfl. ist Eigentümer von Wohnraum, den er selbst für Wohnzwecke nutzt, und hat Kinder. Außerdem gehören zum maßgeblichen Sachverhalt alle Umstände, die zur Zurechnung der Kinder i. S. d. § 34 f Abs. 1 Nr. 2 EStG führen. War der maßgebliche Sachverhalt dem FA bisher unbekannt, wird der Bescheid gem. § 173 Abs. 1 Nr. 2 AO geändert, wenn den Stpfl. am verspäteten Bekanntwerden des Sachverhalts kein grobes Verschulden trifft. War der Sachverhalt bei der Veranlagung bekannt, scheidet eine Änderung nach § 173 Abs. 1 Nr. 2 AO aus. Stattdessen wird entweder unterstellt, dass der Antrag schon vor der Veranlagung vorgelegen und übersehen worden sei, so dass gem. § 129 AO berichtigt werden kann (»stillschweigender Antrag«) oder dem Stpfl. wird durch einen Teilerlass der Steuer aus sachlichen Billigkeitsgründen gem. § 227 AO geholfen.

Zur nachträglichen Zustimmung des Empfängers von Unterhaltsleistungen zum »Realsplitting« gem. § 10 Abs. 1 Nr. 1 EStG vgl. 9.2.

FALL 74

Wird gem. § 173 AO korrigiert?

1. Der Stpfl. hat bei Erstellung seiner Betriebseinnahmen-Betriebsausgaben-Überschussrechnung gem. § 4 Abs. 3 EStG einen Betriebsausgaben-Beleg übersehen, der in seinem Belegordner unmittelbar hinter einem Beleg derselben Firma lag und mit diesem zusammengeklebt war. Deshalb ist dieser Aufwand i. H. v. 750 € nicht berücksichtigt und der Gewinn um 750 € zu hoch erklärt und festgestellt. Nach den Umständen des Falles kann dieser Fehler auch einem sorgfältigen Bearbeiter gelegentlich unterlaufen. Der Stpfl. bemerkt den Fehler

nach der Unanfechtbarkeit des ESt-Bescheids bei Anfertigung der Steuererklärung für das nächste Jahr. Er legt dem FA den Beleg vor und schildert die Umstände des Versehens.

2. Ein Stpfl. hat 03 im Rahmen seines gewerblichen Betriebs seine Tätigkeit auf eine weitere Ortschaft ausgedehnt. Die Betriebseinnahmen hieraus (12 000 €) hat er nicht aufgezeichnet. In Zusammenhang damit sind ihm im Jahr 03 (beweisbar) Aufwendungen i. H. v. 5 000 € entstanden aus Fahrtkosten und geringwertigen Wirtschaftsgütern, die bisher ebenfalls nicht berücksichtigt sind. Dem Stpfl. ist nicht nachzuweisen, dass er den Gewinn vorsätzlich (um 7 000 €) zu niedrig erklärt hat.

3. Wie wäre es, wenn seine Betriebseinnahmen aus der in Aufgabe 2 bezeichneten Art 03 nur 3 000 € betragen hätten?

4. Ein anderer Stpfl. hat für 03 Einnahmen aus Kapitalvermögen i. H. v. 4 000 € verschwiegen. (Die in Zusammenhang mit den Kapitaleinkünften möglichen Abzüge sind schon bei den bisher erklärten Einnahmen in vollem Umfang berücksichtigt.)
Dafür hat er aber für 03 keine Lebensversicherungsbeiträge als Sonderausgaben erklärt, obwohl 5 500 € abzugsfähig gewesen wären. In den Vorjahren hatte der Stpfl. diese Ausgaben als Sonderausgaben geltend gemacht. Andere Vorsorgeaufwendungen sind auch 03 erklärt und im Bescheid berücksichtigt. Er gibt zu, seine Belege »schlampig geführt« und deswegen diese Ausgaben vergessen zu haben. Die Veranlagung erfolgte wie erklärt.

7.3 Änderungssperre nach einer Außenprüfung, § 173 Abs. 2 AO

§ 173 Abs. 2 enthält eine Änderungssperre für Bescheide, die **aufgrund einer Außenprüfung gem. §§ 193 ff. AO ergangen** sind, **oder** wenn das FA nach einer erfolglosen Außenprüfung **mitgeteilt** hat, die **Besteuerungsgrundlagen werden nicht mehr geändert** (Satz 2 [a.a.O.], § 202 Abs. 1 Satz 3 AO); für letzteres genügt eine Mitteilung im Prüfungsbericht (BFH vom 14. 12. 1989 BStBl II 1990, 283). Fahndungsprüfungen (§ 208 Abs. 1 AO) führen nicht zur Änderungssperre (BFH vom 11. 12. 1997 BStBl II 1998, 367).

Ausnahmen von diesem Grundsatz, dass nach Außenprüfungen eine Änderungssperre eintritt, gibt es nur bei Steuerhinterziehung und leichtfertiger Steuerverkürzung, soweit deren steuerliche Folgen reichen (Gesetzestext, vgl. §§ 370, 378 AO).

Die Änderungssperre greift nur bei Bescheiden gegen den **Adressaten der Prüfungsanordnung** (§ 196 AO, BFH vom 12. 10. 1994 BStBl II 1995, 289). Maßgeblich für den **Umfang der Änderungssperre** ist der **Umfang der Prüfungsanordnung** (§ 196 AO), nicht also, was der Prüfer darüber hinaus geprüft (strittig) bzw. davon tatsächlich nicht geprüft hat (AEAO § 173 Nr. 8.2–8.2.2).

BEISPIELE

a) Im Rahmen einer Außenprüfung gegen den Stpfl. A fertigt der Prüfer eine Kontrollmitteilung für das Wohnsitz-FA des B, wonach dieser bestimmte Beträge erhalten hat. Das Wohnsitz-FA des B ändert daraufhin dessen ESt-Bescheid. Später erweist sich auch dieser Änderungsbescheid für B als falsch. Es liegen noch weitere Zahlungen des A an B vor.
LÖSUNG Der Änderungsbescheid des B muss unter den Voraussetzungen des § 173 Abs. 1 Nr. 1 AO erneut geändert werden. Die Änderungssperre greift nicht, weil der Bescheid nicht aufgrund einer gegen B gerichteten Ap geändert worden war.

b) Nach der gegen den Arbeitgeber A gerichteten LSt-Prüfung gilt die Änderungssperre nicht bzgl. der ESt-Festsetzung gegen den Arbeitnehmer.

c) Laut Prüfungsanordnung soll die endgültig festgesetzte USt 01–02 geprüft werden. Der Prüfer hat nur 01 tatsächlich geprüft. Für 02 erging eine Mitteilung nach § 202 Abs. 1 Satz 3 AO. Später werden dem FA durch Kontrollmitteilungen weitere Umsätze aus 02 bekannt, die nicht versteuert sind. Steuerhinterziehung oder leichtfertige Steuerverkürzung sind dem Stpfl. nicht nachzuweisen.

LÖSUNG Das FA kann den Bescheid für 02 nicht mehr ändern, § 173 Abs. 2 AO. (Vorsicht: Andere Lösung bei den Voraussetzungen der Ablaufhemmung für die Festsetzungsverjährung gem. § 171 Abs. 4 AO, vgl. O 6.4!)

d) Bei der XY-OHG wird eine Außenprüfung durchgeführt, die sich gem. § 194 Abs. 1 Satz 3 AO auch auf die besonderen, mit der OHG zusammenhängenden steuerlichen Verhältnisse der Gesellschafter erstreckt. Die Prüfung führt zu einer Änderung des Gewinnfeststellungsbescheids der OHG nach §§ 173 Abs. 1 Nr. 1, 181 Abs. 1 AO und zu einer Änderung der ESt-Bescheide der Gesellschafter (nach § 175 Abs. 1 Satz 1 Nr. 1 AO, s. 9.1). Später erfährt das FA, dass dem Gesellschafter X weitere 1 000 € Zinsen aus einem privaten Sparguthaben zugeflossen sind.

LÖSUNG Die Einnahmen aus Kapitalvermögen sind neue Tatsachen i. S. d. § 173 Abs. 1 Nr. 1 AO. Die Änderungssperre nach Abs. 2 greift nicht, weil der gem. § 175 Abs. 1 Satz 1 Nr. 1 AO geänderte ESt-Bescheid, der jetzt erneut geändert werden soll, insoweit nicht auf der Außenprüfung beruhte. Die Prüfungsanordnung bezieht sich nicht auf diese Einkunftsart.

Die Änderungssperre gilt **für Änderungen gem. § 173 AO zu Gunsten und zu Lasten** des Stpfl. (Abs. 1 Nr. 1 und 2; AEAO § 173 Nr. 8.1). Sie verhindert Änderungen nach anderen Korrekturvorschriften nicht (BFH vom 29. 04. 1987 BStBl II 1988, 168). Deshalb kann das FA den aufgrund einer Außenprüfung geänderten Bescheid z. B. wegen § 129 AO berichtigen oder nach §§ 172 Abs. 1 Nr. 2, 175 Abs. 1 Satz 1 Nr. 1, 174 AO erneut ändern.

Die Änderungssperre greift nach LSt-Prüfungen auch für **LSt-Haftungsbescheide**, die aufgrund Ap erlassen wurden, oder nach der Mitteilung, die Haftungsgrundlagen würden nicht mehr geändert. Der Grundsatz von Treu und Glauben in Verbindung mit dem Sinn von Außenprüfungen verlangt nämlich, dass danach kein Streit über die geprüften Besteuerungsgrundlagen mehr aufbrechen darf, weder über einen Steuer-, noch über einen Haftungsbescheid. Nach dem Gesetzeswortlaut gilt die Änderungssperre zwar nicht für Haftungsbescheide, denn diese gehören zu den »sonstigen« VA, auf welche §§ 172 ff., 173 AO nicht anwendbar sind. Diese Gesetzeslücke wird durch entsprechende Anwendung des § 173 Abs. 2 AO gefüllt. Vgl. BFH vom 15. 05. 1992 BStBl II 1993, 840; zur Analogie vgl. B.

8 Änderung oder Aufhebung widerstreitender Bescheide, § 174 AO

8.1 Allgemeines

Jeder der fünf Absätze des § 174 AO enthält einen selbstständigen Korrekturtatbestand. Den einzelnen Tatbeständen ist gemeinsam, dass **aus einem Sachverhalt in zwei oder mehr Bescheiden widersprüchliche** steuerliche **Schlussfolgerungen** gezogen wurden (Folgerungen, die sich gegenseitig ausschließen; ob dies der Fall ist, bestimmt sich regelmäßig nach dem betreffenden Einzelsteuergesetz i. V. m. AO).

a) **Widersprüchliche steuerliche Konsequenzen aus »einem und demselben« Sachverhalt:**

Ob den Bescheiden jeweils **derselbe Sachverhalt** (ganz oder zum Teil) zugrundeliegt, ist sorgfältig zu untersuchen. Sachverhalt i. S. d. § 174 AO ist (wie in § 173 AO) ein Lebenssachverhalt, an den die Gesetze steuerliche Folgen knüpfen, z. B. ein Zahlungseingang. Handelt es sich um verschiedene Sachverhalte, kommt § 174 AO auch dann nicht zur Anwendung, wenn zwischen den Sachverhalten eine rechtslogische Verknüpfung besteht.

Grundvorausstzung für alle Absätze des § 174 AO ist, dass derselbe Sachverhalt in mehreren Bescheiden zu widersprüchlichen (unlogischen) steuerlichen Folgen geführt hat.

BEISPIELE

a) Ein bestimmter Zahlungseingang ist in den Jahren 01 und 02 beim selben Stpfl. der ESt unterworfen worden.

b) Betriebsausgaben (BA) wurden bei der einheitlichen und gesonderten Gewinnfeststellung der Laborgemeinschaft berücksichtigt, und (zusätzlich fälschlicherweise) bei den Einkünften des Gesellschafters aus freiberuflicher Tätigkeit (im Rahmen von dessen Einzelunternehmen). Die doppelte Erfassung der BA erfolgte entsprechend den vorgelegten Erklärungen; Ermittlungsfehler des FA sind nicht erkennbar.
LÖSUNG Die Voraussetzungen des § 174 Abs. 2 AO liegen vor. § 174 AO ist auch bei Widerstreit zwischen Grundlagen- und Folgebescheid anwendbar (BFH vom 13. 11. 1996 BStBl II 1997, 170). Der ESt-Bescheid wird geändert.

c) Ein Geldzufluss wurde beim Stpfl. A der Schenkungsteuer unterworfen und zusätzlich als Einnahme bei den Einkünften gem. § 22 Nr. 3 EStG erfasst.
LÖSUNG Die Widersprüchlichkeit ergibt sich hier daraus, dass derselbe Sachverhalt verschiedenen Steuergesetzen unterworfen wurde, die sich gegenseitig ausschließen.

d) Die Anschaffungskosten einer Maschine wurden in einem ESt-Bescheid des Stpfl. A mit 100 000 € berücksichtig und in einem Investitionszulagebescheid für den Stpfl. A mit 150 000 €.
LÖSUNG Der Sachverhalt ist hier zulässigerweise in dem Steuer- und in dem Vergütungsbescheid berücksichtigt. Ein Fall des § 174 AO liegt nicht schon deshalb vor, weil der Wertansatz widersprüchlich ist.

Streitig ist, ob ein sog. **korrespondierender Sachverhalt** »derselbe Sachverhalt« i. S. d. § 174 AO für die verschiedenen Beteiligten darstellt. Korrespondierende Sachverhalte sind **Vertragsbeziehungen**, bei denen die spiegelbildlichen wirtschaftlichen Vorgänge auf beiden Vertragsseiten (Einnahmen/Ausgaben, Forderung/Schuld, Eingangs-/Ausgangsumsatz usw.) steuerlich widersprüchlich gelöst sind. Die Frage kann dahinstehen. Nach der neueren Rechtsprechung des BFH, der zuzustimmen ist, können in Fällen korrespondierender Sachverhalte **nur Abs. 4 und Abs. 5** des § 174 AO greifen (AEAO § 174 Nr. 7).

BEISPIELE

a) Ein korrespondierender Sachverhalt liegt nach der Rspr. z. B. vor, wenn es um die Unternehmereigenschaft des Lieferanten geht und davon (auch) die Möglichkeit für den Abnehmer abhängt, Vorsteuer abzuziehen (§ 15 Abs. 1 Nr. 1 UStG). Liegen die übrigen Voraussetzungen des § 174 Abs. 4 oder 5 AO vor, wird der falsche Bescheid geändert.

b) Ein korrespondierender Sachverhalt liegt auch z. B. auf der Zufluss- und auf der Abflussseite von wiederkehrenden Leistungen vor (soweit §§ 22 Nr. 1 und 10 Nr. 1 Buchst. a EStG »korrespondieren«, also im Bereich von Renten und dauernden Lasten). Vgl. BFH vom 11. 04. 1991 BStBl II 1991, 605; vom 18. 07. 1991 BStBl II 1991, 888; einschränkend BFH vom 02. 08. 1994 BStBl II 1995, 264. Liegen die übrigen Voraussetzungen des § 174 Abs. 4 oder Abs. 4 AO vor, kommt es zur (belastenden) Korrektur des fehlerhaften ESt-Bescheids.

c) Eine Zahlung der GmbH an ihren Gesellschafter-Geschäftsführer wurde bisher einkommen- und körperschaftsteuerlich als Lohn behandelt. In Wirklichkeit liegt eine verdeckte Gewinnausschüttung an den Gesellschafter vor (§ 8 Abs. 3 Satz 2 KStG). Dies führt bei der GmbH zu einer KSt-Erhöhung um 25 % der Zahlung (§ 23 Abs. 1 KStG). Der betreffende unter Vorbehalt der Nachprüfung stehende KSt-Bescheid der GmbH wird entsprechend geändert. Kann auch der endgültige ESt-Bescheid des Gesellschafters geändert werden?

LÖSUNG Materiellrechtlich ist die Zahlung zu 1/2 als Einnahme aus Kapitalvermögen zu erfassen (statt zu 100 % als Einnahme aus nicht selbständiger Arbeit), §§ 3 Nr. 40 Buchst. d, 20 Abs. 1 Nr. 1 EStG. In der Regel führt dies zu einer Steuersenkung. Korrekturrechtlich liegt ein korrespondierender Sachverhalt vor, der jetzt bei der GmbH richtig und beim Gesellschafter falsch besteuert ist. Korrespondierende Sachverhalte werden nur bei § 174 Abs. 4 und Abs. 5 AO als ein und derselbe Sachverhalt behandelt. Deren übrige Voraussetzungen liegen hier aber nicht vor. Eine Änderung gem. § 174 Abs. 1 AO auf Antrag des Stpfl. scheitert schon daran, dass nicht »ein und derselbe« Sachverhalt im Sinne dieser Bestimmung vorliegt. Da der KSt-Bescheid auch kein Grundlagenbescheid für die ESt des Gesellschafters ist (§ 175 Abs. 1 Satz 1 Nr. 1 AO) kommt eine Änderung der ESt-Festsetzung nur unter den Voraussetzungen des § 173 Abs. 1 AO in Frage (im Ergebnis ebenso OFD München vom 21. 08. 2002 DStR 2002, 1864).

d) Problematik des § 9b EStG: Ein korrespondierender Sachverhalt i. S. d. § 174 Abs. 4 und Abs. 5 AO liegt hinsichtlich der Aufteilung einer Kaufpreiszahlung für eine Maschine in USt bzw. abzugsfähige Vorsteuer und »echten« Aufwand (Anschaffungskosten gem. § 255 Abs. 1 HGB, § 9b EStG) vor. Auch hier greifen nur § 174 Abs. 4 und Abs. 5 AO unter ihren übrigen Voraussetzungen, nicht dagegen die Absätze 1 bis 3. Eventuell kommt § 173 Abs. 1 AO in Frage oder § 175 Abs. 1 Satz 1 Nr. 2 AO (im Ergebnis ebenso OFD Düsseldorf vom 22. 09. 1993 DB 1993, 2058; OFD Köln vom 22. 10. 1992 FR 1993, 66).

Zieht das FA in korrespondierenden Sachverhalten widersprüchliche Konsequenzen in mehreren Bescheiden, können nur § 174 Abs. 4 und 5, nicht aber Abs. 1 und 2 greifen (Abs. 3 scheidet aus andern Gründen aus). Entweder begründet man dies damit, dass die höchstrichterliche Rechtsprechung den Begriff »derselbe Sachverhalt« nur für Zwecke des Abs. 4 und 5 [a. a. O.] auf »korrespondierende Sachverhalte« ausgedehnt hat. Oder man wendet den weiteren Begriff (einschließlich der korrespondierenden Sachverhalte) zwar einheitlich für alle Absätze des § 174 AO an, verlangt aber zusätzlich für Abs. 1 eine »Doppel-Minus-Auswirkung« bzw. bei Abs. 2 eine »Doppel-Plus-Auswirkung«, die bei korrespondierenden Sachverhalten fehlt. Letztere Begründung ist u. E. vorzuziehen.

b) Mehrere Bescheide:

Widersprüchliche steuerliche Auswirkungen eines Sachverhalts in **einem** Bescheid können gem. § 174 AO **nicht** beseitigt werden.

BEISPIEL

Eine Zahlung wurde im ESt-Bescheid 01 des Stpfl. A als Betriebsausgabe und zusätzlich als Sonderausgabe berücksichtigt.

LÖSUNG § 174 AO greift nicht. (Eventuell kommt § 173 Abs. 1 Nr. 1 AO zum Zug.)

Ob widersprüchliche Entscheidungen in einem **Zusammenveranlagungsbescheid** zur ESt gem. § 174 AO korrigiert werden können, soweit dieselbe Besteuerungsgrundlage sowohl bei den Einkünften des Mannes als auch der Frau erfasst sind, ist fraglich. Das Problem ist, ob hier derselbe Sachverhalt in **einem Bescheid** (dann ist § 174 AO nicht anwendbar) oder in **zwei Bescheiden** steuerlich berücksichtigt wurde. U. E. greift – trotz systematischer Bedenken – § 174 AO ein, wenn die übrigen Voraussetzungen der Vorschrift vorliegen. Der ESt-Zusammenveranlagungsbescheid besteht in Wirklichkeit aus zwei Verwaltungsakten. Die Anwendung des § 174 AO darf nicht von der Zufälligkeit einer Antragstellung auf getrennte Veranlagung (§ 26 a EStG) abhängen.

Die **Korrekturtatbestände des § 174 AO** lassen sich **in zwei Fallgruppen einteilen:**

Fallgruppe 1: § 174 Abs. 1 und 2 AO

Ursprünglich war der Sachverhalt doppelt berücksichtigt (»**positiver Widerstreit**«), obwohl dies unlogisch ist. **Bei einem positiven Widerstreit in § 174 Abs. 1 und 2 AO** muss eine unlogische »Doppel« oder »Mehrfachberücksichtigung« desselben Sachverhalts in mehreren Bescheiden vorliegen, ein »Doppel-Minus« oder ein »Doppel-Plus« bei der steuerlichen Auswirkung.

Die Korrektur wirkt sich bei § 174 Abs. 1 zum Vorteil und bei Abs. 2 zum Nachteil des Stpfl. aus.

> **BEISPIELE**
>
> a) Ein Sachverhalt wird unlogischerweise **mehreren Steuerarten** zugerechnet: Ein Umsatz wird vollumfänglich sowohl der GrESt als auch der SchenkungSt unterworfen (obwohl sich GrESt und Schenkungsteuer gem. § 3 Nr. 2 GrEStG und § 1 ErbStG gegenseitig ausschließen).
>
> b) Ein Sachverhalt wird **mehreren Personen** zugerechnet: Ein Wirtschaftsgut wird beim Leasinggeber und beim Leasingnehmer aktiviert und abgeschrieben.
>
> c) Ein Sachverhalt wird **mehreren Besteuerungszeiträumen** zugerechnet: Eine Mieteinnahme wird im Jahr 01 und im Jahr 02 bei den Einkünften aus Vermietung erfasst.
>
> d) Ein Sachverhalt wird durch gleichartige Bescheide **mehrerer Finanzämter** erfasst: FA Esslingen und FA Waiblingen erlassen gegen Herrn X einen ESt-Bescheid für den VZ 01. (In solchen Fällen ist aber vorab zu prüfen, ob einer der Bescheide wichtig ist.)

Fallgruppe 2: § 174 Abs. 3–5 AO

Ursprünglich war der Sachverhalt im richtigen Bescheid nicht berücksichtigt. Ohne die Änderung wäre ein steuerpflichtiger Vorgang weder bei der einen, noch bei der anderen Festsetzung steuerlich berücksichtigt (»**negativer Widerstreit**«). **Bei einem negativen Widerstreit in § 174 Abs. 3–5 AO** würde ohne Bescheidkorrektur gem. § 174 AO ein und derselbe Sachverhalt steuerlich überhaupt nicht (mehr) berücksichtigt, (**Absatz 3:**) nachdem sich die Verweisung auf die Berücksichtigung in einem anderen Bescheid als falsch herausgestellt, bzw. (**Absätze 4 und 5:**) nachdem das FA einem Antrag auf Nichtberücksichtigung stattgegeben hat.

> **BEISPIELE**
>
> a) Ein Sachverhalt des Jahres 01 war im Bescheid für 01 nicht berücksichtigt worden mit der Begründung, er sei im Jahr 02 zu erfassen. Dies stellt sich später als falsch heraus (»negativer Widerstreit«: der Sachverhalt hat sich fälschlicherweise steuerlich nirgends ausgewirkt), § 174 Abs. 3 AO.
>
> b) Der Sachverhalt war fälschlicherweise in einem Bescheid Nr. 1 berücksichtigt worden. Der Bescheid Nr. 1 wird auf Rechtsbehelf hin antragsgemäß aufgehoben oder geändert, weil der Sachverhalt in einem Bescheid Nr. 2 zu erfassen sei (beim gleichen Stpfl.: gem. Abs. 4 AO, bei einem oder mehreren anderen Stpfl.: gem. Abs. 5 AO). Nach der Korrektur des Bescheids Nr. 1 entsteht ein »negativer Widerstreit«, weil der Sachverhalt jetzt nirgends mehr steuerlich berücksichtigt ist.

8.2 Einzelheiten zu § 174 Abs. 1–5 AO

a) Abs. 1: Die Änderung gem. § 174 Abs. 1 AO setzt voraus, dass ein **bestimmter Sachverhalt zu Lasten des Stpfl.** fälschlicherweise in einem Bescheid (Nr. 1) und außerdem (hier zutreffend) in einem anderen Bescheid (Nr. 2) – gegen denselben oder andere Stpfl. berücksichtigt wurde (**»Doppel-Plus«**). Die mehrfachen Berücksichtigungen sind logisch miteinander unvereinbar.

Ein **Antrag** auf Aufhebung oder Änderung des fehlerhaften Bescheids (Nr. 1) ist gestellt. Es besteht **kein Ermessensspielraum** (»ist«). Der **fehlerhafte** Bescheid Nr. 1 wird zum Vorteil des Stpfl. aufgehoben oder geändert. Es werden nur die steuerlichen Folgen der Mehrfach-Berücksichtigungen beseitigt. Der ursprünglich richtige Bescheid bleibt bestehen.

b) Abs. 2: Die Änderung gemäß § 174 Abs. 2 setzt (wie Absatz 1) voraus, dass ein bestimmter Sachverhalt fälschlicherweise in einem Bescheid steuerlich berücksichtigt wurde, hier zu Gunsten des Stpfl. Der erwähnte Sachverhalt ist außerdem in einem anderen Bescheid gegen denselben (oder andere) Stpfl. zutreffend berücksichtigt. Die Mehrfachberücksichtigung ist logisch unvereinbar.

Die weiteren Voraussetzungen sind **anders als in Absatz 1:** Die Mehrfachberücksichtigung geschah (ursprünglich) zum **Vorteil** eines (oder mehrerer) Stpfl. (Satz 1, **»Doppel-Minus«**), und die fehlerhafte Berücksichtigung ist auf einen (fehlerhaften) **Antrag oder** die (fehlerhafte) Darstellung des Sachverhalts in einer **Erklärung** des Stpfl. zurückzuführen (Satz 2). Die Einschränkung in Satz 2 bewirkt, dass das FA gem. § 174 Abs. 2 AO seine eigenen Fehler nicht zu Lasten des Stpfl. korrigieren kann.

Es kommt ein ungeschriebenes Tatbestandsmerkmal hinzu: Hat das FA seine **Ermittlungspflicht verletzt,** darf nicht gem. § 174 Abs. 2 AO, d.h. zu Lasten des Stpfl. geändert werden, außer das Fehlverhalten des FA ist »von geringerem Gewicht« als das Fehlverhalten des Stpfl. bei der Erklärung/dem Antrag (BFH vom 22.09.1983 BStBl II 1984, 510 verlangt, dass die Fehler, die auf beiden Seiten gemacht wurden, gegeneinander abgewogen werden). Der Fehler muss also **überwiegend** auf einen Antrag oder eine Erklärung des Stpfl. zurückgehen. Bei zutreffender Darstellung des Sachverhalts in der Erklärung, aber unzutreffender Subsumtion durch (den Stpfl. und) das FA ist § 174 Abs. 2 AO nicht anwendbar (BFH vom 22.09.1983 BStBl II 1984, 510).

Die Korrektur erfolgt – anders als in Absatz 1 – von Amts wegen, § 174 Abs. 2 Satz 1 letzter HS AO. Es besteht **kein Ermessensspielraum.** Der **fehlerhafte** Bescheid wird **zum Nachteil des Stpfl.** aufgehoben oder geändert. Es werden nur die steuerlichen Folgen der Mehrfachberücksichtigung beseitigt. Der ursprünglich richtige Bescheid bleibt bestehen.

§ 174 Abs. 2 AO greift nicht nur bei irrtümlicher, sondern auch bei vom FA bewusst herbeigeführter Doppelberücksichtigung (AEAO § 174 Nr. 3).

BEISPIEL

Der Stpfl. erfasste einen Reparaturaufwand i. H. v. 11 200 € in der ESt-Erklärung 01, in welcher der Sachverhalt missverständlich dargestellt ist. Bei der Veranlagung 01 folgt das FA der Erklärung und setzt die ESt zu niedrig fest. Im Zug der Veranlagungsarbeiten zur ESt 02 ergibt sich, dass die 11 200 € Werbungskosten des Jahres 02 darstellen. Der ESt-Bescheid 02 ergeht deshalb von vornherein materiell-rechtlich richtig. Allerdings ist jetzt der Reparaturaufwand doppelt steuerentlastend berücksichtigt.

LÖSUNG Das »Doppel-Minus« aus einem Sachverhalt (Reparaturaufwand i. H. v. 11 200 €) findet sich in zwei Bescheiden und widerspricht dem EStG bzw. der Logik. Bei Anwendung des § 174 Abs. 2 AO ergeben sich zwei Probleme: Geht das Doppel-Minus auf eine Darstellung des Stpfl. zurück und spielt es eine Rolle, dass das FA das Doppel-Minus bewusst herbeigeführt hat?

Der Erklärungsfehler aus der missverständlichen Darstellung des Stpfl. ist gewichtiger als der Ermittlungsfehler des FA, sonst hätte § 174 Abs. 2 AO gegenüber § 173 Abs. 1 Nr. 1 AO keine Bedeutung (im Ergebnis ebenso BFH vom 13. 11. 1996 BStBl II 1997, 792 zu einer widersprüchlichen Darstellung des Stpfl. in der Erklärung und ihren Anlagen). Dass das FA die Doppelberücksichtigung bewusst herbeigeführt hat, spielt keine Rolle. Das FA musste den Aufwand des Jahres 02 gem. §§ 9, 11 Abs. 2 bzw. 4 Abs. 4 EStG im ESt-Bescheid 02 berücksichtigen. Nach dem Wortlaut und Sinn soll § 174 Abs. 2 AO auch solche Konfliktfälle lösen (ebenso BFH vom 06. 09. 1995 [a. a. O.]). Der ESt-Bescheid 01 ist gem. § 174 Abs. 2 AO zu ändern und die ESt zu erhöhen.

Daneben greift auch § 173 Abs. 1 Nr. 1 AO. Der Sachverhalt wäre aber nur über § 174 Abs. 2 AO zu lösen, wenn das FA bei der fehlerhaften Veranlagung 01 eine Kontrollmitteilung übersah, die den Sachverhalt klarlegte.

c) Abs. 3: Die Änderung gem. § 174 Abs. 3 setzt voraus, dass ein Bescheid (Nr. 1) **falsch** (zu günstig oder zu ungünstig) ergangen ist. Diese falsche Festsetzung beruht darauf, dass ein bestimmter Sachverhalt nicht berücksichtigt wurde, weil das FA fälschlicherweise annahm, der nicht berücksichtigte Sachverhalt sei in einem anderen Bescheid (Nr. 2) – gegen denselben oder einen anderen Stpfl. – zu berücksichtigen. Diese Annahme war für den Stpfl. bei Bekanntgabe des fehlerhaften Bescheids (Nr. 1) **erkennbar.**

Die Annahme des FA ist dem Stpfl. **erkennbar** z. B. aus einem ausdrücklichen Hinweis im (fehlerhaften) Bescheid, aus einem eindeutigen Hinweis im Prüfungsbericht oder einem Schreiben des FA, die dem fehlerhaften Bescheid vorangingen, oder aus den Gründen der (ebenfalls fehlerhaften) Einspruchsentscheidung über den Bescheid. Nach der Rechtsprechung des BFH genügt darüber hinaus, dass der Stpfl. die (fehlerhafte) Annahme des FA – auch ohne ausdrücklichen Hinweis – allein aufgrund verständiger Würdigung des fehlerhaften Bescheids erkennen konnte, oder die (fehlerhafte) Annahme des FA dem Stpfl. sonst bei Bekanntgabe des fehlerhaften Bescheids offenbar war.

Die Erkennbarkeit der (fehlerhaften) Annahme des FA muss sich allerdings aus den eigenen Beziehungen des Stpfl. zum FA ergeben; der Umstand, dass ein Dritter aus der Kenntnis weiterer Zusammenhänge in der Lage war zu erkennen, dass sich das FA in einem Irrtum befunden hat, reicht nicht aus (AEAO § 174 Nr. 4 Abs. 2). Die »Erkennbarmachung« **nach** Erlass des fehlerhaften Bescheids (mit dem Ziel einer Änderung gem. § 174 Abs. 3 AO) genügt nicht.

Das Tatbestandsmerkmal der Erkennbarkeit ist in erster Linie Ausfluss des Vertrauensschutzprinzips. Sie gehört deshalb nach h. M. bei Änderungen zu Gunsten des Stpfl. nicht zum Tatbestand des § 174 Abs. 3 AO.

Voraussetzung für die Änderung des Bescheids eines anderen Stpfl. ist nicht, dass der andere Stpfl. vorher zum Verfahren hinzugezogen oder beigeladen wurde (so aber bei Abs. 4 und 5; vgl. BFH vom 01. 08. 1984 BStBl II 1984, 788).

Der **fehlerhafte** Bescheid (mit der fehlerhaften Verweisung) wird zu Gunsten oder zu Lasten des Stpfl. aufgehoben oder geändert. Entgegen dem Wortlaut (»kann«) besteht **kein Ermessensspielraum** (BFH vom 13. 11. 1985 BStBl II 1986, 241, 243).

d) Abs. 4: Die Änderung gem. § 174 Abs. 4 setzt voraus, dass ein bestimmter Sachverhalt fälschlicherweise in einem Bescheid (Nr. 1) berücksichtigt wurde. Auf **Antrag** dieses Stpfl. wird der Fehler – **zu seinen Gunsten** – korrigiert, z. B. aufgrund eines Rechtsbehelfs, oder aufgrund eines Änderungsantrags nach § 164 Abs. 2 AO, oder wenn ein Antrag zum Anlass einer Änderung nach § 173 Abs. 1 Nr. 2 AO genommen wird. (Voraussetzung ist nicht, dass die Änderung zu Gunsten des Stpfl. antragsbedingt war.) Erfolgt die zu Gunsten des Stpfl. durchgeführte Änderung in einem Einspruchsverfahren, muss das FA den Stpfl. nicht auf die bevorstehende belastende Änderung des anderen Bescheids gem. § 174 Abs. 4 AO hinweisen; die Pflicht in § 367 Abs. 2 Satz 2 AO zum »Verböserungshinweis« betrifft rechtsbehelfsrechtliche Verböserungen, nicht korrekturrechtliche Änderungen (BFH vom 19. 05. 2005 BStBl II 2005, 637; zum Verböserungshinweis s. I 10.3).

Der Sachverhalt ist aber in einem anderen Bescheid (Nr. 2) gegen denselben Stpfl. zu berücksichtigen, was bisher unterlassen worden war. Die Konsequenzen aus der Erkenntnis des Verfahrens Nr. 1 werden zu Lasten desselben Stpfl. gezogen (sonst: Abs. 5!): a) durch Erlass eines Bescheids Nr. 2, wenn dieser zu Unrecht noch nicht ergangen war, b) oder durch Änderung des Bescheids Nr. 2, wenn dieser Bescheid fehlerhaft war. Eventuell müssen mehrere fehlerhafte Bescheide geändert werden.

Der Begriff »**bestimmter Sachverhalt**« wird seit dem Urteil des BFH vom 18. 02. 1997 BStBl II 1997, 647 zu § 174 Abs. 4 AO sehr weit ausgelegt:

BEISPIEL

Der Stpfl. hat im Einspruchsverfahren gegen den ESt-Bescheid 01 erreicht, dass seine Verluste aus Kapitalvermögen 01 steuerlich anerkannt wurden, die das FA ursprünglich mangels Einkunftserzielungsabsicht (»Liebhaberei«) für steuerlich unbeachtlich hielt. Zwischenzeitlich hatte das FA die aus dem selben Vertragsverhältnis im Jahr 02 angefallenen Überschüsse nicht besteuert und den ESt-Bescheid 02 endgültig gestellt (!).
LÖSUNG Nach BFH vom 18. 02. 1997 [a. a. O.] ist das Vertragsverhältnis in diesen Jahren ein- und derselbe Sachverhalt, so dass das FA den ESt-Bescheid 02 ändern und die Überschüsse besteuern darf. »Bestimmter Sachverhalt« i. S. d. § 174 AO kann folglich eine Tätigkeit des Stpfl. sein, die dieser über mehrere Jahre hinweg unverändert mit oder ohne Einkunftserzielungsabsicht betreibt.

Es besteht **kein Ermessensspielraum** (trotz des Wortlauts »können«); es ist die gleiche Rechtslage wie bei Abs. 3 gegeben.

e) Abs. 5: Die Änderung gem. § 174 Abs. 5 setzt voraus (zunächst wie Absatz 4), dass ein bestimmter Sachverhalt fälschlicherweise in einem Bescheid (Nr. 1) **berücksichtigt** wurde, dieser Fehler aber auf Antrag dieses Stpfl. zu seinen Gunsten korrigiert wird. Anders als bei Abs. 4 wäre der Sachverhalt aber in einem anderen Bescheid gegen einen **anderen Stpfl.** belastend zu berücksichtigen. Das FA hat den anderen Stpfl. **an diesem Verfahren beteiligt.**

Anmerkung: Das Gesetz sieht auch in § 360 AO eine Beteiligung Dritter an fremden **Rechtsbehelfsverfahren** unter den dort bezeichneten Voraussetzungen vor (»Hinzuziehung«, vgl. I 10.2). Die Regelung in § 174 Abs. 5 AO weicht davon ab. Zum einen ermöglicht § 174 Abs. 5 AO auch eine Beteiligung des Dritten an fremden Korrektur- und Fortschreibungsverfahren. Zum anderen kann die Beteiligung des Dritten an einem fremden Einspruchsverfahren unabhängig von den Voraussetzungen des § 360 AO erfolgen; sie kann allein damit begründet werden, dass anschließend möglicherweise eine Änderung des Bescheids Nr. 2 erfolgt oder erstmals ein Bescheid Nr. 2 erlassen werden soll. Die Beteiligung des anderen Stpfl. an dem Verfahren ist eine Ermessensentscheidung und ein (jeweils einspruchsfähiger) VA gegen beide Stpfl. Die Beteiligten sind vorher zu hören.

»Beteiligt« i. S. d. § 174 Abs. 5 AO an einem fremden Rechtsbehelfsverfahren ist der Stpfl. erst, wenn er nicht nur hinzugezogen, sondern ihm auch eine eigene Einspruchs- oder Abhilfeentscheidung bekanntgegeben wurde (AEAO § 174 Nr. 6 Abs. 2).

Die **Konsequenzen** des Abs. 5 sind wie bei Abs. 4, nur werden sie zu Lasten eines anderen Stpfl. gezogen, der an dem Verfahren gegen den Bescheid Nr. 1 beteiligt wurde.

BEISPIEL

Das FA hat eine Stpfl., die als »Propagandistin« in einem Kaufhaus eine bestimmte Markenware verkaufte, als Unternehmerin angesehen und ihre Provisionseinnahmen der USt unterworfen. Sie legte gegen den USt-Bescheid Einspruch ein, weil sie unselbstständig gewesen, also keine Unternehmerin gewesen sei (§ 2 UStG).

LÖSUNG Das FA kann zu diesem Einspruchverfahren das Kaufhaus, das aus den Provisionszahlungen an die Propagandistin im Weg des Gutschriftverfahrens Vorsteuer geltend gemacht hat (§ 15 Abs. 1 Nr. 1 UStG), hinzuziehen. Es genügt, dass infolge der Hinzuziehung bei einem eventuellen Obsiegen der Propagandistin (Aufhebung ihres USt-Bescheids) der USt-Bescheid des Kaufhauses gem. § 174 Abs. 4 und 5 AO geändert und die entsprechende Vorsteuer gestrichen werden könnte.

Wenn sich im Einspruchverfahren ergibt, dass die Propagandistin unselbstständig tätig war, zieht das FA aus diesem Sachverhalt auch bezüglich der USt des Kaufhauses die steuerlichen Konsequenzen (BFH vom 20. 04. 1989 BStBl II 1989, 539).

9 Änderung und Aufhebung von Bescheiden nach § 175 AO

9.1 Automatische Folgeänderung, § 175 Abs. 1 Satz 1 Nr. 1 AO

§ 175 Abs. 1 Satz 1 Nr. 1 AO ist das verfahrensrechtliche Mittel zur Durchsetzung der Bindungswirkung von Grundlagenbescheiden (§§ 182, 171 Abs. 10 AO, D 5.4. Die Vorschrift regelt die »**automatische Folgeänderung**« von Folgebescheiden nach dem Erlass bzw. der Änderung oder Aufhebung von Grundlagenbescheiden).

Ein Grundlagenbescheid muss **erlassen, aufgehoben oder geändert** worden sein. Da sich aus dem Gesetz nichts Gegenteiliges ergibt, kommt es auf die zeitliche Reihenfolge der einschlägigen Bescheide nicht an. Ist ein Grundlagenbescheid fälschlich überhaupt nicht oder fehlerhaft in den Folgebescheid übernommen worden, wird der Folgebescheid (ggf. nochmals) gem. § 175 Abs. 1 Satz 1 Nr. 1 AO geändert, bis er »richtig« ist, d. h. bis die Bindungswirkung des Grundlagenbescheids voll in Steuermehrung oder -minderung umgesetzt ist (BFH vom 14. 04. 1988 BStBl II 1988, 711).

BEISPIELE

a) Der ESt-Bescheid ist zu ändern, wenn der Gewinnfeststellungsbescheid erstmals nach dem Steuerbescheid erlassen wird.

b) Der ESt-Bescheid ist auch zu ändern, wenn der Gewinnfeststellungsbescheid bereits beim Ergehen des Steuerbescheids vorlag, vom FA aber bei der ESt-Veranlagung aus irgendwelchen Gründen nicht beachtet wurde. Gemäß § 175 Abs. 1 Satz 1 Nr. 1 AO muss das Wohnsitz-FA, sobald es diesen Umstand kennt, die Bindungswirkung des Feststellungsbescheids umsetzen (vgl. BFH vom 06. 11. 1985 BStBl II 1986, 168).

War der Feststellungsbescheid bei Erlass des unrichtigen Folgebescheids bereits bei dessen Akten, soll nach der Rechtsprechung des BFH daneben auch § 129 AO anwendbar sein (BFH vom 16. 07. 2003 BStBl II 2003, 876).

c) Der Stpfl. hat Antrag auf Berücksichtigung einer Körperbehinderung bei der ESt 01 gestellt. Mangels der erforderlichen Bescheinigung wurde die außergewöhnliche Belastung im endgültigen ESt-Bescheid 01 nicht anerkannt (§ 65 EStDV). Nach Eintritt der Unanfechtbarkeit des Bescheids stellt die zuständige Behörde doch mit Rückwirkung auf das Jahr 01 einen Schwerbehindertenausweis aus.

LÖSUNG Der ESt-Bescheid 01 ist gemäß § 175 Abs. 1 Satz 1 Nr. 1 AO zu ändern. Der laut EStG erforderliche Antrag war gestellt. Folglich hat der Ausweis Bindungswirkung (§ 65 EStDV; Einzelheiten in H 33 b »Allgemeines und Nachweis« EStH und AEAO § 175 Nr. 1).

d) Der Stpfl. beantragt erstmals nach Unanfechtbarkeit des ESt-Bescheids die Gewährung des Pauschbetrags für Körperbehinderte gem. § 33 b Abs. 3 EStG und legt den Schwerbehindertenausweis vor. Es wäre ihm ohne weiteres möglich gewesen, den Ausweis auch schon mit der Erklärung vorzulegen bzw. in der Erklärung des Antrag zu stellen.

LÖSUNG Der Bescheid ist gem. § 175 Abs. 1 Satz 1 Nr. 1 AO zu ändern, der Pauschbetrag ist zu gewähren. Der Ausweis bindet das FA. Für den Antrag gem. § 33 b Abs. 2 EStG gibt es im Gesetz keine Frist, folglich kann er auch nach der Unanfechtbarkeit des Bescheids gestellt werden, s. o. 7.2.6.2 Buchst. a. Der Ausweis kann nach der Antragstellung seine Bindungswirkung entfalten.

e) Wird ein **Grundlagenbescheid** (z. B. ein einheitlicher Gewinnfeststellungsbescheid) **ersatzlos aufgehoben,** weil die Voraussetzungen für die gesonderte Feststellung nicht vorliegen, ermittelt das Folge-FA den Sachverhalt, der bisher im Grundlagenbescheid (eventuell fehlerhaft) verwertet war, in eigener Zuständigkeit und beurteilt ihn unabhängig von der bisherigen Behandlung. Ergibt sich eine Abweichung (z. B. bei der ESt), erfolgt eine Korrektur des Folgebescheids gem. § 175 Abs. 1 Satz 1 Nr. 1 AO (BFH vom 24. 05. 2006, BStBl II 2007, 76). Der Stpfl. kann sich nur wehren, in dem er die Aufhebung des Grundlagenbescheids angreift.

f) Der KSt-Bescheid der Kapitalgesellschaft ist kein Grundlagenbescheid für die ESt-Bescheide der Gesellschafter, auch nicht hinsichtlich des Vorliegens einer verdeckten Gewinnausschüttung gem. § 8 Abs. 3 Satz 2 KStG. Siehe oben 8.1 Buchst. a Beispiel c.

Wird ein Grundlagenbescheid gemäß § 129 AO **berichtigt,** erfolgt die **Folgeänderung entsprechend** § 175 Abs. 1 Satz 1 Nr. 1 AO (weil die Berichtigung im Wortlaut nicht erwähnt ist).

Liegen die Voraussetzungen vor, **muss** nach dem Wortlaut des § 175 Abs. 1 Satz 1 Nr. 1 AO die Folgeänderung stattfinden. Die Folgeänderung darf nur so weit gehen, wie die Bindungswirkung reicht. (§ 177 AO ist anwendbar, s. u. 11.1).

FALL 75

Ein OHG-Gewinnfeststellungsbescheid wird gem. §§ 173 Abs. 1 Nr. 2, 181 Abs. 1 AO geändert und der Gewinn von 90 000 € auf 60 000 € gemindert. Die 3 Gesellschafter A, B und C sind zu je 1/3 am Gewinn beteiligt. Ihr ESt-Satz soll 40 % betragen. Die ESt-Bescheide von A und B sind schon erlassen, die ESt-Erklärung des C noch nicht bearbeitet.
Welche Folgerungen zieht das FA?

9.2 Ereignis mit steuerlicher Wirkung für die Vergangenheit, § 175 Abs. 1 Satz 1 Nr. 2, Abs. 2 AO

Nach § 175 Abs. 1 Satz 1 Nr. 2 AO müssen Bescheide korrigiert werden, wenn und soweit ein **Ereignis mit steuerlicher Wirkung für die Vergangenheit** eintritt.

Rückwirkende Ereignisse sind Ereignisse, die **nach der Entstehung** des betreffenden Steueranspruchs auftreten und (ausnahmsweise) **materiell-rechtlich zurückwirken.** Ob ein Ereignis steuerliche Rückwirkung hat, entscheidet sich nach dem jeweiligen Einzelsteuergesetz bzw. nach § 175 Abs. 2 AO (vgl. AEAO § 175 Nr. 2.2).

Ereignisse wirken steuerlich selten zurück (auch wenn sie zivilrechtlich zurückwirken). Im Zweifel liegt keine steuerliche Rückwirkung vor. Hauptanwendungsbereiche sind die ertragsteuerlichen Änderungen von nachfolgenden Veranlagungszeiträumen nach Bilanzberichtigungen eines Vorjahres (infolge des materiellen Bilanzzusammenhangs) und die §§ 16, 17, 23 EStG. Dagegen kommen rückwirkende Ereignisse bei den Überschusseinkünften nicht vor, soweit das Zu- und Abflussprinzip des § 11 EStG gilt (BFH vom 04.05.2006 BStBl II 2006, 830, 832, 911).

§ 173 und § 175 Abs. 1 Satz 1 (Nr. 1 und) Nr. 2 AO **schließen sich grundsätzlich gegenseitig aus** (BFH vom 21.04.1988 BStBl II 1988, 863). Bei § 173 AO ändert sich der Sachverhalt nicht, nur die Kenntnislage des FA. Bei § 175 Abs. 1 Satz 1 Nr. 2 AO ändert sich die Sachlage, und zwar rückwirkend. Für die Abgrenzung ist zu Recht außerdem herausgearbeitet worden, dass der gem. § 175 Abs. 1 Satz 1 Nr. 2 AO zu korrigierende Bescheid im fraglichen Bereich **ursprünglich** grundsätzlich rechtmäßig war und erst infolge des rückwirkenden Ereignisses rechtswidrig wurde, während der Bescheid im Anwendungsbereich des § 173 AO grundsätzlich von Anfang an rechtswidrig war. Hätte das Ereignis bereits bei Erlass des Bescheids berücksichtigt werden können, greift § 175 Abs. 1 Satz 1 Nr. 2 AO nicht (BFH vom 10.07.2002 DStRE 2002, 1412).

In der Praxis kann sich das FA, wenn entweder § 173 Abs. 1 oder § 175 Abs. 1 Satz 1 Nr. 2 AO zutrifft, auf »§ 173 oder § 175 AO« berufen, oder die zunächst gegebene falsche Begründung austauschen.

In seltenen Ausnahmefällen können die Tatbestände des § 173 und des § 175 Abs. 1 Satz 1 Nr. 2 AO auch kombiniert auftreten und erst gemeinsam eine Bescheidänderung ermöglichen (vgl. BFH vom 19.04.2005 BStBl II 2005, 762).

BEISPIELE

a) Der Außenprüfer entdeckt im Jahr 04, dass der Stpfl. bei einem bilanzierten Gebäude, das der Absetzung für Abnutzung gem. § 7 Abs. 4 EStG unterliegt, Herstellungsaufwand aus dem Januar 01 i. H. v. 50 000 € grob fahrlässig als Reparaturaufwand geltend gemacht hat. Die endgültig-unanfechtbaren ESt-Veranlagungen 01 und 02 folgten den Erklärungen. Richtigerweise liegt in den Jahren 01 ff. je 1 000 € betrieblicher Aufwand vor, statt der bisher berücksichtigten 50 000 € in 01.

LÖSUNG Der **ESt-Bescheid 01** war falsch und die Steuer zu niedrig festgesetzt. Der Charakter des Aufwands i. H. v. 50 000 € war dem FA bei der Veranlagung 01 nicht bekannt. Ermittlungsfehler des FA sind nicht erkennbar. Der ESt-Bescheid 01 muss deshalb gem. § 173 Abs. 1 Nr. 1 AO geändert werden. Der Gewinn 01 erhöht sich um 49 000 €.

Der **ESt-Bescheid 02** wird gem. § 175 Abs. 1 Satz 1 Nr. 2 AO geändert und der Gewinn um 1 000 € gemindert. Durch die Berichtigung der Schlussbilanz 01 nach dem Ende des Veranlagungszeitraums 02 ergab sich infolge der »Zweischneidigkeit« der Schlussbilanz 01, d. h. infolge ihrer Identität mit der Anfangsbilanz 02 rückwirkend eine Erhöhung des AfA-Volumens für das Folgejahr (§ 4 Abs. 2 EStG, R 4.4 EStR). Folglich greift § 175 Abs. 1 Satz 1 Nr. 2 AO (ebenso BFH vom 30.06.2005 BStBl II 2005, 809). Dieses Ergebnis ist auch aus folgenden Überlegungen zu begrüßen. Nur bei Anwendung des § 175 Abs. 1 Satz 1 Nr. 2 AO ist sichergestellt, dass die Folgeänderungen für 02 ff. trotz regulärer Verjährung dieser Jahre noch durchgeführt werden können. Außerdem spielt bei § 175 AO – im Gegensatz zu § 173 AO – der eventuell von Jahr zu Jahr unterschiedlich zu beurteilende Kenntnisstand des

FA vom Sachverhalt keine Rolle. § 173 AO greift für den Steuerbescheid 02 nicht (BFH vom 30.06.2005 a.a.O).

U. E. ist § 175 Abs. 1 Satz 1 Nr. 2 AO auch in vergleichbaren Fällen bei nicht bilanzierenden Stpfl. anzuwenden, z. B. bei Stpfl., die ihren Gewinn gem. § 4 Abs. 3 EStG ermitteln, oder bei Stpfl. mit Überschusseinkünften. Rückwirkendes Ereignis ist auch hier die rückwirkende Veränderung des AfA-Volumens für das betreffende Folgejahr nach dem Ende dieses Folgejahres.

b) Der Stpfl. stellt erstmals nach Unanfechtbarkeit des ESt-Bescheids einen **Antrag** auf Berücksichtigung von Unterhaltsleistungen an seine kranke Mutter gem. § 33a Abs. 1 EStG und legt erstmals entsprechende Belege vor.

LÖSUNG Der nach Unanfechtbarkeit gestellte Antrag ist kein rückwirkendes Ereignis i. S. d. § 175 Abs. 1 Satz 1 Nr. 2 AO und keine Tatsache i. S. d. § 173 Abs. 1 Nr. 2 AO (s. 7.2.6.2). Dagegen sind die Unterhaltszahlungen Tatsachen, die dem FA bei der Veranlagung nicht bekannt waren. Die Tatsachen würden sich bei einer Bescheidänderung zu Gunsten des Stpfl. auswirken (§ 173 Abs. 1 Nr. 2 AO). Sie sind rechtserheblich, weil der Antrag auf Berücksichtigung – mangels einer Fristsetzung im EStG – noch gestellt werden konnte. Folglich hängt die Lösung des Falles nur noch von einkommensteuerlichen Fragen (Höhe der zumutbaren Eigenbelastung gem. § 33a EStG) und davon ab, ob dem Stpfl. grobes Verschulden gem. § 173 Abs. 1 Nr. 2 AO vorzuwerfen ist. Letzteres dürfte zu bejahen sein, da in der ESt-Erklärung ausdrücklich nach Unterstützungsleistungen an bedürftige Personen (ca. 6 Zeilen des Erklärungsformulars) gefragt ist.

Die Änderung könnte keinesfalls auf § 175 Abs. 1 Satz 1 Nr. 2 AO gestützt werden; § 173 Abs. 1 Nr. 2 AO kann nur unter besonderen Umständen greifen.

c) Der Zusammenveranlagungsbescheid 01 der Ehegatten wird nach Unanfechtbarkeit gem. § 173 Abs. 1 Nr. 2 AO zugunsten der Eheleute geändert. Innerhalb der Einspruchsfrist **beantragt die Ehefrau getrennte Veranlagung** (§ 26b EStG). Der Antrag ist wirksam (vgl. H 26 »Wahl der Veranlagungsart« EStH). Bei der getrennten Veranlagung ergäbe sich eine Steuererhöhung für den Ehemann, der sich zwischenzeitlich von seiner Frau getrennt hat; für die Frau käme es zu einer Steuererstattung.

LÖSUNG Der wirksame (weil rechtzeitige und nicht missbräuchliche) Antrag der Ehefrau auf eine andersartige Art der Ehegattenveranlagung ist ein rückwirkendes Ereignis für den bisherigen Zusammenveranlagungsbescheid (s. 1. Beispiel c und BFH vom 03.03.2005 BStBl II 2005, 690).

d) Nach Unanfechtbarkeit des endgültigen ESt-Bescheids für 01 beantragt der zahlende Ehegatte mit (ebenfalls nachträglicher) **Zustimmung** der Zahlungsempfängerin, seiner von ihm getrennt lebenden Ehefrau, wegen seiner Unterhaltszahlungen den Sonderausgabenabzug gem. § 10 Abs. 1 Nr. 1 EStG (**»Realsplitting«**).

LÖSUNG Der Antrag gem. § 10 Abs. 1 Nr. 1 EStG kann auch nach der Veranlagung fristlos nachgeholt werden, weil das EStG hier keine Fristbestimmung enthält. Der Antrag verändert, wenn er mit Zustimmung des Zahlungsempfängers gestellt wird, rückwirkend den Charakter des Aufwands: Vorher sind die Zahlungen gem. § 12 EStG nicht abzugsfähig (bzw. nur eventuell im Rahmen des § 33a EStG zu berücksichtigen); nachher handelt es sich um Sonderausgaben. Die Wirkung des Antrags ist an die Zustimmung des Zahlungsempfängers geknüpft, die typischerweise erst nach Ablauf des VZ erteilt wird, nämlich nachdem beide Seiten die steuerlichen Folgen des Antrags überblicken können. Also muss der Gesetzgeber gewollt haben, dass der Antrag mit Zustimmung der Unterhaltsempfängerin zurückwirkt (BFH vom 12.07.1989 BStBl II 1989, 957; u. E. ist allein die Zustimmung der Unterhaltsempfängerin das rückwirkende Ereignis). Der ESt-Bescheid des Unterhaltszahlers für 01 wird gem. § 175 Abs. 1 Satz 1 Nr. 2 AO geändert.

Ist auch der ESt-Bescheid 01 der Unterhaltsempfängerin schon unanfechtbar-endgültig, wird er ebenfalls gem. § 175 Abs. 1 Satz 1 Nr. 2 AO geändert und die Unterhaltsbezüge werden gem. § 22 Nr. 1 Buchst. a EStG besteuert.

e) Zivilrechtliche **Vergleiche** zur Beendigung einer streitigen zivilrechtlichen Lage sind nach Maßgabe des jeweiligen Einzelsteuergesetzes eventuell rückwirkende Ereignisse. Das gleiche gilt u. E. auch für **Gestaltungsurteile,** nach der Rechtsprechung aber überhaupt für alle zivilprozessualen **Urteile,** sofern sie steuerlich zurückwirken (BFH vom 26. 07. 1984 BStBl II 1984, 786).

f) Der **Kaufpreis** für einen im Jahr 08 veräußerten Betrieb wird im Jahr 11 wegen Mängeln des Unternehmens oder aufgrund einer »Nachbesserungsklausel« im Kaufvertrag von 10 auf 8 Mio. € **herabgesetzt.**
LÖSUNG Dies ist für die Ermittlung des Veräußerungsgewinns 08 (§ 16 EStG) ein rückwirkendes Ereignis. Der ESt-Bescheid des Verkäufers für den VZ 08 wird gem. § 175 Abs. 1 Satz 1 Nr. 2 AO geändert (BFH GrS vom 19. 07. 1993 BStBl II 1993, 897; BFH vom 31. 08. 2006 BStBl II 2006, 906).

Finanzbehörden und Finanzgerichte können grundsätzlich **keine »rückwirkenden Ereignisse«** erzeugen. Das gilt auch für Entscheidungen des BVerfG und Gesetzesänderungen. Gem. § 175 Abs. 2 Satz 2 AO »gilt« die nachträgliche Erteilung oder Vorlage einer Bescheinigung oder Bestätigung nicht als rückwirkendes Ereignis.

BEISPIELE

Beispiele, in denen rückwirkende Ereignisse abzulehnen sind:
a) Der BFH erlässt im Jahr 04 ein **Urteil,** wonach Aufwand bestimmter Art entgegen der bisher strengeren Rspr. doch abzugsfähig ist. Der Stpfl. A beantragt im Hinblick auf diese Rspr.-Änderung eine Änderung seines endgültig-unanfechtbaren ESt-Bescheids 01.
LÖSUNG Ganz allgemein sind Urteile in Steuersachen weder Tatsachen i. S. d. § 173 AO noch rückwirkende Ereignisse i. S. d. § 175 Abs. 1 Satz 1 Nr. 2 AO. Dies gilt auch für Urteile des BFH (BFH vom 26. 10. 1988 BStBl II 1989, 75) und des EuGH (BFH vom 21. 03. 1996 BStBl II 1996, 399); vgl. 7.2.1 Beispiel h).
Der Antrag ist abzulehnen.

b) Der Gesetzgeber erlässt eine Neufassung eines Gesetzes, deren Gültigkeit nicht ausdrücklich auf die Zukunft beschränkt ist. Statt bisher 500 € wird nunmehr bei bestimmten Einkünften ein Pauschbetrag von 5 000 € abgezogen.
LÖSUNG Die Gesetzesänderung ist für sich allein kein rückwirkendes Ereignis. Will der Gesetzgeber die nachträgliche Berücksichtigung in allen einschlägigen Steuerbescheiden, muss er dies ausdrücklich so festlegen. (Die Erhöhung des Pauschbetrags kann aber, wenn der Bescheid aus anderen Gründen geändert werden muss, bei gegenläufigen selbstständigen Änderungen über die Mitberichtigungsvorschrift des § 177 AO berücksichtigt werden.)

c) Der Vermieter erhält im Jahr 01 1 000 € Miete (§§ 21, 8 EStG), die er auf Grund eines amtsgerichtlichen Urteils im Jahr 04 an den Mieter zurückzahlen muss.
LÖSUNG Der ESt-Bescheid 01 ist einkommensteuerlich nach wie vor richtig. Er wird nicht geändert. (Für den Vermieter handelt es sich um eine »negative Mieteinnahme« des Jahres 04.)

d) Stpfl. hat im Jahr 01 zwei Immobilien des Grundvermögens verkauft. Im endgültigen ESt-Bescheid für 01 ging das FA insoweit von nicht steuerbaren Sachverhalten im Rahmen der Vermögensverwaltung aus, da die Spekulationsfrist des § 23 EStG jeweils überschritten war. Im Jahr 04 verkauft der Stpfl. 2 weitere Immobilien seines Grundvermögens. Jetzt prüft das FA, ob es den ESt-Bescheid 01 ändern kann bzw. muss (»3-Objekt-Theorie«, H 15.7 (1) »Gewerblicher Grundstückshandel« EStH).
LÖSUNG Die weiteren Verkäufe stellen keine rückwirkenden Ereignisse für den ESt-Bescheid 01 dar, die den Charakter der Veräußerungen in diesem Jahr verändern (BFH vom 06. 07. 1999 BStBl II 2000, 306). Eine Änderung des ESt-Bescheides 01 und nachträgliche

Besteuerung der Grundstücksverkäufe im Rahmen eines gewerblichen Grundstückshandels kommt u. E. nur gem. § 173 Abs. 1 Nr. 1 AO in Frage. Voraussetzung dafür ist, dass die späteren Veräußerungen (in 04) den sicheren Schluss darauf zulassen, dass der Stpfl. auch die beiden im Jahr 01 verkauften Grundstücke von Anfang an und auf Dauer nicht durch Vermietung, sondern zur Verwertung ihrer Vermögenssubstanz einsetzen wollte (»innere Tatsache«, vgl. 7.2.1).

9.3 Verbleibensvorschrift, § 175 Abs. 2 Satz 1 AO

Als rückwirkendes Ereignis für Steuervergünstigungen (und sonstige steuerentlastende Regelungen) gilt gem. § 175 Abs. 2 Satz 1 AO auch der Verstoß gegen eine »Verbleibensvorschrift«, und zwar auch wenn der Verstoß erst in einem späteren Jahr dieses Zeitraums stattfindet. Wichtigster Fall ist der Verstoß gegen die Verbleibensvorschrift in § 2 Abs. 1 Nr. 2 InvZulG (§§ 14, 12, 8 InvZulG). Dagegen gibt es für den Verstoß gegen die Verbleibensregelung in § 7g Abs. 1 Nr. 2 Buchst. b EStG eine Sonderregelung in § 7g Abs. 4 Satz 2 ff. EStG, wenn die Vorteile der Bestimmung seit deren Neufassung durch das Unternehmenssteuerreformgesetz 2008 vom 14. 08. 2007 in Anspruch genommen wurden (§ 52 Abs. 23 EStG).

9.4 Verständigungsvereinbarungen, § 175 a AO

Zur Umsetzung von Verständigungsvereinbarungen zwischen Deutschland und ausländischen Staaten sind Steuerbescheide zu erlassen, zu ändern oder aufzuheben, soweit sie einer solchen Verständigungsvereinbarung widersprechen.

10 Vertrauensschutz bei Korrekturen von Bescheiden, § 176 AO

§ 176 AO verhindert oder vermindert aus Vertrauensschutzgründen Korrekturen, die den Stpfl. belasten würden. § 176 AO ist beim Erlass erstmaliger Bescheide nicht anwendbar. Die folgenden Umstände dürfen deshalb bei Korrekturen nicht berücksichtigt werden, wenn sie sich bei der Korrektur **zu Ungunsten** des Stpfl. auswirken würden:

1. Das Bundesverfassungsgericht hat zwischenzeitlich ein Gesetz rückwirkend für nichtig erklärt (Abs. 1 Satz 1 Nr. 1).
2. Ein oberstes Bundesgericht (z. B. der BFH; nicht: ein Finanzgericht) hat zwischenzeitlich eine für den Bescheid bedeutsame Vorschrift (z. B. § 82 f EStDV) wegen Verfassungswidrigkeit nicht mehr angewendet (Abs. 1 Satz 1 Nr. 2).
3. Die BFH-Rechtsprechung, auf der eine Festsetzung beruht, hat sich zwischenzeitlich zu Lasten des Stpfl. geändert (Abs. 1 Satz 1 Nr. 3).
   Beruhte eine Steuererklärung auf der früheren, dem Stpfl. günstigeren Rspr., ohne dass dies dem FA erkennbar war, greift der Vertrauensschutz aber nicht ein, wenn die Verwaltung die frühere Rspr. nicht befolgt hat (»Nichtanwendungserlass«; Abs. 1 Satz 2).
4. Eine dem Stpfl. günstige allgemeine Verwaltungsvorschrift des Bundes- oder Landesfinanzministeriums ist zwischenzeitlich von der Verwaltung aufgehoben oder vom BFH oder einem anderen obersten Bundesgericht für rechtswidrig erklärt worden (Abs. 2).

Die Vorschrift hat **bei allen Korrekturgründen** Bedeutung, nicht nur bei §§ 172 ff., sondern auch bei § 164 Abs. 2 (BFH vom 02. 11. 1989 BStBl II 1990, 253) und bei der Mitberichtigung nach § 177 AO.

Greift § 176 AO, ist bei der Änderung so vorzugehen, als habe die frühere, dem Stpfl. günstige Rechtsauffassung bzw. Rechtslage nach wie vor Gültigkeit.

11 Mitberichtigung von materiellen Fehlern, § 177 AO

11.1 Allgemeines: Prinzip, Anwendungsbereich, Begriff

Bei allen Korrekturtatbeständen in §§ 129, 172–175 AO können jeweils nur ganz bestimmte Fehler durch Korrektur beseitigt werden, z. B. gemäß § 173 nur solche Fehler, die auf einer dem FA bei der Veranlagung nicht bekannten Tatsache bzw. einem entsprechenden Beweismittel beruhen. Man kann sie als »**Änderungsfehler**« bezeichnen. Andere Fehler können nach den **bis jetzt behandelten »selbstständigen« Korrekturtatbeständen** nicht korrigiert werden.

§ 177 AO lässt nun **im Rahmen selbstständiger Korrekturen** eine **Mitberichtigung** dieser anderen Fehler (sonstigen Rechtsfehler) zu, die § 177 Abs. 3 AO als **materielle Fehler** bezeichnet.

a) Anwendungsbereich

Nach dem Wortlaut ist die Mitberichtigung nur bei »Änderungen und Aufhebungen« möglich. Fraglich ist die Anwendung des § 177 AO auf **Berichtigungen gem. § 129 AO**. Nach BFH vom 08. 03. 1989 BStBl II 1989, 531 benötigt man bei Berichtigungen von offenbaren Unrichtigkeiten den § 177 AO nicht, da dessen Prinzip dem § 129 AO schon immanent sei. Die ermessensgerechte Anwendung des § 129 AO erfordere die Mitberichtigung sonstiger Rechtsfehler, soweit die offenbare Unrichtigkeit reiche. Vgl. oben Tz. 2.3. Dem folgt auch die Verwaltung (AEAO § 129 Nr. 2). Da man aber durch analoge Anwendung des § 177 AO auf Berichtigungen gem. § 129 AO zum gleichen Ergebnis wie der BFH kommt, darf es u. E. nicht als Fehler gewertet werden, wenn man der letzteren Meinung folgt.

§ 177 AO hat nur dort einen Sinn, wo nicht von vornherein jeder Fehler korrigiert werden kann, wie im Fall der Vorbehaltsbescheide. § 177 AO ist daher **auf § 164 Abs. 2 AO nicht anzuwenden**; vgl. § 177 Abs. 4 AO. Bei der Korrektur teilvorläufiger Bescheide gem. **§ 165 Abs. 2 AO** ist dagegen eine Mitberichtigung gem. § 177 AO vorzunehmen, wenn der materielle Fehler im endgültigen Teil des Bescheides gemacht wurde (vgl. BFH vom 02. 03. 2000 BStBl II 2000, 332). Der BFH setzt sich insoweit zu Recht über den Wortlaut des § 177 Abs. 4 AO hinweg, denn Ziel jeder Steuerfestsetzung muss sein, der materiell richtigen Steuer möglichst nahe zu kommen. Die Rechtsprechung ist noch im Fluss. Es ist u. E. nicht einzusehen, warum eine Mitberichtigung von materiellen Fehlern aus dem vorläufigen Teil des Bescheides bzw. im vollumfänglich vorläufigen Bescheid ausscheiden soll; dies hat aber die bisherige höchstrichterliche Rechtsprechung nicht zugelassen.

BEISPIELE

a) § 177 AO ist z. B. bei Änderungen nach § 175 Abs. 1 Satz 1 Nr. 1 AO anzuwenden, auch wenn diese Änderung sozusagen »automatisch« stattfindet.

b) Der vorläufig gestellte Teil des Bescheids wird gem. § 165 Abs. 2 AO geändert und die Steuer erhöht. Im endgültigen Teil des Bescheids befindet sich ein materieller Fehler, der bei einer eventuellen Korrektur die Steuer senken würde. Insoweit greift aber kein selbstständiger Korrekturgrund gem. §§ 172 bis 175 AO.

LÖSUNG Der materielle Fehler aus dem endgültigen Teil des Bescheids muss bei der Änderung des vorläufigen Teils unter der Voraussetzung des § 177 AO mitberichtigt werden.

b) Begriff: Materielle Fehler (§ 177 Abs. 3 AO)

Materielle Fehler sind **alle »Fehler«** im Bescheid, die **keinen selbstständigen Korrekturgrund** erfüllen. Sie sind unter den Voraussetzungen des § 177 Abs. 1, 2 AO bei der Exekution sog. »Änderungsfehler« mitzuberichtigen.

> **BEISPIELE**
>
> a) Rechtsirrtümer des FA.
> b) Tatsachen, die bei der Veranlagung bekannt waren.
> c) Nachträglich bekanntgewordene Tatsachen zu Gunsten des Stpfl., an deren verspätetem Bekanntwerden der Stpfl. grobes Verschulden trägt.
> d) Antragsbedingte Vergünstigung, wenn der Antrag ausnahmsweise fristgebunden und verspätet gestellt ist. (Hier war der ursprüngliche Bescheid nicht einmal fehlerhaft!)

Materielle Fehler sind gem. § 177 Abs. 3 AO auch offenbare Unrichtigkeiten i. S. d. § 129 AO. Liegt neben selbstständigen Änderungen (z. B. § 173 Abs. 1 Nr. 1 AO) eine offenbare Unrichtigkeit i. S. d. § 129 AO vor, so kann die letztere – ungeachtet der Besonderheiten des § 129 AO – wie ein sonstiger Rechtsfehler gem. § 177 AO mitberichtigt werden. Materielle Bedeutung hat dies aber nur, wenn die Offenbare Unrichtigkeit ausnahmsweise doch nicht gem. § 129 AO berichtigt werden kann, oder soweit bei § 129 AO in Ermessensspielraum besteht (den es bei § 177 AO nicht gibt):

> **BEISPIELE**
>
> a) Es liegen vor: Eine nachträglich bekanntgewordene Tatsache i. S. d. § 173 Abs. 1 Nr. 1 AO mit Auswirkung + 1 000 € und eine offenbare Unrichtigkeit mit Auswirkung ./. 300 €.
> **LÖSUNG** Es erfolgt eine Änderung des Bescheids gem. § 173 Abs. 1 Nr. 1 AO unter Mitberichtigung der offenbaren Unrichtigkeit gem. § 129 AO über § 177 AO. (Letzteres hat praktische Bedeutung nur bei offenbaren Unrichtigkeiten, die zu Lasten des Stpfl. gem. § 129 AO berichtigt werden »können«, aber gem. § 177 Abs. 2, Abs. 3 AO mitzuberichtigen »sind«.)
>
> b) Es liegen vor: Bindungswirkung eines Gewinnfeststellungs-Änderungsbescheids (ESt-4-Mitteilung) über + 100 000 € Steuer, § 175 Abs. 1 Satz 1 Nr. 1 AO. Diese Änderung ist wegen der Ablaufhemmung in § 171 Abs. 10 AO noch nicht verjährt (vgl. O 6.6). Außerdem liegt eine offenbare Unrichtigkeit gem. § 129 AO vor. Der Bescheid hätte gem. § 129 AO berichtigt und die Steuer um 10 000 € gesenkt werden müssen. Diese Berichtigung ist aber verjährt (vgl. § 169 Abs. 1 Satz 2 AO).
> **LÖSUNG** Die verjährte offenbare Unrichtigkeit ist ein materieller Fehler i. S. d. § 177 AO. Da der materielle Fehler gegenläufig ist zur – noch möglichen – selbstständigen Änderung gem. § 175 Abs. 1 Satz 1 Nr. 1 AO, ist er bei dieser Änderung mitzuberichtigen (§ 177 AO; BFH vom 09. 08. 2006 BStBl II 2007, 87). Die Steuer erhöht sich im Änderungsbescheid um 90 000 €.
>
> c) Wie Beispiel b, nur hätte sich bei rechtzeitiger Anwendung des § 129 AO die Steuer um 10 000 € erhöht (statt vermindert).
> **LÖSUNG** Hier kann nach Verjährung der offenbaren Unrichtigkeit nur noch die Änderung gem. § 175 Abs. 1 Satz 1 Nr. 1 AO durchgeführt und die Steuer um 100 000 € erhöht werden. Die Mitberichtigung des materiellen Fehlers aus der offenbaren Unrichtigkeit würde den Berichtigungsrahmen des § 177 AO überschreiten.

c) Mitberichtigung nur im Rahmen von »selbständigen« Änderungen

Die Mitberichtigung ist nach dem Wortlaut des § 177 Abs. 1, Abs. 2 AO nur durchzuführen, »soweit« die selbständige Änderung reicht. Vgl. zur Bestimmung des Umfangs insbesondere wenn mehrere materielle Fehler vorliegen, anschließend 11.2.

BEISPIELE

a) Ein Verlustrücktrag in das Vorjahr wird gem. § 10d Abs. 1 Satz 5 EStG durchgeführt. Dadurch sinkt die ESt des bisher auch im Abzugsjahr getrennt veranlagten Ehegatten um 2 000 €. Die Ehegatten beantragen rechtzeitig im Abzugsjahr Zusammenveranlagung. Dadurch würde die ESt im Abzugsjahr um weitere 300 € sinken. Dies ist trotzdem zulässig (BFH vom 24. 01. 2002 BStBl II 2002, 408).

b) BFH vom 03. 03. 2005 BStBl II 2005, 564 lässt dahingestellt, ob bei veränderter Ehegattenveranlagungsart gem. §§ 26, a, b c EStG materielle Fehler der früheren Veranlagung nach dem Prinzip des § 177 AO mitberichtigt werden können. U. E. ist die Frage zu bejahen. Sieht man die Neuausübung des Wahlrechts auf Ehegattenveranlagung als Korrektur i. S. d. § 172 Abs. 1 Nr. 2 Buchst. d AO, so ist § 177 AO ohne Weiteres anzuwenden. Sieht man den neuen Bescheid nicht als Korrektur-, sondern als Ersetzungsbescheid (s. 1, Beispiel c), muss man das Prinzip des § 177 AO ebenfalls zur Lückenfüllung anwenden, um ein möglichst gerechtes Ergebnis zu erzielen.

11.2 Systematik des § 177 AO (Technik)

11.2.1 Wortlautmethode

Die Mitberichtigung nach § 177 AO ist nach dem Wortlaut der Bestimmung nur möglich, **»soweit die Änderung reicht«**. Die Anwendung des § 177 AO führt also niemals zu einer Erweiterung der »selbstständigen« Korrektur des Änderungsfehlers. § 177 AO vermindert vielmehr im Ergebnis den Umfang der selbstständigen Korrektur oder verhindert sie im Extremfall ganz.

Folgt man dem Wortlaut des § 177 Abs. 1, 2 AO, so muss man zuerst ermitteln, ob die **selbstständige Korrektur zu Ungunsten** (dann ist **Abs. 1** anwendbar) oder **zu Gunsten** (dann ist **Abs. 2** anwendbar) des Stpfl. erfolgt. **Dann** muss man den **Saldo der sonstigen Rechtsfehler,** die in einem Bescheid stecken, ermitteln (**»Saldierungsmethode«** oder **»Wortlautmethode«**). Liegen mehrere sonstige Rechtsfehler vor, finden also nicht mehrere Mitberichtigungen (z. B. die eine nach Abs. 1, die andere nach Abs. 2) statt, sondern immer nur eine mit dem Saldo der sonstigen Rechtsfehler (entweder nach Abs. 1 oder nach Abs. 2).

Die Auswirkungen des selbstständigen Korrekturgrundes und die der Mitberichtigung müssen gegenläufig sein. Überschießt der Umfang der materiellen Fehler die gegenläufige selbstständige Änderung bzw. deren Summe, so wird die selbstständige Änderung durch die Mitberichtigung »aufgezehrt«. Der überschießende Teil der Auswirkung des sonstigen Fehlers bleibt unberücksichtigt.

BEISPIEL

Es liegt eine neue Tatsache mit steuerlicher Auswirkung zu Ungunsten des Stpfl. i. H. v. (jetzt +) 1 000 € vor (§ 173 Abs. 1 Nr. 1 AO). Außerdem wird ein Fehler entdeckt, der unter keinen »selbstständigen« Änderungsgrund subsumiert werden kann. Aufgrund dieses Fehlers ist die Steuer um 1 500 € zu hoch festgesetzt worden.

LÖSUNG Es ist eine Mitberichtigung nach § 177 Abs. 1 AO zu prüfen, weil die selbstständige Änderung —zu Ungunsten des Stpfl. wirken würde, die Berücksichtigung des materiellen Fehlers dagegen zu Gunsten. Die Mitberichtigung ist nur im Rahmen der Änderung nach

§ 173 Abs. 1 Nr. 1 AO möglich, d. h. im Rahmen der Steuererhöhung um 1 000 €. Die Mitberichtigung führt hier dazu, dass die selbstständige Änderung »aufgezehrt« wird. Eine Änderung findet im Ergebnis nicht statt.

Der überschießende Teil der steuerlichen Auswirkung des sonstigen Rechtsfehlers (hier ./. 500 €) geht dem Stpfl. verloren.

Dass insoweit die Steuer höher festgesetzt bleibt, als materiell-rechtlich (nach dem Einzelsteuergesetz) richtig ist, bildet für sich allein in aller Regel keinen Grund für einen Billigkeitserlass nach § 227 AO, weil der Gesetzgeber ein solches Ergebnis bewusst in Kauf genommen hat (vgl. H 4.3 Buchst. a).

11.2.2 Rahmenmethode

Neben der oben dargestellten »Saldierungsmethode« gibt es noch die »**Rahmenmethode**«, die zum selben Ergebnis führt. Dabei wird zuerst der Änderungsrahmen bestimmt. Das heißt es wird getrennt festgestellt, inwieweit selbstständige Korrekturvorschriften zu Lasten des Stpfl. (**oberer Änderungsrahmen**) bzw. zu Gunsten des Stpfl. (**unterer Änderungsrahmen**) eine Änderung bewirken würden. Dann wird die materiell richtige Steuer ermittelt. Liegt sie innerhalb des Änderungsrahmens, so ergeht der Änderungsbescheid mit der materiell richtigen Steuer. Liegt sie oberhalb des oberen Änderungsrahmens, ergeht der Änderungsbescheid mit dem Betrag des oberen Änderungsrahmens. Liegt sie unterhalb des unteren Änderungsrahmens, so ist die Steuer entsprechend dem unteren Änderungsrahmen maßgebend.

BEISPIEL

Unanfechtbar und endgültig festgesetzte USt	40 000 €
Es liegen folgende Änderungsfehler vor:	
§ 173 Abs. 1 Nr. 1 AO	+ 1 000 €
§ 173 Abs. 1 Nr. 2 AO	./. 2 000 €
Materieller Fehler	./. 5 400 €
Materieller Fehler	+ 900 €

LÖSUNGEN

a) Lösung nach der Rahmenmethode:

Oberer Änderungsrahmen:	41 000 €
Unterer Änderungsrahmen:	38 000 €
Materiell richtige USt bei Beseitigung sämtlicher Fehler des Bescheids:	34 500 €

Ergebnis: Änderung gem. §§ 173 Abs. 1 Nr. 1 und Nr. 2, 177 Abs. 1 AO auf 38 000 €.

b) Lösung nach der Wortlautmethode:

Selbstständige Änderung zu Lasten des Stpfl. (§ 173 Abs. 1 Nr. 1 AO)	+ 1 000 €
Gegenläufiger **Saldo** der sonstige Rechtsfehler ./. 4 500 €, maximal	./. 1 000 €
	0 €

Übrig bleibt die selbstständige Änderung zu Gunsten des Stpfl. (§ 173 Abs. 1 Nr. 2 AO)	./. 2 000 €

Ergebnis: Siehe oben, Lösung nach der Rahmenmethode.

Liegen die Voraussetzungen für eine Mitberichtigung gem. § 177 AO vor, so **muss** sie durchgeführt werden. Das FA hat **keinen Ermessensspielraum**.

FALL 76

1. Der Gewinnfeststellungsbescheid einer KG wird aufgrund nachträglich bekanntgewordener Tatsachen (zusätzliche Betriebsausgaben) geändert. Dadurch erhöht sich der Anteil des Stpfl. X am Verlust mit Auswirkung i. H. v. ./. 3 000 € ESt. Vor der Änderung des (bereits unanfechtbaren) ESt-Bescheids entdeckt das FA, dass es dem Stpfl. zu Unrecht wegen der Veräußerung eines Teils seines Einzelunternehmers die Vergünstigungen gem §§ 16 Abs. 4, 34 EStG gewährt hat. Bei der Veranlagung waren dem FA aber alle Umstände des Falles bekannt. Warum der Fehler unterlaufen ist, lässt sich nicht mehr aufklären. Die Steuer hätte deswegen um 2 100 € höher festgesetzt werden müssen.

   1.1 Selbstständige Änderungsgründe für den ESt-Bescheid?

   1.2 Mitberichtigung nach § 177 AO?

   1.3 Was wird das FA veranlassen?

2. Wie wäre es im Beispiel 1., wenn die Folgeänderung nach Änderung des Gewinnfeststellungsbescheides (wie vorher) zu einer ESt-Minderung um 3 000 €, der Rechtsfehler aus der Anwendung der §§ 16, 34 EStG aber damals zu einer um **3 500 €** zu niedrigen Steuerfestsetzung geführt hätte?

3. Der Betriebsprüfer aktiviert bei einem anderen Stpfl. in der Prüferbilanz (vgl. § 202 AO) ein Wirtschaftsgut nach, wodurch sich (unter Berücksichtigung der Änderung bei der AfA gem. § 7 EStG) die ESt gegenüber der unanfechtbaren ursprünglichen Festsetzung um 5 000 € erhöht. Außerdem findet er heraus, dass das FA dem Stpfl. zu Unrecht den Abzug von Sonderausgaben wegen Leistungen auf Grund eines schuldrechtlichen Versorgungsausgleichs versagt hatte, obwohl die Voraussetzungen des § 10 Abs. 1 Nr. 1b EStG vorlagen. (Der Sachbearbeiter der Veranlagungsstelle kannte diese Art von Sonderausgaben überhaupt nicht.) Dadurch wurde die Steuer um 2 000 € zu hoch festgesetzt. Weiterhin entdeckt er, dass das FA den Aufwand für die betriebliche Steuerberatung nicht zum Abzug als Betriebsausgabe zugelassen hat. Aus einem Aktenvermerk ergibt sich, dass der Bearbeiter der Veranlagungsstelle irrtümlich der Meinung war, nach Abschaffung des § 10 Abs. 1 Nr. 6 EStG seien Steuerberatungskosten überhaupt nicht mehr berücksichtigungsfähig. Dadurch wurde die Steuer um 2 995 € zu hoch festgesetzt. Die fehlerhafte ESt-Festsetzung ist endgültig und unanfechtbar.

   3.1 Selbstständige Änderung?

   3.2 Mitberichtigung nach § 177 AO?

   3.3 Was wird das FA veranlassen?

4. Im endgültigen USt-Schätzungsbescheid 03 sind angesetzt: Ausgangsumsätze 200 000 €, Eingangsumsätze 0 €. Laut grob schuldhaft verspäteter USt-Erklärung, die erst nach Unanfechtbarkeit des Bescheids beim FA eingeht, liegen tatsächlich vor: Ausgangsumsätze 2 Mio. €, Eingangsumsätze 100 000 € (richtige USt: USt aus 1,9 Mio. € Bemessungsgrundlage).

   Wird das FA den USt-Bescheid ändern? Wenn ja, wie?

Teil M Haftung im Steuerrecht

1 Der Begriff der Haftung

Im Zivilrecht bedeutet Haften das Einstehenmüssen für eigene oder fremde Schuld mit dem eigenen Vermögen. Steuerrechtlich ist der Begriff enger zu verstehen. **Steuerrechtlich** bedeutet Haften nur das **Einstehenmüssen** mit dem eigenen Vermögen für eine **fremde** Schuld. Ein Steuerschuldner ist daher für dieselbe Schuld grundsätzlich nicht zugleich Haftungsschuldner. Der Steuerschuldner und der Schadensersatz schuldende Haftungsschuldner können aber als Gesamtschuldner in Anspruch genommen werden (§ 44 AO).

Klausurtipp:

In unübersichtlichen Haftungs-Sachverhalten sollte zuerst untersucht werden, wer welche Ansprüche **schuldet**. Die betreffende Person kommt dann für den betreffenden Anspruch nicht als Haftungsschuldner in Frage.

BEISPIELE

a) Der Geschäftsführer der GmbH hat USt der GmbH hinterzogen (§ 370 AO). Als sich dies herausstellt, werden vom zuständigen FA zu Recht in Anspruch genommen:
1. die GmbH wegen der hinterzogenen USt und der angefallenen Hinterziehungszinsen (§ 235 Abs. 1 Satz 2 AO) als deren Schuldner per Steuer- bzw. Zinsbescheid (§§ 155, 239 AO),
2. der Geschäftsführer als Haftender für beides gem. § 71 AO per Haftungsbescheid (§ 191 AO).

b) Erlässt das FA fälschlicherweise gegen den Geschäftsführer einen Steuer- und Zinsbescheid, so sind diese (einfach) fehlerhaft. Sie können nicht in Haftungsbescheide umgedeutet werden, denn der Haftungsbescheid ist im Gegensatz zu einem Steuer- und Zinsbescheid ein Ermessens-VA (§ 191 Abs. 1 AO). Auf Rechtsbehelf hin müssten diese Bescheide gegen den Geschäftsführer deshalb aufgehoben (und dann ein Haftungsbescheid erlassen) werden; ebenso BFH vom 18. 07. 1991 BStBl II 1991, 781.

Vom Grundsatz, dass die steuerliche Haftung nur fremde Steuerschulden erfasst, gibt es (wenige) **Ausnahmen:** Wenn sich das Steuerrecht zivilrechtlicher Institutionen bedient, übernimmt es in diesem Randbereich auch die zivilrechtliche Vorstellung von Haftung (§ 45 Abs. 2 AO, § 20 Abs. 3 ErbStG, § 12 GrStG). In anderen Fällen betrifft die steuerliche Haftung auch Beträge, die zumindest ursprünglich zur eigenen Steuerschuld gehörten, wo aber das Finanzamt seine Forderung gegen den Stpfl. als Steuerschuldner ausnahmsweise nicht mehr verwirklichen kann. Dann verlangt der **Schadensersatzcharakter** der steuerlichen Haftungsvorschriften, dass sie (ausnahmsweise) auch Steuerschulden der Haftungsperson erfassen.

BEISPIELE

a) Der Geschäftsführer der GmbH hat die LSt der Arbeitnehmer vorsätzlich nicht angemeldet und bezahlt. Er haftet deshalb gem. §§ 69 bzw. 71 i. V. m. § 34 Abs. 1 AO für diese LSt persönlich (genauer: für die LSt-Haftungsschuld der GmbH gem. § 42d EStG als Arbeitgeberin). Die Haftung erfasst auch seine eigene LSt-Schuld aus dem Geschäftsführergehalt (§ 38 Abs. 2 Satz 1 EStG). Gleiches gilt für die KapSt, wenn er als Gesellschafter-Geschäftsführer Gewinnausschüttungen von der GmbH bezogen, die KapSt aber nicht angemeldet bzw. abgeführt hat (§ 44 Abs. 5, Abs. 1 Satz 1 EStG).

b) Auf Antrag der Ehefrau hat das Finanzamt die Gesamtschuld aus der ESt-Zusammenveranlagung aufgeteilt (§§ 268ff. AO). Deshalb kann die Gesamtschuld (§ 44 AO) gegen sie nicht mehr verwirklicht (vollstreckt) werden. Dann kommt insoweit eine Haftung gem. §§ 71, 370 AO in Frage, wenn sie sich vorsätzlich an der Verkürzung der ESt beteiligt hat (BFH vom 07. 03. 2006 BStBl II 2007, 594).

Die Haftungsschuld ist von der Steuerschuld abhängig (»**akzessorisch**«).

BEISPIEL

Der GmbH-Geschäftsführer haftet als gesetzl. Vertreter der GmbH für die grob schuldhafte Nichtzahlung der angemeldeten LSt (§§ 69, 34 Abs. 1 AO) einschließlich der angefallenen Sz (§§ 240, 69 Satz 2 AO).
Da das FA die Sz für Zeiträume, in denen die GmbH z. B. zahlungsunfähig war, der GmbH zur Hälfte erlassen muss (vgl. H 6.5), kann es die Sz wegen der Akzessorietät der Haftung auch vom Haftungsschuldner nicht in voller Höhe verlangen.
Die Akzessorietät der Haftung führt dazu, dass kein Haftungsbescheid mehr ergehen kann (außer wegen Steuerhinterziehung gem. § 71 AO), wenn die Steuerschuld verjährt oder erlassen ist; vgl. § 191 Abs. 5 Satz 1 AO.

Die Haftung für Ansprüche aus dem Steuerschuldverhältnis kann auf **Gesetz oder Vertrag** (vgl. 2) beruhen. Wichtig ist allein die »gesetzliche« Haftung (s. 3). Von einer »gesetzlichen« Haftung spricht man, wenn die betreffende Person einen bestimmten, gesetzlich normierten (Haftungs-)Tatbestand (Sachverhalt) erfüllt.

2 Vertragliche Haftung

Haftungsansprüche des Finanzamts, die auf **Vertrag** beruhen, sind selten. Es handelt sich um Fälle, in denen ein Dritter für den eigentlichen Steuerschuldner die **Schuldübernahme** (§§ 414 ff., 426 BGB) oder die **Bürgschaft** (§ 765 BGB) erklärt oder ein **Schuldversprechen** (§ 780 BGB) abgibt. Da es sich um zivilrechtlich begründete Ansprüche handelt, darf das Finanzamt solche Ansprüche **nicht durch Verwaltungsakt** (»**Haftungsbescheid**«) geltend machen, sondern muss die Verfahrensregeln des Zivilrechts einhalten, d. h. z. B. vor einem Zivilgericht **klagen** und die **Vollstreckung durch den Gerichtsvollzieher** und nicht durch den Vollziehungsbeamten des Finanzamts vornehmen lassen (vgl. § 192 AO).

3 Gesetzliche Haftung

Eine gesetzliche Haftung kann sich aus der AO, Einzelsteuergesetzen oder zivilrechtlichen Vorschriften ergeben.
Bei der Prüfung der einzelnen Haftungsbestimmungen müssen jeweils folgende Fragen gelöst werden:
a) Ist der **Haftungstatbestand** des § x für den Stpfl. y erfüllt? (Der Stpfl. y darf grundsätzlich nicht der Steuerschuldner sein, s. 1.)
b) Wie ist der **Umfang** der Haftung? (Welche Steuerart, Steuer für welchen Zeitraum, Haftung auch für alle oder bestimmte steuerliche Nebenleistungen?)
c) Welcher **Art** ist die Haftung? (Unbeschränkte oder gegenständlich beschränkte Haftung; im letzteren Fall: Gibt es eventuell eine »Surrogation«, d. h. eine Fortsetzung der Haftung mit dem Ersatzgut?)
Da die Haftungsbestimmungen sehr unterschiedlich sind nach Umfang und Art der Haftung, sind sie in der Praxis und Klausur regelmäßig **kumulativ zu prüfen**. Bei der Haftung für

Betriebsteuern von Personengesellschaften ist es i.d.R. zweckmäßig, mit der gesetzlichen zivilrechtlichen Haftung zu beginnen.

Im Folgenden werden nur die für Praxis und Klausur bedeutsamsten Haftungsbestimmungen genauer dargestellt.

Überblick über die Tatbestände der gesetzlichen Haftung

Haftung nach		
AO	**Einzelsteuergesetzen**	**Zivilrecht**
Haftung der **§ 69 AO** **steuerl. Hilfspersonen** (§§ 34, 35) für Ansprüche nach § 37 AO	Haftung der **§ 42 d** Arbeitgeber für **EStG** **LSt**	Haftung bei **§ 25** **Erwerb eines** **HGB** **Handelsgeschäfts**
Vertretenen § 70 AO für durch Hilfspersonen verkürzte (§§ 370, 378) Steuer (unwichtig, selten)	Schuldner der **§ 44** Kapitalerträge **Abs. 5** für **KapSt** **Satz 1** **EStG**	Fortführung **§ 27** eines Handels- **HGB** geschäfts durch **Erben**
Steuerhinter- § 71 AO **zieher** für verkürzte Steuern und Zinsen	vom Erben Be- **§ 20** schenkten für **Abs. 5** **ErbSt** **ErbStG**	**Eintritt** in das **§ 28** Geschäft eines **HGB** Einzelkaufmanns
Wer § 154 **§ 72 AO** Abs. 3 AO vorsätzlich oder grob fahrlässig verletzt, für Ansprüche nach § 37	Nießbraucher **§ 11** und Grund- **GrStG** stückserwerber für **GrSt**	**Erbschafts- § 2382** **kauf** **BGB**
Organgesell- § 73 AO **schaft** für Organsteuern	§§ 13 c, 25 d UStG	**Gesellschafts- §§ 708,** **schulden** (GbR- **427** Gesellschafter) **BGB**
Eigentümer § 74 AO von betrieblich genutzten Gegenständen für unternehmensbedingte Steuern	u. a.	**Gesellschafts- § 128** **schulden** **HGB** (OHG-Gesellschafter)
Unterneh- § 75 AO **menserwerber** für unternehmensbedingte und Abzugssteuern		**Gesellschafts- §§ 161** **schulden** (KG- **Abs. 2,** Gesellschafter) **128, 171** **HGB**
		u. a.
Geltendmachung insoweit immer durch Haftungsbescheid gem. § 191 AO		

3.1 Haftung nach § 69 in Verb. mit §§ 34, 35 AO

Die Tatbestandsmerkmale für die Haftung gem. §§ 69, 34f. AO sind:

1. Personenkreis: Steuerliche Hilfspersonen,
2. Pflichtverletzung vorsätzlicher oder grob fahrlässiger Art,
3. Erfolgseintritt (Schaden),
4. Kausalität von Tz. 2 für Tz. 3.

3.1.1 Steuerliche Hilfspersonen

Nach § 69 AO haften die »steuerlichen Hilfspersonen« i. S. d. §§ 34, 35 AO, wenn durch ihr grobes Verschulden Ansprüche aus dem Steuerschuldverhältnis nicht oder nicht rechtzeitig festgesetzt oder erfüllt werden. Steuerliche Hilfspersonen sind u. a.:

- **Gesetzliche Vertreter** (§ 34 Abs. 1 AO), z. B. die **Eltern** als gesetzliche Vertreter Minderjähriger (§ 1626 BGB), der Vormund für Geschäftsunfähige und beschränkt Geschäftsfähige (§ 1793 BGB), der Pfleger für Abwesende (§ 1911 BGB), der Vorstand einer AG oder eines Vereins (§ 78 AktG, § 26 Abs. 2 BGB), der Geschäftsführer einer GmbH (§ 35 GmbHG),
- der **Insolvenz- oder Nachlassverwalter** als Vermögensverwalter nach § 34 Abs. 3 AO,
- **Verfügungsbefugte über** das **Vermögen** der Stpfl. (§ 35 AO), z. B. Generalbevollmächtigte und Treuhänder.

3.1.2 Tatbestandsmerkmale der groben Pflichtverletzung

Eine Haftung gem. § 69 AO tritt für die steuerlichen Hilfspersonen nur ein, wenn sie ihre steuerlichen Pflichten (grob schuldhaft) verletzt haben, z. B. aus

- §§ 93 ff. AO (Auskunftspflichten),
- §§ 137 ff. AO (Anzeigepflichten),
- §§ 140 ff. AO (Buchführungspflichten),
- §§ 149 ff. AO (**Erklärungspflichten**),
- § 153 AO (Pflicht zur Korrektur einer nachträglich als unrichtig erkannten Erklärung),
- § 41 a EStG (Pflicht zur Anmeldung und Abführung der LSt).
- Als besonders wichtige Verpflichtung der steuerlichen Hilfspersonen wird in § 34 Abs. 1 Satz 2 AO ihre **Verpflichtung zur Zahlung** von Steuerschulden aus dem Vermögen der Stpfl. hervorgehoben.

»**Grob schuldhafte**« Verletzung und Pflichten umfasst Vorsatz und grobe Fahrlässigkeit. **Vorsatz** bedeutet Wissen und Wollen aller bedeutsamen Tatbestandsmerkmale. **Grobe Fahrlässigkeit** setzt ein Außerachtlassen der erforderlichen Sorgfalt in ganz ungewöhnlichem Ausmaß voraus. Diese Fragen sind anhand sämtlicher Umstände des Einzelfalls und der **persönlichen** Verhältnisse des Stpfl. zu klären. Die Feststellungslast trägt die Behörde (BFH vom 08. 07. 1982 BStBl II 1983, 249, vgl. G 2.6). Allerdings gibt es bestimmte Fehlverhaltensweisen, die typischerweise mit grobem Verschulden verbunden sind, so dass sich dort die Feststellungslast umkehrt.

Fehler des Geschäftsführers einer Gesellschaft beim Einbehalten und Anmelden der LSt indizieren nicht grobes Verschulden. Dagegen liegt regelmäßig grobes Verschulden vor, wenn der Geschäftsführer der Gesellschaft beim **Abführen der einbehaltenen LSt** Fehler macht; dabei kommt es auf die Vermögens- und Liquiditätslage der Gesellschaft nicht an (vgl. BFH vom 12. 07. 1983 BStBl II 1983, 655).

Ein Grund, der von den steuerlichen Hilfspersonen häufig zu ihrer Entlastung angeführt wird, ist »**interne Unzuständigkeit**« oder **Delegation** der steuerlichen Pflichten.

BEISPIELE

a) **Delegation:** Der Vorstand der Aktiengesellschaft hat die Zahlungsvorgänge an einen Abteilungsleiter delegiert. Als der Vorstand wegen Nichtzahlung von USt für die Gesellschaft in Haftung genommen wird, entschuldigt er sich damit, er habe von dem Rückstand bis zu dem Augenblick nichts gewußt, in dem kein Geld mehr vorhanden gewesen sei. Danach habe er beim besten Willen nicht mehr zahlen können. Er habe sich nicht grob schuldhaft verhalten.

LÖSUNG Die Delegation von steuerlichen Verpflichtungen (§ 34 Abs. 1 Satz 2 AO) befreit nicht von diesen Pflichten. Allerdings haftet die steuerliche Hilfsperson nur für **eigenes** Verschulden. Das Verschulden kann hier darin bestehen, dass er seinen Erfüllungsgehilfen entweder nicht richtig ausgewählt oder nicht richtig überwacht hat (BFH vom 30.06.1995 BFH/NV 1996, 2). Ob diese Pflichtverletzungen grob fahrlässig waren und damit die Haftung gem. §§ 69, 34 AO begründen, kann nur im Einzelfall entschieden werden.

b) **Geschäftsbesorgung durch einen Steuerberater:** Das grob schuldhafte Verhalten eines Steuerberaters, den die GmbH mit der Erledigung ihrer steuerlichen Angelegenheiten beauftragt hat, ist dem Geschäftsführer grundsätzlich nicht wie eigenes Verschulden zuzurechnen. Der Geschäftsführer haftet nur für eigenes (grobes) Verschulden gem. §§ 34 Abs. 1, 69 AO. Dieses kann in einem Auswahl- und/oder Überwachungsverschulden bestehen. Hatte der Geschäftsführer keinen Anlass, die inhaltliche Richtigkeit der von dem steuerlichen Berater gefertigten Steuererklärungen der GmbH zu überprüfen, trifft ihn kein Überwachungsverschulden und damit keine Haftung für die Steuererklärung (BFH vom 30.08.1994 BStBl II 1995, 278 unter Aufgabe der früheren anderslautenden Rechtsprechung). Generell führt ein »durch rechtliche Beratung hervorgerufener entschuldbarer Rechtsirrtum« nicht zur Haftung der steuerlichen Hilfsperson (BFH vom 21.06.1994 BStBl II 1995, 230 zum Haftungsbescheid gegen einen Konkursverwalter, der möglicherweise von einem Steuerberater schlecht beraten war und deshalb umsatzsteuerliche Fehler zu Lasten des FA gemacht hatte).

c) **Mehrköpfige Vertretung:** Eine GmbH hat drei Geschäftsführer. In den schriftlichen Geschäftsführerverträgen sind die Aufgaben und Kompetenzen der Geschäftsführer dahingehend geregelt, dass A für Finanzen und Steuern, B für den Einkauf und die Produktion und C für den Verkauf zuständig ist. Bei Fälligkeit der USt 01 hätte die GmbH sämtliche Verbindlichkeiten noch bezahlen können. Später wird die Gesellschaft illiquide. Die Geschäftsführer B und C wenden ein, als ihnen das FA eine Inhaftungnahme wegen USt 01 ankündigt, dass sie für die Steuerzahlung nicht zuständig gewesen seien.

LÖSUNG Die Rechtsprechung **akzeptiert** grundsätzlich die in **schriftlichen Vereinbarungen** getroffene Begrenzung der Verantwortlichkeit auf eine Person bei mehrköpfiger gesetzlicher Vertretung; bezüglich Aufgaben des »laufenden Geschäftsverkehrs« werden auch mündliche Vereinbarungen über Geschäftsführungsbereiche akzeptiert. Dies gilt jedoch nur solange, als kein Anlass besteht, an der exakten Erfüllung der steuerlichen Verpflichtungen durch den zuständigen Geschäftsführer zu zweifeln. Sobald die wirtschaftliche Lage der Gesellschaft oder die Person des Geschäftsführers zu einer Überprüfung Veranlassung geben, oder sobald sich eine Frage (hier: Rückstand an Steuern) als eine Existenzfrage für die Gesellschaft herausstellt, müssen die »unzuständigen« Geschäftsführer sich notfalls über die Geschäftsbereichsgrenzen hinwegsetzen und selbst ihre steuerlichen Pflichten erfüllen (als gesetzliche Vertreter der Gesellschaft, z. B. gem. § 34 Abs. 1 Satz 2 AO). Vgl. BFH vom 04.03.1986 BStBl II 1986, 384. Die Haftung von B und C hängt also vom Einzelfall ab. (A haftet auf jeden Fall gem. §§ 69, 34 AO.)

Die beschriebenen Grundsätze gelten z. B. auch für die Haftung des Vorstands eines Gesamtvereins, der den Leitern einzelner Sportabteilungen erlaubt, Arbeitsverträge zu schließen, Löhne zu zahlen und LSt-Anmeldungen abzugeben (BFH vom 13.03.2003 BStBl II 2003, 556).

3.1.3 Schaden

Da es bei der steuerlichen Haftung um Schadensersatz geht, muss dem Fiskus infolge des pflichtwidrigen Verhaltens ein **Schaden** entstanden sein (BFH vom 05.06.2007 BStBl II 2008, 273).

Diese Pflichtverletzungen müssen **ursächlich** dazu geführt haben, dass Steuern

a) **ganz oder teilweise nicht (rechtzeitig) festgesetzt wurden;**
b) oder **nicht erfüllt (bezahlt)** wurden.

BEISPIELE

a) Der Geschäftsführer einer GmbH erklärt die Betriebseinnahmen nicht vollständig. Daher wird die KSt zu niedrig festgesetzt. Als der wahre Sachverhalt bekannt wird, ist die GmbH zahlungsunfähig. Die Falscherklärung war ursächlich für die verspätete Festsetzung der Mehrsteuer.

b) Der Geschäftsführer einer GmbH gibt zwar die LSt-Anmeldung fristgerecht am 10.12.03 ab, bezahlt die geschuldete LSt jedoch nicht, obwohl noch Geldmittel vorhanden gewesen wären. Spätere Vollstreckungsversuche bei der GmbH sind erfolglos.

Differenzhaftung als Kausalitätsproblem für den Schaden

Wenn der von der steuerlichen Hilfsperson vertretene Stpfl. **nicht genügend finanzielle Mittel** zur vollen Bezahlung aller seiner (zivil- und öffentlich-rechtlichen) Schulden hatte, ist **ein Teil des Schadens auf diese finanzielle Lage zurückzuführen.** Insoweit reduziert sich – abweichend vom Gesetzestext des § 69 AO – die Haftung der steuerlichen Hilfsperson. Bei allen Steuern – außer der LSt der Arbeitnehmer – wird damit grundsätzlich der Einwand der steuerlichen Hilfsperson akzeptiert, sie habe nicht genug Geld gehabt, um auch die Steuerschulden komplett zu bezahlen.

Die Haftung wegen schuldhaftem Nichtbezahlen der Steuer beschränkt sich auf den Prozentsatz, um den die Steuerschulden weniger getilgt worden sind als der Durchschnitt aller Schulden des Stpfl. (**Differenzhaftung**). Die Nichtzahlung ist hier nur dann haftungsbegründend, wenn die steuerliche Hilfsperson den Fiskus nicht »in etwa gleicher Weise wie die anderen Gläubiger befriedigt« (**Grundsatz der »anteiligen Tilgung«**, vgl. BFH vom 26.03.1985 BStBl II 1985, 539).

Aus Vereinfachungsgründen lässt der BFH zu, dass die Zahlungsquote einheitlich für den gesamten Haftungszeitraum bemessen wird. Ungleichmäßigkeiten in der Zahlungsfähigkeit des Stpfl. während dieses Haftungszeitraums (seit der ersten Fälligkeit des rückständigen Betrags) können durch pauschale Abschläge von der überschlägig ermittelten durchschnittlichen Tilgungsquote ausgeglichen werden (vgl. BFH vom 14.07.1987 BStBl II 1988, 172).

BEISPIEL

Die USt ist seit 01.07.04 rückständig (250000 €). Gegen die stpfl. GmbH ist am 15.02.05 das Insolvenzverfahren eröffnet worden. In dieser Zeit (01.07.04–15.02.05) hat der Geschäftsführer der GmbH von den gesamten Verbindlichkeiten der GmbH 100000 €, von den USt-Steuerschulden nur 10000 € bezahlt. Die insgesamt im Haftungszeitraum (ab 01.07.04) zu tilgenden Verbindlichkeiten haben sich (einschließlich 250000 € USt-Steuerschuld) auf 1 Mio € belaufen (gesamte Verbindlichkeiten zu Beginn des Haftungszeitraums + gesamte Zugänge = insgesamt zu tilgende Verbindlichkeiten; LSt und Sozialabgaben sind dabei nach Verwaltungsmeinung einzubeziehen).
LÖSUNG Die durchschnittliche Tilgungsquote beträgt somit 10 % (100000 € von 1 Mio €), die USt-Schuld wurde nur mit 4 % bedient (10000 € von 250000 €). Die Haftung des GmbH-Geschäftsführers für die USt gem. §§ 69, 34 AO geht folglich auf (circa) 6 % von 250000 € = 15000 €.

Bei der Errechnung der Zahlungsquote für die USt müssen als »Zahlungen« auch die vom FA verrechneten »Rotbeträge« aus einzelnen Voranmeldungen (mit Vorsteuerüberschuss) mit einbezogen werden (BFH vom 07.11.1989 BStBl II 1990, 201). Bezahlte LSt wird bei der Ermittlung der Haftungsquote an keiner Stelle berücksichtigt (BFH vom 27.02.2007 BStBl II 2008, 508).

Die Differenzhaftung greift (bei allen Steuern außer LSt, s.o.) grundsätzlich auch bei Haftung wegen **Nicht- oder verspäteter Abgabe der Erklärung** durch die steuerliche

Hilfsperson, wenn der Steuerschuldner in Liquiditätsschwierigkeiten ist (BFH vom 12. 07. 1988 BStBl II 1988, 980). Anders ist es nach BFH vom 05. 03. 1991 BStBl II S. 678, wenn durch diese Pflichtverletzung eine früher aussichtsreiche Vollstreckungsmöglichkeit des FA vereitelt worden ist; dann geht die Haftung doch auf's Ganze.

3.1.4 Umfang der Haftung

Die Haftung gem. § 69 AO umfasst (Satz 1 [a. a. O.]) **alle Ansprüche aus dem Steuerschuldverhältnis** (§ 37 AO), also neben Steuern (§ 3 Abs. 1 AO) auch steuerliche Nebenansprüche (§ 3 Abs. 3 AO) wie z. B. VerspZ. Es gibt auch »Haftung für Haftung«.

> **BEISPIEL**
>
> Der Geschäftsführer der GmbH (§ 34 Abs. 1 AO) haftet u. U. gem. § 69 AO auch für die LSt-Haftung der GmbH (als Arbeitgeberin) gem. § 42 d EStG. Die Haftung kann sich auch auf seine eigene LSt erstrecken; insoweit ist der LSt-Schuldner zugleich Haftender, s. 1. Dies ist aber in Ordnung, weil die Haftung auf den eigenen, (grob schuldhaften) Pflichtverletzungen der Arbeitgeberin, der GmbH, beruht.

Gem. § 69 Satz 2 AO erstreckt sich die Haftung auch auf die **Sz** (§ 240 AO), die zu den von der Haftung erfassten Steuern angefallen sind. Die steuerliche Hilfsperson haftet aber nur für Sz, die während der Tätigkeit des Haftenden (durch seine schuldhafte Pflichtverletzung) entstanden sind (BFH vom 05. 06. 2007 BStBl II 2008, 273).

War der Steuerschuldner (z. B. die GmbH) in gewissen Zeiträumen zahlungsunfähig oder überschuldet, oder bestand sonst ein Erlass-, Stundungs- oder Aussetzungsgrund für die Beitreibung, besteht die Haftung für die Sz aus diesen Zeiträumen in dem Umfang nicht, in dem die Sz der GmbH aus Billigkeitsgründen erlassen werden müssten (Grundsatz der Akzessorietät der Haftung, vgl. 1).

3.1.5 Art der Haftung

Die Haftung nach § 69 AO ist **persönlich** (d. h. es kann z. B. in das Privatvermögen des Haftungsschuldners vollstreckt werden) und **unbeschränkt**.

3.2 Haftung gem. § 71 AO

Täter, Mittäter, Anstifter oder Gehilfen einer **Steuerhinterziehung** (§ 370 AO, vorsätzliche Steuerverkürzung) haften für die hinterzogene Steuer. (Der Steuerschuldner selbst kommt als Haftender grundsätzlich nicht in Betracht, vgl. 1.)

Die Haftung geht auf die hinterzogene Steuer und die Hinterziehungszinsen (§ 235 AO). Die Hinterziehung muss also **vollendet** (nicht nur versucht) sein.

Auch bei der Hinterzieherhaftung ist der »Grundsatz der anteiligen Tilgung« bzw. der »**Differenzhaftung**« zu beachten (BFH vom 26. 08. 1992 BStBl II 1993, 8), wenn der Steuerschuldner auch bei korrektem Verhalten nicht seinen sämtlichen finanziellen Verpflichtungen nachkommen könnte. Dies gilt nicht bei der Haftung für LSt des Arbeitnehmers. (Zur Differenzhaftung vgl. 3.1.3.)

> **BEISPIELE**
>
> a) Der GmbH-Geschäftsführer A gibt für seine Gesellschaft vorsätzlich eine falsche USt-Anmeldung für 01 ab. Er erreicht damit, dass die GmbH 400 000 € zu wenig USt bezahlen muss. Dies wird anlässlich einer Betriebsprüfung entdeckt.

LÖSUNG Der Geschäftsführer haftet gem. § 71 AO für die vorsätzlich verkürzte USt i. H. v. 400 000 € (§ 370 Abs. 1 Nr. 1, Abs. 4 AO) und die Hinterziehungszinsen (§ 235 Abs. 1 AO). Die Haftung könnte mit dem gleichen Ergebnis auch auf §§ 69, 34 Abs. 1 AO gestützt werden. Hierfür müsste A nicht unbedingt Vorsatz nachgewiesen werden.

b) Dem GmbH-Geschäftsführer B wird vorsätzliche Nichtzahlung der (korrekt angemeldeten) USt 01 der GmbH i. H. v. 52 000 € vorgeworfen.

LÖSUNG § 71 AO scheidet hier als Haftungsgrundlage aus. Die **Nichtzahlung** einer Steuer erfüllt den Tatbestand der Hinterziehung nicht (§ 370 Abs. 1 AO; selbst wenn die Nichtzahlung den Straftatbestand des § 26 c UStG erfüllen würde, wofür der Sachverhalt nichts hergibt, wäre dies keine Steuerhinterziehung i. s. d. §§ 71, 370 AO). In Frage kommt nur eine Haftung gem. §§ 69, 34 AO. Die Haftung geht auf die nichtbezahlte USt i. H. v. 52 000 € zuzüglich Säumniszuschläge (§ 69 Satz 2 AO)

c) Die bei ihrem Ehemann, dem Einzelunternehmer M, als Buchhalterin angestellte F hilft diesem vorsätzlich Ausgabenbelege zu fälschen und eine fehlerhafte USt-Anmeldung für 01 abzugeben, in der die Vorsteuer um 70 000 € zu hoch ausgewiesen ist. Dadurch erreicht M (unter Mithilfe von F), dass ihm 18 000 € USt vergütet werden.

LÖSUNG M haftet nicht für die USt, weil er selbst der Steuerschuldner ist, F haftet dagegen gemäß § 71 AO, weil sie dem M (durch ihre »Beihilfe«, § 27 StGB) geholfen hat, einen steuerlichen Vorteil i. H. v. 18 000 € zu erlangen und eine Steuerverkürzung i. H. v. 52 000 € zu begehen (zusammen: 70 000 €, § 370 Abs. 1 Nr. 1, Abs. 4 Satz 2 AO). Sie haftet außerdem für die Hinterziehungszinsen (§ 235 Abs. 1 AO) seit der Erlangung des Steuervorteils (Abs. 2 a. a. O.). F würde nicht gem. §§ 69, 34 AO haften, da sie (in der Regel) nicht steuerliche Hilfsperson i. s. d. § 34 AO des M ist.

d) F hat zusammen mit ihrem Ehemann E die gemeinsame ESt.-Erklärung unterschrieben, obwohl sie weiß, dass seine Einkünfte zu niedrig erklärt sind. Als dies später herauskommt, ändert das FA den Zusammenveranlagungsbescheid und erhöht die Steuer um 30 000 €. Frau F beantragt erfolgreich die Aufteilung dieser Steuerschuld gem. §§ 268 ff. AO. Deshalb kann das FA die 30 000 € gegen sie nicht vollstrecken. Außerdem erlischt nach einer umstrittenen Meinung diese Steuerschuld ihr gegenüber. Kann das FA Frau F jetzt wegen der 30 000 € gem. §§ 370, 71 AO in Haftung nehmen (vgl. 1)?

LÖSUNG Nein; nach BFH v. 16. 04. 2002 BStBl II 2002, 501 ist jeder Ehegatte haftungsrechtlich nur für die Richtigkeit seiner eigenen Einkünfte verantwortlich.

3.3 **Haftung gem. § 73 AO**

Nach § 73 AO haftet die Organschaft (Untergesellschaft) für Steuern, welche der Organträger (die Obergesellschaft oder »Organmutter«) schuldet und für welche die **Organschaft** besteht. Eine Organschaft kann nur für **KSt** und **USt** (sowie im Bereich der Realsteuern: für GewSt) begründet werden.

Voraussetzung für die Organschaft ist, dass eine Kapitalgesellschaft (Organ) so dem Willen des Organträgers untergeordnet ist, dass sie keinen eigenen Willen hat. Dies ist der Fall, wenn die Organgesellschaft in den Organträger finanziell, wirtschaftlich und organisatorisch eingegliedert ist.

Leider sind die Voraussetzungen der Organschaft bei den drei genannten Steuerarten nicht identisch (vgl. die Zusammenstellungen der Verwaltung in den Richtlinien zu §§ 14 ff. KStG, 2 Abs. 2 Nr. 2 UStG in R 56 ff. KStR, 21 f., insbes. 21 Abs. 3 UStR, 14 GewStR zu § 2 Abs. 2 GewStG. Eine **Betriebsaufspaltung** (H 15.7 (5) EStH) ist z. B. umsatzsteuerlich i. d. R. eine Organschaft, gewerbesteuerlich aber regelmäßig keine (Abschn. 14 Abs. 7 GewStR).

Die Haftung erstreckt sich nur auf die »Organschaftssteuern«, d. h. auf KSt, USt, GewSt, die während der Organschaft entstanden sind. I. d. R. ist es ermessensgemäß, nur den Teil der Steuer durch Haftungsbescheid gegen das Organ geltend zu machen, der auf der Tätigkeit dieses Organs beruht. Für steuerliche Nebenansprüche besteht keine Haftung.

Die Haftung ist persönlich und unbeschränkt.

3.4 Haftung gem. § 74 AO

Nicht selten stellen Gesellschafter ihrer Gesellschaft Betriebsmittel statt durch Vermögenseinlage lediglich in Form von Miet- oder Überlassungsverträgen zur Verfügung, damit diese z. B. trotz Zahlungsschwierigkeiten weiterarbeiten kann. Hier verschafft § 74 AO der Finanzverwaltung die Möglichkeit, auch an die Gesellschafter als »Hintermänner« wegen der Betriebssteuern heranzutreten. Musterbeispiel ist das Sonderbetriebsvermögen I des Gesellschafters einer Personengesellschaft (vgl. R 4.2 (2) EStR, H 4.2 (2), 15.8 (1) EStH). Der Mitunternehmer kann sich auf diese Weise zwar eventuell gegenüber privatrechtlichen Gläubigern der Gesellschaft absichern, nicht aber gegenüber dem FA.

3.4.1 Voraussetzungen der Haftung

Voraussetzung für die Haftung gem. § 74 AO ist: Die Haftungsperson

a) hält eine **wesentliche Beteiligung**, d. h. mehr als 25 % Anteile an einer Kapitalgesellschaft oder einer Personengesellschaft. Bei einer Personengesellschaft bestimmt sich die wesentliche Beteiligung nach der Vermögenseinlage. Vgl. daneben auch § 74 Abs. 2 Satz 2 AO;

b) ist zugleich **Eigentümerin von (körperlichen) Gegenständen, die sie dem Unternehmen** überlässt.

a) Einzelheiten zur wesentlichen Beteiligung:

Auch eine mittelbare Beteiligung (z. B. über eine vermittelnde Personengesellschaft oder einen Treuhänder) genügt, wenn die Haftungsperson auf diese Weise über mehr als 25 % des Kapitals der Gesellschaft verfügt (§ 74 Abs. 2 Satz 1 AO).

Einer wesentlichen Beteiligung steht gem. § 74 Abs. 2 Satz 2 AO gleich, wenn die Haftungsperson auf das Unternehmen einen »beherrschenden Einfluss« ausübt und durch ihr Verhalten dazu beiträgt, dass fällige USt oder GewSt nicht bezahlt wird.

b) Einzelheiten zur »Überlassung von Gegenständen«:

- **Sicherungseigentum** der Sicherungseigentumwesentlich Beteiligten an körperlichen Gegenständen, die dem Unternehmen dienen, genügt, weil in das Sicherungseigentum vollstreckt werden kann.
- Die **teilweise Überlassung** von Wirtschaftsgütern an ein Unternehmen begründet die Haftung nur, soweit in diesen Teil vollstreckt werden könnte. (Dies dürfte nur bei der Überlassung von Grundstücks-Teilflächen möglich sein.) Wenn ein der Gesellschaft überlassenes Grundstück wegen der im Grundbuch eingetragenen Grundpfandrechte auch der Absicherung privater Schulden des Grundstückseigentümers dient, verhindert dies die Haftung gem. § 74 AO nicht (BFH vom 13. 01. 2007 BStBl II 2008, 790).
- Vom Sinn der Haftung her ist weitere Voraussetzung, dass der überlassene Gegenstand für das Unternehmen nicht von völlig untergeordneter Bedeutung ist. Die kurzfristige Überlassung eines privaten PKW an das Unternehmen führt also nicht zur Haftung mit dem PKW.
- Die Überlassung von Rechten (z. B. von Lizenzen) führt nicht zur Haftung.

3.4.2 Umfang der Haftung

Die Haftung aus § 74 AO erstreckt sich auf die **unternehmensbedingten Steuern,** die **im Haftungszeitraum entstanden** sind. Unternehmensbedingte Steuern sind Steuern, die von ihrem Tatbestand her nur bei einem »Unternehmen« entstehen können. Von den durch die Finanzämter verwalteten Steuern gehört **nur** die **USt** dazu, nicht z. B. die Abzugsteuern oder die KSt, ESt usw. Auch die KfzSt für den Betriebs-LKW ist nicht »unternehmensbedingt«, da KfzSt auch für private PKW anfällt. Aus der Sicht des Stpfl. gehören zu den unternehmensbedingten Steuern auch die GewSt und die Verbrauchsteuern (AEAO § 74 Nr. 2). Die Haftung geht nicht auf die steuerlichen Nebenansprüche. § 74 AO begründet also z. B. keine Haftung für Säumniszuschläge zur USt.

Die Haftung beschränkt sich auf die unternehmensbedingten Steuern, die in der Zeit **entstanden** sind (»Haftungszeitraum«),

a) in welcher der Eigentümer wesentlich am Unternehmen beteiligt und

b) gleichzeitig den Gegenstand dem Unternehmen überlassen hat.

c) Ob sich außerdem (weitere zeitliche Schranke) die Haftung auf die Zeit beschränkt, in der dem Überlasser das Eigentum an der Sache zustand (oder ob auch die Zeit der Anwartschaft z. B. aus einem Eigentumsvorbehalt gem. § 449 BGB miteinzubeziehen ist), ist strittig.

3.4.3 Art der Haftung

Die Haftung ist **gegenständlich beschränkt** auf den überlassenen körperlichen Gegenstand. Das FA kann also nicht in das übrige Vermögen des Haftenden vollstrecken. An Ersatzwirtschaftsgütern setzt sich die Haftung nicht fort (keine »**Surrogation**«).

BEISPIELE

a) A hat den gesamten Maschinenpark an seine KG verpachtet. A ist als Kommanditist an der KG mit 40 % beteiligt. Wegen Zahlungsschwierigkeiten bezahlt die KG die USt-Schuld 04 in Höhe von 80 000 € und 05 in Höhe von 90 000 € nicht. Auf 31.12.04 hat A 80 % seiner Gesellschaftsanteile veräußert.

LÖSUNG A haftet für die USt als Betriebsteuer, allerdings nur für die USt, die bis 31. 12. 04 wirtschaftlich begründet war, da er nur bis zu diesem Zeitpunkt wesentlich beteiligt war (§ 74 Abs. 1 Satz 2 AO). Durch einen entsprechenden Haftungsbescheid erreicht das FA, dass es anschließend in den der KG zur Verfügung gestellten Maschinenpark **vollstrecken** kann. Hat A diese Gegenstände jedoch inzwischen an einen Dritten **veräußert,** so **erlischt** die Haftung aus § 74 AO.

b) B ist mit 50 % an einer GmbH beteiligt. Er vermietet an die GmbH von Januar 03 bis 15. 04. 04 einen LKW, der zu seinem Einzelunternehmen gehört. (Das Einzelunternehmen hat mit der GmbH sonst nichts zu tun.) Der LKW hat am 15. 04. 04 einen Unfall und wird verschrottet. Die GmbH hat Rückstände an USt 01 bis 04.

LÖSUNG B hat zwar zunächst mit dem LKW für die USt 03 gehaftet, die ab 01. 01. 03 entsteht und bis 15. 04. 04 wirtschaftlich begründet ist (§ 74 AO). Die Haftung ist aber mit dem Verlust des LKW weggefallen. Sie setzt sich auch nicht am Schrotterlös fort. Selbst wenn B seither der GmbH einen neuen LKW zur Verfügung stellt, lebt die »alte« Haftung nicht wieder auf.

3.5 Haftung gem. § 75 AO

3.5.1 Zweck und Voraussetzung der Haftung

Wird ein Betrieb oder Teilbetrieb übereignet, so geht die in diesem Betrieb begründete Sicherheit verloren, dass aus der Tätigkeit des Betriebs Betriebsschulden gezahlt werden können. Daher sieht § 75 AO eine Haftung für den Erwerber eines Unternehmens für die vorher im Unternehmen begründeten Steuerschulden vor.

Haftungstatbestand des § 75 AO ist die **rechtsgeschäftliche** Übertragung (Übereignung) eines **Unternehmens** oder »eines in der Gliederung eines Unternehmens **gesondert geführten Betriebs**« im Ganzen.

- Die Haftung greift nicht bei Übertragungen ohne Rechtsgeschäft, z. B. von Todes wegen. (Hier ist der Erbe aber ohnehin Steuerschuldner geworden.) Dagegen begründen Schenkungen die Haftung, insbes. wenn Betriebe im Weg der »vorweggenommenen Erbfolge« übertragen werden.
- Ein vertraglicher Haftungsausschluß ist (gegenüber dem FA) unwirksam.
- Ob Veräußerer und/oder Erwerber von den Steuerschulden wissen, spielt keine Rolle.

a) Einzelheiten zur »Übertragung im Ganzen«

Die Übertragung des Unternehmens muss auf einem **einheitlichen Willensentschluss** beruhen. Sukzessive Übertragungen einzelner wesentlicher Betriebsgrundlagen aufgrund von zeitlich getrennten Beschlüssen führen nicht zur Haftung.

Sämtliche wesentlichen Betriebsgrundlagen müssen auf **einen** Erwerber übertragen werden. Sonst liegt keine »Übertragung im Ganzen« vor. Das erworbene Unternehmen muss außerdem **lebensfähig** sein (vgl. auch den Haftungsausschluss in den Fällen des § 75 Abs. 2 AO bei Erwerben aus der Insolvenzmasse usw.). Der Begriff »**wesentliche Betriebsgrundlage**« in Zusammenhang mit § 75 AO muss sich nicht immer mit dem entsprechenden Begriff bei § 16 EStG decken. Die Ausführungen in H 16 (2) »Allgemeines«, H 16 (3) »Auflösung stiller Reserven« EStH geben jedoch auch für die Anwendung des § 75 AO wichtige Anhaltspunkte (vgl. auch AEAO § 75 Nr. 3.2). Grundstücke sind z. B. zwar häufig auch bei Prüfung des § 75 AO wesentliche Betriebsgrundlagen, aber eben nur dann, wenn sie »dem Betrieb das Gepräge geben« oder »notwendig« für die Betriebsführung sind.

> **BEISPIEL**
>
> Der Stpfl. schenkt seinem Sohn seine Metzgerei, behält aber das Grundstück, auf dem die Metzgerei betrieben wird, zurück. Bezüglich des Grundstücks schließen sie einen Pachtvertrag.
> **LÖSUNG** § 75 AO greift nicht, weil der Sohn nicht das gesamte Unternehmen erworben hat. Eine wesentliche Betriebsgrundlage (Eigentum an dem Grundstück) fehlt. Der Haftungstatbestand ist auch dann nicht erfüllt, wenn der Vater das Grundstück Jahre später an den Sohn verkauft, oder dieser das Grundstück erbt.

Der Begriff »in der Gliederung eines Unternehmens **gesondert geführter Betrieb**« ist identisch mit dem aus § 1 Abs. 1a Satz 2 UStG, jedoch nur im Großen und Ganzen gleich auszulegen wie der Begriff »Teilbetrieb« i. S. d. § 16 Abs. 1 Nr. 1 EStG (R 16 (3) EStR). Entscheidend ist nach dem Gesamtbild der Verhältnisse der nach außen erweckte Eindruck, dass ein abgeschlossener Betrieb vorliegt (da die Verkehrsauffassung entscheidend ist). Indizien sind: eigener Kundenstamm, vom übrigen Unternehmen abweichende Leistungen, eigene Buchführung, eigene Kalkulation, äußere Erscheinung eines selbstständigen Unternehmens, Fortführung durch den Erwerber als eigenes Unternehmen.

Ein Unternehmer betreibt ein Hotel und eine Fabrik. Er verkauft die Fabrik.

LÖSUNG Der Erwerber haftet gem. § 75 AO für die unternehmensbedingten und Abzug-steuern (soweit sie mit der Fabrik zusammenhängen, s. u. 3.5.2).

Führt der Erwerber das erworbene Unternehmen nicht fort, oder betreibt er an derselben Stelle ein völlig andersartiges Unternehmen, kommt es grundsätzlich nicht zur Haftung. Insbesondere greift § 75 AO beim Erwerb zur Ausschlachtung eines Unternehmens nicht. Für § 16 EStG ist diese Frage dagegen bedeutungslos, da auch die »Betriebsaufgabe« den Tatbestand erfüllt.

b) Haftungsausschluss

Gem. § 75 Abs. 2 AO tritt die Haftung nach Abs. 1 nicht ein, wenn der Erwerb aus einer Insolvenzmasse oder im Vollstreckungsverfahren erfolgt (AEAO § 75 Nr. 3.3, 3.4).

3.5.2 Umfang der Haftung

Die Haftung **erstreckt sich** auf die **unternehmensbedingten und** (Wortlaut) die **Abzugsteuern**, also (aus der Sicht des FA) auf die USt (vgl. 3.4.2), die LSt und die KapESt.

Die Haftung ist **zeitlich** zweifach **eingeschränkt**:

a) Die Haftung geht nur auf »junge« Steuern, d. h. auf Steuern, die seit dem Beginn des Vorjahrs der Übereignung entstanden sind. Übereignungsjahr ist das Kalenderjahr, in dem die wirtschaftliche Verfügungsmacht an dem Unternehmen übergegangen ist.

Der Haftungszeitraum erfasst noch die bis zur Übertragung wirtschaftlich begründeten Steuern.

b) Die Haftung entfällt, wenn die Steuer nicht binnen einem Jahr nach der Anmeldung des Betriebs durch den Betriebserwerber gem. § 138 AO festgesetzt oder angemeldet worden ist. (Der Haftungsbescheid gem. § 75 AO kann später ergehen.)

a) Der Kaufvertrag über das Unternehmen wird am 30. 12. 02 abgeschlossen, Nutzen und Lasten sollen zum 10. 03. 03 übergehen. Es bestehen Rückstände aus 01–03 an ESt, USt, KfzSt, Sz, VerspZ.

LÖSUNG Der Erwerber haftet für die USt 02 und für die USt 03 aus Umsätzen des Veräußerers, die bis zur Veräußerung im März 03 getätigt wurden. Voraussetzung dafür ist, dass die USt binnen einem Jahr seit der Anmeldung des Betriebserwerbs durch den Erwerber angemeldet oder festgesetzt wird. Für die anderen Ansprüche des FA gegen den Verkäufer haftet der Erwerber nicht.

b) Eine LSt-Prüfung im Mai 05 ergibt, dass der Unternehmensverkäufer im Beispiel a noch eine Haftungsschuld für LSt hatte, weil er die LSt für September 02 zu niedrig angemeldet hat. Der Unternehmenserwerber hat der Gemeinde seinen Betriebserwerb im April 03 angezeigt.

LÖSUNG Der Unternehmenserwerber haftet nicht für diese LSt, weil sie erst nach Ablauf eines Jahres seit Anmeldung der Betriebsübertragung festgesetzt wird.

Beim Erwerb eines gesondert geführten Betriebs wäre es ermessenswidrig, auch die Steuerbeträge in Haftung zu nehmen, die aus nicht verkauften Unternehmensteilen stammen (§§ 191 Abs. 1, 5 AO). Für steuerliche Nebenansprüche wird nicht gehaftet.

3.5.3 **Art der Haftung**

Die Haftung ist **gegenständlich beschränkt** »auf den Bestand des übernommenen Vermögens«, § 75 Abs. 1 Satz 2 AO. Maßgeblich ist das übernommene Aktivvermögen. An die Stelle ausgeschiedener Gegenstände (durch Verkauf, Verlust, Zerstörung) treten die Ersatzwirtschaftsgüter, insbes. der Veräußerungserlös (d. h. es tritt **Surrogation** ein).

3.6 **Lohnsteuerhaftung des Arbeitgebers gem. § 42d EStG**

Schuldner der LSt ist der Arbeitnehmer (§ 38 Abs. 2 Satz 1 EStG). Der Arbeitgeber kommt als Haftender für die LSt des Arbeitnehmers in Frage, wenn er (§ 42 d Abs. 1 EStG):

- **Nr. 1:** LSt nicht (richtig) einbehält und/oder abführt (§§ 38, 41a EStG),
- **Nr. 2:** beim Jahresausgleich (durch den Arbeitgeber) LSt zu Unrecht erstattet (§ 42 b EStG),
- **Nr. 3:** durch fehlerhafte Aufzeichnungen oder Bescheinigungen verursacht, dass zu wenig ESt/LSt der Arbeitnehmer erhoben oder zu viel erstattet wird.

Die Haftung kommt gem. § 42 d Abs. 3 Satz 3 EStG auch dann zum Zug, wenn der Arbeitnehmer zur ESt veranlagt worden ist. Verschulden gehört nicht zum Tatbestand (R 145 Abs. 4 Satz 1 LStR), muss aber im Rahmen der Ermessensüberlegungen, ob der Arbeitgeber in Haftung genommen werden soll, doch geprüft werden (§ 191 Abs. 1 AO, R 145 Abs. 5 Satz 2 LStR).

Die Haftung umfasst nur die LSt der Arbeitnehmer, nicht z. B. Sz usw. Bezüglich pauschaler LSt ist der Arbeitgeber der Schuldner der LSt; daneben kann er nicht auch noch Haftender sein (s. o. 1, §§ 40 Abs. 3 Satz 2, 40a, 40 b EStG).

Die Haftung wird gem. § 42 d Abs. 2 EStG insbesondere ausgeschlossen, wenn die LSt wegen einer Pflichtverletzung des Arbeitnehmers nicht richtig erhoben wurde (§§ 39 Abs. 4, 39a Abs. 5 EStG). Sie wird nur geltend gemacht, wenn die Haftung (insgesamt) 10 € übersteigt (§ 42 d Abs. 5 EStG).

4 **Haftung nach den gesetzlichen Tatbeständen des Zivilrechts**

Auch das Zivilrecht kennt verschiedene Haftungstatbestände, nach denen eine natürliche Person durch Tatbestandserfüllung für die Schulden eines anderen einstehen muss. Diese zivilrechtlichen Haftungsbestimmungen betreffen nicht nur zivilrechtliche Schulden, sondern auch öffentlich-rechtliche, insbesondere Ansprüche des Fiskus aus dem Steuerschuldverhältnis gem. § 37 AO. Der Fiskus kann daher denjenigen, der einen zivilrechtlichen (hier: gesetzlichen) Haftungstatbestand erfüllt, neben dem Steuerschuldner in Anspruch nehmen (§ 44 AO).

> **BEISPIEL**
>
> A kauft von B ein Handelsgeschäft und führt es unter der bisherigen Firma fort (§ 17 HGB). A hat keine die Haftung betreffenden Erklärungen in das Handelsregister eintragen lassen bzw. gegenüber dem FA abgegeben (§ 25 Abs. 2 HGB).
> **LÖSUNG** Gem. § 25 Abs. 1 HGB muss A auch für die im Betrieb begründeten Ansprüche aus dem Steuerschuldverhältnis gegen B ggf. einstehen.

Normalerweise muss ein Gläubiger diese zivilrechtliche Haftung auch nach den Regeln der ZPO durch Klage vor den Zivilgerichten geltend machen. Soweit jedoch das Finanzamt Haftungsgläubiger ist, darf es gem. § 191 Abs. 1 AO im Fall einer **gesetzlichen** zivilrechtlichen Haftung nach denselben Regeln vorgehen wie bei der steuerrechtlichen Haftung. Das Finanzamt darf gesetzliche zivilrechtliche Haftung durch Haftungsbescheid und eigene Vollziehungsbeamte durchsetzen. Der Inanspruchgenommene kann sich ggf. nach den Regeln der AO und der FGO dagegen wehren (z. B. mit Einspruch nach § 347 Abs. 1 Nr. 1 AO).

Auf **außersteuerlichen Haftungstatbeständen** beruht insbesondere die Haftung:

- des Erwerbers eines Handelsgeschäfts unter Firmenfortführung (§ 25 HGB),
- der Gesellschafter einer GbR (§§ 714, 718, 427 BGB) für die Steuerschulden der Gesellschaft usw.,
- der Gesellschafter einer OHG (§§ 128, 130 HGB),
- des Komplementärs einer KG (§§ 161 Abs. 2, 128 HGB),
- des Kommanditisten einer KG (§§ 171 ff. HGB).

Besonders bedeutsam für das Steuerrecht ist die Haftung der **Gesellschafter von Personengesellschaften** für die USt der Gesellschaft.

Der Gesellschafter einer **oHG** haftet für jede Schuld der Gesellschaft aus dem Steuerschuldverhältnis persönlich (auch mit seinem Privatvermögen), unbeschränkt, unmittelbar, primär (nicht nachrangig nach der Gesellschaft; vgl. aber § 219 AO) und aufs Ganze (nicht nur anteilig entsprechend dem Kapitalanteil), § 128 HGB. Man spricht vom »Akzessorietätsprinzip«. Dies gilt bei der KG nur für den Vollhafter (den »Komplementär«, § 161 Abs. 2 HGB). Der im Handelsregister eingetragene »Kommanditist« haftet zwar auch für alle Schulden der **KG** aus dem Steuerschuldverhältnis persönlich und unmittelbar. Betragsmäßig ist seine Haftung jedoch gem. § 171 HGB begrenzt. Er haftet nur, soweit er seine (im Handelsregister eingetragene) »Haftungseinlage« noch nicht geleistet oder wieder zurückerhalten hat. **Bei Austritt** aus der Gesellschaft (mit Rückgewähr der Einlage) dauert die bis zum Austritt begründete Haftung noch fünf Jahre an (§ 159 HGB, § 191 Abs. 4 AO).

Die Haftung der Gesellschafter einer **GbR** entspricht grundsätzlich der Haftung von oHG-Gesellschaftern (BGHZ 146, 341). Die frühere Rechtsprechung des BFH, welche die Haftung der GbR-Gesellschafter einschränkt, ist überholt (BFH vom 21. 06. 1995 BFH/NV 1996, 71). Für die Haftung spielt keine Rolle, ob der Gesellschafter geschäftsführungsbefugt ist oder nicht (BFH vom 13. 08. 1993 BStBl II 1994, 140). Die gesetzliche Haftung kann gegenüber dem FA nicht durch Vereinbarung z. B. auf die Höhe des Gesellschaftsvermögens eingeschränkt oder ausgeschlossen werden (»GbR mit beschränkter Haftung«), vgl. BFH vom 13. 08. 1993 [a. a. O.]

5 Geltendmachung der gesetzlichen steuerlichen Haftung

Soweit eine Haftung nach den AO-Vorschriften besteht (und auch sonst für gesetzliche Haftung), **kann** diese durch **Haftungsbescheid** geltend gemacht werden (§ 191 Abs. 1 AO). Es ist eine **Ermessensentscheidung** in mehrfacher Hinsicht: ob und wie hoch der Haftende in Anspruch genommen werden soll (u. a. m.).

Auch die **LSt**-Haftung des Arbeitgebers wird nach Verwaltungsmeinung per Haftungsbescheid durchgesetzt, außer die Haftung beruht darauf, dass der Arbeitgeber angemeldete LSt nicht an die Finanzkasse abgeführt, oder seine Zahlungspflicht nach einer LSt-Prüfung schriftlich anerkannt hat. Auch im letzteren Fall benötigt das FA keinen Haftungsbescheid, denn es hat schon die Steueranmeldung als ausreichenden Titel für die Vollstreckung (§§ 42d Abs. 4 EStG, § 167 Abs. 1 Satz 3 AO; vgl. auch R 145 Abs. 5 LStR).

Neben dieser Haftungsfestsetzung gem. § 191 AO bedarf es außerdem noch eines besonderen Verwaltungsaktes, nämlich der Zahlungsaufforderung gem. § 219 AO (»Leistungsgebot«). Die **Örtliche Zuständigkeit** richtet sich nach der für die Steuern (»Annexkompetenz« oder gem. § 24 AO). Für die **Form** und den **Inhalt des Haftungsbescheids** gelten – neben dem Schriftlichkeitsgebot in § 191 Abs. 1 Satz 2 AO – die allgemeinen Vorschriften über Verwaltungsakte (§§ 119 f. AO).

Fehlende eindeutige Bezeichnung der erlassenden Behörde (§ 119 Abs. 3 AO) oder des Haftungsschuldners (§ 119 Abs. 1 AO) sowie fehlende Angaben zur Höhe der Haftungsschuld (§ 119 Abs. 1 AO) machen den Haftungsbescheid nichtig. Sind Haftungs- und Steuerschulden auf einem Formular unaufgegliedert zusammengefasst, führt dies ebenfalls zur Nichtigkeit der Festsetzungen (§ 125 Abs. 1 AO, H 145 LStH »Zusammengefasster Steuer- und Haftungsbescheid«).

Fehlt nur die Angabe des Steuerschuldners, für dessen Schuld der Haftende einstehen muss, liegt kein Nichtigkeitsgrund i. S. d. § 125 Abs. 1 AO vor, solange die Haftungsschuld in anderer Weise ausreichend konkretisiert werden kann (BFH vom 03. 12. 1996 BStBl II 1997, 306). Unaufgegliederte Zusammenfassung von einzelnen Haftungsschulden (z. B. USt mehrerer Jahre) führt nach BFH vom 22. 11. 1988 BStBl II 1989, 220 zwar zur Rechtswidrigkeit des Bescheids, aber nicht zu seiner Nichtigkeit (§ 125 Abs. 1 AO).

Für den Haftungsbescheid sind in § 191 Abs. 3 AO eigene **Festsetzungsverjährungsregeln** aufgestellt. Die Verjährung zivilrechtlich begründeter Haftung bestimmt sich nach dem Zivilrecht (§ 191 Abs. 4 AO).

Anmerkungen:
- Ist die Steuerschuld verjährt, oder wurde die Steuerschuld dem Steuerschuldner aus Billigkeitsgründen erlassen, darf gegen den Haftungsschuldner (anschließend) kein Haftungsbescheid mehr erlassen werden (§ 191 Abs. 5 AO, vgl. 1, »Akzessorietät der Haftung«).
- Der LSt-Haftungsbescheid, der mehrere von einander getrennte Haftungssachverhalte umfasst, ist nach höchstrichterlicher Rechtsprechung ein **Sammel-VA.**
- Jede einzelne Ermessensentscheidung bei der Inhaftungnahme (z. B. soll die Haftung überhaupt geltend gemacht werden? Gegen wen soll sie geltend gemacht werden?) muss **begründet** werden, auch z. B. wenn es sich um einen »klaren Fall« handelt, weil etwa der Arbeitgeber die LSt nicht einbehalten und abgeführt hat (BFH vom 08. 11. 1988 BStBl II 1989, 219). Nur die Inhaftungnahme des Hinterziehers (§ 71 AO) braucht nicht weiter begründet zu werden (§ 121 Abs. 2 Nr. 2 AO, »vorgeprägtes Ermessen«). Zur Höhe der Inhaftungnahme braucht nach BFH vom 05. 09. 1989 BStBl II 1989, 979 keine Begründung bekanntgegeben zu werden, weil die Haftung Schadenersatzcharakter hat, also regelmäßig auf die volle Summe geht.
- Fehlende Begründung (§ 121 Abs. 1 AO) ist auch hier ein heilbarer Verfahrensmangel (§ 126 AO). Sonst führt der Fehler für sich allein zur Aufhebung des Haftungsbescheids, weil § 127 AO auf Ermessensentscheidungen nicht anwendbar ist.
- Die **Korrektur** des Haftungsbescheids ist nur nach §§ 129–131 AO möglich, da der Haftungsbescheid kein dem Steuerbescheid »gleichgestellter« Bescheid ist.

Als **Rechtsbehelf** gegen Haftungsbescheide ist gem. § 347 Abs. 1 Nr. 1 AO der Einspruch statthaft. Der Haftende kann einwenden:
- Der Haftungsbescheid selbst sei formell fehlerhaft;
- Seine Inanspruchnahme sei ermessensfehlerhaft;

- Die Tatbestandsvoraussetzungen der Haftung seien nicht erfüllt, der Umfang oder die Art der Haftung sei falsch bestimmt;
- Die Steuerschuld, für die er haften soll, sei bereits erloschen, z. B. durch Zahlung oder Verjährung;
- Die Steuerschuld selbst sei dem Grunde oder Höhe nach nicht richtig festgesetzt worden.

BEISPIELE

a) Ein früherer Geschäftsführer einer GmbH wendet gegen den Haftungsbescheid wegen KSt 03 der GmbH ein, dass er nicht grob schuldhaft gegen § 69 AO verstoßen habe. Er sei nur einer von vier Geschäftsführern gewesen. Nach seinem Anstellungsvertrag sei er nur für den Bereich Forschung zuständig gewesen. Die Gesellschaft sei erst nach seinem Ausscheiden illiquide geworden. Ihm ist nicht nachzuweisen, dass er von den Steuerschulden der GmbH gewußt hat.
LÖSUNG Der Einspruch ist statthaft (§ 347 Abs. 1 Nr. 1 AO), mangels näherer Angaben im Sachverhalt zulässig und auch begründet. Der Haftungstatbestand des § 69 AO ist mangels grobem Verschulden nicht erfüllt.

b) Der Geschäftsführer einer GmbH wird gem. §§ 34 Abs. 1, 69 AO in Haftung für die USt 03 der GmbH genommen. Im Einspruch gegen den Haftungsbescheid trägt er vor, die USt 03 sei gegen die GmbH zu hoch festgesetzt. Die Festsetzung sei zwar für die GmbH unanfechtbar und endgültig. Aber im Haftungsverfahren müsse er zur Durchsetzung eines effektiven Rechtsschutzes auch Gründe gegen die Richtigkeit der Steuerfestsetzung vortragen können.
LÖSUNG Die Meinung des Geschäftsführers ist falsch. Sein Einspruch ist zwar zulässig, aber unbegründet. § 166 AO verbietet ihm, der als gesetzlicher Vertreter der GmbH gegen die USt-Festsetzung 03 der GmbH hätte Einspruch einlegen können, die Berufung auf die Unrichtigkeit der Steuerfestsetzung in seinem Haftungsverfahren.

c) Der Übernehmer eines ganzen Betriebs wird gem. § 75 AO wegen der endgültig und unanfechtbar gem. § 162 AO durch Schätzungsbescheid festgesetzten USt 06 des Betriebsveräußerers in Anspruch genommen.
LÖSUNG Obwohl der Veräußerer grundsätzlich nichts mehr gegen diesen USt-Bescheid vorbringen kann, könnte der Haftende trotz abgelaufener Rechtsbehelfsfrist noch eine genaue Berechnung der USt-Schuld vorlegen und eine Korrektur des Haftungsbescheids erreichen. Ein Fall des § 166 AO liegt nicht vor.

Teil N Die Außenprüfung

1 Allgemeines

Die Außenprüfung (**Ap**) ist ein in der AO geregeltes Verfahren zur umfassenden Ermittlung der richtigen Besteuerungsgrundlagen durch die FÄ insbesondere bei Betrieben (§§ 194 Abs. 1 Satz 1, 199 AO; für die Zollverwaltung gibt es daneben noch die »Steueraufsicht« gem. § 209 ff. AO, die hier nicht dargestellt wird). Die Ap wird als **Betriebsprüfung (Bp)** bezeichnet, wenn sie einen Betrieb erfasst. Die Prüfung findet regelmäßig beim Stpfl. und anhand seiner Unterlagen statt. Sie ist notwendig, weil das FA bei der Veranlagung »vom grünen Tisch« aus nur geringe Nachprüfungsmöglichkeiten hat (vgl. dazu §§ 88, 92 ff., 97 ff. AO, »Untersuchungsgrundsatz« und »Amtsprinzip«). Die Ermittlungstätigkeit im Zug des Veranlagungsverfahrens ist deshalb stark eingeschränkt und auf die Ap verlagert worden (vgl. G 2). Die **Rechtsgrundlagen** der Ap sind in **§§ 193–203 AO** enthalten.

Neben den gesetzlichen Bestimmungen sind für die Ap **verwaltungsinterne Regelungen** praxiswichtig und rechtlich bedeutsam, weil die §§ 193 ff. AO der Verwaltungsbehörde vielfach **Ermessensspielräume** lassen. Die **Betriebsprüfungsordnung – BpO 2000 –** vom 15. 03. 2000 BStBl I 2000, 368 mit Änderungen (zuletzt vom 22. 01. 2008 BStBl I 2008, 274) wird ergänzt durch das BMF-Schreiben zur **Einordnung der Betriebe in Größenklassen** gem. § 3 BpO 2000 z. B. für den 19. Prüfungsturnus ab 2007 vom 21. 09. 2006 BStBl I 2006, 530 (im Anhang abgedruckt); für die USt-Sonderprüfung vgl. BMF vom 07. 11. 2002 BStBl I 2002, 1366. Außerdem bestehen noch von Land zu Land unterschiedliche **Dienstanweisungen für die Außenprüfung – DA-Ap –** für die Prüfung der LSt (vgl. auch R 148 LStR und anderer Steuern.

Äußerst praxiswichtig ist das BMF-Schreiben vom 16. 07. 2001 über die Grundsätze zum **Datenzugriff und zur Prüfbarkeit digitaler Unterlagen (GdPdU)** BStBl I 2001, 415. Dort stellt die Verwaltung ihre Meinung dar u. a. zum Umfang und zur Ausübung des Rechts der Betriebsprüfung, auf die beim Stpfl. abgespeicherten zuzugreifen (§§ 147 Abs. 6, 200 Abs. 1 Satz 2 AO).

Für die Praxis der Bp sehr bedeutsam ist auch der auf § 7 BpO fußende bundeseinheitliche **Rationalisierungserlass** der Länder. Der Erlass ist nur für den internen Dienstgebrauch bestimmt und wird – im Gegensatz zu Vorgängererlassen – seit 1996 nicht mehr veröffentlicht. Damit stellt die Verwaltung klar, dass sich der Stpfl. auf die Erlassbestimmungen nicht berufen kann. Er kann z. B. nicht mit Aussicht auf Erfolg bemängeln, dass ihm gegenüber eine Ermittlungsmaßnahme erfolgt, auf die laut Erlass generell verzichtet werden kann. Früher dort verfügte »**Nichtaufgreifgrenzen**« sind seit 1996 entfallen bis auf das Pauschaldelkredere, das von der Betriebsprüfung nicht beanstandet wird, wenn es 1 % des entsprechenden Forderungsbestandes nicht überschreitet, sofern es dem Grunde nach berechtigt ist. Nicht mehr erwähnt, aber nach wie vor Praxis ist, dass pauschal gebildete Garantierückstellungen i. H. v. maximal 0,5 % der Vorjahres-Garantieleistungen nicht beanstandet werden.

Als Grenze für jede Ermittlungsmaßnahme ist u. a. das Verhältnismäßigkeitsprinzip zu beachten, s. u. 5. Der Rationalisierungserlass enthält Anweisungen zur **Auswahl der zu prüfenden Stpfl.**, zur Frage, wie oft ein Prüfer maximal einen Stpfl. prüfen soll (dreimal), was die **Schwerpunkte** der Prüfung sein sollen, in welchen Fällen **Kontrollmitteilungen** angefertigt werden sollen und über Form und Inhalt des **Prüfungsberichts** (vgl. 5 d).

Für die Durchführung der Ap ist grundsätzlich das für die Bescheiderteilung zuständige FA örtlich (§§ 18 ff. AO) und sachlich (§ 17 FVG) **zuständig** (Annexkompetenz gem. § 195 Satz 1 AO, vgl. E). Maßgeblich ist die örtliche Zuständigkeit für die zu prüfenden Steuerarten im Zeitpunkt der Prüfungsanordnung (BFH vom 25. 01. 1989 BStBl II 1989, 483). Innerbehördlich ist die Ap regelmäßig einer bestimmten Gruppe von Amtsträgern übertragen, den Außen- und Betriebsprüfern, die in Bp-Sachgebieten zusammengefasst sind.

a) Abgrenzungen zur Ap

Neben der Ap gibt es noch die »**betriebsnahe Veranlagung**« (früher) durch die Beamten der Veranlagungsstelle selbst oder die »**Amts-Bp**« (vgl. AEAO § 85 Nr. 2). Betriebsnahe Veranlagungen sind Außenprüfungen gem. § 203 AO, wenn sie aufgrund einer Prüfungsanordnung durchgeführt werden. Für umsatzsteuerliche Ermittlungen gibt es seit 01. 01. 2002 die sog. **USt-Nachschau** gem. § 27 b UStG. Sie wird von USt-Prüfern durchgeführt, ist aber keine Ap, weil sie ohne Prüfungsanordnung stattfindet. Der Prüfer kann sie allerdings gem. § 27 b Abs. 3 Satz 1 UStG nahtlos und ohne formelle Prüfungsanordnung in eine USt-Sonderprüfung überführen, die sich dann mit Ausnahme der §§ 196, 197 AO nach den Regeln der Ap richtet. Erforderlich ist nur ein entsprechender schriftlicher »Hinweis« des Prüfers. Dieser Hinweis soll in der Praxis wie eine Prüfungsanordnung ausgestaltet werden (s. 4) und deshalb ein mit Einspruch und AdV-Antrag angriffbarer Verwaltungsakt sein (BMF vom 23. 12. 2002 BStBl I 2002, 1447).

b) Organisatorische Fragen

In der Regel hat jedes FA seine **Bp-Stelle** (meist als »Amts-Bp« bezeichnet; vgl. § 195 Satz 1 AO). Diese Stelle ist für die Prüfung der Klein- und Kleinstbetriebe zuständig. Die Prüfung der Konzerne und Großbetriebe ist durch Rechtsverordnung den **Konzern-Bp-Stellen** bzw. **Bp-Hauptstellen** bei bestimmten Ämtern mit amtsbezirksübergreifenden Aufgaben und Befugnissen übertragen (§ 17 Abs. 2 Satz 3 FVG, vgl. § 14 BpO 2000, BMF vom 02. 07. 2004 BStBl I 2004, 574). Wird in der Prüfungsanordnung eine andere Behörde mit der Durchführung der Ap beauftragt, so ist dieser Prüfungsauftrag gem. § 195 Satz 2 AO nach BFH vom 21. 04. 1993 BStBl II 1993, 249 ein eigener (einspruchsfähiger) VA.

Diese Ap erstrecken sich regelmäßig auf mehrere Steuerarten (z. B. ESt, USt, GewSt). Daneben gibt es noch Prüfer, die nur einzelne Steuern überprüfen (vgl. § 194 Abs. 1 Satz 2 AO; »besondere Außenprüfungen« gem. § 1 Abs. 2 BpO 2000). Dies betrifft im Wesentlichen die LSt (vgl. dazu § 42 f EStG) und die USt.

Statistisch gesehen werden die Betriebe je nach Größenklasse einem **unterschiedlichen Prüfungsturnus** unterworfen: Großbetriebe unterliegen dabei im Bundesdurchschnitt (2008) einem Prüfungsturnus von 4,3 Jahren. Mittelbetriebe einem Turnus von 13,3 Jahren. Für Klein- und Kleinstbetriebe teilt die Verwaltung den durchschnittlichen Turnus nicht mit; er dürfte bei über 20 Jahren liegen. **Unterschiedliche Prüfungsverhältnisse** in den einzelnen Bundesländern sind nach Meinung des BFH kein ausreichender Einspruchsgrund gegen eine Prüfung (BFH vom 23. 07. 1985 BStBl II 1986, 36).

Die unanfechtbar festgesetzten **Mehrsteuern nach Ap** betrugen im Jahr 2008 ca. 13,9 Mrd. €. Davon entfielen ca. 80,7 % (11,2 Mrd. €) auf die Großbetriebe. Infolgedessen ergeben sich die höchsten Mehrergebnisse traditionell bei der KSt. In ca. 5 % der Fälle schließt sich an die Bp ein strafrechtliches Ermittlungsverfahren an (vgl. dazu §§ 385 ff., 393 AO).

2 Voraussetzungen der Ap

Die Voraussetzungen für die Ap sind unterschiedlich, je nachdem ob ein Fall des § 193 Abs. 1 und Abs. 2 Nr. 1 oder des Abs. 2 Nr. 2 AO vorliegt.

a) Bp gem. § 193 Abs. 1 AO

Gem. § 193 **Abs. 1** AO ist die Ap **ohne weiteres** bei Stpfl. **zulässig,** die einen gewerblichen, land- und forstwirtschaftlichen oder freiberuflichen **Betrieb** haben. Unter § 193 Abs. 1 AO fallen aber auch Stpfl., bei denen gerade geprüft werden soll, **ob** sie Einkünfte i. S. dieser Bestimmung beziehen (oder ob z. B. Vermögensverwaltung, Liebhaberei o. ä. vorliegt; vgl. BFH vom 23. 10. 1990 BStBl II 1991, 278). Nach der höchstrichterlichen Rechtsprechung gilt dies grundsätzlich für alle Prüfungen, gleich ob diese **turnusmäßige** »Routineprüfungen« oder davon abweichend (nämlich abweichend vom statistischen Prüfungsrhythmus der betreffenden Betriebsgrößenklasse bzw. vom üblichen Prüfungszeitraum, von der Belassung eines für die Betriebsgrößenklasse typischen prüfungsfreien Zeitraums u. ä.) **Prüfungen aus besonderem Anlass** sind (z. B. »Anschlussprüfung« für Mittelbetrieb, BFH vom 02. 10. 1991 BStBl II 1992, 220 und 274).

Die Vorschrift soll noch im Jahr 2009 durch das Steuerhinterziehungsbekämpfungsgesetz geändert werden. U.a. sollen Stpfl. mit positiven Überschusseinkünften von (insgesamt) über 500 000 €/Jahr wie Gewinneinkunftsbezieher geprüft werden können.

Prüfungsanordnungen, die auf § 193 Abs. 1 AO beruhen, müssen grundsätzlich nicht begründet werden (vgl. 4).

b) Ap gem. § 193 Abs. 2 Nr. 1 AO

Außerdem kann gem. § 193 **Abs. 2 Nr. 1** AO die Ap bei **Privatleuten,** die **Löhne** bezahlen oder bezahlen müssten, **ohne weiteres** durchgeführt werden.

> **BEISPIEL**
>
> Der Rentner hat einen Pfleger angestellt.
> **LÖSUNG** Gegen den Rentner kann ohne weiteres eine LSt-Prüfung gem. § 193 Abs. 2 Nr. 1 AO angeordnet werden.
> Bei der Prüfung kann z. B. auch die Berechtigung des auf der LSt-Karte des Pflegers eingetragenen Werbungskosten-Freibetrags überprüft werden. Dies ist deswegen nicht selbstverständlich, weil es sich dabei um Verhältnisse des Arbeitnehmers handelt, also einer dritten Person, der die Prüfungsanordnung nicht bekanntgegeben wurde; vgl. dazu § 194 Abs. 1 Satz 4 AO. Andere als lohnsteuerliche Verhältnisse des Arbeitnehmers dürfen nicht geprüft werden (z. B. nicht die Sonderausgaben, die der Pfleger in seinem Antrag auf ESt-Veranlagung geltend gemacht hat).

c) Ap gem. § 193 Abs. 2 Nr. 2 AO

Gem. § 193 **Abs. 2 Nr. 2** AO kann die Ap gegen **jedermann** angeordnet werden, wenn ein steuerliches **Aufklärungsbedürfnis** besteht und eine »**Prüfung an Amtsstelle**« **unzweckmäßig** wäre. Dies ist der Fall, wenn Anhaltspunkte bestehen, die es nach den Erfahrungen des FA als möglich erscheinen lassen, dass der Stpfl. erforderliche Steuererklärungen nicht, unvollständig oder unrichtig abgegeben hat. Z. B. kann gegen einen Stpfl., der einen Lohn von über 500 000 € bezieht, aber nur Einkünfte an Kapitalvermögen in geringer Höhe erklärt, eine Ap gem. § 193 Abs. 2 Nr. 2 AO angeordnet werden (BFH vom 26. 07. 2007 BStBl II 2009, 338 zur Gesetzesfassung bis 2009).

Die »Prüfung an Amtsstelle« ist z. B. unzweckmäßig, wenn Einzelermittlungen nicht ausreichen, oder wenn die Verhältnisse des Stpfl. in Augenschein genommen werden müssen. (Die »Prüfung an Amtsstelle« darf nicht verwechselt werden mit einer Ap, die im Finanzamt stattfindet, vgl. § 200 Abs. 2 AO, s. 4.) Die Anordnung einer Ap ist in jedem Fall **Ermessenssache** (§ 5 AO), bei der insbesondere der Grundsatz der Verhältnismäßigkeit beachtet werden muss (Art. 20, 28 GG; vgl. BFH vom 05. 11. 1981 BStBl II 1982, 208). Auf § 193 Abs. 2 Nr. 2 AO gestützte Anordnungen müssen immer mit einer Begründung versehen werden (§ 121 AO und vgl. 4).

BEISPIELE

a) Herr A besitzt ein gewerbliches Einzelunternehmen. Außerdem bezieht er Einkünfte aus Vermietung. Kann eine Bp gegen ihn durchgeführt werden? Möglicher Umfang der Bp?
LÖSUNG Das FA kann gem. § 193 Abs. 1 AO eine Bp gegen Herrn A anordnen, die auch seine Überschusseinkünfte, die Sonderausgaben und außergewöhnlichen Belastungen (also seine gesamte ESt) erfasst, § 194 Abs. 1 Satz 2 AO. Das gleiche gilt für die USt und die GewSt; sofern er Arbeitnehmer hat, auch bzgl. der LSt.

b) Die **Ehefrau** des A, die mit ihrem Mann zusammenveranlagt wurde, hat Einkünfte aus Kapitalvermögen und einen Butler für ihre Villa angestellt. Kann die Ap auch auf diese steuerlichen Verhältnisse von Frau A ausgedehnt werden?
LÖSUNG Die **LSt** für den Butler kann gem. § 193 Abs. 2 Nr. 1 AO ohne weiteres geprüft werden. Formal ist dazu eine Prüfungsanordnung gegen die Ehefrau erforderlich.
Das FA kann gegen Frau A außerdem eine Prüfungsanordnung bezüglich der **ESt** erlassen, wenn insoweit ein steuerliches Aufklärungsbedürfnis i. S. d. § 193 Abs. 2 Nr. 2 AO besteht und eine Prüfung an Amtsstelle oder Einzelermittlungen nicht zweckmäßig sind. Die Anordnung gegen die Ehefrau muss entsprechend begründet werden.

c) Der Unternehmer behauptet im Einspruch gegen die Prüfungsanordnung, die Steuer aus dem Prüfungszeitraum sei **verjährt**.
LÖSUNG Die Verjährung ist von Amts wegen in jeder Lage des Verfahrens zu beachten (§ 47 AO), also auch im Bereich der Ap. Die Prüfung kann aber durchgeführt werden zur Untersuchung der Frage, ob Verjährung eingetreten ist (BFH vom 23. 07. 1985 BStBl II 1986, 433).

d) Das FA hatte vor der Prüfung den **VdN** in den Bescheiden für den Prüfungszeitraum **aufgehoben**.
LÖSUNG Die Prüfung kann trotzdem angeordnet und durchgeführt werden (BFH vom 28. 03. 1985 BStBl II 1985, 700; vom 23. 07. 1985 [a. a. O.]). Die eventuelle Bescheidänderung nach der Ap kann aber nur gem. §§ 129, 172 ff. AO erfolgen.

e) Im Juni 01 wird eine USt-Prüfung bezüglich der **Voranmeldung** für Januar bis März 01 angeordnet, obwohl naturgemäß die Jahresanmeldung noch nicht vorliegt.
LÖSUNG Dies spielt gem. § 193 Abs. 1 AO keine Rolle. Voraussetzung der Ap ist nicht, dass nach ihr ein endgültiger Bescheid ergeht bzw. ergehen kann. Die Ap kann auch bezüglich einzelner Voranmeldungszeiträume angeordnet werden (§ 194 Abs. 1 Satz 2 AO). Es handelt sich um eine abgekürzte Prüfung gem. § 203 AO. Werden die Vorauszahlungen anschließend anders festgesetzt als angemeldet, so stehen diese Festsetzungen kraft Gesetzes unter dem VdN (§ 164 Abs. 1 Satz 2 AO).

f) Die Prüfung wird gem. § 193 Abs. 1 AO gegen die GmbH, die mit ihren Steuerzahlungen in Rückstand ist, erklärtermaßen zum Zweck der **Prüfung von Haftungstatbeständen** angeordnet und mit den stockenden Steuerzahlungen begründet.

LÖSUNG Die Prüfung ist durch § 193 Abs. 1 AO gedeckt. Die Vorschrift dient nicht nur der Durchsetzung von Steuer-, sondern auch von andern Ansprüchen aus dem Steuerschuldverhältnis. Obwohl sich die Prüfung hier im Wesentlichen gegen eine dritte Person richtet (z. B. den Geschäftsführer der GmbH), enthält die Prüfungsanordnung keinen Ermessensverstoß (ebenso BFH vom 23.01.1985 BStBl II 1985, 566).

Allerdings darf eine Ap nicht angeordnet werden, um ausschließlich steuerliche **Verhältnisse Dritter** zu ermitteln. Deshalb darf z. B. keine Bp bei einer Bank angeordnet werden, nur um Verhältnisse der Kunden dieser Bank zu erforschen (vgl. BFH vom 04.11.2003 BStBl II 2004, 1032 zu einem entsprechenden Mitwirkungsverlangen eines Prüfers schon vor Beginn der Prüfung bei der Bank). Gewinnt der Prüfer im Verlauf der Ap »zufällig« Kenntnisse von den Verhältnissen dritter Personen, kann er diese im Rahmen seines Ermessens per **Kontrollmitteilung** gem. § 194 AO an die Wohnsitzfinanzämter dieser Personen weitergeben (s. u. 5).

g) Die Prüfung wird aufgrund der **Selbstanzeige** (§§ 371, 378 Abs. 3 AO) eines Gewerbetreibenden angeordnet.

LÖSUNG Dies ist ohne weiteres möglich. Die Prüfung kann auch zum Zweck der Überprüfung der objektiven und subjektiven Seite einer **Steuerhinterziehung** (§ 370 AO) oder einer leichtfertigen Steuerverkürzung (§ 378 AO) angeordnet werden (BFH vom 04.11.1987 BStBl II 1988, 413).

h) Obwohl die LSt des Jahres 03 bereits geprüft worden ist, erfasst die Prüfungsanordnung für die Groß-Bp neben den Betriebssteuern und der ESt 01–03 auch diese Steuer (»**Zweitprüfung**«).

LÖSUNG Nach AEAO § 196 Nr. 4 und BFH vom 30.08.1988 BStBl II 1989, 193 sind Zweitprüfungen möglich. Ihre Anordnung muss u. E. begründet werden.

3 Umfang der Ap (§ 194 AO) und Prüfungsrhythmus

Bezüglich des **sachlichen Umfangs** der Prüfung steht es im Ermessen des FA, ob es sämtliche Steuern, oder nur eine bzw. einige Steuern, oder nur bestimmte Sachverhalte überprüft (§ 194 Abs. 1 Satz 2 AO). Die Prüfungsanordnung gegen einen Betriebsinhaber gem. § 193 Abs. 1 AO kann ohne weiteres auch die anderen steuerlichen Bereiche des Stpfl. erfassen, z. B. die **gesamte ESt** mit Sonderausgaben und außergewöhnlichen Belastungen (BFH vom 05.11.1981 BStBl II 1982, 208; vom 28.11.1985 BStBl III 1986, 437). Dies gilt auch für die Prüfung von Überschusseinkunftsbeziehern gem. § 193 Abs. 2 Nr. 2 AO. Werden die so genannten Prüffelder schon in der Prüfungsanordnung auf bestimmte Teile eines Steuerschuldverhältnisses eingegrenzt (vgl. § 5 Abs. 2 Satz 1,4 BpO 2000), handelt es sich um eine **abgekürzte Außenprüfung** i. S. d. § 203 AO.

Die Prüfung einer **Personengesellschaft** umfasst kraft Gesetzes (auch wenn dies in der Prüfungsanordnung nicht ausdrücklich erwähnt ist) die steuerlichen Verhältnisse der Gesellschafter, soweit sie für den Gesamtgewinn der Gesellschaft von Bedeutung sind (§ 194 Abs. 1 Satz 3 AO). Damit sind Sonderbetriebseinnahmen und -ausgaben sowie Sonderbetriebsvermögen und die Richtigkeit von Ergänzungs- und Sonderbilanzen gemeint.

Der **zeitliche Umfang** der Ap ist ebenfalls in das Ermessen des FA gestellt (§ 194 Abs. 1 Satz 2 AO). Dies betrifft zum einen den Umfang des **Prüfungszeitraums** (die Zahl der zu prüfenden Jahre, Monate), zum andern den **Prüfungsrhythmus**. Die BpO 2000 gibt in § 4 Hinweise, wie das durch § 194 Abs. 1 AO eingeräumte Ermessen ausgeübt werden soll (§ 5 AO). Allerdings betonen Rechtsprechung und Verwaltung immer wieder, dass die Stpfl. **keinen Anspruch auf prüfungsfreie Zeiträume** haben (**Grenze** der Überprüfung ist letztlich nur die **Willkür**schranke). Beim **Prüfungsrhythmus** gibt es extreme Unterschiede. Gem. § 4 Abs. 2 BpO 2000 unterliegen **Großbetriebe** der »Anschlussprüfung«. Dabei schließt der neue Prüfungszeitraum nahtlos an das Ende des früheren Prüfungszeitraums an. Die Prüfung kann dabei mehr als 3 Jahre umfassen. **Andere Betriebe** werden nach den Daten der »Betriebskartei« (§ 32 BpO 2000) und den Wünschen der Veranlagungsstellen in gewissen zeitlichen Abständen zur Prüfung ausgewählt und im Prüfungsgeschäftsplan erfasst (§ 34 BpO 2000). Ein Teil der zu prüfenden Betriebe wird nach Zufallsprinzipien bestimmt. Diese Auswahlgrundsätze sind u. E. grundsätzlich ermessensgemäß. Bei diesen Betrieben soll der Prüfungszeitraum gem. § 4 Abs. 3 Satz 1 BpO 2000 regelmäßig drei zusammenhängende Jahre nicht überschreiten, und es sind Lücken zwischen den einzelnen Prüfungszeiträumen nicht nur möglich, sondern üblich. (In der Praxis ist das letzte der drei Prüfungsjahre regelmäßig das Jahr, für das der Stpfl. zuletzt eine ertragsteuerliche Erklärung abgegeben hat. Dies ist aber nicht zwingend; das FA kann den dreijährigen PZ ohne weiteres verschieben, vgl. dazu unten 4). Bei Kleinstbetrieben ist die Prüfung »einmal im Leben« die Regel. Allerdings sind auch bei Mittel-, Klein- und Kleinstbetrieben Anschlussprüfungen nicht ausgeschlossen, schon um zu verhindern, dass sich die Stpfl. nach dem Ende einer Ap zu sicher vor der Aufdeckung von Steuerverkürzungen in der unmittelbar folgenden Zeit fühlen.

BEISPIELE

a) Für 01 und 02 liegen Bescheide gegen einen Bäcker vor, für 03 nur seine Steuererklärung. Die Ap soll sich laut Prüfungsanordnung auf die ESt 01 bis 03 erstrecken.
LÖSUNG Der Umfang der Prüfungsanordnung ist korrekt. Die Prüfung überschreitet für den Stpfl., der keinen Großbetrieb hat, nicht drei Jahre (§ 4 Abs. 3 Satz 1 BpO 2000). Welche Jahre das FA wählt, liegt in seinem Ermessen (§ 194 Abs. 1 Satz 1 AO). Ermessensfehler sind nicht erkennbar.

b) Egon Erb erbte den Schreibwarenladen des Theo Tod zum 27. 02. 04 als Alleinerbe. Er führt das Geschäft fort. Die Prüfungsanordnung vom Jahr 05 erstreckt sich auf ESt, USt, GewSt 02 bis 04.
LÖSUNG Dies ist möglich, weil der Erbe steuerlich die Person des Erblassers fortsetzt (§ 45 Abs. 1 AO).

c) Gegen den Stpfl., einen früheren Gastwirt, sind bereits ESt-, USt-Bescheide und GewSt-Messbescheide bis VZ 07 ergangen. Das FA bestimmt für die im Jahr 09 stattfindende Prüfung als Prüfungszeitraum die Jahre 04 bis 06 mit der Begründung, dass der Stpfl. seinen Gewerbebetrieb im Jahr 04 verkauft und seither nur noch Überschusseinkünfte erklärt habe.
LÖSUNG Der Prüfungszeitraum überschreitet nicht drei Jahre. Der Zuschnitt des Drei-Jahres-zeitraums ist ermessensgemäß. Gerade im Veräußerungsjahr drohen erhebliche und endgültige Steuerausfälle, wenn der Sachverhalt nicht geprüft wird (vgl. BFH vom 20. 06. 1984 BStBl II 1984, 815).

Die Rspr. hat aus dem Rechtsstaatsprinzip (Art. 3, 20, 28 GG) einen **Anspruch auf Gleichbehandlung** abgeleitet, wenn interne Verwaltungsvorschriften Regeln für die Ermessensausübung aufstellen. Dies hat dazu geführt, dass der BFH bei Verstößen gegen die BpO die Rechtswidrigkeit der Prüfung annahm (vgl. BFH vom 23. 07. 1985 BStBl II 1986, 433). Allerdings spricht bei der Prüfung von Betrieben (§ 193 Abs. 1 AO) eine **Vermutung** dafür, dass die Umfangsbestimmung der Prüfung **ermessensgemäß** ist, auch wenn sie gegen § 4 BpO 2000 verstößt (BFH vom 02. 10. 1991 BStBl II 1992, 220, 274). »Generalprävention« (Abschreckung der Allgemeinheit davor, die steuerlichen Pflichten zu verletzen) und das »Überraschungsmoment« können die Finanzverwaltung veranlassen, von der Regelung in § 4

BpO 2000 abzuweichen. Die **Grenze** einer rechtmäßigen Ermessensbestimmung beim zeitlichen Umfang der Bp liege dort, wo der Grundsatz der **Verhältnismäßigkeit** und das **Willkür- und Schikaneverbot** verletzt seien (BFH vom 02. 10. 1991 [a. a. O.] S. 223; vgl. auch § 2 Abs. 1 Satz 2 BpO 2000, AEAO § 88 Tz. 1).

Unabhängig von der Frage, ob der Stpfl. einen durchsetzbaren Anspruch auf Einhaltung der Vorschriften der BpO hat, hält sich die Betriebs- und Außenprüfung in der Praxis in aller Regel an die BpO 2000. Schließlich enthält sie innerdienstlich bindende Weisungen.

4 Die Prüfungsanordnung

Die Prüfung wird angemessene Zeit vor Prüfungsbeginn gegenüber dem Stpfl. **schriftlich angeordnet** (§§ 196, 197 Abs. 1 Satz 1 AO). »Angemessene Zeit« heißt i. d. R. zwei Wochen, bei Großbetrieben vier Wochen, § 5 Abs. 4 BpO 2000. Der Stpfl. kann auf die Einhaltung der Wartezeit (formlos) verzichten.

Die Prüfungsanordnung muss den Umfang der Prüfung angeben, z. B. »ESt, USt und GewSt 01 bis 03« (§ 196 AO).

Für die **Adressierung** der Prüfungsanordnung gelten die bekannten Regeln (vgl. AEAO § 197).

Prüfungsanordnungen an **Ehegatten** können gem. § 122 Abs. 7 AO in einer »zusammengefassten Prüfungsanordnung« ergehen, wenn sie eine gemeinsame Anschrift haben, oder gem. § 122 Abs. 6 AO, wenn sie mit dieser Bekanntgabeform einverstanden sind. Der BFH hat ein solches Einverständnis der Ehegatten schon dann angenommen, wenn sie gemeinsam eine Steuererklärung unterschrieben haben. Die gemeinsame Unterschrift unter eine Steuererklärung sei auch eine Empfangsbevollmächtigung für die Prüfungsanordnung und zwar auch für die Jahre, für die noch keine Erklärung vorliegt, und für Steuern, die nur gegen einen Ehegatten festgesetzt wurden; vgl. BFH vom 05. 11. 1981 BStBl II 1982, 298; dahingestellt vom BFH vom 28. 10. 1988 BStBl II 1989, 257. Nach AEAO § 197 Nr. 3 sind getrennte Anordnungen gegen Ehegatten zu bevorzugen.

Mit der Frage der Bekanntgabe darf nicht die Frage verwechselt werden, ob das FA berechtigt ist, beide Ehegatten zu prüfen. Eine Prüfungsanordnung gegen den Nichtunternehmer-Ehegatten ist nur unter den engen Voraussetzungen des § 193 Abs. 2 Nr. 2 AO zulässig. Dies ist auch bei Zusammenveranlagung der Ehegatten zur ESt zu beachten.

Die gegen eine gewerblich tätige **Personengesellschaft** gerichtete Prüfungsanordnung muss (wie ein Betriebssteuerbescheid) an die Gesellschaft adressiert und ihr (nicht den Gesellschaftern gem. § 183 AO) bekanntgegeben werden, auch soweit es nicht nur um die Prüfung der Betriebssteuern, sondern auch der einheitlichen Feststellungen geht (BFH vom 16. 11. 1989 BStBl II 1990, 272 und AEAO § 197 Nr. 5; wegen des Prüfungsumfangs vgl. 3 und § 194 Abs. 1 Satz 3 AO).

Will das FA auch die anderen Einkunftsarten der Gesellschafter oder ihre Sonderausgaben bzw. ihr sonstiges Vermögen u. dgl. überprüfen (»**Simultanprüfung**«), so **kann** sie das FA gem. § 194 Abs. 2 AO unter den Voraussetzungen des § 193 Abs. 2 Nr. 2 AO in die Prüfung einbeziehen; § 193 Abs. 1 AO greift nicht, weil die Gesellschafter zwar betriebliche Einkünfte, aber keinen »Betrieb« haben (den hat die Gesellschaft!). Das FA muss dann zusätzlich eine Prüfungsanordnung an den jeweiligen Gesellschafter richten (§ 197 Abs. 1 Satz 3 AO; § 5 Abs. 6 BpO 2000).

Die Prüfungsanordnung ist ein **Ermessens-VA,** den das FA unter den Voraussetzungen des § 121 AO bezüglich Voraussetzungen und Umfang der Prüfung **begründen** muss. Nach der höchstrichterl. Rspr. brauchen allerdings auf § 193 **Abs. 1** AO gestützte routinemäßige Prüfungen überhaupt **nicht begründet** zu werden; es genügt ein Hinweis auf §§ 193 ff. AO. Von diesen Personen wird verlangt, dass sie die einschlägigen gesetzlichen Vorschriften kennen (§ 121 Abs. 2 Nr. 2 AO; vgl. BFH vom 28. 04. 1983 BStBl II 1983, 621). Eine **Begründungspflicht** gebe es nur für besondere Fälle der »**Anlassprüfung**«; in denen wegen der besonderen Umstände des Falles oder nach der Art der angeordneten Maßnahme eine Begründung zu ihrem Verständnis unbedingt erforderlich ist (BFH vom 02. 10. 1991 BStBl II 1992, 220, 224; vom 27. 07. 2001 BFH/NV 2001, 1534; im Einzelnen streitig).

Im Fall des § 193 **Abs. 2 Nr. 2** AO muss dagegen die Prüfungsanordnung begründet werden, sofern dem Stpfl. die Begründung des FA nicht schon vorher bekannt ist. Es muss dann auf jedes der beiden Tatbestandserfordernisse in Abs. 2 Nr. 2 eingegangen werden.

> **BEISPIEL**
>
> Der Ehemann ist Gastwirt, die Ehefrau hat nur Einkünfte aus Vermietung. Es wird eine Ap gegen beide angeordnet.
>
> **LÖSUNG** Die Anordnung gegen den Ehemann muss nicht begründet werden, aber die gegen die Ehefrau, denn diese Anordnung beruht auf § 193 Abs. 2 Nr. 2 AO. Als Begründung genügt dabei nicht, dass gegen den Ehemann sowieso eine Prüfung durchgeführt wird (BFH vom 05. 11. 1981 BStBl II 1982, 208). Vielmehr muss ihr gegenüber dargelegt werden, dass und warum ihre steuerlichen Verhältnisse der Aufklärung bedürfen und dass und warum eine Prüfung im Amt oder Einzelermittlungen unzweckmäßig wären (BFH vom 07. 11. 1985 BStBl II 1986, 435).
>
> Der VA kann trotz § 127 AO schon allein wegen des Begründungsmangels angegriffen werden, weil es sich um eine Ermessensentscheidung handelt. Der Begründungsmangel kann gem. § 126 AO geheilt werden.

Mit der Prüfungsanordnung wird in der Regel auch der voraussichtliche **Prüfungsbeginn** und der **Prüfungsort** festgelegt, sowie der Name des Prüfers angegeben (§ 197 Abs. 1 Satz 1 AO, § 5 Abs. 2 Satz 3, Abs. 3 BpO 2000).

Die Prüfungsanordnung ist bezüglich jeder zu prüfenden Steuerart und jedem Prüfungsjahr ein eigener VA. Dazu kommen die Bestimmung des Prüfungsbeginns und des Prüfungsorts als weitere einspruchsfähige VA (**Sammel-VA**). Ob auch die Nennung des Prüfernamens ein VA ist, ist streitig. U. E. ist die Zuordnung eines Prüfers für eine bestimmte Ap kein VA, sondern ein inner-organisatorischer Akt der Finanzbehörde. Jedoch hat der BFH in einem Fall, in dem der Prüfer bei der Vorprüfung den Stpfl. in einer wichtigen Frage angelogen hat, insoweit Aussetzung der Vollziehung (§ 361 AO) gewährt, also die Prüfung »vorläufig« nur durch einen andern Prüfer zugelassen. Es sei ernstlich zweifelhaft, dass die Bestimmung des Prüfers nicht mit Einspruch angreifbar sein soll (BFH vom 29. 04. 2002 BStBl II 2002, 57).

Der Stpfl. kann eine **Verschiebung** der angekündigten Prüfung **beantragen,** wenn er dafür wichtige Gründe hat (§ 197 Abs. 2 AO, § 5 Abs. 5 BpO 2000), z. B. Erkrankung des Stpfl. oder seines steuerlichen Beraters. Lehnt das FA eine Verschiebung ab, z. B. weil es meint, die Verschiebung diene nur zur Verfahrensverschleppung, so ist dies ein weiterer einspruchsfähiger VA (§§ 5, 347 AO). Der Stpfl. kann aber auch direkt gegen die Festsetzung des Prüfungsbeginns Einspruch einlegen und AdV beantragen (§ 361 AO).

Lehnt das FA einen Antrag ab, die Prüfung an einem anderen **Ort** als angeordnet durchzuführen (z. B. beim Steuerberater des Stpfl. oder an Amtsstelle), so ist auch diese

Ablehnung ein einspruchfähiger VA. Die Reihenfolge der in § 200 Abs. 2 AO aufgeführten Orte belegt zwar eine gewisse vom Gesetz festgelegte **Rangfolge (Geschäftsräume – Wohnung – Amtsstelle)**. Deshalb kommt eine Wohnung als Prüfungsort nur in Betracht, wenn die Geschäftsräume für die Durchführung der Prüfung nicht geeignet sind. Hat der Stpfl. im Inland keine Wohnung, kommt auch das FA als Prüfungsart in Frage (BFH vom 20. 07. 2007 BStBl II 2009, 338). Die Aufzählung der Prüfungsorte in § 200 Abs. 2 AO ist nicht abschließend gemeint. Eventuell kommt auch das Büro des Beraters als Prüfungsort in Frage (BFH vom 10. 02. 1987 BStBl II 1987, 360). Insoweit ist aber die Verwaltungsmeinung sehr eng (vgl. § 6 Satz 3 BpO 2000 i. V. m. AEAO § 200 Nr. 2 letzter Satz): Eine Prüfung im Büro des Steuerberaters kann nur auf Antrag und im Ausnahmefall stattfinden.

Die Verwaltung fügt jeder Prüfungsanordnung einen Abdruck des BMF-Schreibens vom 20. 07. 2001 BStBl I 2001, 502 »betreffend Hinweise auf die wesentlichen Rechte und Mitwirkungspflichten des Stpfl. bei der Ap (§ 5 Abs. 2 Satz 2 BpO)« bei.

5 Vorbereitung und Durchführung der Ap

Der Prüfer sollte (schon vor dem »Erscheinen« beim Stpfl.) die Steuerakten und eventuell vorhandene Prüfakten durchsehen und einen Plan für die Schwerpunkte der Prüfung aufstellen. Die Bp verlangt deshalb von Stpfl. mit elektronisch geführter Buchführung i. d. R. schon vorab die Übersendung eines Datenträgers mit den Buchführungsdaten und verwendet diese Daten zur Plausibilitätskontrolle mit Hilfe von Prüfungsprogrammen (z. B. »IDEA«) und zur Eingrenzung der Prüfungsschwerpunkte (vgl. § 147 Abs. 6 Satz 2 AO, **»Datenträgerzugriff«**).

Der Stpfl. sollte im Vorfeld der Prüfung überlegen, ob er Steuererklärungen berichtigen müsste (§ 153 AO). U. U. erwirkt er durch eine rechtzeitige **Selbstanzeige** Straffreiheit bzw. Bußgeldfreiheit für grob schuldhafte Steuerverkürzungen (§§ 371, 378 Abs. 3 AO). Außerdem muss er die Unterlagen für den Prüfungszeitraum herrichten. Eventuell soll er bestimmen, wer dem Prüfer als Auskunftsperson zur Verfügung steht (§ 200 Abs. 1 Satz 3 AO, § 8 Abs. 1 BpO 2000). Der Stpfl. muss dem Prüfer i. d. R. einen Raum zur Verfügung stellen (§ 200 Abs. 2 AO) und ihm dort die verlangten Unterlagen vorlegen (§ 200 Abs. 1 Satz 2, Abs. 2 AO).

Die Prüfung findet während der üblichen Geschäfts- und Arbeitszeit statt (§ 200 Abs. 3 Satz 2 AO). Die **Durchführung der Prüfung** in den Geschäftsräumen verstößt nach BFH vom 20. 10. 1988 BStBl II 1989, 180 nicht gegen den Grundsatz der **Unverletzlichkeit der Wohnung** gem. Art. 13 GG, jedenfalls wenn die Prüfung im Rahmen der normalen Geschäftszeit stattfindet. Art. 13 GG schützt zwar auch Geschäftsräume, § 200 AO enthält aber i. V. m. § 413 AO eine ausreichende gesetzliche Ermächtigung zum Betreten und Benutzen durch den Prüfer. Die Bestimmung lässt den Zweck des Betretens erkennen und genügt damit den Anforderungen des Grundgesetzes. Entgegen dem Gesetzeswortlaut in § 200 Abs. 2 AO darf die Prüfung in den **Wohnräumen** des Stpfl. nur mit dessen Zustimmung stattfinden.

Die Prüfung soll sich **auf das Wesentliche beschränken** (§ 7 BpO 2000). Das heißt, der Prüfer soll in erster Linie solche Sachverhalte prüfen, die zu endgültigen Steuerausfällen oder Steuererstattungen führen. Gewinnverlagerungen von einem in andere VZ sollen nur dann überprüft werden, wenn die Verlagerung »nicht unbedeutend« ist (§ 7 BpO 2000). Dementsprechend ist die **Dauer der Ap** auf das notwendige Maß zu beschränken.

Anmerkung: Zur Beschleunigung und Straffung der Prüfungen sollen insbes. die Anweisungen in den bundeseinheitlichen **Rationalisierungserlassen** beitragen (vgl. 1). Danach soll sich der Prüfer im Regelfall auf folgende **Prüfungsschwerpunkte** beschränken:

- Vollständigkeit der Betriebseinnahmen,
- ungeklärter Vermögenszuwachs,
- Abgrenzung Betriebsvermögen/Privatvermögen, Betriebseinnahmen/Einlagen, Betriebsausgaben/Entnahmen,
- Verträge zwischen nahestehenden Personen,
- Auslandsbeziehungen,
- Investitionszulagen,
- Sonderabschreibungen,
- Gesellschaftsverhältnisse (Änderung der Beteiligungsverhältnisse, Wechsel der Unternehmensform, Betriebsaufspaltung, Verträge mit Gesellschaftern),
- Betriebserwerb, -umwandlung, -verpachtung, -aufgabe, -veräußerung,
- Anpassung der Steuerbilanz des Stpfl. an die letzte Prüferbilanz,
- Grundstücksverkäufe und -käufe, Nutzungsänderungen bei Grundstücken,
- Finanzanlagen, Beteiligungen, Wertpapiere,
- wesentliche nichtbetriebliche Einkünfte,
- USt: Differenzen zwischen Voranmeldung und Jahresanmeldung, Voraussetzungen des Vorsteuerabzugs, Ausfuhrlieferungen, innergemeinschaftl. Lieferungen, Erwerbsbesteuerung.

Der Prüfer hat gleichermaßen für den Stpfl. **günstige und ungünstige Momente** zu beachten (§ 199 Abs. 1 AO, Gleichmäßigkeitsprinzip, vgl. G 1).

Prüfungsmaßnahmen dürfen – wie alle belastenden Maßnahmen der Verwaltungsbehörden – nicht gegen das **Verhältnismäßigkeitsprinzip** verstoßen (auch: Übermaßverbot genannt, AEAO § 88 Nr. 1, 3). Das Verhältnismäßigkeitsprinzip ist ein Ausfluss der Rechtsstaatlichkeit (Art. 20, 28 GG). Jede Maßnahme muss sachlich begründbar sein.

Die einzelnen Prüfungsmaßnahmen sind i. d. R. **Realakte,** z. B. wenn der Prüfer die vorgelegten Akten durchsieht oder den Prüfungsbericht verfasst und versendet (vgl. den Wortlaut des § 202 Abs. 2 AO). Mitwirkungsverlangen stellen aber einspruchsfähige VA dar (§ 118 AO, BFH vom 04. 10. 2006 BStBl II 2007, 227), außer wenn es sich um nicht erzwingbare Auskünfte über steuermindernde Sachverhalte handelt (BFH vom 10. 11. 1009 BStBl II 1999, 199).

Der Prüfer muss seine **Fragen** zuerst an den Stpfl. oder die eventuell von diesem benannte **Auskunftsperson** richten (§ 8 Abs. 1 BpO 2000): Nur unter den Voraussetzungen des § 200 Abs. 1 Satz 3 AO darf er andere Personen (»**Dritte**« z. B. Arbeitnehmer des Stpfl.) befragen, nachdem er vorher den Stpfl. auf sein Vorhaben hingewiesen hat (§ 8 Abs. 2 BpO 2000). Bei dritten Personen muss er mögliche Auskunftsverweigerungsrechte (§ 101 ff. AO) beachten. Die Regeln über die Auskunfts- und Vorlagepflichten des Stpfl. und dritter Personen in §§ 93, 97 AO gelten auch für die Ap (soweit sie nicht durch § 200 Abs. 1 Satz 4 AO ausgeschlossen sind).

Der Prüfer hat den Stpfl. i. d. R. schon während der Prüfung über die festgestellten Sachverhalte und ihre möglichen Auswirkungen zu **unterrichten,** sofern die Ermittlung dadurch nicht gefährdet wird (§ 199 Abs. 2 AO). Zur **tatsächlichen Verständigung** über Sachverhaltsfragen vgl. 7.3.

Gewinnt der Prüfer Anhaltspunkte für eine Steuerstraftat oder Steuerordnungswidrig-keit des geprüften Stpfl., z. B. durch eine Selbstanzeige (§§ 371, 378 Abs. 3 AO), muss er die Prüfung sofort unterbrechen. Er darf die Prüfung erst fortsetzen, nachdem die für Straf- und Bußgeldsachen zuständige Stelle über die Einleitung eines Ermittlungsverfahrens entschieden hat und dem Stpfl. gegebenenfalls die Einleitung mitgeteilt wurde (vgl. §§ 393, 397 AO, § 10 BpO 2000). Andernfalls unterliegen die späteren Erkenntnisse des Prüfers eventuell einem Verwertungsverbot (s. 6).

Werden **anlässlich** der Prüfung beim Stpfl. A steuerliche Verhältnisse eines Dritten aufgedeckt, so darf der Prüfer darüber eine **Kontrollmitteilung (KM)** erstellen (§ 194 Abs. 3 AO, § 9 BpO 2000). Diese KM wird an das für die Besteuerung der dritten Person zuständige FA geschickt und dort im Rahmen einer Ap, oder sonst nach Gewährung des rechtlichen Gehörs (§ 91 AO), oder durch eine Fahndung (§ 208 AO) ausgewertet.

BEISPIEL

Die Prüfung ist gegen A angeordnet. Der Prüfer stellt eine Schmiergeldzahlung des A an den B fest (§ 160 AO); B ist Arbeitnehmer eines Kunden von A. Was unternimmt der Prüfer?

LÖSUNG Der Prüfer kann eine KM für das zuständige FA des B fertigen, in der die Umstände der Schmiergeldzahlung dargestellt sind. Probleme mit dem Steuergeheimnis (§ 30 AO) gibt es dabei nicht, weil die Übermittlung der KM in § 194 Abs. 3 AO gesetzlich zugelassen ist (§ 30 Abs. 4 Nr. 2 AO). Dem Arbeitgeber des B darf nichts mitgeteilt werden. Außerdem informiert er gem. § 4 Abs. 5 Nr. 10 Satz 3 EStG die Strafsachen- und Bußgeldstelle bzw. die Staats-anwaltschaft (vgl. K 2 b) Beispiel b)).

Das für B zuständige FA nimmt die KM zu den Akten des B und prüft, wie oben dargestellt, ob die Zahlung versteuert ist.

Typische Sachverhalte für KM sind Provisionen, Sonderhonorare, Darlehen von/an Privatleute, Schmiergelder, Gelegenheitsumsätze, alle branchen-unüblichen Gestaltungen und Vorgänge, ungewöhnliche Zahlungswege; außerdem Abfindungen, Einmalzahlungen, Zuschüsse, Leistungen erkennbar oder vermutet kurzlebiger Betriebe, mögliche Scheinfirmen und Schein- bzw. »OR-Geschäfte« (Geschäfte, für die keine Rechnung ausgestellt und außer-halb der Buchführung abgewickelt werden), Rechnungen mit ungewöhnlichem Erscheinungs-bild, Boni, Rabatte, Geldschenkungen, Übertragung von Bank- und Sparguthaben sowie von Wertpapieren, unentgeltliche Einräumung bzw. Übertragung von Beteiligungen, Verzicht auf Darlehens- und andere Forderungen, Warenverkäufe an gewerbliche Arbeitnehmer des Stpfl. Diese Hinweise finden sich im »Rationalisierungserlass« (s. o. 1).

FALL 77

Laut Prüfungsanordnung gegen die Volksbank Weigern eG. soll die »KSt, USt, GewSt, LSt 01 bis 03« überprüft werden. Zur Begründung ist auf § 193 Abs. 1 AO verwiesen. Im Zug der Prüfung entdeckt der Prüfer, dass bestimmte Bankkunden jeweils mehrere Festgeldkonten mit hohen Anlagebeträgen und unterschiedlichen Laufzeiten bei der Volksbank unterhalten. Er hält es für möglich, dass die Festgeldzinsen zumindest zum Teil von den Bankkunden nicht versteuert worden sind und möchte Kontrollmitteilungen jeweils an die Wohnsitz-Finanz-ämter der Bankkunden schicken.

Außerdem ermittelt der Prüfer, dass die Bank an ihre Angestellten zum Teil lohnsteuer-pflichtige Provisionen für Versicherungsvermittlung im Prüfungszeitraum bezahlt hat. Er möchte auch in diesen Fällen Kontrollmitteilungen an die Wohnsitz-Finanzämter der Ange-stellten verschicken.

a) Ist die Prüfungsanordnung fehlerhaft?

b) Darf der Prüfer die erwähnten KM erstellen und versenden?

Bei der Durchführung der Ap spielen die folgenden Sachverhalte eine Rolle:

a) **Erweiterung der Prüfungsanordnung:** Ergibt sich während der Prüfung, dass es zweckmäßig wäre, die Prüfung auf Sachverhalte auszudehnen, die in der Prüfungsanordnung nicht aufgeführt sind, muss die Prüfungsanordnung erweitert werden. Dies ist ein so genannter Ergänzungs-VA (kein Korrektur-VA), der unter den Voraussetzungen der §§ 193, 194 AO möglich ist. Die Erweiterung ist in jedem Fall zu begründen; vgl. FG Düsseldorf vom 04.12.2000 – rkr – DStRE 2001, 497.

Bei der Erweiterung der Prüfungsanordnung sind die Anweisungen **in § 4 Abs. 3 Satz 2 BpO 2000** für die sachgerechte Ermessensausübung zu beachten: Nach § 4 Abs. 3 Satz 2 BpO 2000 kann der Prüfungszeitraum erweitert werden,

- wenn mit nicht unerheblichen Steuernachforderungen oder nicht unerheblichen Steuererstattungen oder -vergütungen zu rechnen ist, oder
- der Verdacht einer Steuerstraftat oder einer Steuerordnungswidrigkeit besteht.

Die Ausdehnung über drei VZ hinaus ist nur dann ermessensgemäß, wenn bezüglich der Ausdehnungsgründe **nicht nur eine vage Vermutung** besteht; es müssen vielmehr sachliche Anhaltspunkte für das Vorliegen der Ausdehnungsgründe vorliegen. Dabei kommt es auf den **Zeitpunkt** der Ausdehnung der Ap an (BFH vom 01.08.1984 BStBl II 1985, 350; vom 07.11.1985 BStBl II 1986, 435 stellen dagegen auf den Zeitpunkt der Einspruchsentscheidung ab; jedenfalls darf die Ausdehnung nicht im Einspruchsverfahren mit Erkenntnissen begründet werden, die erst aufgrund der zwischenzeitlich durchgeführten Ausdehnung der Ap gewonnen wurden; vgl. BFH vom 01.08.1984 [a.a.O.]).

Als »**nicht unerhebliche Steuernachforderung**« wird von der Verwaltung für Mittelbetriebe ein Steuerbetrag von mehr als 1 500 € pro Jahr (eventuell aus mehreren Steuerarten zusammengesetzt) angenommen. Die höchstrichterl. Rspr. stimmt dieser Auslegung zu (BFH vom 28.04.1988 BStBl II 1988, 857). Bei Kleinbetrieben orientiert sich die Praxis z. T. noch an der Grenze von 500 € (FME Nordrhein-Westfalen vom 14.08.1991 DB 1991, 1958). U. E. müssten beide Grenzwerte heute mindestens verdreifacht werden.

Geht es um Prüfungsanordnungen gegen zusammenveranlagte **Ehegatten**, kann die Prüfung nur dann **gegen beide** über 3 VZ hinaus ausgedehnt werden, wenn die Voraussetzungen des § 4 Abs. 3 Satz 2 BpO 2000 bei beiden vorliegen; die Mitteilung über die Ausdehnung (§§ 196 f. AO) muss auch bei Gewinneinkunftsbeziehern begründet werden (§ 121 AO; vgl. BFH vom 07.11.1985 BStBl II 1986, 435).

BEISPIELE

a) Der Prüfer schließt aus einem neu entdeckten Sachverhalt des Prüfungszeitraums, dass der Sachverhalt gleichermaßen im Vorjahr vor dem ersten Prüfungsjahr vorgelegen haben könnte. Die steuerliche Auswirkung im Vorjahr könnte (nach vergleichbaren Sachverhalten im Prüfungszeitraum) 5 000 € ESt betragen.

LÖSUNG Das FA kann die Prüfungsanordnung auf das Vorjahr ausdehnen. Danach kann der Prüfer diesen Sachverhalt im Vorjahr überprüfen.

b) Der Prüfer hat aufgrund der Unterlagen des Prüfungszeitraums den Verdacht, dass auch im Vorjahr Steuerhinterziehung begangen wurde. Entsprechende »Indizien« hat er bereits entdeckt.

LÖSUNG Die Prüfungsanordnung kann ausgedehnt werden, § 4 Abs. 3 Satz 2 BpO 2000.

b) Ermittlungen außerhalb des Prüfungszeitraums sind (ohne Erweiterung gem. § 4 Abs. 3 Satz 2 BpO 2000) in zwei Fallgruppen zulässig:

1. Die Überprüfung von Büchern, Aufzeichnungen, Geschäftspapieren und anderen Unterlagen aus der Zeit außerhalb des Prüfungsraums ist **zur Feststellung von Besteuerungsgrundlagen des Prüfungszeitraums erforderlich,** § 8 Abs. 3 BpO 2000.

> **BEISPIEL**
>
> Die Prüfungsanordnung erstreckt sich auf die Jahre 04 bis 06. Der Augenschein ergibt, dass die Herstellkosten eines im Jahr 02 errichteten Anbaus möglicherweise nicht korrekt ermittelt sind (also wohl fälschlich als sofort abzugsfähiger Aufwand behandelt wurde).
> **LÖSUNG** Die Prüfung der Bemessensgrundlage (02) für die AfA im Prüfungszeitraum (04–06) ist möglich gem. § 8 Abs. 3 BpO 2000. Der Verwaltungsmeinung ist zuzustimmen, da die Überprüfung des Sachverhalts aus 02 ohne Ausdehnung der Prüfungsanordnung auf 02 der geringere (und damit »verhältnismäßige«) Eingriff gegenüber der gem. § 4 Abs. 3 Satz 2 1. Alt. BpO ebenfalls möglichen Erweiterung der Prüfungsanordnung ist. Die Prüfung der Behandlung des Anbaus in 02 ohne Erweiterung der Prüfungsanordnung ist rechtmäßig.

2. Ermittlungen außerhalb des Prüfungszeitraums können dann gänzlich **ohne Erweiterung des Prüfungszeitraums** vorgenommen werden, wenn es sich nicht um Maßnahmen der Ap, sondern um **Einzelermittlungen** handelt, und der Prüfer dies gegenüber dem Stpfl. klarstellt.

Solche Ermittlungshandlungen sind dem FA jederzeit gem. § 88 AO möglich. Sie können zweckmäßigerweise auch anlässlich der Ap durch den Prüfer vorgenommen werden, wenn der Prüfer dabei deutlich macht (bzw. wenn dem Stpfl. sonstwie erkennbar ist), dass die Maßnahme nicht mehr in Zusammenhang mit der Ap steht (BFH vom 05. 04. 1984 BStBl II 1984, 790).

Allerdings ist die **Abgrenzung zwischen Einzelermittlungen,** die auf eine spezielle Besteuerungsgrundlage (oder einige wenige Besteuerungsgrundlagen) gerichtet sind, **und der Ap,** die sich – theoretisch – auf die gesamten Besteuerungsgrundlagen erstreckt, schwierig (vgl. BFH vom 25. 04. 1985 BStBl II 1985, 702). In der Praxis beschränkt der Prüfer auch die normale Ap auf die »wesentlichen« Besteuerungsgrundlagen (s. o. und § 7 BpO 2000). Einzelermittlungshandlungen außerhalb des Prüfungszeitraums anlässlich einer Ap sind daher nur mit Vorsicht durchzuführen, um die Gefahr einer Aushöhlung der §§ 194, 196 AO zu vermeiden.

c) Schlussbesprechung: Vorletzter Akt der Prüfung ist regelmäßig die **Schlussbesprechung** (§ 201 AO), die die Gewährung des rechtlichen Gehörs bei der AP (§ 91 AO) vor der Auswertung der Prüfung sicherstellen soll. Die Schlussbesprechung unterbleibt nur bei abgekürzten Ap (§ 203 Abs. 2 Satz 3 AO), wenn die Ap ergebnislos war (§ 201 Abs. 1 Satz 1 AO), oder wenn der Stpfl. auf die Schlussbesprechung verzichtet, was formlos möglich ist. Wünscht das FA eine Schlussbesprechung, der Stpfl. dagegen nicht, so kann seine Teilnahme nicht erzwungen werden (vgl. § 201 Abs. 1 Satz 1 AO).

d) Prüfungsbericht: Der Prüfer berücksichtigt das Ergebnis der Schlussbesprechung in seinem **Prüfungsbericht,** der dem Stpfl. gem. § 202 Abs. 1 AO bekannt zu geben ist. Der Prüfungsbericht ist aber trotzdem kein VA, so dass gegen ihn keine Rechtsbehelfsmöglichkeit besteht (vgl. 6).

e) Auswertung des Prüfungsberichts: Die Auswertung der Ap obliegt bei der »veranlagenden Bp« dem Prüfer selbst, d. h. er erlässt erforderlichenfalls die Korrekturbescheide. Dies gibt es nur bei der Amts-Bp und ist heute unüblich geworden. Im Übrigen ist der Erlass der Korrekturbescheide Aufgabe des zuständigen FA. (Häufig gibt es innerhalb des FA eine zentrale Stelle zur Auswerung der Prüfungsberichte.) Es ist an die Meinungen und Feststellungen im Prüfungsbericht nicht gebunden (vgl. § 12 Abs. 2 BpO 2000).

Das FA kann bei **Dauersachverhalten** Konsequenzen auch für Jahre außerhalb des Prüfungszeitraums ziehen. Dies ist nicht nur der Fall, wenn die Veranlagung des letzten Jahres vor Beginn des Prüfungszeitraums unter dem VdN steht (BFH vom 28. 02. 1987 BStBl II 1988, 2). Sind die Vorjahresbescheide endgültig, können z. B. nachträglich bekannt gewordene Tatsachen i. S. d. § 173 AO zur Änderung dieser Bescheide führen.

> **BEISPIEL**
>
> Der Steuerberater hat sein Büro im eigenen Einfamilienhaus. Er hat bisher die gesamten Telefonkosten als betrieblichen Aufwand behandelt. Die Prüfung ergibt einen Privatanteil von 35 % für den Prüfungszeitraum 05 bis 07. Das FA möchte auch die unter dem VdN stehenden ESt- und USt-Festsetzungen für 04 entsprechend ändern.
> **LÖSUNG** Dies ist gem. § 164 Abs. 2 AO grundsätzlich bis zur Verjährungsgrenze möglich. Die Änderung stellt keine unzulässige Ausdehnung der Prüfung ohne Erweiterung der Prüfungsanordnung dar. Falls für das Vorprüfungsjahr nachträglich bekannt gewordene Tatsachen i. S. d. § 173 Abs. 1 Nr. 1 AO vorliegen, müsste auch die endgültige Vorjahresveranlagung geändert werden.

f) Die Prüfung **endet** nach höchstrichterlicher Rspr. erst mit der Bekanntgabe der Bescheide oder der Mitteilung, dass Besteuerungsgrundlagen nicht mehr geändert werden (§ 202 Abs. 1 Satz 3 AO, § 12 Abs. 3 BpO 2000). Vorher kann also ohne erneute Prüfungsanordnung wieder in die Prüfung beim Stpfl. eingetreten werden. Erforderlich ist lediglich eine erneute Bestimmung des Prüfungsbeginns durch VA.

Nach der Ap greift unter den Voraussetzungen des § 173 Abs. 2 AO eine **Änderungssperre** wegen nachträglich bekannt gewordener Tatsachen und Beweismittel für Steuerbescheide, diesen gleichgestellten Bescheiden und (analog § 173 Abs. 2 AO) LSt-Haftungsbescheide. Vgl. L 7.3.

6 Rechtswegesystem bei Maßnahmen der Ap

Das Rechtswegesystem bei Maßnahmen der Ap beruht auf folgender Systematik:

a) Ist die Prüfungsmaßnahme ein **VA** (z. B. die Prüfungsanordnung), so muss sie zur Vermeidung von Rechtsverlusten **direkt** mit **Einspruch** angegriffen werden. Dies gilt nicht für heimliche oder nichtige VA. Realakte sind nicht einspruchsfähig.

b) Will der Stpfl. erst **nach tatsächlicher Durchführung der Prüfung Rechtsbehelf** einlegen, ist dafür die **Fortsetzungs-Feststellungsklage** gem. § 100 Abs. 1 Satz 4 FGO gegeben.

c) Außerdem muss der Stpfl. den Bescheid nach Ap mit Einspruch angreifen. Dabei kann sich der Stpfl. eventuell auf ein **Verwertungsverbot** berufen.

d) Im Fall, dass **nach der Ap ein erstmaliger Bescheid** ergeht (kein Korrekturbescheid), ist das **Rechtsschutzinteresse** des Rechtsbehelfs gegen den Prüfungs-VA sorgfältig zu prüfen.

a) Angriff gegen VA, insbesondere gegen die Prüfungsanordnung

Der Stpfl. muss VA, die er für rechtswidrig hält, direkt per Rechtsbehelf angreifen. Das gilt auch für VA im Rahmen einer Ap. Er darf nicht den Änderungsbescheid als Ergebnis der Ap abwarten und diesen mit der Begründung anfechten, die Prüfungsanordnung oder ein anderer zuvor ergangener VA sei rechtswidrig gewesen. Nach der Unanfechtbarkeit dieser VA kann man sich auf ihre (angebliche) Rechtswidrigkeit nicht mehr berufen.

Bei Berechnung der **Rechtsbehelfsfrist** sind §§ 355 f. AO zu beachten. Danach sind z. B. mündliche VA nur innerhalb eines Monats angreifbar, auch wenn sie ohne Rechtsbehelfsbelehrung ergingen. Für schriftliche VA ohne Rechtsbehelfsbelehrung gilt die Jahresfrist gem. § 356 Abs. 2 AO, die bei höherer Gewalt ggf. verlängert ist.

b) Angriff gegen erledigte VA

Der Stpfl. braucht den Einspruch **nicht unverzüglich einzulegen.** Solange die Rechtsbehelfsfrist noch läuft, ist der Rechtsbehelf zulässig, auch wenn der Stpfl. zwischenzeitlich die Durchführung der Maßnahme »ohne Gegenwehr« geduldet hat. Wenn allerdings die Prüfung zwischenzeitlich schon abgeschlossen ist, kann nach BFH vom 10. 04. 1990 BStBl II 1990, 721 von vornherein nur eine **Fortsetzungs-Feststellungsklage** erhoben werden (§ 100 Abs. 1 Satz 4 FGO). Gegen bereits »erledigte« VA gibt es keinen Einspruch (§ 347 Abs. 1 Nr. 1 AO).

c) Auswirkungen von Verfahrensfehlern bei der Ap auf den Einspruch gegen den auf Grund der Ap ergehenden Bescheid (Verwertungsverbote)

Letztlich geht es darum, ob das FA den Steuer-, Mess- oder Feststellungsbescheid erlassen durfte, der auf Grund der Erkenntnisse der Ap ergangen ist (»**Änderungshindernis**«). Für den Fall, dass die Erkenntnisse auf rechtswidrigen Maßnahmen beruhen, hat die Rechtsprechung die Lehre vom **Verwertungsverbot** entwickelt, die ihre Wurzel im Strafprozessrecht hat. Für das steuerliche Verfahrensrecht unterscheidet der BFH seit dem Urteil vom 04. 10. 2006 BStBl II 2007, 227 zwischen **einfachen** und **qualifizierten Verwertungsverboten**, je nach der Schwere des Rechtsverstoßes. Verstöße gegen §§ 193 ff. AO führen grundsätzlich nur zu einfachen Verwertungsverboten. Diese Verwertungsverbote hindern regelmäßig das FA nicht daran, die rechtswidrig erlangten Erkenntnisse im Änderungsbescheid bzw. erstmaligen Bescheid nach der Bp auszuwerten. Hat dagegen der Prüfer die Grundrechte des Stpfl. verletzt oder hat er strafbar gehandelt, können die so ermittelten Ergebnisse keinesfalls verwertet werden (»qualifiziertes Verwertungsverbot«).

War die rechtswidrige Prüfermaßnahme ein VA (insbesondere die Prüfungsanordnung), ist im Übrigen **formale Voraussetzung** für ein Verwertungsverbot, dass der Stpfl. den VA angefochten und seine Aufhebung erreicht hat bzw. erreicht, dass der vielleicht zwischenzeitlich erledigte VA für rechtswidrig erklärt wird (AEAO § 196 Nr. 3).

Einfache Verwertungsverbote können schon deshalb keine große Bedeutung haben, weil die **Prüfung** regelmäßig **wiederholt** werden kann, wobei der Fehler der ersten Prüfung vermieden wird (BFH vom 20. 10. 1988 BStBl II 1989, 180, AEAO § 196 Nr. 2, 3). Ob dies auch für qualifizierte Verwertungsverbote gilt, ist zweifelhaft. U.E. ist die Frage zu bejahen, weil Verwertungsverbote auch im deutschen Strafprozessrecht grundsätzlich keine sog. Fernwirkung haben. D. h. das rechtswidrig erlangte Ergebnis kann doch auf andere, später rechtmäßig herausgefundene Erkenntnisse gestützt werden.

Der Prüfer hat durch eine geschickte Täuschung, also unzulässigerweise (vgl. § 136a StPO) erreicht, dass ein Angehöriger des Stpfl. auf sein Aussageverweigerungsrecht gem. § 101 AO verzichtet und eine den Stpfl. belastende Aussage gemacht hat. Der Änderungsbescheid beruht i. H. v. 10 000 € zu versteuerndem Einkommen allein auf diesem Beweismittel. Das FG erklärt das Auskunftsverlangen später für rechtswidrig. Ist ein Verwertungsverbot unvermeidlich?

LÖSUNG Wenn der Prüfer das Auskunftsverlangen – diesmal korrekt – wiederholt, und der Zeuge macht dieselbe Aussage nochmal, kann der Änderungsbescheid aufrecht erhalten werden (vgl. AEAO § 101 Nr. 2).

Kann der Zeuge dagegen nicht mehr zu der früheren Aussage gebraucht werden (z. B. er ist verstorben oder er beruft sich auf sein Aussageverweigerungsrecht) und scheiden andere zulässige Beweismittel aus, muss dem Rechtsbehelf gegen den Änderungsbescheid abgeholfen und das zu versteuernde Einkommen um 10 000 € gesenkt werden.

Das Verwertungsverbot **wirkt nicht gegen Dritte,** die den VA nicht angegriffen haben (z. B. Haftungsschuldner oder Arbeitnehmer des Stpfl. (BFH vom 09. 11. 1984 BStBl II 1985, 191).

Verwertungsverbot bei der Prüfung von Vorbehaltsbescheiden

Einfache Verwertungsverbote können keine Bedeutung haben, soweit die Bp Vorbehaltsfestsetzungen betrifft. Hier geht das Interesse an einer materiell richtigen Steuerfestsetzung dem Interesse »an einem formal ordnungsgemäßen Prüfungsverfahren vor« (BFH vom 25.11.1997 BStBl II 1998, 461). Deshalb spielen einfache Verwertungsverbote in der Praxis keine Rolle, denn die Ap betrifft regelmäßig Vorbehaltsfestsetzungen. Qualifizierte Verwertungsverbote verhindern aber auch in diesen Fällen eine Auswertung des rechtswidrig erlangten Prüfungsergebnisses (BFH vom 22. 02. 2006 BStBl II 2006, 440).

d) Erstbescheid nach Ap

Folgt ausnahmsweise auf die Prüfung eine **erstmalige Steuerfestsetzung,** ist bedeutungslos, ob eine rechtmäßige Prüfungsanordnung vorlag, weil das FA bei den Ermittlungen vor der erstmaligen Veranlagung gem. §§ 88 ff. AO nicht durch die Vorschriften über die Ap (§§ 193 ff. AO) eingeengt ist. Auch andere einfache Verwertungsverbote spielen keine Rolle. Nur qualifizierte Verwertungsverbote sind u. E. auch hier zu beachten.

Auch das Rechtswegesystem ist völlig anders, wenn nach der Ap eine erstmalige Steuerfestsetzung erfolgt. Der Stpfl. **kann im Einspruchsverfahren gegen diesen erstmaligen Steuerbescheid alles vortragen,** was er am Ermittlungsverfahren für rechtswidrig hält. Er ist also nicht darauf angewiesen, dass er die Prüfungsanordnung erfolgreich angegriffen hat. Deshalb besteht in diesem Fall nach BFH vom 10. 05. 1991 BStBl II 1991, 825 für einen Einspruch gegen eine Prüfungsanordnung kein Rechtsschutzbedürfnis; der trotzdem eingelegte Rechtsbehelf sei unzulässig. (Im Urteilsfall hat der Stpfl. den Einspruch gegen die Prüfungsanordnung erst nach tatsächlicher Durchführung der USt-Prüfung eingelegt. Nach erfolglosem Einspruch hat er Fortsetzungs-Feststellungsklage zum FG erhoben. Der BFH sah die Klage mangels Rechtsschutzinteresses als unzulässig an.)

7 Verbindliche Auskunft, verbindliche Zusage nach Ap und tatsächliche Verständigung

7.1 Verbindliche Auskunft

a) Begriff und Zweck

Rechtsauskünfte des FA (§ 89 Abs. 1 Satz 2 AO) sind grundsätzlich mangels einer »Regelung« (Entscheidung mit unmittelbarer Außenwirkung, § 118 AO) **keine VA**. Der Stpfl. kann sich daher nicht darauf verlassen, dass das FA bei der einmal geäußerten Meinung bleibt. Seit dem Föderalismusreform-Begleitgesetz vom 05. 09. 2006 (BGBl I 2006, 2098) sieht die AO jedoch in § 89 Abs. 2 auch **verbindliche Auskünfte** vor hinsichtlich der steuerlichen Beurteilung zukünftiger Sachverhalte. Die verbindliche Auskunft wird nur auf Antrag erteilt und ist gebührenpflichtig (§ 89 Abs. 3–5 AO; vgl. dazu AEAO § 89 Nr. 4). Im Wesentlichen folgt die gesetzliche Regelung den Regeln, welche die höchstrichterliche Rechtsprechung schon früher aus dem Grundsatz von Treu und Glauben für verbindliche Auskünfte aufgestellt hat. Jedoch ergibt sich heute aus der Gesamtregelung eindeutig, dass verbindliche Auskünfte (und nicht nur ihre Verweigerung) **VA** darstellen (ebenso AEAO § 89 Nr. 7.3; vgl. z. B. § 2 Abs. 3 StAuskVO).

Die **Voraussetzungen** der verbindlichen Auskunft sind in § 1 der zu § 89 Abs. 2 Satz 4 AO ergangenen SteuerauskVO vom 30.11.2007 BStBl I 2007, 820 aufgeführt. Danach muss der Stpfl. einen **schriftlichen** Antrag stellen (obwohl die Schriftform nicht ausdrücklich erwähnt ist). Im Antrag muss der Stpfl. darlegen

- den **Sachverhalt**; er darf **noch nicht verwirklicht**, muss aber ernsthaft geplant sein,
- das **besondere steuerliche Interesse** des Stpfl. an der verbindlichen Zusage; dieses ist gegeben, wenn von der Zusage wirtschaftliche Dispositionen abhängig sind,
- die **rechtliche Problematik** mit Angabe der einschlägigen gesetzlichen Bestimmungen und substantiierter Darlegung des eigenen Rechtsstandpunktes,
- die Formulierung der konkreten **Rechtsfrage** (z. B. »Stellen die aufgrund des geplanten Darlehensvertrags gezahlten Schuldzinsen Betriebsausgaben dar?«);
- eine **Erstmalig**keitsversicherung (»Ich versichere, dass ich diese verbindliche Auskunft bisher bei keinem anderen FA beantragt habe«) und
- eine **Vollständigkeits- und Wahrheitsversicherung** (»Ich versichere, dass ich den Sachverhalt wahrheitsgemäß und vollständig dargelegt habe.«).

Zuständig ist das FA, das bei Verwirklichung des geplanten Sachverhalts örtlich zuständig wäre, § 89 Abs. 2 Satz 2 AO. Schriftform ist für die Auskunft nicht ausdrücklich vorgeschrieben, aber in der Praxis selbstverständlich. Sie ist eine **Ermessen**sentscheidung (»können« in § 89 Abs. 2 Satz 1 AO). Die Auskunft **bindet** das FA, wenn der später verwirklichte Sachverhalt von dem geschilderten »nicht oder nur unwesentlich abweicht« (§ 2 Abs. 1 Satz 1 StAuskVO). Der Stpfl. trägt also das Risiko, dass er den Sachverhalt »unklar« geschildert hat, oder dass der Sachverhalt sich anders entwickelt hat als von ihm vorgesehen. Ist die wahre Rechtslage allerdings günstiger als die Auskunft, entfaltet sie (insoweit) keine Bindungswirkung (§ 2 Abs. 1 Satz 2 StAuskVO). Im Übrigen entfällt die Bindung, wenn das Gesetz geändert, oder wenn und soweit die Auskunft gem. § 2 Abs. 3 StAuskVO i.V.m. §§ 129-131 AO berichtigt oder zurückgenommen bzw. widerrufen wird (s. L 2, 3).

Im Einzelfall ist zu prüfen, ob sich das FA wirklich **verbindlich** oder nur freundlich-unverbindlich geäußert hat. Die Erklärung des FA ist u.U. auszulegen; dafür kann auch der Umstand herangezogen werden, ob das FA eine Gebühr festsetzt oder nicht.

BEISPIELE

> a) Enthält die »verbindliche« Auskunft des FA den Vermerk, sie ergehe »vorbehaltlich einer anderslautenden Entscheidung in einer ...-Dienstbesprechung« oder »vorbehaltlich des Ergebnisses der Bp«, dann liegt eine im Wesentlichen unverbindliche Äußerung vor.
>
> b) Im Fall des BFH-Urteils vom 17. 09. 1992 BStBl II 1993, 218 hat das FA die Anfrage nach der Höhe eines Teilwerts folgendermaßen beantwortet: Die Wertangaben des Steuerberaters (in seiner Anfrage) »erscheinen durchaus realistisch«, »derzeit« (wolle) das FA »aber keine verbindliche Stellungnahme abgeben«. Hier liegt nur eine unverbindliche Äußerung vor.

Eine Unterart der verbindlichen Auskunft gem. § 89 Abs. 2 AO ist die **LSt-Anrufungs-auskunft**, die schon seit Jahrzehnten gesetzlich geregelt ist (**§ 42e EStG**). Sie ist ebenfalls ein VA (so jetzt auch BFH vom 30. 04. 2009 – VI R 54/7 –; einschränkend noch R 147 Abs. 1 Satz 4 LStR. Sie unterscheidet sich allerdings in einigen Punkten von der verbindlichen Auskunft gem. § 89 Abs. 2 AO. Z. B. hat der Arbeitgeber einen direkten Anspruch auf die Anrufungs-auskunft, wenn die Voraussetzungen vorliegen (nicht nur einen Anspruch auf ermessensge-mäße Entscheidung) und sie ist nicht gebührenpflichtig. Im Übrigen entfaltet sie (als Institut des Lohnbesteuerungsverfahrens) nur Wirkung für das LSt-Abzugs-, Pauschalierungs- und Haftungsverfahren (§ 42d EStG), nicht jedoch für die Veranlagung der Arbeitnehmer zur ESt.

7.2 Verbindliche Zusagen nach Ap

Im Unterschied zur »verbindlichen Auskunft« gem. § 89 ABs. 2 AO (s. 7.1) ergeht die »verbindliche Zusage« nach Prüfung eines Sachverhalts per Ap und Darstellung des Sach-verhalts im Prüfungsbericht (§ 204 AO). Wie bei der verbindlichen Auskunft geht es um die zukünftige Rechtsfolgeziehung aus einem zukünftigen Sachverhalt, der allerdings hier einem bereits geprüften vorliegenden Sachverhalt entspricht (der andauern bzw. sich wieder-holen wird; BFH vom 13. 02. 2008 BStBl II 2009, 414). Die Zusage ist nicht gebührenpflichtig.

Die **Voraussetzungen** der verbindlichen Zusage sind in § 204 AO niedergelegt. Auch hier reagiert die Verwaltung nur auf **schriftlichen Antrag** (AEAO § 204 Nr. 3). Der Antrag sollte möglichst vor der Schlussbesprechung gestellt werden. Was die erforderlichen Angaben im Antrag angeht, kann sich der Antragsteller am Wortlaut des § 205 Abs. 2 AO über den Inhalt der verbindlichen Zusage orientieren, da die Zusage das Spiegelbild des Antrags sein sollte. Danach soll der Stpfl. im Antrag darlegen

- den **Sachverhalt**, der zukünftig verwirklicht wird, aber dem bereits der Prüfung unterliegenden Sachverhalt im Wesentlichen entspricht,
- das **Zusageinteresse** (§ 204 letzter HS AO: »Die Zusage ist für die geschäftlichen Maßnahmen des Stpfl. von Bedeutung«),
- die **rechtliche Problematik** und die einschlägigen Bestimmungen (§ 207 Abs. 1 AO), und
- welchen Inhalt die gewünschte **Zusage** haben soll.

Zuständig ist das für die Auswertung der Prüfungsfeststellungen zuständige FA (AEAO § 204 Nr. 2). Schriftform ist in § 205 Abs. 1 AO ausdrücklich vorgeschrieben. Wie die verbindliche Auskunft gem. § 89 Abs. 2 AO ist die verbindliche Zusage nach Außenprüfung eine **Er-messen**sentscheidung. Jedoch schränkt § 204 AO das Ermessen ein: Die Zusage »soll« verbindlich erteilt werden, wenn ihre Voraussetzungen vorliegen. Diese Sollregel besagt, dass in der Regel die Zusage erteilt werden **muss**, Ausnahmen sind nur bei vom Regelfall gravierend abweichendem Sachverhalt möglich (vgl. B 2.4). Die Zusage **bindet** das FA, wenn

»sich der später verwirklichte Sachverhalt mit dem der verbindlichen Zusage zugrunde gelegten Sachverhalt deckt« (§ 206 Abs. 1 AO). Ist jedoch die wahre Rechtslage günstiger als die Zusage, entfaltet sie insoweit keine Bindungswirkung für den Stpfl. (§ 206 Abs. 2 AO; wie bei der verbindlichen Auskunft). Im Übrigen entfällt die Bindung unter den gleichen Voraussetzungen wie bei der verbindlichen Auskunft (§ 207 AO).

7.3 Die tatsächliche Verständigung über das Vorliegen eines Sachverhalts

a) Begriff und Vorkommen

Aus Gründen der Praktikabilität kann (Ermessen!) sich das FA bei **schwierig zu ermittelnden zurückliegenden Sachverhalten** mit dem Stpfl. **auf das Vorliegen eines bestimmten vergangenen** steuerlich relevanten **Sachverhalts einigen** (ständ. Rspr. seit BFH vom 11. 12. 1984 BStBl II 1985, 354; AEAO § 88 Nr. 1 a. E., § 201 Nr. 5; BMF vom 30. 07. 2008 BStBl I 2008, 831).

Die tatsächliche Verständigung ist nicht nur ein Phänomen der Außenprüfung. Tatsächliche Verständigungen können **in jeder Phase** des Veranlagungs-, Rechtsbehelf- u. Korrekturverfahrens vorkommen, z. B. im Vorfeld der Veranlagung, zur Vorbereitung des Erlasses einer Entscheidung im Einspruchsverfahren, bei einem außergerichtlichen (§ 364 a AO) oder gerichtlichen Erörterungstermin bzw. noch in der letzten mündlichen Verhandlung des FG (BFH vom 08. 10. 2008 BStBl II 2008, 121). Nach wie vor hat die tatsächliche Verständigung aber die größte Bedeutung für die Ap. Regelmäßig findet sie im Rahmen der **Schlussbesprechung** statt (§ 201 AO). Dabei ist aber zu beachten, dass der Prüfer regelmäßig nicht »abschlussberechtigt« ist.

b) Abgrenzungen, insbes. zum unzulässigen Steuervergleich

Die Einigung bezieht sich auf das Vorliegen von (regelmäßig) abgeschlossenem **Sachverhalt**; dadurch unterscheidet sich die tatsächl. Verständigung von der verbindlichen Auskunft bzw. verbindlichen Zusage der §§ 204 ff. AO. Ein »**Vergleich**« über Rechtsfolgen, insbes. über den Steueranspruch ist **nicht** möglich bzw. unwirksam (BFH vom 05. 10. 1990 BStBl II 1991, 45).

Wie problematisch diese Abgrenzung ist, zeigt das Urteil des BFH vom 13. 07. 1994 BStBl II 1995, 37. Dort verweist der BFH an das FG zurück zur Prüfung, ob die »Geschäftsgrundlage« einer tatsächlichen Verständigung des Stpfl. mit dem FA gewesen sei, dass der Stpfl. »alle Nebenansprüche verliere«. Das FA hatte aufgrund einer tatsächlichen Verständigung den angegriffenen Steuerbescheid aufgehoben. Das FG müsse nun klären, ob sich der Stpfl. bei der tatsächlichen Verständigung so verhalten hat, dass »das FA berechtigterweise darauf vertrauen durfte, (der Stpfl.) verzichte auf die (ihm kraft Gesetzes zustehenden) Prozesszinsen (gem. § 236 AO)«. Eine derartige tatsächliche Verständigung, dass man auf einen Rechtsanspruch verzichtet, ist u. E. gar nicht möglich.

Ein **Bedürfnis** für das Institut ist mit dem BFH auf jeden Fall zu bejahen; die Praxis der Bp hat schon immer mit der tatsächlichen Verständigung gearbeitet. Sie ist u. E. auch mit der AO zu vereinbaren. Das FA hat keine schrankenlose Ermittlungspflicht (§ 88 Abs. 1 Sätze 2, 3 AO). Dies wäre auch mit dem auf dem Rechtsstaatsprinzip (Art. 20, 3, 28 GG) beruhenden **Verhältnismäßigkeitsgrundsatz** nicht zu vereinbaren. Folglich sind sachverhaltsfeststellende Vereinbarungen mit dem Stpfl. nicht von vornherein ausgeschlossen.

Dass anschließend – insbesondere nach gegenseitigem Nachgeben bei mehreren streitigen Sachverhalten – beide Seiten an das Vereinbarte **gebunden** sind, beruht auf dem Grundsatz von **Treu und Glauben** (der ebenfalls ein Bestandteil des Rechtsstaatsprinzips ist).

Allerdings darf die Möglichkeit einer tatsächlichen Verständigung nicht zur Schlamperei der Finanzbehörde bei der Ermittlung des Sachverhalts führen oder zum »Kuhhandel« im Rahmen der Ap. Sie muss sich auf die Bereiche beschränken, die unter a) aufgeführt sind.

c) Rechtsgrundlagen

Das Institut beruht auf dem gesetzlich weitgehend nicht ausdrücklich geregelten Grundsatz von Treu und Glauben (BFH vom 11. 12. 1984 BStBl [a. a. O.]), s. o. b).

d) Voraussetzungen der tatsächlichen Verständigung

1. Tatsächlich »schwieriger« zurückliegender Sachverhalt: Nur wenn der steuerlich relevante Sachverhalt **unaufklärbar** ist, oder wenn die Schwierigkeit (Kosten) der Aufklärung **in keinem vernünftigen Verhältnis zum möglichen Erfolg** steht (vgl. § 88 Abs. 1 Sätze 2, 3 AO), kann das FA mit dem Stpfl. eine Vereinbarung über den maßgeblichen Sachverhalt treffen.

> **BEISPIEL**
>
> Der Stpfl., ein Gastwirt, hat entgegen § 141 AO nicht Buch geführt und im Übrigen nur lückenhafte Aufzeichnungen über seinen Umsatz gemacht.
> **LÖSUNG** Das FA kann sich mit dem Stpfl. z. B. über die Höhe seines Gesamtumsatzes oder über den Anteil von Getränken bzw. Speisen am Umsatz, oder über den Rohgewinn- bzw. Reingewinnsatz einigen.

Die tatsächliche Verständigung stellt daher (nicht unbedingt erforderlich!) nach beidseitigem Nachgeben einen **Kompromiss** der Ansichten darüber dar, was geschichtlich tatsächlich abgelaufen ist.

2. Abschlusskompetenz: Obwohl es sich um eine Vereinbarung über das Vorliegen von Sachverhalt handelt, geht es letztlich doch um den Steueranspruch. Der BFH (Urteil vom 05. 10. 1990 BStBl II 1991, 45) verlangt daher, dass an der Vereinbarung »ein Amtsträger beteiligt ist, der **für die Entscheidung über die Steuerfestsetzung zuständig** ist« ([a. a. O.] S. 46; dahingestellt von BFH vom 13. 02. 2008 BStBl II 2009, 414).

> **BEISPIEL**
>
> Verbindlichkeit tritt nur ein, wenn der zuständige Veranlagungsbeamte zustimmt. Dies sind: Vorsteher des VA-Finanzamts, SGL, u. E. auch der SB, soweit sein Zeichnungsrecht reicht. Bei der allerdings seltenen »veranlagenden Bp« (insbes. Amts-Bp), bei welcher der Prüfer selbst den Änderungsbescheid erlässt, genügt u. E. die Zustimmung des Prüfers, soweit sein Zeichnungsrecht reicht.
> § 195 Satz 3 AO wird hier von der Rspr. nicht (unmittelbar oder mittelbar) angewandt.

Der Stpfl. kann daher **verlangen, dass der zuständige Veranlagungsbeamte an der Schlussbesprechung der Ap teilnimmt** (bzw. dass eine erneute Schlussbesprechung mit ihm stattfindet). Nach der Vorstellung des BFH muss der **zuständige Veranlagungsbeamte** bei der tatsächlichen Verständigung **körperlich anwesend** sein. Vorausgenehmigung oder nachträgliche Zustimmung genügen nicht zur Wirksamkeit. (U. E. ist dies abzulehnen. Da **keine Form** vorgeschrieben ist, genügt zumindest die telefonische Zustimmung des zuständigen Veranlagungsbeamten im Rahmen der Schlussbesprechung. Auch die **vorherige** oder **nachträgliche** Zustimmung des zuständigen Veranlagungsbeamten ist u. E. möglich und wirksam.)

e) Tragweite der tatsächlichen Verständigung

Eine tatsächliche Verständigung liegt nur vor, wenn beide Seiten den **übereinstimmenden Bindungswillen** hierfür bekundet haben. Dies setzt voraus, dass alle an ihr Beteiligten sie in diesem Sinne verstanden haben bzw. sie zumindest so verstehen mussten. Dies gilt auch für den **Umfang** der Bindungswirkung. Eine in der Schlussbesprechung einer Bp vereinbarte tatsächliche Verständigung wird sich z. B. in der Regel auf die Behandlung des Sachverhalts im Prüfungszeitraum beziehen. Bei einem geprüften Dauersachverhalt (z. B. ob die tatsächlichen Voraussetzungen dafür vorliegen, dass ein Wirtschaftsgut zum Sonder-Betriebsvermögen gehört) ist u. E. auch eine bindende Vereinbarung hinsichtlich der Behandlung in späteren Besteuerungsabschnitten möglich (dahingestellt vom BFH vom 13. 02. 2008 BStBl II 2009, 414). Da die tatsächliche Verständigung i. d. R. ein Kompromiss ist, können beide Seiten später nicht mehr auf ihre ursprünglichen Positionen zurück; die tatsächl. Verständigung ist **für beide Seiten verbindlich** (wenn die o. a. Voraussetzungen vorliegen), und zwar sofort mit ihrem Abschluss (BFH vom 31. 07. 1996 BStBl II 1996, 625). Die Vereinbarung **bindet also den Stpfl. auch zu seinen Ungunsten** (anders als die verbindliche Zusage und die verbindliche Auskunft, vgl. BFH vom 08. 10. 2008 BStBl II 2009, 121). Der laut Vereinbarung vorliegende Sachverhalt ist der Veranlagung als der »wahre« materielle Sachverhalt zu Grunde zu legen.

Allerdings verweigert die höchstrichterliche Rechtsprechung (z. B. BFH vom 08. 10. 2008 a. a. O) einer tatsächlichen Verständigung die Wirksamkeit, wenn sie »**zu einem offensichtlich unzutreffenden Ergebnis**« führt. Wann dies der Fall ist, kann nur im Einzelfall entschieden werden. Diese Meinung führt in der Praxis zu einer gewissen Rechtsunsicherheit. Da aber das Institut auf Treu und Glauben gründet, kann die Verständigung dort keine Wirkung zu Gunsten des Stpfl., wo sich dem Stpfl. die Rechtswidrigkeit der Zusage aufdrängen muss.

BEISPIEL

> Ein Arbeitgeber hat seinen Arbeitnehmern für besondere Leistungen Geld- und Sachprämien gewährt. Sie wurden zu Unrecht nicht lohnversteuert. Die Ermittlung der individuellen LSt der Einzelnen Arbeitnehmer erweist sich als schwierig.
>
> BFH vom 17. 03. 1994 BStBl II 1994, 536 hält eine tatsächliche Verständigung zwischen dem FA und dem Arbeitgeber dahingehend für möglich, dass eine pauschale Versteuerung vorgenommen wird, obwohl die Voraussetzungen für eine Pauschalierung der LSt gem. §§ 40 a, 40 b EStG eindeutig nicht vorliegen.

Die Vereinbarung gilt **bis zum Abschluss einer anderslautenden Vereinbarung** über den Sachverhalt. Treu und Glauben verlangen nicht, dass die »Parteien« der tatsächl. Verständigung an einer gemeinsam als falsch erkannten Vereinbarung festhalten. (Für verbindliche Zusagen: vgl. § 207 Abs. 3 AO.)

Teil O Festsetzungsverjährung und Feststellungsverjährung

1 Allgemeines

Die §§ 169–171 AO enthalten Vorschriften zur Festsetzungsverjährung (**FVj**) der Steuern, die durch Bestimmungen an anderer Stelle ergänzt werden. Vgl. §§ 174 f. AO zur FVj in Zusammenhang mit Korrekturbescheiden, 181 Abs. 1, 3–5 AO zur Feststellungsverjährung von gesonderten Feststellungen, 191 Abs. 3 und 4 AO zur FVj von Haftung, 239 Abs. 1 AO zur FVj der Zinsen. Auch andere Gesetze enthalten Bestimmungen zu diesem Thema, z. B. § 10 d Abs. 1 Satz 4 EStG usw.

Die **Wirkungen** der FVj sind materiell- und verfahrensrechtlicher Art: Gemäß § 47 AO führt FVj zum **Erlöschen des Anspruchs** (vgl. H 4). Gemäß § 169 Abs. 1 Sätze 1 und 2 AO darf nach Eintritt der FVj **weder ein Bescheid erstmals ergehen, noch darf ein Bescheid korrigiert werden.** Eine Wiedereinsetzung des FA gemäß oder analog § 110 AO in die versäumte Verjährungsfrist ist nicht möglich (ebenso BFH vom 19. 08. 1999 BStBl II 2000, 330).

Der Eintritt der FVj ist **von Amts wegen zu beachten,** schließt aber Ermittlungshandlungen des FA im Einzelfall nicht von vornherein aus. Z. B. kann trotz möglicher FVj der Steuern des Prüfungszeitraums eine Bp angeordnet werden, um die Verjährungsfrage u. a. zu klären (BFH vom 25. 01. 1989 BStBl II 1989, 483).

Im Zivilrecht hat dagegen die Verjährung (§§ 194 ff. BGB) keine Erlöschenswirkung. Der Eintritt der Verjährung ist nur »auf Einrede« des Schuldners zu beachten.

Nach Eintritt der FVj trotzdem vorgenommene Festsetzungen und Bescheidkorrekturen sind »einfach« fehlerhaft, eventuell aufhebbar und angreifbar, **nicht** jedoch **nichtig** (ebenso AEAO vor §§ 169–171 Nr. 3). Der Fehler ist infolge der Kompliziertheit der Verjährungsregeln (vgl. § 171 AO!) jedenfalls nicht »offenkundig« (§ 125 Abs. 1 AO, vgl. D 8.1). Der Stpfl. muss also Steuerbescheide anfechten, die trotz Eintritts der FVj erlassen wurden; sonst werden sie unanfechtbar.

Aus der Wirkung der FVj ergibt sich die **Bedeutung** dieses Instituts für die Rechtsstaatlichkeit (Art. 20, 28 GG); Zum Rechtsstaat gehören materielle Einzelfallgerechtigkeit **und** Rechtssicherheit. Bis zur FVj geht i. d. R. die materielle Einzelfallgerechtigkeit vor (vgl. § 85 AO, soweit sie nicht z. B. durch Korrekturvorschriften u. ä. eingeschränkt ist). Danach regiert die Rechtssicherheit bzw. der Rechtsfrieden.

2 Gegenstand der FVj (Anwendungsbereich der §§ 169–171 AO)

Gem. § 169 Abs. 1 Sätze 1, 2 AO unterliegt die **Steuer**festsetzung, -änderung, -berichtigung und ihre Aufhebung der FVj. Es spielt keine Rolle, ob die Festsetzung oder ihre Korrektur zu Gunsten oder zulasten des Stpfl. wäre (BFH vom 05. 03. 1987 BStBl II 1987, 413).

Durch Verweisung auf die Vorschriften über »Steuern« sind diese Vorschriften entsprechend anwendbar auf **Vergütungsansprüche** (§ 155 Abs. 6 AO), **gesonderte Feststellungen** (§ 181 Abs. 1 Satz 1 AO), **Messbeträge** (§ 184 Abs. 1 Satz 3), **Zerlegung und Zuteilung** von Messbeträgen (§§ 185, 190 Satz 2), **Zinsen** (§ 239 Abs. 1 Satz 1) **und Realsteuerfestsetzungen der Gemeinden** (§ 1 Abs. 2 Nr. 4 AO) sowie eventuell landesrechtlich geregelte Steuern

(z. B. § 3 Abs. 1 Nr. 4 Buchst. c Kommunalabgabengesetz BW, § 11 KiStG BW; vgl. AEAO vor §§ 169 ff. Nr. 5).

Im Bereich der **gesonderten Feststellungen** spricht die AO von **Feststellungsverjährung**, § 181 Abs. 3 AO. Die Regeln über die FVj von Steuern gelten entsprechend (§ 181 Abs. 1 AO), soweit nicht § 181 Abs. 3–5 AO Sonderregelungen (i. d. R. nur Parallelregelungen) enthalten.

Dazu kommen noch: **Haftungsansprüche** (§ 191 Abs. 3 Satz 1 AO) und **Zulagen** (§ 5 Abs. 5 Satz 1 InvZulG, § 14 Abs. 2 5. VermBG). Für den Ansatz von Vollstreckungskosten enthält § 346 Abs. 2 AO eine eigene Regelung. In den Fällen entsprechender Anwendung können für Einzelfragen Spezialregeln gelten (z. B. §§ 239 Abs. 1 Satz 1 letzter HS, 191 Abs. 3 Satz 4 AO).

> **BEISPIEL**
>
> Wegen der Besonderheiten des Haftungsbescheids (§ 191 Abs. 1 AO: »kann«) gegenüber Steuerbescheiden soll nach BFH vom 12. 08. 1997 BStBl II 1998, 131 die Korrektur von Haftungsbescheiden zu Gunsten des Stpfl. auch nach FVj noch möglich sein.

Für steuerliche Nebenansprüche (§ 3 Abs. 3 AO) gibt es die FVj nur im Bereich der Zinsen (s. o., § 239 Abs. 1 Satz 1 AO); vgl. auch die Sonderregelung für Vollstreckungskosten in § 346 AO. Verspätungszuschläge und Zwangsgelder unterliegen nicht der FVj, weil das Gesetz für sie nicht auf die Vorschriften über Steuern verweist. Es wäre aber ermessens- und rechtswidrig (§ 5 AO), VerspZ und Zwangsgelder wegen verjährter Steuern festzusetzen (AEAO § 169 Nr. 5). Säumniszuschläge unterliegen nicht der FVj, weil sie nicht der Festsetzung bedürfen (§ 218 Abs. 1 Satz 1 letzter HS AO).

Die FVj darf **nicht mit der Zahlungsverjährung verwechselt** werden (§§ 228 ff. AO, vgl. H 4.4): Gegenstand der Zahlungsverjährung sind die Zahlungsansprüche aus dem Steuerschuldverhältnis (§§ 228 Satz 1, 37 AO). Wie die FVj führt aber auch die Zahlungsverjährung materiell zum Erlöschen der Ansprüche (§ 47 AO).

Für die Prüfung von FVj-Fragen empfiehlt sich i. d. R. folgendes **Schema:**

1. **Beginn** der FVj (z. B. § 170 Abs. 2 Nr. 1 AO)?
2. **Dauer** der FVj **regulär** (eventuell unterschiedlich für Teile des Anspruchs; z. B. § 169 Abs. 2 Satz 1 Nr. 2, Satz 2 AO)?

Hinausschieben des Fristendes durch **Ablaufhemmung** (z. B. § 171 Abs. 4 AO)?
Dabei sind zu prüfen:
– Voraussetzungen,
– sachlicher Umfang und
– zeitlicher Umfang der Ablaufhemmung.

3. **Fristwahrung** (§ 169 Abs. 1 Satz 3 AO)?

Bestehen eventuell **Folgen** einer **Verletzung der FVj?** (Vgl. 1).

3 Beginn der Festsetzungs-Verjährungsfrist und der Feststellungs-Verjährungsfrist (§§ 170, 181 AO)

3.1 Grundregel

Die **Grundregel** befindet sich in § 170 Abs. 1 AO (bzw. in § 181 Abs. 3 Satz 1 AO). Der Lauf der Verjährungsfrist beginnt grundsätzlich **mit Ablauf des Entstehungsjahrs (§ 37 AO) des Anspruchs** (vgl. C 5).

3.2 Anlaufhemmung (§ 170 Abs. 2 Nr. 1, § 181 Abs. 3 Satz 2 AO in Fällen der Erklärungspflicht)

Besteht eine **Erklärungspflicht**

a) nach einem Einzelsteuergesetz (§ 149 Abs. 1 Satz 1 AO) oder

b) kraft behördlicher Aufforderung zur Erklärungsabgabe (§ 149 Abs. 1 Satz 2 AO),

so beginnt die FVj erst (»Anlaufhemmung«) mit **Ablauf des Jahres, in dem die Erklärung beim FA eingegangen ist, aber spätestens mit Ablauf des 3. Jahres nach dem Entstehungsjahr (§ 37 Abs. 1 AO) der Steuer** (»maximale Anlaufhemmung«). Wegen der **gesetzlichen Erklärungspflichten** vgl. G 3.1 und AEAO zu § 170 Nr. 3.

Fordert das FA einen Stpfl. **rechtswidrig** zur Abgabe einer Steuererklärung auf, obwohl kein Fall von Erklärungspflicht vorliegt, sondern z. B. einer Antragsveranlagung für Arbeitnehmer gem. § 46 Abs. 2 Nr. 8 EStG, greift § 170 Abs. 2 AO nur dann, wenn die fehlerhafte Aufforderung zur Erklärungsabgabe unanfechtbar geworden ist. Jetzt kann sich niemand mehr darauf berufen, die Aufforderung sei rechtswidrig gewesen.

Bei Erklärungspflicht kommt es zur maximalen Anlaufhemmung, wenn der Stpfl. im dritten Jahr nach dem Entstehungsjahr der Steuer die geschuldete Erklärung bzw. Anzeige einreicht, oder noch später, oder gar nicht.

> **BEISPIELE**
>
> a) Abgabe der (gesetzl. gem. § 25 Abs. 3 EStG, § 56 EStDV verlangten) ESt-Erklärung für den VZ 01
> - in 02: Beginn der FVj mit Ablauf 02
> - in 04: Beginn der FVj mit Ablauf 04
> - in 05: Beginn der FVj mit Ablauf 04
> - keine Abgabe (Schätzungsfall): Beginn der FVj mit Ablauf 04
>
> b) Abgabe der (gesetzl. verlangten) Erklärung zur gesonderten Gewinnfeststellung 01 (§ 181 Abs. 2 Nr. 2 AO) in 03: Beginn der Feststellungsverjährung mit Ablauf 03 (§§ 181 Abs. 1 Satz 2, 170 Abs. 2 Nr. 1 AO).

Eine **Erklärung** i. S. d. § 170 Abs. 2 Nr. 1 AO liegt vor, wenn das FA nach ihrem Eingang ein »ordnungsgemäßes« Veranlagungsverfahren einleiten kann. (Die Einzelheiten sind streitig.) Sachlich falsche oder unvollständige Erklärungen lösen den Lauf der Festsetzungsfrist aus, wenn sie das FA mindestens in die Lage versetzen, eine Schätzung der Steuer durchzuführen (§ 162 AO). Dagegen soll eine – entgegen der gesetzlichen Verpflichtung – nicht eigenhändig unterschriebene Erklärung so behandelt werden, als habe der Stpfl. keine Erklärung eingereicht (BFH vom 14. 01. 1998 HFR 1998, 625).

a) Die Erklärung eines Unternehmers zur ESt 01, der vom FA zur Erklärungsabgabe aufgefordert wurde, geht im Jahr 02 beim FA ein. Die Erklärung enthält nur negative Einkünfte.

LÖSUNG Der (nur oder per Saldo) Verluste erzielende Unternehmer ist nicht kraft Gesetzes (§ 25 Abs. 3 EStG § 56 EStDV), aber infolge der Aufforderung des FA (§ 149 Abs. 1 Satz 2 AO) erklärungspflichtig. Folglich greift § 170 Abs. 2 Nr. 1 AO. Da seine Erklärung beim FA im Jahr 02 eingeht, läuft die Verjährungsfrist ab Ablauf 02.

b) Ein Antrag auf Verlängerung der Erklärungsfrist für 01, der Ende 02 beim FA eingeht, hat verjährungsrechtlich keine Bedeutung; der Antrag ist keine »Erklärung«.

c) In der ESt-Erklärung 05, die beim FA im November 06 einging, waren die Kapitaleinkünfte um 10 600 € zu niedrig erklärt. Der ESt-Bescheid 05 vom Februar 07 folgte der Erklärung. Im März 09 berichtigt der Stpfl. seine Erklärung 05 gem. § 153 AO. Ab wann läuft die Festsetzungsfrist für die ESt 05?

LÖSUNG Mangels besonderer Angaben im Sachverhalt war der Stpfl. erklärungspflichtig. Die Erklärung für 05 ging im Jahr 06 beim FA ein. Dies löst den Lauf der Festsetzungsfrist ab Ablauf 06 aus, auch wenn die Erklärung sachlich unrichtig ist. Es kommt nicht zur maximalen Anlaufhemmung von drei Jahren. Die gesetzliche Pflicht zur Berichtigung der als falsch erkannten Erklärung gem. § 153 AO bewirkt keine (erstmalige oder erneute) Anlaufhemmung gem. § 170 Abs. 2 Nr. 1 AO (AEAO § 170 Nr. 3).

d) Der Stpfl. reicht im Jahr 02 seine USt-Jahreserklärung 01 ein, die eine Abschlusszahlung enthält. Die Erklärung ist nicht unterschrieben. Das FA hebt noch im Jahr 02 wirksam den Vorbehalt der Nachprüfung auf. Wann beginnt die Festsetzungsfrist?

LÖSUNG Die Festsetzungsfrist beginnt nach BFH vom 10. 11. 2004 BStBl II 2005, 244 erst mit Ablauf 04 zu laufen. Eine nicht unterschriebene Erklärung setzt kein ordnungsgemäßes Veranlagungsverfahren in Gang.

Gibt ein in Wirklichkeit erklärungspflichtiger ESt-Pflichtiger fälschlich nur Einkünfte aus nichtselbstständiger Arbeit an, den das FA als »Antrag auf Arbeitnehmerveranlagung« gem. § 46 Abs. 2 Nr. 8 EStG behandelt, löst dies u. E. die Festsetzungsfrist mit Ablauf des Eingangsjahrs aus (§ 170 Abs. 2 Nr. 1 AO). Die BFH-Rspr. hat die Frage zum früheren Lohnsteuerjahresausgleichsantrag anders entschieden. U.E. kann dies auf den Antrag gem. § 46 Abs. 2 Nr. 8 EStG nicht übertragen werden.

3.3 Anlaufhemmung in § 170 Abs. 3 AO für die Korrektur von antragsbedingten Festsetzungen

Die Frist zur **Änderung oder Aufhebung** der gem. § 46 Abs. 2 Nr. 8 EStG durchgeführten Veranlagung **beginnt mit Ablauf des Jahres, in dem der Antrag auf die ursprüngliche Festsetzung beim FA eingeht.**

Für die antragsbedingte (erstmalige) Festsetzung selbst gilt § 170 Abs. 1 AO (vgl. aber die **Ablaufhemmung** gem. § 171 Abs. 3 AO! Dazu 6.3).

3.4 Zusätzliche Anlaufhemmung in §§ 170 Abs. 4–6, 181 Abs. 3 AO

Die speziellen Anlaufhemmungen für die VSt (bis VZ 1996), die Erbschafts- und Schenkungssteuer und die Wechselsteuer in § 170 Abs. 4–6 AO werden hier nicht dargestellt, ebensowenig die Anlaufhemmung für die Feststellung von Einheitswerten in § 181 Abs. 3 AO.

4 Dauer der Verjährungsfrist (§ 169 Abs. 2 Sätze 1 u. 2 AO)

Die **Regelfrist** beträgt vier Jahre (§ 169 Abs. 2 Satz 1 Nr. 2 AO). In den Fällen der §§ 370, 378 AO treten **verlängerte Fristen** an die Stelle der Regelfrist: **fünf Jahre** für **leichtfertig verkürzte** Steuern (§ 378 AO), **zehn Jahre** für **vorsätzlich verkürzte** (hinterzogene) Steuern (§ 370 AO).

Für die Zinsfestsetzung und den Ansatz von Vollstreckungskosten gibt es eine Festsetzungsfrist von **einem Jahr,** §§ 239 Abs. 1 Satz 1 letzter HS, 346 Abs. 2 AO).

Die einjährige Frist gem. § 169 Abs. 2 Nr. 1 AO (für Zölle, Verbrauchsteuern, Zollvergütungen und Verbrauchsteuervergütungen) hat für die vom FA verwalteten Steuern keine Bedeutung. Insbesondere ist die USt im steuerlichen Sinn keine Verbrauchsteuer, sondern unterliegt im Regelfall der vierjährigen Festsetzungsfrist des § 169 Abs. 2 Satz 1 Nr. 2 AO.

Fällt der Ende der Festsetzungsfrist (d. h. hier: das Jahresende) auf ein Wochenende, verlängert sich die Frist bis zum Ablauf des ersten nachfolgenden Werktags (§ 108 Abs. 3 AO).

Besonderheiten bei den Verkürzungsfristen (§ 169 Abs. 2 Satz 2 AO)

Die »Verkürzungsfristen« gelten nur für erstmalige oder Korrekturfestsetzungen, die zu einer **Zahlungspflicht** des Stpfl. führen, nicht für Erstattungsfälle (BFH vom 26. 02. 2008 BStBl II 2008, 659. Sie greifen außerdem nur für die verkürzten **Teile** der Steuern (»soweit« in § 169 Abs. 2 Satz 2 AO).

Die Verlängerung der Festsetzungsfrist auf fünf oder zehn Jahre setzt voraus, dass der objektive **und** subjektive Tatbestand des § 370 (vorsätzliche) bzw. § 378 AO (leichtfertige Steuerverkürzung) erfüllt ist. Ist der Täter schuldunfähig, fehlt ein Tatbestandsmerkmal bei §§ 370, 378 AO, und es bleibt bei der Regelverjährung von vier Jahren (BFH vom 02. 04. 1998 BStBl II 1998, 529).

Die Verkürzung muss **vollendet** (nicht nur versucht, vgl. § 370 Abs. 2 AO) sein. Vollendung der Tat tritt mit Bekanntgabe des fehlerhaften Bescheids ein, bei Nichtabgabe der Erklärung mit dem sog. Veranlagungsschluss im jeweiligen Veranlagungsbezirk. Dies ist der Zeitpunkt, zu dem in der jeweiligen Veranlagungsstelle Veranlagungsarbeiten dieser Art generell abgeschlossen sind.

Wer die Steuer verkürzt hat, spielt grundsätzlich keine Rolle. Hat aber die Verkürzung ein **anderer** als der Steuerschuldner begangen, kann sich der Stpfl. u. U. gem. § 169 Abs. 2 Satz 3 AO bei hinterzogenen oder leichtfertig verkürzten Steuern »**exkulpieren**«, so dass es bei der **Regelverjährungsfrist** von vier Jahren bleibt. Dies ist nur möglich, wenn dem Stpfl. nicht selbst Fahrlässigkeit vorgeworfen werden könnte, und sich die Vermögenslage des Stpfl. durch die Tat nicht gebessert hat.

BEISPIELE

a) Der Erblasser E hat seine USt vorsätzlich verkürzt (§ 370 AO). Dies muss auch sein Erbe F gegen sich gelten lassen. Auch gegenüber ihm läuft die zehnjährige Festsetzungsfrist gem. § 169 Abs. 2 Satz 2 AO, soweit die Verkürzung reicht (keine Exkulpationsmöglichkeit).

b) Der zuständige Veranlagungsbeamte hat aus Wut über seine Arbeitssituation ohne Wissen des Stpfl. bewusst falsche (fiktive) steuermindernde Umstände bei der ESt-Veranlagung des Stpfl. S berücksichtigt.

LÖSUNG Die Festsetzungsfrist für die ESt des S läuft insoweit zehn Jahre, § 169 Abs. 2 Satz 2 AO (BFH vom 28. 04. 1998 BStBl II 1998, 458).

Für den **Nachweis** der objektiven und subjektiven Seite der Steuerverkürzung gem. §§ 370, 378 AO sind die allgemeinen Verfahrensvorschriften der AO (§§ 85 ff. AO) zu beachten (BFH GrS vom 05. 03. 1979 BStBl II 1979, 570). Ob der aus dem Strafprozessrecht stammende Grundsatz »**In dubio pro reo**« (»im Zweifel für den Angeklagten«) auch im Steuerrecht gilt, wenn sich straf- und ordnungswidrigkeitenrechtliche Begriffe im Steuerrecht auswirken, ist streitig. Zwar hat der Große Senat des BFH entschieden, dass für die Anwendung der Verkürzungsfristen kein höherer Grad an Gewissheit notwendig ist als für die Feststellung anderer Tatsachen, für die das FA die Feststellungslast trägt (BFH GrS vom 05. 03. 1979 a. a. O.). Trotzdem ist die Rechtsprechung nicht einheitlich in der Ablehnung des Grundsatzes »**in dubio pro reo**« für das steuerliche Verfahrensrecht. So verlangt z. B. der BFH im Urteil vom 07. 11. 2006 BStBl II 2007, 364, dass das FA überzeugt sein müsse, dass der Täter vorsätzlich gehandelt hat, wenn es die zehnjährige Verkürzungsfrist anwendet. Dies gelte sogar dann, wenn dem Täter eine Verletzung seiner Erklärungspflicht vorzuwerfen sei. Eine Bindung an Entscheidungen der Strafgerichte besteht nicht (BFH vom 07. 11. 1973 BStBl II 1974, 125).

Die **Selbstanzeige** (§§ 371, 378 Abs. 3 AO) hat auf die Fristdauer keinen Einfluss, denn die Steuer ist trotzdem verkürzt worden. Die längere Verjährungsfrist haftet dem verkürzten Anspruch aus dem gleichen Grund auch noch nach Eintritt der **Gesamtrechtsnachfolge** an. Die Steuer kann also, soweit der Erblasser sie hinterzogen hat (§ 370 AO), auch gegen den Erben innerhalb des Zehnjahreszeitraums des § 169 Abs. 2 Satz 2 AO festgesetzt werden.

Ist im Zug der Steuerverkürzung (auch) eine gesondert festzustellende Besteuerungsgrundlage falsch oder nicht erklärt worden, dann verlängert sich insoweit nicht nur die Verjährungsfrist für die Steuer, sondern auch die Verjährungsfrist für den Grundlagenbescheid (§ 181 Abs. 1 Satz 1 AO) auf fünf oder zehn Jahre.

Auch wenn Teile der Steuer unterschiedlich langen Verjährungsfristen unterliegen, beginnt doch die Verjährung für die gesamte Jahressteuer einheitlich. (Die Abzugsteuern wurden jedoch verjährungsrechtlich gesondert und unabhängig behandelt von der Steuer, auf die sie anzurechnen sind.)

4.1 Übungsaufgaben zur Dauer der Verjährungsfrist

FÄLLE 78–80

FALL 78 Wann beginnt und endet die FVj-Frist in den folgenden Fällen: (Gehen Sie nach dem Schema vor: Beginn, Dauer, Ende. Zitieren Sie die einschlägigen Bestimmungen für den Beginn und die Dauer der Frist!)

1. die USt 01, wenn die Jahresanmeldung im Juli 02 angegeben wird (§ 18 Abs. 3 UStG)? Das FA hat nicht zur Erklärungsabgabe aufgefordert.
2. die ESt 01, wenn die (gesetzl. vorgeschriebene) Jahreserklärung im Jahr 05 abgegeben wird? Dem Stpfl. kann Leichtfertigkeit bezüglich der verspäteten Erklärungsabgabe nachgewiesen werden.
3. die ESt 01, wenn der Stpfl. lediger Arbeitnehmer ist, und ein Antrag auf Veranlagung wegen des Ausgleichs von Verlusten aus Vermietung im Juli 02 eingegangen ist (§ 46 Abs. 2 Nr. 8 EStG)?

FALL 79 Wie lange können die folgenden Festsetzungen noch aufgehoben bzw. korrigiert werden?

1. Der ursprüngliche KSt-Bescheid 01 ergeht im Jahr 03. Die Erklärung ist im Jahr 02 beim FA eingegangen.
2. Die USt 01 wird im Jahr 03 geschätzt, weil der Stpfl. trotz mehrfacher Mahnungen keine Erklärung abgegeben hat. Später ergibt sich, dass die Steuer zu niedrig festgesetzt wurde.

Dem Stpfl. ist nachzuweisen, dass er durch Verschweigen seiner neuen, zusätzlichen Einkunftsquelle erreichen wollte, dass das FA die Steuer in der Höhe der Vorjahre festsetzt. Dies ist ihm tatsächlich gelungen: Das FA hat die USt wie in den Vorjahren auf 29 000 € festgesetzt statt auf 44 500 €.

3. Die Antragsveranlagung zur ESt für 01, die entsprechend dem Antrag vom Februar 02 im Oktober 02 erging, ist falsch. Der Stpfl. stellt im März 03 einen Antrag auf Änderung des Bescheids und auf Erhöhung des Erstattungsbetrags um 718 € gem. § 173 Abs. 1 Nr. 2 AO. Versehentlich bleibt der Antrag unbearbeitet liegen.

Wie lange kann der Bescheid geändert werden? (Die Voraussetzungen des § 173 Abs. 1 Nr. 2 AO liegen vor.)

FALL 80 Zur Abgrenzung der Festsetzungsverjährung von der Zahlungsverjährung und zur Dauer der Fristen:

1. Arnulf **Aal** hat seinen Secondhandshop im Januar 01 eröffnet. Er gibt die USt-Voranmeldungen und die Jahresanmeldung für 01 nicht ab, – wie sich aus seinen Unterlagen eindeutig ergibt – in der Hoffnung, dass das FA ihn nicht entdecke. Im Oktober 04 erfährt das FA doch von der Existenz des Unternehmens und erlässt im Dezember 04 einen USt-Schätzungsbescheid für 01 gem. § 164 AO i. H. v. 12 800 €. Aal bezahlt die Steuer nicht; das FA unternimmt aber auch nichts gegen ihn. Im März 07 stellt sich bei der Schlussbesprechung zum Ende einer Außenprüfung bei Aal heraus, dass die USt-Schuld 01 14 000 € beträgt.

   a) Wie lange kann das FA den Bescheid ändern? Nach welcher Vorschrift wäre das eventuell möglich?

   b) Wie lange kann das FA die rückständigen 12 800 € geltend machen?

2. Balog **Balnoff** hat 700 € ESt hinterzogen, weil er in seiner in 02 abgegebenen ESt-Erklärung für 01 bewusst falsche Zahlen für seinen gewerblichen Gewinn angegeben hat. Der Bescheid vom Oktober 02 ist deshalb falsch. Balnoff überlebte den Bescheid nur um einige Monate. Er verstarb im März 03. Eine Außenprüfung im März 07 ergab keine Anhaltspunkte, dass sein Alleinerbe, Oleg **Balnoff,** den Fehler in der Erklärung bzw. im Bescheid zwischenzeitlich bemerkt hätte.

   Wie lange kann der Bescheid geändert werden?

3. Carlos **Cots-Carlos** bezahlte versehentlich seine KfzSt in 01 doppelt (nämlich 2 × 624 €). Wie lange kann er mit Aussicht auf Erfolg einen Antrag auf Erstattung stellen, bzw. wie lange muss das FA – eventuell ohne Antrag? – die 624 € auszahlen (festsetzen)?

5 Fristwahrung durch das FA (§ 169 Abs. 1 Satz 3 AO)

Die Frist ist gewahrt, wenn vor Eintritt der Verjährung wenigstens die **Aufgabe zur Post** (Nr. 1) bzw. das **Aushängen des VA bzw. der Benachrichtigung** im Fall der öffentlichen Zustellung gem. § 15 VwZG (Nr. 2) stattfindet. Für die Fristwahrung ist **unschädlich**, dass der vor Fristablauf zur Post gegebene Bescheid erst **nach Fristablauf zugeht.**

Ist der Bescheid zwar vor Ablauf der Festsetzungsfrist vom FA zur Post gegeben worden, ist er aber dem Stpfl. **nicht zugegangen**, ist die Festsetzungsfrist **nicht gewahrt** (BFH GrS vom 25. 11. 2002 BStBl II 2003, 548). Der Fehler wird auch nicht dadurch geheilt, dass das FA nach Fristablauf eine weitere Ausfertigung des Bescheids (oder dieselbe Ausfertigung nochmals) zur Post gibt, die nunmehr dem Stpfl. zugeht.

BEISPIELE

a) Das FA versandte den Bescheid kurz vor Fristablauf an eine Anschrift, die im Grunddatendienst abgespeichert war und vom FA zehn Jahre zuvor zum letzten Mal verwendet worden war. Der Brief kam mit dem postalischen Vermerk »Empfänger unbekannt« zurück. Darauf

ermittelte das FA beim Einwohnermeldeamt die neue Anschrift des Stpfl. und verschickte den Bescheid dorthin, aber erst nach Fristablauf. Dieser Brief kam beim Stpfl. an.
LÖSUNG BFH vom 20.09.2000 BStBl II 2001, 58: Das FA hat die Festsetzungsfrist nicht gewahrt. Der Bescheid muss auf Einspruch hin aufgehoben werden.

a) Fraglich ist die Lösung des folgenden Sachverhalts: Das FA versendet den Schenkungssteuerbescheid erst Mitte Dezember des letzten Jahres der Verjährungsfrist. Der Name des Stpfl. ist korrekt, aber als Anschrift ist die seiner Mutter angegeben. Die Mutter hat den Bescheid im Januar an den Stpfl. weitergegeben.
LÖSUNG BFH vom 30.10.1996 BStBl II 1997, 11: Dieser Irrläufer-Bescheid wahrt die Frist nicht. Der tatsächliche Bekanntgabeweg entsprach nicht dem Inhalt der Steuerakten. U. E. ist diese Lösung durch das Urteil des Großen Senats des BFH vom 25.11.2002 a.a.O. überholt. Der Bescheid ist rechtzeitig vor Fristablauf zur Post gegeben worden und ging dem Stpfl. zu. Unstreitig spielt keine Rolle, dass die Frist gewahrt ist, auch wenn der Zugang erst nach Fristablauf stattfindet. Der Umweg der Bekanntgabe kann u. E. für die Fristwahrung nicht schädlich sein.

Geht es darum, dass eine einheitliche Feststellung noch vor der Verjährung durchgeführt (genauer: zur Post gegeben) werden muss, so genügt für die Fristwahrung, wenn die Bekanntgabe gegenüber **einem** der Feststellungsbeteiligten wirksam stattfindet. Nach BFH vom 27.04.1993 BStBl II 1994, 3 ist damit die Feststellungsfrist auch gegenüber den anderen Feststellungsbeteiligten gewahrt. Dies folge aus dem einheitlichen Charakter der Feststellung: Entweder sei der Bescheid einheitlich verjährt, oder einheitlich noch nicht verjährt. Daraus folgt weiter, dass das FA den Bescheid gegenüber den übrigen Feststellungsbeteiligten noch mit unverändertem Inhalt bekanntgeben muss (auch wenn sich der Bescheid zwischenzeitlich als falsch herausgestellt haben sollte; für diese Nachholung der Bekanntgabe gibt es keine Frist!).

FALL 81

Zur Fristwahrung und zu damit in Zusammenhang stehenden Fragen:
Die Festsetzungsverjährung würde mit Ablauf 10 eintreten. Das FA gibt den Bescheid am 30.12.10 mit einfachem Brief zur Post. Er wird dem Stpfl. nachweislich wegen Umzugs erst am 07.01.11 in den Briefkasten geworfen.
Der Bescheid entspricht genau dem Einzelsteuergesetz.
a) Ist der Bescheid rechtzeitig ergangen?
b) Wie lange kann der Stpfl. Einspruch einlegen?
c) Gehen Sie im Folgenden davon aus, dass der Bescheid wirksam bekanntgegeben wurde und rechtmäßig ist. Wann endet die Zahlungsverjährungsfrist für den festgesetzten Betrag?

6 Ablaufhemmungen (§ 171 AO und § 181 Abs. 5 AO)

Die Ablaufhemmungen schieben das Ende der Verjährungsfrist, das regulär immer mit Ablauf eines Kalenderjahrs eintritt, um einen gewissen Zeitraum hinaus. Die Dauer und der Umfang der Ablaufhemmung ist bei fast jedem Ablaufhemmungsgrund anders geregelt. Das **Kalenderjahrprinzip**, das z. B. bei der Zahlungsverjährung lückenlos gilt, ist hier **aufgehoben.** Auf das (ablaufgehemmte/hinausgeschobene) Fristende ist § 108 AO anzuwenden.

Es handelt sich nicht um Unterbrechungen der Frist, mit der Folge, dass eine neue Regelverjährungsfrist zu laufen beginnt, wie dies bei der Unterbrechung der Zahlungsverjährungsfrist gem. § 231 Abs. 3 AO der Fall ist.

Klausurtipps

Ablaufhemmungen **verlängern** die Festsetzungs- und Feststellungsfrist. Ablaufhemmungen können daher erst **nach Ermittlung der regulären** Frist geprüft werden. Dabei müssen **alle einschlägigen** (nicht abwegigen) Ablaufhemmungen geprüft werden, und zwar jeweils bzgl.

- **Voraussetzungen,**
- **sachlichem Umfang,**
- **zeitlichem Umfang** (+ § 108 Abs. 3 AO).

Im Folgenden **werden nur die wichtigsten Ablaufhemmungsgründe dargestellt.**

6.1 Ablaufhemmung gem. § 171 Abs. 1 AO (Höhere Gewalt)

Voraussetzung der Ablaufhemmung gem. § 171 Abs. 1 AO: **Höhere Gewalt** verhindert den Erlass eines VA innerhalb der letzten sechs Monate der Verjährungsfrist. Höhere Gewalt stellen »alle von außen kommenden Ereignisse (dar), die es bei Anwendung der äußersten den Umständen nach zu erwartenden Sorgfalt nicht zulassen, dass der Anspruch verfolgt wird. Geringstes Verschulden schließt höhere Gewalt aus« (BFH vom 07.05.1993 BStBl II 1993, 818). Höhere Gewalt liegt z. B. vor bei Krieg, Naturkatastrophen wie Brand und Überschwemmung.

Sachlicher Umfang der Ablaufhemmung gem. § 171 Abs. 1 AO: Der verhinderte VA darf nachgeholt werden.

Zeitlicher Umfang der Ablaufhemmung gem. § 171 Abs. 1 AO: Die Verjährungsfrist verlängert sich um den Zeitraum der Verhinderung der Behörde in den letzten sechs Monaten der (regulären) Verjährungsfrist, d. h. um maximal sechs Monate.

6.2 § 171 Abs. 2 AO (offenbare Unrichtigkeit gem. § 129 AO)

Voraussetzungen: Ein der FVj oder Feststellungsverjährung unterliegender VA ist mit einer offenbaren Unrichtigkeit i. S. d. § 129 AO behaftet (vgl. L 2).

Sachlicher Umfang: Der Umfang der Ablaufhemmung wird durch die offenbare Unrichtigkeit bestimmt. Weitergehende Korrekturen können nach der regulären Verjährung nicht mehr vorgenommen werden.

Zeitlicher Umfang: Die Verjährung ist bis zum Ablauf eines Jahres nach Bekanntgabe des unrichtigen Bescheids im Ablauf gehemmt. Die Ablaufhemmung hat nur Bedeutung, wenn der Bescheid innerhalb des letzten Kalenderjahrs der regulären Festsetzungsfrist bekanntgegeben wurde, sonst läuft sie leer.

FÄLLE 82–83

FALL 82 Der ESt-Bescheid für den VZ 05 wurde aufgrund der im Jahr 07 abgegebenen Erklärung erst am 15.11.11 zur Post gegeben. Das zu versteuernde Einkommen beträgt danach 70 000 €. Veranlagt sind gewerbliche und Kapitaleinkünfte. Versehentlich hat der Bearbeiter des FA belegte Spenden i. S. d. § 10b Abs. 1 Satz 1 EStG i. H. v. 1 000 € nicht als Sonderausgabe abgezogen, obwohl er sie in der Steuererklärung vorher »abgehakt« hat. Außerdem sind gewerbliche Betriebseinnahmen i. H. v. 500 € nicht berücksichtigt. Letzteres ist keine offenbare Unrichtigkeit. Der Sachverhalt ist auch nicht neu. Der Fehler beruht auf einem Rechtsirrtum des Bearbeiters beim FA. Diese Sachverhalte stellen sich im Jahr 12 heraus.

1. Wird der Bescheid korrigiert?
2. Wenn ja: Wie lange ist/war dies möglich? Kalender 12 im Anhang!

FALL 83 Im obigen Fall 82 liegt die offenbare Unrichtigkeit des FA in der Nichtberücksichtigung der gewerblichen Betriebseinnahme i. H. v. 500 €. Die belegten Spenden i. H. v. 1 000 € stellen »nachträglich bekanntgewordene Tatsachen« i. S. d. § 173 Abs. 1 Nr. 2 AO dar; grobes Verschulden liegt nicht vor.
1. Ändert sich etwas an der Lösung?
2. Wenn ja: Wie lange ist/war die Bescheidkorrektur möglich? Kalender 12 im Anhang!

6.3 Antrag, Rechtsbehelf (§ 171 Abs. 3, 3a AO)

Antrag § 171 Abs. 3 AO

Die Bestimmung gewährleistet, dass über jeden Antrag des Stpfl. auch noch nach dem Ablauf der regulären Verjährungsfrist entschieden werden kann und muss. Anträge des Stpfl. erledigen sich also nicht durch Eintritt der FVj von selbst.

Voraussetzungen: Die Verjährung wird gem. Abs. 3 durch einen **Antrag** auf Steuerfestsetzung (bzw. Vergütungsfestsetzung, § 155 Abs. 4 AO) oder durch einen Antrag auf Korrektur einer Festsetzung gehemmt, wenn der Antrag vor Ablauf der Verjährungsfrist gestellt wird (Satz 1).

Nach ständiger Rechtsprechung ist eine Steuererklärung kein »Antrag«, und zwar auch dann nicht, wenn z. B. eine USt-Jahreserklärung einen Rotbetrag (Gutschrift oder Erstattungsbetrag) aufweist (vgl. BFH vom 18. 06. 1991 BStBl II 1992, 146; AEAO § 171 Nr. 2 Abs. 2). Diese Rechtsprechung und Verwaltungsmeinung ist nur schwer nachvollziehbar, da es in diesen Fällen der Verwaltung »gelingt«, durch Nichtstun, nämlich das Hinausschieben der Entscheidung über die Zustimmung zur USt-Anmeldung gem. § 168 Satz 2 AO, die FVj herbeizuführen mit der Folge, dass sie nach Eintritt der FVj aus Rechtsgründen (§ 169 Abs. 1 Satz 1 AO) die Zustimmung gar nicht mehr erteilen kann. Die Rechtsprechung beruft sich darauf, dass das Gesetz in § 171 AO für Steuererklärungen, die für den Stpfl. günstig sind, keine Regelungslücke enthalte, welche durch Analogie gefüllt werden könne.

Dagegen ist ein vom Stpfl. ausdrücklich gestellter Antrag auf Änderung eines Bescheids zu seinen Gunsten gem. § 173 Abs. 1 Nr. 2 AO ein Antrag i. S. d. § 171 Abs. 3 AO, obwohl das FA die Änderung von Amts wegen durchführen muss (BFH vom 24. 05. 2006 BStBl II 2007, 76, AEAO § 173 Nr. 2). Bei **Anträgen auf Berichtigung** gem. § 129 AO sind, wenn wirklich eine offenbare Unrichtigkeit vorliegt, eventuell § 171 Abs. 2 und 3 AO erfüllt.

Sachlicher Umfang: Der Stpfl. bestimmt den sachlichen Umfang der Ablaufhemmung durch seinen **Antrag**, der ggf. auszulegen ist.

Zeitlicher Umfang: Die Ablaufhemmung dauert bis zum Eintritt der Unanfechtbarkeit der Entscheidung über den Antrag.

FALL 84

Der Arbeitnehmer A hat im März 02 den Antrag auf ESt-Veranlagung für 01 beim FA gestellt. Im Oktober 02 erhält er den Bescheid mit einer Steuerfestsetzung von 4 000 € und einem Erstattungsbetrag von 800 €.
Im Dezember 06 beantragt A, den Bescheid zu ändern, da er (was zutrifft) leicht fahrlässig vergessen hatte, weitere Werbungskosten mit steuerlicher Auswirkung i. H. v. 500 € (ESt) geltend zu machen.
Bei der Überprüfung des Falles im März 07 stellt das FA fest, dass ihm (dem FA) bei den Sonderausgaben des A ein Rechtsfehler unterlaufen war, wodurch die Steuer um 700 € zu niedrig festgesetzt wurde.
Prüfen Sie a) Verjährungs-, b) Korrekturrecht!

Rechtsbehelfe (§ 171 Abs. 3 a AO)

§ 171 Abs. 3 a will verhindern, dass das FA Einsprüche durch Liegenlassen »erledigt«.

Voraussetzungen: Die Ablaufhemmung greift, wenn der Stpfl. zulässig Einspruch oder Klage gegen den verjährungsbefangenen VA eingelegt hat. Dabei spielt keine Rolle, ob der Einspruch vor oder nach Eintritt der Festsetzungsverjährung einging. Ein teilzulässiger Einspruch führt zur Ablaufhemmung, soweit die Zulässigkeit reicht (§ 171 Abs. 3 a Satz 2 AO).

Ist der mit Einspruch angegriffene Bescheid unwirksam, bewirkt der Einspruch keine Ablaufhemmung (BFH vom 13. 09. 1994 BStBl II 1995, 39).

Sachlicher Umfang: Gem. § 171 Abs. 3 a Satz 2 AO erfasst die Ablaufhemmung den **gesamten** angegriffenen VA. Das FA kann daher zum einen auch nach regulärer Verjährung noch rechtsbehelfsrechtlich verbösern (§ 367 Abs. 2 Satz 2 AO). Zum anderen kann das FA auch nach regulärer Verjährung über den vom Einspruchführer gestellten Antrag hinausgehen und die Steuer auf den richtigen Betrag senken. Nach dem Wortlaut gilt dies nur für Rb. gegen **Steuerfestsetzungen,** über § 181 Abs. 1 AO usw. aber auch für die anderen festsetzungsverjährungsbefangenen VA.

Zeitlicher Umfang: Die Ablaufhemmung wirkt gem. § 171 Abs. 3 Satz 1 AO bis zur Unanfechtbarkeit der Entscheidung über den Einspruch bzw. die Klage.

> **BEISPIELE**
>
> Die Festsetzungsverjährung ist jeweils regulär mit Ablauf 11 eingetreten.
>
> a) Der Stpfl. nimmt seinen Einspruch mit Schreiben, das am 10. 10. 14 beim FA eingeht, zurück (§ 362 AO).
>
> **LÖSUNG** Mit Eingang beim FA (10. 10. 14) tritt Verjährung ein.
>
> b) Die Einspruchsentscheidung wird am 09. 09. 13 mit einfachem Brief zur Post gegeben. Der Stpfl. legt keine (Anfechtungs-)Klage ein.
>
> **LÖSUNG** Festsetzungsverjährung tritt mit Ablauf der Klagefrist von einem Monat ein (§§ 47 Abs. 1, 54 FGO, § 122 Abs. 2 AO), d. h. mit Ablauf des 12. 10. 13.
>
> c) Das FA erlässt am 14. 03. 12 auf Grund des zulässigen und zum Teil begründeten Einspruchs des Stpfl. einen Abhilfebescheid, der lautet: »Der angegriffene Bescheid wird hiermit aufgehoben. Das FA wird Ihnen in Kürze einen neuen Bescheid zusenden, der Ihre Einwendungen in folgenden Punkten berücksichtigt: ...«. Der neue Bescheid ergeht erst zwei Monate später.
>
> **LÖSUNG** Der neue Bescheid ist nach Eintritt der FVj ergangen, die gem. § 171 Abs. 3a AO bis zur Unanfechtbarkeit des Abhilfebescheids im Ablauf gehemmt war. Er ist deshalb rechtswidrig (§ 169 Abs. 1 Satz 1 AO). Das FA hätte den neuen Bescheid z. B. als Anlage des Abhilfeschreibens erlassen können, ohne die Festsetzungsfrist zu verletzen (BFH vom 05. 10. 2004 BStBl II 2005, 122 und 323).

6.4 Außenprüfung (§ 171 Abs. 4 AO)

Voraussetzungen: Die FVj ist gem. § 171 Abs. 4 Satz 1 AO im Ablauf gehemmt, wenn eine Außenprüfung (**Ap**) vor Verjährungseintritt tatsächlich **begonnen** hat, d. h. wenn der Prüfer zum Zweck der Prüfung (»prüfungsbereit«) rechtzeitig beim Stpfl. erschienen ist. Das Gleiche gilt auch für den Fall, dass die Ap auf Antrag des Stpfl. von einem Zeitpunkt vor regulärer FVj auf einen Zeitpunkt danach **verschoben** wurde; nicht dagegen, wenn der Stpfl. die Festlegung des Prüfungsbeginns in der Prüfungsanordnung mit Einspruch anficht und Aussetzung der Vollziehung beantragt, und die Festlegung des Prüfungsbeginns rechtswidrig war (BFH vom 10. 04. 2003 BStBl II 2003, 827).

Eine Ap **beginnt** mit der Aufnahme der Ermittlungen durch den Prüfer (i. d. R. beim Stpfl.); dabei genügt nach BFH vom 07.08.1980 BStBl II 1981, 409 das Studium der mitgebrachten Akten des Stpfl. durch den Prüfer beim Stpfl. Die Bekanntgabe der Prüfungsanordnung (vgl. N 4) ist noch nicht der Beginn der Prüfung.

Die Ablaufhemmung tritt nicht ein, wenn die Prüfung auf einer nichtigen oder auf einer als rechtswidrig aufgehobenen Prüfungsanordnung beruht. Wenn dagegen die Prüfungsanordnung (einfach) rechtswidrig war und nicht angefochten wurde, sind die Voraussetzungen der Ablaufhemmung erfüllt (BFH vom 18.10.1988 BStBl II 1989, 76).

Die Ablaufhemmung tritt auch nicht ein, wenn die Prüfung »unmittelbar nach ihrem Beginn« für die Dauer von mehr als sechs Monaten aus Gründen unterbrochen wird, die die Finanzbehörde zu vertreten hat, § 171 Abs. 4 Satz 2 AO. Was »unmittelbar« nach Prüfungsbeginn bedeutet, kann nur im Einzelfall entschieden werden. Es kommt darauf an, wie lange die angesetzte Prüfung dauern sollte und wie bedeutend die bereits gewonnenen Erkenntnisse sind.

Bei der Frage, welche Unterbrechungen die Finanzbehörde »zu vertreten« hat, geht es nicht um ein Verschulden. Die Erkrankung des Prüfers z. B. fällt in die Sphäre der Finanzbehörde. Wird deswegen mehr als sechs Monate lang nicht geprüft, ist die Ablaufhemmung von vornherein nicht eingetreten.

Sachlicher Umfang: Die Ablaufhemmung gem. § 171 Abs. 4 AO wirkt

- nur gegen den **Adressaten** der Prüfungsanordnung (dies ist vor allem bei LSt-Prüfungen ein Problem. Sie richten sich gegen den Arbeitgeber, so dass es keine Ablaufhemmung für die ESt des Arbeitnehmers gibt. Richtet sich die Prüfungsanordnung nur gegen den Ehemann, läuft die Festsetzungsfrist für die mit ihm zusammenveranlagte Ehefrau ohne Ablaufhemmung ab; vgl. BFH vom 25.04.2006 BStBl II 2007, 220)
- im Umfang der **Prüfungsanordnung** und soweit sie sich deckt mit dem
- **tatsächlich Geprüften** (BFH vom 04.11.1992 BStBl II 1993, 425, vom 02.02.1994 BStBl II 1994, 377; letzteres ist bei den Voraussetzungen der Änderungssperre gem. § 173 Abs. 2 AO unbeachtlich, vgl. L 7.3). Der Wortlaut des Gesetzes ist insoweit missverständlich. Der Umfang der Prüfungsanordnung bestimmt nur den maximalen Umfang der Ablaufhemmung. Ist weniger geprüft worden (als rechtlich möglich wäre), beschränkt sich die Ablaufhemmung auf diesen Teil. Für die »tatsächliche« Prüfung genügt die stichprobenartige Überprüfung.

Die Ablaufhemmung gem. § 171 Abs. 4 AO wird u. U. sachlich ergänzt durch § 171 Abs. 10 Satz 2 AO (»Konzentrationsprinzip«, vgl. 6.6).

BEISPIELE

a) Fertigt der Prüfer bei der Prüfung des Stpfl. A eine Kontrollmitteilung (§ 194 Abs. 3 AO) über Besteuerungsgrundlagen des Stpfl. B, so muss die Änderung des Steuerbescheids des B innerhalb der regulären Verjährungsfrist geschehen; da bei B keine Prüfung stattgefunden hat, greift jedenfalls die Ablaufhemmung gem. § 171 Abs. 4 AO (für und gegen ihn) nicht.

b) Ein Stpfl. ist an einer KG beteiligt. Gegen den Stpfl. ergeht eine Prüfungsanordnung, die sich u. a. auf »ESt 03« bezieht. Bei der Auswertung der Bp nach Eintritt der regulären FVj stellt sich die Frage, ob die Erhöhung der Einkünfte aus der KG (§ 15 Abs. 1 Nr. 2 EStG) noch berücksichtigt werden kann, obwohl der zu Grunde liegende Gewinnfeststellungsänderungsbescheid schon vor mehr als zwei Jahren erlassen wurde.

LÖSUNG BFH vom 04. 11. 1992 BStBl II 1993, 425 **verneint** die Frage. Der Prüfer konnte die einheitlich und gesondert festzustellenden Besteuerungsgrundlagen tatsächlich nicht prüfen. (Das hätte nur bei einer Prüfung der KG geschehen können.) Die Lösung muss über § 171 Abs. 10 Satz 2 AO erfolgen (vgl. 6.6).

Zeitlicher Umfang: Der zeitliche Umfang der Ablaufhemmung hängt davon ab, was die Finanzbehörde nach beendeter Ap unternimmt:

- Werden nach der Ap Bescheide erstmals erlassen oder werden Bescheide geändert, tritt die Verjährung mit Unanfechtbarkeit dieser Bescheide ein.
- War die Prüfung ergebnislos und teilt das FA dem Stpfl. gem. § 202 Abs. 1 Satz 3 AO mit, dass es keine Bescheidänderung vornehmen werde, tritt die Verjährung nach Ablauf von drei Monaten seit der Bekanntgabe dieser Mitteilung ein (Satz 1 [a. a. O.]).
- Unternimmt das FA nichts dergleichen, beginnt die im konkreten Fall gegebene Verjährungsfrist nach Ablauf des Kalenderjahrs, in dem die Prüfung »geendet« hat, nochmal zu laufen und endet nach Ablauf von vier, fünf oder zehn weiteren Kalenderjahren (Satz 3 [a. a. O.]; »maximale Auswertungsfrist« für die Bp-Ergebnisse). Für den erneuten Fristlauf wird auf den Ablauf des Kalenderjahrs abgestellt, in dem die Schlussbesprechung oder mangels Schlussbesprechung die letzte Prüfungshandlung stattgefunden hat.
- Die Ablaufhemmung endet im Fall der Prüfung eines Grundlagenbescheids mit Eintritt der Unanfechtbarkeit des geprüften **Grundlagen**bescheids, nicht erst mit der Unanfechtbarkeit des **Steuer**bescheids, der gem. § 175 Abs. 1 Satz 1 Nr. 1 AO geändert werden muss (BFH vom 11. 08. 1999 BStBl II 2000, 330).

FALL 85

Ist die Festsetzungsfrist gewahrt bzw. kann sie noch gewahrt werden?

1. Die FVj der ESt 05 tritt regulär mit Ablauf 10 ein. Beim Stpfl. hat aufgrund ordnungsgemäßer Prüfungsanordnung eine Ap stattgefunden, die sich u.a. tatsächlich und laut Prüfungsanordnung auf die ESt 05 erstreckte. Die Schlussbesprechung fand im Oktober 10 statt.
   Das FA gibt den Änderungsbescheid über ESt 05 zur Post
   a) am 15. 01. 11,
   b) am 15. 01. 15.

2. Der Prüfer beendete seine Tätigkeit im Oktober 10, noch vor dem Eintritt der regulären FVj der ESt 05 (Ablauf 10). Die Prüfung war bezüglich der ESt 05 erfolglos. Das FA gibt am 15. 01. 11 eine Mitteilung nach § 202 Abs. 1 Satz 3 AO zur Post.
   Kurz darauf stellt sich heraus, dass der ESt-Bescheid 05 auf Grund einer Kontrollmitteilung gem. § 173 Abs. 1 Nr. 1 AO geändert werden müsste.

3. Die Außenprüfung bezüglich der ESt 05 sollte am 30. 11. 10, noch vor dem regulären Ablauf der Festsetzungsfrist (Ablauf 10), beginnen. Das FA teilt dem Stpfl. am 26. 11. 10 mit, dass die Prüfung wegen Erkrankung des Prüfers verschoben werden müsse. Die Prüfung beginnt tatsächlich am 11. 01. 11.
   Nach Abschluss der Prüfung ergeht ein Änderungsbescheid mit Datum vom 19. 04. 11, den der Stpfl. mit Einspruch vom 24. 04. 11 angreift.

6.5 § 171 Abs. 8 AO (vorläufiger Bescheid gem. § 165 AO)

Voraussetzungen: Der festsetzungs- oder feststellungsverjährungsbedrohte Bescheid ist vorläufig oder teilvorläufig gem. § 165 Abs. 1 AO. Geschah die Vorläufigkeitserklärung zu Unrecht, kann nach neuerer Rechtsprechung zu § 165 Abs. 2 AO dahinstehen, ob die Festsetzungsverjährung greift (wohl nicht). Jedenfalls kann das FA nicht gem. § 165 Abs. 2 AO ändern (BFH vom 08. 07. 1998, BStBl II 1998, 702).

Sachlicher Umfang: Soweit die Vorläufigkeit reicht.

Zeitlicher Umfang: Die FVj tritt gem. Abs. 8 nicht ein, bevor der Vorläufigkeitsgrund weggefallen (die Ungewissheit beseitigt, z. B. der Zivilprozess entschieden ist oder zumindest die für die Entscheidung notwendigen »Hilfstatsachen« festgestellt werden können) **und** das FA **positiv** davon erfahren hat (BFH vom 04. 09. 2008 BStBl II 2009, 335). An diesen Zeitpunkt schließt sich

- bei Vorläufigkeit gem. § 165 Abs. 1 Satz 1 AO (tatsächliche Ungewissheit) ein Zeitraum von **einem** Jahr,
- bei Vorläufigkeit gem. § 165 Abs. 1 Satz 2 AO (rechtliche Ungewissheiten) ein Zeitraum von zwei Jahren bis zum Ende der Ablaufhemmung.

Die Ablaufhemmung gem. § 171 Abs. 8 AO ist einer der Gründe, warum es sinnvoll sein kann, den Vorbehaltsbescheid (§ 164 AO) zusätzlich mit einem Vorläufigkeitsvermerk zu versehen. Der Vorbehalt der Nachprüfung führt nicht zu einer Ablaufhemmung; vgl. § 164 Abs. 4 AO.

6.6 § 171 Abs. 10 AO (Grundlagenbescheid noch nicht verjährt)

Wenn und soweit Bindungswirkung (§ 182 Abs. 1 AO) besteht, ist die FVj **für den Folgebescheid** gem. § 171 Abs. 10 **Satz 1** AO bis zum Ablauf von zwei Jahren nach Bekanntgabe des Grundlagenbescheids gehemmt. Wird der Grundlagenbescheid zulässig angefochten und ergeht ein Abhilfebescheid oder eine verbösernde Einspruchsentscheidung (§§ 172 Abs. 1 Satz 1 Nr. 2 Buchst. a, 367 Abs. 2 Satz 2 AO), läuft ab dem Bekanntgabetag dieser Entscheidungen eine neue Zweijahresfrist gem. § 171 Abs. 10 Satz 1 AO. Wird der Einspruch gegen den Grundlagenbescheid aber vom Ef zurückgenommen, oder weist das FA den Einspruch als unzulässig oder unbegründet ab, wird die Zweijahresfrist nicht erneut ausgelöst. Das Folge-FA ist daher gut beraten, mit der Auswertung des Grundlagenbescheids nicht den Ausgang des Rechtsbehelfsverfahrens über den Grundlagenbescheid abzuwarten (vgl. BFH vom 19. 01. 2005 BStBl II 2005, 242).

§ 171 Abs. 10 **Satz 2** AO enthält das sog. **Konzentrationsprinzip** (gültig für am 27. 06. 1998 nicht abgelaufene Festsetzungsfristen). Das Folge-FA soll während einer Ap der Folgesteuer eingehende Mitteilungen über Grundlagenbescheide unbearbeitet liegen lassen können, ohne befürchten zu müssen, dass insoweit das Ende der zweijährigen Ablaufhemmung gem. § 171 Abs. 10 Satz 1 AO eintritt. Um dem FA gefahrlos zu ermöglichen, sämtliche diese Steuer betreffenden Arbeiten auf die Zeit nach dem Eingang des Prüfungsberichts zu konzentrieren, ist die zweijährige Ablaufhemmung aus den Grundlagenbescheiden an die Ablaufhemmung aus der Ap gekoppelt.

BEISPIEL

> Der Unternehmer U hat seine ESt-Erklärung 01 im Jahr 02 abgegeben. Der unter Vorbehalt der Nachprüfung stehende Bescheid datiert vom Januar 03. Im November 06 beginnt bei U eine Betriebsprüfung. Die Schlussbesprechung findet im Februar 07 statt. Im Dezember 06 geht bei dem für die ESt zuständigen FA eine Mitteilung des Betriebs-FA der K-KG ein, an welcher U als Kommanditist beteiligt ist. Aus der Mitteilung ergibt sich, dass U ein Gewinnanteil i. H. v. 25 000 € im Jahr 01 zuzurechnen ist, der bisher noch nicht versteuert ist. Der Gewinnfeststellungsbescheid datiert vom Oktober 04 und ist zunächst versehentlich an eine falsche Stelle verschickt worden. U und der KG ist kein grobes Verschulden an der Nichtberücksichtigung der 25 000 € vorzuwerfen.

LÖSUNG Der Gewinnfeststellungsbescheid ist vor Eintritt der Feststellungsverjährung ergangen; Feststellungsverjährung könnte frühestens mit Ablauf 05 eintreten (§§ 169 Abs. 2 Satz 1 Nr. 2, 170 Abs. 2 Nr. 1, 181 Abs. 1 AO).

Die FVj der ESt 01 des U beginnt mit Ablauf 02 (§ 170 Abs. 2 Nr. 1 AO), dauert vier Jahre (§ 169 Abs. 2 Satz 1 Nr. 2 AO) und endet regulär mit Ablauf 06. Die Bindungswirkung des Gewinnfeststellungsbescheids 01 der K-KG führt hier nicht zu einer Ablaufhemmung gem. § 171 Abs. 10 Satz 1 AO, weil sie sich ebenfalls nur bis Ablauf 06 auswirken kann. Dagegen greift § 171 Abs. 10 Satz 2 AO. Auch der Gewinnfeststellungsbescheid kann so lange ausgewertet werden, wie die Ablaufhemmung aus der Bp dauert, d. h. bis zur Unanfechtbarkeit des ESt-Änderungsbescheids 01 nach Bp (§ 171 Abs. 4 Satz 1 AO). Folglich kann das Wohnsitz-FA des U die 25 000 € z. B. noch im Jahr 07 in den ESt-Änderungsbescheid 01 einbeziehen.

FALL 86

Wie lange darf der ESt-Bescheid 01 noch geändert werden (§ 175 Abs. 1 Satz 1 Nr. 1 AO)?
1. Die Festsetzungsfrist des ESt-Bescheids 01 und die Feststellungsfrist des gesonderten Gewinnfeststellungsbescheids 01 für den Stpfl. A laufen regulär mit Ablauf 06 ab. Am 30.11.06 wird ein gem. § 164 Abs. 2 AO geänderter Gewinnfeststellungsbescheid zur Post gegeben. Vgl. Kalender 08 in der Anlage!
2. Die Erklärung zur gesonderten Gewinnfeststellung 01 wurde im Jahr 03, die ESt-Erklärung 01 schon ein Jahr vorher abgegeben. Die Gewinnfeststellung 01 wird gem. § 164 Abs. 2 geändert; dieser Änderungsbescheid geht am 21.06.07 zur Post.
3. Der Verlustanteil aus dem Feststellungszeitraum 01 des Kommanditisten K aus einer KG ist in seinem ESt-Bescheid 01 vom 10.12.02 noch nicht berücksichtigt. Dies lag daran, dass die KG ihre Erklärung zur einheitlichen Gewinnfeststellung 01 erst im Jahr 05 abgab und das FA die einheitliche Gewinnfeststellung bis zur Durchführung einer Ap der KG zurückstellte. Die Ap fand im Jahr 07 statt, der Gewinnfeststellungsbescheid datiert vom 14.09.07 und wurde nicht angegriffen. Im Jahr 10 erkundigt sich K beim Betriebs-FA nach der Sache und erfährt, dass es die Mitteilung über seinen Verlustanteil i. H. v. 22 000 € im Oktober 07 an sein Wohnsitz-FA mitgeteilt hat. Er stellt bei seinem Wohnsitz-FA umgehend den Antrag, den Verlust 01 steuerlich zu berücksichtigen. Das FA lehnt die Berücksichtigung wegen Festsetzungsverjährung ab. Die Mitteilung über den Verlustanteil sei beim FA nicht eingegangen.
Hätte der zulässige Einspruch des K Aussicht auf Erfolg? (Vgl. BFH vom 19.08.1999 BStBl II 2000, 330)

6.7 Folgebescheid noch nicht verjährt (§ 181 Abs. 5 AO)

Voraussetzungen: Solange ein Folgebescheid noch nicht verjährt ist, kann gem. § 181 Abs. 5 AO auch ein diesem Bescheid zugrunde liegender (bzw. zugrunde zu legender) Feststellungsbescheid noch erlassen oder korrigiert werden, auch wenn für ihn schon Feststellungsverjährung eingetreten sein sollte. § 181 Abs. 5 AO bringt also eine **Ablaufhemmung für Feststellungsbescheide**. Insoweit ist die Vorschrift das Gegenstück zu § 171 Abs. 10 AO, in dem eine Ablaufhemmung für Folgebescheide festgelegt wird. Der Stpfl. soll aus der »Mehrstufigkeit« der Veranlagung grundsätzlich weder Vor- noch Nachteile haben. Solange die abhängige Steuerfestsetzung möglich ist, müssen Grundlagenbescheide noch erlassen oder korrigiert werden können. Kraft Spezialregelung in § 10d Abs. 4 Satz 6 EStG ist aber bei der Ablaufhemmung für die gesonderte Feststellung des verbleibenden Verlustvortrags grundsätzlich nicht auf die Festsetzungsverjährung der Ertragsteuern der Folgejahre abzustellen, auf die sich der Verlustvortrag materiell auswirkt, sondern auf die ertragsteuerliche Festsetzungsverjährung des Verlustjahrs selbst.

Nach BFH vom 10.12.1992 BStBl II 1994, 381 soll die Ablaufhemmung für einen einheitlichen Feststellungsbescheid nicht greifen, wenn der Folge-Steuerbescheid auch nur eines Feststellungsbeteiligten bereits verjährt ist. Dazu ist ein Nichtanwendungserlass des BMF vom 24. 05. 1994 BStBl I 1994, 302 ergangen. Auch u. E. ist die BFH-Entscheidung abzulehnen (ebenso wie hier BFH vom 27. 08. 1997 BStBl II 1997, 750 in einem Spezialfall).

Bei der Ablaufhemmung gem. § 181 Abs. 5 AO »bleibt § 171 Abs. 10« außer Betracht (Satz 1 letzter HS). Darauf ist in dem durch § 181 Abs. 5 Satz 1 AO ermöglichten Feststellungsbescheid hinzuweisen (§ 181 Abs. 5 Satz 2 AO). Der **Hinweis** gehört nicht zur Begründung des Bescheids (§ 121 AO), sondern hat »Regelungscharakter«. Fehlt der Hinweis oder ist er fehlerhaft, macht dies allein schon den Feststellungsbescheid »einfach« rechtswidrig. Das Fehlen des Hinweises kann nicht durch den Erlass eines entsprechenden Ergänzungsbescheids (§ 179 Abs. 3 AO) geheilt werden (BFH vom 18. 03. 1998 BStBl II 1998, 426).

Der Hinweis im Bescheid muss folgenden Wortlaut haben (BFH vom 17. 08. 1989 BStBl II 1990, 411): »Der Feststellungsbescheid ist nach Ablauf der Feststellungsverjährungsfrist ergangen und hat deshalb nur Bedeutung für solche Steuern, deren Festsetzungsfrist noch nicht abgelaufen ist.« Eine bloße Wiederholung des Gesetzestextes genügt nicht. Andererseits muss der Hinweis nicht präzisieren, auf welche Steuerart, welchen Veranlagungszeitraum bzw. welchen Stpfl. sich die Wirkungen der gesonderten Feststellung noch erstrecken sollen (BFH vom 18. 03. 1998 [a. a. O.] unter Aufgabe der früheren Rspr.).

Bei § 181 Abs. 5 Satz 1 letzter HS, Satz 2 AO ist unklar, ob es sich um eine **Voraussetzung** der Ablaufhemmung oder um eine **Folgenbeschränkung** der Ablaufhemmung handelt, oder um beides. Der Gesetzestext erklärt § 171 Abs. 10 AO bei der Anwendung des § 181 Abs. 5 AO generell für nicht anwendbar (»hierbei«, also sowohl bei den Voraussetzungen als auch bei den Folgen der Ablaufhemmung). Trotzdem muss man u. E. differenzieren:

Voraussetzungen der Ablaufhemmung gem. § 181 Abs. 5 AO: Zum einen greift § 181 Abs. 5 AO dann nicht, wenn der Folgebescheid bereits regulär verjährt ist, seine Festsetzungsverjährung aber infolge des Grundlagenbescheids gem. § 171 Abs. 10 AO hinausgeschoben ist. Diese verlängerte Festsetzungsverjährung wirkt auf die Feststellungsverjährung des Grundlagenbescheids nicht zurück.

Folgenbeschränkung der Ablaufhemmung gem. § 181 Abs. 5 AO: Durfte der Grundlagenbescheid nur wegen § 181 Abs. 5 AO noch ergehen, bewirkt er keine Ablaufhemmung der Festsetzungsverjährung des Folgebescheids gem. § 171 Abs. 10 AO bei **andern Personen oder andern Steuerarten**. Aber das Festsetzungsverfahren des Folgebescheids muss zu einem sinnvollen Ende gebracht werden, sonst würde die Ablaufhemmung des Grundlagenbescheids gem. § 181 Abs. 5 AO eventuell in einem steuerlichen Leerlauf enden. Wenn z. B. der durch § 181 Abs. 5 AO noch ermöglichte Gewinnfeststellungsbescheid Gegenstand eines jahrelang andauernden Einspruchsverfahrens wird, muss das Ergebnis dieses Verfahrens noch Auswirkungen auf den ESt-Bescheid haben, sonst wäre das Einspruchsverfahren sinnlos. Dies setzt eine Ablaufhemmung des eventuellen Abhilfe-Feststellungsbescheids gem. § 171 Abs. 10 AO für den ESt-Bescheid voraus.

Sachlicher Umfang: Die Ablaufhemmung ist auf den Umfang der Bindungswirkung (§ 182 AO) des Grundlagenbescheids für den Folgebescheid beschränkt.

Zeitlicher Umfang: Auf jeden Fall kann das FA noch bis zum Eintritt der Festsetzungsverjährung des Folgebescheids die steuerlichen Konsequenzen aus dem durch § 181 Abs. 5 AO ermöglichten Grundlagenbescheid ziehen. U. E. greift darüber hinaus für den Folgebescheid die Ablaufhemmung gem. § 171 Abs. 10 AO (streitig und gegen den Wortlaut des § 181 Abs. 5 Satz 1 letzter HS AO, s. o.).

BEISPIELE

a) Die Feststellungsverjährung für den einheitlichen Gewinnfeststellungsbescheid 01 der A-B-OHG läuft, weil die Erklärung im Jahr 02 abgegeben wurde, mit Ablauf 06 ab. Die ESt-Bescheide 01 der Gesellschafter A und B verjährt erst mit Ablauf 07, weil die ESt-Erklärungen 01 erst im Jahr 03 beim FA eingingen.

Im Jahr 07 stellt sich heraus, dass der Gewinnfeststellungsbescheid 01 falsch ist. Es liegen neue Tatsachen vor, die zu einer Gewinnerhöhung führen (§§ 173 Abs. 1 Nr. 1, 181 Abs. 1 AO).

LÖSUNG Der Gewinnfeststellungsbescheid 01 kann im Jahr 07 noch (insgesamt) geändert werden, weil die FVj für die ESt 01 der (aller) Gesellschafter erst mit Ablauf 07 eintritt, § 181 Abs. 5 Satz 1 AO. Die Änderung ist im Jahr 07 nur deshalb noch möglich, weil § 181 Abs. 5 AO greift. Im geänderten Feststellungsbescheid 01 ist deshalb darauf hinzuweisen, dass der Änderungsbescheid nur für die ESt 01 der Gesellschafter A und B gilt (Abs. 5 Satz 2, Satz 1 letzter HS).

Klar ist, dass die Steueränderungsbescheide für A und B (§ 175 Abs. 1 Satz 1 Nr. 1 AO) im Jahr 07 noch ergehen können. U. E. greift darüber hinaus für die ESt-Bescheide die Ablaufhemmung gem. § 171 Abs. 10 AO, so dass die Änderungen innerhalb von zwei Jahren nach Bekanntgabe des geänderten Gewinnfeststellungsbescheids noch ergehen dürfen (streitig).

b) Der gesonderte Gewinnfeststellungsbescheid 01 des Stpfl. A verjährt mit Ablauf 06, sein ESt-Bescheid mit Ablauf 07. Im Jahr 07 stellt sich heraus, dass der Gewinnfeststellungsbescheid falsch ist. Es liegen neue Tatsachen vor, die zu einer Gewinnerhöhung führen (§§ 173 Abs. 1 Nr. 1, 181 Abs. 1 AO). Das FA gibt den Gewinnfeststellungs-Änderungsbescheid am 10. 12. 07 zur Post; der Hinweis auf die eingeschränkte Wirkung des Bescheids ist korrekt. Auf sofortigen Einspruch des A hin wird der Bescheid am 20. 03. 08 erneut geändert und die Gewinnfeststellung mit Zustimmung des A zum Teil rückgängig gemacht.

LÖSUNG Dies ist möglich, weil die Verjährung für den Feststellungsbescheid zunächst gem. § 181 Abs. 5 AO bis Ablauf 07, und darüber hinaus gem. § 171 Abs. 3 AO bis zur Unanfechtbarkeit des Abhilfebescheids im Ablauf gehemmt war.

Diese Ablaufhemmungen haben nur dann Sinn, wenn sie auch in Steuer »umgesetzt« werden können. U. E. kann das Wohnsitz-FA des A dessen ESt-Bescheid 01 nicht nur bis Ablauf 07 oder bis zum 20. 03. 08 gem. § 175 Abs. 1 Satz 1 Nr. 1 AO anpassen, sondern noch bis zum Ablauf von zwei Jahren seit Bekanntgabe des Feststellungsbescheids vom 20. 03. 08, d.h. bis zum Ablauf des 23. 03. 10 (§ 171 Abs. 10 AO).

Diese Lösung ist allerdings sehr umstritten, weil sie gegen den Wortlaut des § 181 Abs. 5 Satz 1 letzter HS AO verstößt.

Teil P Lösungshinweise zu den Fällen

Klausurhinweise

1. Ermitteln Sie aus der Fallfrage, welches Problem Sie lösen sollen.

2. Befassen Sie sich erst danach mit dem Klausursachverhalt. Gerade in AO sind die Sachverhalte häufig komplex. Verschaffen Sie sich zuerst einen groben Überblick über den Sachverhalt; Feinheiten ergeben sich oft erst während der Klausurlösung.

3. Es empfiehlt sich, die Lösungsausführungen mit einer Umkehrung der Fallfrage zu beginnen und diese möglichst rasch auf diejenige Vorschrift zuzuführen, die entweder der Behörde das fragliche Verhalten erlaubt oder den Bürger zu dem in Betracht kommenden Verhalten berechtigen könnte.

BEISPIEL

a) Gefragt wird danach, ob das FA eine Steuerfestsetzung ändern durfte.

LÖSUNG Das FA durfte die Steuerfestsetzung ändern, wenn der geänderte Sachverhalt die Voraussetzungen einer Änderungsvorschrift erfüllt.

b) Gefragt wird, ob der VA wirksam geworden ist.

LÖSUNG Der VA ist wirksam geworden, wenn er entsprechend § 124 Abs. 1 AO ordnungsgemäß bekannt gegeben wurde.

c) Prüfen Sie die Erfolgsaussichten des Einspruchs.

LÖSUNG Der Einspruch hat Aussichten auf Erfolg, wenn er zulässig und begründet ist.

d) Durfte das FA einen Haftungsbescheid an A erlassen?

LÖSUNG Ein Haftungsbescheid darf gem. § 191 AO ergehen, wenn der fragliche Sachverhalt einen gesetzlichen Haftungstatbestand erfüllt.

4. Subsumieren Sie sodann den Sachverhalt unter die vorgestellte Vorschrift. Dabei untergliedern Sie den Tatbestand der Vorschrift in die einzelnen Merkmale, die sie eins nach dem anderen prüfen. Hierzu entnehmen Sie die jeweils notwendigen Details aus der jetzt sorgfältigen Analyse des Sachverhalts.

BEISPIEL

(fortgeführt)

a) Eine Änderung könnte sich aus § 173 Abs. 1 Nr.1 AO ergeben. Dann müssten die Betriebseinnahmen nachträglich bekannt gewordene Tatsachen sein.

b) Das FA durfte den Steuerbescheid dem Steuerberater als Empfangsbevollmächtigten gem. § 122 Abs. 1 Satz 3 i.V.m. § 80 Abs. 1 AO bekannt geben.

c) Der Einspruch ist unter den Voraussetzungen der §§ 347 ff AO zulässig.

d) Eine Haftung könnte sich aus § 69 AO ergeben.

5. Sind sämtliche Merkmale erfüllt, kommt es zu der angeordneten Rechtsfolge. Andernfalls muss eine andere Vorschrift geprüft werden. Gelegentlich sind Vorschriften nebeneinander anwendbar.

Lösung zu Fall 1

a) Die Abzugsfähigkeit der Gebühr richtet sich nach § 12 Nr. 3 EStG. Die Gebühr gehört zu den Kosten, die ihrerseits Teil der steuerlichen Nebenleistungen gem. § 3 Abs. 4 AO sind. Da sich die Gebühr auf die Einkommensteuer bezieht, ist sie – wie diese – nicht abziehbar.

b) Nach § 164 Abs. 1 AO können **Steuern** unter dem Vorbehalt der Nachprüfung festgesetzt werden. Das Zwangsgeld ist keine Steuer, sondern (kraft gesetzlicher Definition in § 3 Abs. 4 AO) eine steuerliche Nebenleistung. Für steuerliche Nebenleistungen gilt der 3. bis 6. Abschnitt des 4. Teils der AO nicht. § 164 AO fällt aber unter den 3. Abschnitt. § 164 AO ist daher auf Zwangsgelder nicht anwendbar. Zwangsgelder können also nicht unter Vorbehalt der Nachprüfung festgesetzt werden.

Lösung zu Fall 2

Zinsen können nur unter den Voraussetzungen des § 233 AO festgesetzt werden. Zinsen sind keine Steuern, sondern steuerliche Nebenleistungen, § 3 Abs. 4 AO, und daher nach § 233 Satz 2 AO nicht verzinslich.

Lösung zu Fall 3

Prüfung des § 1 Abs. 1 AO:

a) Der Gewerbesteuermessbescheid ergeht im Rahmen der Verwaltung einer Steuer (§ 3 Abs. 1 AO), da der Messbescheid zur (späteren) Steuerfestsetzung führt.
b) Die Gewerbesteuer ist durch **Bundesgesetz** geregelt.
c) Die Gewerbesteuer wird bis zum Erlass des Gewerbesteuermessbescheids von den Finanzämtern **verwaltet**, die **Landesbehörden** sind (§ 184 AO).
   Ergebnis: Da die AO nach § 1 Abs. 1 AO insgesamt anwendbar ist, ist der Einspruch gegen den Gewerbesteuermessbescheid gegeben (vgl. § 347 Abs. 1 Nr. 1 AO).

Lösung zu Fall 4

Prüfung des § 1 Abs. 1 und 2 AO:

a) Die Grundsteuer ist eine **Realsteuer**, § 3 Abs. 1, 2 AO.
b) Sie ist durch **Bundesgesetz** geregelt.
c) Sie wird insoweit durch die **Stadt verwaltet**, § 1 Abs. 2 AO. (Nur das Verfahren bis zum Grundsteuermessbescheid wird bei den Finanzämtern geführt, §§ 13, 25 GrStG.) Die AO ist nur anwendbar, soweit dies in § 1 Abs. 2 AO abschließend aufgeführt ist. Das Steuergeheimnis ist im 4. Abschnitt des 1. Teils der AO niedergelegt (§ 30 AO). Diese Vorschrift ist gemäß § 1 Abs. 2 Nr. 1 AO auch anwendbar, soweit die Gemeinden Realsteuern verwalten.
   Ergebnis: Die Beamten des Stadtsteueramts sind beim Erlass des GrSt-Bescheids an das Steuergeheimnis gebunden.

Lösung zu Fall 5

Prüfung des § 1 Abs. 1 und 2 AO:

a) Es handelt sich um eine Realsteuer, § 3 Abs. 1, 2 AO.
b) Sie ist durch Bundesgesetz geregelt (s. o.).
c) Der Gewerbesteuerbescheid wird von der Stadt erlassen, also nicht von einer Bundes- oder Landesfinanzbehörde (§ 16 GewStG). Die AO ist folglich nur anwendbar, soweit ihre Bestimmungen in § 1 Abs. 2 AO aufgeführt sind. Die Vorschriften über Rechtsbehelfe (§§ 347 ff., 7. Teil) sind bis auf §§ 351, 361 Abs. 1 Sätze 2, 3 AO nicht aufgeführt.

Ergebnis: Der Rechtsbehelf der AO (Einspruch) ist gegen den Gewerbesteuerbescheid der Stadt nicht gegeben. (Dafür gibt es den Widerspruch nach der Verwaltungsgerichtsordnung, § 68 VwGO.)

Lösung zu Fall 6

Prüfung des § 1 Abs. 1 und 3 AO:
a) Es handelt sich um eine steuerliche Nebenleistung, § 3 Abs. 4 AO. § 1 Abs. 1 AO greift deshalb nicht. Es gilt jedoch § 1 Abs. 3 AO.
b) Das Rechtsbehelfsrecht ist nicht im 4. Teil, 3. bis 6. Abschnitt aufgeführt, sondern im 7. Teil (§ 1 Abs. 3 Satz 2 AO). Es gilt daher entsprechend für steuerliche Nebenleistungen, § 1 Abs. 3 Satz 1 AO.
Ergebnis: Der Rechtsbehelf der AO (Einspruch) ist gegen die VerspZ-Festsetzung im GewSt-Messbescheid gegeben (Vgl. § 347 Abs. 1 Nr. 1 AO).

Lösung zu Fall 7

In allen Fällen außer bei 3. liegen Ermessensentscheidungen vor. Die Aussetzung der Vollziehung »kann« (§ 361 Abs. 2 Satz 1 AO) bzw. »soll« (§ 361 Abs. 2 Satz 2 AO) gewährt werden (vgl. AEAO § 361 Nr. 2.4; der Ermessenscharakter der Aussetzung der Vollziehung ist aber streitig; vgl. I 11.2 »Ermessenscharakter AdV«). Alle Zwangsmittel, also auch das Zwangsgeld, können angedroht werden (§ 328 AO), wenn das FA erzwingen möchte, dass der Stpfl. seine Pflicht erfüllt. Die Hilfestellung »soll«, muss also nicht gewährt werden.

Steuern »werden« festgesetzt, d. h. müssen festgesetzt werden (§ 155 Abs. 1 Satz 1 AO; vgl. auch den Grundsatz der Gleichmäßigkeit der Besteuerung in §§ 85, 3 Abs. 1 AO, Art. 3, 20, 28 GG); eine Ausnahme ist in § 163 AO (Ermessensentscheidung) niedergelegt.

Lösung zu Fall 8

a) Heranzuziehen ist § 33 AO. Die KG schuldet eventuell eine Steuer. Sie übt selbstständig eine gewerbliche Tätigkeit aus und ist Unternehmerin i. S. d. § 2 Abs. 1 Satz 1 UStG. Sie ist damit **Steuerpflichtige.** Da die KG außerdem 6 Arbeitnehmer beschäftigt, ist sie als Arbeitgeberin verpflichtet, die LSt für Rechnung der Arbeitnehmer einzubehalten (§ 38 Abs. 3 EStG). Sie ist aus diesem Grund ebenfalls **Steuerpflichtige,** obwohl sie keine eigene Steuerschuld zu bezahlen hat (§ 33 Abs. 1 AO).
b) Die Erklärung der **USt und LSt** hat die KG ebenso wie die Bezahlung gem. § 18 Abs. 1, 3, 4 UStG bzw. § 38 Abs. 3 EStG selbst vorzunehmen. Sie ist **Beteiligte** i. S. d. § 78 Nr. 2 AO. Da sie aber nicht selbstständig handeln kann, ist hierzu gem. § 34 Abs. 1 AO ihr gesetzlicher Vertreter (meist der Komplementär, § 164 HGB) verpflichtet.
Der **ESt** unterliegen nur natürliche Personen (§ 1 Abs. 1 EStG). Da die KG weder als juristische noch als natürliche Person eingeordnet werden kann, fällt sie selbst nicht unter das EStG oder KStG. Die Gewinne der KG haben allein deren Gesellschafter anteilmäßig zu erklären und zu versteuern (§ 15 Abs. 1 Nr. 2 EStG).

Lösung zu Fall 9

Die Aufforderung des FA darf nur dann unmittelbar an S ergehen, wenn dieser selbst handlungsfähig ist. Der minderjährige S ist Unternehmer (§ 2 Abs. 1 Satz 1 UStG), da das Unternehmen nunmehr in seinem Namen betrieben wird. Das Lebensalter ist für die Unternehmenseigenschaft ohne Bedeutung. Steuerlich ist der 16-jährige aber nicht handlungsfähig (§ 79 AO). Der Ausnahmefall des § 79 Abs. 1 Nr. 2 AO liegt nicht vor. Daher dürfen VA nicht **unmittelbar** an den 16-jährigen gerichtet werden, sondern müssen als das Steuerverfahren betreffende Handlungen an die gesetzlichen Vertreter (§ 34 Abs. 1 AO) gerichtet werden. Die Aufforderung zur Abgabe von USt-Voranmeldung ist ein solcher VA. Da die Handlungsunfähigkeit vom FA bei der Aufforderung nicht beachtet wurde, ist die Aufforderung **nichtig** (vgl. Abschnitt D). Die Weitergabe eines unmittelbar an den Handlungsunfähigen gerichteten VA an den gesetzlichen Vertreter lässt den VA nach Verwaltungsauffassung nicht wirksam werden. Sowohl aktive als auch passive Verfahrenshandlungen können jedoch [u. E.] dadurch geheilt werden, dass sie der gesetzliche **Vertreter genehmigt**. Wird die unwirksame Bekanntgabe genehmigt, wird die Aufforderung (mit Wirkung für die Zukunft) wirksam.

Lösung zu Fall 10

Die Zahlungsverjährung bezieht sich gem. § 228 AO auf Ansprüche aus dem Steuerschuldverhältnis.

Der VerspZ ist ein Anspruch aus dem Steuerschuldverhältnis (§§ 37 Abs. 1, 3 Abs. 4 AO). Er unterliegt somit der 5-jährigen Zahlungsverjährungsfrist des § 228 AO. (Die Zahlungsverjährung ist mit Ablauf des Kalenderjahrs 11 eingetreten. Der Anspruch ist damit erloschen, § 47 AO.)

Lösung zu Fall 11

Rechtsgrundlage ist § 812 BGB. § 37 Abs. 2 AO kommt nicht zur Anwendung, weil kein Anspruch aus dem Steuerschuldverhältnis getilgt werden sollte. Beim Versicherungsbeitrag handelt es sich um einen zivilrechtlichen Anspruch.

Lösung zu Fall 12

1. Die Vorauszahlungsschuld für das 3. Quartal entsteht mit Beginn des 01. 07. 08, für das 4. Quartal 08 mit Beginn des 01. 10. 08 (§ 37 Abs. 1 Satz 2 EStG). Dass beide Tage auf Wochenenden entfallen, ändert an diesem Ergebnis nichts; § 108 Abs. 3 AO ist nicht anwendbar und die Voraussetzungen einer Terminverschiebung nach § 193 BGB i. V. m. § 108 Abs. 1 AO liegen nicht vor; vgl. F 1.
2. Die Vorauszahlungsschulden sind i. H. v. 7 000 € zum Beginn des 01. 01., 01. 04., 01. 07., 01. 10. 07 entstanden (§ 37 Abs. 1 Satz 2 EStG). Die Abschlusszahlungsschuld i. H. v. 2 000 € entstand zum Jahresende (§ 36 Abs. 1 EStG).
3. Die LSt-Schuld entstand mit Zufluss des Lohns am 27. 04. 08 (§ 38 Abs. 2 Satz 2 EStG).
4. Maßgeblich ist der Kalendermonat, in dem die Lieferung erfolgte. Dies ist der Januar 08. Die USt entstand somit bezüglich dieses Umsatzes mit Ablauf des Januars 08 (§ 13 Abs. 1 Nr. 1 a UStG).

Lösung zu Fall 13

1. K könnte die Auskunft verweigern, wenn er entweder hierzu nicht verpflichtet wäre oder die von V erteilte Auskunft i. R. einer »Gesamtschuld« auch zu seinen Gunsten wirken würde. Eine Verpflichtung des K zu Auskünften ergibt sich grundsätzlich aus § 93 AO. Auswirkungen aus § 44 AO können sich nur aus dem »Steuerschuldverhältnis« ergeben. V und K schulden zwar nebeneinander eine Leistung, nämlich die GrESt; § 13 GrEStG.

Insoweit besteht ein Gesamtschuldverhältnis. Bei dem Auskunftsersuchen handelt es sich aber nicht um eine »Leistung aus dem Steuer**schuld**verhältnis« i.S.d. § 37 AO, sondern um eine steuerliche Hilfspflicht, die nicht Gegenstand der Gesamtschuld sein kann. K muss daher selbst die Auskunft erteilen, soweit das zweite Auskunftsersuchen nicht sinnlos und damit ermessensfehlerhaft (Verstoß gegen § 5 AO) ist.

2. Säumniszuschläge entstehen gem. § 240 Abs. 1 Satz 1 AO. K bezahlte die fällige Steuer nicht und wurde dadurch säumig. Die dem V gewährte Stundung könnte i. R. einer Gesamtschuld auch zugunsten K wirken. Die Verpflichtung zur Zahlung der GrESt ist tatsächlich eine gesamtschuldnerische Pflicht von V und K. Die Stundung gegenüber V wirkt aber nicht wie die Zahlung zu Gunsten des anderen Gesamtschuldners, sondern sie wirkt nur für den, bei welchem diese Tatsache eingetreten ist (§ 44 Abs. 2 Satz 3 AO). Es sind also Säumniszuschläge gegen K entstanden (vgl. § 240 Abs. 4 Satz 1 AO).

Vgl. zur Frage, wieviel Sz zu entrichten sind, H 6.2. Wird gegenüber V verzinslich gestundet, so ergeben sich 0,5 % Stundungszinsen für V und 1 % Sz für K. Maximal darf jedoch insgesamt nur 1 % festgesetzt bzw. erhoben werden.

Lösung zu Fall 14

1. Die Steuerschuld könnte nur im Wege der Gesamtrechtsnachfolge auf K übergegangen sein. K wird jedoch als Einzelrechtsnachfolger Eigentümer des Grundstücks. Die Grundsteuerschuld besteht also weiter gegen V und geht nicht über, da § 45 Abs. 1 AO nicht zutrifft (keine Gesamtrechtsnachfolge).

2. Die Zahlungsverjährung tritt mit Ablauf des Jahres 08 ein, wenn sie nicht z. B. durch eine Zahlungsaufforderung unterbrochen wird. Eine an den bereits verstorbenen Erblasser gerichtete Aufforderung ist unwirksam und erzeugt auch keine Wirkung gegenüber dem Gesamtrechtsnachfolger, selbst wenn sie in dessen Machtbereich gelangen. Hier muss eine neue Zahlungsaufforderung ergehen.

Lösung zu Fall 15

a)

1. Hier entscheidet das FA einseitig und verbindlich über die zu zahlende Steuer. Durch die Bekanntgabe tritt Außenwirkung ein. Ein VA liegt vor. Ein weiterer VA ist die Anrechnungsverfügung, die – je nach Einzelfall – in ein Leistungsgebot einmündet.

2. Zwar handelt es sich nicht nur um einen rein verwaltungsinternen Vorgang. Da aber lediglich verschiedene Lösungsmöglichkeiten unverbindlich aufgezeigt werden, fehlt die unmittelbare Rechts**wirkung,** die für einen VA notwendig ist.
   Ähnlich zu behandeln sind bloße Hinweise oder Belehrungen.
   Verbindliche Auskunft gem. § 89 Abs. 2 AO und verbindliche Zusage gem. § 204 AO sind aber VA, da sie Regelungscharakter haben. Sie sind für das FA bei der späteren Steuerfestsetzung bindend (vgl. § 2 Abs. 1 Steuer-Auskunftsverordnung und § 206 AO).

3. Die Aufforderung gem. § 141 AO enthält eine Regelung, die gegenüber dem Stpfl. unmittelbare Rechtswirkung entfaltet: er muss ab Beginn des nächsten Wirtschaftsjahre Bücher führen. Ein VA liegt vor.

4. Kein VA, da keine Regelung/nur Vorbereitung zukünftiger Bescheide.

5. Die OFD beabsichtigt, eine bestimmte Regelung durchzusetzen. Die Weisung wirkt aber nur intern. Ein VA ist erst anzunehmen, wenn das **FA** dementsprechend im konkreten Einzelfall einem Steuerberater eine Fristverlängerung versagt.

6. a) Kein VA, da keine Regelung.

b) S könnte erfolgreich Einspruch einlegen. Voraussetzung hierfür ist nach § 347 AO, dass der Steuerbescheid ein VA ist. Tatsächlich erfüllt ein Steuerbescheid alle Voraussetzungen eines VA gem. § 118 AO. Der Einspruch wäre auch begründet, wenn das FA an die erteilte verbindliche Auskunft gebunden wäre. Dies ist zu bejahen, da auch die Auskunft einen VA gem. § 118 AO darstellt (AEAO § 89 Nr. 3.5.5.). Die Bindungswirkung ergab sich zunächst gegenüber EL. Sie erstreckt sich gem. § 45 AO auch auf S. S ist nämlich als Erbe Gesamtrechtsnachfolger und tritt daher in die Rechtsstellung des EL ein (vgl. C 6.2).

Lösung zu Fall 16

1. Das Hinausschieben des Prüfungsbeginns (§ 197 Abs. 2 AO) ist **begünstigend**. Die Rechtsfolge entsteht nicht von selbst, sondern erst, wenn sie das FA ausspricht (»begründet«). Die Verlegung ist ein **konstitutiver** VA.

2. Die Pfändungsgebühr wirkt **belastend**. Da sie mit Beginn der Vollstreckungshandlung kraft Gesetzes entsteht (§ 339 Abs. 2 AO), ist dieser VA nur **deklaratorisch.**

Lösung zu Fall 17

1. Das FA wollte einen belastenden VA erlassen (§ 118 AO). Da jedoch die Höhe der VerspZ nicht erkennbar und auch durch Auslegung nicht zu ermitteln ist (§ 152 Abs. 2 AO), ist er zu unbestimmt. Es wäre für die Rechtsordnung unerträglich, wenn ein Zahlungsverlangen gegen den Stpfl. in unbestimmter Höhe wirksam werden würde. Folglich macht diese Unsicherheit den VA nichtig, d. h. er entfaltet keinerlei Wirkung (§ 125 Abs. 1 AO).

2. Hier wird einseitig verbindlich eine Verpflichtung auferlegt. Daher liegt ein belastender, u. E. konstitutiver (vgl. § 141 Abs. 2 AO) VA vor. Die Aufforderung »Bücher zu führen« ist auch nicht zu allgemein, weil ein verständiger Gewerbetreibender diesen Begriff i. S. d. §§ 145 ff. AO auslegen kann. Zur Auslegung ist § 141 Abs. 2 heranzuziehen. Damit wird der Inhalt des VA bestimmt. Er ist wirksam.

Lösung zu Fall 18

1. a) Heranzuziehen ist § 124 Abs. 1 Satz 2 AO. Mit der Bekanntgabe ist der Steuerbescheid entstanden. Sein Inhalt ist die auf der Grundlage von € 10 000 € errechnete Steuerfestsetzung.

b) Bei Entdeckung **vor Bekanntgabe** wird der »Bescheid« einfach vernichtet und durch einen neuen ersetzt. Ist dies nicht möglich, weil z. B. die Bescheidversendung durch eine Behörde in einer anderen Stadt erfolgt (»Zentralversendung«), wird dem Stpfl. sofort mitgeteilt, dass der ihm in Kürze zugehende Bescheid nicht dem Willen des FA entspricht und daher unwirksam ist und dass ihm ein Bescheid mit einem anderen Inhalt zugehen wird.

Nach Bekanntgabe gilt § 124 Abs. 2 AO. Der Fehler ist nur bei Vorliegen von Korrekturvorschriften behebbar (hier greift § 129 Abs. 1 Satz 2 AO ein); vgl. L.

2. Gegenüber Fischle ist keine Entscheidung getroffen. Außerdem fehlt es an einer wirksamen Bekanntgabe gem. §§ 155 Abs. 1 Satz 2, 122, 124 AO. Daher ist ihm gegenüber kein VA entstanden. Vögele ist dagegen als Adressat angesprochen worden. Er ist ein **möglicher** Adressat eines ESt-Bescheids, der im Übrigen nicht widersprüchlich (z. B. einmal an Fischle, an anderer Stelle an Vögele) formuliert ist. Folglich ist der

Bescheid **wirksam.** Allerdings ist er wegen Verstoßes gegen das EStG rechtswidrig. Vögele hat die im Bescheid besteuerten Einkünfte nicht bezogen. Auf zulässigen Einspruch muss daher das FA den Bescheid gegen Vögele aufheben, AEAO § 122 Nr. 4.1.1 Abs. 2.

Lösung zu Fall 19

1. Es liegt »lediglich« ein Verstoß gegen § 2 Abs. 1 GewStG vor. Dieser Fehler ist nicht so schwerwiegend, dass er den VA nichtig macht. Der Arzt kann den Bescheid mit Einspruch anfechten.
2. Gläubig könnte durchaus Steuerpflichtiger und Adressat eines Kirchensteuerbescheids sein. Der fehlerhafte Bescheid ist daher wirksam, aber muss auf zulässigen Einspruch hin aufgehoben werden.
3. Ein Hund kann nicht steuerfähig sein. Ein solcher VA ist rechtlich nicht möglich. Er kann nicht durch die Auslegung gerettet werden, dass als Steuerschuldner Herr Fox gemeint sei. Dies würde den Wortsinn des VA überschreiten. Daher ist der Bescheid nichtig.
   Fox muss die Hundesteuer nicht zahlen, ohne dass er weitere Maßnahmen ergreifen muss.
   Hundesteuerbescheide erlässt im Übrigen die Gemeinde.

Lösung zu Fall 20

1. Es handelt sich um zwei Ausfertigungen zweier zusammengefasster Bescheide i. S. d. § 155 Abs. 3 Satz 1 AO. Das Gesetz spricht von zusammengefassten Bescheiden. Kennzeichen ist, dass dieselbe ESt-Schuld 08 gegen mehrere (zwei) Gesamtschuldner festgesetzt ist. Dieses kommt mehrfach, insbes. in den Vermerken neben dem Anschriftenfeld und dem Zusatz unter »Erläuterungen« zum Ausdruck.
   Die Abweichungen in den beiden Schriftstücken betreffen nur den Postlauf (die Bekanntgabe).
2. Hier durften zusammengefasste Bescheide ergehen, weil die Ehegatten (vgl. die Aufgabe) im Jahr 08 noch die Voraussetzungen der Zusammenveranlagung erfüllt und keinen Antrag auf getrennte Veranlagung gestellt haben (§§ 26, 26 b EStG). Sie sind daher Gesamtschuldner der ESt 08 (§ 155 Abs. 3 Satz 1 AO).
3. Die Anschriftenfelder waren richtig ausgefüllt (vgl. AEAO § 122 Nr. 2.1.4). Die Stpfl. sind jeweils korrekt und eindeutig bezeichnet. Die Post kann die Adressaten finden. Durch die Zusätze im Bescheidkopf und in den Erläuterungen wird klargestellt, dass sich die Steuerfestsetzung nicht nur gegen eine Einzelperson richtet.
4. Der Bescheid ist gegenüber beiden Ehegatten wirksam bekanntgegeben (§§ 122 Abs. 2, 124 Abs. 1 AO), da die für den jeweiligen Ehegatten bestimmte Ausfertigung des zusammengefassten Bescheids jeweils diesem Ehegatten zugegangen ist. (Die Bekanntgabe in einer Ausfertigung war nicht möglich, weil die Voraussetzungen des § 122 Abs. 6 und 7 AO nicht vorlagen.)

Lösung zu Fall 21

1. Es muss gemäß § 180 Abs. 1 Nr. 2b AO ein gesonderter Gewinnfeststellungsbescheid für die Einkünfte des C gemäß § 18 EStG ergehen. Wohnsitz (Ludwigshafen) und Tätigkeitsort (Mannheim) liegen zum 31. 12. 01 in den Bereichen verschiedener Finanzämter,

so dass verschiedene Finanzämter für die Gewinnermittlung und die Einkommenbesteuerung zuständig sind (§§ 19 Abs. 1, 18 Abs. 1 Nr. 3 AO).
Der Feststellungsbescheid hat für die ESt-Festsetzung Bedeutung.

2. Die Notwendigkeit einer gesonderten Feststellung gem. § 179 Abs. 1 AO könnte sich aus § 180 Abs. 1 AO ergeben. Weil die Einkünfte aus Vermietung nicht in § 180 Abs 1 Nr. 2b AO aufgezählt sind, erfolgt keine gesonderte Feststellung.

Lösung zu Fall 22

A. G. ist Gesamtrechtsnachfolger des E. T. und muss daher für dessen USt-Schuld aufkommen (§ 45 AO). Auch Bescheide sind an ihn als Inhaltsadressaten zu richten. Da im Sachverhalt nicht davon die Rede ist, dass A. G. das Blumengeschäft mit Einwilligung des gesetzl. Vertreters und der Genehmigung des Vormundschaftsgerichts führt (§ 112 BGB), ist er nicht handlungsfähig gem. § 79 Abs. 1 Nr. 2 AO. Er kann daher auch keinen VA **selbstständig entgegennehmen.**

A. G. muss bei der Entgegennahme des VA durch seinen gesetzl. Vertreter, hier seine Mutter (§§ 1680, 1629 BGB) vertreten werden, und der Bescheid muss an sie als Bekanntgabeadressatin adressiert sein. Außerdem ist das Vertretungsverhältnis offen zu legen und deutlich zu machen, an wen sich der Bescheid richtet. Dies muss nicht unbedingt im Bescheidkopf geschehen, sondern kann sich auch sonst aus dem Bescheid ergeben. Insoweit bestehen gegen die Wirksamkeit des Bescheids keine Bedenken. Aus dem Bescheid geht hervor, dass A. G. als **Rechtsnachfolger** des E. T. in Anspruch genommen wird. Der VA ist daher wirksam bekannt gegeben.

Lösung zu Fall 23

Die Bekanntgabe eines VA ist in § 122 AO geregelt. Hierbei ist ein VA wirksam geworden, wenn er in den Machtbereich des Adressaten gelangte.

1. Der Brief ist in den Machtbereich des Adressaten gelangt, auch wenn er tatsächlich keine Kenntnis nehmen konnte. Wirksame Bekanntgabe liegt daher vor.
2. Bei willkürlicher Annahmeverweigerung gilt der VA trotzdem als bekanntgegeben. Es bestand die **Möglichkeit der Kenntnisnahme.** Wird Annahme verweigert, weil vom Empfänger Strafporto verlangt wird, so ist der VA nicht bekannt gegeben
3. Die Wohnung ist bewohnt, denn die Abwesenheit ist nur vorübergehend. Man wird hier sagen müssen, dass die erschwerte Möglichkeit der Kenntnisnahme zu Lasten des Empfängers geht. Dasselbe gilt als Bekanntgabe an vorübergehend Bewusstlose (Umkehrschluss aus § 131 Abs. 1 BGB). Die Bekanntgabe ist daher wirksam. Allzu große Nachteile werden A hier wegen der Möglichkeit der Wiedereinsetzung in den vorigen Stand gem. § 110 AO und der Stundung bzw. AdV (§§ 222, 361 AO) nicht entstehen.
4. Es liegt hier schon gar kein VA vor, da die Schreibkraft keine Amtsträgerin ist. Damit fehlt es an einer **behördlichen** Entscheidung. Würde P einen bereits fertigen Steuerbescheid unbefugt zur Post geben, so könnte dieser ebenfalls nicht wirksam werden, da der Bekanntgabewille des befugten Amtsträgers (»Behörde«) fehlt.

Lösung zu Fall 24

Die Bekanntgabe richtet sich nach § 122 AO. Trotz Urlaubsabwesenheit ist die Bekanntgabe erfolgt, da der Steuerbescheid in seinen Machtbereich (Briefkasten) gelangt ist. Bei

Übersendung durch die Post mit einfachem Brief im Inland gilt der dritte Tag nach der Postaufgabe als Bekanntgabetag. Dies ist der 26. 03. 01 (§ 122 Abs. 2 AO). Da dies ein Sonntag ist, gilt gem. § 108 Abs. 3 AO der Steuerbescheid am Montag, dem 27.03.01, als bekannt gegeben.

Lösung zu Fall 25

Zu prüfen sind die Merkmale des § 118 AO. Es handelt sich hier um einen (belastenden) VA, weil durch ihn einseitig Pflichten auferlegt werden, nämlich die Pflicht, einen Empfangsbevollmächtigten zu bestellen. Damit gelten für die Aufforderung der allgemeinen Regeln für VA, insbes. die Regeln zur Adressierung, Korrektur und zum Rechtsbehelfsverfahren. Daher kann der Stpfl. gegen diese Aufforderung auch Rechtsbehelf einlegen, z. B. mit der Begründung, er habe seinen Wohnsitz im Inland.

Lösung zu Fall 26

Hier ist die gem. § 201 AO erforderliche Schlussbesprechung (Anhörung) unterblieben. Dieser Fehler ist dadurch heilbar, dass das Finanzamt die Schlussbesprechung nachholt (§ 126 Abs. 1 Nr. 3 AO). Der Bescheid muss nicht aufgehoben werden. Trotz des Verstoßes gegen § 201 AO ist der Rechtsbehelf gegen den Änderungsbescheid erfolglos (§ 127 AO). Dabei macht es keinen Unterschied, ob das Finanzamt den Fehler geheilt hat oder nicht. Der Einspruch wird (als unbegründet) abgewiesen.

Lösung zu Fall 27

a) Die Steuerfestsetzung fällt unter den Begriff der »Verwaltung der Steuern«. Daher ist gemäß § 16 AO, § 17 Abs. 2 FVG das FA sachlich (funktionell) zuständig.
b) Gemäß § 195 Abs. 1 Satz 1 AO, § 17 Abs. 2 FVG ist das FA sachlich zuständig.
c) Auch hier ist die für die Besteuerung zuständige Behörde, also das FA (§ 367 Abs. 1 AO, § 17 Abs. 2 FVG) zuständig.

Lösung zu Fall 28

1. E ist unter den Voraussetzungen des § 1 EStG unbeschränkt est-pflichtig. Einen Wohnsitz gem. § 8 AO hat E nicht. E hat aber seinen gewöhnlichen Aufenthalt (§ 9 AO) in Tübingen, da er dort mehr als 6 Monate verweilt. Es ist unbeachtlich, dass weder im VZ 01 noch im VZ 02 der Sechs-Monatszeitraum jeweils überschritten wurde.
   E ist unbeschränkt einkommensteuerpflichtig im VZ 01 und 02, § 1 Abs. 1 Satz 1 EStG. Zuständig ist das FA Tübingen (§ 19 Abs. 1 Satz 1 AO).
2. A ist beschränkt steuerpflichtig (§§ 1 Abs. 4, 49 Abs. 1 Nr. 6 EStG). Da er weder seinen Wohnsitz noch seinen gewöhnlichen Aufenthalt im Inland hat, ist nach § 19 Abs. 2 Satz 1 AO das FA Heidelberg für die ESt zuständig, weil dort sein Vermögen liegt.
3. Es liegen zwei Wohnsitze vor. Zuständig ist das FA Heilbronn, da sich dort die Familie befindet und die Ehegatten nicht dauernd getrennt leben (§ 19 Abs. 1 Satz 2 AO). Es ist unbeachtlich, dass er getrennte Veranlagung wählt. Da G im Inland wohnt, ist er unbeschränkt einkommensteuerpflichtig.
4. S hat zwei Wohnsitze, einen in Konstanz und einen in Freudenstadt, § 19 Abs. 1 Satz 1 AO. Die polizeiliche Anmeldung ist nur ein Indiz. Folglich ist gem. § 19 Abs. 1 Satz 2 AO für die örtliche Zuständigkeit maßgeblich, wo er sich vorwiegend aufhält. Die meisten

Tage des Jahres hält er sich in Konstanz auf. Zuständig für die ESt ist das FA Konstanz, auch wenn der wertvollste Vermögensteil in Freudenstadt liegt.

Lösung zu Fall 29

1. Zur Veranlagung der ESt sind notwendig:

a) Eine einheitliche und gesonderte Gewinnfeststellung für den **land- und forstwirt-schaftlichen** Betrieb (§§ 180 Abs. 1 Nr. 2a, 179 Abs. 2 Satz 2 AO). Zuständig ist das **Lage-FA** Heilbronn gem. § 18 Abs. 1 Nr. 1 AO);

b) Für A und B je ein **ESt-Bescheid**, in den dieser Feststellungsbescheid bindend (§ 182 Abs. 1 Satz 1 AO) eingeht, und die übrigen Besteuerungsgrundlagen, z. B. Sonderausgaben, Altersfreibeträge, als unselbständige Bestandteile des Bescheids (§ 157 Abs. 2 AO) ermittelt werden. Zuständig für A ist das **Wohnsitz-FA** Ludwigsburg (§ 19 Abs. 1 Satz 1 AO), für B das **Wohnsitz-FA** Heilbronn.

2. Zur Veranlagung der ESt sind notwendig:

a) Ein einheitlicher und gesonderter **Gewinnfeststellungsbescheid** für den **Gewerbebetrieb** Kanarienvogelhandlung (§§ 180 Abs. 1 Nr. 2a, 179 Abs. 2 Satz 2 AO). Zuständig: **Betriebsfinanzamt** Heilbronn (§ 18 Abs. 1 Nr. 2 AO);

b) gesonderte **Feststellung des Gewinns** aus dem Radiogeschäft in Esslingen, da Wohnsitz und Betriebssitz voneinander abweichen (§§ 180 Abs. 1 Nr. 2b, 19 Abs. 1 Satz 1, 18 Abs. 1 Nr. 2 AO); mangels näherer Angaben im Sachverhalt ist davon auszugehen, dass diese Umstände auch zum Schluss des maßgeblichen Kalenderjahrs so vorlagen. Zuständig ist das **Betriebs-FA** Esslingen;

c) je ein ESt-Bescheid, in den diese Feststellungsbescheide eingehen. Zuständig ist für C das **Wohnsitz-FA** Ludwigsburg, für D dessen **Wohnsitz-FA** Heilbronn (§ 19 Abs. 1 Satz 1 AO).

3. Zur Veranlagung der ESt des E sind notwendig:

a) Eine gesonderte Gewinnfeststellung der Einkünfte aus Gewerbebetrieb, da Wohnort (Konstanz) und Geschäftsort (Lörrach) auseinander fallen und im Bereich verschiedener FÄ liegen (§§ 180 Abs. 1 Nr. 2b, 18 Abs. 1 Nr. 2 AO); der Lagerplatz begründet keine weitere Zuständigkeit. Zuständig ist das **Betriebs-FA** Lörrach (§ 18 Abs. 1 Nr. 2 AO);

b) eine einheitliche und gesonderte Feststellung des Überschusses aus Vermietung (§§ 180 Abs. 1 Nr. 2a, 179 Abs. 2 Satz 2 AO). Ggf. müssen auch die Überschüsse aus sonstigen Einkünften gem. §§ 22 Nr. 3, 23 EStG Abs. 1 Nr. 1 EStG (Veräußerung der Wohnung innerhalb 10 Jahre) gesondert und einheitlich festgestellt werden. Zuständig ist das FA der Verwaltung, d. h. Ludwigsburg (§ 18 Abs. 1 Nr. 4 AO);

c) ein ESt-Bescheid für E, in den diese Feststellungen aus a) und b) eingehen. Zuständig ist das **Wohnsitz-FA** Konstanz (§ 19 Abs. 1 Satz 1 AO).

4. Zur ESt-Veranlagung sind notwendig:

a) Ein einheitlicher und gesonderter **Gewinnfeststellungsbescheid** für die freiberufliche Tätigkeit (§§ 180 Abs. 1 Nr. 2a, 179 Abs. 2 Satz 2 AO). Zuständig: FA der vorwiegenden Berufsausübung Waiblingen (§ 18 Abs. 1 Nr. 3 AO);

b) einheitliche und gesonderte Feststellung der Einkünfte aus Vermietung und Verpachtung gem. §§ 180 Abs. 1 Nr. 2a, 179 Abs. 2 Satz 2 AO); zuständig ist das FA der Verwaltung der Einkünfte, § 18 Abs. 1 Nr. 4 AO.

Laut Aufgabe wird die Ferienwohnung bzw. werden die entsprechenden Einkünfte vom Waiblinger Büro aus verwaltet. Zuständig ist also das FA Waiblingen.

(Dass der Zustellungsbevollmächtigte in Esslingen wohnt, ist kein zwingendes Indiz für den Ort der Verwaltung der Einkünfte.)

c) ein ESt-Bescheid.

Zuständig ist das Wohnsitz-FA Esslingen (§ 19 Abs. 1 Satz 1 AO).

5. Zur Veranlagung der ESt sind notwendig:

Ein einheitlicher und gesonderter Gewinnfeststellungsbescheid für den Gewerbebetrieb der ABC-OHG. Darin wird nicht nur die Höhe des Gesamtgewinns von 1 Mio. € festgestellt und auf die einzelnen Gesellschafter aufgeteilt, sondern auch die Höhe der bei den Gesellschaftern als Sonderausgabe nach § 10b EStG abzugsfähigen Spenden (je Gesellschafter 1 000 €) einheitlich und gesondert festgestellt (§ 180 Abs. 1 Nr. 2 a AO). Insoweit liegen Besteuerungsgrundlagen vor, die in rechtlichem Zusammenhang mit den Einkünften der OHG stehen, sich aber bei der Ermittlung der Einkünfte steuerlich nicht auswirken. Der Feststellungsbescheid ist insoweit für die Einkommensteuerbescheide der Gesellschafter bindend. Für den Erlass dieses Feststellungsbescheids ist nach § 18 Abs. 1 Nr. 2 AO das Geschäftsleitungs-FA Ludwigsburg zuständig.

Lösung zu Fall 30

Stundung und Aussetzung der Vollziehung sind behördliche Fristen, weil sie vom **Finanzamt** (nach seinem Ermessen, § 5 AO) gesetzt werden. Die übrigen erwähnten Fristen sind gesetzliche Fristen, weil ihre Dauer im Gesetz vorgeschrieben ist.

Lösung zu Fall 31

1. Die Rechtsbehelfsfrist ist eine gesetzliche Frist, weil ihre Dauer in § 355 Abs. 1 AO vorgeschrieben ist. Sie ist nicht verlängerungsfähig (§ 109 Abs. 1 AO). Sie ist nur wiedereinsetzungsfähig (§ 110 Abs. 1 AO).

2. Die Zahlungsfristen sind, obwohl in der Regel gesetzlich festgelegt, immer verlängerungsfähig, auch wenn § 109 Abs. 1 Satz 1 AO dies nicht ausdrücklich vorsieht. Die Fristverlängerung geschieht hier durch eine Spezialregelung, nämlich durch Stundung gem. § 222 AO. Wiedereinsetzung gemäß § 110 AO wäre nach h.M. möglich. Die Verwaltung lehnt dies aber in der Praxis ab, weil die Stundung eine ausreichende Möglichkeit biete (AEAO § 110 Nr. 3).

Lösung zu Fall 32

1. Es liegt eine Zahlungs**frist** vor, weil der Stpfl. innerhalb eines Zeitraums, nämlich **bis** zum Ablauf des 10. 09. 02 bezahlen kann. Die Zahlung z. B. am 01. 09. 02 ist genauso möglich und hat die gleiche Folge wie eine Zahlung am 10. 09. 02. Die Frist ist eine gesetzliche, weil sie in § 36 Abs. 4 Satz 1 EStG vorgeschrieben ist.

2. Wenn der Stpfl. die Zahlungsfrist versäumt, fallen nach § 240 Abs. 1 AO ohne weiteres Säumniszuschläge an.

3. Nach § 108 Abs. 3 AO verlängert sich die Frist bis zum Ablauf des nächsten Werktags, d. h. bis zum Ablauf des Montag, 12. 09. 02. Der Stpfl. kann noch am 12. 09. 02 fristgemäß bezahlen.

Für Überweisungen gilt § 240 Abs. 3 AO, für Schecks gilt § 224 Abs. 2 Nr. 1 AO.

Lösung zu Fall 33

1. Es handelt sich in allen Fällen um Fristbestimmungen, weil die Stpfl. auch vor dem Fälligkeitstag bezahlen dürfen.
2. In § 37 Abs. 1 Satz 1 EStG ist das Gesetz ungenau formuliert (»am 10....«), da der Wortlaut auf einen Termin hindeutet. Der Wortlaut in § 41a EStG ist korrekt (»spätestens am ...«).

Lösung zu Fall 34

Alle geannten Fristen sind Beginnfristen, weil nach dem Sinn der Regelung der Anfangstag mitzählt, d.h. z.B. mitgestundet werden soll. Bei richtiger Auslegung sollen bei einer Stundung »ab Fälligkeit« Säumniszuschläge von Anfang an nicht eintreten. Auch die Stundung »ab Bekanntgabe der Stundungsverfügung« ist eine Beginnfrist, obwohl ihr Beginn vom Zugang, der ein in den Lauf des Tages fallendes Ereignis ist, abhängt. Aus dem Sinn des VA ergibt sich, dass bereits am Bekanntgabetag (§§ 124, 122 AO) gestundet sein soll, nicht erst am folgenden Tag wenn es andernfalls zu einer Säumnis käme. Folglich wird der Bekanntgabetag gemäß § 108 Abs. 2 letzter HS AO auch bei der Zinsberechnung gemäß § 234 Abs. 1 AO mitgezählt; (vgl. H 5.3, Fall 58 b), AEAO § 237 Nr. 6 zum gleichen Problem bei der Aussetzung der Vollziehung.

Lösung zu Fall 35

1. Der Stpfl. bekommt den Altersentlastungsbetrag gem. § 24a EStG für den VZ 2008. Er hat mit Ablauf des 31. 12. 2007 das 64. Lebensjahr vollendet, also vor Beginn des VZ 2008. § 108 Abs. 3 AO ist nicht anwendbar.
2. Nein, er vollendet sein 64. Lebensjahr erst nach Beginn des VZ 2007, nämlich mit Ablauf des 01. 01. 2008.
3. Der Säumnismonat beginnt laut Aufgabe mit Beginn des (Samstag) 01. 04. 08. Er endet daher regulär mit Ablauf des Tages, der durch seine Nummer dem Beginntag vorangeht, d. h. mit Ablauf des dem 01. 05. 08 vorangehenden Tag, also mit Ablauf des 30. 04. 08. Da der 30. 04. 08 ein Sonntag ist und der Säumnismonat wie eine Frist berechnet wird, ist auf das Säumniszeitraumende § 108 Abs. 3 AO anzuwenden. Der (einzige) Säumnismonat endet daher mit Ablauf des nächstfolgenden Werktags, d. h. mit Ablauf des 02. 05. 08.

Lösung zu Fall 36

Alle erwähnten Fristen sind Ereignisfristen:

- **Rechtsbehelfsfristen,** weil ihr Beginn von der Bekanntgabe des anzugreifenden VA abhängt. Die Bekanntgabe fällt in den Lauf eines Tages. Dies gilt auch für den Normalfall des § 122 Abs. 2 Nr. 1 AO, weil die Bekanntgabe »am«, d. h. irgendwann im Laufe des dritten Tages nach der Postaufgabe unterstellt wird;
- **die erwähnten Zahlungsfristen,** weil ihr Beginn von der Bekanntgabe eines Bescheids abhängt. Anders ist es, wenn die Fälligkeit gesetzlich auf bestimmte Kalendertage gelegt ist, wie regelmäßig bei den Vorauszahlungen;
- **Festsetzungs- und Zahlungsverjährungsfristen,** weil der Fristbeginn regelmäßig vom Ablauf (Ereignis) eines Kalenderjahres abhängt.

Lösung zu Fall 37

1. Maßgebliches »Ereignis« für den Beginn der Rechtsbehelfsfrist ist der rechtlich wirksame Zugang am 14.05.08, § 122 Abs. 2 AO. Da dies ein Sonntag ist, verlängert sich gem. § 108 Abs. 3 AO die Bekanntgabefiktion auf Dienstag, den 16.05.08. Die Rechtsbehelfsfrist beginnt mit Ablauf des 16.05.08, dauert gemäß § 355 Abs. 1 AO einen Monat und endet mit Ablauf des nummerngleichen Tags wie der Bekanntgabe im Juni 08, d.h. mit Ablauf des 16.06.08.

2. Der tatsächlich frühere Zugang vor dem 3. Tag nach der Aufgabe zur Post ist nach § 122 Abs. 2 AO unbeachtlich. Am Ergebnis des vorigen Falls ändert sich nichts, weil das für den Fristbeginn maßgebliche Ereignis (als Fiktion) gleich geblieben ist.

3. Maßgebliches Ereignis für den Beginn der Monatsfrist ist der tatsächliche spätere Zugang (nach dem dritten Tag nach Postaufgabe), § 122 Abs. 2 letzter HS AO, der im Laufe des 17.05.08 stattfindet.
Die Frist beginnt daher mit Ablauf des 17.05.08. Sie dauert einen Monat, § 355 AO, und endet regulär mit Ablauf des 17.06.08. Da dies ein Samstag ist, verlängert sich die Frist gemäß § 108 Abs. 3 AO bis zum Ablauf des nächstfolgenden Werktags, d.h. bis zum Ablauf des Montag, 19.06.08.

4. Die Rechtsbehelfsfrist beginnt mit Ablauf des 20.05.08. Da sich die Bekanntgabe nach den tatsächlichen Umständen richtet, nicht nach der gesetzlichen Frist des § 122 Abs. 2 Nr. 1 AO, kommt es zu keiner Verschiebung gem. § 108 Abs. 3 AO. Die Frist dauert einen Monat und endet daher mit Ablauf des 20.06.08. Dieser Tag entspricht seiner Zahl nach dem Tag, in den das Ereignis fällt.

5. Die Rechtsbehelfsfrist beginnt mit Ablauf des 31.01.08, dauert einen Monat und endet mit Ablauf des 28.02.08, § 108 Abs. 1 AO, § 188 Abs. 3 BGB.

Lösung zu Fall 38

Der Säumnismonat wird wie eine **Beginnfrist** berechnet. Die Säumnis beginnt mit Beginn des 01.03.01 und endet mit Ablauf des Tages, der seiner Nummer nach dem Beginntag vorangeht. Der Säumnismonat endet daher mit Ablauf des 31.03.01.

Lösung zu Fall 39

a) Fall »Schwach«

1. Gegen den ESt-Bescheid 07 ist der Einspruch gegeben, § 347 Abs. 1 Nr. 1 AO. Die Einspruchsfrist (eine Ereignisfrist) beginnt mit Ablauf des 04.09.08, §§ 122 Abs. 2, 108 Abs. 1 AO, § 187 Abs. 1 BGB, da sich die 3-Tagesfiktion gem. § 108 Abs. 3 AO auf den Montag verschiebt. Die Einspruchsfrist läuft einen Monat (§ 355 Abs. 1 AO) und endet regulär mit Ablauf des Mittwochs, 04.10.08.
Da der Einspruch erst am 15.12.08 beim FA einging, ist der Rechtsbehelf **verspätet.** Folglich ist zu prüfen, ob Wiedereinsetzung in den vorigen Stand gemäß § 110 AO zu gewähren ist.

2. Die Einspruchsfrist ist eine gesetzliche, nicht verlängerbare Frist. Sie ist aber wiedereinsetzungsfähig, § 110 Abs. 1 AO.
Der Säumige war ab Dienstag, 03.10.08, also noch vor Ablauf der Einspruchsfrist, **verhindert,** den Rechtsbehelf einzulegen. Daran ändert nichts, dass er vorher den Einspruch hätte einlegen können; Fristen können bis zum letzten Tag ausgenutzt

werden. Die Verhinderung begann im Übrigen nicht erst mit der Überführung des Stpfl. Schwach in das Krankenhaus am 04.10.08. Er war schon seit Mitte des Vortags bettlägerig, also an der Einspruchseinlegung verhindert.

Ein Krankenhausaufenthalt ist grundsätzlich ein Verhinderungsgrund i. S. d. § 110 AO. Schwach war bis zur Entlassung aus dem Krankenhaus am Samstag, 11.11.08, an der Einlegung verhindert. Die Verhinderung ist ein tatsächliches Ereignis, keine Frist. Der Verhinderungszeitraum verlängert sich daher nicht gemäß § 108 Abs. 3 AO bis zum Ablauf des Montag, 13.11.08. (Auch eine entsprechende Anwendung der Bestimmung scheidet aus, weil von Schwach nicht verlangt wird, dass er den Einspruch an diesem Wochenende einlegt.)

3. Schwach trifft bis zum Ende der Verhinderung am 11.11.08 kein Verschulden an der Säumnis. Die Tatsachen hierzu sind von ihm glaubhaft gemacht bzw. stehen laut Sachverhalt fest.

4. Die Monatsfrist des § 110 Abs. 2 Satz 1 AO ist eine Ereignisfrist, die mit Ablauf des 11.11.08 beginnt (§§ 108 Abs. 1 AO, 187 Abs. 1 BGB) und mit Ablauf des Montag, 11.12.08, endet. Der Einspruch ist erst am 15.12.08 eingegangen, also **verspätet**.

5. Da die Frist des § 110 Abs. 2 AO versäumt ist, muss geprüft werden, ob Schwach Wiedereinsetzung wegen Versäumung der Antragsfrist des § 110 Abs. 2 AO gewährt werden kann. Die Monatsfrist des § 110 Abs. 2 AO ist wiedereinsetzungsfähig, weil sie eine gesetzliche, nicht verlängerbare Frist ist. Es liegt aber kein Wiedereinsetzungsgrund vor, § 110 Abs. 1 Satz 2 AO. Folglich kann keine Wiedereinsetzung wegen Versäumung der Antragsfrist gewährt werden.

Der Einspruch ist vom FA Ludwigsburg (§ 367 Abs. 1 AO) als unzulässig zu verwerfen, weil die Einspruchsfrist versäumt ist (§§ 355, 358 AO). Eine gesonderte Entscheidung über den Wiedereinsetzungsantrag ergeht nicht. Die Entscheidung über den Antrag und ihre Begründung sind nur in den Gründen der Einspruchsentscheidung abzuhandeln.

b) Für die Bekanntgabe des ESt-Bescheids gilt die 3-Tagesfrist des § 122 Abs. 2 Nr. 1 AO. Das Fristende verschiebt sich gem. § 108 Abs. 3 AO vom 24.03.08 auf den Ablauf des 28.03.08. Dementsprechend endete die Monatsfrist des § 355 AO mit Ablauf des 28.04.08. Diese Frist war verstrichen, als das zuständige FA Tübingen den Einspruch erst am 02.05.08 erhielt. In Frage kommt eine Wiedereinsetzung in die Einspruchsfrist gem. § 110 AO. Allerdings wurde die Verspätung von Herrn Martini (mit)verschuldet. Er hätte auch diktieren müssen, an welches FA sich sein Schreiben richtet. Frau Coltello muss sich das Verschulden von Herrn Martini gem. § 110 Abs. 1 S. 2 AO zurechnen lassen. Weil mit dem Versäumnis indes der Verlust der rechtsbehelfsrechtlichen Möglichkeiten verbunden ist, darf ein etwaiges Mitverschulden des FA Stuttgart nicht unbeachtet bleiben. Anhand der Originalunterschrift war das Schreiben als Irrläufer erkennbar und daher im Wege des gewöhnlichen Geschäftslaufes weiterzuleiten.

Bei a) wäre der Einspruch bei ordnungsgemäßer Weiterleitung (ca. 5 Arbeitstage, BFH vom 17.01.2007 BFH/VN 2007, 944) rechtzeitig eingegangen. Frau Coltello erhält Wiedereinsetzung und es wird über den Einspruch sachlich entschieden.

Dagegen kam der Irrläufer in b) so knapp vor Ablauf der Einspruchsfrist beim unzuständigen FA an, dass eine rechtzeitige Weiterleitung nicht mehr möglich war. Der Einspruch wird als unzulässig verworfen (vgl. § 358 AO); in der Einspruchsentscheidung begründet das FA Tübingen, weshalb eine Wiedereinsetzung nicht gewährt wurde.

Lösung zu Fall 40

§ 56 Abs. 1 Nr. 2a EStDV ist nicht erfüllt, weil der Gesamtbetrag der Einkünfte den Grenzbetrag nicht übersteigt. Folglich gibt es keine Erklärungspflicht aufgrund eines Einzelsteuergesetzes für den VZ 08 (§ 149 Satz 1 AO). Arm ist nur verpflichtet, eine Erklärung für 08 einzureichen, wenn er hierzu vom FA aufgefordert wird, § 149 Abs. 1 Satz 2 AO.

Lösung zu Fall 41

1. Der VerspZ darf nach § 152 Abs. 2 Satz 1 AO 10 % der festgesetzten Steuer nicht überschreiten, d. h. hier 10 % von 14 000 € = 1 400 €. Die relative Höchstgrenze geht nicht von der Höhe der Abschlusszahlung (hier 2 000 €) aus.
2. Ein VerspZ kann schon deshalb nicht festgesetzt werden, weil keine **positive** Steuerschuld festgesetzt wurde (nicht zu verwechseln mit einem Erstattungsfall z. B. wegen zu hoher ESt-Vorauszahlungen).

Lösung zu Fall 42

Die relative Grenze des § 152 Abs. 2 Satz 1 AO beträgt 60 280 €. Der VerspZ darf aber höchstens 25 000 € betragen.

Lösung zu Fall 43

1. LSt-Anmeldungen stehen gesetzlich unter dem Vorbehalt der Nachprüfung, § 168 Satz 1 AO.
2. Vorauszahlungsbescheide stehen gesetzlich unter dem Vorbehalt der Nachprüfung, § 164 Abs. 1 Satz 2 AO.
3. Der Vorbehalt steht im Ermessen des FA, §§ 184 Abs. 1 Satz 3, 164 Abs. 1 Satz 1 AO.
4. Da bereits eine abschließende Prüfung stattgefunden hat, kann der Bescheid nicht unter Vorbehalt der Nachprüfung ergehen, § 164 Abs. 1 Satz 1 AO. Geschieht dies trotzdem, ist die Vorbehaltsfestsetzung rechtswidrig, aber nicht nichtig. (Die Voraussetzungen des § 125 Abs. 1 AO sind nicht erfüllt.) Auf Einspruch gegen den Bescheid (§ 347 Abs. 1 Nr. 1 AO) muss der Vorbehalt aufgehoben werden.

Lösung zu Fall 44

1. Der Feststellungsbescheid (§§ 179 Abs. 2 Satz 2, 180 Abs. 1 Nr. 2a AO) über den Gewinn der KG (§ 161 HGB) kann gemäß § 181 Abs. 1 AO entsprechend § 164 Abs. 2 AO geändert und der Gewinn dabei um 10 000 € erhöht werden, ohne dass eine weitere Voraussetzung zu prüfen wäre. Es spielt keine Rolle, dass der Bescheid unanfechtbar geworden ist. Voraussetzung für die Änderung des rechtswidrigen Bescheids nach § 164 Abs. 2 AO ist nur, dass der Vorbehalt noch besteht.
2. Es liegt ein Rechtsfehler des FA vor, der nach § 164 Abs. 2 AO – wie jeder andere Fehler (außer im Falle des § 176 AO) – korrigiert werden kann.
3. Der Bescheid kann aus dem angegebenen Grund nicht geändert werden. Zwar trifft der Tatbestand des § 164 Abs. 2 AO zu. Gemäß § 176 Abs. 1 Nr. 3 AO darf aber bei der Änderung – wie hier – zu Ungunsten des Stpfl. nicht berücksichtigt werden, dass sich die Rechtsprechung des BFH (der ein oberstes Bundesgericht ist) geändert hat, wenn das FA

bei der bisherigen Steuerfestsetzung die frühere Rechtsauffassung des BFH angewandt hat.

4. Der Vorauszahlungsbescheid steht kraft Gesetzes unter dem Vorbehalt der Nachprüfung, § 164 Abs. 1 Satz 2 AO. Er kann daher nach dem Ermessen des FA (§ 5 AO) aus jedem sachlichen Grund geändert werden (§ 164 Abs. 2 AO). Die Vorauszahlungen zur ESt bemessen sich zwar gem. § 37 Abs. 3 Satz 2 EStG grundsätzlich nach der ESt, die sich bei der letzten Veranlagung ergeben hat. Wenn die voraussichtliche Jahressteuer jedoch höher liegt, kann das FA von dem sich voraussichtlich ergebenden Betrag ausgehen (§ 37 Abs. 1 Satz 1 EStG). Die Änderung ist ermessensgemäß. Der Stpfl. muss vor der Änderung gehört werden (§ 91 AO).

5. Die Eintragung des Werbungskosten-Freibetrags ist die gesonderte Feststellung einer Besteuerungsgrundlage, die gemäß § 39a Abs. 4 EStG unter dem Vorbehalt der Nachprüfung steht, ohne dass dies auf der Lohnsteuerkarte vermerkt sein müsste. Der Stpfl. kann die Änderung beantragen (§ 164 Abs. 2 Satz 2 AO). Die Änderung liegt im Ermessen des FA. Da hier ein sachlicher Grund für die Änderung vorliegt, besteht ein Rechtsanspruch auf Änderung, der notfalls im Rechtsbehelfsverfahren durchgesetzt werden kann.

Lösung zu Fall 45

a) Die Betriebsausgaben könnten gem. § 164 Abs. 2 AO zu einer Änderung der ESt führen, wenn der VdN aus der ursprünglichen ESt-Festsetzung noch fortgilt. Zwar hätte das FA gem. § 164 Abs. 1 Satz 1 AO den ursprünglichen VdN zusammen mit der Mitteilung gem. § 202 Abs. 1 Satz 3 AO aufheben müssen (kein automatischer Wegfall !). Nach Abschluss der Prüfung entfiel nämlich die Voraussetzung für den Vorbehalt. Mangels Aufhebung besteht der VdN aber weiter und ermöglicht so die begehrte Änderung, solange nicht Festsetzungsverjährung eintritt (§ 164 Abs. 4 AO).

b) Zwar ergab sich auch hinsichtlich der USt zunächst ein Vorbehalt der Nachprüfung. Die von Frau Gärtner abgegebene USt-Jahresanmeldung stellte nämlich gem. § 168 Satz 1 AO kraft Gesetzes eine StuV dar. Allerdings hatte das FA diese Anmeldung geändert, wozu es nach §§ 167, 164 Abs. 2 AO berechtigt war. Der gesetzliche VdN setzte sich dabei nicht automatisch in dem vom FA erlassenen Änderungsbescheid fort; das FA hätte ausdrücklich einen VdN gem. § 164 Abs. 1 AO anordnen können. § 164 Abs. 2 AO scheidet als Rechtsgrundlage einer Änderung daher aus.

c) Die Januar-Anmeldung steht gem. § 168 Satz 1 AO kraft Gesetzes unter VdN. Dasselbe galt zunächst für die Februar-Anmeldung; mit der Änderung durch das FA verwandelte sich dieser VdN in einen Vorbehalt gem. § 164 Abs. 1 Satz 2 AO. Die März-Anmeldung wird erst wirksam, wenn das FA zustimmt. Unabhängig davon, ob und welche Feststellungen die Betriebsprüfung ergibt, bleiben die Monats-Voranmeldungen gem. § 164 Abs. 1 Satz 2 AO kraft Gesetzes unter VdN; eine Aufhebung durch das FA ist nicht möglich. (Im übrigen findet eine Prüfung von Voranmeldungszeiträumen nicht »abschließend« statt.)

Lösung zu Fall 46

1. Die Fälligkeit tritt gemäß § 19 Abs. 1 Satz 1 GewStG, § 220 Abs. 1 AO zum Ablauf des 15.02., 15.05. (gemäß § 108 Abs. 3 AO verschoben bis Ablauf des 16.05.), 15.08., 15.11.12 ein.

2. a) Die Vorauszahlungen i. H. v. jeweils 7 000 € waren mit Ablauf des 10. 03., 10. 06., 10. 09. und 10. 12. 11 fällig (§ 37 Abs. 1 Satz 1 EStG), sofern diese Daten nicht auf Wochenenden oder gesetzliche Feiertage fallen.

   b) Die Abschlusszahlung (9 000 €) ist i. H. v. 2 000 € gemäß § 36 Abs. 4 Satz 1 EStG einen Monat nach wirksamer Bekanntgabe, d. h. mit Ablauf des 02. 11. 12 fällig. Die rückständige Vorauszahlung für das 4. Quartal 11 i. H. v. 7 000 € ist im Leistungsgebot des Bescheides ebenfalls aufgeführt; dies ändert an der früher eingetretenen Fälligkeit dieser Vorauszahlung nichts (§ 36 Abs. 4 Satz 1 EStG). Nach Verwaltungsmeinung laufen die Säumnismonate und die übrigen für Sz maßgeblichen Berechnungsmerkmale für die rückständigen Vorauszahlungen auch nach Erteilung des Jahressteuerbescheids unverändert bis zur Bezahlung weiter (wie bei der USt gem. § 18 Abs. 1 Satz 4 UStG).

3. Die Fälligkeit tritt gemäß § 41 a Abs. 1 Satz 1, Abs. 2 Satz 1 EStG mit Ablauf des 10. 05. 12 ein (zu dem auch die LSt spätestens anzumelden ist).

4. Da E der Sollbesteuerung unterliegt und laut Sachverhalt Monatsanmelder ist (§ 18 Abs. 2 Satz 2 UStG), ist der Monat der Lieferung für die Besteuerung maßgeblich. Es geht also um die USt-Vorauszahlung für Januar 08. Sie ist gemäß § 18 Abs. 1 Satz 4 UStG spätestens am 10. 02. 12 zu leisten.

5. Die Fälligkeit der angemeldeten Abschlusszahlungsschuld i. H. v. 5 000 € tritt gemäß § 18 Abs. 4 Satz 1 UStG mit Ablauf des 02. 04. 12, da dies ein Sonntag ist, gemäß § 108 Abs. 3 AO mit Ablauf des 03. 04. 12 ein. Die Fälligkeit des Differenzbetrags von 1 000 € zwischen Anmeldung und Bescheid ist (nach § 18 Abs. 4 Satz 2 UStG) mit Ablauf des 26. 07. 12 eingetreten, da die Bekanntgabe gemäß § 122 Abs. 2 AO wirksam am 26. 06. 12 erfolgte.

6. § 18 UStG enthält keine Fälligkeitsbestimmung für Vergütungen oder Erstattungen. Da eine »besondere« gesetzliche Fälligkeitsbestimmung fehlt und sich der Anspruch aus der (fiktiven) Festsetzung der USt ergibt (§ 168 Satz 2 AO), ist § 220 Abs. 2 Satz 2 AO maßgeblich. Danach wird die Vergütung i. H. v. 15 000 € mit der Festsetzung fällig. Diese Fälligkeitsbestimmung ist allerdings nur sinngemäß anwendbar, da hier keine »Bekanntgabe« der Festsetzung erfolgt. Die Festsetzung erfolgt mit der formlosen Zustimmung des FA (§ 168 Sätze 2 und 3 AO). Die Zustimmung des FA erfolgt hier durch Auszahlung (§ 224 Abs. 3 AO). Die Vergütung ist daher am Tag der tatsächlichen Auszahlung, d. h. am 15. 12. 01 fällig (vgl. AEAO § 220 Sätze 1 und 3).

   Anmerkung: Ob dies auch gilt, wenn es sich um einen kleinen Vergütungsbetrag handelt, für den die Zustimmung allgemein erteilt ist (AEAO § 168 Nr. 9), ist fraglich. Nach Verwaltungsmeinung tritt die Fälligkeit trotz der generellen Zustimmung auch in diesen Fällen nicht schon mit Anmeldungseingang ein, sondern erst mit dem Bekanntwerden der Zustimmung im konkreten Fall, z. B. mit Eingang der Vergütung beim Stpfl. (AEAO § 168 Nr. 9 Satz 2).

Lösung zu Fall 47

1. Säumig muss noch einmal bezahlen, weil das Geld nicht zum annahmebefugten Kassierpersonal (Kassier) gelangt ist (»Bringschuld«, § 224 Abs. 1 Satz 1 AO).

   Anmerkung: Säumig hat einen Schadensersatzanspruch gegen Ungetreu (§ 839 BGB) bzw. gegen den Staat (Art. 34 GG, »Amtshaftung«). Der Anspruch ist nur durchsetzbar, wenn er die schuldhafte Pflichtverletzung des Beamten beweisen kann.

2. Säumig muss noch einmal bezahlen. Der Wortlaut in § 224 Abs. 1 Satz 1 AO (»Kasse«) ist folgendermaßen auszulegen: Der Zahlungspflichtige ist nur befreit, wenn das Geld zum annahmebefugten Kassierpersonal gelangt. Dazu gehört Ungeheuer nicht.
   Zum Schadensersatzanspruch des Säumig vgl. 1.
3. Säumig muss kein zweites Mal bezahlen. Schuldig war durch den Vollziehungsauftrag annahmebefugt (§ 224 Abs. 1 Satz 2 AO; Ausnahme vom Bringschuld-Grundsatz).
4. Es ändert sich nichts; Säumig hat befreiend geleistet. Gemäß § 224 Abs. 2 Nr. 1 AO erlischt die Schuld am 3. Tag nach dem Eingang des (gedeckten) Schecks beim annahmebefugten Vollziehungsbeamten (§ 224 Abs. 1 Satz 2, Abs. 2 Nr. 1 2. Alt. AO).

Lösung zu Fall 48

1. Die Zahlung ist am 15. 10. 12 bewirkt (§ 224 Abs. 2 Nr. 1 2. Alt. AO. Dass dieser Tag auf ein Wochenende fällt, spielt keine Rolle (»Fiktion«).
2. Die Zahlung ist nicht bewirkt. Ein ungedeckter Scheck ist kein Zahlungsmittel (Auslegung nach dem Sinn des § 224 Abs. 2 Nr. 1 AO).
3. Die Zahlung ist mit Gutschrift auf dem Konto der Finanzkasse am 15. 11. 12 bewirkt (§ 224 Abs. 2 Nr. 2 AO).
4. Die Zahlung gilt als am Fälligkeitstag erfolgt, hier also am 10. 04. 12 (§ 224 Abs. 2 Nr. 3 AO).

Lösung zu Fall 49

1. §§ 228 ff. AO sind nicht anwendbar, weil es sich noch nicht um einen **Zahlungs**anspruch handelt. Dies wird der ESt-Anspruch erst nach seiner Festsetzung (§§ 218 Abs. 1, 155 ff. AO).
2. §§ 228 ff. AO sind anwendbar, weil die USt-Vorauszahlung für Februar 03 spätestens zum 10. 03. 03 bezahlt werden muss. (Die Zahlungsverjährung beginnt gem. § 229 Abs. 1 Satz 2 AO mit Ablauf des Jahres, in dem die Steueranmeldung beim FA eingeht, hier also mit Ablauf 03.)
3. §§ 228 ff. AO sind anwendbar, weil es sich um einen Zahlungsanspruch handelt, § 36 Abs. 4 EStG.
4. §§ 228 ff. AO sind anwendbar, weil Sz mit Entstehung bezahlt werden müssen (§§ 240 Abs. 1, 220 Abs. 2 Satz 1 AO) und nicht der Festsetzung bedürfen (§ 218 Abs. 1 AO).
5. Der Vergütungsanspruch ist ein Anspruch aus dem Steuerschuldverhältnis (§ 37 AO). Er ist bereits festgesetzt. Also sind die §§ 228 ff. AO anwendbar.
6. Der Anspruch auf Auskunft (§ 93 AO) ist nicht auf eine Geldleistung gerichtet, also kein Anspruch aus dem Steuerschuldverhältnis (§ 37 AO), vgl. C 1, 4. §§ 228 ff. AO sind nicht anwendbar.
   Wenn sich die Anfrage aber nur auf verjährte Ansprüche beziehen kann, ist sie ermessensfehlerhaft.

Lösung zu Fall 50

Alle erwähnten Zahlungsansprüche unterliegen der fünfjährigen Zahlungsverjährungsfrist des § 228 Satz 2 AO.

Lösung zu Fall 51

1. Die Abschlusszahlung ist erstmals mit Ablauf des 13.12.12 (§ 18 Abs. 4 Satz 2 UStG) fällig. Die Verjährungsfrist beginnt daher gemäß § 229 Abs. 1 Satz 1, 2 AO mit Ablauf des Kalenderjahrs 12, dauert fünf Jahre (§ 228 Satz 2 AO) und endet mit Ablauf des Kalenderjahrs 17, wenn der letzte Tag des Jahres 17 nicht auf ein Wochenende fällt (vgl. AEAO § 228 Nr. 2).

2. Die Abschlusszahlung ist durch die Stundung **ab Fälligkeit** erstmals zum Abschluss der Stundungsfrist, d.h. zum Ablauf des 31.01.13 zu zahlen. Dadurch beginnt die Verjährungsfrist mit Ablauf des Kalenderjahrs 13 (§ 229 Abs. 1 Satz 1 AO; strittig), dauert gemäß § 228 Satz 2 AO fünf Jahre und endet mit Ablauf des Kalenderjahrs 18. (Bei der abweichenden Ansicht beginnt die Verjährungsfrist mit Ablauf des Kalenderjahrs 12; dann tritt aber bis zum Ablauf des Januar 13 eine Unterbrechung ein (§ 231 Abs. 1, 2 AO), so dass mit Ablauf des Kalenderjahrs 13 eine neue fünfjährige Frist zu laufen beginnt. Das Ergebnis ist wie oben. Es kann also dahinstehen, welche Begründung die bessere ist.)

3. a) Verjährung der Vorauszahlungen für 11:
   Die Vorauszahlungen Januar–November 11 sind erstmals im Jahr 11 fällig gewesen (§ 18 Abs. 1 Satz 4 UStG). Die Zahlungsverjährung beginnt daher für 22 000 € mit Ablauf des Kalenderjahrs 11. Die Vorauszahlung Dezember 11 ist erstmals im Jahre 12 fällig geworden. Insoweit (2 000 €) beginnt die Verjährung erst mit Ablauf des Kalenderjahrs 12 (§ 229 Abs. 1 Satz 1 AO). Vgl. auch § 18 Abs. 4 Satz 3 UStG.
   b) Die Abschlusszahlungsschuld i.H.v. 3 000 € aufgrund der Jahresanmeldung (§ 18 Abs. 4 Satz 1 UStG) ist im Dezember 12 erstmals fällig. Die Verjährung beginnt mit Ablauf dieses Kalenderjahrs.
   Die Abschlusszahlungsschuld i.H.v. 1 000 € aufgrund der Jahressteuerfestsetzung durch das FA ist am 05.01.13 erstmals fällig, § 18 Abs. 4 Satz 2 UStG. Die Verjährung beginnt daher insoweit erst mit Ablauf des Kalenderjahrs 13 (§ 229 Abs. 1 Satz 1 AO).
   Die Verjährungsfrist für alle Beträge beträgt fünf Jahre, § 228 Satz 2 AO. Sie endet daher für 22 000 € (Vorauszahlungen Jan. bis Nov. 11) mit Ablauf des Kalenderjahrs 16, für 5 000 € (Vorauszahlung Dez. 11 und Mehrsoll in der Jahressteuererklärung) mit Ablauf des Kalenderjahrs 17, und für 1 000 € (Mehrsoll aufgrund des Jahressteuerbescheids) mit Ablauf des Kalenderjahrs 18.

4. Die Sz sind mit ihrer Entstehung zur Zahlung fällig (§§ 240 Abs. 1, 218 Abs. 1, 220 Abs. 2 Satz 1 AO). Da sie im Jahr 12 fällig geworden sind, beginnt die Verjährung nach § 229 Abs. 1 Satz 1 AO mit Ablauf des Kalenderjahrs 12. Sie dauert fünf Jahre (§ 228 Satz 2 AO) und endet mit Ablauf des Kalenderjahrs 17.

Lösung zu Fall 52

1. Die ursprüngliche Zahlungsverjährungsfrist lief von Ablauf 06 bis Ablauf 11 (§§ 229 Abs. 1 Satz 1, 228 Satz 2 AO). Die Mahnung ist eine schriftliche Geltendmachung des Anpruchs i.S.d. § 231 Abs. 1 AO. Die Unterbrechung wird bei diesem »punktuellen« Unterbrechungsgrund (der nicht in § 231 Abs. 2 AO aufgeführt ist) mit Bekanntgabe, d.h. am 09.01.08 (analog § 122 Abs. 2 letzter HS AO) wirksam. Die neue fünfjährige Zahlungsverjährungsfrist beginnt daher mit Ablauf des Kalenderjahrs 08 (§ 231 Abs. 3 AO) und endet mit Ablauf 13.

2. Die Zahlungsverjährung für die USt-Vorauszahlung beginnt mit Ablauf 07 (§ 229 Abs. 1 Satz 1 AO, § 18 Abs. 1 Satz 3, Abs. 2 Satz 1 UStG), dauert fünf Jahre (§ 228 Satz 2 AO) und endet regulär mit Ablauf 12. Die Stundung (§ 222 AO) ist ein Dauerunterbrechungsgrund (§ 231 Abs. 1, 2 AO). Die Unterbrechung endet mit Ablauf des 20.02.08. Die neue Verjährungsfrist läuft von Ablauf des Jahres 08 (§ 231 Abs. 3 AO) bis Ablauf 13.

3. Die Verjährungsfrist hat ursprünglich mit Ablauf des Jahres 05 begonnen (§ 36 Abs. 4 EStG, § 229 Abs. 1 Satz 1 AO). Sie würde regulär mit Ablauf des Jahres 10 ablaufen (§ 228 Satz 2 AO). Die Aussetzung der Vollziehung hat jedoch noch vor dem Ende der Verjährung eine Unterbrechung bewirkt (§ 231 Abs. 1 AO). Der Unterbrechungsgrund endet im September 11 mit Ablauf der Aussetzung der Vollziehung (§ 361 Abs. 2 AO). Folglich beginnt mit Ablauf des Jahres 11 eine neue fünfjährige Zahlungsverjährungsfrist zu laufen. Die Unterbrechung hat sich aber nur auf die ausgesetzten 2/3 des Steuerbetrags bezogen (§ 231 Abs. 4 AO). 1/3 der Steuer verjährt mit Ablauf des Kalenderjahrs 10, 2/3 mit Ablauf 16.

Lösung zu Fall 53

1. Die Frist ist gewahrt, §§ 231 Abs. 1 Satz 2, 169 Abs. 1 Satz 3 AO. Die schriftliche Mahnung hat den Bereich des FA vor dem regulären Eintritt der Verjährung verlassen. Sie ist unstreitig zugegangen, wenn auch erst nach Fristablauf (vgl. O 5). (Die neue 5-jährige Zahlungsverjährungsfrist läuft von Ablauf **12** bis Ablauf 17, §§ 231 Abs. 1, 3, 228 Satz 2 AO.)

2. Die Frist ist gewahrt, §§ 231 Abs. 1 Satz 2, 169 Abs. 1 Satz 3 AO, weil die Stundungs-VA den Amtsbereich noch vor Fristende verlassen hat. (Die neue Frist läuft von Ablauf 12 bis Ablauf 17.)

Lösung zu Fall 54

1. Die Unterbrechungshandlung gemäß § 231 Abs. 1 AO richtet sich nur gegen den Ehemann. Sie wirkt nicht gegen die Ehefrau als Gesamtschuldnerin (§ 44 Abs. 2 Satz 3 AO). Die Verjährungslage ändert sich somit bei der Ehefrau nicht.
Beim Ehemann tritt durch die Ermittlung eine Unterbrechung ein (§ 231 Abs. 1 Satz 1 AO). Die neue Verjährungsfrist beginnt bei ihm mit Ablauf des Jahres 08, dauert fünf Jahre (§ 228 Satz 2 AO) und endet mit Ablauf des Jahres 13 (§ 231 Abs. 3 AO).

2. Die Stundung wirkt nur gegenüber der Ehefrau (§ 44 Abs. 2 Satz 3 AO). Deshalb tritt nur gegenüber der Ehefrau eine Unterbrechung ein (§ 231 Abs. 1 AO). Die Unterbrechung endet im August 07. Die neue Zahlungsverjährungsfrist beginnt daher mit Ablauf des Kalenderjahrs 07 (§ 231 Abs. 2, Abs. 3 AO), dauert fünf Jahre (§ 228 Satz 2 AO) und endet bei ihr mit Ablauf des Jahres 12. Beim Ehemann ändert sich die Zahlungsverjährung nicht.

Lösung zu Fall 55

1. Die ESt ist erstmals im Dezember 12 fällig (§ 36 Abs. 4 EStG). Die Zahlungsverjährungsfrist beginnt mit Ablauf 12 (§ 229 Abs. 1 Satz 1 AO), dauert fünf Jahre (§ 228 Satz 2 AO) und endet mit Ablauf des Jahres 17.

2. Am Ergebnis des 1. Falles ändert sich dadurch nichts. Die Geltendmachung des Anspruchs unterbricht nur dann die Zahlungsverjährungsfrist, wenn sie schriftlich geschieht (§ 231 Abs. 1 AO).

3. Diese Mahnung unterbricht gemäß § 231 Abs. 1 AO die Verjährungsfrist im Jahr 13 (Anfang August). Die neue Zahlungsverjährungsfrist beginnt mit Ablauf 13 zu laufen (§ 231 Abs. 3 AO), dauert fünf Jahre (§ 228 Satz 2 AO) und endet mit Ablauf 18.

4. Die rein amtsinterne Ermittlungsmaßnahme nach dem Aufenthalt des Zahlungspflichtigen unterbricht die Verjährungsfrist u. E. noch nicht. Dies ergibt sich aus § 231 Abs. 1 Satz 2 AO, der zur Fristwahrung (ausreichend sein lässt, aber auch) verlangt, dass der Unterbrechungsvorgang den Bereich des FA verlässt. Auch die anderen Unterbrechungsgründe wirken nach außen.

5. Die Ermittlungsmaßnahme unterbricht die Zahlungsverjährungsfrist (§ 231 Abs. 1 AO). Das Gesetz verlangt für die Unterbrechungswirkung nicht, dass die Ermittlungsmaßnahme erfolgreich ist. Im Übrigen bestand ein sachlicher Anlass für die Anfrage. Sie geschah also nicht nur, um die Zahlungsverjährungsfrist zu unterbrechen. Die Frist ist daher im Jahre 13 unterbrochen. Mit Ablauf 13 beginnt eine neue, fünfjährige Frist bis Ablauf des Jahres 18 zu laufen (§§ 231 Abs. 3, 228 Satz 2 AO).

Lösung zu Fall 56

§ 233 a AO (Vollverzinsung) greift nicht, weil die GrESt im § 233 a Abs. 1 AO nicht aufgeführt ist. Es kann also nur zu einer Teilverzinsung kommen, sofern ein in §§ 234 bis 237 AO aufgeführter Sachverhalt vorliegt. Der vorliegende Sachverhalt ist dort als Zinsfall nicht vorgesehen. Für den Stpfl. kommt eine Verzinsung des GrESt-Erstattungsanspruchs nur bei Rechtsbehelfseinlegung ab Gerichtshängigkeit in Frage (§ 236 AO; alle übrigen Zinstatbestände der Teilverzinsung wirken zu Gunsten des FA). Das Rechtsbehelfsverfahren war hier vorher beendet. Der Stpfl. kann keine Zinsen verlangen.

Lösung zu Fall 57

Für verschiedene Steuerarten (ESt gegenüber USt) und innerhalb derselben Steuerart bei unterschiedlichem VZ bzw. unterschiedlichem Beginn des Zinszahlungszeitraums für Teilbeträge (ESt 4. Quartal 02 und 1. Quartal 03) sind die Zinsen immer getrennt zu ermitteln. Da hier **Stundungs**zinsen errechnet werden sollen, ist im Übrigen für **alle** Teilbeträge (Einzelforderungen) eine getrennte Zinsrechnung durchzuführen (AEAO §§ 234 Nr. 8, 238 Nr. 2). Dies bedeutet:

a) **USt:** Vom Stundungsbeginn (Beginn des 04. 02. 03) bis Stundungsende (Ablauf des 30. 06. 03) laufen vier volle Zinsmonate; der vierte volle Zinsmonat endet mit Ablauf des 03. 06. 03 (der fünfte würde erst mit Ablauf des 03. 07. 03 enden; vgl. §§ 187 Abs. 2, 188 Abs. 2, 2. Alt. BGB, § 108 Abs. 1 AO). Die Zinsen betragen für die gestundete USt 2 % aus 3 000 € = 60 € (§ 238 AO).

b) **ESt-Vorauszahlung 4. Quartal 02:** Beginn des Zinszahlungszeitraums mit Beginn des 21. 02. 03, Ende mit Ablauf des 30. 06. 03; der vierte volle Zinsmonat endet mit Ablauf des 20. 06. 03. Es fallen 2 % Zinsen aus 450 € = 9 € an.

ESt-Vorauszahlung **1. Quartal 03:** Die ESt-Vorauszahlung wird erst mit Ablauf des 10. 03. 03 fällig (§ 37 Abs. 1 EStG). Vor der Fälligkeit können keine Zinsen anfallen; die Stundung für den Zeitraum vor dem Ablauf des 10. 03. 03 geht ins Leere. Stundungszinsen fallen an für den Zeitraum vom Beginn des 11. 03. 03 bis zum Ablauf des

30.06.03. Dies sind drei volle Zinsmonate (der 4. volle Zinsmonat würde erst mit Ablauf des 10.07.03 enden). Es sind Stundungszinsen in Höhe von 1,5 % aus 450 € = 6,75 € angefallen.

Ergebnis: Es sind 60 € Zinsen schriftlich festzusetzen. Die Zinsen aus den ESt-Vorauszahlungen 4. Quartal 02 und 1. Quartal 03 (9 + 6,75 bzw. 6 €) fallen unter die Kleinbetragsregelung des § 239 Abs. 2 AO und können nicht vom Stpfl. verlangt werden (vgl. AEAO § 234 Nr. 8).

Lösung zu Fall 58

Der 1. Zinsmonat beginnt

a) mit Beginn des 11.10., weil die Steuer erst mit Ablauf des 10.10. fällig wird. Vor Fälligkeit kann sich die Aussetzung nicht auswirken (vgl. auch AEAO § 361 Nr. 8.1.1). Für die Zeit vor der Fälligkeit können also auch keine Zinsen verlangt werden;

b) mit Beginn des 23.10.; dem Betroffenen wird mit dem VA die Aussetzung und damit der Schutz vor den Säumnisfolgen **ab sofort**, d.h. noch am Bekanntgabetag (§ 122 Abs. 2 AO), und nicht erst ab Beginn des nächsten Tages gewährt (§ 108 Abs. 2 letzter HS AO). Der rückständige ESt-Betrag ist daher bereits am 23.10. ausgesetzt. Folglich ist der Bekanntgabetag auch bei der Zinsberechnung mitzuzählen. Für diese Auslegung spricht außerdem der Gesetzestext, nach dem der Zinslauf »mit dem Tag« der Aussetzung, d.h. mit dem Bekanntgabetag (§§ 122, 124 AO) beginnt. Vgl. Fall 34 und AEAO § 237 Nr. 6 Satz 2.

Da der Aussetzungsantrag vor Fälligkeit gestellt, die Aussetzung aber erst **nach** Eintritt der Fälligkeit gewährt wurde, werden die angefallenen Sz (1 %, § 240 Abs. 1 AO) aus Billigkeitsgründen erlassen (§ 227 AO).

Möglich wäre hier auch eine rückwirkende Aussetzung ab Fälligkeit, AEAO § 361 Nr. 7.4.8.1.1.

c) mit Beginn des 01.11., § 237 Abs. 2 Satz 2 AO.

Lösung zu Fall 59

1. Die Säumnis beginnt mit Beginn des 01.02.12 (§ 187 Abs. 2 BGB, § 108 Abs. 1 AO) und endet im Lauf des 29.03.13. Da der 15. Säumnismonat erst am 01.04.13 beginnen würde, liegen am 29.03.13 14 angefangene Säumnismonate vor. Es sind 14 % Sz entstanden (§§ 188 Abs. 2, 2. Alt. BGB, §§ 108 Abs. 1, 240 Abs. 1 AO).

2. Die Säumnis beginnt mit Beginn des 01.03.12 (da kein Schaltjahr vorliegt) und endet im Lauf des 29.06.12. Der 4. Säumnismonat würde mit Ablauf des 30.06.12 enden. Folglich haben 4 Säumnismonate zu laufen angefangen; es sind 4 % Sz entstanden (§§ 240 Abs. 1, 108 Abs. 1 AO, §§ 187 Abs. 2, 188 Abs. 2, 2. Alt. BGB).

3. Die Säumnis beginnt mit Beginn des 21.04.12.

a) Sie endet im Lauf des 22.05.12. Der 1. Säumnismonat endet regulär mit Ablauf des 20.05.12; da dies ein Samstag ist, verlängert er sich bis Ablauf Montag, 22.05.12 (entsprechend § 108 Abs. 3 AO). Es ist ein Sz i.H.v. 1 % angefallen, d.h. 25 €.

b) Die Säumnis endet im Lauf des 21.06.12. Der 2. Säumnismonat endet mit Ablauf des 20.06.12. Also haben drei Säumnismonate zu laufen angefangen; es sind 3 % Sz entstanden, d.h. 75 €. Der Sz für den dritten Säumnismonat, der nur wenige Stunden angelaufen ist, wird in der Praxis tatsächlich erhoben und nicht wegen sachlicher Unbilligkeit erlassen.

c) Die Säumnis endet im Lauf des 21. 08. 12. Der 4. Säumnismonat endet mit Ablauf des 20. 08. 12 regulär; da dies ein Sonntag ist, verlängert er sich gemäß § 108 Abs. 3 AO bis zum Ablauf des Montag, 21. 08. 12. Folglich haben vier Säumnismonate zu laufen begonnen; es sind 4 % Sz entstanden, d. h. 100 €.

4. Die Fälligkeit tritt wegen § 108 Abs. 3 AO erst mit Ablauf des 12. 06. 12 ein, weil der 10. 06. ein Samstag ist. Die Säumnis und zugleich die Schonfrist des § 240 Abs. 3 AO für Überweisungs-Auftraggeber beginnt mit Beginn des 13. 06. 12. Die Schonfrist dauert drei Tage, endet also regulär mit Ablauf des 15. 06. 12 (§ 108 Abs. 1 AO; § 188 Abs. 1 BGB). Da dies ein Donnerstag ist, bleibt es dabei. Bei Gutschrift des Betrags auf dem Konto der FK (nicht Eingang des Überweisungsauftrags bei der Bank des Stpfl. o. ä.) am Donnerstag, 15. 06. 12, wird der angefallene Sz nicht erhoben (§ 240 Abs. 3 AO).

5. Bei Überschreiten der Schonfrist ist diese unbeachtlich. Die Säumnis beginnt mit Beginn des 13. 06. 12 und endet im Lauf des 19. 07. 12. Der 1. Säumnismonat endet mit Ablauf des 12. 07. 12 (Mittwoch). Da zwei Säumnismonate zu laufen angefangen haben, sind 2 % Sz entstanden.

6. Die Zahlungsfrist für die Abschlusszahlung beginnt mit Ablauf des Bekanntgabetags (§ 122 Abs. 2 AO, § 18 Abs. 4 Satz 2 UStG). Die Bekanntgabe gilt am 10. 04. 12 als erfolgt. Die Zahlungsfrist beginnt also mit Ablauf des 10. 04. 12, dauert einen Monat und endet mit Ablauf des 10. 05. 12 (Mittwoch). Da der Stpfl. die Frist nicht einhält, ist zu prüfen, ob Sz zu erheben sind. Die Säumnis beginnt mit Beginn des 11. 05. 12. und endet im Lauf des 11. 10. 12. Der Säumniszeitraum, für den 5 % Sz erhoben werden, endet mit Ablauf des 10. 10. 12 (Dienstag). Also haben am 11. 10. 12 sechs Säumnismonate zu laufen angefangen. Es sind 6 % Sz entstanden, auch wenn der 6. Säumnismonat nur wenige Stunden zu laufen begonnen hat. Sie werden von – abgerundeten – 100 € berechnet, betragen also 6 € (§ 240 Abs. 1 Satz 1 AO). § 239 Abs. 2 AO ist nicht entsprechend anwendbar. Es spielt also keine Rolle, dass der Sz-Betrag unter 10 € liegt. Sz von 3 € bis 9,99 € werden in der Regel erst nach Ablauf eines Jahres angemahnt (Kleinbetragsregelung für das Erhebungsverfahren, BMF vom 22. 03. 2001 BStBl I 2001, 242, Tz. 3).

Lösung zu Fall 60

1. a) **Stundungszinsen:** VerspZ sind nicht verzinslich (§ 233 Satz 2 AO). Der Zinszahlungszeitraum für die ESt beginnt mit Beginn des 16. 09. 12 (Samstag) und endet mit Ablauf des 15. 12. 12. Es liegen drei volle Zinsmonate vor (vom Beginn des 16. 09. bis Ablauf des 15. 12.); dass der 1. Zinsmonat mit einem Sonntag endet, ist unbeachtlich, weil der Zinszeitraum ein einheitlicher Zeitraum ist. (Würde der letzte Säumnismonat regulär mit einem Samstag enden, würde er sich gem. § 108 Abs. 3 AO verlängern.) Die Zinsen belaufen sich auf 1,5 % aus 2 800 € = **42 €** (§ 238 AO). Die vorzeitige Tilgung ändert an diesem Ergebnis nichts, da die Zinsen nach der Zeit der »gewährten« Stundung berechnet werden (§ 234 Abs. 1 AO) und die Zahlung nur unwesentlich »verfrüht« erfolgte.

   b) Sz fallen nicht an, weil Klamm vor Fälligkeit (Ablauf 15. 12. 12) bezahlt (am 15. 12. 12).

2. a) **Stundungszinsen:** Die Stundung ist nach ihrem Wortlaut vom Beginn des 01. 09. 11 bis Ablauf des 30. 04. 12 ausgesprochen. Gem. § 108 Abs. 3 AO verlängert sie sich jedoch bis zum Ablauf des 02. 05. 12, weil der 30. 04. ein Sonntag und der 01. 05. ein gesetzlicher Feiertag ist. Dies gilt auch für den Zinszahlungszeitraum (AEAO § 238 Nr. 1), wirkt sich

hier aber nicht aus. Es sind 4 % Zinsen aus 7 300 € = **292 €** festzusetzen (§ 238 AO).

b) Langsam bezahlt per Scheck gem. § 224 Abs. 2 Nr. 1 2. Alt. AO am Freitag, 05. 05. 12, also erst nach Ablauf der (durch § 108 Abs. 3 AO verlängerten) Stundungsfrist. Es fällt ein Sz i. H. v. 1 % aus 7 300 = 73 € an (§ 240 Abs. 1 AO). Die Schonfrist des § 240 Abs. 3 Satz 2 AO gilt nicht für Scheckzahlungen.

3. a) s. o.; 292 € Zinsen.

b) Die **Säumnis** beginnt mit Beginn des 03. 05. 12; sie endet im Lauf des 05. 05. 12. Gemäß § 240 Abs. 1 Satz 1 AO hat ein Säumnismonat zu laufen begonnen, also ist ein Sz i. H. v. 1 % (73 €) entstanden.

Die Schonfrist des § 240 Abs. 3 AO für Überweisungsvorgänge ist auch nach Stundungsablauf zu beachten, weil der Wortlaut keine gegenteilige Einschränkung enthält. Die Schonfrist beginnt mit Beginn des 03. 05. 12, dauert drei Tage und endet mit Ablauf des 05. 05. 12 (§§ 187 Abs. 2, 188 Abs. 2, 2. Alt. BGB, 108 Abs. 1 AO). Da dies ein Freitag ist, verbleibt es dabei. Da die Schuld innerhalb der Schonfrist durch Überweisung erloschen ist (§ 224 Abs. 2 Nr. 2 AO) wird der entstandene Sz (73 €) nicht erhoben.

Lösung zu Fall 61

1. **Zinsen:**

a) **Stundungszinsen:**

Bei Stundung von ESt fallen Stundungszinsen an (§ 234 AO). Im Stundungszeitraum vom Beginn des 01. 06. 12 bis 15. 09. 12 sind drei volle Zinsmonate enthalten. Folglich fallen 1,5 % von dem auf das nächste Vielfache von 50 € abgerundeten Stundungsbetrag (19 100 €) an, § 238 Abs. 1 AO. Dies ergibt 286,50 € Zinsen. Der Betrag ist auf volle Euro abzurunden, § 239 Abs. 2 Satz 1 AO (286 €).

b) **Nachforderungszinsen:**

Zur ESt können Nachforderungszinsen anfallen, wenn die Steuerfestsetzung nach Ablauf der Karenzfrist wirksam wird (§ 233a Abs. 1 Satz 1, Abs. 2 AO). Die Karenzfrist läuft für die ESt 09 bis Ablauf des 31. 03. 11, auch wenn dieser Tag auf ein Wochenende oder einen gesetzlichen Feiertag fällt (vgl. den Wortlaut des § 233a Abs. 2 Satz 1AO). Der ESt-Bescheid 09 wurde gem. §§ 122 Abs. 2, 108 Abs. 3 AO am 03. 04. 12 (Montag) wirksam, da der 3. Tag nach der Postaufgabe ein Samstag ist. Der Nachforderungszinszeitraum läuft daher vom Beginn des 01. 04. 11 bis zum Ablauf des 03. 04. 12. Dies ergibt 12 volle Zinsmonate. Gem. § 238 Abs. 1 AO 6 % Zinsen angefallen.

Bemessungsgrundlage ist der »Unterschiedsbetrag« gem. § 233a Abs. 3 Satz 1 AO, hier also 27 130 € ./. 16 000 € festgesetzte Vorauszahlungen (»Sollprinzip«) = 11 130 €, gem. § 238 Abs. 2 AO abgerundet auf 11 100 €: Es sind 666 € Zinsen angefallen. Eine zeitliche Überschneidung mit den Stundungszinsen gibt es hier nicht.

Insgesamt sind daher 286 + 666 = 952 € Zinsen angefallen. Da jeweils der Mindestbetrag von 10 € erreicht bzw. überschritten ist, sind beide Zinsbeträge festzusetzen (§ 239 Abs. 1 Satz 1, Abs. 2 Satz 2 AO); dies ist laut Aufgabe (auch bezüglich der Nachforderungszinsen) geschehen.

Der Stpfl. muss daher noch 952 € Zinsen bezahlen.

2. **Sz:**

a) **Sz zu den rückständigen Vorauszahlungen bis zum Beginn der Stundung** (Beginn des 01.06.12)

Die rückständige Vorauszahlung für das **3. Quartal 05** i.H.v. 4000 € wurde gem. § 37 Abs. 1 Satz 1 EStG i.V.m. § 108 Abs. 3 AO mit Ablauf des (Montag) 12.09.09 fällig, da der 10.09.09 laut Aufgabe ein Samstag war. Nach Verwaltungsmeinung laufen die Säumnismonate und die anderen Berechnungsmerkmale für die Sz zu den Vorauszahlungen auch nach Bekanntgabe des Jahressteuerbescheids unverändert weiter bis zum Säumnisende. Vom Säumnisbeginn am Beginn des 13.09.09 bis Ablauf des 31.05.12 (Beginn der Stundung zu Beginn des 01.06.12) haben 33 Säumnismonate zu laufen begonnen. Also sind insoweit 33 % aus 4000 € = **1320 €** Sz angefallen.

Die rückständige Vorauszahlung für das **4. Quartal 09** i.H.v. 4000 € wurde gem. § 37 Abs. 1 Satz 1 EStG i.V.m. § 108 Abs. 3 AO mit Ablauf des (Montag) 12.12.09 fällig, da der 10.12.09 laut Aufgabe ebenfalls ein Samstag war. Vom Säumnisbeginn am Beginn des 13.12.09 bis Ablauf des 31.05.12 haben 30 Säumnismonate zu laufen begonnen. Es sind insoweit 30 % von 4000 € = **1200 €** Sz angefallen.

b) **b) Sz zur restlichen Abschlusszahlungsschuld laut Bescheid vom 29.03.12**

Der ESt-Bescheid 09 vom 29.03.12 gilt gem. §§ 122 Abs. 2, 108 Abs. 3 AO als am Montag, 03.04.12 bekannt gegeben, da der 01.04. ein Samstag ist. Die Fälligkeit tritt gem. § 36 Abs. 4 Satz 1 EStG mit Ablauf des (Mittwoch) 03.05.12 ein. Die Säumnis beginnt mit Beginn des 04.05.12. Bis zum Stundungsbeginn zu Beginn des 01.06.12 hat ein Säumnismonat angefangen zu laufen. Bei der Sz-Berechnung müssen die rückständigen Vorauszahlungen aus der Abschlusszahlung herausgerechnet werden. Bemessungsgrundlage für die Sz ist daher der Restbetrag aus 19 130 ./. 8 000 = 11 130 €, abgerundet gem. § 240 Abs. 1 AO auf 11 100 €. Für den angefangenen Säumnismonat ist 1 % aus 11 100 € = **111 €** Sz angefallen.

c) **Sz nach Stundungsablauf** (Ablauf 15.09.12)

Die Stundung dauerte bis Ablauf des 15.09.12. Der Scheck über 10 000 €, der bei der Frühleerung vom Montag, 18.09.12 vorgefunden wurde, muss zu Gunsten des Stpfl. als am letzten Arbeitstag davor eingegangen angesehen werden; dies ist Freitag, der 15.09.12. Da gedeckte Schecks zum Erlöschen der Schuld am 3. Tag nach dem Eingangstag des Schecks führen (§ 224 Abs. 2 Nr. 1 2. Alt. AO), hat er am letzten Stundungstag 10 000 € »bezahlt«. Insoweit ist nach Stundungsende keine neue Säumnis eingetreten.

Laut Sachverhalt hat der Stpfl. bei den Scheckzahlungen keinen Verwendungsauftrag (Zahlung der »ESt 09«) erteilt. Trotzdem müssen die beiden Teilzahlungen voll auf die Steuerschuld gebucht werden (§ 225 Abs. 2 Satz 1 AO). Eine Verbuchung auf die – üblicherweise zum Stundungsende fällig gestellten – Zinsschuld ist nicht zulässig.

Der Stpfl. ist also nach Stundungsende auch hinsichtlich der Stundungszinsen säumig. Zu rückständigen Stundungszinsen fallen aber keine Sz an (§ 240 Abs. 1 Satz 1 AO). Ab Beginn des 16.09.12 ist für den noch offenen Teilbetrag der ESt 05 i.H.v. 9130 € erneut die Säumis eingetreten; dass der 16.09. ein Samstag ist, spielt keine Rolle. Die Regel des § 108 Abs. 3 AO ist nur auf Fristenden, nicht auf den Beginn von Fristen anzuwenden und daher auch nicht auf den entsprechenden Fall des Säumnisbeginns. Die Säumnis dauert bis einschließlich dem 3. Tag nach dem Eingang des Schecks über den Restbetrag am 22.09.12 (§ 224 Abs. 2 Nr. 1 AO), d.h. bis Ablauf des 25.09.12. Es ist daher ein weiteres Prozent aus (abgerundet) 9100 € = **91 €** Sz angefallen. Nach dem

Stundungsende könnte die Schonfristregelung des § 240 Abs. 3 AO greifen; dies ist jedoch bei Scheckzahlungen nicht der Fall (und im Übrigen ist die Drei-Tage-Frist schon vor dem Erlöschen der Schuld abgelaufen).

Der Stpfl. muss daher 1 320 + 1 200 + 111 + 91 = 2 722 € Sz bezahlen. Die Sz bedürfen nicht der Festsetzung (§ 218 Abs. 1 Satz 1 AO).

3. **Insgesamt** muss der Stpfl. nach Bezahlung der Steuer noch die festgesetzten Zinsen i. H. v. 952 € und die Sz i. H. v. 2 722 € = 3 674 € bezahlen.

Lösung zu Fall 62

1. Das FA hat durch VA die Änderung eines Vorauszahlungsbescheids abgelehnt (§ 164 Abs. 1 Satz 2, Abs. 2 AO). Vorauszahlungsbescheide und ihre Ablehnung fallen unter § 347 Abs. 1 Nr. 1 AO. Ein Ausschluss gem. § 348 AO liegt nicht vor. Daher ist der Einspruch statthaft.

2. Die Stundung mit dem vom Antrag abweichenden Inhalt ist ein VA in Abgabenangelegenheiten. Ein Ausschluss gem. § 348 AO liegt nicht vor. Folglich ist der Einspruch statthaft (§ 347 Abs. 1 Nr. 1 AO).

3. Die Entscheidung über die Niedrigerfestsetzung der Zinsen aus Billigkeitsgründen ist ein VA i. S. d. §§ 347 Abs. 1 Nr. 1, 234 Abs. 2 AO; § 348 AO greift nicht.

   Gegen die Zinsfestsetzung wäre im Übrigen ebenfalls der Einspruch gegeben (§ 347 Abs. 1 Nr. 1 AO), wenn man z. B. die Richtigkeit der Zinsberechnung bezweifeln würde. Man spricht von der »Zweigleisigkeit des Verfahrens« gegen die Billigkeits- und gegen die Rechtsentscheidung.

4. Hier ist der Untätigkeitseinspruch gegeben, weil innerhalb angemessener Frist (u. E. längstens sechs Monate) ohne Mitteilung eines zureichenden Grundes sachlich nicht entschieden worden ist (§ 347 Abs. 1 Satz 2 AO); ein Fall des § 348 AO liegt nicht vor.

5. Auch hier ist der Untätigkeitseinspruch gegeben (§ 347 Abs. 1 Satz 2 AO), da der Stpfl. die Zustimmung gem. § 168 Satz 2 AO beantragt, also einen Antrag auf eine ihm günstige Steuerfestsetzung gestellt hat. Im Erstattungs- und Vergütungsfall hat der Eingang einer USt-Anmeldung beim FA noch nicht die Wirkung einer »Steuerfestsetzung unter Vorbehalt der Nachprüfung«. Hier ist die Zustimmung des FA erforderlich, die ein VA ist. § 348 Nr. 2 AO greift nicht.

Lösung zu Fall 63

Die Einspruchsfrist beginnt mit Ablauf des Bekanntgabetags, d. h. mit Ablauf des Montag, 05. 07. 11 (§ 122 Abs. 2 AO), und würde regulär mit Ablauf des 05. 08. 11 enden (§ 355 Abs. 1 AO, sofern dieser Tag nicht auf ein Wochenende fällt). Da gegen Vorauszahlungsbescheide aber der Einspruch gegeben ist (§ 347 Abs. 1 Nr. 1 AO), beginnt wegen der unrichtigen Rechtsbehelfsbelehrung die Frist nicht zu laufen. Gemäß § 356 Abs. 2 Satz 1 letzte Alternative AO kann der Stpfl. fristlos Einspruch einlegen.

Lösung zu Fall 64

Der Rechtsbehelf ist schon wegen Verfristung **unzulässig** und daher zu verwerfen, § 358 AO. Bekanntgabetag ist der 27. 02. 12. Folglich beginnt die Frist mit Ablauf des 27. 02. 12 (bzw. mit Beginn des 28. 02. 12) und endet gem. § 188 Abs. 2 BGB mit Ablauf des 27. 03. 12. Da dies ein gesetzlicher Feiertag ist, verschiebt sich das Ende der Einspruchsfrist auf Ablauf des 28. 03. 12 (§ 108 Abs. 3 AO).

Der Rechtsbehelf ging drei Tage zu spät ein. Wenn FÄ – wie üblich – keinen sog. Nachtbriefkasten haben, der den Nachweis zulässt, an welchem Tag die Post eingeworfen wurde, gilt die »**Frühleerungsregel**«. Danach bekommt die bei der Frühleerung eines Tages im Amtsbriefkasten vorgefundene Post den Eingangsstempel des letzten Arbeitstages vorher. Dies ist hier Freitag, 31. 03. 12. Wiedereinsetzungsgründe sind nicht erkennbar (vgl. auch unten).

Der Einspruchsführer kann außerdem selbst gar nicht wirksam Einspruch einlegen (§§ 365, 79 AO), weil er nicht handlungsfähig ist; vgl. § 106 BGB. Hinweise auf eine vormundschaftsgerichtliche Genehmigung der selbstständigen Unternehmensführung i. S. d. § 112 BGB liegen nicht vor. Auch deswegen ist der Einspruch unzulässig, solange die gesetzlichen Vertreter den Einspruch des Geschäftsunfähigen nicht genehmigen und damit (rückwirkend) wirksam machen. (Diese Genehmigungsmöglichkeit ergibt für sich allein noch keinen Grund zur Wiedereinsetzung in die versäumte Einspruchsfrist.)

Die unrichtige Bezeichnung des Rechtsbehelfs, der in Wirklichkeit ein Einspruch ist (§ 347 Abs. 1 Nr. 1 AO), hätte dagegen nicht geschadet (§ 357 Abs. 1 Satz 4 AO).

Lösung zu Fall 65

1. Hier will die GmbH die Rückzahlung von Beträgen erreichen, die aufgrund des nicht mit Einspruch angegriffenen (rechtmäßigen) Vorauszahlungsbescheids geleistet wurden. Die Voraussetzung einer AdV (genauer: der **Aufhebung** der Vollziehung) liegen im beantragten Umfang vor, da ernstliche Zweifel an der Richtigkeit des KSt-Bescheids vorliegen und die Vorauszahlungsfestsetzungen jetzt durch den angegriffenen KSt-Jahresbescheid ersetzt sind.

   Nach § 361 Abs. 2 Satz 4 AO scheidet aber die Aufhebung der Vollziehung bezüglich der festgesetzten Vorauszahlungen aus. Aus dem Sachverhalt ergibt sich nicht, dass ein Ausnahmefall i. S. d. letzten Halbsatzes [a. a. O.] vorliegt. Die (vorläufige) Erstattung der KSt-Vorauszahlungsbeträge erscheint nicht als nötig »zur Abwendung wesentlicher Nachteile« für die GmbH. Der Antrag ist abzulehnen.

2. Das Leistungsgebot enthält i. H. v. 19 000 € Beträge, die schon als Vorauszahlungen hätten geleistet werden müssen, wäre nicht ein Teil der Vorauszahlungen gestundet worden. Die KSt ist trotzdem i. H. v. 19 000 € vollstreckbar, da der Stpfl. bisher nur 20 000 € gezahlt hat.

   Es liegen nur Aussetzungsgründe bezüglich 12 500 € vor. Aber auch in dieser Höhe scheidet eine AdV aus. Der Umfang der AdV bzw. Aufhebung der Vollziehung ist nach § 361 Abs. 2 Satz 4 AO begrenzt auf den Unterschiedsbetrag zwischen festgesetzter Jahressteuerschuld (hier 39 000 €) abzüglich den festgesetzten Vorauszahlungen (hier 40 000 €). Dies ergibt ./. 1 000 € (oder Null €). Eine AdV nicht bezahlter Vorauszahlungen kommt bei diesem Wortlaut des Gesetzes nicht in Frage. Dass die GmbH infolge der Stundung berechtigt war, die Vorauszahlungen zurückzuhalten, spielt keine Rolle.

Lösung zu Fall 66

1. Nein, da weder Beamtin noch im Verwaltungsverfahren (»hoheitlich«) tätig.
2. Ja, da auch die Tätigkeit im Rahmen der sog. Daseinsvorsorge eine Aufgabe der öffentlichen Verwaltung darstellt, § 7 Nr. 3 AO. Es spielt bei § 7 AO **keine Rolle**, dass

der Angestellte **außerhalb** der Finanzverwaltung beschäftigt ist (vgl. den Wortlaut des § 7 AO).

3. Nein, rein mechanische Arbeit.

4. Ja, da hier Auszahlungsanweisungen zu überprüfen sind und damit eine eigene Entscheidungskompetenz besteht (keine völlig untergeordnete Arbeit).

5. Es sei dahingestellt, ob das Verbrennen alter Steuerakten eine Aufgabe der öffentlichen Verwaltung ist. Aber selbst wenn man dies bejahte, würde man dem Hausmeister keine eigene Entscheidungsbefugnis zusprechen können. Er ist kein Amtsträger.

6. Bis zum Zeitpunkt seines Ausscheidens ist er Amtsträger. Die bis dahin entstandenen Pflichten aus dieser Amtsträgerschaft bleiben zeitlich unbegrenzt erhalten.
Die Tätigkeit beim Steuerberater macht ihn nicht (erneut) zum Amtsträger.

Lösung zu Fall 67

1. Sowohl Findig als auch Schaffig haben die Verhältnisse in dienstlicher Eigenschaft erfahren, Findig unmittelbar beim Unternehmer, Schaffig im Rahmen der dienstlichen Berichterstattung durch die Ap. Findig und Schaffig können also das Steuergeheimnis verletzen, wenn sie diese Umstände weiter erzählen.

2. Neu wirkt nicht dienstlich innerhalb eines Verfahrens mit, sondern verschafft sich bewusst die Kenntnis der Einkommensverhältnisse des Nachbarn aus ihm dienstlich nicht zugänglichen Akten. Bei Offenbarung der so erlangten Kenntnisse liegt keine Verletzung des Steuergeheimnisses vor.

3. Aus **organisatorischen** Gründen erhält jeder Sachbearbeiter Kenntnis der Verhältnisse. Die Kenntniserlangung ist daher noch dienstlich veranlasst; bei Offenbarung oder Verwertung der so erlangten Kenntnisse kann eine Steuergeheimnisverletzung vorliegen.

Lösung zu Fall 68

1. S offenbart durch Unterlassen Steuergeheimnisse, denn sie hat dem Kollegen die Möglichkeit der Kenntnisnahme verschafft. Die S. wäre dienstlich verpflichtet gewesen, den Akteninhalt geheim zu halten.
Ob sie deswegen **bestraft** wird, hängt aber noch von ihrem Verschulden ab. Strafbar ist ihr Verhalten nur, wenn es vorsätzlich war. Dies ist der Fall, wenn sie beim Liegenlassen der Akte mindestens die Möglichkeit der Kenntnisnahme einkalkuliert und gebilligt hat (»bedingter Vorsatz«).

2. Auch hier liegt ein Offenbaren vor. Soweit die Verhältnisse des Stpfl. in dem Bescheid **zutreffend** dargestellt sind, handelt es sich um dem Steuergeheimnis unterliegende Umstände.

3. A macht hier Verhältnisse der Pleite und Geier OHG, nämlich ihre gesellschaftsrechtlichen Beziehungen, bekannt. Ein Offenbaren liegt vor. (Er ist dazu auch nicht aus dienstlichen Gründen befugt.) A hätte die persönlichen Angaben in dem Ausbildungsmaterial unkenntlich machen (»schwärzen«) müssen.

Lösung zu Fall 69

1. Nur das **wirtschaftliche** (und eventuell das wissenschaftliche, strittig) Ausnutzen ist eine Verwertung i. S. d. § 30 AO. Diese im Strafrecht vorherrschende Auslegung wird aus dem Begriff des Verwertens abgeleitet, der das Streben nach wirtschaftlichen Vorteilen

beinhaltet. Hier liegt eine wirtschaftliche Verwertung vor (daneben ist auch eine Erpressung anzunehmen).

2. Hier nutzt der Betriebsprüfer seine Kenntnisse zum eigenen unmittelbaren wirtschaftlichen Vorteil. Ein Verwerten liegt vor.

Lösung zu Fall 70

Offenbare Unrichtigkeiten sind in **allen** aufgeführten VA bei Rechtswidrigkeit nach § 129 AO zu berichtigen. **Im Übrigen gilt:**

1. 2. und 3.: Die rechtswidrige **Stundung** wird nach § 130 AO ganz oder zum Teil zurückgenommen. Die rechtmäßige **Zwangsgeldandrohung** wird gem. § 131 AO (ganz oder zum Teil) widerrufen. Der endgültige **GewSt-Messbescheid** wird nach §§ 172 ff. AO i. V. m. § 184 Abs. 1 AO geändert oder aufgehoben.

4. Der **Vorauszahlungsbescheid** steht kraft Gesetzes unter dem Vorbehalt der Nachprüfung (§ 164 Abs. 1 Satz 2 AO), auch wenn dies im Bescheid nicht ausdrücklich erwähnt sein sollte. Die Änderung oder Aufhebung erfolgt daher nach § 164 Abs. 2 AO bzw. gem. § 37 Abs. 3 Sätze 3 ff., Abs. 4 EStG.

5. Der rechtswidrige **Haftungsbescheid** wird nach § 130 AO ganz oder zum Teil zurückgenommen. § 191 AO verweist für den Haftungsbescheid nicht auf die Vorschriften über Steuerfestsetzungen. Folglich gilt § 172 Abs. 1 Nr. 2 d AO nicht.

6. Die Korrektur von **Feststellungsbescheiden** richtet sich gem. § 181 Abs. 1 AO nach den Vorschriften für Steuerfestsetzungen. Der Bescheid wird daher, soweit die Änderung reicht, entsprechend § 165 Abs. 2 AO, im Übrigen nur entsprechend §§ 172 ff. AO geändert.

7. Der **USt-Jahresbescheid** ist endgültig. Dass ein Vergütungsbetrag festgesetzt wird, ist für die Frage, welche Korrekturvorschriften anwendbar sind, ohne Bedeutung. Gem. § 155 Abs. 4 AO gelten die §§ 172 ff. AO über die Änderung und Aufhebung von Steuerfestsetzungen.

8. Die **LSt-Anmeldung** ist (regelmäßig) mit ihrem Eingang beim FA eine fiktive Festsetzung von LSt, die kraft Gesetzes unter dem Vorbehalt der Nachprüfung steht, § 168 AO. Die Änderung erfolgt nach § 164 Abs. 2 AO.

Lösung zu Fall 71

1. Theoretisch ist ein rechtlicher Irrtum bei der Frage, welche Tabelle anzuwenden ist, möglich. Trotzdem liegt hier eine »ähnliche (offenbare) Unrichtigkeit« vor, die nach § 129 AO berichtigt werden kann. **Die Rechtslage war nach dem vorliegenden Sachverhalt eindeutig.** Ein zu entscheidendes Rechtsproblem war nicht vorhanden. Zweifel und Rechtsirrtümer konnten folglich nicht entstehen. Die rein theoretische Möglichkeit, dass dem Fehler auch rechtliche Überlegungen zugrunde liegen könnten, reicht nicht aus (BFH vom 02. 08. 1974 BStBl II 1974, 727). Die Entscheidung, ob ein Rechtsirrtum möglich und damit eine offenbare Unrichtigkeit ausgeschlossen ist, muss auf der Grundlage des **festgestellten Sachverhalts** getroffen werden. Es handelt sich um ein mechanisches Versehen.

   Der Fehler ist auch offenbar. Er fällt schon beim ersten Blick auf den Bescheid, der eine Einzelveranlagung beinhaltet, auf.

2. Der zuständige Bearbeiter hat hier unmissverständlich **seine Entscheidung,** die Veranlagung unter den Vorbehalt der Nachprüfung zu stellen, **getroffen.** Die Rechtsfrage

(Ermessensausübung gem. § 164 Abs. 1 AO) war somit entschieden. Für weitere Rechtsüberlegungen bestand insoweit kein Raum. Folglich sind Rechtsirrtümer ausgeschlossen. Es handelt sich um eine ähnliche Unrichtigkeit i. S. d. § 129 AO.

Fraglich ist nur, ob die Unrichtigkeit auch **offenkundig** ist. Bei dieser Frage ist strittig, ob der Fehler aus der bekanntgegebenen **Ausfertigung** des Bescheids »ohne weiteres« ersichtlich sein muss, oder ob auch der **Akteninhalt** herangezogen werden kann. § 124 Abs. 1 Satz 2 AO würde für die erstere Ansicht sprechen. Die Rechtsprechung und die Verwaltungsmeinung stellen jedoch auf den Inhalt der bekanntgegebenen Ausfertigung **und** der Akten ab. Dem ist zuzustimmen, weil sonst § 129 AO weitgehend leer laufen würde. Dies zeigt ein Blick auf die frühere Veranlagungspraxis, als der Bearbeiter des FA nicht direkt am Bildschirm arbeitete. Damals füllte er einen »Eingabe(wert)bogen« aus, der dann vom EDV-Zentrum in einen Bescheid umgesetzt wurde. Der größte Teil der »beim Erlass eines VA« unterlaufenden Schreibfehler etc. geschah beim Ausfüllen des Eingabebogens und bei der Loch- und Prüfstelle (wo nur rein mechanische Arbeiten anfielen). Solche Fehler sind für den Stpfl. aus dem Bescheid selbst nicht erkennbar. Trotzdem will das Gesetz, wie die zitierte Formulierung »beim Erlass« zeigt, eine Anwendung des § 129 AO in allen diesen Fällen.

Ergebnis: Der Fehler kann vom FA gem. § 129 AO berichtigt werden. Dem Stpfl. wird mitgeteilt, dass der Bescheid per Berichtigung gem. § 129 AO unter dem VdN stehe. Die Berichtigung wird mit der fehlerhaften Übertragung von der Akte in die Computereingabe begründet (§ 121 AO).

Lösung zu Fall 72

1. Der Widerruf ist durch § 148 Satz 3 AO (ohne Weiteres = bei Vorliegen eines sachlichen Grundes), also in einer »Rechtsvorschrift« zugelassen und daher möglich (vgl. § 131 Abs. 2 Nr. 1 AO).

2. Der Billigkeitserlass war rechtmäßig. Die spätere Veränderung der Sachlage macht ihn nicht rechtswidrig. Folglich kommt nur ein Widerruf gem. § 131 AO in Frage. Der Widerruf könnte nur für die Zukunft wirken. Dies folgt aus dem Wortlaut des § 131 Abs. 2 AO. Der Billigkeitserlass hat aber bereits zum Erlöschen des Steueranspruchs geführt (§§ 47, 227 AO). Da der Steueranspruch nicht mehr vorhanden ist, kann er durch eine Vorschrift wie § 131 AO nicht mehr berührt werden. Billigkeitserlasse können folglich nur dann zurückgenommen werden, wenn sie rechtswidrig sind und die Voraussetzungen des § 130 Abs. 2 AO vorliegen (ebenso AEAO § 131 Nr. 3).
   Ergebnis: Der Billigkeitserlass kann nicht widerrufen werden.

Lösung zu Fall 73

1. Zu a) und b): **Familienstand** und **Lebensalter** des Stpfl. sind Tatsachen i. S. d. § 173 AO, denn es handelt sich um Lebenssachverhalte, die für die Besteuerung von Bedeutung sind.

2. Zu c): Die **Einnahmen-Quittung** ist ein Beweismittel, denn sie belegt die Tatsachen, dass eine Einnahme an einem gewissen Tag zugeflossen ist (Erkenntnismittel).

3. Zu d) und e): Die **OFD-Verfügung** und die **Änderung der steuerlichen Rechtsprechung** sind weder Tatsachen noch Beweismittel: Sie sind Ergebnisse der Rechtsanwendung und -auslegung (Subsumtion unter Steuergesetze).

4. Zu f): Dies gilt auch für den **Rechtsfehler des FA** bei Anwendung eines falschen USt-Satzes. Nach dem Sinn des § 173 AO kann das FA durch fehlerhafte Rechtsanwendung nicht in der Lage sein, Tatsachen zu setzen, die zu einer späteren Änderung des Bescheids nach § 173 AO führen (vgl. aber § 177 AO, Mitberichtigung, s. L 11).

5. Zu g): Der **Quadratmeterpreis eines Grundstücks** ist das Ergebnis von wirtschaftlichen und rechtlichen Überlegungen (Ergebnis einer Subsumtion) und daher nicht selbst eine Tatsache.

6. Zu h) und i): Dagegen sind **Lage, Zuschnitt** und **Bebaubarkeit** des Grundstücks und auch der **Kaufpreis, der für dieses oder das Nachbargrundstück bezahlt** wurde, Tatsachen (Lebenssachverhalte), die für den Grundstückswert bedeutsam sind. Man spricht hierbei von »wertbildenden Tatsachen«. Das Ergebnis der wertbildenden Tatsachen (Wert des Grundstücks) ist selbst keine Tatsache, sondern eine Schlussfolgerung.

7. Zu j): Dass **Ehegatten an unterschiedlichen Orten wohnen,** ist ein Lebenssachverhalt, also eine Tatsache. Ob dies als »dauernd getrennt leben« i. S. d. § 26 EStG zu werten ist, hängt noch von weiteren Tatsachen ab. Das Ergebnis der Wertung (die Ehegatten wohnen dauernd getrennt) ist eine Schlussfolgerung, also keine »Tatsache« i. S. d. § 173 AO.

8. Zu k): Der **nach Unanfechtbarkeit des Zusammenveranlagungsbescheids gestellte Antrag auf getrennte Veranlagung** ist keine »Tatsache« i. S. d. § 173 Abs. 1 AO. Er ist ein Gestaltungsrecht, das für sich allein gestellt, nicht zu einer Änderung (nach § 173 AO) der ESt-Bescheide für die Ehegatten führen kann (vgl. aber § 177 AO, s. L 11).

Lösung zu Fall 74

1. Der Aufwand i. H. v. 750 € ist eine **Tatsache,** die dem FA zum Zeitpunkt der ursprünglichen Veranlagung **nicht bekannt** war. (Der Beleg als **Beweismittel** spielt für § 173 AO dann keine Rolle, wenn eine »Tatsache« mit gleicher Auswirkung wie das Beweismittel vorliegt.) Da sich die Tatsache bei der Änderung **zu Gunsten des Stpfl.** auswirkt, ist gem. § 173 Abs. 1 Nr. 2 AO zu prüfen, ob den Stpfl. **grobes Verschulden** am verspäteten Bekanntwerden des Aufwands trifft.

   Dies ist hier abzulehnen. Wie sich aus dem Sachverhalt ergibt, kann dieses Missgeschick auch einem sorgfältigen Bearbeiter gelegentlich unterlaufen. Deshalb handelt es sich nicht um grobes, sondern nur um leichtes Verschulden.

   Ergebnis: Der Bescheid wird gem. § 173 Abs. 1 Nr. 2 AO geändert und die ESt gesenkt, der Gewinn wird um 750 € gemindert.

2. Betriebseinnahmen und Betriebsausgaben sind **Tatsachen** i. S. d. § 173 Abs. 1 Nr. 1 und 2 AO. Sie waren dem FA bei der ursprünglichen Veranlagung zur ESt **nicht bekannt.** Es handelt sich um mehrere Tatsachen. Die Rspr. des BFH, wonach eine dem FA bisher nicht bekannte Einkunftsquelle (bzw. gem. AEAO § 173 Nr. 6.2: eine dem FA bei diesem Stpfl. bisher nicht bekannte Einkunftsart) eine einzige Tatsache darstellt, ist nicht anwendbar. Der Stpfl. wurde im Rahmen seines bisherigen gewerblichen Betriebs tätig.

   Die Betriebseinnahmen i. H. v. 12 000 € erhöhen die ESt. Sie führen zu einer Bescheidänderung gem. § 173 Abs. 1 Nr. 1 AO, da dem FA kein (grober) Ermittlungsfehler vorzuwerfen ist.

   Die Betriebsausgaben i. H. v. 5 000 € sind Tatsachen, die sich bei einer Bescheidänderung zu Gunsten des Stpfl. auswirken würden. Folglich können sie gem. § 173 Abs. 1 Nr. 2 AO nur berücksichtigt werden, wenn dem Stpfl. kein grobes Verschulden am verspäteten Bekanntwerden vorzuwerfen ist. Zwar ist dem Stpfl. laut Sachverhalt kein Vorsatz nachzuweisen. Bei Gewerbetreibenden ist aber grundsätzlich grobes Verschulden anzunehmen (hier: grobe Fahrlässigkeit), wenn sie Betriebsausgaben nicht berücksichtigen. Ausnahmeumstände sind im Sachverhalt nicht dargestellt. Die 5 000 € können daher gem. § 173 Abs. 1 Nr. 2 AO nur dann berücksichtigt werden, wenn ein Fall des Satzes 2 [a. a. O.] vorliegt.

Die Ausgaben für die Arbeitsmittel (i. H. v. 5 000 €) dienten zur Erzielung von Betriebseinnahmen (i. H. v. 12 000 €). Sie stehen zweifelsfrei in einem unmittelbaren sachlichen **Zusammenhang mit den Betriebseinnahmen,** die als Tatsachen i. S. d. § 173 Abs. 1 Nr. 1 AO zu einer Änderung des Bescheids führen (»ursächlicher Zusammenhang« i. S. d. BFH-Rspr.). Die Betriebsausgaben sind daher als nachträglich bekanntgewordene Tatsachen i. S. d. § 173 Abs. 1 Nr. 2 AO zu berücksichtigen. Der Bescheid wird gem. § 173 Abs. 1 Nr. 1 und 2 AO geändert, der Gewinn um 7 000 € erhöht.

Anmerkungen:
- Die Betriebsausgaben wären auch dann zu berücksichtigen, wenn sie im Jahr 02 abgeflossen wären (Änderung der ESt-Bescheide für 02 und 03); vgl. BFH vom 28. 03. 1985 BStBl II 1986, 120 Tz. 3.
- Würde § 173 Abs. 1 Nr. 2 AO im obigen Beispiel nicht greifen, käme man über § 177 AO zum betragsmäßig gleichen Ergebnis.

3. Der »unmittelbare oder mittelbare Zusammenhang mit Tatsachen oder Beweismitteln i. S. d. Nr. 1« ist **nicht betragsmäßig** auf die Auswirkungen der Änderung nach Nr. 1 **begrenzt.** Die Betriebsausgaben sind daher in voller Höhe zu berücksichtigen, auch wenn es auf einem groben Verschulden des Stpfl. beruht, dass sie beim FA verspätet bekannt wurden (vgl. BFH vom 28. 03. 1985 BStBl II 1986, 120 Tz. 3). Der Bescheid wird gem. § 173 Abs. 1 Nr. 1 und 2 AO geändert. Der gewerbliche Gewinn mindert sich um 2 000 €.

4. Das FA hat bei der Veranlagung weder von den Kapitaleinnahmen bzw. -einkünften i. H. v. 4 000 € noch von den abzugsfähigen Lebensversicherungsbeiträgen i. H. v. 5 500 € gewusst. Folglich liegen Tatsachen i. S. d. § 173 Abs. 1 Nr. 1 und Nr. 2 AO vor. In beiden Zusammenhängen ist dem Stpfl. grobes Verschulden am verspäteten bekannt Werden vorzuwerfen. Dies verhindert aber nur die Berücksichtigung der Versicherungsbeiträge, sofern nicht § 173 Abs. 1 Nr. 2 Satz 2 AO eingreift. Was »**unmittelbarer oder mittelbarer Zusammenhang**« (§ 173 Abs. 1 Nr. 2 Satz 2 AO) bedeutet, ist zweifelhaft. Hier jedenfalls besteht zwischen den Betriebseinnahmen, die Änderungsgründe nach § 173 Abs. 1 Nr. 1 AO sind, und den Sonderausgaben (§ 10 Abs. 1 Nr. 2b EStG) zweifelsfrei **kein** unmittelbarer oder mittelbarer sachlicher (BFH vom 28. 03. 1985 BStBl II 1986, 120 Tz. 3: »ursächlicher«) Zusammenhang. Die Sonderausgaben führen folglich nicht zu einer Änderung nach § 173 Abs. 1 Nr. 2 AO.

Sie werden jedoch unter den Voraussetzungen und im Rahmen des § 177 AO bei der Änderung des Bescheids nach § 173 Abs. 1 Nr. 1 AO bis zur Höhe von 4 000 € mitberücksichtigt (siehe L 11). Im Ergebnis wird der Bescheid nicht geändert.

Lösung zu Fall 75

Der geänderte Gewinnfeststellungsbescheid hat Bindungswirkung für die ESt-Bescheide der Gesellschafter der OHG, § 182 AO. Die ESt-Bescheide der Gesellschafter A und B sind daher, auch wenn sie schon unanfechtbar sind, gem. § 175 Abs. 1 Satz 1 Nr. 1 AO zu ändern und die ESt ist jeweils um 4 000 € zu senken. Bei der ESt-Veranlagung des C ist der geänderte Gewinnfeststellungsbescheid von vornherein zu beachten (§§ 181 Abs. 1, 171 Abs. 10, 182 AO).

Lösung zu Fall 76

1.1 Selbstständige Änderungsgründe für den ESt-Bescheid

a) **Betriebsausgaben der KG: Änderung der einheitlichen Gewinnfeststellung**
   § 173 Abs. 1 Nr. 2 AO: Die Tatsachen, die zu einer Änderung des Gewinnfeststellungsbescheids führten, sind keine Tatsachen i. S. d. § 173 AO bezüglich des **Folgebescheids.** Lebenssachverhalte mit Auswirkungen auf den Gewinn der KG (Höhe, Art, Zurechnung) sind im Feststellungsbescheid abschließend festzustellen (§ 179 Abs. 1 AO). Werden sie erst nach der Gewinnfeststellung bekannt, können sie nur durch Änderung des Gewinnfeststellungsbescheids (unter den Voraussetzungen der §§ 172 ff., 181 Abs. 1 AO) berücksichtigt werden. Eine unmittelbare Berücksichtigung im Steuerbescheid unter Umgehung der Änderung des Grundlagenbescheids wäre ein Verstoß gegen dessen Bindungswirkung (§ 182 Abs. 1 AO) und auch durch § 155 Abs. 2 AO nicht gerechtfertigt.
   § 175 Abs. 1 Satz 1 Nr. 1 AO: Die Änderung des Gewinnfeststellungsbescheids führt zu einer »automatischen Änderung« des Folgebescheids über die **ESt-Festsetzung** (§§ 175 Abs. 1 Satz 1 Nr. 1, 171 Abs. 10, 182 AO).
   Der Bescheid wird nach § 175 Abs. 1 Satz 1 Nr. 1 AO geändert. **ESt ./. 3 000 €**

b) **Fehler bei Gewährung des Freibetrages gem. § 16 Abs. 4 EStG und der Tarifvergünstigung gem. § 34 EStG**
   § 172 Abs. 1 Satz 1 Nr. 2a AO: Die Bestimmung könnte anwendbar sein, weil die Änderung des unanfechtbaren Bescheids zu Lasten des Stpfl. erfolgen würde. Es fehlt aber ein entsprechender Antrag des Stpfl. bzw. seine Zustimmung. Selbst wenn der Stpfl. das FA auf den Fehler hingewiesen hat, ist dies (da die Auswirkung zu seinen Ungunsten wäre) nicht als Antrag auszulegen.
   § 173 Abs. 1 Nr. 1 AO: Die Tatsachen waren dem FA bekannt, also scheidet die Vorschrift aus. Der Sachverhalt erfüllt auch nicht andere Vorschriften, die zu einer selbstständigen Änderung des Bescheids führen würden. Es handelt sich um einen materiellen Fehler, der nur unter den Voraussetzungen des § 177 AO mitberichtigt werden kann.
   Teilergebnis: Der Bescheid wird nach § 175 Abs. 1 Satz 1 Nr. 1 AO geändert und die ESt um 3 000 € gesenkt.

1.2 Mitberichtigung gem. § 177 AO

Da der Bescheid nach einer anderen Vorschrift (ohnehin) geändert wird, werden gem. § 177 AO, soweit die Änderung reicht, auch »materielle Fehler« mitberichtigt, die für sich allein keine Änderungsfehler sind. § 177 AO findet, da er keine Einschränkung aufweist, auch auf die »automatische Folgeänderung« nach § 175 Abs. 1 Satz 1 Nr. 1 AO Anwendung.
Die selbstständige Änderung führt zu einer Verbesserung für den Stpfl. Die Mitberichtigung kommt daher unter den Voraussetzungen des § 177 **Abs. 2** AO zustande, d. h. wenn sich der materielle Fehler (der Saldo der materiellen Fehler) bei der Mitberichtigung zu Lasten des Stpfl. auswirken würde. Dies ist hier der Fall:

Selbstständige Änderung (§ 175 Abs. 1 Satz 1 Nr. 1 AO)	./. 3 000 € ESt
Mitberichtigung (§ 177 Abs. 2 AO)	+ 2 100 € ESt
Änderungsbescheid	**./. 900 € ESt**

Die Anwendung des § 177 Abs. 2 AO führt dazu, dass der Änderungsfehler aus § 175 Abs. 1 Satz 1 Nr. 1 AO i. H. v. 2 100 € ohne steuerliche Auswirkung bleibt. Die ESt wird im Änderungsbescheid nur um 900 € gesenkt.

1.3 Was wird das FA tun?

Das FA wird den ESt-Bescheid gem. § 175 Abs. 1 Satz 1 Nr. 1 AO ändern und dabei den materiellen Rechtsfehler bei Anwendung der §§ 16, 34 EStG mitberichtigen. Der Änderungsbescheid ergeht nach §§ 175 Abs. 1 Satz 1 Nr. 1, 177 Abs. 2 AO. Die ESt wird um 900 € gesenkt.

2. Änderung zum 1. Sachverhalt

Die Bescheidänderung gem. § 175 Abs. 1 Satz 1 Nr. 1 AO führt zu einer Steuersenkung i. H. v. 3 000 € (wie oben). Der materielle Fehler beim Freibetrag und beim Tarif könnte zu einer Steuererhöhung i. H. v. 3 500 € führen, wenn er ein »Änderungsfehler« wäre. Dies ist aber nicht der Fall. Er kann nur unter den Voraussetzungen und im Rahmen des § 177 AO mitberichtigt werden. Die Anwendung des § 177 AO kann keine Belastung oder Verbesserung über den Tatbestand selbstständiger Änderungen hinaus bewirken.

Selbstständige Änderung (§ 175 Abs. 1 Satz 1 Nr. 1 AO)	./. 3 000 € ESt
Mitberichtigung (§ 177 Abs. 2 AO) + 3 500 €, maximal	+ 3 000 € ESt
Betragsmäßige Änderung	0 € ESt

Die überschießenden + 500 € ESt gehen dem Fiskus verloren. Insoweit bleibt der materiell rechtliche Fehler des Bescheides (Verstoß gegen das EStG) infolge seiner Bestandskraft bestehen. Das FA wird den Bescheid nicht ändern. Da der Stpfl. hier wohl eine Änderung des Bescheides erwartet, wird das FA ihm dies unter Darlegung der Rechtslage mitteilen.

3.1 Selbstständige Änderungsgründe

a) **Nachaktivierung**
   § 173 Abs. 1 Nr. 1 AO: Dass es sich um Aufwand für die Anschaffung bzw. Herstellung eines Wirtschaftsgutes mit Nutzungsdauer über den Bilanzstichtag hinaus handelt, ist eine Tatsache, die dem FA bei der Veranlagung nicht bekannt war. Die Tatsache wirkt sich jetzt zu Ungunsten des Stpfl. aus. (Die Tatsache hat buchhalterisch eine Doppelwirkung: Zum einen bewirkt sie eine Gewinnerhöhung durch Nachaktivierung, zum anderen eine – geringe – Gewinnminderung durch die AfA-Mehrung; für die Einordnung unter Nr. 1 oder Nr. 2 ist hier der Saldo der buchhalterischen Auswirkungen maßgeblich.) Es handelt sich um **eine** Tatsache i. S. d. § 173 Abs. 1 Satz 1 **Nr. 1** AO, dessen Voraussetzungen vorliegen. Ermittlungsfehler des FA sind nicht erkennbar.
   Änderung nach § 173 Abs. 1 Nr. 1 AO   **+ 5 000 € ESt**

b) **Versagung des Sonderausgabenabzugs gem. § 10 Abs. 1 Nr. 1b EStG**
   § 129 AO scheidet wegen eines möglichen Rechtsfehlers bei Anwendung des § 10 EStG aus.
   § 172 Abs. 1 Satz 1 Nr. 2a AO: Da ein Änderungsantrag nicht vorliegt bzw. verspätet wäre, greift die Vorschrift nicht ein.

§ 173 Abs. 1 Nr. 2 AO: Der maßgebliche Sachverhalt war dem FA bekannt. Das FA hat eine gesetzliche Vorschrift nicht beachtet (Rechtsirrtum). Folglich ist der Tatbestand des § 173 AO nicht erfüllt. Dies gilt auch für andere selbstständige Korrekturvorschriften. Der Fehler kann nur unter den Voraussetzungen des § 177 AO berücksichtigt werden.

c) **Steuerberaterkosten als Betriebsausgaben**

§ 129 AO: Es liegt keine »ähnliche Unrichtigkeit« i. S. d. § 129 AO vor, weil der Bearbeiter bei der Veranlagung einem Rechtsirrtum unterlegen ist. Dass es sich um einen groben Irrtum handelt, macht ihn noch nicht zu einem mechanischen Fehler.

§ 172 Abs. 1 Satz 1 Nr. 2a AO: Die Vorschrift scheidet mangels Antrags aus.

§ 173 Abs. 1 Nr. 2 AO: Der Tatbestand ist nicht erfüllt, weil dem FA der ganze Sachverhalt bei der Veranlagung bekannt war (Rechtsfehler).

Da auch andere selbstständige Änderungsvorschriften nicht greifen, kann der Fehler nur unter den Voraussetzungen des § 177 AO mitberichtigt werden.

Teilergebnis: Es liegt nur ein Änderungsfehler vor, und zwar in Zusammenhang mit der Nachaktivierung. Die Nachaktivierung führt zu einer Bescheidänderung gem. § 173 Abs. 1 Nr. 1 AO und zu einer Steuererhöhung um 5 000 €.

3.2 Mitberichtigung

Die Änderung nach § 173 Abs. 1 Nr. 1 AO erfolgt zu Ungunsten des Stpfl. Die Mitberichtigung kommt folglich unter den Voraussetzungen des **§ 177 Abs. 1 AO** zustande.

Vorgehen nach der **Wortlautmethode:**

a) Es ist zunächst die Summe (der Saldo) der materiellen Fehler zu ermitteln:

materieller Fehler bei Anwendung des § 10 EStG:	./. 2 000 € ESt
materieller Fehler bei Anwendung des § 4 EStG:	./. 2 995 € ESt
Summe/Saldo der materiellen Fehler:	./. 4 995 € ESt

b) Die Summe (der Saldo) der materiellen Fehler ist mit dem €-Ergebnis der gegenläufigen selbstständigen Änderung(en) zu verrechnen:

Selbstständige Änderung gem. § 173 Abs. 1 Nr. 1 AO	+ 5 000 € ESt
Summe (Saldo) der materiellen Fehler	./. 4 995 € ESt
Betragsmäßige Änderung	+ 5 € ESt

3.3 Veranlassung des Finanzamts

Im vorliegenden Fall unterbleibt die eigentlich durch §§ 173 Abs. 1 Nr. 1, 177 Abs. 1 AO vorgeschriebene Änderung des Bescheids, weil die Steueränderung zulasten des Stpfl. nicht mindestens 10 € beträgt (§ 1 Abs. 1 KBV, vgl. L 1). Dem Stpfl. ist gegebenenfalls eine entsprechende Mitteilung bekannt zu geben.

4. Änderung des USt-Schätzungsbescheids:

Die Prüfung des § 173 AO (andere selbstständige Korrekturvorschriften greifen nicht) ergibt: Nachträglich bekanntgewordene Tatsache gem. § 173 Abs. 1 Nr. 1 AO ist der Mehr-Ausgangsumsatz i. H. v. 1,8 Mio. €.

Nachträglich bekanntgewordene Tatsache gem. § 173 Abs. 1 Nr. 2 AO ist der Mehr-Eingangsumsatz i. H. v. 100 000 €.

Die Tatsache zu Gunsten des Stpfl. kann wegen dessen grobem Verschulden am verspäteten Bekanntwerden nur insoweit berücksichtigt werden, als sie mit neuen Tatsachen zu Ungunsten des Stpfl. ursächlich zusammenhängen. Nur solche Eingangsumsätze können also gem. § 173 Abs. 1 Nr. 2 Satz 2 AO berücksichtigt werden, welche für nachträglich bekanntgewordene Ausgangsumsätze verwendet wurden. Da für diese Zuordnung (i. d. R. – so auch hier) keine Anhaltspunkte vorhanden sind, muss die Zuordnung im Schätzungswege durchgeführt werden (vgl. BFH vom 19. 10. 1995 BStBl II 1996, 149 und L 7.2.6.1).

Nachträglich bekanntgeworden sind 1,8 von 2 Mio. € = 90 % der richtigen Ausgangsumsätze. Von den nachträglich bekanntgewordenen Eingangsumsätzen (100 000 €) sind daher 90 % gem. § 173 Abs. 1 Nr. 2 Satz 2 AO berücksichtigungsfähig, d. h. 90 000 €.

Nach § 173 Abs. 1 Nr. 1 ergibt sich eine Erhöhung der USt-Bemessungsgrundlage um 1,8 Mio. € auf 2 Mio. €, nach § 173 Abs. 1 Nr. 2 AO ein steuermindernder Ansatz von Eingangsumsätzen i. H. v. 90 000 € (USt aus der Bemessungsgrundlage 1 910 000 €). Da aber die bisher nicht berücksichtigten Eingangsumsätze i. H. v. 10 000 € einen materiellen Fehler i. S. d. § 177 Abs. 3 AO darstellen, sind sie bei der Änderung gem. § 173 Abs. 1 Nr. 1 AO mitzuberichtigen (§ 177 Abs. 1 AO).

Im Änderungsbescheid wird daher die USt aus 1,9 Mio. € bemessen. Die Änderung beruht auf §§ 173 Abs. 1 Nr. 1 und 2, 177 AO und wird wie folgt begründet:

Änderung gem. § 173 Abs. 1 Nr. 1 AO:

Ausgangsumsätze + 1,8 Mio. €	2 000 000 €
Mitberichtigung gem. § 177 Abs. 1 AO	./. 10 000 €
Änderung gem. § 173 Abs. 1 Nr. 2 AO:	
Eingangsumsätze + 90 000 €	./. 90 000 €
	1 900 000 €
USt im Änderungsbescheid (19 %):	361 000 € (+ 323 000 €)

Lösung zu Fall 77

a) Die **Voraussetzungen für die Bp** liegen vor denn die Volksbank unterhält einen gewerblichen Betrieb (§ 193 Abs. 1 AO).

Auch gegen den Umfang der Bp kann nichts eingewendet werden (§ 194 Abs. 1 AO, § 4 BpO). Die Prüfung ist korrekt angeordnet (§§ 196, 197 AO). Wenn wie hier feststeht, dass die Stpfl. Gewerbetreibende ist, braucht die Anordnung der Prüfung überhaupt nicht begründet zu werden, bzw. genügt die Angabe des § 193 AO als »Begründung« (§ 121 Abs. 2 Nr. 2 AO).

Die Prüfung der **lohnsteuerlichen Verhältnisse** der Bank mit ihren Angestellten ist möglich gem. § 193 Abs. 1 AO (Abs. 2 Nr. 1 [a. a. O.] ist nicht einschlägig, da die Bank ein Gewerbe i. S. d. Abs. 1 betreibt). Insoweit darf sich die Ap auch gegen die Arbeitnehmer der Bank richten (§ 194 Abs. 1 Satz 4 AO). Der Schutz des Bankgeheimnisses steht hier nicht entgegen, da es nicht um das Vertrauensverhältnis zwischen der Bank und ihren Kunden geht (§ 30a Abs. 1 AO). Selbst wenn die LSt 01–03 bereits durch die LSt-Außenprüfung geprüft worden sein sollte, kann sie erneut geprüft werden (AEAO § 196 Nr. 4). U. E. müsste dann aber die Prüfungsanordnung insoweit mit einer Begründung versehen werden.

b) **Kontrollmitteilung** ba) Der Prüfer darf die **KM** an die Wohnsitzfinanzämter der Angestellten verschicken (§ 194 Abs. 3 AO). Für die Erstellung der KM ist nicht Voraussetzung, dass Anhaltspunkte für eine strafbare oder ordnungswidrige Steuerverkürzung durch die Bank oder die Angestellten vorliegen. Die KM dient einfach einer stichprobenartigen Überprüfung der Besteuerung.

bb) Die **KM** wegen der **Festgeldzinsen** der Bankkunden (§ 20 Abs. 1 Nr. 7 EStG) wäre zwar nach dem Text des § 194 Abs. 3 AO möglich. Danach sind solche Ermittlungsmaßnahmen gegen dritte Personen anlässlich der Ap gegen einen Stpfl. in das Ermessen des FA gestellt. Im Bereich der Ap bei Kreditinstituten schränkt aber § 30a AO die Ermittlungsmöglichkeiten der Finanzverwaltung ein (vgl. G). § 30a Abs. 3 Satz 2 AO verbietet jedenfalls nach seinem Wortlaut solche **KM** anlässlich der Prüfung der Bank. Die Rechtsprechung des BFH zu § 30a Abs. 3 Satz 2 AO ist jedoch nicht einheitlich. So hat der BFH z. B. entschieden, § 30a Abs. 3 Satz 2 AO verbiete Kontrollmitteilungen an die Wohnsitz-Finanzämter der Bankkunden dann nicht, wenn der Prüfer einen »strafrechtlichen Anfangsverdacht« habe (BFH vom 02.08.2001 BStBl II 2001, 665; im Urteilsfall hatte der Prüfer festgestellt, dass Kunden der Bank hohe Barbeträge abgehoben und damit bei der Bank sog. Tafelpapiere erworben haben, d. h. Wertpapiere, die sie in eigene Verwahrung nahmen. Diese Kontrollmitteilungen wurden vom BFH als rechtens angesehen; ebenso BFH vom 21.03.2002 BStBl II 2002, 495).

Auf der anderen Seite darf eine Ap nach der BFH-Rechtsprechung nicht dazu dienen, zielgerichtet Kontrollmitteilungen über Verhältnisse der Bankkunden zu fertigen. Vielmehr dürfen Kontrollmitteilungen nur ein »Abfallprodukt« der Prüfung sein (BFH vom 04.11.2003 BStBl II 2004, 1032).

Im vorliegenden Fall sind die Kontrollmitteilungen tatsächlich nur ein Nebenergebnis der Prüfung bei der Bank. Allerdings kann der Prüfer auf Grund des Sachverhalts vernünftigerweise noch keinen »strafrechtlichen Anfangsverdacht« für eine Steuerhinterziehung haben. Hohe Festgeldanlagen mit unterschiedlichen Anlagefristen deuten in keiner Weise auf die Absicht hin, Steuern zu verkürzen. Folglich handelt es sich um eine unzulässige Ermittlungsmaßnahme »ins Blaue hinein«. Die Kontrollmitteilungen sind deshalb im vorliegenden Fall nicht erlaubt.

Wenn der Prüfer die Bank über seine Absicht, Kontrollmitteilungen mit diesem Inhalt zu fertigen, informiert, kann diese mit guter Aussicht auf Erfolg eine einstweilige Anordnung beim FG gegen diese Maßnahme (Realakt) beantragen, dem FA die Fertigung der Kontrollmitteilung zu untersagen (§ 114 FGO).

Lösung zu Fall 78

1. Die Festsetzungsfrist für die USt 01 beginnt mit Ablauf 02, da eine (gesetzliche) Anmeldepflicht besteht (§ 18 Abs. 3 Satz 1 UStG) und die Anmeldung im Jahr 02 beim FA eingeht (§ 170 Abs. 2 Nr. 1 AO). Sie dauert vier Jahre (§ 169 Abs. 2 Satz 1 Nr. 2 AO), denn die USt ist im steuerlichen Sinn keine Verbrauchssteuer (für die eine einjährige Verjährungsfrist laufen würde). Die Verjährung tritt regulär mit Ablauf 06 ein.
2. Die Festsetzungsfrist für die ESt 01 beginnt mit Ablauf 04, da eine (gesetzliche) Erklärungspflicht besteht (§ 56 EStDV) und die Erklärung erst nach Ablauf des 3. Jahres nach dem VZ abgegeben wird (maximale Anlaufhemmung gem. § 170 Abs. 2 Nr. 1 AO). Sie dauert gem. § 169 Abs. 2 Satz 2 AO fünf Jahre, da der Stpfl. leichtfertig eine verspätete Steuerfestsetzung bewirkt hat (§ 378 Abs. 1 i. V. m. § 370 Abs. 4 Satz 1 AO) und endet regulär mit Ablauf 09.
3. Es geht um die Verjährung einer Antragsveranlagung gem. § 46 Abs. 2 Nr. 8 EStG. Die FVj bestimmt sich hier nach § 170 Abs. 1 AO. (§ 170 Abs. 3 AO ist nicht einschlägig, da es nicht um die Änderung oder Aufhebung einer antragsbedingten Festsetzung geht.) Folglich beginnt die FVj mit Ablauf des Jahres 01, in dem die Steuer entstanden ist (§ 170 Abs. 1 AO i. V. m. § 36 Abs. 1 EStG). Die Verjährungsfrist geht über vier Jahre (§ 169 Abs. 1

Satz 1 Nr. 2 AO) und endet regulär mit Ablauf 05. (Allerdings bewirkt § 171 Abs. 3 AO hier eine Ablaufhemmung. Die Verjährung endet nicht, bevor über den Antrag auf Veranlagung unanfechtbar entschieden ist.)

Lösung zu Fall 79

1. Die FVj beginnt mit Ablauf 02, da eine gesetzliche Erklärungspflicht besteht (§ 31 Abs. 1 KStG i. V. m. § 56 EStDV) und die Erklärung beim FA im Jahr 02 eingeht (§ 170 Abs. 2 Nr. 1 AO). Sie dauert vier Jahre (§ 169 Abs. 2 Satz 1 Nr. 2 AO) und endet folglich mit Ablauf 06. Der KSt-Bescheid 01 kann daher noch bis Ablauf 06 aufgehoben bzw. korrigiert werden (§ 169 Abs. 1 Satz 1 AO).

2. Die FVj beginnt mit Ablauf 04, da trotz gesetzlicher Erklärungspflicht (§ 18 Abs. 3 UStG) keine Erklärung abgegeben wurde (maximale Anlaufhemmung gem. § 170 Abs. 2 Nr. 1 AO). Dies betrifft die FVj des ganzen Bescheides.
Die Steuer ist um 15 500 € zu niedrig festgesetzt. Das beruht auf der vorsätzlichen pflichtwidrigen Nichtabgabe der Steuererklärung. Der Stpfl. hat diesen Erfolg gewollt. Die Frist beträgt für den vorsätzlich verkürzten (hinterzogenen, § 370 AO) Teil der USt zehn Jahre (§ 169 Abs. 2 Satz 2 AO), für den (vor Veranlagungsschluss festgesetzten, also gem. § 370 Abs. 4 Satz 1 AO nicht hinterzogenen) anderen Teil der USt vier Jahre (§ 169 Abs. 2 Satz 1 Nr. 2 AO). Die Festsetzungsfrist für den festgesetzten Teil der USt 01 (29 000 €) läuft bis Ablauf 08, die für den anfänglich nicht festgesetzten Teil der USt 01 (plus 15 500 €) bis Ablauf 14. Die Erhöhung der USt um 15 500 € auf 44 500 € ist daher noch bis Ablauf 14 möglich.

3. Es geht um die Erledigung eines Antrags auf Änderung einer antragsbedingten Festsetzung gem. § 46 Abs. 2 Nr. 8 EStG. Hierfür trifft § 170 Abs. 3 AO eine Sonderregelung gegenüber § 170 Abs. 1 AO. (Dass die Änderung gem. § 173 Abs. 1 Nr. 2 AO (auch) von Amts wegen durchgeführt werden müsste, spielt nach dem Wortlaut des § 170 Abs. 3 keine Rolle.) Die FVj für die **Änderung** beginnt mit Ablauf des Jahres 02, in dem der **Antrag auf die ursprüngliche Festsetzung** gestellt wurde. Die Festsetzungsfrist dauert vier Jahre und endet folglich regulär mit Ablauf 06. Der Bescheid kann auf jeden Fall bis Ablauf 06 geändert werden. (Vgl. auch die Ablaufhemmung in § 171 Abs. 3 AO.)

Lösung zu Fall 80

1. Fall Arnulf Aal

a) Änderungen sind, sofern ein Korrekturtatbestand greift, bis zum Eintritt der FVj möglich, § 169 Abs. 1 Satz 1 AO. Die Festsetzungsfrist für die USt 01 beginnt mit Ablauf 04, da Aal keine Erklärung abgegeben hat, wozu er gem. § 18 Abs. 3 UStG verpflichtet wäre (§ 170 Abs. 2 Nr. 1 AO, maximale Anlaufhemmung von drei Jahren). Er hat die Erklärungspflicht vorsätzlich verletzt (§ 370 Abs. 1 Nr. 2, Abs. 4 AO). Die (Unterlassungs-)Tat ist mit Eintritt des Veranlagungsschlusses, zu dem im betreffenden Bezirk Arbeiten dieser Art generell abgeschlossen sind, vollendet. Dies ist im Verlaufe des Jahres 03 anzunehmen. Damit ist die gesamte USt des VZ 01 hinterzogen; die Tat ist vollendet. Die Festsetzungsfrist geht über zehn Jahre (§ 169 Abs. 2 Satz 2 AO) und endet mit Ablauf 14. Bis dahin kann der Bescheid geändert werden, sofern ein Korrekturtatbestand greift. Als Korrekturtatbestand kommt hier zunächst § 164 Abs. 2 AO in Frage. Der Vorbehalt der Nachprüfung (**VdN**) besteht aber nur bis Ablauf 08 (da der VdN regulär nach vier Jahren entfällt, § 164 Abs. 4 Sätze 1 und 2 AO). Die Festsetzung erweist sich als rechtswidrig. Bis Ablauf 08 kann der Bescheid gem. § 164 Abs. 2 geändert und die Steuer um 1 200 € auf 14 000 € erhöht werden.

Nach Ablauf des Jahres 08 scheidet § 164 Abs. 2 AO als Korrekturgrundlage aus. Der Bescheid ist dann endgültig. Folglich sind, wenn das FA den Bescheid bis Ablauf 08 nicht korrigiert hat, die §§ 172 ff. AO zu prüfen. Da Aal die USt hinterzogen hat, greift § 172 Abs. 1 Nr. 2 c AO und § 173 Abs. 1 Nr. 1 AO. Ab Anfang 09 bis Ablauf 14 kann daher das FA dasselbe Ergebnis über §§ 172 Abs. 1 Nr. 2 c, 173 Abs. 1 Nr. 1 AO erzielen.

b) Die per Schätzungsbescheid festgesetzten 12 800 € waren erstmalig im Laufe des Jahres 01 bzw. im Januar 02 zur Zahlung fällig (§ 18 Abs. 1 Satz 5 UStG, »Fälligkeitssteuer«). Die Zahlungsverjährung beginnt aber erst mit Ablauf des Jahres zu laufen, in dem die USt festgesetzt wurde, also mit Ablauf 04 (§ 229 Abs. 1 Satz 2 AO); es kommt hier ausnahmsweise nicht auf die Fälligkeit einen Monat nach Bekanntgabe des Bescheids an (Januar 05). Sie dauert fünf Jahre (§ 228 Satz 2 AO) und endet mit Ablauf des Jahres 09. Bis dahin kann das FA die rückständigen 12 800 € geltend machen (sofern es die Zahlungsverjährungsfrist nicht gem. § 231 AO unterbricht). Mit Ablauf 09 erlischt der festgesetzte Teil des USt-Anspruchs 01 (§§ 232, 47 AO).

2. Fall Balog Balnoff

Der ESt-Bescheid 01 kann bis zum Eintritt der FVj geändert werden (§ 169 Abs. 1 Satz 1 AO). Die Verjährungsfirst beginnt mit Ablauf 02, da Balog Balnoff als Gewerbetreibender verpflichtet war, die ESt-Erklärung abzugeben, und diese Pflicht im Jahr 02 erfüllt hat, § 170 Abs. 2 Nr. 1 AO. Die Frist dauert zehn Jahre, soweit die ESt hinterzogen ist. Auch nach dem Tod von Balog Balnoff handelt es sich um hinterzogene Steuer, so dass auch sein Alleinerbe Oleg (§ 45 Abs. 1 AO) diese Hinterziehungsfolge gegen sich gelten lassen muss. Die FVj tritt daher bezüglich des hinterzogenen Teils der ESt (700 €) mit Ablauf des Jahres 12 ein.

3. Fall Cots-Carlos

Es handelt sich um einen **öffentlich-rechtlichen** Erstattungsanspruch, weil eine Steuer überzahlt wurde. Der Erstattungsanspruch nach Doppelzahlung (§ 37 Abs. 2 Satz 1 AO) bedarf nicht der Festsetzung. Folglich handelt es sich nicht um eine Frage der FVj, sondern der Zahlungsverjährung. Auch Erstattungsansprüche sind Ansprüche aus dem Steuerschuldverhältnis und unterliegen daher der Zahlungsverjährung (§ 228 Satz 1 AO).

Die Verjährungsfrist beginnt mit Ablauf des Jahres 01, denn der Erstattungsanspruch wurde sofort mit seiner Entstehung durch die Doppelzahlung fällig (§ 220 Abs. 2 Satz 1 AO), § 229 Abs. 1 Satz 1 AO. Sie dauert fünf Jahre (§ 228 Satz 2 AO) und endet mit Ablauf des Jahres 06. Bis dahin muss das FA die Überzahlung i. H. v. 624 € von Amts wegen zurückzahlen.

Lösung zu Fall 81

a) Der Bescheid hat die Frist gewahrt und ist daher rechtzeitig ergangen. Gem. § 169 Abs. 1 Satz 3 Nr. 1 AO genügt zur Fristwahrung, dass der Bescheid den Bereich des FA vor dem Fristende verlassen hat. Dies ist der Fall, wenn – wie hier – der Bescheid am vorletzten Tag der Frist (30. 12. 10) zur Post gegeben wird, egal wann er dem Stpfl. zugeht.

b) Der Bescheid ist gem. § 122 Abs. 2 AO am 07. 01. 11 bekanntgegeben, da feststeht, dass der Zugang später als am dritten Tag nach Postaufgabe erfolgte. Die Einspruchsfrist (§§ 347, 355 AO) läuft daher mit Ablauf des 07. 02. 11 ab.

c) Die Zahlungsverjährungsfrist beginnt mit Ablauf des Jahres 11, da die Fälligkeit der Steuer erstmals in diesem Jahr eintrat (§ 220 Abs. 1 AO i. V. m. Einzelsteuergesetz), § 229

Abs. 1 Satz 1 AO. Sie dauert fünf Jahre (§ 228 Satz 2 AO) und endet daher mit Ablauf des Jahres 16.

Lösung zu Fall 82

1. **Korrekturrecht:** Die Nichtberücksichtigung der Spende i. H. v. 1 000 € ist ein Versehen des FA bei der Veranlagung, also ein mechanischer Fehler i. S. d. § 129 AO. Die offenbare Unrichtigkeit ist gem. § 129 AO zu berichtigen, die Bemessungsgrundlage für die ESt um 1 000 € zu senken.

   Die bisher nicht erfasste Betriebseinnahme i. H. v. 500 € ist zwar eine Tatsache, die aber dem FA bei der Veranlagung bereits bekannt war. Weder greift § 173 Abs. 1 Nr. 1 AO, noch eine andere selbstständige Korrekturvorschrift. Es handelt sich folglich um einen materiellen Fehler i. S. d. § 177 Abs. 3 AO.

   Der materielle Fehler ist im Rahmen der Berichtigung der offenbaren Unrichtigkeit mitzuberichtigen (zu versteuerndes Einkommen ./. 1 000 + 500 = ./. 500 €). Dadurch sinkt die Bemessungsgrundlage für die ESt von 70 000 € auf 69 500 €. Die Korrektur beruht auf § 129 AO.

2. **Festsetzungsverjährung:** Die FVj für die ESt 05 beginnt mit Ablauf 07, da der Stpfl. kein Arbeitnehmer und daher erklärungspflichtig ist (§ 149 Abs. 1 Satz 2 AO) und die Erklärung in diesem Jahr abgegeben hat. Die Frist läuft vier Jahre (§ 169 Abs. 2 Satz 1 Nr. 2 AO) und endet regulär mit Ablauf 11.

   Gemäß § 171 Abs. 2 AO endet die Frist zur Berichtigung der offenbaren Unrichtigkeit im Bescheid nicht vor Ablauf eines Jahres seit der Bekanntgabe des fehlerhaften Bescheids. Die Jahresfrist läuft bis zum Ablauf des 18. 11. 12 (Ablaufhemmung gem. § 171 Abs. 2 AO), bzw., da dieser Tag ein Samstag ist, bis Ablauf des 20. 11. 12 (§ 108 Abs. 3 AO). Bis zu diesem Tag einschließlich darf der Berichtigungsbescheid zur Post gegeben werden (§ 169 Abs. 1 Sätze 2, 3 AO).

   Die Korrekturmöglichkeit, die § 171 Abs. 2 AO hier auslöst, ermöglicht nicht nur die Berichtigung der offenbaren Unrichtigkeit (zu versteuerndes Einkommen ./. 1 000 €), sondern auch die Mitberichtigung des materiellen Fehlers (+ 500 € zu versteuerndes Einkommen).

   Ergebnis: Der Berichtigungsbescheid muss bis Ablauf des 20. 11. 12 zur Post gegeben und das zu versteuernde Einkommen dabei um 500 € auf 69 500 € gesenkt werden.

Lösung zu Fall 83

1. **Korrekturrecht:** Laut Sachverhalt liegt eine offenbare Unrichtigkeit i. S. d. § 129 AO bei der Erfassung des gewerblichen Gewinns vor. Die offenbare Unrichtigkeit kann gem. § 129 AO berichtigt und die Bemessungsgrundlage für die ESt um 500 € erhöht werden. Außerdem ist Tatsache, dass der Stpfl. Spenden i. H. v. 1 000 € geleistet hatte, die bisher nicht berücksichtigt sind. Sie waren dem FA bei der Veranlagung nicht bekannt. Bei der Bescheidkorrektur würden sie sich steuermindernd auswirken. Gem. § 173 Abs. 1 Nr. 2 AO kann die Änderung insoweit nur durchgeführt werden, wenn den Stpfl. kein grobes Verschulden am verspäteten Bekanntwerden des Aufwands trifft. Diese Voraussetzung ist laut Sachverhalt erfüllt. Der Bescheid wird daher gem. §§ 173, 129 AO korrigiert. Die Bemessungsgrundlage für die ESt erhöht sich um 500 € und vermindert sich um 1 000 €; dies ergibt pro Saldo eine Verminderung der Bemessungsgrundlage um 500 €.

2. **Festsetzungsverjährung:** Die FVj tritt (siehe oben) regulär mit Ablauf 11 ein. Die Änderung gem. § 173 Abs. 1 Nr. 2 AO (./. 1 000 € zu versteuerndes Einkommen) ist seit Ende 11 nicht mehr möglich.

Die offenbare Unrichtigkeit kann aber noch bis Ablauf des 20. 11. 12 berichtigt werden (Ablaufhemmung gem. § 171 Abs. 2 AO, s. o.).

§ 129 AO bewirkt hier eine Erhöhung des zu versteuernden Einkommens um 500 €. In diesem Rahmen ist (vom 01. 01. 12 bis 20. 11. 12) auch die Mitberichtigung des materiellen Fehlers (dessen Ausmaß eigentlich ./. 1 000 € zu versteuerndes Einkommen wäre) durchzuführen. Dies beruht auf der entspr. Anwendung des § 177 AO oder auf einem dem § 129 AO innewohnenden Prinzip. Die Folge ist hier, dass die Berichtigung nicht durchgeführt werden kann. Die Ablaufhemmung läuft also leer.

Ergebnis: Der Bescheid kann seit Ablauf 11 nicht mehr korrigiert werden. Stellt der Stpfl. einen Änderungsantrag erst im Jahr 12, muss sein Antrag abgelehnt werden.

Lösung zu Fall 84

a) **Festsetzungsverjährung:** Die Festsetzungsfrist für die Antragsveranlagung beginnt gem. § 170 Abs. 1 AO mit Ablauf des Jahres 01, dauert vier Jahre (§ 169 Abs. 2 Satz 1 Nr. 2 AO) und endet mit Ablauf 05.

A beantragt im Dezember 06 die Änderung des Bescheids. Die reguläre Festsetzungsfrist für die beantragte Festsetzung ist zu dieser Zeit schon abgelaufen. Die Ablaufhemmung gem. § 171 Abs. 3 Satz 1 AO setzt aber voraus, dass der Antrag vor Eintritt der FVj gestellt wird. Allerdings läuft für die Änderung antragsbedingter Festsetzungen gem. § 170 Abs. 3 AO eine eigene (reguläre) Festsetzungsfrist: Sie beginnt hier mit Ablauf des Jahres 02, in dem der Antrag auf Veranlagung gestellt wurde, dauert vier Jahre (s. o.) und endet mit Ablauf 06.

Der Wortlaut des § 171 Abs. 3 Satz 1 AO gibt keine Auskunft, welcher Fristablauf maßgeblich sein soll, der aus § 170 Abs. 1 oder 3 AO. Aus dem Sinnzusammenhang ergibt sich aber, dass der vor Ablauf der Frist aus § 170 Abs. 3 AO gestellte Antrag noch rechtzeitig i. S. d. § 171 Abs. 3 AO sein muss; § 170 Abs. 3 AO enthält die spezielle Frist für die hier vorzunehmende Änderung des Bescheids. Folglich kommt es zu einer **Ablaufhemmung gem. § 171 Abs. 3 AO.**

Die Ablaufhemmung reicht **zeitlich** bis zur Unanfechtbarkeit der Entscheidung über den Änderungsantrag. **Sachlich** ist sie auf den Betrag beschränkt, um den der Antragsteller die ESt gemindert bzw. die Erstattung erweitert haben möchte (Abs. 3 Satz 1). Nach Ablauf 06 kann daher die bisherige Erstattung nicht mehr gekürzt, maximal aber noch um 500 € erweitert werden.

b) **Korrekturrechtlich** greift hier § 173 Abs. 1 Nr. 2 AO ein. Der ESt-Bescheid ist falsch, die Änderung findet zu Gunsten des Antragstellers statt. Dass zusätzliche Werbungskosten vorlagen, war dem FA bei Erlass des ursprünglichen Bescheids unbekannt. Laut Sachverhalt ist dem Antragsteller kein grobes Verschulden vorzuwerfen. Dem Antrag ist daher (grundsätzlich) stattzugeben. Der Bescheid muss gem. § 173 Abs. 1 Nr. 2 AO geändert und der Erstattungsbetrag um 500 € auf 1 300 € erhöht werden.

Berücksichtigung des Rechtsfehlers bei den Sonderausgaben:

Korrekturrechtlich handelt es sich bei der fehlerhaften Berücksichtigung der Sonderausgabe um einen materiellen Fehler, der nur unter den Voraussetzungen des § 177 AO mitberichtigt werden kann, weil keiner der selbstständigen Korrekturtatbestände greift. Die Mitberichtigung gem. § 177 Abs. 2 AO darf nur soweit durchgeführt werden, wie die

Änderung gem. § 173 Abs. 1 Nr. 2 AO reicht. Folglich kann der materielle Fehler (eigentlich + 700 € ESt) nur in Höhe von 500 € berücksichtigt werden. Dadurch wird die Folge des § 173 Abs. 1 Nr. 2 AO völlig aufgezehrt; sie muss wegen § 177 Abs. 2 AO unterbleiben. Eine Korrektur kommt nicht in Betracht bzw. ist nie in Betracht gekommen.

Ergebnis: Die Ablaufhemmung gem. § 171 Abs. 3 AO führt hier dazu, dass der Antrag des Stpfl. auf Änderung auch nach Ablauf 06 noch mit korrekturrechtlichen Gründen abgelehnt werden kann bzw. muss.

Anmerkung: Wäre die FVj schon vor Stellung des Änderungsantrags eingetreten, müsste der Antrag wegen Verjährung abgelehnt werden, denn der Bescheid kann nach Ablauf 06 überhaupt nicht mehr zu Lasten des Stpfl. geändert werden. Die Ablaufhemmung gem. § 171 Abs. 3 Satz 1 AO ermöglicht später nur Änderungen im Rahmen des gestellten Antrags.

Lösung zu Fall 85

1. Die FVj tritt laut Sachverhalt regulär mit Ablauf 10 ein. Die Außenprüfung führt für die ESt 05 zu einer Ablaufhemmung gem. § 171 Abs. 4 AO, weil sie in der Prüfungsanordnung aufgeführt ist und tatsächlich geprüft wurde. Zu untersuchen ist der zeitliche Umfang dieser Ablaufhemmung.

   a) Änderungsbescheid vom 15. 01. 11 nach Außenprüfung **(Ap)**: Der Bescheid wird am 18. 01. 11 wirksam, wenn dieser Tag nicht auf ein Wochenende fällt (§ 122 Abs. 2 AO) und mit Ablauf des 18. 02. 11 unanfechtbar (sofern dies kein Samstag oder Sonntag ist). Folglich wirkt die Ablaufhemmung bis Ablauf des 18. 02. 11. Der Änderungsbescheid wahrt die Frist (§ 169 Abs. 1 Satz 3 Nr. 1 AO).

   b) Änderungsbescheid vom 15. 01. 15 nach Außenprüfung:
   Gemäß § 171 Abs. 4 Satz 3 AO beginnt ab dem Ablauf des Kalenderjahrs 10, in dem die Schlussbesprechung stattgefunden hat, eine neue vierjährige maximale Auswertungsfrist für die Ap zu laufen, die mit Ablauf 14 endet. Der Änderungsbescheid vom 15. 01. 15 ist also verspätet und rechtswidrig.

2. Es kommt zu einer Ablaufhemmung gem. § 171 Abs. 4 AO, da die ESt 05 auch tatsächlich geprüft wurde. Die Ablaufhemmung dauert hier gemäß Satz 1 [a. a. O.] bis zum Ablauf von drei Monaten nach Bekanntgabe der Mitteilung gem. § 202 Abs. 1 Satz 3 AO (dass die Besteuerungsgrundlagen nicht verändert werden). Die Bekanntgabe erfolgte am 18. 01. 11 (§ 122 Abs. 2 AO), sofern das kein Samstag oder Sonntag ist. Die Ablaufhemmung reicht folglich bis Ablauf des 18. 04. 11 (sofern die Frist nicht gem. § 108 Abs. 3 AO verlängert ist). Bis dahin kann bzw. muss der Änderungsbescheid gem. § 173 Abs. 1 Nr. 1 AO zur Post gegeben werden (§ 169 Abs. 1 Satz 3 Nr. 1 AO).

3. Die FVj tritt regulär mit Ablauf 10 ein. Die Prüfung beginnt erst am 11. 01. 11, also zu spät. Auf die ursprüngliche Absicht des FA, die Prüfung schon vor Jahresende 06 beginnen zu lassen, kommt es nicht an. Der Prüfungsbeginn wurde **nicht** – wie es § 171 Abs. 4 Satz 1 AO für solche Fälle als Voraussetzung für eine Ablaufhemmung verlangen würde – auf Antrag des **Stpfl.** hinausgeschoben.
   Ergebnis: Die Verjährung tritt mit Ablauf 10 ein. Der Änderungsbescheid vom 19. 04. 11 ist rechtswidrig, wenn auch nicht nichtig. Auf den Einspruch des Stpfl. vom 24. 04. 11 muss der Änderungsbescheid wieder aufgehoben werden.

Lösung zu Fall 86

1. Die FVj und die Feststellungsverjährung treten regulär zum Jahresende 06 ein. Die Änderung des Grundlagenbescheids am 30.11.06 war noch möglich (§§ 169 Abs. 1 Satz 1, 181 Abs. 1 AO). Folglich greift § 171 Abs. 10 Satz 1 AO: Das Wohnsitz-FA des A hat auf jeden Fall zwei Jahre nach Bekanntgabe des Grundlagenbescheids Zeit, den Folgebescheid anzupassen (§ 175 Abs. 1 Satz 1 Nr. 1 AO). Das für den ESt-Bescheid zuständige FA muss den Anpassungsbescheid spätestens am 03.12.08 zur Post geben (da der Gewinnfeststellungsbescheid gem. § 122 Abs. 2 AO am 03.12.06 wirksam wurde). Da der 03.12.08 ein Sonntag ist (vgl. den Kalender 08 nach der Schlussaufgabe), verschiebt sich der Fristablauf bis Ablauf des Montag, 04.12.08.
   Der sachliche Umfang der Ablaufhemmung bestimmt sich nach dem Umfang der (bisher noch nicht berücksichtigten) Bindungswirkung des geänderten Grundlagenbescheids. Die Änderung des Folgebescheids kann bis 04.12.08 erfolgen.

2. Der Grundlagen-Änderungsbescheid vom 21.06.07 ist rechtzeitig ergangen, weil die Feststellungsverjährung erst zum Ende 07 eintritt (Anlaufhemmung gem. §§ 170 Abs. 2 Nr. 1, 181 Abs. 1 Satz 1, 2 AO bis Ablauf 03, 4-jährige Feststellungsfrist bis Ablauf 07 gem. §§ 169 Abs. 2 Satz 1 Nr. 2, 181 Abs. 1 Satz 1 AO).
   Obwohl die Änderungsmöglichkeit bezüglich des Folgebescheids »eigentlich« bereits mit Ablauf 06 verjährt ist, greift § 171 Abs. 10 Satz 1 AO ein. Die Verjährung ist, wie sich jetzt erst herausstellt, (im Umfang der Ablaufhemmung gem. § 171 Abs. 10 AO) nie eingetreten gewesen.
   Die FVj des ESt-Bescheids wird gem. § 171 Abs. 10 Satz 1 AO bis zum 24.06.09 hinausgeschoben. Der sachliche Umfang der Ablaufhemmung richtet sich nach der bisher noch nicht berücksichtigten Bindungswirkung des Grundlagenbescheids. Der Änderungsbescheid zur ESt 01 kann/muss daher bis Ablauf des 24.06.09 zur Post gegeben werden.

3. Der zulässige Einspruch hat Aussicht auf Erfolg, wenn ein Korrekturgrund vorliegt und die Festsetzungsverjährung die Änderung noch erlaubt (§ 169 Abs. 1 Satz 1 AO).
   Korrekturrecht: Es würde sich um eine automatische Folgeänderung gem. § 175 Abs. 1 Satz 1 Nr. 1 AO handeln, die von Amts wegen vorzunehmen wäre.
   Reguläre Festsetzungsverjährung der ESt: Die ESt 01 des K ist regulär seit Ablauf 06 verjährt, denn er ist erklärungspflichtig und muss seine Erklärung im Jahr 02 beim FA eingereicht haben, sonst hätte der Bescheid vom 10.12.02 nur als Schätzungsbescheid ergehen können, was im Sachverhalt nicht erwähnt ist (§§ 169 Abs. 2 Satz 1 Nr. 2, 170 Abs. 2 Nr. 1 AO).
   Mögliche Ablaufhemmungen: § 171 Abs. 4 AO (Ap der KG): Da die Gewinnfeststellungserklärung 01 erst 05 beim Betriebs-FA einging, begann die Feststellungsfrist mit Ablauf 04 (maximale Anlaufhemmung gem. §§ 181 Abs. 1, 170 Abs. 2 Nr. 1 AO). Die Feststellungsfrist lief daher regulär nicht vor Ablauf 08 ab, oder wenn die Verspätung der Erklärungsabgabe grob fahrlässig war, mit Ablauf 09 (§ 169 Abs. II Satz 1 Nr. 2 bzw. Satz 2 AO). Die Ap begann schon vorher, nämlich im Jahr 07. Sie bewirkte eine Ablaufhemmung für den Gewinnfeststellungsbescheid 01 der KG, denn dieser Bescheid gehörte offensichtlich zum Prüfungsumfang.
   Die Ap kann aber nur eine Ablaufhemmung der laut Prüfungsanordnung zu prüfenden und tatsächlich geprüften Bescheide bewirken; dies können nur Bescheide gegen die KG sein. Dazu gehört der ESt-Bescheid des K nicht. Es verbleibt beim Festsetzungsverjährungseintritt der ESt mit Ablauf 06.

§ 171 Abs. 10 AO (Bindungswirkung des Gewinnfeststellungsbescheides 01): Der Feststellungsbescheid vom 14.09.07 wurde gem. § 122 Abs. 2 AO am 17.09.07 wirksam. Soweit die Bindungswirkung reicht, führt der Bescheid zu einer Ablaufhemmung für die ESt des K bis zum Ablauf des 17.09.09. Da das FA erst im Jahr 10 über die Folgeänderung entscheidet, ist diese Ablaufhemmung wirkungslos.

§ 171 Abs. 3 AO (Antrag): Ob der Antrag des K aus dem Jahr 10 geeignet ist, eine Ablaufhemmung der ESt gem. § 171 Abs. 3 AO herbeizuführen, kann dahingestellt werden, denn der Antrag ist erst nach Ablauf der Verjährungsfrist gestellt. Verspätete Anträge wirken führen keinesfalls zu einer rückwirkenden Fristverlängerung.

Andere Ablaufhemmungsgründe, die hier greifen könnten, sind nicht ersichtlich.

Ergebnis: Der Grundlagenbescheid kann nicht mehr ausgewertet werden. Ein Einspruch des K gegen Ablehnung seines Antrags wäre erfolglos (ebenso BFH vom 19.08.1999 BStBl II 2000, 330).

Teil Q Komplexer Übungsfall

Bearbeitungszeit:	3 Stunden
Hilfsmittel:	Abgabenordnung, das BGB, das Einkommensteuergesetz mit den Einkommensteuer-Richtlinien und der Kalender 12 (Anhang).

Die Antworten sind zu begründen. Die entscheidenden gesetzlichen Bestimmungen der Abgabenordnung sind anzugeben.

I. Sachverhalt

Der Steuerpflichtige (Stpfl.) Albert Protz betreibt in Ludwigsburg seit Jahrzehnten auf einem eigenen Grundstück eine ererbte Fabrik unter der Firma »Albert Protz, Ludwigsburger Fensterherstellung«. Sein Sohn Bernd Protz ist im Angestelltenverhältnis kaufmännischer Direktor der Firma. Bernd Protz ist verheiratet und wohnt in Ludwigsburg in einem Wohnhaus, das ihm selbst zu Eigentum gehört. Albert Protz übernachtet werktags im Haus seines Sohnes Bernd, der seinem Vater kostenlos und unbefristet ein Zimmer mit separatem Eingang und allen erforderlichen sanitären Einrichtungen zur Verfügung stellt. Das Zimmer ist von Albert Protz selbst möbliert. Die Wochenenden und gesetzlichen Feiertage verbringt Albert Protz bei seiner Frau Frieda und seinem Sohn Gaspar, der in Rastatt auf ein Gymnasium geht, in Rastatt. Sie wohnen dort in der Erdgeschosswohnung eines Mehrfamilienhauses, das Privatvermögen von Albert Protz ist. Die Familie verbringt alljährlich zwei Urlaubsmonate in einem Ferienhaus in Überlingen. Das Ferienhaus steht im Eigentum einer aus Frau Frieda Protz und ihrem Bruder Dr. Eierschreck bestehenden Erbengemeinschaft. Polizeilich ist Albert Protz als in Ludwigsburg und Rastatt wohnhaft gemeldet.

Frau Frieda Protz, die mit ihrem Mann wirksame Gütertrennung vereinbart hat, arbeitet seit 01.09.11 halbtags als Sekretärin bei ihrem Bruder, Rechtsanwalt Dr. Eierschreck in Rastatt. Sie bekommt dafür monatlich brutto 800 €.

Dr. Eierschreck hat zur Praxiseröffnung im August 11 von seinem Schwager Albert Protz ein ab sofort mit 6 % verzinsliches Darlehen in Höhe von 40 000 € erhalten. Da diese Summe wider Erwarten nicht ausreichte, gaben Albert und Bernd Protz zusammen dem Dr. Eierschreck ein weiteres Darlehen in Höhe von 20 000 € zu denselben Bedingungen. Der Zins für 11 ist den Berechtigten in diesem Jahr zugeflossen.

Mit der Bilanzerstellung für die Fensterfabrik und der Erledigung aller steuerlichen Angelegenheiten der Familien Protz junior und senior ist seit langem Steuerberater und Rechtsbeistand Alt betraut, der in Rastatt (ohne Mitarbeiter) eine Praxis betreibt. Alt verwaltet auch das gesamte erwähnte private Vermögen der Familien Protz junior und senior und Dr. Eierschreck, z. B. alle Grundstücke und alle Forderungen. Beispielsweise vermietet er das Ferienhaus und das Mehrfamilienhaus, veranlasst erforderliche Reparaturarbeiten, überwacht den Miet- und Zinseingang aus Grundstücken und Forderungen usw.

I. Aufgabe

1. Welche Finanzämter erlassen die für Zwecke der **Einkommensteuerfestsetzung** 11 gegen die zusammen zu veranlagenden Eheleute Albert und Frieda Protz erforderlichen **gesonderten Feststellungsbescheide?** Was ist der jeweilige Regelungsinhalt dieser Feststellungsbescheide? Warum sind sie jeweils erforderlich?
2. Welche Einkünfte werden erstmals im **Einkommensteuer-Zusammenveranlagungsbescheid** (also nicht bereits in gesonderten Feststellungsbescheiden) 11 der Eheleute Albert und Frieda Protz festgestellt?

II. Sachverhalt

Steuerberater Alt (siehe oben) fand in seiner Eingangspost vom 30.08.12 den Einkommensteuerbescheid des Finanzamts Rastatt für 11 der zusammenveranlagten Eheleute Albert und Frieda Protz (siehe oben) in einem Briefumschlag mit Poststempel des Finanzamts vom 29.08.12.

Am Morgen des 01.10.12 spielte Alt Tennis, obwohl er die Rechtsbehelfsache gegen den Einkommensteuerbescheid noch unerledigt auf seinem Schreibtisch liegen hatte. Beim Tennisspiel erlitt er völlig überraschend eine Herzattacke. Er musste sofort in ein Rastatter Krankenhaus eingeliefert werden.

Die ersten sechs Wochen seines fünfmonatigen Krankenhausaufenthalts verbrachte er wegen Lebensgefahr auf der Intensivstation. Am Samstag, 11.11.12, war er soweit wieder hergestellt, dass er seinen Kollegen Steuerberater Helfer, der in Ludwigsburg eine eigene Praxis hat und ein früherer Mitarbeiter des Alt ist, im Krankenhaus empfangen konnte. Alt übertrug Helfer bei dieser Gelegenheit alle anstehenden Rechtsbehelfsachen, die sie im Einzelnen besprachen, zur Erledigung. Helfer holte noch am Morgen dieses Tages u.a. die gesamten steuerlichen Unterlagen der Eheleute Protz aus der Praxis des Alt ab.

Helfer unterrichtete zwar am 11.11.12 die bis dahin ahnungslosen Eheleute Protz von der Erkrankung des Alt, führte das Einverständnis der Eheleute zur Anfechtung ihres Einkommensteuerbescheids 11 herbei und ließ sich eine Vollmacht erteilen.

Er kam aber erst am Abend des 11.12.12 dazu, in aller Eile ein Schreiben an das Finanzamt Ludwigsburg zu verfassen, das er am 11.12.12 um 21.00 Uhr in den Briefkasten des Finanzamts Ludwigsburg einwarf. Das Schreiben enthält zwar den Briefkopf des Helfer, aber – versehentlich – keine Unterschrift. Helfer macht zunächst den oben dargestellten Sachverhalt glaubhaft. Im Übrigen lautet das Schreiben:

»Der Einkommensteuerbescheid 11 gegen die Eheleute Albert und Frieda Protz ist falsch. Mein Vorgänger Alt wusste nicht, dass der Ehemann im Jahr 11 eine private Haftpflichtversicherung abgeschlossen hat. Ich mache deshalb weitere Sonderausgaben in Höhe von 300 € geltend. Die Einkommensteuer vermindert sich dadurch von 30863 € auf 30705 €.«

II. Aufgabe

1. Welches Finanzamt ist zur Entscheidung über den Antrag befugt?
2. Wie wird der Entscheidungssatz des Finanzamts ausfallen? (Es ist davon auszugehen, dass die Versicherungsbeiträge voll abzugsfähige Sonderausgaben sind und dass Helfer die Steuerminderung rechnerisch richtig ermittelt hat.)

III. Sachverhalt

Das Finanzamt Ludwigsburg gibt am 08.08.12 u.a. die folgenden Bescheide mit einfachem Brief zur Post:

a) den Einkommensteuerbescheid an Berthold Bunt mit folgender Adresse: »Berthold Bunt, Lilienweg 3, 71730 Ludwigsburg«. Dem Finanzamt war nicht bekannt, dass Herr Bunt am 09.11.11 verstorben und von seinem Sohn Friedrich Bunt, ebenfalls Lilienweg 3 in Ludwigsburg wohnhaft, allein beerbt worden ist;

b) den Kraftfahrzeugsteuer-Bescheid an Herrn Gottfried Carlo mit folgender Adresse: »Herrn Gottfried Karlo, Sizilienstraße 11, 71736 Ludwigsburg«.

III. Aufgabe

Können die genannten Bescheide wirksam werden?

IV. Sachverhalt

Das Finanzamt Ludwigsburg gibt am Freitag, 22.09.12 (Montag), den Einkommensteuerbescheid für Oskar Katz mit einfachem Brief zur Post. Der zuständige Sachgebietsleiter hat ihn am 21.09.12 abgezeichnet. Der Bescheid wird vom Briefträger am Samstag, 23.09.12, in den Briefkasten von Oskar Katz geworfen.

Katz ist unmittelbar nach Geschäftsschluss am Freitag, 22.09.12, zu einer Fahrt in das verlängerte Wochenende aufgebrochen. Da er am Montag, 25.09.12, einen Tag Urlaub genommen hat, kommt er erst am Montagabend in seine Wohnung zurück. Der Briefkasten, den er noch am Montagabend leert, ist sehr voll. Der Brief des Finanzamts ist zwischen Werbeprospekten eingeklemmt. Katz bemerkt ihn deshalb nicht und wirft ihn versehentlich zusammen mit den Werbeprospekten ungeöffnet in den Papierkorb.

IV. Aufgabe

Wird der Einkommensteuerbescheid wirksam, wenn ja: wann?

Teil R Lösungshinweise zum komplexen Übungsfall

Lösung zu Aufgabe I

1. Es müssen ergehen

a) ein gesonderter Gewinnfeststellungsbescheid 11 für den Gewinn aus dem Gewerbebetrieb Fensterfabrik; es ist nur eine Person an diesen Einkünften aus Gewerbebetrieb beteiligt, § 180 Abs. 1 Nr. 2 Buchst. b AO. Albert Protz hat zwei Wohnsitze. Dabei ist die polizeiliche Anmeldung ohne entscheidende Bedeutung. Er hat sowohl in Ludwigsburg als auch in Rastatt eine Wohnung auf Dauer inne, § 8 AO. Die Zuständigkeit für die ESt-Festsetzung und die gesonderte Gewinnfeststellung fallen zum Jahresende 11 auseinander. Zuständig für die ESt-Veranlagung ist das Wohnsitz-Finanzamt Rastatt, § 19 Abs. 1 Satz 2 AO. Albert Protz ist verheiratet. Seine Familie hält sich vorwiegend in Rastatt auf. Folglich ist der Wohnsitz in Ludwigsburg ohne Bedeutung.
Zuständig für die Gewinnfeststellung ist das Betriebsfinanzamt Ludwigsburg, weil sich die Geschäftsleitung (§ 10 AO) in Ludwigsburg befindet, § 18 Abs. 1 Nr. 2 AO.
Folglich muss ein gesonderter Gewinnfeststellungsbescheid durch das Betriebsfinanzamt Ludwigsburg ergehen, §§ 180 Abs. 1 Nr. 2 Buchst. b, 18 Abs. 1 Nr. 2 AO;

b) ein einheitlicher und gesonderter Feststellungsbescheid 11 für die Einkünfte aus Vermietung und Verpachtung aus dem Ferienhaus in Überlingen, weil mehrere Personen an diesen Einkünften beteiligt sind, §§ 180 Abs. 1 Nr. 2 Buchst. a, 179 Abs. 2 Satz 2 AO. In dem Bescheid wird die Höhe und die Zurechnung der Einkünfte festgestellt. Zuständig ist das FA Rastatt, weil in seinem Bereich die Einkünfte aus dem Grundstück verwaltet werden, nämlich von der Praxis des Steuerberaters Alt aus, § 18 Abs. 1 Nr. 4 AO;

c) ein einheitlicher und gesonderter Feststellungsbescheid über die Einkünfte aus Kapitalvermögen der Herren Albert und Bernd Protz aus der Darlehensforderung gegen Dr. Eierschreck i. H. v. 20 000 €, weil mehrere Personen an diesen Einkünften beteiligt sind, §§ 180 Abs. 1 Nr. 2 Buchst. a, 179 Abs. 2 Satz 2 AO. In dem Bescheid werden Höhe und Zurechnung der Einkünfte festgestellt. Zuständig ist das FA Rastatt, weil von seinem Bezirk aus – von Steuerberater Alt – die Einkünfte verwaltet werden, § 18 Abs. 1 Nr. 4 AO.

2. Erstmals im ESt-Bescheid der Eheleute Albert und Frieda Protz werden folgende Einkünfte festgestellt (§ 157 Abs. 2 AO):

a) Einkünfte aus dem Mietwohngrundstück des Albert Protz in Rastatt, weil es sich nicht um eine Gewinneinkunft handelt, und nur eine Person an den Einkünften beteiligt ist;

b) Einkünfte der Frieda Protz aus nichtselbstständiger Arbeit als Sekretärin, mit gleicher Begründung;

c) Einkünfte aus Kapitalvermögen des Albert Protz aus der Darlehensforderung gegen Dr. Eierschreck über 40 000 €, mit gleicher Begründung.

Lösung zu Aufgabe II

1. Zuständig zur Entscheidung ist das FA Rastatt, das den angegriffenen Bescheid erlassen hat, § 367 Abs. 1 AO.

2. Zulässigkeitsprüfung für den Einspruch gegen den Einkommensteuerbescheid 11 der Eheleute Albert und Frieda Protz

a) Gegen den ESt-Bescheid ist der Einspruch statthaft, § 347 Abs. 1 Nr. 1 AO. Da es sich in Wirklichkeit um zwei Bescheide handelt, sind zwei Einsprüche eingelegt.

b) Die Form des Einspruchs (§ 357 AO) ist gewahrt. Der Rechtsbehelf ist schriftlich eingelegt (§ 357 Abs. 1 AO). Der Briefkopf lässt trotz fehlender Unterschrift erkennen, dass Helfer den Einspruch eingelegt hat (§ 357 Abs. 1 Satz 2 AO). Helfer macht geltend, dass seine Mandanten durch den Bescheid beschwert sind (§ 350 AO).

c) Die Frist für den Einspruch beträgt einen Monat, § 355 Abs. 1 Satz 1 AO. Sie ist eine Ereignisfrist und beginnt mit Ablauf des Tags des wirksamen Zugangs zu laufen, § 355 Abs. 1 Satz 1 AO. Der Zugang erfolgte wirksam am dritten Tage nach der Aufgabe zur Post, § 122 Abs. 2 AO. Der Aufgabetag ergibt sich aus dem Poststempel (29. 08. 12). Der Zugang erfolgte also wirksam am (Freitag) 01. 09. 12. Der frühere tatsächliche Zugang ist ohne Bedeutung.

Die Frist beginnt mit Ablauf des 01. 09. 12 und endet gemäß § 108 Abs. 1 AO, §§ 187 Abs. 1, 188 Abs. 2 BGB mit Ablauf des 01. 10. 12. Da dies ein Sonntag ist, verlängert sich die Einspruchsfrist gemäß § 108 Abs. 3 AO bis zum Ablauf des nächsten Werktags, d. h. bis zum Ablauf des Montag, 02. 10. 12.

Die Frist ist versäumt, denn der Rechtsbehelf kann nicht vor dem 13. 12. 12 (bzw. bei Übermittlung durch einen Amtsboten: nicht vor dem 12. 12.) bei der zuständigen Anbringungsbehörde, dem FA Rastatt eingehen (§ 357 Abs. 2 Satz 1 AO).

Folglich ist zu prüfen, ob Wiedereinsetzung in den vorigen Stand zu gewähren ist (§ 110 AO).

Die versäumte Frist ist eine gesetzliche. Der Bevollmächtigte (§ 80 AO) der Stpfl., Steuerberater Alt, war vom Morgen den 01. 10. 12 bis zur Entlassung aus dem Krankenhaus an der Einlegung des Rechtsbehelfs verhindert. Auch die Stpfl. sind daran verhindert, weil sie bis zum 11. 11. 12 nicht von der Erkrankung wissen.

Die Säumnis ist für Alt unverschuldet, denn er konnte die Rechtsbehelfsfrist bis zum letzten Tag ausnutzen. Die Herzattacke war nicht vorauszusehen. Auch die Stpfl. sind an der Säumnis ohne Schuld, da sie darauf vertrauen konnten, dass Alt den Rechtsbehelf fristgerecht einlegen würde. Die Schuldlosigkeit der genannten Personen ist glaubhaft gemacht (§ 110 Abs. 2 Satz 2 AO).

Die versäumte Rechtshandlung wurde nicht vor dem 12. bzw. 13. 12. 12 nachgeholt. Geschah die Nachholung innerhalb der Antragsfrist des § 110 Abs. 2 Satz 1 AO, so ist Wiedereinsetzung auch ohne Antrag zu gewähren, § 110 Abs. 2 Satz 4 AO.

Die Antragsfrist des § 110 Abs. 2 Satz 1 ist eine Ereignisfrist. Sie beginnt mit dem Ablauf des Tages, an dem das Hindernis wegfällt. Dies ist der 11. 11. 12. Sie beginnt also mit dem Ablauf des 11. 11. 12 und endet mit Ablauf des 11. 12. 12, § 108 Abs. 1 AO, §§ 187 Abs. 1, 188 Abs. 2 BGB.

Der Einspruch des Helfers geht zwar am Abend dieses Tags beim FA Ludwigsburg ein. Dieses FA ist aber nicht die richtige Anbringungsbehörde (siehe oben). Er hätte den Einspruch nur noch beim FA Rastatt fristwahrend anbringen können (§ 357 Abs. 2 Satz 1 AO). Dort geht der Rechtsbehelf auf keinen Fall mehr fristgerecht ein.

Allerdings ist auch die Antragsfrist des § 110 Abs. 2 Satz 1 AO wiedereinsetzungsfähig, da sie eine gesetzliche Frist ist. Helfer war aber nicht schuldlos an der Fristversäumnis. Arbeitsüberlastung ist für sich allein kein Entschuldigungsgrund. Das Verschulden des Helfer ist den Stpfl. als eigenes zuzurechnen, § 110 Abs. 1 Satz 2 AO.

Folglich kann keine Wiedereinsetzung in den vorigen Stand gewährt werden. Der Einspruch ist verspätet und daher unzulässig.

Das FA Rastatt wird in zwei Einspruchsentscheidungen die Einsprüche als unzulässig verwerfen. Die Einspruchsentscheidungen können auf einem Formular zusammengefasst werden (§ 155 Abs. 3 AO).

Lösung zu Aufgabe III

a) Der an einen Verstorbenen gerichtete Bescheid kann gegenüber diesem nicht mehr wirksam werden, weil der Adressat als Rechtsperson nicht mehr existiert. Da er auch nicht an den Erben gerichtet ist, wirkt er nicht gegen diesen. Der Bescheid ist nichtig.

b) Die Adressierung ist nicht fehlerhaft im Rechtssinne, weil die richtige Person als Adressat angesprochen ist, und diese Person eindeutig aus der Adresse erkennbar ist. Es handelt sich um einen rechtlich unbeachtlichen Rechtschreibefehler. Der Bescheid kann wirksam werden.

Lösung zu Aufgabe IV

Der Bescheid wird am dritten Tag nach der Aufgabe zur Post mit einfachem Brief wirksam, § 122 Abs. 2 AO, d.h. am 25.09.12 (Montag). Der Bescheid ist vor diesem Tag tatsächlich zugegangen, da er am 23.09.12 durch Einwurf in den Briefkasten des Katz in dessen Machtbereich gelangt ist. Der rechtlich maßgebliche Zugang wird dadurch jedoch nicht vorverlegt, denn § 122 Abs. 2 AO enthält insoweit eine Fiktion. Andererseits ergibt sich daraus, dass ein »späterer tatsächlicher Zugang« nicht zu prüfen ist.

Der Bescheid ist tatsächlich am 23.09.12 zugegangen, obwohl Katz an diesem Tag nicht zuhause war und obwohl er den Brief ungeöffnet weggeworfen hat. Der einmal erfolgte Zugang (durch Einwurf in den Briefkasten) wird durch spätere Ereignisse nicht mehr rückgängig gemacht.

Ergebnis: Der Bescheid wurde am 25.09.12 wirksam.

Teil S Anhänge

Anhang 1
Kalender 12

Januar	Februar	März	April	Mai	Juni
1 Neujahr	1 Mittwoch	1 Mittwoch	1 Samstag	**1 Maifeiertag**	1 Donnerstag
2 Montag	2 Donnerstag	2 Donnerstag	**2 Sonntag**	2 Dienstag	2 Freitag
3 Dienstag	3 Freitag	3 Freitag	3 Montag	3 Mittwoch	3 Samstag
4 Mittwoch	4 Samstag	4 Samstag	4 Dienstag	**4 Chr. Himmelf.**	**4 Sonntag**
5 Donnerstag	**5 Sonntag**	**5 Sonntag**	5 Mittwoch	5 Freitag	5 Montag
6 Hl. 3 Könige	6 Montag	6 Montag	6 Donnerstag	6 Samstag	6 Dienstag
7 Samstag	7 Dienstag	7 Dienstag	7 Freitag	**7 Sonntag**	7 Mittwoch
8 Sonntag	8 Mittwoch	8 Mittwoch	8 Samstag	8 Montag	8 Donnerstag
9 Montag	9 Donnerstag	9 Donnerstag	**9 Sonntag**	9 Dienstag	9 Freitag
10 Dienstag	10 Freitag	10 Freitag	10 Montag	10 Mittwoch	10 Samstag
11 Mittwoch	11 Samstag	11 Samstag	11 Dienstag	11 Donnerstag	**11 Sonntag**
12 Donnerstag	**12 Sonntag**	**12 Sonntag**	12 Mittwoch	12 Freitag	12 Montag
13 Freitag	13 Montag	13 Montag	13 Donnerstag	13 Samstag	13 Dienstag
14 Samstag	14 Dienstag	14 Dienstag	14 Freitag	**14 Pfingstsonntag**	14 Mittwoch
15 Sonntag	15 Mittwoch	15 Mittwoch	15 Samstag	**15 Pfingstmontag**	15 Donnerstag
16 Montag	16 Donnerstag	16 Donnerstag	**16 Sonntag**	16 Dienstag	16 Freitag
17 Dienstag	17 Freitag	17 Freitag	17 Montag	17 Mittwoch	17 Samstag
18 Mittwoch	18 Samstag	18 Samstag	18 Dienstag	18 Donnerstag	**18 Sonntag**
19 Donnerstag	**19 Sonntag**	**19 Sonntag**	19 Mittwoch	19 Freitag	19 Montag
20 Freitag	20 Montag	20 Montag	20 Donnerstag	20 Samstag	20 Dienstag
21 Samstag	21 Dienstag	21 Dienstag	21 Freitag	**21 Sonntag**	21 Mittwoch
22 Sonntag	22 Mittwoch	22 Mittwoch	22 Samstag	22 Montag	22 Donnerstag
23 Montag	23 Donnerstag	23 Donnerstag	**23 Sonntag**	23 Dienstag	23 Freitag
24 Dienstag	24 Freitag	**24 Karfreitag**	24 Montag	24 Mittwoch	24 Samstag
25 Mittwoch	25 Samstag	25 Samstag	25 Dienstag	**25 Fronleichnam**	**25 Sonntag**
26 Donnerstag	**26 Sonntag**	**26 Ostersonntag**	26 Mittwoch	26 Freitag	26 Montag
27 Freitag	27 Montag	**27 Ostermontag**	27 Donnerstag	27 Samstag	27 Dienstag
28 Samstag	28 Dienstag	28 Dienstag	28 Freitag	**28 Sonntag**	28 Mittwoch
29 Sonntag		29 Mittwoch	29 Samstag	29 Montag	29 Donnerstag
30 Montag		30 Donnerstag	**30 Sonntag**	30 Dienstag	30 Freitag
31 Dienstag		31 Freitag		31 Mittwoch	

Juli	August	September	Oktober	November	Dezember
1 Samstag	1 Dienstag	1 Freitag	1 **Erntedank-fest**	1 **Allerheili-gen**	1 Freitag
2 **Sonntag**	2 Mittwoch	2 Samstag	2 Montag	2 Donnerstag	2 Samstag
3 Montag	3 Donnerstag	3 **Sonntag**	3 **Tag d. Einheit**	3 Freitag	3 **Sonntag**
4 Dienstag	4 Freitag	4 Montag	4 Mittwoch	4 Samstag	4 Montag
5 Mittwoch	5 Samstag	5 Dienstag	5 Donnerstag	5 **Sonntag**	5 Dienstag
6 Donnerstag	6 **Sonntag**	6 Mittwoch	6 Freitag	6 Montag	6 Mittwoch
7 Freitag	7 Montag	7 Donnerstag	7 Samstag	7 Dienstag	7 Donnerstag
8 Samstag	8 Dienstag	8 Freitag	8 **Sonntag**	8 Mittwoch	8 Freitag
9 **Sonntag**	9 Mittwoch	9 Samstag	9 Montag	9 Donnerstag	9 Samstag
10 Montag	10 Donnerstag	10 **Sonntag**	10 Dienstag	10 Freitag	10 **Sonntag**
11 Dienstag	11 Freitag	11 Montag	11 Mittwoch	11 Samstag	11 Montag
12 Mittwoch	12 Samstag	12 Dienstag	12 Donnerstag	12 **Sonntag**	12 Dienstag
13 Donnerstag	13 **Sonntag**	13 Mittwoch	13 Freitag	13 Montag	13 Mittwoch
14 Freitag	14 Montag	14 Donnerstag	14 Samstag	14 Dienstag	14 Donnerstag
15 Samstag	15 Dienstag	15 Freitag	15 **Sonntag**	15 Mittwoch	15 Freitag
16 **Sonntag**	16 Mittwoch	16 Samstag	16 Montag	16 Donnerstag	16 Samstag
17 Montag	17 Donnerstag	17 **Sonntag**	17 Dienstag	17 Freitag	17 **Sonntag**
18 Dienstag	18 Freitag	18 Montag	18 Mittwoch	18 Samstag	18 Montag
19 Mittwoch	19 Samstag	19 Dienstag	19 Donnerstag	19 **Sonntag**	19 Dienstag
20 Donnerstag	20 **Sonntag**	20 Mittwoch	20 Freitag	20 Montag	20 Mittwoch
21 Freitag	21 Montag	21 Donnerstag	21 Samstag	21 Dienstag	21 Donnerstag
22 Samstag	22 Dienstag	22 Freitag	22 **Sonntag**	22 **Buß- u. Bettag**	22 Freitag
23 **Sonntag**	23 Mittwoch	23 Samstag	23 Montag	23 Donnerstag	23 Samstag
24 Montag	24 Donnerstag	24 **Sonntag**	24 Dienstag	24 Freitag	24 **Sonntag**
25 Dienstag	25 Freitag	25 Montag	25 Mittwoch	25 Samstag	25 **Weih-nachten**
26 Mittwoch	26 Samstag	26 Dienstag	26 Donnerstag	26 **Toten-sonntag**	26 **Stephans-tag**
27 Donnerstag	27 **Sonntag**	27 Mittwoch	27 Freitag	27 Montag	27 Mittwoch
28 Freitag	28 Montag	28 Donnerstag	28 Samstag	28 Dienstag	28 Donnerstag
29 Samstag	29 Dienstag	29 Freitag	29 **Sonntag**	29 Mittwoch	29 Freitag
30 **Sonntag**	30 Mittwoch	30 Samstag	30 Montag	30 Donnerstag	30 Samstag
31 Montag	31 Donnerstag		31 Dienstag		31 **Silvester**

Anmerkung: Der abgedruckte Kalender ist nicht identisch mit dem des Jahres 2012!

Anhang 2 Betriebsgrößenklassen

Einordnung der Betriebe in Größenklassen; Neufestsetzung der Abgrenzungsmerkmale i. S. d. § 3 BpO zum 01. 01. 2007; Schreiben des BMF vom 21. 09. 2006 (BStBl I 2006, 530)

Für die Einordnung der Betriebe in Größenklassen gelten ab 1. Januar 2007 (19. Prüfungsturnus) folgende Abgrenzungsmerkmale:

Betriebsart[1]	Betriebsmerkmale (€)	Großbetriebe (G)	Mittelbetriebe (M)	Kleinbetriebe (K)
Handelsbetriebe (H)	Umsatzerlöse oder steuerlicher Gewinn	6 500 000 250 000	800 000 50 000	155 000 32 000
Fertigungsbetriebe (F)	Umsatzerlöse oder steuerlicher Gewinn	3 700 000 220 000	450 000 50 000	155 000 32 000
Freie Berufe (FB)	Umsatzerlöse oder steuerlicher Gewinn	3 900 000 500 000	735 000 115 000	155 000 32 000
Andere Leistungsbetriebe (AL)	Gesamtumsatz oder steuerlicher Gewinn	4 900 000 280 000	660 000 55 000	155 000 40 000
Kreditinstitute (K)	Aktivvermögen oder steuerlicher Gewinn	121 000 000 500 000	31 000 000 170 000	9 500 000 32 000
Versicherungsunternehmen, Pensionskassen (V)	Jahresprämieneinnahmen	26 500 000	4 300 000	1 600 000
Unterstützungskassen		–	–	alle
Land- und forstwirtschaftliche Betriebe (LuF)	Wirtschaftswert der selbstbewirtschafteten Fläche oder steuerlicher Gewinn	185 000 105 000	90 000 55 000	40 000 32 000
sonstige Fallart (soweit nicht unter den Betriebsarten erfasst)	Erfassungsmerkmale	Erfassung in der Betriebskartei als Großbetrieb		
Verlustzuweisungsgesellschaften (VZG) und Bauherrengemeinschaften (BHG)	Personenzusammenschlüsse und Gesamtobjekte i. S. der Nr. 1.2 und 1.3 des BMF vom 13. 07. 1992, BStBl I 1992, 404	alle		
bedeutende steuerbegünstigte Körperschaften und Berufsverbände (BKÖ)	Summe der Einnahmen	über 6 Mio.		
Fälle mit bedeutenden Einkünften (bE)	Summe der positiven Einkünfte gem. § 2 Abs. 1 Nrn. 4–7 EStG (Keine Saldierung mit negativen Einkünften)	über 500 000		

Mittel-, Klein- und Kleinstbetriebe, die zugleich die Voraussetzungen für die Behandlung als sonstige Fallart erfüllen, sind nur dort zu erfassen.

Stichwortregister

A

Abhilfebescheid 221, 261, 263
- Teilabhilfe 221
Ablaufhemmung 141
Abrechnungsbescheid 45, 136, 148, 161, 247
Abtretung 37, 159 ff.
Abzugsteuern 9, 34, 165, 311 f.
Adoptivkind 239
Adressierung 65, 73
- Minderjährige 67
AfA 328
- Änderung des Afa-Volumens 328
Akteneinsicht 41
Aktenverfügung 49
Akzessorietät 177, 186, 301
Allgemeinverfügung 42
Altersentlastungsbetrag 111, 365
Amtsermittlungsprinzip 119
Amtshaftung 370
Amtshilfe 233
Amtsträger 49, 76, 95, 228 f.
- Ablehnung von 240
- Ausschließung 86, 90
- Ausschluss 240 f.
Analogie 15
Änderung
- Hilfstatsachen 269
- rückwirkendes Ereignis 291 f.
- Tatsachen 267
Änderung des AfA-Volumens 292
Änderung von Steuerbescheiden, gleichgestellte Bescheide 261
Änderung widerstreitender Bescheide 285
- Beteiligung Dritter 288
- negativer Widerstreit 285
- positiver Widerstreit 285
Änderungsfehler 295
Änderungssperre 281
Androhung Zwangsmittel 135
Angehörige 17 f., 237
Anhörung 88, 115, 121, 125, 362, 369
- Frist 89
Anmeldungssteuer 136, 138, 368
Anrechnungsverfügung 43, 52, 136, 358
Anscheinbeweis 127
Ansprüche aus dem Steuerschuldverhältnis 148, 312
- Erlöschen 156

Anteilige Tilgung 305
Antrag 119, 132, 141, 146, 262, 265, 279, 290, 292, 346
Antragsveranlagung 40, 339
Anwachsung 35
Anwendungserlass 13
Anzeigepflicht 121, 303
Arbeitnehmerveranlagung 340
Arglistige Täuschung 266
Außenprüfung 137, 275, 281, 316, 347
- abgekürzte 319, 320
- Änderungssperre 281, 329
- Anschlussprüfung 321
- Aufklärungsbedürfnis 318
- Auswahl der zu prüfenden Betriebe 321
- Beginn 348
- besondere Außenprüfungen 317
- Dauer 324
- Dienstanweisung 316
- Durchführung 324
- Einzelermittlungen des Prüfers 328
- Ende 329
- Personengesellschaft 320
- Prüfungsanordnung 318 f., 322
- Prüfungsort 324
- Prüfungsrhythmus 320
- Prüfungsschwerpunkte 325
- Rechtsgrundlagen 316
- Rechtswegesystem 329
- sachlicher Umfang 320
- Simultanprüfung 322
- Umfang 320, 322
- Verschiebung der Prüfung 323, 347
- Verstöße gegen die BpO 321
- Voraussetzungen 318
- Vorbereitung 324
Aufbewahrung 122
Aufklärungspflicht 120
Aufrechnung 30, 33, 41, 156, 158, 227
Aufzeichnungspflicht 121
Ausfertigung 67, 70, 74
Auskunft 41, 119, 358
- spontane 233
- verbindliche 359
Auskunftsersuchen 201
Auskunftsperson 324 f.
Auskunftspflicht 123, 303
Auskunftsverweigerung 124, 357